LOSS MODELS
from Data to Decisions

FIFTH EDITION

손해액모델 ·제5판·

데이터로부터 모든 결정까지

STUART A. KLUGMAN · HARRY H. PANJER · GORDON E. WILLMOT 저

| 유종환 역 |

박영사

'Loss Models-From Data to Decisions'의 번역본을 발간하며…

한국 보험업계에서 계리영역(Actuarial Science)은 지난 수십 년간 커다란 성장을 해 왔습니다. 그 전에 1945년 일본의 식민지하에서 벗어난 후 여타 영역과 마찬가지로 그 제도적 틀을 일본식으로 그대로 유지한 채 보험업계나 그 안에서의 계리영역도 수십 년간 답보상태에 있었다고 할 수 있습니다. 80년대 중반부터 미국 생명보험사나 유럽 생명보험사들이 한국에 물밀듯이 들어오기 시작했고, 그 전과 비교하여 다소 생소한 계리영역의 새로운 패러다임을 외국 계리사들을 통하여 계리 전문인력들을 중심으로 하나하나 접하게 되었습니다. 동방생명(삼성생명 전신)과 안국화재(삼성화재 전신)가 선두에 서서 일본 계리영역의 틀을 계속 들여오고 타사들은 또 이를 따라하기에 급급했던 상황에서 외국사를 통해 접하게 된 미국과 유럽의 계리적 패러다임은 큰 골격상으로는 유사해 보이지만, 실무의 구체적인 사항들에 들어가서는 뭔가 다른 새로운 개념과 이론들로 신선한 충격을 주기에 충분하였습니다. 이때부터 실무에 경험이 있건 없건 미국, 영국, 캐나다 등지로 보험계리학(보험수리통계학: Actuarial Science)을 공부하러 떠나는 인력들이 급증하였습니다.

특히나 생명보험 계리영역은 오랫동안 일본 계리서적을 번역하여 보다가 몇 권의 생명보험수리 저서들이 출간되어 보험계리를 공부하는 학생들이나 실무자들에게 큰 도움을 주었습니다. 그러나 미국에서 발간한 Bowers 등이 공저한 Actuarial Mathematics는, 본 저자도 처음 접하고 큰 신선한 충격을 받아 유학을 결심하게 되었으며 유학을 간 Canada의 University of Waterloo에서 대학원 과정과 박사 과정에 있을 때 이 책은 항상 중심 교재 역할을 했었습니다. 생명보험수리만이 아니라 보험 전반에 걸친 여러 중요 주제들을 다룬 이 책은 아직도 북미에서 Actuarial Science를 공부하는 데 있어 학부 과정 내내 기초적인 중심 교재 역할을 해 오고 있습니다.

한편, 한국에서의 손해보험수리통계 영역은 아직도 실무에서 활용할 수 있는 변변한 이론 및 실무 교재가 많이 없었던 것이 사실입니다. 그 이유 중 하나가 북미의 대학들에서조차도 손해보험 수리통계에 관련한 강의가 충분치 않다는 것이 현실인데, Harry Panjer, Gorden Willmot 그리고 Klugman이 공저한 Loss Models(From Data to Decision)라는 교재가 3, 4학년 때 배우는 손해보험계리의 전부라 해도 무리가 없을 것입니다. Robert Brown 교수의 Introduction to Ratemaking and Loss Reserving for Property and Casualty

Insurance라는 저서도 90년대 중반 적은 분량의 기초적인 교재로 출간되기 시작하다가 2000년대 중반 이후 현재의 골격으로 광범위한 내용을 다루는 저서로 발전되어 발간되었습니다. 본 저자가 유학한 시절인 90년대 중반에는 Robert 교수의 얇은 교재로도 공부하지 못하고, Casualty Actuarial Society(CAS)에서의 시험교재 중 일부를 복사한 교재들로 공부했던 기억이 납니다. 본격적으로 Ratemaking과 Reserving의 이론 및 실무를 접하게 된 것은 캐나다에서 손해보험사에 입사하여 실무를 접했을 때이며, 그 당시의 교재라 하여도 현재의 잘 정리된 CAS의 시험 교재가 아니라 각각의 실무적 과제를 수행하기 위해 실무 계리사들이 쓴 Paper들로 지식을 접하게 되었습니다. 따라서 손해보험수리통계는 대학에서 직접 가르침을 받기보다는 손해보험회사에 입사하여 본격적으로 접했으며, 현재 북미 대학에서의 손해보험수리통계 강의도 이론 중심이며 실무적으로는 초보적인 단계에 머물러 있다 해도 무리는 아닐 것입니다. 이렇게 이야기하는 이유는 생명보험수리통계와 달리 손해보험 쪽은 관련된 이론 및 실무 교재가 탄생하기 힘들다는 배경을 설명하기 위해서입니다. 그저 유학으로 공부만 하고 와서는 번역서조차도 나오기 힘든 상황이며, 설사 번역하여 나온다 해도 아직 한국에서 손해보험수리통계 실무의 현주소가 그와는 많이 동떨어져 있기 때문에 업계 실무자들의 실제 지침서가 되기에는 이르다는 느낌을 지울 수가 없었습니다.

본 저자는 이러한 과거에 전개되어 온 한국 손해보험수리통계의 역사와 현재의 급변하면서 동시에 위기 상황에 있는(겉으로는 축제의 분위기) 손해보험산업의 회복과 발전에 기여하고자 이론 및 실무 교재를 집필하기로 마음먹고 수년 전에 Ratemaking과 Reserving의 번역해설서를 발간하였습니다. 한국 계리사 시험을 준비하는 분들에게는 2차 과목인 계리모델론의 2~3문제를 대비하는 차원이므로 현재는 많이 읽히지는 않는 것으로 알고 있습니다. 다수의 나머지 문제는 'Loss Models'에서 출제되는 것으로 알고 있습니다. 4번째와 5번째 발간서의 내용에서 이제는 손해보험만이 아니라 생명보험의 모델에 관한 내용들도 포함되어 있는 것을 보고 시험 대비와 동시에 계리 전문 실무의 지침서로서의 Loss Models는 중요할 것으로 판단되어 번역 해설서를 발간하고자 마음먹었습니다.

더구나 2023년부터 시행 중인 IFRS17과 KICS와 관련한 계리적 Valuation과 관련하여 이러한 이론적 실무적 기초는 현 Junior, Senior 계리 실무 전문가들에게 시급하게 필요하다고 생각합니다. 예를 들어 IAA에서 2018년에 발간한 Monograph(연구논문) Risk Adjustment for Insurance Contract under IFRS17의 번역본 최종 감수와 발간, 그리고 20시간의 온라인 교육을 녹화한 사람의 입장에서 그 강좌를 보기 전에 Loss Models의 기본 지식을 습득하는 것이 필수적이라는 것을 절실히 느꼈습니다. 대부분의 사람들이 너무 어렵고 이론적이라는 의견을 많이 전해주었기 때문입니다.

본 책은 미국 계리사(SOA) 시험에서도 Modern Actuarial Statistics I Exam(CAS Exam MAS-I)과 Modern Actuarial Statistic II Exam(CAS Exam MAS-II)의 주교재의 일부입니다. 미국 계리사 시험을 보는 분들에게 도움이 되기를 바라며, 실무 전문가들에게도 실질적인 도움이 되기를 바랍니다.

마지막으로 영어 용어를 번역하기 곤란한 경우는 그대로 놔두었기 때문에 많은 의견 개진을 원하고 그에 따라 조금씩 수정할 예정이라는 것을 알려드립니다.

책 발간 직전 박영사 편집부와의 마지막 검토 및 수정 작업을 도와 주신 서인교 후배님께 진심으로 감사드립니다.

2026년 1월

유 종 환

For Ella…………!!!

서문

이 교재의 초판 서문에서는 다음과 같이 우리의 목표를 설명했습니다:

> 이 교재는 보험 시스템에서 자금이 유입되고 유출되는 과정을 설명하는 수학적 모델을 구성하고 분석하는 것을 핵심 원칙으로 구성되었습니다. 보험 시스템 전체를 분석하는 것은 한 권의 교재로 다루기에는 범위가 방대하기 때문에, 우리는 손실 과정, 즉 보험 혜택 지급으로 인한 현금 유출에 초점을 맞추었습니다.

독자가 보험 시스템에 대해 상당한 지식을 가지고 있다고 가정하지 않았습니다. 보험 용어는 처음 사용될 때 정의됩니다. 사실, 이 교재의 대부분의 내용은 보험 과정과 무관하게 다룰 수도 있으며, 단순히 또 다른 응용 통계학 교재로 간주될 수 있습니다. 우리는 예제를 보험에 초점을 맞추어 제시하고, 보험의 언어와 맥락에서 내용을 설명하며, 다루는 문제와 관련이 없는 통계적 방법을 피하려고 노력했습니다.

1. 초판부터 4판까지의 진화 과정을 반복하지는 않겠습니다. 대신 이번 5판에서 이루어진 주요 변경 사항에 초점을 맞추겠습니다. 주요 변경 사항은 다음과 같습니다:
   초판 이후, 이 교재는 전문 계리시험의 주요 자료로 사용되었습니다. 이러한 시험의 커리큘럼이 변경될 때 우리는 책을 이에 맞추어 수정해야 합니다. 2018년 7월 1일 이후 시행되는 시험에서는 새로운 학습 목표를 포함한 새로운 커리큘럼이 사용됩니다. 기존의 Exam C(Construction of Actuarial Models)는 Exam STAM(Short-Term Actuarial Mathematics)으로 대체됩니다. 주제가 이동하거나 추가될 때, 시험 주제에만 집중하려는 수험생들이 중단 없이 학습할 수 있도록 설명 방식을 조정해야 합니다.
   우리는 시험 커리큘럼에 포함되지 않더라도 흥미로운 주제는 계속 포함하고 있습니다.
2. Kaplan-Meier 추정치와 같은 비모수적 추정에 대한 내용이 새로운 Exam LTAM (Long-Term Actuarial Mathematics)으로 이동되었습니다. 따라서 이 내용과 큰 표본 근사 내용을 통합했습니다.
3. 4판에서는 수리통계학에 대한 지식을 가정하지 않았습니다. 따라서 관련 교육 내용을 교재 전체에 걸쳐 포함시켰습니다. 그러나 개정된 Society of Actuaries의 요구사항

은 수리통계학을 Validation by Educational Experience(VEE) 요구사항으로 포함합니다. 이에 따라 이 주제와 겹치는 내용을 분리하여 수험생들이 VEE 지식을 확장하는 내용에 집중할 수 있도록 했습니다.

4. 모델 선택에 대한 점수 기반 접근법 섹션에 Schwarz Bayesian Criterion뿐만 아니라 Akaike Information Criterion도 포함시켰습니다.
5. 필요에 따라 예제와 연습문제를 추가하고 내용을 명확히 했습니다.
6. 수치적 최적화와 방정식 시스템 해법에 관한 부록을 삭제했습니다. 초판이 작성되던 당시에는 수치적 최적화, 특히 가능도 함수와 같이 상대적으로 평평한 표면을 다루는 상황에서 사용 가능한 옵션이 제한적이었습니다. 당시에는 단순법(Simplex Method)이 잘 알려지지 않았기 때문에 독자들에게 소개할 가치가 있었습니다. 오늘날에는 많은 옵션이 있으며, 실무자들이 직접 최적화 루틴을 작성할 가능성은 적습니다.

이전 판들과 마찬가지로, 우리는 사용자가 Microsoft Excel®[1]과 같은 스프레드시트 프로그램을 자주 사용할 것으로 가정합니다. 교재의 여러 곳에서 Excel® 명령이 어떻게 도움을 줄 수 있는지 표시했습니다. 이는 저자들의 추천이 아니라, 이 도구의 보편성을 인정한 것입니다.

초판에서 4판까지와 마찬가지로, 많은 연습문제가 Society of Actuaries 시험에서 출제된 문제를 기반으로 하고 있습니다. 이 문제들은 이 책의 용어와 표기법에 맞게 수정되었으며, 원래 문제의 다섯 개의 선택지는 제공되지 않습니다.

이러한 연습문제는 별표(*)로 표시됩니다. 물론, 이 질문들이 미래 시험에서 출제될 질문들을 대표한다고 보장할 수는 없습니다.

연습문제 중 상당수는 과거 전문 시험에서 직접 출제되었거나 유사한 질문이지만, 주제에 대한 추가적인 통찰력을 제공하기 위해 설계된 다른 연습문제도 많이 포함되어 있습니다. 따라서 특정 주제에 관심이 있는 독자들은 관련 섹션의 연습문제를 참조하여 자료에 대한 더 깊은 이해를 얻기를 권장합니다.

이 책의 5판을 제작하는 동안 가족, 친구, 동료, 학생, 독자, 그리고 John Wiley & Sons의 직원들이 많은 도움을 주었습니다. 그들의 기여에 깊이 감사드립니다.

S. A. Klugman, H. H. Panjer, G. E. Willmot

---

1 Microsoft® 및 Excel®은 미국 및/또는 기타 국가에서 Microsoft Corporation의 등록 상표 또는 상표입니다.

차례

PART 1 서론

01 모델링 2

1.1 모델 기반 접근법 2
1.2 이 책의 구성 5

02 확률변수 7

2.1 서론 7
2.2 주요 함수와 네가지 모델 9

03 기본 분포 측정치 21

3.1 모먼트 21
3.2 분위수 31
3.3 모먼트 생성 함수와 확률 변수의 합 33
3.4 분포의 꼬리 36
3.5 위험 측정량 46

PART 2 계리모델

04 계리모델의 특성 60

4.1 서론 60
4.2 모수의 역할 60

05 연속변수 모델 72

5.1 서론 72
5.2 새 분포 창출 72

5.3 선택한 분포들과 그들의 관계 90
5.4 선형 지수 군 94

06 이산변수 분포 99

6.1 서론 99
6.2 포아송 분포 100
6.3 음이항 분포 103
6.4 이항 분포 107
6.5 (a,b,0) 군 108
6.6 0에서의 절단과 수정 113

07 고급 이산변수 분포 121

7.1 합성 빈도 분포 121
7.2 합성 포아송 클래스의 추가 특성 129
7.3 혼합 빈도 분포 136
7.4 빈도에의 위험 노출량의 효과 148
7.5 이산 분포 목록 150

08 담보수정 시 빈도와 심도 153

8.1 서론 153
8.2 면책 153
8.3 손실 제거 비율과 일반 면책금에 대한 인플레이션의 영향 161
8.4 계약 한도 165
8.5 공동 보험, 면책액, 한도 168
8.6 빈도에의 면책의 영향 172

09 총손해액 모델 179

9.1 서론 179
9.2 모델 선택 183
9.3 총 청구 복합 모델 184
9.4 분석 결과 204
9.5 총 청구액 분포 계산 210
9.6 재귀적 방법 212
9.7 개별 보험 계약 수정이 총 지급액에 미치는 영향 229
9.8 개별 위험 모델 233

PART 3 수학적 통계

10 수학적 통계의 소개 248

10.1 서론과 네 가지 데이터 집합 248

10.2 점 추정 251

10.3 구간 추정 268

10.4 모수적 추정량의 구축 271

10.5 가설 검정 279

11 최대 우도 추정 285

11.1 서론 285

11.2 개별 데이터 288

11.3 그룹 데이터 293

11.4 절단 혹은 검열 데이터 295

11.5 최대 우도 추정치의 분산과 구간 추정 303

11.6 점근적으로 정규 분포를 따르는 추정량의 함수 310

11.7 비정규 신뢰구간 313

12 이산분포에 대한 빈도학파의 추정 318

12.1 포아송 분포 318

12.2 음이항 분포 323

12.3 이항 분포 326

12.4 (a,b,1) 군 329

12.5 복합 모델 335

12.6 최대 우도 추정에 대한 Exposure의 효과 337

12.7 연습문제 338

13 베이지안 추정 343

13.1 정의와 베이즈 정리 343

13.2 추론 및 예측 348

13.3 결레 사전 분포와 선형 지수족 363

13.4 Computational Issues 366

PART 4 모델 구축

14 경험적 모델의 구축 370

14.1 경험적 분포 370
14.2 그룹 데이터의 경험적 분포 376
14.3 우측 검열 데이터의 경험적 추정 382
14.4 모먼트의 경험적 추정 403
14.5 좌측 절단의 경험적 추정 412
14.6 커넬 확률밀도 모델 419
14.7 대용량 데이터 세트에 대한 추정 426
14.8 계약 건 감소 확률의 최대 우도 추정 439
14.9 상태 이전 강도의 추정 442

15 모델 선택 444

15.1 서론 444
15.2 데이터와 모델의 표현 445
15.3 확률과 분포함수의 그래프적 비교 446
15.4 가설 검정 453
15.5 모델 선택 469

PART 5 신뢰성

16 제한 변동 신뢰도의 소개 490

16.1 소개 490
16.2 제한 변동 신뢰도 이론 492
16.3 완전 신뢰도 494
16.4 부분 신뢰도 498
16.5 이 방법의 문제점 502
16.6 노트 및 참고문헌 503
16.7 연습문제 503

17 최고 정확도 신뢰도 507

17.1 소개 507
17.2 조건 분포와 기댓값 510

17.3 베이지안 방법론 515
17.4 신뢰도 보험료 523
17.5 뷜만 모델 528
17.6 The Bühlmann-Straub Model 532
17.7 정확 신뢰도 539
17.8 노트 및 참고문헌 544
17.9 연습문제 545

18 경험적 베이스 모수 추정 560

18.1 서론 560
18.2 비모수 추정 563
18.3 반모수적 추정 577
18.4 노트 및 참고문헌 579
18.5 연습문제 579

PART 6 시뮬레이션

19 시뮬레이션 586

19.1 시뮬레이션의 기초 586
19.2 특정 분포에 대한 시뮬레이션 593
19.3 샘플 크기 결정 601
19.4 계리 모델링에서의 시뮬레이션 예제 604

부록

A 연속 확률분포 목록 618

A.1 서론 618
A.2 The Transformed Beta Family 622
A.3 The Transformed Gamma Family 627
A.4 거대 손해액 분포 631
A.5 기타 분포 633
A.6 Distribution with Finite Support 635

B 이산 확률분포 목록 636
B.1 서론 636
B.2 The (a,b,0) Class 637
B.3 The (a,b,1) Class 639
B.4 복합 군 642
B.5 이산 분포의 체계 645
C 빈도와 심도 관계 646
D 재귀 공식 648
E 심도 분포의 이산화 650
E.1 반올림 방식 650
E.2 평균 보존 방식 651
E.3 이산화된 분포의 비이산화 651

손해액모델

데이터로부터 모든 결정까지

LOSS MODELS
from Data to Decisions

LOSS MODELS

From Data to Decision

PART

1

서론

INTRODUCTION

01 모델링

02 확률 변수

03 기본 분포 측정치

01 모델링 MODELING

1.1 모델 기반 접근법 The Model-Based Approach

모델 기반 접근법은 특정 문제의 목표를 고려하여 적용되어야 합니다. 계리 과학의 많은 문제는 미래의 보험 비용을 예측하거나 예측할 수 있는 수학적 모델을 구축하는 것을 포함합니다.

모델은 계리사의 지식과 경험을 과거의 데이터를 바탕으로 구축한 단순화된 수학적 설명입니다. 데이터는 계리사가 모델의 형태를 선택하고, 보통 모수(parameters)라고 불리는 미지의 수치를 보정하는 데 도움을 줍니다. 모델은 단순함과 사용 가능한 데이터와의 적합성 사이의 균형을 제공합니다.

단순함은 미지의 모수의 수와 같은 요소로 측정됩니다(적을수록 더 단순함). 데이터에 대한 적합성은 데이터와 모델 사이의 불일치 정도로 측정됩니다. 모델 선택은 두 기준, 즉 적합성과 단순성 간의 균형을 기반으로 합니다.

1.1.1 모델링 과정 The Modeling Process

모델화 과정은 그림 1.1에 설명된 바와 같이 다음의 여섯 단계를 설명합니다.

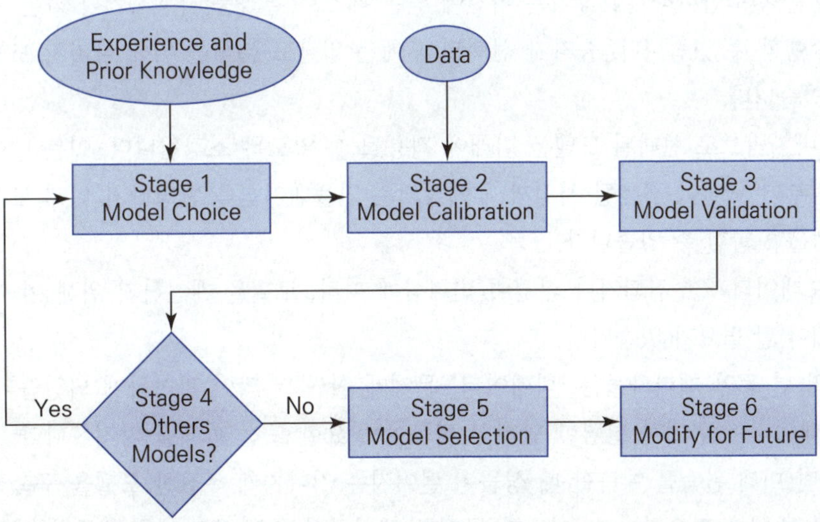

그림 1.1 The modeling process

1단계 분석가의 사전 지식과 경험, 그리고 가능한 경우 사용 가능한 데이터의 특성과 형태를 기반으로 하나 이상의 모델이 선택됩니다. 예를 들어, 사망률 연구에서는 나이, 성별, 기간, 보험 유형, 의료 정보, 생활 습관 변수와 같은 공변량 정보를 포함할 수 있습니다. 보험 손해액 규모 연구에서는 로그정규 분포, 감마 분포, 와이블 분포와 같은 통계적 분포를 선택할 수 있습니다.

2단계 모델은 사용 가능한 데이터를 기반으로 보정됩니다. 사망률 연구에서 이러한 데이터는 생명보험 계약 집합의 정보일 수 있습니다. 재산 손해액 청구 연구에서는 데이터가 재산 보험 계약에 따라 지급된 실제 보험 손해액 집합에 대한 정보일 수 있습니다.

3단계 데이터에 충분히 적합한지 여부를 결정하기 위해 맞춤 모델이 검증됩니다. 다양한 진단 테스트를 사용할 수 있으며, 이는 카이제곱 적합도 검정이나 콜모고로프-스미르노프 검정과 같은 잘 알려진 통계적 검정일 수도 있고, 보다 정성적인 특성을 가질 수도 있습니다. 테스트의 선택은 모델화 작업의 최종 목적과 직접적으로 관련될 수 있습니다. 보험 관련 연구에서는 맞춤 모델이 제공하는 총 손해액이 실제 데이터에서 경험한 총 손해액과 같아야 하는 경우가 많습니다. 보험 실무에서는 이를 모델의 비편향성이라고 부릅니다.

4단계 다른 가능한 모델을 고려할 기회가 제공됩니다. 이는 3단계에서 모든 모델이 부적절하다고 나타났을 때 특히 유용합니다. 이 단계에서는 유효한 모델이 여러 개 검토될 수도 있습니다.

5단계 1~4단계에서 고려된 모든 유효한 모델을 비교하여, 그 중에서 선택 기준을 사용해 최종 모델을 선택합니다. 이 작업은 이전에 얻은 테스트 결과를 사용하거나 다른 기준을 사용하여 수행할 수 있습니다. 승자가 선택된 후에는 민감도 분석을 위해 나머지 모델들을 보관할 수 있습니다.

6단계 마지막으로 선택된 모델은 미래에 적용될 수 있도록 조정됩니다. 이는 데이터가 수집된 시점부터 모델이 적용될 시점까지 예상되는 인플레이션을 반영하기 위해 모수를 조정하는 작업을 포함할 수 있습니다.

새로운 데이터가 수집되거나 환경이 변화함에 따라, 모델을 개선하기 위해 이 여섯 단계를 반복해야 할 필요가 있습니다.

최근 몇 년 동안 계리사들은 "빅데이터" 문제에 훨씬 더 많이 관여하게 되었습니다. 방대한 양의 데이터는 위에서 설명한 단계의 적응이 필요한 도전 과제를 가져옵니다. 데이터와 일치하지만 미래 관측을 예측할 때 성능이 떨어지는 지나치게 복잡한 모델을 구축하지 않도록 특별한 주의가 필요합니다. 이러한 문제를 해결하기 위해 홀드아웃 샘플과 교차 검증과 같은 기법이 사용됩니다. 이러한 주제는 본 책의 범위를 벗어납니다. 이와 관련된 많은 참고 자료가 있습니다[61].

1.1.2 모델링 이점 The Modeling Advantage

모델을 사용하는 것의 장점을 결정하기 위해서는 대안을 고려해야 합니다. 즉, 경험적 증거에만 기반한 의사결정입니다. 경험적 접근법은 미래가 과거의 표본과 정확히 같을 것이라고 가정하며, 인플레이션과 같은 추세를 반영할 수 있습니다. 예제 1.1을 고려해 봅시다.

예제 1.1

1,000명의 다양한 연령과 사망 혜택을 가진 그룹 생명보험 증서 포트폴리오가 있습니다. 지난 5년 동안 14명의 직원이 사망하여 총 580,000의 혜택을 받았습니다(계획이 급여와 관련이 있기 때문에 인플레이션을 반영). 내년의 예상 혜택 지급액에 대한 경험적 추정치를 구하세요. □

내년의 경험적 추정치는 116,000(총액의 5분의 1)이며, 이는 추가로 혜택 증가에 맞게 조정되어야 합니다. 물론, 위험은 이러한 짧은 기간의 결과가 상당히 변동될 수 있기 때문에 지난 5년의 경험이 이 포트폴리오의 미래를 정확히 반영할 가능성이 낮다는 것입니다. 이 경우, 사망률 표와 같은 모델을 구축하는 것이 훨씬 더 합리적으로 보입니다. 이 표는 우리 그룹의 1,000명만이 아닌 다수의 생명 경험을 기반으로 합니다. 이 모델을 통해 내년의 예상 지급액을 추정할 수 있을 뿐만 아니라, 지급의 표준편차나 다양한 백분위수 등을 계산하여 관련된 위험을 측정할 수 있습니다. 이는 [25]와 [28]과 같은 교재에서 다루는 문제입니다. 이 접근법은 미국 계리사회 계리 원칙 위원회에 의해 성문화되었습니다. "Principles of Actuarial Science" [114, p. 571]의 출판물에서 원칙 3.1은 다음과 같이 명시하고 있습니다: "계리적 위험은 미래의 계리적 위험 6변수에 적용될 확률에 대한 가정, 그리고 미래 환경에 대한 가정을 포함하여 확률적으로 모델링할 수 있다." 여기서 언급된 계리적 위험 변수는 사건 발생, 시기, 심도—즉, 손해액 청구 사건의 발생 가능성, 사건 발생 시기, 그리고 손해액 청구 해결 비용을 의미합니다.

1.2 이 책의 구성 The Organization of This Book

이 책은 모델화 과정을 안내하지만, 1.1절에서 제시된 순서대로 진행되지는 않습니다. 모델이 가장 잘 적용되는 방식과 학습에 가장 적합한 방식에는 차이가 있습니다. 이 책에서는 먼저 모델과 그 사용 방법을 배우고, 그 후에 어떤 모델을 선택할지 결정하는 방법을 배웁니다. 왜냐하면 모델을 선택하는 것은 단순히 아무 기준 없이 이루어질 수 없기 때문입니다. 분석가가 사용 가능한 모델 집합에 대한 철저한 지식을 갖추지 않으면, 고려할 가치가 있는 모델을 선택하기 어렵습니다. 이러한 점을 염두에 두고, 이 책의 구성은 다음과 같습니다:

1. 확률 검토 - 거의 정의상으로, 불확실한 사건은 확률 모델을 의미합니다. 2장과 3장에서는 확률 변수와 그러한 모델을 사용하여 수행할 수 있는 기본적인 계산(예: 모먼트 및 백분위수)을 검토합니다.
2. 확률 분포 이해 - 분석가는 확률 모델을 선택할 때 이러한 모델의 적절한 수집을 보유해야 합니다. 또한, 선행 모델 선택을 잘하기 위해 이러한 모델의 특성을 이해해야 합니다. 4장에서 7장까지 다양한 분포 모델을 소개하고 그 특성을 탐구합니다. 여기에는 연속 분포와 이산 분포가 모두 포함됩니다.
3. 보장 수정 - 보험 계약은 종종 완전한 지급을 제공하지 않습니다. 예를 들어, 면책액(예: 보험 계약이 처음 $250를 지불하지 않음)이나 한도(예: 보험 계약이 단일 손해액 사건당 $10,000 이상을 지불하지 않음)가 있을 수 있습니다. 이러한 수정은 확률 분포를 변경하고 모먼트와 같은 관련 계산에 영향을 미칩니다. 8장에서 이를 수행하는 방법을 설명합니다.

4. 총손해액 - 지금까지의 모델은 단일 지급 금액 또는 지급 횟수를 위한 것입니다. 포트폴리오, 사업 부문 또는 전체 회사의 총 지급액을 모델화할 때는 총손해액 모델이 필요합니다. 이 모델은 지급 횟수와 각 지급 금액에 대한 확률을 결합하여 계산됩니다. 이러한 모델의 계산은 9장에서 다룹니다.
5. 수리 통계 입문 - 고려되는 대부분의 모델이 확률 모델이므로, 모델 사양을 추정하고 선택을 할 수 있는 수리 통계 기법이 필요합니다. 10장과 11장은 수리 통계의 완전한 교재나 강좌를 대체하지는 않지만, 본 책에서 이후에 필요한 필수 항목들을 포함하고 있습니다. 12장은 계리 업무에서 특히 중요한 사고 청구건 분포에 대한 추정 기법을 다룹니다.
6. 베이즈 방법 - 추정에 대한 빈도주의적 접근법의 대안으로 13장에서 베이즈 방법의 기본 개념을 소개합니다.
7. 경험적 모델 구축 - 데이터의 경험적 분포를 사용하는 것이 적절할 때가 있습니다. 이는 데이터의 양이 충분하거나 데이터의 명확한 묘사가 필요할 때일 수 있습니다. 14장은 단순한 데이터에 대한 경험적 모델, 절단 및 검열된 데이터에 대한 조정, 그리고 특히 사망률 연구에서 접하는 큰 데이터 세트에 적합한 수정사항을 다룹니다.
8. 모수적 모델 선택 - 추정 방법을 갖춘 후에는 적절한 모델을 선택하는 것이 마지막 단계입니다. 그래픽 및 분석 방법은 15장에서 다룹니다.
9. 추정치의 조정 - 때로는 결과에 대한 추가 조정이 필요합니다. 관찰 수가 적은 데이터를 기반으로 하나 이상의 추정치가 있을 때, 다른 관련 관찰을 추가함으로써 정확성을 향상시킬 수 있습니다. 추가 데이터가 다른 모집단에서 나온 경우 주의해야 합니다. 16장에서 18장까지 다루는 신뢰도 방법은 추가 데이터를 포함할 때 적절한 조정을 할 수 있는 메커니즘을 제공합니다.
10. 시뮬레이션 - 분석 결과를 얻기 어려울 때, 시뮬레이션(난수를 사용하는 기법)이 필요한 답을 제공할 수 있습니다. 이 기술에 대한 간단한 소개는 19장에서 제공합니다.

02 확률변수 RANDOM VARIABLE

2.1 서론 Introduction

계리 모델은 미래의 불확실한 지급 흐름을 나타내는 표현입니다. 불확실성은 발생 여부(지급이 이루어지는가?), 시기(지급이 언제 이루어지는가?), 그리고 심도(얼마가 지급되는가?)와 관련될 수 있습니다. 불확실성을 나타내는 가장 유용한 수단은 확률을 사용하는 것이기 때문에, 우리는 확률 모델에 집중합니다. 현재로서는 관련된 확률 분포가 이미 알려져 있다고 가정합니다. 적절한 분포의 결정은 10장에서 15장까지 다룹니다. 이 부분에서는 다음과 같은 계리 확률 모델의 측면을 다룹니다:

1. 확률 변수와 중요한 함수의 정의 및 몇 가지 예제.
2. 확률 모델을 사용한 기본 계산.
3. 특정 확률 분포와 그 특성.
4. 심도 모델을 사용한 보다 고급 계산.
5. 각 임의의 금액을 가지는 임의의 지급 횟수의 가능성(확률)을 포함하는 모델.

우리가 여기서 추구하는 공통점은 모든 확률 현상에 대한 모델이 비슷한 요소를 갖고 있다는 것입니다. 각각의 경우에는 가능한 결과의 집합이 있습니다. 발생한 특정 결과가 우리의 사업의 성공을 결정합니다.

다양한 결과에 확률을 부여함으로써 우리의 기대치와 이를 충족하지 못할 위험을 정량화할 수 있습니다. 이러한 맥락에서, 기본적인 확률 변수는 거의 항상 알파벳의 끝부분에 있는 대문자 이탤릭체, 예를 들어 *X*나 *Y*로 표시됩니다. 맥락은 이름과 몇 가지 가능한 특성을 제공합니다. 물론, 여기서 다루는 것과 같지 않은 계리 모델도 있습니다. 예를 들어, 생명보험에서는 모델 사무소가 보험 유형, 연령대, 성별 등을 포함하고, 해당 특성을 가진 계약 수를 포함하는 셀의 목록입니다.

이 개념을 확장하기 위해 "Principles Underlying Actuarial Science" [5, p. 7]에서의 정의를 고려해 봅시다:

> *현상(Phenomena)*은 관찰할 수 있는 사건입니다. *실험(Experiment)*은 특정 조건에서 주어진 현상을 관찰하는 것입니다. 실험의 결과는 *결과(Outcome)*라고 하며, *사건(Event)*은 하나 혹은 하나 이상의 가능한 결과 집합입니다. *확률적 현상(Stochastic Phenomena)*은 관련된 실험이 하나 이상의 가능한 결과를 갖는 현상입니다. 확률적 현상과 관련된 사건은 *불확실(Contingent)*한 것으로 간주됩니다.…*확률(Probability)*은 사건이 발생할 가능성을 측정하는 척도이며, 0에서 1까지의 증가하는 가능성 척도로 측정됩니다.…*확률 변수(Random Variable)*는 가능한 모든 결과에 숫자값을 할당하는 함수입니다.

다음은 계리 업무에서 접할 수 있는 12개의 확률 변수 목록입니다(모델 번호는 다음 섹션에서 소개되는 예제를 참조합니다):

1. 확률로 선택된 출생인의 사망 연령. (모델 1)
2. 확률로 선택된 피보험자의 보험 가입 시점부터 사망까지의 시간.
3. 확률로 선택된 노동자 보상 손해액 청구자의 장애 사건 발생 시점부터 회복 또는 사망까지의 시간.
4. 확률로 선택된 손해액 청구 사건의 발생 시점부터 보험사에 보고될 때까지의 시간.
5. 확률로 선택된 손해액 청구 사건이 보고된 시점부터 해결될 때까지의 시간.
6. 확률로 선택된 생명보험 손해액 청구에 대해 지급된 금액.
7. 확률로 선택된 자동차 신체 상해 손해액 청구에 대해 지급된 금액. (모델 2)
8. 확률로 선택된 피보험 자동차에서 1년 동안 발생한 자동차 신체 상해 손해액 청구 건수. (모델 3)
9. 확률로 선택된 병원에서 발생한 사건으로 인해 1년 동안 지급된 의료 과실 손해액 청구 총액. (모델 4)
10. 확률로 선택된 조기 종료된 피보험 주택 대출의 부도 또는 조기 상환까지의 시간.
11. 확률로 선택된 고수익 채권의 만기 시 지급된 금액.

12. 특정 미래 날짜의 주식 지수 가치.

이러한 모든 현상은 확률 변수로 표현될 수 있기 때문에, 확률과 수리 통계의 도구를 활용하여 이들에 대한 모델을 만들고 분석할 수 있습니다. 다음 단락에서는 확률 변수를 설명하는 데 사용되는 다섯 가지 주요 함수에 대해 설명합니다: 누적 분포 함수, 생존 함수, 확률 밀도 함수, 확률 질량 함수, 그리고 해저드 함수입니다. 이러한 함수들은 앞서 목록에서 확인된 네 가지 지속적인 모델과 나중에 소개될 한 가지 모델을 통해 설명됩니다.

2.2 주요 함수와 네가지 모델 Key Functions and Four Models

정의 2.1 *누적분포함수(Cumulative Distribution Function), 또는 분포 함수(Distribution Function)란 보통 $F_X(x)$ 또는 $F(x)$[1]로 표시되며, 확률변수 X에 대해 X가 주어진 숫자 이하일 확률을 의미합니다. 즉, $F_X(x) = Pr(X \leq x)$입니다. cdf라는 약어가 종종 사용됩니다.*

분포 함수는 다음 요구 사항을 충족해야 합니다:[2]

- 모든 x에 대해 $0 \leq F(x) \leq 1$,
- $F(x)$는 비감소 함수.
- $F(x)$는 우연속 함수.[3]
- $\lim_{x\to-\infty} F(x) = 0$이고 $\lim_{x\to\infty} F(x) = 1$.

왼쪽에서 연속일 필요는 없기 때문에, 분포 함수가 불연속적으로 증가할 수도 있습니다. 증가할 때에는 점프의 상단 값을 할당합니다.

다음은 네 가지 모델 각각에 대한 가능한 분포 함수입니다.

---

1 확률 변수와 관련된 함수를 나타낼 때, 일반적으로 함[a-z|A-Z]수에 첨자를 사용하여 해당 확률 변수를 식별합니다. 여기에서는 하나의 확률 변수를 다른 확률 변수와 구별해야 하는 경우에만 첨자를 사용합니다. 또한, 곧 소개될 다섯 가지 모델에 대해서는, 확률 변수 2의 분포 함수를 $F_{X2}(x)$로 표기하는 대신, 단순히 $F_2(x)$로 표기합니다.

2 첫 번째 항목은 나머지 세 가지 항목에서 도출됩니다.

3 우측 연속(right-continuous)이란 x_0에서 함수 $F(x)$의 한계 값(limiting value)이 x_0에 오른쪽에서 접근할 때 $F(x_0)$와 동일하다는 것을 의미합니다. 이는 x가 왼쪽에서 x_0로 접근할 때는 성립하지 않을 수 있습니다.

모델 1[4]이 확률변수는 사망 연령에 대한 모델로 사용될 수 있습니다. 0세에서 100세 사이의 모든 연령이 가능합니다. 경험적으로 인간 수명에는 상한이 있다고 제안되지만, 극단적인 연령에 대해 매우 낮은 확률을 부여하는 한 상한이 없는 모델이 유용할 수 있습니다. 이렇게 하면 모델 작성자가 특정 최대 연령을 설정하는 것을 피할 수 있습니다.

$$F_1(x) = \begin{cases} 0, & x < 0, \\ 0.01x, & 0 \le x < 100, \\ 1, & x \ge 100. \end{cases}$$

cdf는 아래 그림 2.1에 표시한다.

모델 2 이 확률변수는 자동차 보험 손해액 청구에 대해 지급된 금액의 모델로 사용할 수 있습니다. 모든 양의 값이 가능합니다. 사망률 모델과 마찬가지로 상한선이 있을 가능성이 있지만(세상의 모든 돈을 생각할 수 있음), 이 모델은 모델화에서 현실과의 일치가 반드시 완벽할 필요는 없다는 것을 보여줍니다.

$$F_2(x) = \begin{cases} 0, & x < 0, \\ 1 - \left(\dfrac{2{,}000}{x + 2{,}000}\right)^3, & x \ge 0. \end{cases}$$

cdf는 아래 그림 2.2에 표시한다

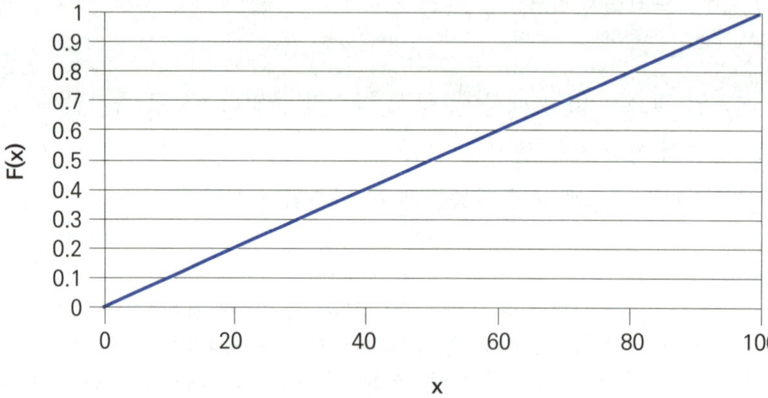

그림 2.1 The distribution function for Model 1

4 소개되는 다섯 가지 모델(여기서 네 가지는 먼저 소개되고 나머지 하나는 나중에 소개됨)은 숫자 1~5로 식별됩니다. 다른 예시는 정의 등에서 사용되는 전통적인 번호 체계를 따릅니다.

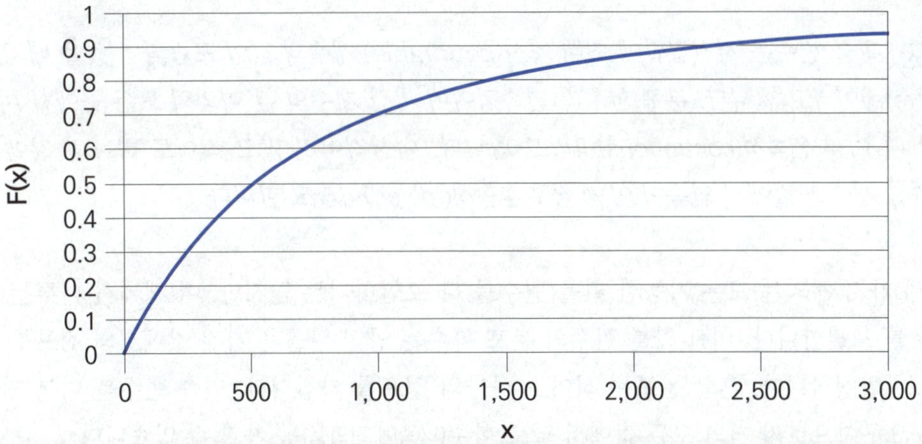

그림 2.2 The distribution function for Model 2

모델 3 이 확률변수는 1년 동안 하나의 보험 증권에서 발생한 손해액 청구 건수의 모델로 사용할 수 있습니다. 확률은 다섯 개의 지점(0, 1, 2, 3, 4)에 집중되며, 각 지점의 확률은 분포 함수에서의 점프 크기로 주어집니다.

$$F_3(x) = \begin{cases} 0, & x < 0, \\ 0.5, & 0 \le x < 1, \\ 0.75, & 1 \le x < 2, \\ 0.87, & 2 \le x < 3, \\ 0.95, & 3 \le x < 4, \\ 1, & x \ge 4. \end{cases}$$

이 모델은 손해액 청구 건수에 최댓값을 두지만, 제한이 없는 모델(예: 포아송 분포)도 사용할 수 있습니다.

모델 4 이 확률변수는 1년 동안 의료 과실 보험 증권에서 지급된 총 금액의 모델로 사용할 수 있습니다. 대부분의 확률은 0에 위치해 있는데(0.7), 이는 대부분의 해에 지급이 없기 때문입니다. 나머지 0.3의 확률은 양의 값에 분포됩니다.

$$F_4(x) = \begin{cases} 0, & x < 0, \\ 1 - 0.3e^{-0.00001x}, & x \ge 0. \end{cases}$$

정의 2.2 *확률 변수의 지지집합(support)은 확률 변수의 가능한 값들의 집합입니다.*

정의 2.3 *확률 변수는 지지집합에 최대 가산(countable) 개수의 값이 포함되어 있을 때 **이산적(discrete)**이라고 합니다. 분포 함수가 연속적이며 가산 개수의 값 이외의 모든 곳에서 미분 가능할 때 이를 **연속적(continuous)**이라고 합니다. 이산적이지 않고 적어도 하나의 값에서, 최대 가산 개수의 값에서 연속이 아닌 경우 **혼합적(mixed)**이라고 합니다.*

이 세 가지 정의는 모든 가능한 확률 변수를 다 포함하지는 않지만, 이 책에서 다루는 모든 경우를 포괄합니다. 이산 확률 변수의 분포 함수는 양의 확률을 가진 값에서의 점프를 제외하고는 일정합니다. 혼합 분포는 적어도 하나의 점프를 가집니다. 연속 변수를 미분 가능하도록 요구함으로써 거의 모든 값에서 밀도 함수(나중에 정의됨)를 가질 수 있습니다.

예제 2.1

네 가지 모델 각각에 대해 지지집합(support)을 결정하고, 확률 변수의 유형을 나타내십시오.

모델 1의 분포 함수는 0과 100에서만 미분 불가능하고 연속적이므로, 연속 분포입니다. 지지집합은 0에서 100 사이의 값으로, 0과 100이 포함되는지 여부는 명확하지 않습니다.[5]

모델 2의 분포 함수는 0에서만 미분 불가능하고 연속적이므로, 연속 분포입니다. 지지집합은 모든 양의 실수이며, 0을 포함할 수도 있습니다. 모델 3의 확률 변수는 0, 1, 2, 3, 4에만 확률을 부여하므로(이들이 지지집합), 이산적입니다. 모델 4의 분포 함수는 0에서 점프가 발생하는 경우를 제외하고는 연속적입니다. 이는 혼합 분포이며 지지집합은 0 이상의 실수입니다.

□

이 네 가지 모델은 분포 함수에서 가장 흔히 접하게 되는 형태를 보여줍니다. 책의 나머지 부분에서는 함수가 제시될 때, 지지집합 밖의 값(주로 분포 함수와 생존 함수가 0 또는 1인 경우)은 표시되지 않습니다.

정의 2.4 *생존함수(Survival Function)는 보통 $S_X(x)$ 또는 $S(x)$로 표시되며, 확률변수 X가 주어진 숫자보다 클 확률을 나타냅니다. 즉, $S_X(x) = Pr(X > x) = 1 - F_X(x)$ 입니다.*

---

5 이유가 명확하지 않은 것은 기본적으로 사용되는 확률 변수가 명시적으로 설명되지 않았기 때문입니다. 예를 들어, 모델 1이 허리케인 후 임의로 선택된 집에서 손실된 가치의 백분율을 나타낸다고 가정하면, 0과 100은 모두 가능한 값이며 지원(support)에 포함됩니다. 연속형 확률 변수의 지원에서 끝점을 포함할지 여부에 대한 결정이 실제로 필요한 경우는 드뭅니다. 명확한 답이 없는 경우, 임의의 선택을 할 수 있습니다.

이로 인해 다음의 성질을 갖습니다:

- 모든 x에 대해 $0 \le S(x) \le 1$,
- $S(x)$는 비증가 함수.
- $S(x)$는 우연속 함수.
- $\lim_{x\to-\infty} S(x) = 1$ 이고 $\lim_{x\to\infty} S(x) = 0$.

생존 함수는 왼쪽에서 연속일 필요가 없기 때문에, 아래로 점프할 수 있습니다. 점프가 발생하면, 점프의 하단 값이 할당됩니다.

생존 함수는 분포 함수의 여집합이므로, 하나를 알면 다른 하나도 알 수 있습니다. 역사적으로, 확률 변수가 시간을 측정할 때는 생존 함수가, 금액을 측정할 때는 분포 함수가 주로 사용되었습니다.

예제 2.2

완전성을 위해, 다음은 네 가지 모델에 대한 생존 함수입니다.

$$S_1(x) = 1 - 0.01x, \quad 0 \le x < 100,$$

$$S_2(x) = \left(\frac{2{,}000}{x + 2{,}000}\right)^3, \quad x \ge 0,$$

$$S_3(x) = \begin{cases} 0.5, & 0 \le x < 1, \\ 0.25, & 1 \le x < 2, \\ 0.13, & 2 \le x < 3, \\ 0.05, & 3 \le x < 4, \\ 0, & x \ge 4, \end{cases}$$

$$S_4(x) = 0.3e^{-0.00001x}, \quad x \ge 0.$$

모델 1과 모델 2의 생존 함수는 그림 2, 3에 표시합니다. □

분포 함수나 생존 함수를 사용하여 확률을 결정할 수 있습니다. $F(b-) = \lim_{x \nearrow b} F(x)$ 및 $S(b-)$를 유사하게 정의합시다. 즉, x가 b에 아래쪽에서 접근할 때의 극한을 구하고자 합니다. 따라서 다음과 같은 관계식을 갖습니다.

$$\Pr(a < X \le b) = F(b) - F(a) = S(a) - S(b)$$

$$\Pr(X = b) = F(b) - F(b-) = S(b-) - S(b)$$

분포 함수가 x에서 연속적일 때, $\Pr(X = x) = 0$입니다. 그렇지 않으면, 확률은 점프 크기입니다. 다음 두 함수는 확률과 더 직접적으로 관련이 있습니다. 첫 번째는 연속 분포에, 두번째는 이산 분포에 사용됩니다.

정의 2.5 *밀도함수(Density Function)라고도 하며 보통 $f_x(x)$ 혹은 $f(x)$로 표시하는, 확률밀도함수(Probability Density Function)는 분포 함수의 미분 함수이거나, 동등하게, 생존 함수의 음의 미분 함수입니다. 즉, $f(x) = F'(x) = -S'(x)$입니다. 밀도 함수는 미분함수가 존재하는 지점에서만 정의됩니다. pdf라는 약어가 자주 사용됩니다.*

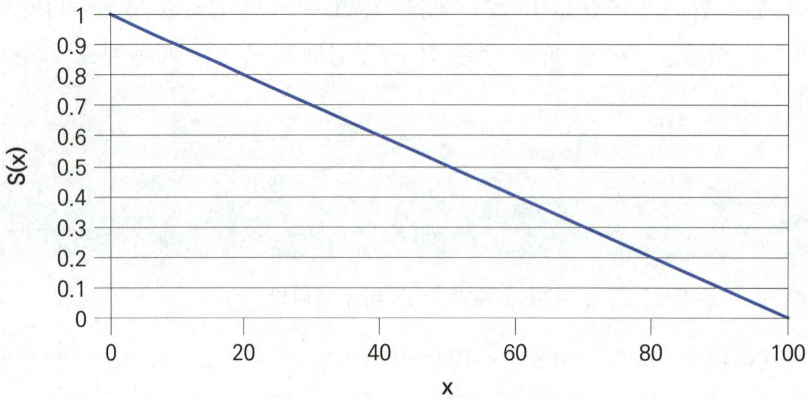

그림 2.3 The survival function for Model 1

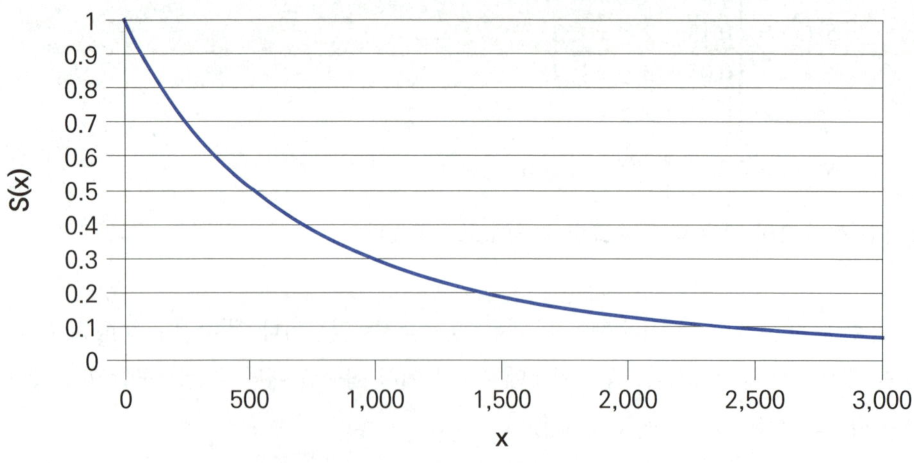

그림 2.4 The survival function for Model 2

밀도 함수는 직접적으로 확률을 제공하지는 않지만, 관련 정보를 제공합니다. 밀도 값이 높은 영역에서 확률 변수의 값이 발생할 가능성이 낮은 영역보다 더 큽니다. 구간에 대한 확률과 분포 및 생존 함수는 적분을 통해 구할 수 있습니다. 즉, 밀도 함수가 해당 구간에 대해 정의되어 있을 때,

$$\Pr(a < X \le b) = \int_a^b f(x)\,dx,$$
$$F(b) = \int_{-\infty}^b f(x)\,dx, \text{ 그리고 } S(b) = \int_b^\infty f(x)\,dx.$$

예제 2.3

다음 모델에 대하여,

$$f_1(x) = 0.01, \quad 0 < x < 100,$$
$$f_2(x) = \frac{3(2{,}000)^3}{(x+2{,}000)^4}, \quad x > 0,$$
$$F_3(x) \text{ is not defined}$$
$$f_4(x) = 0.000003e^{-0.00001x}, \quad x > 0.$$

□

모델 4의 경우, 밀도 함수가 확률 분포를 완전히 설명하지 않는다는 점에 유의해야 합니다. 혼합(Mixed) 분포이므로, 0에서 이산 확률도 존재합니다. 모델 1과 2의 밀도 함수는 그림 2.5와 2.6에 나타나 있습니다.

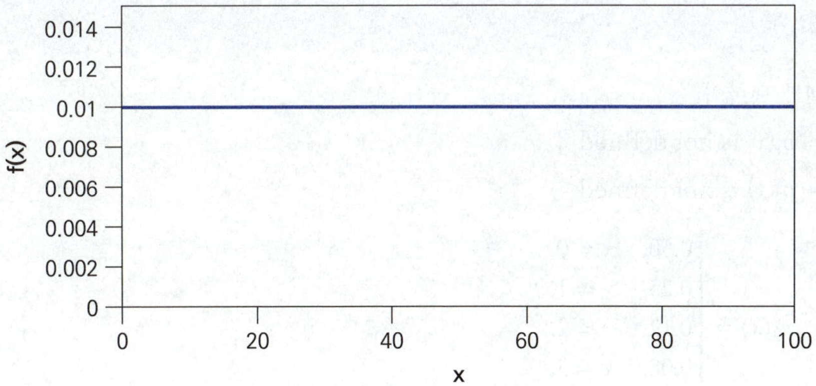

그림 2.5 The density function for Model 1

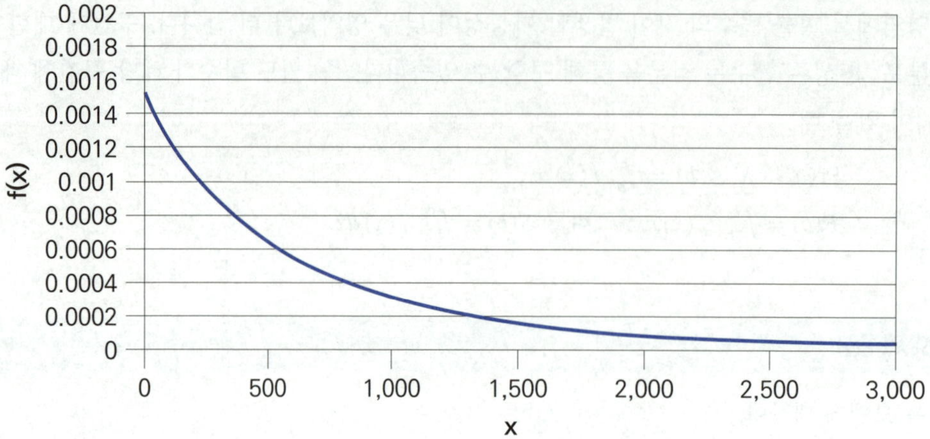

그림 2.6 The density function for Model 2

정의 2.6 *확률 함수(probability function), 또는 확률 질량 함수(probability mass function)는 보통 또는 $p_X(x)$ 혹은 $p(x)$로 표기되며, 확률이 0이 아닐 때 특정 지점에서의 확률을 나타냅니다.*

공식 정의는 $p_X(x) = \Pr(X = x)$입니다.

이산형 확률변수의 경우, 분포 함수와 생존 함수는 다음과 같이 구할 수 있습니다:

$F(x) = \sum_{y \le x} p(y), \quad S(x) = \sum_{y > x} p(y).$.

예제 2.4

다음 모델에 대하여,

$p_1(x)$ is not defined

$p_2(x)$ is not defined

$$p_3(x) = \begin{cases} 0.50, & x = 0, \\ 0.25, & x = 1, \\ 0.12, & x = 2, \\ 0.08, & x = 3, \\ 0.05, & x = 4, \end{cases}$$

$p_4(0) = 0.7.$

다시 한번, 모델 4의 분포가 혼합 분포임을 유의해야 하며, 위의 설명은 해당 분포의 이산 부분에 대해서만 설명합니다. 혼합 분포의 경우 확률 또는 밀도를 쉽게 제시하는 방법이 없습니다. 모델 4의 경우 확률 밀도 함수는 다음과 같이 제시됩니다:

$$f_4(x) = \begin{cases} 0.7, & x = 0, \\ 0.000003e^{-0.00001x}, & x > 0, \end{cases}$$

이는 기술적으로는 확률 밀도 함수가 아님을 인지해야 합니다. 밀도 함수가 특정 구간이 아닌 특정 지점에서 값을 할당 받는 경우, 이 값은 이산 확률 질량으로 이해됩니다. □

정의 2.7 정의 2.7 *해저드율(hazard rate)은 사망력(force of mortality) 또는 실패율(failure rate)이라고도 불리며, 보통 $h_X(x)$ 또는 $h(x)$로 표기됩니다. 해저드율은 밀도 함수가 정의된 경우 밀도 함수와 생존 함수의 비율입니다.*

즉, $h_X(x) = f_X(x)/S_X(x)$. 해저드율을 사망력(force of mortality)이라고 부를 때는 보통 $\mu(x)$로, 실패율(failure rate)이라고 부를 때는 $\lambda(x)$로 표기합니다. 그러나 해저드율은 x 이상일 때 x에서의 확률 밀도로 해석할 수 있습니다. 또한 다음과 같은 관계를 갖습니다. $h_X(x) = -S'(x)/S(x) = -d \ln S(x)/dx$. 생존 함수는 해저드율을 통해 $S(b) = e^{-\int_0^b h(x)\,dx}$로 도출할 수 있습니다. 이 공식은 반드시 필요한 것은 아니지만, 지지집합이 0 이상의 숫자라는 것을 의미합니다. 사망률 관점에서 사망력은 나이 x인 사람이 다음 순간에 사망할 연간 확률을 연율 사망률[6]로 표현합니다.이 책에서는 항상 $h(x)$로 해저드율을 표기하지만, 다른 이름이 사용될 수도 있습니다.

예제 2.5

다음 모델에 대하여,

$$\begin{aligned} h_1(x) &= \frac{0.01}{1-0.01x}, \quad 0 < x < 100, \\ h_2(x) &= \frac{3}{x+2{,}000}, \quad x > 0, \\ h_3(x) &\text{ is not defined}, \\ h_4(x) &= 0.00001, \quad x > 0. \end{aligned}$$

6 사망 강도(force of mortality)는 확률이 아니며(특히 1보다 클 수 있음), 이를 확률로 시각화하는 것이 큰 문제가 되지는 않습니다.

혼합 분포의 경우, 해저드율은 확률 변수의 지지집합 일부에서만 정의된다는 점을 다시 한번 유의해야 합니다. 이는 확률 밀도 함수와 확률 함수가 모두 포함된 이전 문제와 다릅니다. 이산 확률 질량이 있는 경우, 해저드율은 정의되지 않습니다. 모델 1과 모델 2의 해저드율 함수는 그림 2.7과 2.8에 설명되어 있습니다. □

다음 모델은 밀도 함수와 해저드율 함수가 정의되지 않는 지점이 있는 경우를 보여줍니다.

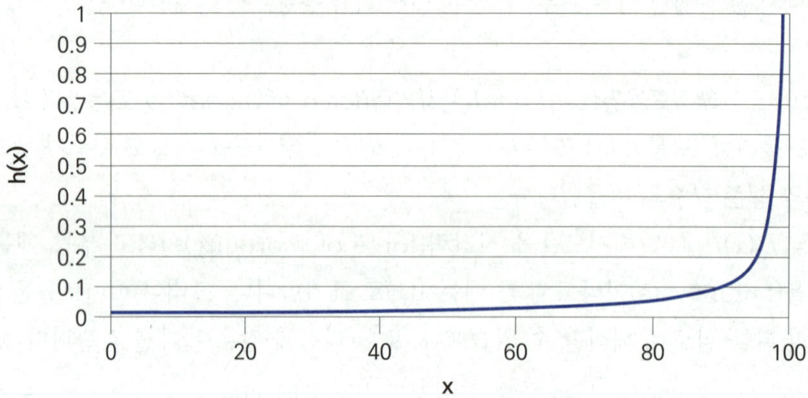

그림 2.7 The hazard rate function for Model 1

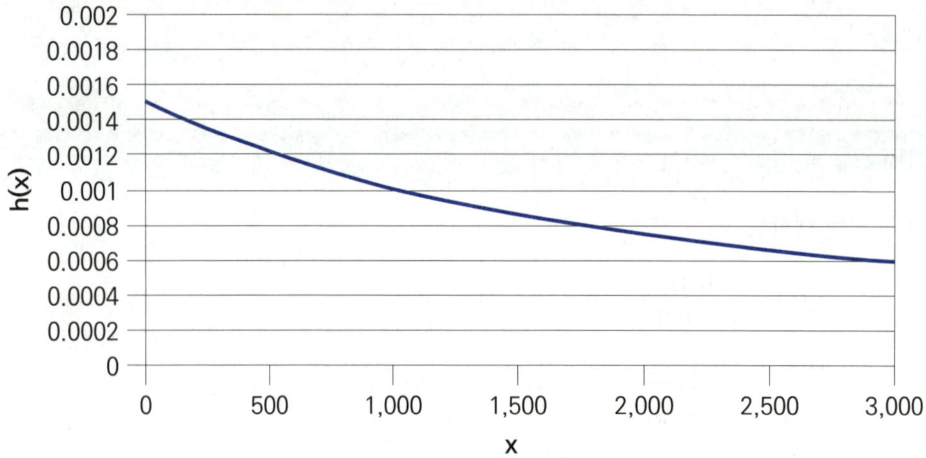

그림 2.8 The hazard rate function for Model 2

모델 5 모델 1의 단순 수명 분포에 대한 대안이 여기 제시되어 있습니다. 이 모델은 구간별로 선형이며, 50에서 도함수(derivative)가 정의되지 않음을 주의하세요. 따라서, 밀도 함수와 해저드율 함수는 50에서 정의되지 않습니다. 모델 4의 혼합 모델과는 달리, 이 지점에 이산 확률 질량이 존재하지 않습니다. 50이 발생할 확률이 0이기 때문에, 50에서 밀도 함수나 해저드율을 임의로 정의하더라도 이후의 계산에 영향을 미치지 않습니다.

이 책에서는 이러한 값들을 함수가 우연속성[7]을 갖도록 임의로 정의합니다. 예시는 연습문제 2.1의 해답을 참조하십시오.

$$S_5(x) = \begin{cases} 1 - 0.01x, & 0 \le x < 50, \\ 1.5 - 0.02x, & 50 \le x < 75. \end{cases}$$

자주 사용되는 다양한 연속 분포는 부록 A에, 많은 이산 분포는 부록 B에 제시되어 있습니다.

확률 변수의 흥미로운 특성 중 하나는 가장 발생 가능성이 높은 값입니다.

정의 2.8 *확률 변수의 최빈값(mode)은 가장 발생 가능성이 높은 값입니다. 이산 변수의 경우, 최빈값은 가장 큰 확률을 가지는 값입니다. 연속 변수의 경우, 최빈값은 밀도 함수가 가장 큰 값입니다. 만약 국소 극대값이 존재하면, 이러한 지점들도 최빈값으로 간주됩니다.*

예제 2.6

가능한 경우, 모델 1-5의 최빈값(mode)을 구하십시오.

모델 1에서는 밀도 함수가 일정합니다. 0에서 100까지의 모든 값이 최빈값이 될 수 있으며, 또는 최빈값이 없다고 할 수도 있습니다.

모델 2에서는 밀도 함수가 엄격하게 감소하므로 최빈값은 0입니다.

모델 3에서는 0에서 확률이 가장 큽니다.

모델 4는 혼합 분포이므로 최빈값을 정의할 수 없습니다.

모델 5에서는 밀도가 두 구간에서 일정하며, 50에서 75까지의 값이 더 높습니다. 이 값들이 모두 최빈값입니다. □

---

7 밀도 함수 또는 위험률 함수의 값을 이러한 점에서 임의로 정의함으로써, 이를 사용하여 생존 함수를 도출하는 것이 가능하다는 점이 명확합니다. 만약 해당 지점에서 이산 확률이 존재한다면(이 경우 이러한 함수들은 정의되지 않음), 밀도 함수와 위험률 함수만으로는 확률 분포를 완전히 설명할 수 없습니다.

2.2.1 연습 문제

2.1 모델 5의 분포 함수, 밀도 함수, 및 해저드율 함수를 구하십시오.

2.2 모델 3, 4, 5의 분포 함수 그래프를 작성하십시오. 적절한 경우 밀도 또는 확률 함수와 해저드율 함수의 그래프도 작성하십시오.

2.3 (*) 확률 변수 X의 밀도 함수가

$$f(x) = 4x(1+x^2)^{-3},\ x > 0$$

X의 최빈값을 구하십시오.

2.4 (*) 음이 아닌 확률 변수의 해저드율 함수가

$$h(x) = A + e^{2x},\ x \geq 0.$$

또한 $S(0.4) = 0.5$가 주어졌습니다. A의 값을 구하십시오.

2.5 (*) X는 모수(Parameter) $\alpha = 2$, $\theta = 10{,}000$을 가진 Pareto 분포를 따릅니다. Y는 모수 $\alpha = 2$, $\gamma = 2$, 그리고 $\theta = \sqrt{20{,}000}$을 가진 Burr 분포를 따릅니다. r을 $\Pr(Y > d)$대비 $\Pr(X > d)$의 비율로 설정합니다. $\log_{d\to\infty} r$의 값을 구하십시오.

03 기본 분포 측정치 BASIC DISTRIBUTIONAL QUANTITIES

3.1 모먼트 Moments

2장에서 설명한 모델을 통해 다양한 흥미로운 계산을 할 수 있습니다. 예로는 면책액(Deductible)이나 보험 한도(Policy Limit)가 적용된 보험 손해액 청구 건의 평균 지급액, 혹은 40세 사람의 평균 잔여 수명이 있습니다.

정의 3.1 *확률 변수의 k번째 순 모먼트(raw moment)는, 존재한다면, 그 변수의 k번째 거듭제곱의 기댓값(평균값)입니다. 이는 $E(X^k)$ 또는 μ'_k로 표기됩니다. 첫 번째 순(raw) 모먼트는 확률 변수의 평균(mean)이라고 하며, 보통 μ로 표기됩니다.*

μ는 정의 2.7에서의 사망력 $\mu(x)$와 관련이 없음을 유의하세요. 값이 음수가 아닌 경우만을 가지는 확률 변수(즉, $\Pr(X \geq 0) = 1$)에 대해서는 k가 실수일 수 있습니다. 이 값을 계산하는 공식을 제시할 때는 연속 변수와 이산 변수를 구분해야 합니다. 모든 구간에서 연속적이거나 모든 구간에서 이산적인 확률 변수에 대한 공식이 제시될 것입니다. 혼합 모델의 경우, 확률 변수가 연속인 부분에서는 밀도 함수에 대해 적분하고, 이산인 부분에서는 확률 함수에 대해 합산하여 결과를 더합니다. k번째 순(raw) 모먼트에 대한 공식에서 합은 양의 확률을 가지는 모든 x_j에 대해 취해야 합니다. 마지막으로, 적분이나 합이 수렴하지 않을 수도 있으며, 이 경우 모먼트가 존재하지 않는다고 할수 있는 경우에 주목하십시오.

$$\mu'_k = \mathrm{E}(X^k) = \int_{-\infty}^{\infty} x^k f(x)\,dx \text{ if the random variable is continuos}$$
$$= \sum_j x_j^k p(x_j) \qquad \text{if the random variable is discrete,} \qquad (3.1)$$

예제 3.1

각각의 다섯 가지 모델에 대해 첫 번째와 두 번째 순(raw) 모먼트를 구하십시오. 확률 변수 X의 첨자는 사용 중인 모델을 나타냅니다.

$$\mathrm{E}(X_1) = \int_0^{100} x(0.01)\,dx = 50,$$
$$\mathrm{E}(X_1^2) = \int_0^{100} x^2(0.01)\,dx = 3{,}333.33,$$
$$\mathrm{E}(X_2) = \int_0^{\infty} x\frac{3(2{,}000)^3}{(x+2{,}000)^4}\,dx = 1{,}000,$$
$$\mathrm{E}(X_2^2) = \int_0^{\infty} x^2\frac{3(2{,}000)^3}{(x+2{,}000)^4}\,dx = 4{,}000{,}000,$$
$$\mathrm{E}(X_3) = 0(0.5)+1(0.25)+2(0.12)+3(0.08)+4(0.05) = 0.93,$$
$$\mathrm{E}(X_3^2) = 0(0.5)+1(0.25)+4(0.12)+9(0.08)+16(0.05) = 2.25,$$
$$\mathrm{E}(X_4) = 0(0.7) + \int_0^{\infty} x(0.000003)e^{-0.00001x}\,dx = 30{,}000,$$
$$\mathrm{E}(X_4^2) = 0^2(0.7) + \int_0^{\infty} x^2(0.000003)e^{-0.00001x}\,dx = 6{,}000{,}000{,}000,$$
$$\mathrm{E}(X_5) = \int_0^{50} x(0.01)\,dx + \int_{50}^{75} x(0.02)\,dx = 43.75,$$
$$\mathrm{E}(X_5^2) = \int_0^{50} x^2(0.01)\,dx + \int_{50}^{75} x^2(0.02)\,dx = 2{,}395.83.$$

정의 3.2 *확률 변수의 k번째 중심 모먼트(central moment)는 해당 변수의 평균으로부터의 편차의 k제곱의 기댓값입니다. 이는 $E[(X-\mu)^k]$ 또는 μ_k로 표기됩니다. 두 번째 중심 모먼트는 보통 **분산(variance)**이라고 하며, σ^2 또는 $\mathrm{Var}(X)$로 표시되며, 그 제곱근 σ는 **표준편차(standard deviation)**라고 합니다. 표준편차를 평균으로 나눈 비율은 **변동 계수(coefficient of variation)**라고 합니다. 세 번째 중심 모먼트를 표준편차의 세 제곱으로 나눈 비율 $\gamma_1 = \mu^3/\sigma^3$은 왜도(skewness)라고 하며, 네 번째 중심 모먼트를 표준편차의 네 제곱으로 나눈 비율 $\gamma_2 = \mu^4/\sigma^4$*

은 *첨도*[1]*(kurtosis)라고 합니다.*

중심 모먼트를 계산하는 연속 및 이산 공식은 다음과 같습니다.

$$
\begin{aligned}
\mu_k &= \mathrm{E}[(X-\mu)^k] \\
&= \int_{-\infty}^{\infty} (x-\mu)^k f(x)\,dx \quad \text{if the random variable is continuous} \\
&= \sum_j (x_j-\mu)^k p(x_j) \quad \text{if the random variable is discrete.}
\end{aligned} \tag{3.2}
$$

실제로는 $f(x)$가 양수인 x 값에 대해서만 적분을 취하면 됩니다. 표준편차는 확률이 확률 변수의 가능한 값들에 얼마나 널리 퍼져 있는지를 측정하는 지표이며, 확률 변수 자체와 동일한 단위로 측정됩니다. 변동 계수는 평균에 대한 퍼짐의 정도를 측정합니다. 왜도는 비대칭성을 측정하는 지표입니다. 대칭 분포의 왜도는 0이며, 양의 왜도는 평균보다 오른쪽으로 더 먼 값들에 확률이 할당되는 경향이 있음을 나타냅니다. 첨도는 정규 분포(첨도 3)[2]와 비교하여 분포의 평탄함을 측정합니다. 첨도가 3을 초과하는 값은, 표준편차가 일정하다는 가정하에, 평균 근처보다 평균에서 멀리 떨어진 지점에 더 많은 확률이 할당되는 경향이 있음을 나타냅니다. 변동 계수, 왜도, 첨도는 모두 무차원 지표입니다.

순(raw) 모먼트와 중심 모먼트 사이에는 연결 관계가 있습니다. 다음 식은 두 번째 모먼트 간의 관계를 나타냅니다. 전개는 (3.1) 및 (3.2)에서 연속 버전을 사용하지만, 결과는 모든 확률 변수에 적용됩니다.

$$
\begin{aligned}
\mu_2 &= \int_{-\infty}^{\infty} (x-\mu)^2 f(x)\,dx = \int_{-\infty}^{\infty} (x^2-2x\mu+\mu^2) f(x)\,dx \\
&= \mathrm{E}(X^2) - 2\mu\mathrm{E}(X) + \mu^2 = \mu_2' - \mu^2.
\end{aligned} \tag{3.3}
$$

---

1 이를 "왜도 계수(coefficient of skewness)" 및 "첨도 계수(coefficient of kurtosis)"라고 부르는 것이 더 정확합니다. 왜냐하면 비대칭성과 평탄도를 측정하는 다른 수치들도 존재하기 때문입니다. 그러나 이 텍스트에서는 간단한 표현을 사용합니다.

2 이로 인해, 첨도에 대한 대안적 정의에서는 본 정의에서 3을 뺀 값을 사용하여, 정규 분포의 첨도가 0이 되며, 이는 편리한 기준점으로 사용할 수 있습니다.

예제 3.2

감마 분포의 밀도 함수는 양의 왜도를 가진 것으로 보입니다. 이것이 사실임을 증명하고 그래프로 설명하십시오.

부록 A에 따르면, 감마 분포의 첫 세번째 순(raw) 모멘트는 $\alpha\theta$, $\alpha(\alpha+1)\theta^2$, $\alpha(\alpha+1)(\alpha+2)\theta^3$입니다. 식 (3.3)에서 분산은 $\alpha\theta^2$이며, 연습문제 3.1의 해답에서 세 번째 중심 모멘트는 $2\alpha\theta^3$입니다. 따라서 왜도는 $2\alpha^{-1/2}$입니다. α가 항상 양수이므로, 왜도는 항상 양수입니다. 또한 α가 감소하면 왜도는 증가합니다.

다음의 두 감마 분포를 고려해 봅시다. 하나는 모수 $\alpha = 0.5$와 $\theta = 100$을 가지며, 다른 하나는 $\alpha = 5$와 $\theta = 10$을 가집니다. 이들은 동일한 평균을 가지지만, 각각의 왜도 계수는 2.83과 0.89입니다. 그림 3.1은 이 차이를 보여줍니다. □

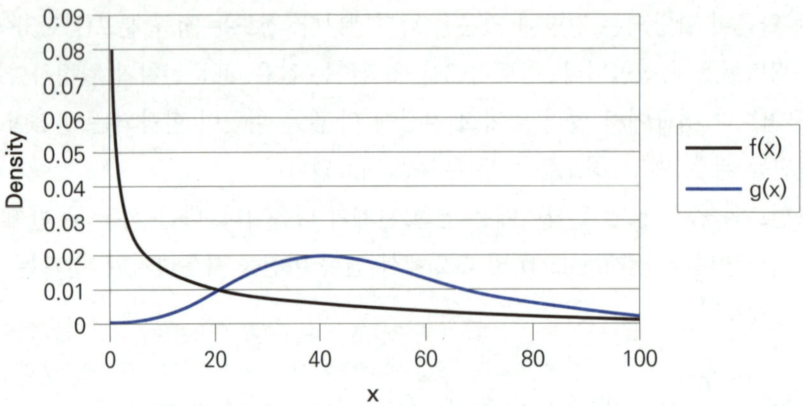

그림 3.1 The densities of $f(x)$ ~gamma(0.5, 100) and $g(x)$ ~gamma(5,10)

마지막으로, 모멘트를 계산할 때, 적분이나 합이 존재하지 않을 수 있습니다(모델 2의 세 번째와 네 번째 모멘트의 경우처럼). 우리가 일반적으로 접하는 모델의 경우, 적분 피적분 함수와 합의 항들은 음수가 아니므로, 존재하지 않는다는 것은 적분이나 합의 극한이 무한대임을 의미합니다. 예시는 예제 3.9를 참조하십시오.

정의 3.3 *주어진 d 값에 대해 $\Pr(X > d)$인 경우, 초과 손해액 변수는 $Y^P = X - d$, 조건 $X > d$ 하에서 정의됩니다. 그 기댓값*

$$e_X(d) = e(d) = \mathrm{E}(Y^P) = \mathrm{E}(X - d|X > d),$$

는 *평균 초과 손해액 함수*(mean excess loss function)*라고 합니다. 이 기댓값에 대한 다른 명칭으로는* ***평균 잔여 수명 함수***(mean residual life function)*와* ***완전 기대 수명***(complete expectation of life)*이 있습니다. 후자의 용어가 사용될 때는 일반적으로 라는 기호를 사용합니다.*

이 변수는 또한 왼쪽 절단되고 이동된 변수(left truncated and shifted variable)라고도 할 수 있습니다. 이는 X의 값 중 d 이하인 값들은 관측되지 않기 때문에 왼쪽 절단되었다고 하며, 남은 값에서 d가 차감되기 때문에 이동되었다고 합니다. X가 지급손해액 변수일 경우, 평균 초과 손해액은 면책액 d[3]를 초과하는 지급이 발생했을 때 기대되는 지급액입니다. X가 사망 연령일 경우, 평균 초과 손해액은 사람이 d세에 살아있을 때 기대되는 잔여 생명 시간입니다. 초과 손해액 변수의 k번째 모먼트는 다음과 같이 결정됩니다:

$$\begin{aligned} e_X^k(d) &= \frac{\int_d^\infty (x-d)^k f(x)\,dx}{1-F(d)} \quad \text{if the variable is continuous} \\ &= \frac{\sum_{x_j>d}(x_j-d)^k p(x_j)}{1-F(d)} \quad \text{if the variable is discrete.} \end{aligned} \tag{3.4}$$

여기서 $e_X^k(d)$는 적분 또는 합이 수렴할 때에만 정의됩니다. 첫 번째 모먼트를 계산하는 데 특히 편리한 공식이 있습니다. 아래 전개는 연속형 확률 변수에 대한 것이지만, 결과는 모든 유형의 확률 변수에 대해 적용됩니다.

두 번째 줄은 부분 적분에 기반하고 있으며, 여기서 $f(x)$의 부정적분은 $-S(x)$로 취해집니다.

$$\begin{aligned} e_X(d) &= \frac{\int_d^\infty (x-d) f(x)\,dx}{1-F(d)} \\ &= \frac{-(x-d)S(x)|_d^\infty + \int_d^\infty S(x)\,dx}{S(d)} \\ &= \frac{\int_d^\infty S(x)\,dx}{S(d)}. \end{aligned} \tag{3.5}$$

3 이는 P 위첨자의 의미를 제공하며, 이는 지급당 금액(per payment)을 나타냅니다. 이는 곧 소개될 Y^L(손실당 금액, per-loss 변수)와 이 변수를 구별하기 위해 사용됩니다. 이 두 변수는 8장에서 자세히 탐구됩니다

정의 3.4 *왼쪽 한도 적용(left censored)되고 이동(shifted)된 변수는 다음과 같습니다.*

$$Y^L = (X-d)_+ = \begin{cases} 0, & X \le d, \\ X-d, & X > d. \end{cases}$$

이는 왼쪽 한도 적용(left censored)되었다고 하는데, 이는 d 이하의 값들이 무시되지 않고 0으로 설정되기 때문입니다. 이 변수의 모먼트에 대한 표준 이름이나 기호는 없습니다. 금전적 사건에 대해 초과 손실 변수와 왼쪽 한도 적용(left censored) 및 이동된 변수 간의 차이는 지급 건당(per payment)과 손실당(per loss)입니다. 지급 건당 상황에서, 이 변수는 지급이 있을 때만 존재합니다. 손실당 변수는 손실이 지급을 발생시키지 않을 때 값을 0으로 취합니다. 모먼트는 다음과 같이 계산할 수 있습니다.

$$\begin{aligned} \mathrm{E}[(X-d)_+^k] &= \int_d^{\infty} (x-d)^k f(x)\,dx \quad \text{if the variable is continuous.} \\ &= \sum_{x_j > d} (x_j - d)^k p(x_j) \quad \text{if the variable is discrete.} \end{aligned} \tag{3.6}$$

다음을 주목합시다.

$$\mathrm{E}[(X-d)_+^k] = e^k(d)[1-F(d)]. \tag{3.7}$$

예제 3.3

초과 손실액 변수와 왼쪽 한도 적용(left censored) 및 이동된 변수 간의 차이를 설명하는 그래프를 작성하십시오.

그림 3.2와 3.3의 두 그래프는 수정된 변수 Y를 수정되지 않은 변수 X의 함수로 나타낸 것입니다. 유일한 차이점은 X 값이 100 이하일 때, 초과 손실 변수는 정의되지 않지만, 왼쪽 한도 적용(left censored) 및 이동된 변수는 0으로 설정된다는 점입니다. □

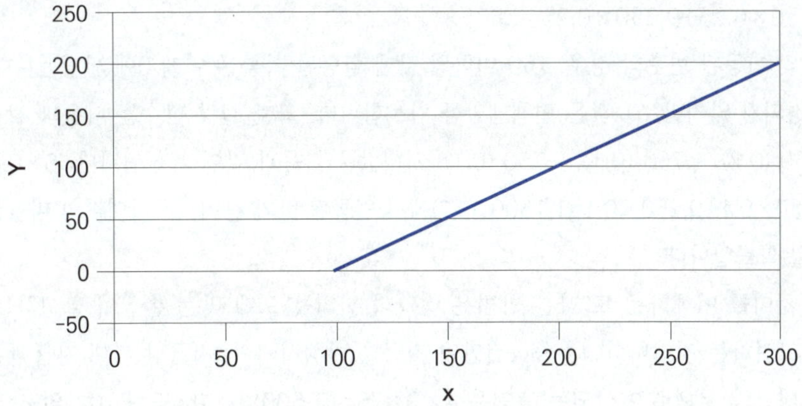

그림 3.2 The excess loss variable

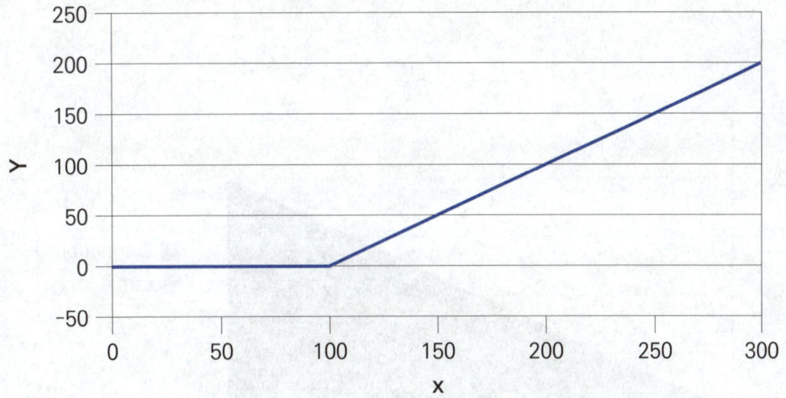

그림 3.3 A left censored and shifted variable

예제 3.4

보장 수정이 없는 자동차 보험 계약은 다음과 같은 가능한 손실을 가지고 있으며, 확률은 괄호 안에 표시되어 있습니다: 100 (0.4), 500 (0.2), 1,000 (0.2), 2,500 (0.1), 10,000 (0.1). 초과 손실 변수와 왼쪽 검열 및 이동된 변수에 대한 확률 질량 함수와 기댓값을 구하십시오. 여기서 면책액은 750으로 설정됩니다.

초과 손실 변수의 경우, 각 손실에서 750을 초과한 금액만 계산합니다. 따라서 이 확률 변수의 가능한 값은 250, 1,750, 9,250입니다. 조건부 확률은 세 확률을 0.4(면책액을 초과할 확률)로 나누어 얻습니다. 각각 0.5, 0.25, 0.25입니다. 기댓값은 다음과 같이 계산됩니다: 250 ×0.5+1,750×0.25+9,250×0.25=2,875.

왼쪽 검열 및 이동된 변수의 경우, 750 이하의 값에 할당된 확률은 이제 0에 할당됩니다. 다른 확률은 변경되지 않지만, 그 값은 면책액만큼 감소합니다. 확률 질량 함수는 다음과 같습니다: 0 (0.6), 250 (0.2), 1,750 (0.1), 9,750 (0.1). 기댓값은 다음과 같이 계산됩니다: 0×0.6+250 ×0.2+1,750×0.1+9,250×0.1=1,1500. (3.7)에서 언급된 바와 같이, 두 기댓값의 비율은 면책액을 초과할 확률입니다.

이 기댓값 차이를 이해하는 또 다른 방법은 정확히 위의 분포에 맞는 손실이 발생하는 10건의 사고를 고려하는 것입니다. 이 중 4건만이 지급을 발생시키며, 지급당 기대 지급액에 곱하면 회사가 지급할 것으로 예상되는 총액은 4×2,875=11,500입니다. 또는 10건의 사고가 각각 손실(사고)당 기대 지급액 1,150을 가지므로, 총 기댓값은 11,500입니다. 따라서 중요한 것은 사용되는 변수가 아니라, 적절하게 사용되는 것입니다. □

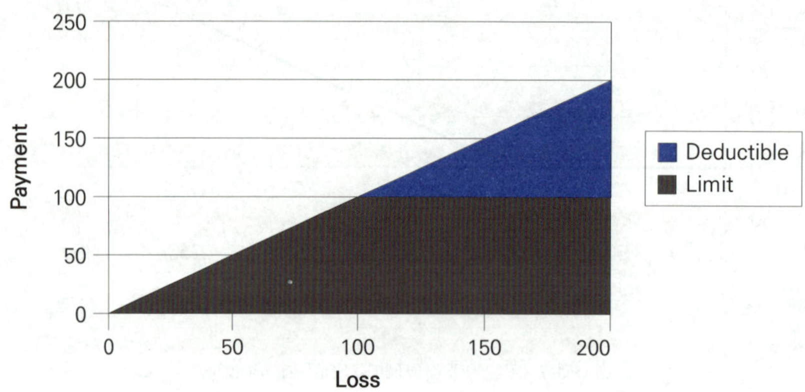

그림 3.4 A limit of 100 plus a deductible of 100 equals full coverage

다음 정의는 초과 손해액 변수에 대한 보완 변수를 제공합니다.

정의 3.5 *제한 손해액 변수(limited loss variable)는*

$$Y = X \wedge u = \begin{cases} X, & X < u, \\ u, & X \geq u. \end{cases}$$

그 기댓값 $E(X \wedge u)$는 제한 기대 손실액(limited expected loss)이라고 합니다.

이 변수는 오른쪽 한도 적용 변수(right censored variable)라고도 할 수 있습니다. 이는 u이상의 값이 u로 설정되기 때문에 오른쪽에서 한도 적용되었다고 합니다. 이 변수와 관련된 보험 현상으로는 지급되는 혜택에 최대치를 설정하는 보험 한도가 있습니다.

$(X-d)_+ + (X \wedge d) = X$임을 유의하세요. 즉, 한도가 d인 보험에 가입하고 면책액이 d인 보험에 가입하는 것은 완전 보장을 받는 것과 동일합니다. 이는 그림 3.4에 설명되어 있습니다.

제한 손실액 변수의 k번째 모먼트에 대한 가장 직접적인 공식은 다음과 같습니다.

$$
\begin{aligned}
\mathrm{E}[(X \wedge u)^k] &= \int_{-\infty}^{u} x^k f(x)\,dx + u^k[1 - F(u)] \\
&\quad \text{if the random variable is continuous} \\
&= \sum_{x_j \le u} x_j^k p(x_j) + u^k[1 - F(u)] \\
&\quad \text{if the random variable is discrete.}
\end{aligned} \tag{3.8}
$$

다음과 같이 도출되는 또 다른 흥미로운 공식은 다음과 같습니다.

$$
\begin{aligned}
\mathrm{E}[(X \wedge u)^k] &= \int_{-\infty}^{0} x^k f(x)\,dx + \int_{0}^{u} x^k f(x)\,dx + u^k[1 - F(u)] \\
&= x^k F(x)\big|_{-\infty}^{0} - \int_{-\infty}^{0} kx^{k-1} F(x)\,dx \\
&\quad - x^k S(x)\big|_{0}^{u} + \int_{0}^{u} kx^{k-1} S(x)\,dx + u^k S(u) \\
&= -\int_{-\infty}^{0} kx^{k-1} F(x)\,dx + \int_{0}^{u} kx^{k-1} S(x)\,dx,
\end{aligned} \tag{3.9}
$$

whre the second line uses integration by parts. For $k = 1$, we have

$$
\mathrm{E}(X \wedge u) = -\int_{-\infty}^{0} F(x)\,dx + \int_{0}^{u} S(x)\,dx.
$$

이산형 확률 변수에 대한 해당 공식은 특별히 흥미롭지는 않습니다. 제한 기댓값은 또한 면책액이 부과될 때 사건당 예상되는 금전적 절감을 나타냅니다. 많은 일반적인 연속 분포의 k번째 제한 모먼트는 부록 A에 제시되어 있습니다. 연습문제 3.8에서는 이전에 소개된 세 가지 첫 번째 모먼트 간의 관계를 도출하도록 요청합니다.

예제 3.5

(예제 3.4 계속) 한도가 750인 제한 손실 변수의 확률 함수와 기댓값을 계산하십시오. 그런 다음 제한 손실과 왼쪽 검열 및 이동된 확률 변수의 기댓값의 합이 원래 확률 변수의 기댓값과 같음을 보여주십시오.

750 이상인 모든 가능한 값에 750의 값을 할당하고, 해당 확률을 합산합니다. 따라서 확률 함수는 100 (0.4), 500 (0.2), 그리고 750 (0.4)입니다. 기댓값은 다음과 같습니다: $100 \times 0.4 + 500 \times 0.2 + 750 \times 0.4 = 440$.

원래 확률 변수의 기댓값은 다음과 같습니다:

$100 \times 0.4 + 500 \times 0.2 + 1{,}000 \times 0.2 + 2{,}500 \times 0.1 + 10{,}000 \times 0.1 = 1{,}590$. 이는 440+1,150440 + 1,150440+1,150과 같습니다. □

3.1.1 연습 문제

3.1 (3.3)과 유사한 공식을 μ_3와 μ_4에 대해 도출하십시오.

3.2 다섯 가지 모델 각각에 대해 표준 편차, 왜도, 첨도를 계산하십시오. 모델 2는 파레토 분포이고 모델 4의 연속 부분의 밀도 함수는 지수 분포임을 참고하면 도움이 될 수 있습니다. 이러한 모델에 대한 계산에 도움이 될 수 있는 공식은 부록 A에 나와 있습니다.

3.3 (*) 한 확률 변수의 평균은 2이고 변동 계수는 2입니다. 세 번째 순(raw) 모먼트는 136입니다. 왜도를 구하십시오.

3.4 (*) 변동 계수가 1인 감마 분포의 왜도를 구하십시오.

3.5 모델 1-4에 대한 평균 초과 손실 함수를 구하십시오. 모델 1, 2, 4의 함수를 비교하십시오.

3.6 (*) 두 확률 변수 X와 Y에 대해 $e_Y(30) = e_X(30) + 4$입니다. X가 0에서 100까지의 구간에서 균등 분포를 따르고, Y가 0에서 ω까지의 구간에서 균등 분포를 따를 때, ω의 값을 구하십시오.

3.7 (*) 한 확률 변수의 밀도 함수가 $f(x) = \lambda^{-1}e^{-x/\lambda}$, $x, \lambda > 0$에서 평가된 평균 초과 손실 함수 $e(\lambda)$를 구하십시오.

3.8 다음 관계가 성립함을 증명하십시오:

$$E(X) = e(d)S(d) + E(X \wedge d). \tag{3.10}$$

3.9 모델 1-4에 대해 제한 기댓값 함수를 구하십시오. (3.8)과 (3.10)을 모두 사용하여 구

하십시오. 모델 1과 2의 경우 (3.9)를 사용하여 함수를 추가로 구하십시오.

3.10 (*) 다음 진술 중 어느 것이 참입니까?

(a) 경험적 분포의 평균 초과 손실 함수는 연속적이다.

(b) 지수 분포의 평균 초과 손실 함수는 일정하다.

(c) 존재한다면, 파레토 분포의 평균 초과 손실 함수는 감소한다.

3.11 (*) 손실이 $\alpha = 0.5$ 및 $\theta = 10{,}000$인 Pareto 분포를 따릅니다. 10,000에서의 평균 초과 손실을 구하십시오.

3.12 오른쪽 한도 적용 변수(right censored variable)를 정의하고, 그 k번째 모먼트에 대한 공식을 제시하십시오.

3.13 (*) 개별 손해액 청구의 손실액 분포가 $f(x) = 2.5x^{-3.5}$, $x \geq 1$인 확률 밀도 함수를 따릅니다. 변동 계수를 구하십시오.

3.14 (*) 손해액 청구 금액이 100, 200, 300, 400 또는 500이며, 해당 값들의 실제 확률은 각각 0.05, 0.20, 0.50, 0.20, 0.05입니다. 이 분포의 왜도와 첨도를 구하십시오.

3.15 (*) 손실이 $\alpha > 1$ 및 θ가 지정되지 않은 Pareto 분포를 따릅니다. $x = 2\theta$ 에서의 평균 초과 손실 함수를 $x = \theta$에서의 평균 초과 손실 함수로 나눈 비율을 구하십시오.

3.16 (*) 크기 10의 확률 표본에서 손해액 청구가 400인 경우가 두 번, 800인 경우가 일곱 번, 1,600인 경우가 한 번 발생했습니다. 단일 손해액 청구에 대한 경험적 왜도 계수를 구하십시오.

3.2 분위수 Percentile

분포 함수에서 도출할 수 있는 또 다른 흥미로운 값은 분위수 함수(percentile function)[4]입니다. 이는 분포 함수의 역함수이지만, 이 값이 항상 명확하게 정의되지는 않기 때문에 임의의 정의가 필요합니다.

정의 3.6 *확률 변수의 100p번째 분위수(percentile)는 $F(\pi_{0.5}-) \leq p \leq F(\pi_{0.5})$를 만족하는 임의의 값 π_p 입니다. 50번째 분위수 $\pi_{0.5}$는 중앙값(median)이라고 합니다.*

4 정의에서 보겠지만, 이는 수학적 의미의 함수가 아닐 수 있습니다. 즉, 이 함수가 고유한 값을 생성하지 않을 가능성이 있습니다.

이 값은 때때로 분위(quantile)라고도 합니다. 일반적으로 분위는 0과 1 사이의 값을 사용하고, 백분위(percentile)는 0과 100 사이의 값을 사용합니다. 따라서 70번째 백분위와 0.7 분위는 동일합니다. 그러나 용어와 상관없이, 아래 첨자에 값을 사용할 때는 항상 소수 값을 사용합니다. 예를 들어 $\pi_{0.5}$로 표기하고 $\pi_{0.5}$로는 표기하지 않습니다. 분포 함수가 특정한 하나의 x 값에 대해 값 p를 갖는 경우, 백분위는 유일하게 정의됩니다. 또한 분포 함수가 p 미만의 값에서 p 이상의 값으로 점프하는 경우, 백분위는 그 점프 위치에 있습니다. 분포 함수가 확률 변수의 특정 구간에서 p의 값으로 일정할 때만 백분위가 고유하게 정의되지 않으며, 이 경우 해당 구간 내의 모든 값(양 끝점 포함)을 백분위로 사용할 수 있습니다.

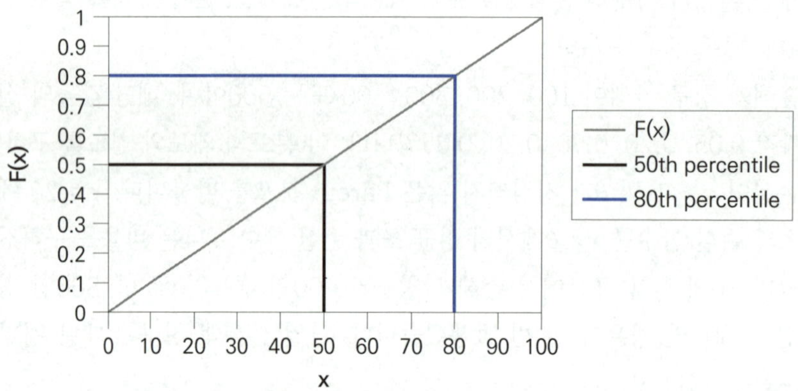

그림 3.5 The percentiles for Model 1

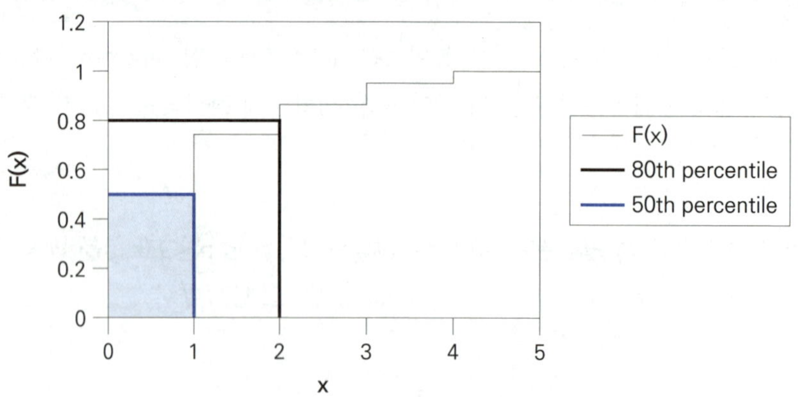

그림 3.6 The percentiles for Model 3

예제 3.6

모델 1과 3에 대해 50번째 및 80번째 백분위를 구하십시오.

모델 1의 경우, p번째 백분위는 $p = F(\pi_p) = 0.01\pi_p$에서 구할 수 있으며, 따라서 $\pi_p = 100p$입니다. 특히, 요청된 백분위수는 50과 80입니다(그림 3.5 참조). 모델 3의 경우, 분포 함수는 $0 \le x < 1$에서 0.5와 같으므로, 0부터 1까지의 모든 값이 50번째 백분위가 될 수 있습니다. 80번째 백분위의 경우, $x = 2$에서 분포 함수가 0.75에서 0.87로 점프하므로, $\pi_{0.8} = 2$입니다 (그림 3.6 참조). □

3.2.1 연습 문제

3.17 (*) 한 확률 변수의 누적 분포 함수(cdf)가 $F(x) = 1 - x^{-2}$일 때, 이 확률 변수의 평균, 중앙값, 최빈값을 구하십시오.

3.18 모델 2, 4, 5에 대해 50번째 및 80번째 백분위를 구하십시오.

3.19 (*) 손실이 모수 α와 θ를 가진 Pareto 분포를 따릅니다. 10번째 백분위는 $\theta - k$이며, 90번째 백분위는 $5\theta - 3k$입니다. α의 값을 구하십시오.

3.20 (*) 손실이 모수 τ와 θ를 가진 와이블 분포(Weibull distribution)를 따릅니다. 25번째 백분위는 1,000이고, 75번째 백분위는 100,000입니다. τ의 값을 구하십시오.

3.3 모먼트 생성 함수(Moment Generating Function)와 확률 변수의 합(Sums of Random Variable)

보험 회사에서 발행한 보험 증권으로 보장된 보험 위험 포트폴리오를 고려해 봅시다. 모든 보험 증권에 대해 보험 회사가 지급한 총 손해액 청구액은 보험사가 지급한 모든 금액의 합입니다. 따라서 $S_k = X_1 + \cdots + X_k$ 의 성질을 결정할 수 있는 것이 유용합니다. 첫 번째 결과는 중심 극한 정리의 한 버전입니다.

정의 3.7 *이전에 정의한 확률 변수 S_k에 대해, $E(S_k) = E(X_1) + \cdots + E(X_k)$입니다. 또한, $X_1, \cdots, X_k$가 독립이라면 $Var(S_k) = Var(X_1) + \cdots + Var(X_k)$입니다. 확률 변수 $X_1, X_1, \cdots$가 독립이고 첫 두 모먼트가 특정 조건을 충족하면, $\lim_{k\to\infty}[S_k - \mathrm{E}(S_k)]/\sqrt{Var(S_k)}$는 평균 0과 분산 1을 가지는 정규 분포를 따릅니다.*

확률 변수의 시퀀스를 다룰 때, 여러 가지 유형의 극한이 있습니다. 정리에서 사용된 극한은 **분포의 수렴**(convergence in distribution)이라고 불립니다. 이는 주어진 값에 대해 분포 함수가 그 극한으로 수렴함을 의미합니다. 여기서 $Z_k = [S_k - \mathrm{E}(S_k)]/\sqrt{\mathrm{Var}(S_k)}$로 정의하면, 어떤 값 z에 대해서도 $\lim_{k\to\infty} F_{Z_k}(z) = F_Z(z)$이며, 여기서 Z는 표준 정규 분포를 가집니다. 따라서 확률 변수의 합에 대한 확률은 종종 정규 분포를 이용해 근사할 수 있습니다.

S_k의 정확한 분포 함수나 밀도 함수를 구하는 것은 보통 매우 어렵습니다. 그러나 몇 가지 경우에는 간단한 경우도 있습니다. 이 간단함의 핵심은 생성 함수(generating function)에 있습니다.

정의 3.8 *확률 변수 X에 대해 모멘트 생성 함수(moment generating function, mgf)는 $M_X(z) = E(e^{zX})$로 정의되며, 이는 기댓값이 존재하는 모든 z에 대해 유효합니다. 확률 생성 함수(probability generating function, pgf)는 $P_X(z) = E(z^X)$로 정의되며, 이는 기댓값이 존재하는 모든 z에 대해 유효합니다.*

$M_X(z) = P_X(e^z)$이고 $P_X(z) = M_X(\ln z)$임을 유의하세요. 일반적으로 mgf(모먼트 생성 함수)는 연속형 확률 변수에 사용되며, pgf(확률 생성 함수)는 이산형 확률 변수에 사용됩니다. 이 함수들의 가치는 모먼트나 확률을 생성하는 기능에 있는 것이 아니라, 확률 변수의 분포 함수와 mgf 및 pgf 간에 일대일 대응이 존재한다는 점에 있습니다. 즉, 서로 다른 분포 함수를 가진 두 확률 변수가 동일한 mgf나 pgf를 가질 수 없습니다.

다음 결과는 확률 변수의 합을 다룰 때 유용합니다.

정의 3.9 *$S_k = X_1 + \cdots + X_k$이고, 각 X는 확률 변수들이 독립적이라고 가정합니다. 그러면 다음이 성립합니다:*

$$M_{S_k}(z) = \prod_{j=1}^{k} M_{X_j}(z), \qquad P_{S_k}(z) = \prod_{j=1}^{k} P_{X_j}(z)$$

단, 모든 구성 요소 (z)가 존재해야 합니다.

증명: 독립적인 무작위 변수들의 기댓값 곱은 개별 기댓값들의 곱과 같다는 사실을 사용합니다. 그러면,

$$M_{S_k}(z) = \mathrm{E}(e^{zS_k}) = \mathrm{E}[e^{z(X_1+\cdots+X_k)}]$$
$$= \prod_{j=1}^{k} \mathrm{E}(e^{zX_j}) = \prod_{j=1}^{k} M_{X_j}(z).$$

유사한 논증을 pgf(확률 생성 함수)에 대해서도 사용할 수 있습니다.

예제 3.7

독립적인 감마(random gamma) 무작위 변수들의 합이 각각 동일한 θ값을 가질 때, 감마 분포를 따름을 보여라. 감마 변수의 모먼트 생성 함수(mgf)는 다음과 같습니다.

$$
\begin{aligned}
\mathrm{E}(e^{zX}) &= \frac{\int_0^\infty e^{zx}x^{\alpha-1}e^{-x/\theta}\,dx}{\Gamma(\alpha)\theta^\alpha} \\
&= \frac{\int_0^\infty x^{\alpha-1}e^{-x(-z+1/\theta)}\,dx}{\Gamma(\alpha)\theta^\alpha} \\
&= \frac{\int_0^\infty y^{\alpha-1}(-z+1/\theta)^{-\alpha}e^{-y}dy}{\Gamma(\alpha)\theta^\alpha} \\
&= \frac{\Gamma(\alpha)(-z+1/\theta)^{-\alpha}}{\Gamma(\alpha)\theta^\alpha} = \left(\frac{1}{1-\theta z}\right)^\alpha, \qquad z < 1/\theta.
\end{aligned}
$$

이제 X_j가 모수 α_j와 θ를 가진 감마 분포를 따른다고 가정합니다. 그러면 합의 모먼트 생성 함수(mgf)는 다음과 같습니다.

$$M_{S_k}(z) = \prod_{j=1}^{k}\left(\frac{1}{1-\theta z}\right)^{\alpha_j} = \left(\frac{1}{1-\theta z}\right)^{\alpha_1+\cdots+\alpha_k},$$

이는 모수 $\alpha_1 + \cdots + \alpha_k$와 θ를 가진 감마 분포의 모먼트 생성 함수(mgf)입니다.

예제 3.8

포아송 분포(Poisson distribution)의 mgf(모먼트 생성 함수)와 pgf(확률 생성 함수)를 구하십시오. pgf는 다음과 같습니다.

$$P_X(z) = \sum_{x=0}^{\infty} z^x \frac{\lambda^x e^{-\lambda}}{x!} = e^{-\lambda}\sum_{x=0}^{\infty}\frac{(z\lambda)^x}{x!} = e^{-\lambda}e^{z\lambda} = e^{\lambda(z-1)}.$$

그러면, mgf(모먼트 생성 함수)는 다음과 같습니다.

$$M_X(z) = P_X(e^z) = \exp[\lambda(e^z - 1)]$$ □

3.3.1 연습 문제

3.21 (*) 한 포트폴리오에는 모수 $\alpha = 1$과 $\theta = 250$을 가진 감마 분포를 따르는 독립적인 위험이 16개 포함되어 있습니다. 손실 합계가 6,000을 초과할 확률을 불완전 감마 함수(incomplete gamma function)를 사용하여 표현하십시오. 그런 다음 중심 극한 정

리(central limit theorem)를 사용하여 이 확률의 근사값을 구하십시오.

3.22 (*) 개별 손해액 청구의 심도가 모수 α = 8/3 및 θ = 8,000을 가진 파레토 분포를 따릅니다. 중심 극한 정리를 사용하여 100개의 독립적인 손해액 청구 합계가 600,000을 초과할 확률의 근사값을 구하십시오.

3.23 (*) 개별 손해액 청구의 심도가 모수 α = 5 및 θ = 1,000을 가진 감마 분포(부록 A 참조)를 따릅니다. 중심 극한 정리를 사용하여 100개의 독립적인 손해액 청구 합계가 525,000을 초과할 확률의 근사값을 구하십시오.

3.24 성인에 대한 1,000건의 건강보험 계약 샘플에서 연간 지급된 보험금의 샘플 평균이 1,300이고 표준 편차가 400입니다. 내년에 2,500건의 계약이 발행될 것으로 예상됩니다. 중심 극한 정리를 사용하여 지급액이 예상 금액의 101%를 초과할 확률의 근사값을 구하십시오.

3.4 분포의 꼬리 Tails of Distribution

분포의 꼬리(정확히는 오른쪽 꼬리)는 무작위 변수의 큰 값에 해당하는 분포의 부분을 말합니다. 큰 손실 값의 이해는 매우 중요한데, 이는 전체 손실에 가장 큰 영향을 미치기 때문입니다. 더 큰 값에 높은 확률을 할당하는 경향이 있는 무작위 변수는 꼬리가 무겁다(heavier tailed)고 합니다. 꼬리의 무게는 상대적 개념(모델 A가 모델 B보다 꼬리가 무겁다)일 수도 있고, 절대적 개념(특정 속성을 가진 분포를 무거운 꼬리를 가진 것으로 분류한다)일 수도 있습니다. 모델을 선택할 때, 꼬리의 무게는 선택 범위를 좁히는 데 도움이 되거나 모델 선택을 확인하는 데 사용할 수 있습니다.

3.4.1 모먼트에 기반한 분류 Classification Based on Moments

연속적인 경우, k번째 순(raw) 모먼트(raw moment)는 양의 값만을 가지는 무작위 변수(대부분의 보험 지급 변수와 같은)에 대해 $\int_0^\infty x^k f(x)\,dx$로 주어집니다. 밀도 함수와 k의 값에 따라 이 적분이 존재하지 않을 수도 있습니다(즉, 무한일 수 있음). 분포를 분류하는 한 가지 방법은 모든 모먼트가 존재하는지 여부를 기준으로 하는 것입니다. 일반적으로 모든 양의 모먼트가 존재한다는 것은 (비교적) 가벼운 오른쪽 꼬리를 나타내며, 특정 값까지만 양의 모먼트가 존재하거나 아예 양의 모먼트가 존재하지 않는 경우는 무거운 오른쪽 꼬리를 나타냅니다.

예제 3.9

감마 분포에서는 모든 양의 모멘트가 존재하지만, 파레토 분포에서는 그렇지 않음을 증명하시오.

감마 분포의 순(raw) 모멘트(raw moments)는 다음과 같습니다.

$$\begin{aligned}\mu_k' &= \int_0^\infty x^k \frac{x^{\alpha-1}e^{-x/\theta}}{\Gamma(\alpha)\theta^\alpha}\,dx \\ &= \int_0^\infty (y\theta)^k \frac{(y\theta)^{\alpha-1}e^{-y}}{\Gamma(\alpha)\theta^\alpha}\theta dy, \qquad \text{making the substitution } y = x/\theta \\ &= \frac{\theta^k}{\Gamma(\alpha)}\Gamma(\alpha+k) < \infty \text{ for all } k > 0.\end{aligned}$$

파레토 분포에 대해서는,

$$\begin{aligned}\mu_k' &= \int_0^\infty x^k \frac{\alpha\theta^\alpha}{(x+\theta)^{\alpha+1}}\,dx \\ &= \int_\theta^\infty (y-\theta)^k \frac{\alpha\theta^\alpha}{y^{\alpha+1}}dy, \qquad \text{making the substitution } y = x+\theta \\ &= \alpha\theta^\alpha \int_\theta^\infty \sum_{j=0}^{k}\binom{k}{j} y^{j-\alpha-1}(-\theta)^{k-j}\,dy, \qquad \text{for integer values of } k.\end{aligned}$$

적분은 합에서 y의 모든 지수가 -1보다 작을 때에만 존재합니다. 즉, $j - \alpha - 1 < -1$이 모든 j에 대해 성립하거나, 동등하게 $k < \alpha$일 때만 가능합니다. 따라서, 일부 모멘트만 존재합니다.

□

이 분류에 따르면, 파레토 분포는 무거운 꼬리(heavy tail)를 가지며, 감마 분포는 가벼운 꼬리(light tail)를 가진다고 합니다. 부록 A에 나와 있는 모멘트 공식을 보면, 어떤 분포가 무거운 꼬리를 가지는지, 그리고 어떤 분포가 그렇지 않은지를 모멘트의 존재 여부로 확인할 수 있습니다.

주목할 점은, 만약 어떤 분포가 모든 양의 모멘트를 가지지 않는다면, 해당 분포는 모멘트 생성 함수(mgf)를 가지지 않는다는 것입니다(즉, 연관된 무작위 변수 X에 대해 $E(e^{zX}) = \infty$는 모든 $z > 0$에 대해 성립합니다). 그러나 그 역은 성립하지 않습니다. 예를 들어, 로그 정규 분포는 모든 양의 모멘트가 유한하지만 모멘트 생성 함수는 없습니다.

꼬리의 특성을 비교하는 또 다른 방법은 모멘트의 비율을 기반으로 합니다(존재한다고 가정). 특히, 무거운 꼬리 행동은 일반적으로 변동 계수(coefficient of variation), 왜도(skewness), 첨도(kurtosis)와 같은 값이 큰 경우와 연관됩니다(정의 3.2 참조).

3.4.2 한계 꼬리 특성에 따른 비교 Comparison Based on Limiting Tail Behavior

두 분포가 동일한 평균을 가질 때, 한 분포가 다른 분포보다 꼬리가 더 무겁다는 일반적으로 사용되는 지표는 두 생존 함수(survival functions)의 비율이 인수(argument)가 커질수록 무한대로 발산하는지 여부입니다(꼬리가 더 무거운 분포가 분자에 위치). 이 발산은 분자 분포가 큰 값에 더 많은 확률을 유의미하게 할당한다는 것을 의미합니다. 밀도 함수의 비율을 살펴보는 것도 동일한 결과를 얻을 수 있습니다. 비율의 극한은 동일하며, 이는 로피탈의 법칙(L'Hôpital's Rule)을 적용해 확인할 수 있습니다:

$$\lim_{x\to\infty}\frac{S_1(x)}{S_2(x)}=\lim_{x\to\infty}\frac{S_1'(x)}{S_2'(x)}=\lim_{x\to\infty}\frac{-f_1(x)}{-f_2(x)}=\lim_{x\to\infty}\frac{f_1(x)}{f_2(x)}.$$

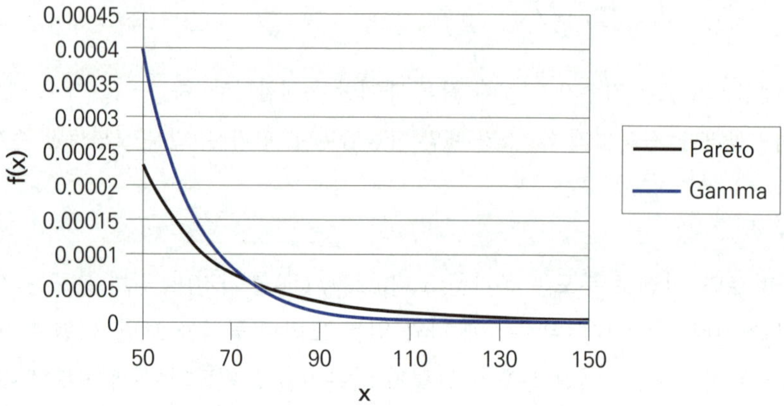

그림 3.7 The tails of the gamma and Pareto distributions

예제 3.10

파레토 분포가 감마 분포보다 꼬리가 더 무겁다는 것을 밀도 함수 비율의 극한을 사용하여 증명하십시오. 혼동을 피하기 위해 감마 분포의 모수로 관례적인 α와 θ 대신 τ와 λ를 사용합니다. 그러면 필요한 극한은 다음과 같습니다:

$$
\begin{aligned}
\lim_{x\to\infty} \frac{f_{\text{Pareto}}(x)}{f_{\text{gamma}}(x)} &= \lim_{x\to\infty} \frac{\alpha\theta^{\alpha}(x+\theta)^{-\alpha-1}}{x^{\tau-1}e^{-x/\lambda}\lambda^{-\tau}\Gamma(\tau)^{-1}} \\
&= c \lim_{x\to\infty} \frac{e^{x/\lambda}}{(x+\theta)^{\alpha+1}x^{\tau-1}} \\
&> c \lim_{x\to\infty} \frac{e^{x/\lambda}}{(x+\theta)^{\alpha+\tau}}
\end{aligned}
$$

로피탈의 법칙(L'Hôpital's Rule)을 적용하거나, 지수 함수가 다항식보다 더 빠르게 무한대로 발산한다는 사실을 기억하면, 이 극한은 무한대가 됩니다. 그림 3.7은 모수 $\alpha = 3$, $\theta = 10$인 파레토 분포와 모수 $\alpha = 1/3$, $\theta = 15$인 감마 분포의 밀도 함수의 일부를 보여줍니다. 두 분포는 평균이 5이고 분산이 75로 동일합니다. 이 그래프는 대수적 도출과 일치합니다. □

3.4.3 해저드 함수에 근거한 비교 Classification Based on the Hazard Rate Function

해저드율(hazard rate) 함수도 분포의 꼬리에 대한 정보를 제공합니다. 해저드 함수가 감소하는 분포는 무거운 꼬리를 가지며, 해저드 함수가 증가하는 분포는 가벼운 꼬리를 가집니다. 이후 논의에서 "감소"는 "비증가(nonincreasing)"를, "증가"는 "비감소(nondecreasing)"를 의미한다고 이해합니다. 즉, 감소하는 함수는 때때로 일정할 수 있습니다. 예를 들어, 지수 분포는 상수 해저드율을 가지므로, 감소하는 해저드율과 증가하는 해저드율을 모두 가진다고 할 수 있습니다. 단조 해저드율을 가진 분포에서, 지수 꼬리를 가진 분포는 무거운 꼬리와 가벼운 꼬리 분포를 구분합니다.

분포 간의 비교는 해저드율 함수의 증가 또는 감소 속도를 기준으로 이루어질 수 있습니다. 예를 들어, 한 분포가 다른 분포보다 해저드율 함수가 더 빠르게 증가한다면, 그 분포는 더 가벼운 꼬리를 가진다고 할 수 있습니다. 이러한 비교와 분류는 주로 분포의 오른쪽 꼬리, 즉 큰 함수 값에 대한 관심에서 이루어지는 경우가 많습니다.

예제 3.11

파레토 분포와 감마 분포의 해저드율(hazard rate) 함수를 살펴보며 꼬리를 비교하십시오. 파레토 분포의 해저드 함수는 다음과 같습니다:

$$
h(x) = \frac{f(x)}{S(x)} = \frac{\alpha\theta^{\alpha}(x+\theta)^{-\alpha-1}}{\theta^{\alpha}(x+\theta)^{-\alpha}} = \frac{\alpha}{x+\theta},
$$

이는 감소하는 함수입니다. 감마 분포의 경우, $S(x)$에 대한 닫힌 형태의 표현식이 없으므로 조

금 더 기교가 필요합니다. 다음을 관찰하십시오:

$$\frac{1}{h(x)} = \frac{\int_x^\infty f(t)\,dt}{f(x)} = \frac{\int_0^\infty f(x+y)\,dy}{f(x)},$$

따라서, 고정된 y에 대해 $f(x+y)/f(x)$가 x의 증가 함수라면, $1/h(x)$는 x에 관하여 증가할 것이고 따라서 확률 변수는 감소하는 해저드율을 가질 것입니다.

다음 감마 분포는

$$\frac{f(x+y)}{f(x)} = \frac{(x+y)^{\alpha-1}e^{-(x+y)/\theta}}{x^{\alpha-1}e^{-x/\theta}} = \left(1+\frac{y}{x}\right)^{\alpha-1} e^{-y/\theta},$$

이는 $\alpha < 1$일 때 x에 대해 엄격히 증가하고, $\alpha > 1$일 때 x에 대해 엄격히 감소합니다. 이 기준에 따르면, 일부 감마 분포는 무거운 꼬리(즉, $\alpha < 1$)를 가지며, 일부는 가벼운 꼬리(즉, $\alpha > 1$)를 가집니다. $\alpha = 1$일 때는 지수 분포를 가지며, 상수 해저드율을 가집니다. 또한, 감마 분포의 경우 $h(x)$가 복잡하더라도 x가 커질수록 발생하는 상황은 알 수 있습니다. $f(x)$와 $S(x)$가 모두 $x \to \infty$에서 0으로 수렴하므로, 로피탈의 법칙(L'Hôpital's Rule)을 적용하면 다음과 같은 결과를 얻습니다:

$$\begin{aligned}\lim_{x\to\infty} h(x) &= \lim_{x\to\infty}\frac{f(x)}{S(x)} = -\lim_{x\to\infty}\frac{f'(x)}{f(x)} = -\lim_{x\to\infty}\left[\frac{d}{dx}\ln f(x)\right] \\ &= -\lim_{x\to\infty}\frac{d}{dx}\left[(\alpha-1)\ln x - \frac{x}{\theta}\right] = \lim_{x\to\infty}\left(\frac{1}{\theta}-\frac{\alpha-1}{x}\right) = \frac{1}{\theta}.\end{aligned}$$

즉, $h(x) \to 1/\theta$($x \to \infty$일 때). □

3.4.4 평균 초과 손실함수에 근거한 비교
Classification Based on the Mean Excess Loss Function

평균 초과 손실 함수(mean excess loss function)는 꼬리 무게에 대한 정보를 제공합니다. 평균 초과 손실 함수가 d에 대해 증가하면, 해당 분포는 무거운 꼬리를 가진 것으로 간주됩니다. 반대로, 평균 초과 손실 함수가 d에 대해 감소하면, 해당 분포는 가벼운 꼬리를 가진 것으로 간주됩니다. 평균 초과 손실 함수가 증가하는지 감소하는지에 따라 분포 간의 비교를 할 수 있습니다. 특히, 평균 초과 손실 함수가 증가하는 분포는 평균 초과 손실 함수가 감소하는 분포보다 더 무거운 꼬리를 가집니다.

실제로, 평균 초과 손실 함수와 해저드율(hazard rate)은 여러 면에서 밀접하게 연관되어 있습니다. 우선, 다음을 주목하십시오:

$$\frac{S(y+d)}{S(d)} = \frac{\exp\left[-\int_0^{y+d} h(x)\,dx\right]}{\exp\left[-\int_0^{d} h(x)\,dx\right]} = \exp\left[-\int_d^{y+d} h(x)\,dx\right]$$
$$= \exp\left[-\int_0^{y} h(d+t)\,dt\right].$$

따라서, 해저드율이 감소하면, 고정된 y에 대해 $\int_0^y h(d+t)dt$는 d에 대해 감소하는 함수가 되며, 이전 결과에 따르면 $S(y+d)/S(d)$는 d에 대해 증가하는 함수가 됩니다. 그런데 (3.5)로부터 평균 초과 손실 함수는 다음과 같이 표현될 수 있습니다:

$$e(d) = \frac{\int_d^\infty S(x)\,dx}{S(d)} = \int_0^\infty \frac{S(y+d)}{S(d)}\,dy.$$

따라서, 해저드율이 감소 함수라면 평균 초과 손실 함수 $e(d)$는 d에 대해 증가 함수가 됩니다. 이는 고정된 y에 대해 $S(y+d)/S(d)$도 d에 대해 증가 함수가 되기 때문입니다. 마찬가지로, 해저드율이 증가 함수라면 평균 초과 손실 함수는 감소 함수가 됩니다. 하지만 주목할 점은(그리고 어쩌면 직관에 반할 수 있는 점은), 그 역이 항상 성립하지 않는다는 것입니다. 연습문제 3.29는 평균 초과 손실 함수가 감소하지만, 해저드율이 모든 값에 대해 증가하지는 않는 분포의 예를 제시합니다. 그럼에도 불구하고, 방금 설명된 함의는 일반적으로 앞서 논의된 꼬리의 무거움에 대한 논의와 일치합니다.

평균 초과 손실 함수와 해저드율 사이에는 두 번째 관계가 있습니다. $d \to \infty$일 때 $S(d)$와 $\int_d^\infty S(x)\,dx$는 모두 0으로 수렴합니다. 따라서 $d \to \infty$에서 평균 초과 손실 함수의 극한 행동은 로피탈의 법칙(L'Hôpital's rule)을 사용하여 확인할 수 있습니다. 이는 공식 (3.5)가 성립하기 때문입니다. 우리는 다음과 같이 얻습니다:

$$\lim_{d\to\infty} e(d) = \lim_{d\to\infty} \frac{\int_d^\infty S(x)\,dx}{S(d)} = \lim_{d\to\infty} \frac{-S(d)}{-f(d)} = \lim_{d\to\infty} \frac{1}{h(d)}$$

지정된 극한이 존재하는 한, 이러한 극한 관계는 $F(x)$의 형태가 복잡할 경우 유용할 수 있습니다.

예제 3.12

감마 분포의 평균 초과 손실 함수 $e(d)$의 특성을 검토하십시오.

$e(d) = \int_d^\infty S(x)\,dx / S(d)$와 $S(x)$가 복잡하므로 $e(d)$도 복잡합니다.

하지만 $e(0) = E(X) = \alpha\theta$이며, 이를 예제 3.11을 사용하여 구할 수 있습니다.

$$\lim_{x\to\infty} e(x) = \lim_{x\to\infty} \frac{1}{h(x)} = \frac{1}{\lim_{x\to\infty} h(x)} = \theta.$$

또한, 예제 3.11에 따르면 $\alpha < 1$일 때 $h(x)$는 x에 대해 엄격히 감소하며, $\alpha > 1$ 때는 x에 대해 엄격히 증가합니다. 이는 $\alpha < 1$인 경우 $e(d)$가 $e(0) = \alpha\theta$ 에서 $e(\infty) = \theta$로 엄격히 증가함을 의미하며, $\alpha > 1$인 경우 $e(0) = \alpha\theta$에서 $e(\infty) = \theta$로 엄격히 감소함을 의미합니다. $\alpha = 1$일 때는 지수 분포를 가지며, 이 경우 $e(d) = \theta$입니다. □

3.4.5 평형 분포와 꼬리 특성 Equilibrium Distributions and Tail Behavior

평균 초과 손실 함수와 꼬리의 무거움에 대한 추가적인 통찰은 **평형 분포(equilibrium distribution)**, 혹은 **통합 꼬리 분포(integrated tail distribution)**를 도입함으로써 얻을 수 있습니다. $S(0) = 1$인 양의 무작위 변수에 대해, 정의 3.3과 (3.5)에서 $d = 0$을 대입하면 $E(X) = \int_0^\infty S(x)\,dx$가 성립하며, 동등하게 $1 = \int_0^\infty [S(x)/\mathrm{E}(X)]\,dx$가 성립합니다. 따라서 확률 밀도 함수(probability density function)는 다음과 같습니다.

$$f_e(x) = \frac{S(x)}{\mathrm{E}(X)}, \quad x \geq 0, \tag{3.11}$$

이에 대응하는 생존 함수는 다음과 같습니다:

$$S_e(x) = \int_x^\infty f_e(t)dt = \frac{\int_x^\infty S(t)\,dt}{\mathrm{E}(X)}, \quad x \geq 0.$$

평형 분포(equilibrium distribution)에 해당하는 해저드율(hazard rate)은 다음과 같습니다:

$$h_e(x) = \frac{f_e(x)}{S_e(x)} = \frac{S(x)}{\int_x^\infty S(t)\,dt} = \frac{1}{e(x)}$$

(3.5)를 사용하면, 평균 초과 함수의 역수가 자체적으로 해저드율(hazard rate)이 됨을 알 수 있으며, 이 사실을 이용해 평균 초과 함수가 원래 분포를 고유하게 특성화함을 증명할 수 있습니다. 우리는 다음을 얻습니다:

$$f_e(x) = h_e(x)S_e(x) = h_e(x)e^{-\int_0^x h_e(t)\,dt},$$

또는, 동등하게 $e(0) = E(X)$를 사용하여:

$$S(x) = \frac{e(0)}{e(x)} e^{-\int_0^x \left[\frac{1}{e(t)}\right] dt}$$

평형 분포(equilibrium distribution)는 해저드율(hazard rate), 평균 초과 함수(mean excess function), 그리고 꼬리의 무거움 간의 관계에 대한 추가적인 통찰을 제공합니다. $S(0) = 1$이라고 가정하고, 따라서 $e(0) = E(X)$라고 하면, $\int_x^\infty S(t)\,dt = e(0)S_e(x)$가 성립하며, (3.5)로부터 $\int_x^\infty S(t)\,dt = e(x)S(x)$도 성립합니다. 이 두 식을 같다고 놓으면 다음을 얻습니다:

$$\frac{e(x)}{e(0)} = \frac{S_e(x)}{S(x)}.$$

평균 초과 함수(mean excess function)가 증가한다면(이는 해저드율(hazard rate)이 감소할 경우 암시됨), $e(x) \geq e(0)$이며, 이는 이전의 동등성에서 $S_e(x) \geq S(x)$와 명백히 동등합니다. 이는 다시 다음을 암시합니다:

$$\int_0^\infty S_e(x)\,dx \geq \int_0^\infty S(x)\,dx.$$

하지만, $(X) = \int_0^\infty S(x)\,dx$는 정의 3.3과 (3.5)로부터 $S(0) = 1$일 때 성립합니다. 또한,

$$\int_0^\infty S_e(x)\,dx = \int_0^\infty x f_e(x)\,dx,$$

이는 양쪽 모두 평형 분포(equilibrium distribution)의 평균을 나타내기 때문입니다. 이는 $u = \infty$, $k = 2$, 그리고 $F(0) = 0$로 (3.9)를 사용하여 평형 평균을 구할 수 있습니다. 즉,

$$\int_0^\infty S_e(x)\,dx = \int_0^\infty x f_e(x)\,dx = \frac{1}{\mathrm{E}(X)} \int_0^\infty x S(x)\,dx = \frac{\mathrm{E}(X^2)}{2\mathrm{E}(X)}.$$

따라서 이 부등식은 다음과 같이 표현될 수 있습니다:

$$\frac{\mathrm{E}(X^2)}{2\mathrm{E}(X)} \geq \mathrm{E}(X)$$

혹은,

$$\mathrm{Var}(X) \geq [\mathrm{E}(X)]^2$$

왜냐하면,

$$\mathrm{Var}(X) = \mathrm{E}(X^2) - [\mathrm{E}(X)]^2$$

즉, 변동 계수(coefficient of variation)의 제곱은 $e(x) \geq e(0)$일 경우 적어도 1 이상이며, 따라서 변동 계수 자체도 1 이상입니다. 부등식을 반대로 하면, $e(x) \geq e(0)$일 경우 변동 계수는 최대 1 이하가 되며, 이는 평균 초과 함수(mean excess function)가 감소하거나 해저드율(hazard rate)이 증가할 때 암시됩니다. 이러한 변동 계수 값은 꼬리의 무거움에 대해 여기서

언급된 내용과 일치합니다.

3.4.6 연습 문제

3.25 이 섹션에서 제시된 방법(평균 초과 손실 함수를 제외)을 사용하여 와이블 분포(Weibull distribution)와 역와이블 분포(Inverse Weibull distribution)의 꼬리 무게를 비교하시오.

3.26 예제 3.10과 유사한 논거를 통해, 로그 정규 분포가 꼬리 무게에 관해서 감마 분포와 파레토 분포 사이에 위치함을 보여라. 이를 강화하기 위해 다음 분포를 고려하시오.

모수 $\alpha = 0.2$, $\theta = 500$인 감마 분포.

모수 $\mu = 3.709290$, $\sigma = 1.338566$인 로그 정규 분포.

모수 $\alpha = 2.5$, $\theta = 150$인 파레토 분포.

다음을 수행하시오:

세 분포가 동일한 평균과 분산을 가진다는 것을 증명하십시오.

감마 분포의 확률 밀도 함수(pdf)가 특정 값 이상에서는 로그 정규 분포와 파레토 분포의 pdf보다 작아지는 값을 수치적으로 보이십시오.

로그 정규 분포의 pdf가 특정 값 이상에서는 파레토 분포의 pdf보다 작아지는 값을 수치적으로 보이십시오.

3.27 모수 $\alpha > 2$인 파레토 분포에서 $e(x)$와 $e(0)$을 계산하십시오. 또한 변동 계수(coefficient of variation)를 구하십시오. 이 결과가 파레토 분포가 무거운 꼬리(heavy-tailed)를 가지는 것과 일치함을 확인하십시오.

3.28 Y를 (3.11)의 평형 밀도를 가지는 확률 변수라고 하면, 확률 변수 X에 대해서는

$$f_Y(y) = f_e(y) = S_X(y)/\mathrm{E}(X)$$

부분 적분을 통하여 $M_X(z)$가 존재하는 경우에는 다음이 성립함을 보이십시오.

$$M_Y(z) = \frac{M_X(z) - 1}{z\mathrm{E}(X)}$$

3.29 확률 변수 X의 pdf가 다음과 같습니다. $f(x) = (1 + 2x^2)e^{-2x}$, $x \geq 0$

(a) 생존 함수 $S(x)$를 구하십시오.

(b) 위험 함수 $h(x)$를 구하십시오.

(c) 평형 분포의 생존 함수 $S_e(x)$를 구하십시오.

(d) 평균 초과 함수 $e(x)$를 구하십시오.

(e) $\lim_{x\to\infty} h(x)$와 $\lim_{x\to\infty} e(x)$를 구하십시오.

(f) $e(x)$는 엄격 감소하지만 $h(x)$는 엄격 증가하지 않는다는 것을 증명하십시오.

3.30 X가 확률 밀도 함수 $f(x)$, $x \geq 0$를 가진다고 가정한다면,

(a) 다음을 증명하십시오.

$$S_e(x) = \frac{\int_x^\infty (y-x) f(y)\, dy}{\mathrm{E}(X)}.$$

(b) (a)를 이용하여 다음을 보여주십시오.

$$\int_x^\infty y f(y)\, dy = xS(x) + \mathrm{E}(X) S_e(x).$$

(c) (b)가 다음으로 표현될 수도 있고

$$S(x) = \frac{\int_x^\infty y f(y)\, dy}{x + e(x)}$$

다음을 의미하는 것을 증명하십시오.

$$S(x) \leq \frac{\mathrm{E}(X)}{x + e(x)}.$$

(d) (c)를 이용하여 $e(x) \geq e(0)$라면,

$$S(x) \leq \frac{\mathrm{E}(X)}{x + \mathrm{E}(X)}$$

이고, 따라서,

$$S[k\mathrm{E}(X)] \leq \frac{1}{k+1},$$

을 증명하십시오. k = 1은 평균이 최소한 (가장 작은)미디언(Median)과 같다는 것을 의미합니다.

(e) (b)를 다음과 같이 표현할 수도 있고,

$$S_e(x) = \frac{e(x)}{x + e(x)} \frac{\int_x^\infty y f(y)\, dy}{\mathrm{E}(X)}$$

따라서,

$$S_e(x) \leq \frac{e(x)}{x + e(x)}.$$

이 성립함을 증명하십시오.

3.5 위험 측정량 Measures of Risk

3.5.1 서론

확률 기반 모델은 위험 노출을 설명합니다. 위험 노출의 정도는 종종 하나의 숫자나 소수의 숫자로 표현됩니다. 이러한 숫자들은 모델의 함수이며 종종 주요 위험 지표(Key Risk Indicators)라고 불립니다. 이러한 주요 위험 지표는 특정 위험 측면에 대해 회사가 얼마나 위험 노출되어 있는지를 계리사와 기타 위험 관리자들에게 알립니다. 특히, VaR(Value at Risk)는 총손실 분포의 특정 분위수(quantile)를 나타냅니다. 위험 관리자는 종종 불리한 결과가 발생할 확률에 주목합니다. 이는 특정 확률 수준에서의 VaR을 통해 표현될 수 있습니다. VaR은 이러한 불리한 결과를 견딜 수 있는 자본의 양을 결정하는 데에도 사용됩니다. 투자자, 규제 기관, 그리고 신용평가 기관은 회사가 이러한 사건을 견딜 수 있는 능력에 특히 관심을 가집니다.

그러나 VaR은 몇 가지 바람직하지 않은 특성을 가지고 있습니다. 더 유용하고 정보가 풍부한 위험 척도로 TVaR(Tail Value at Risk)가 있습니다. TVaR은 다양한 분야에서 독립적으로 개발되었으며 여러 이름으로 불립니다. 여기에는 CVaR(Conditional Value at Risk), AVaR(Average Value at Risk), CTE(Conditional Tail Expectation), 및 ES(Expected Shortfall) 등이 포함됩니다. 자세한 내용은 Tasche [119]와 Acerbi 및 Tasche [3]을 참조하십시오.

이러한 척도는 위험 관리 맥락에서 개발되었지만, 임의의 확률 변수(random variable)를 평가하는 데에도 유용합니다.

3.5.2 위험 측정량과 일관성(Risk Measures and Coherence)

위험 척도는 위험과 관련된 손실을 나타내는 확률 변수의 집합을 실수 집합(모든 실수의 집합)으로 매핑하는 함수입니다. 위험 척도는 위험 노출을 정량화하기 위한 하나의 숫자를 제공합니다. 예를 들어, 분포의 표준 편차나 표준 편차의 배수는 불확실성을 측정하는 수단이기 때문에 위험 척도로 간주될 수 있습니다. 이는 정규 분포를 사용할 때 명백히 적절합니다. 금융 분야에서는 초과할 확률이 작음(예: 0.05%)과 관련된 손실 크기가 단순한 위험 척도로 사용됩니다.

위험 척도는 함수 $\rho(X)$로 표시됩니다. $\rho(X)$를 위험 X의 불리한 결과로부터 보호하기 위해 필요한 자산의 양으로 생각하는 것이 편리합니다. 위험 척도와 그 속성에 대한 연구는 여러 손실을 결합하여 단일 손실로 취급할 때 위험 척도가 어떻게 작동하는지에 중점을 둡니다.

여러 위험을 결합하는 것은 보험 회사의 전체적인 위험 노출을 고려할 때 필요한 자본 요구를 연구하는 데 중요합니다. 예를 들어, 보험 회사는 개별 생명보험, 주택 소유자 보험, 자동차 보험, 단체 생명보험, 연금, 건강보험 등 다양한 제품을 전문으로 하는 여러 부서나 부문을 보유할 수 있습니다. 위험 척도가 개별 부서에 적용될 때의 결과는 전체 회사에 위험 척도가 적용될 때 얻어지는 결과와 어떤 식으로든 일관성을 가져야 합니다.

다음 내용에서는 확률 변수 X와 Y를 두 부문의 손실 확률 변수로, $X+Y$를 두 부문을 결합하여 생성된 실체의 손실 확률 변수로 생각하는 것이 유용합니다.

위험 척도와 그 속성에 대한 연구는 Wang [126][127]과 같은 여러 저자들에 의해 이루어졌습니다. Wang, Young, Panjer [128]는 위험 가격 책정과 관련하여 위험 척도의 특정 바람직한 속성을 공리로 제안했으며, Artzner et al. [7]는 보다 일반적으로 위험 측정에서 이러한 속성을 제안했습니다.

Artzner의 논문은 일관성(coherence)이라는 개념을 도입하였으며, 위험 측정 분야에서 획기적인 논문으로 간주됩니다.

우리는 확률 변수의 집합을 고려하며, 이 집합에 속하는 X와 Y가 두 멤버일 때, cX와 $X+Y$도 이 집합에 포함된다고 가정합니다. 이는 매우 제한적인 조건은 아니지만, 2장에서 언급된 모델 1과 같이 백분율로 측정되는 위험은 제외됩니다.

정의 3.10 *일관된(coherent) 위험 척도란, 다음 네 가지 속성을 만족하는 위험 척도 $\rho(X)$를 의미합니다. 여기서 X와 Y는 손실 확률 변수입니다:*

1. *저가산성(Subadditivity): $\rho(X+Y) \leq \rho(X) + \rho(Y)$*
2. *단조성(Monotonicity): 모든 가능한 결과에 대해 $X \leq Y$이면, $\rho(X) \leq \rho(Y)$*
3. *양의 동차성(Positive Homogeneity): 모든 양의 상수 c에 대해, $\rho(cX) = c\rho(X)$*
4. *번역 불변성(Translation Invariance): 모든 상수 c에 대해, $\rho(X+c) = \rho(X) + c$*

저가산성(Subadditivity)는 두 위험을 결합한 경우의 위험 척도(그리고 이를 뒷받침하기 위해 필요한 자본)가 개별적으로 처리한 경우보다 크지 않아야 한다는 것을 의미합니다. 저가산성은 위험을 결합함으로써 다각화의 이점을 얻을 수 있어야 한다는 사실을 반영합니다. 일반적으로 이는 기업 차원에서 필수적입니다. 그렇지 않으면, 기업들이 더 작은 단위로 분리되는 것이 유리하다고 판단할 수 있습니다. 저가산성 요구 사항의 적합성에 대한 논쟁이 있어 왔습니다. 특히, 여러 소규모 회사가 대규모 회사로 합병될 경우 각 소규모 회사는 다른 회사들과 관련된 평판 리스크에 위험 노출됩니다. 그러나 저가산성은 다각화의 이점을 반영하기 때문에 이를 계속 요구할 것입니다.

단조성(Monotonicity)은 한 위험이 모든 상황에서 다른 위험보다 항상 더 큰 손실을 가져오는 경우,[5] 해당 위험 척도(그리고 이를 뒷받침하기 위해 필요한 자본)가 항상 더 커야 한다는 것을 의미합니다. 경제적 관점에서 이는 자명하다고 볼 수 있습니다.

양의 동차성(Positive Homogeneity)은 위험 척도(그리고 이를 뒷받침하기 위한 자본)가 측정되는 통화에 독립적임을 의미합니다. 다시 말해, 특정 위험에 대한 위험 노출을 두 배로 늘리면 두 배의 자본이 필요하다는 것을 뜻합니다. 이는 포지션을 두 배로 늘리는 것이 다각화를 제공하지 않기 때문에 합리적입니다.

예제 3.13

(표준 편차 원칙) 표준 편차는 분포의 불확실성을 측정하는 척도입니다. 평균이 μ, 표준 편차가 σ인 손실 분포를 고려합니다. 여기서 $\mu + k\sigma$는 위험 척도이며, k는 모든 분포에 대해 동일한 고정 상수입니다. 이는 종종 표준 편차 원칙(Standard Deviation Principle)이라고 불립니다. 계수 k는 일반적으로 손실이 위험 척도를 초과할 확률이 특정 분포(예: 정규 분포)에 대해 주어진 작은 확률로 설정되도록 선택됩니다. □

연습 문제 3.31에서, 표준 편차 원칙이 일관되지 않음을 증명하라는 과제가 주어졌습니다. 만약 X가 정규 분포를 따른다면, k = 1.645일 때 초과 확률은 $P(X > \mu + k\sigma) = 5\%$이며, $k = 2.576$일 때는 $P(X > \mu + k\sigma) = 0.5\%$가 됩니다.

그러나, 만약 분포가 정규 분포가 아니라면, 동일한 표준 편차의 배수라도 초과 확률이 달라지게 됩니다. 또한 초과 확률에서 시작하여 $\mu + k\sigma$라는 분위수(quantile)와 이에 해당하는 k값을 구할 수도 있습니다. 이것이 Value at Risk (VaR)의 핵심 아이디어입니다.

3.5.3 Value at Risk

일반적으로 VaR(Value at Risk)는 높은 확률로 기업이 기술적으로 지급불능 상태에 빠지지 않도록 보장하기 위해 필요한 자본의 양을 의미합니다. 이 확률(안전 수준)은 임의로 선택됩니다. 실제로는 전체 기업의 경우 99.95%와 같이 높은 확률을 선택할 수 있으며, 개별 부서나 위험 유형에 대해서는 95%와 같이 더 낮은 확률을 사용할 수도 있습니다. 낮은 확률은 부서 간 또는 위험 유형 간의 다각화 효과를 반영할 수 있습니다.

5 엄밀히 말하면, 이는 (X,Y)의 결합 분포(joint distribution)에 대해 $\Pr(X > Y) = 0$을 의미합니다.

$F_X(x)$를 일정 기간(예: 1년) 동안 위험 포트폴리오(예: 보험 위험 세트 또는 전체 보험 회사)의 결과에 대한 분포 함수라고 가정합니다. 불리한 결과는 "손실"로 표현됩니다. 이 책에서 사용하는 표기법에 따르면, 확률 변수 X의 양수 값은 불리한 결과, 즉 손실을 나타냅니다. 확률 변수 X의 VaR은 X 분포의 $100p$ 분위수(percentile)로 정의되며, 이는 $\mathrm{VaR}_p(X) = \pi_p$로 표기됩니다. 이는 VaR이 종종 분위수 기반 위험 척도(quantile risk measure)라고 불리는 이유를 보여줍니다.

보험 회사가 이 정도의 자본을 보유하고 있으면, 가능한 결과의 $100p$%를 흡수할 수 있습니다. 1년 기간 동안 VaR이 99.95%로 설정된 경우, 다음 1년 동안 보험 회사가 불리한 결과로 인해 파산할 가능성은 매우 낮은 0.05%에 불과하다는 의미가 됩니다.

정의 3.11 *X를 손실 확률 변수라고 하자. X의 100p% 수준에서의 VaR(Value at Risk)는 $\mathrm{VaR}_p(X)$ 또는 π_p로 표기되며, X 분포의 100p 분위수(percentile)를 나타냅니다. 보다 정확히 말하면:*

$$\mathrm{VaR}_p(X) = \inf_{x \geq 0} [x | F_X(x) \geq p], \quad 0 < p < 1.$$

따라서, $F_X[\mathrm{VaR}_p(X)] \geq p$이며, X가 $\mathrm{VaR}_p(X)$에서 연속인 경우에는 등식이 성립합니다.

연속 분포의 경우, X에 대한 $\mathrm{VaR}_p(X)$는 다음 조건을 만족하는 π_p 값으로 간단히 표현할 수 있습니다:

$$\Pr\left(X > \pi_p\right) = 1 - p.$$

VaR(Value at Risk)가 일관성(coherence)을 위한 네 가지 기준 중 하나인 저가산성(Subadditivity) 요건을 만족하지 않는다는 것은 잘 알려져 있습니다. VaR이 저가산성을 충족시키지 못한다는 것은 Wirch[132]에서 제시한 더 복잡한 예제를 참고하여 간단하지만 극단적인 예를 통해 입증될 수 있습니다.

예제 3.14

(VaR의 비일관성) Z를 다음과 같은 누적 분포 함수(cdf) 값을 가진 연속형 손실 확률 변수라고 하자:

$$\begin{aligned} F_Z(1) &= 0.91, \\ F_Z(90) &= 0.95, \\ F_Z(100) &= 0.96. \end{aligned}$$

95% 분위수(quantile)인 $\text{VaR}_{0.95}(Z)$는 90입니다. 이는 90을 초과할 확률이 5%임을 의미합니다. 이제 Z라는 위험을 두 개의 별도(하지만 종속적인) 위험 X와 Y로 나누어 총합이 위험 Z와 동일하게 되도록 한다고 가정합니다. 즉, $X+Y=Z$ 이를 정의하는 한 가지 방법은 다음과 같습니다.

$$X = \begin{cases} Z, & Z \le 100, \\ 0, & Z > 100, \end{cases}$$

$$Y = \begin{cases} 0, & Z \le 100, \\ Z, & Z > 100. \end{cases}$$

위험 X에 대한 cdf는 다음을 만족하는데, $\text{VaR}_{0.95} = 1$입니다.

$$F_X(1) = 0.95,$$
$$F_X(90) = 0.99,$$
$$F_X(100) = 1,$$

마찬가지로, 위험 Y에 대한 누적 분포 함수(cdf)는 $F_Y(0) = 0.96$을 만족하며, 이는 손실이 없을 확률이 96%임을 나타냅니다. 따라서 95% 분위수(quantile)는 0을 초과할 수 없으며, $\text{VaR}_{0.95}(Y) \le 0$가 됩니다. 결과적으로, X와 Y의 95% 분위수의 합은 $\text{VaR}_{0.95}(Z)$보다 작아지며, 이는 저가산성(subadditivity)을 위반합니다. □

이 예가 다소 인위적으로 보일 수는 있지만, 이러한 가능성의 존재는 이상하거나 비효율적인 조작(manipulation)의 여지를 만듭니다. 따라서 우리는 일관된(coherent) 위험 척도로 전환합니다.

3.5.4 Tail Value at Risk

위험 척도로서 VaR은 고정된 기간(일반적으로 비교적 짧은 기간) 동안의 거래 위험에 대한 금융 위험 관리에서 광범위하게 사용됩니다. 이러한 상황에서 정규 분포는 종종 손익을 설명하는 데 사용됩니다. 손익 분포가 정규 분포로 제한될 경우, VaR은 모든 일관성(coherency) 요구 사항을 만족합니다. 그러나 정규 분포는 일반적으로 보험 손실을 설명하는 데 사용되지 않으며, 보험 손실은 일반적으로 비대칭적 (skewed)입니다. 따라서 저가산성(subadditivity)의 부족으로 인해 VaR의 사용에는 문제가 있습니다.

정의 3.12 *X를 손실 확률 변수라고 합시다. X의 Tail Value at Risk(TVaR)는 100p% 안전 수준 (security level)에서 $TVaR_p(X)$로 표시되며, 안전 수준 p 이상에서의 모든 VaR 값의 평균입니다. 여기서 $0 < p < 1$입니다. 즉,*

$$\mathrm{TVaR}_p(X) = \frac{\int_p^1 \mathrm{VaR}_u(X)\,du}{1-p}.$$

Artzner 등 [7]에서와 같이, TVaR이 일관된(coherent) 위험 척도라는 것은 잘 알려져 있습니다. 대안적인 공식은 Embrechts와 Wang [35] 등에서 다음과 같이 제시됩니다:

$$\mathrm{TVaR}_p(X) = \mathrm{VaR}_p(X) + \frac{1 - F_X[\mathrm{VaR}_p(X)]}{1-p}\{\mathrm{E}[X|X > \mathrm{VaR}_p(X)] - \mathrm{VaR}_p(X)\}.$$

X가 $\mathrm{VaR}_p(X)$에서 연속적이라면 $FX[\mathrm{VaR}p] = p$이고 간략히 제시됩니다.

$$\mathrm{TVaR}_p(X) = \mathrm{E}[X|X > \mathrm{VaR}_p(X)].$$

더 나아가 $e(\pi_p)$가 100p 분위수에서 초과 손실 함수라면 다음이 성립합니다.

$$\begin{aligned}\mathrm{TVaR}_p(X) &= \mathrm{E}(X \mid X > \pi_p)\\ &= \pi_p + \mathrm{E}(X - \pi_p|X > \pi_p)\\ &= \mathrm{VaR}_p(X) + e(\pi_p),\end{aligned} \tag{3.12}$$

따라서, TVaR은 모든 손실 중 VaR을 초과하는 손실의 평균 초과분만큼 해당 VaR보다 큽니다. 또한, $\pi_p = \mathrm{VaR}_p(X)$이므로, (3.12)는 $\mathrm{TVaR}_p(X)$를 $\mathrm{VaR}_p(X)$의 함수로 표현합니다. 연습 문제 3.37에서는 $\mathrm{TVaR}_p(X)$가 $\mathrm{VaR}_p(X)$의 비감소 함수(nondecreasing function)임이 입증됩니다.

Overbeck [96]은 위험 척도로서 VaR과 TVaR을 논의합니다. 그는 VaR이 “전부이거나 전무(all or nothing)” 위험 척도라고 주장하며, 이는 VaR 임계값(critical value)을 초과하는 극단적 사건이 발생하면 손실을 완충할 자본이 없음을 의미합니다. 또한, 그는 TVaR에서 VaR 분위수가 “나쁜 시기(bad times)”를 정의한다고 설명합니다. “나쁜 시기”는 손실이 VaR 임계값(critical value)을 초과하는 상황을 의미하며, TVaR이 자본을 결정하는 데 사용될 경우 사용 가능한 모든 자본이 소진되지 않도록 보장합니다.

그 후, TVaR은 “나쁜 시기”에 발생하는 평균 초과 손실, 즉 VaR의 “나쁜 시기” 임계값(critical value)을 초과한 경우의 평균 초과 손실을 제공합니다.

예제 3.15

(정규 분포) 평균 μ, 표준 편차 σ를 갖는 정규 분포를 고려하며, 확률 밀도 함수(pdf)는 다음과 같습니다:

$$f(x) = \frac{1}{\sqrt{2\pi}\sigma} \exp\left[-\frac{1}{2}\left(\frac{x-\mu}{\sigma}\right)^2\right].$$

$\phi(x)$와 $\Phi(x)$를 표준 정규 분포(평균 $\mu = 0$, 표준 편차 $\sigma = 1$)의 확률 밀도 함수(pdf)와 누적 분포 함수(cdf)라고 하자. 그러면,

$$\text{VaR}_p(X) = \mu + \sigma\Phi^{-1}(p),$$

그리고 약간의 미적분을 통해 다음을 보여줄 수 있습니다:

$$\text{TVaR}_p(X) = \mu + \sigma\frac{\phi\left[\Phi^{-1}(p)\right]}{1-p}.$$

두 경우 모두, 적절한 k 값을 선택하면 위험 척도를 표준 편차 원칙(Standard Deviation Principle)로 변환할 수 있습니다. □

예제 3.16

(지수 분포) 평균 θ이고 pdf가 다음과 같다면,

$$f(x) = \frac{1}{\theta}\exp\left(-\frac{x}{\theta}\right), \ x > 0.$$

다음이 성립합니다.

$$\text{VaR}_p(X) = -\theta\ln(1-p)$$

$$\text{TVaR}_p(X) = \text{VaR}_p(X) + \theta.$$

TVaR이 VaR을 초과하는 값은 지수 분포의 무기억성(memoryless) 속성으로 인해 모든 p 값에 대해 일정한 상수 θ입니다. □

예제 3.17

(파레토 분포) 크기 모수(Scale Parameter) θ, 모양 모수(Shape Parameter) $\alpha > 1$이고 pdf가 다음과 같다면,

$$F(x) = 1 - \left(\frac{\theta}{x+\theta}\right)^{\alpha}, \quad x > 0.$$

$$\text{VaR}_p(X) = \theta\left[(1-p)^{-1/\alpha} - 1\right]$$

$$\text{TVaR}_p(X) = \text{VaR}_p(X) + \frac{\text{VaR}_p(X) + \theta}{\alpha - 1}.$$

TVaR이 VaR을 초과하는 값은 VaR에 대해 선형적으로 증가하는 함수입니다. 이는 더 큰 VaR이 VaR을 초과하는 평균 초과 손실(mean excess loss)을 더 크게 만들어, 위험한 분포를 나타낸다는 것을 의미합니다. □

TVaR은 여러 가지 가능한 일관된(coherent) 위험 척도 중 하나입니다. 그러나 이는 VaR 임계값(critical value)을 초과하는 꼬리 부분의 형태를 어떤 방식으로든 반영하고자 하는 보험 적용 사례에 특히 적합합니다. TVaR은 평균 초과 손실(mean excess loss) 또는 기대 초과 손실(expected shortfall)이라는 단일 숫자를 통해 그 형태를 나타냅니다.

예제 3.18

(꼬리 비교) 보험 회사의 세 가지 손실 분포를 고려합니다. 내년 손실은 평균 1억 달러, 표준 편차 2억 2,360만 7,000달러로 추정됩니다. 손실 분포의 높은 분위수를 찾고자 합니다.

정규 분포(Normal), 파레토 분포(Pareto), 와이블 분포(Weibull)를 사용하여, 99%, 99.9%, 99.99% 안전 수준에서의 VaR을 구하십시오.

평균과 표준 편차를 기준으로, 부록 A의 모먼트 공식을 사용하여 각 분포와 모수(단위: 백만 달러)는 다음과 같습니다:

정규 분포(Normal)(100, 223.607)

파레토 분포(Pareto)(150,2.5)

와이블 분포(Weibull)(50,0.5)

누적 분포 함수의 공식을 사용하여 $\pi_{0.90}$, $\pi_{0.99}$, $\pi_{0.999}$ 분위수를 구합니다. 이 값들은 백만 단위로 표 3.1에 나와 있습니다. □

표 3.1 The quantiles for Example 3.18

Security level	Normal	Pareto	Weibull
0.900	386.56	226.78	265.09
0.990	620.19	796.44	1,060.38
0.999	791.00	2,227.34	2,385.85

이 예제에서 분포의 선택에 따라 결과가 크게 달라질 수 있음을 주목해야 합니다. 정규 분포는 다른 분포보다 꼬리가 가볍기 때문에 극단적 결과에서의 확률이 비교적 작아져, 작은 분위수를 초래합니다. 반면, 파레토 분포와 $\tau < 1$인 와이블 분포는 꼬리가 무겁기 때문에 극단적인 분위수가 상대적으로 큽니다. 이 책은 주어진 정보를 바탕으로 최적의 분포를 선택하는 과정에 초점을 맞추고 있습니다. 앞선 예제에서, 평균과 표준 편차만으로는 자본 요건을 결정하는 데 필요한 극단적인 분위수를 추정하기에 충분하지 않습니다.

실제로, VaR 또는 TVaR의 수치 값을 얻는 것은 데이터에서 직접 구하거나, 예제 3.18에서처럼 분포 공식에서 구할 수 있습니다. 데이터에서 VaR을 추정할 때, 섹션 10.4.1에서 설명된 경험적 분포로부터 분위수를 구하는 방법을 사용할 수 있습니다. TVaR은 주어진 임계값(critical value)을 초과하는 관측값의 기댓값이므로, 자연스러운 추정값은 임계값(critical value)을 초과하는 관측값의 평균입니다. 그러나 이러한 접근법은 임계값(critical value)을 초과하는 관측값이 충분히 많을 때에만 사용할 것을 권장합니다. 임계값(critical value)을 초과하는 관측값이 많지 않은 경우, 모든 관측값 또는 상대적으로 낮은 임계값(critical value)을 초과하는 관측값의 분포 모델을 얻는 것을 선호합니다. 그런 다음, VaR과 TVaR 값을 적합한 분포에서 직접 계산할 수 있습니다. 이는 부록 A에 나열된 연속 분포에 대해 다음 관계를 사용하여 쉽게 수행할 수 있습니다.

$$
\begin{aligned}
\mathrm{TVaR}_p(X) &= \mathrm{E}\left(X \mid X > \pi_p\right) \\
&= \pi_p + \frac{\int_{\pi_p}^{\infty} \left(x - \pi_p\right) f(x)\,dx}{1 - p} \\
&= \pi_p + \frac{\int_{-\infty}^{\infty} \left(x - \pi_p\right) f(x)\,dx - \int_{-\infty}^{\pi_p} \left(x - \pi_p\right) f(x)\,dx}{1 - p} \\
&= \pi_p + \frac{\mathrm{E}(X) - \int_{-\infty}^{\pi_p} x f(x)\,dx - \pi_p \left[1 - F(\pi_p)\right]}{1 - p} \\
&= \pi_p + \frac{\mathrm{E}(X) - \mathrm{E}\left[\min\left(X, \pi_p\right)\right]}{1 - p} \\
&= \pi_p + \frac{\mathrm{E}(X) - \mathrm{E}\left(X \wedge \pi_p\right)}{1 - p}. \qquad (3.13)
\end{aligned}
$$

기호 $E(X \wedge \pi_p)$는 정의 3.5에서 정의되었습니다.

예제 3.19

식 (3.13)을 사용하여 Pareto(150, 2.5) 분포에서 99.9% 안전 수준에서의 TVaR을 구하십시오.

Pareto(150, 2.5) 분포의 경우, 예제 3.17과 부록 A에서 다음을 참고합니다.

$$\begin{aligned}
\pi_p &= \mathrm{VaR}_p(X) = \theta\left[(1-p)^{-1/\alpha} - 1\right] \\
&= 150\left[(1-.999)^{-1/2.5} - 1\right] = 2{,}227.34, \\
\mathrm{E}(X) &= \frac{\theta}{\alpha-1} = \frac{150}{1.5} = 100, \\
\mathrm{E}\left(X \wedge \pi_p\right) &= \frac{\theta}{\alpha-1}\left[1-\left(\frac{\theta}{\pi_p+\theta}\right)^{\alpha-1}\right] \\
&= \frac{150}{1.5}\left[1-\left(\frac{150}{2227.34+150}\right)^{1.5}\right] = 98.4151, \\
\mathrm{TVaR}_p(X) &= \pi_p + \frac{\mathrm{E}(X) - \mathrm{E}\left(X \wedge \pi_p\right)}{1-p} \\
&= 2{,}227.34 + \frac{100-98.4151}{0.001} = 3{,}812.23.
\end{aligned}$$

□

3.5.5 연습 문제

3.31 표준 편차 원칙(Standard Deviation Principle)이 일관성 기준 1, 3, 4를 만족함을 증명하십시오. 기준 2를 만족하지 않음을 보이려면, 이변량 변수 (X, Y)가 확률 0.25로 값 (0,4)(0, 4)(0,4)를, 확률 0.75로 값 (4,4)(4, 4)(4,4)를 가질 때를 고려하십시오. $k = 1$일 때, 단조성(monotonicity)이 만족되지 않음을 보여주십시오.

3.32 예제 3.16의 VaR 및 TVaR 공식을 올바르게 증명하십시오.

3.33 예제 3.17의 VaR 및 TVaR 공식을 올바르게 증명하십시오.

3.34 예제 3.18에서 주어진 모수와 VaR 계산을 검증하십시오.

3.35 식 (3.13)을 사용하여 Weibull(50, 0.5) 분포에서 99.9% 안전 수준에서의 TVaR을 구하십시오.

3.36 θ = 500인 지수 분포와 α = 3, θ = 1,000인 파레토 분포를 고려하십시오. 95% 안전 수준에서 VaR 및 TVaR을 구하십시오.

3.37 X의 분포가 (x_0, ∞)에서 연속적이며 $-\infty < x_0 < \infty$라 합시다. (이때 $\Pr(X \le x_0) > 0$이더라도, x_0 이하의 이산적 질량점이 있을 가능성은 배제되지 않습니다.) $x > x_0$에 대해, $f(x)$를 확률 밀도 함수(pdf), $h(x)$를 해저드율(hazard rate) 함수, $e(x)$를 평균 초과 손실(mean excess loss) 함수라 합시다. 다음을 증명하십시오:

$$\frac{d}{dx}\mathrm{E}(X|X > x) = e(x)h(x), \quad x > x_0,$$

따라서 $E(X|X > x)$는 $x > x_0$에서 비감소 함수(nondecreasing function)임을 보여주십시오.

LOSS MODELS

From Data to Decision

PART

2

계리모델

ACTUARIAL MODELS

04 계리모델의 특성

05 연속변수 모델

06 이산변수 분포

07 고급 이산변수 분포

08 담보수정 시 빈도와 심도

09 총손해액 모델

04 계리모델의 특성 CHARACTERISTICS OF ACTUARIAL MODELS

4.1 서론 Introduction

보험 상황에 대한 기본 확률 모델은 연속적이거나 이산적(즉, 혼합되지 않은)인 경향이 있습니다. 이는 무언가를 세는 경우(이산적) 또는 무언가를 지불하는 경우(연속적)에 해당합니다. 두 경우 모두, 모델이 음수 값을 고려할 필요는 거의 없습니다. 가능한 모든 분포 함수의 집합은 너무 방대하여 이해하기 어렵습니다. 따라서 임의의 현상을 모델링하기 위해 사용할 분포 함수를 탐색할 때, 범위를 좁히는 것이 도움이 될 수 있습니다.

3장에서 분포는 꼬리 무게(tail weight)에 따라 구분되었습니다. 4.2절에서는 분포가 모델의 복잡성에 따라 분류됩니다. 그 후, 5장에서는 다양한 연속적 모델이 개발됩니다. 6장과 7장에서는 이산적 모델에 대해 유사한 방식으로 다룹니다.

4.2 모수의 역할 The Role of Parameters

이 섹션에서는 모델을 지정하는 데 필요한 정보의 양에 따라 모델이 특성화됩니다. 이를 지정하는 데 필요한 항목(모수)의 수는 모델이 얼마나 복잡한지에 대한 일부 지표를 제공합니다. 복잡한 모델을 설명하는 데 많은 항목이 필요하다면, 이는 복잡성을 나타냅니다. 간단한 모델의 장점은 다음과 같습니다.

- 소수의 항목만으로 지정되기 때문에 각 항목을 더 정확하게 결정할 가능성이 높습니다.
- 시간이 지나거나 설정이 달라져도 더 안정적일 가능성이 높습니다. 즉, 오늘 모델이 잘 작동한다면, (물가 상승이나 유사한 현상을 반영하기 위한 약간의 변화와 함께) 내일도 잘 작동할 가능성이 높으며 다른 유사한 상황에서도 잘 작동할 가능성이 있습니다.
- 데이터가 종종 불규칙한 경우, 간단한 모델은 필요한 평활화(smoothing)를 제공할 수 있습니다.

복잡한 모델의 장점은 다음과 같습니다:

- 많은 항목이 필요하기 때문에 복잡한 모델은 현실과 더 밀접하게 일치할 수 있습니다.
- 많은 항목이 필요하기 때문에 데이터의 불규칙성을 더 잘 반영할 수 있습니다.

또 다른 차이점은, 간단한 모델은 더 정확하게 추정될 수 있지만, 모델 자체가 지나치게 피상적일 수 있다는 점입니다. '간결성의 원칙'(Principle of Parsimony)은 현실을 적절히 반영하는 가장 간단한 모델을 사용해야 한다고 명시합니다. 여기서 "적절히"라는 정의는 모델의 사용 목적에 따라 달라질 수 있습니다.

다음 섹션에서는 간단한 모델에서 복잡한 모델로 점진적으로 이동합니다. 다양한 분류를 명명하는 데는 어려움이 있는데, 이는 정의에 대한 보편적인 합의가 없기 때문입니다. 모수 분포(parametric distributions)를 제외하면, 다른 분류 이름은 저자들이 만들어낸 것입니다. 또한, 이 범주가 가능한 모든 모델을 포함하지 않으며, 모든 모델이 쉽게 분류될 수 있는 것도 아닙니다. 이들은 정성적(qualitative) 설명으로 간주되어야 합니다.

4.2.1 모수 및 스케일 분포 Parametric and Scale Distributions

이 모델들은 몇 가지 주요 숫자로 지정될 만큼 충분히 단순합니다.

정의 4.1 *모수 분포(Parametric Distribution)는 분포 함수의 집합으로, 각 구성원이 하나 이상의 값을 지정함으로써 결정됩니다. 이 값들을* ***모수(parameters)****라고 하며, 모수의 수는 고정되어 있고 유한합니다.*

가장 잘 알려진 모수 분포는 모수 μ와 σ^2를 가지는 정규 분포(Normal Distribution)입니다. 이 두 모수에 대한 값이 지정되면 분포 함수는 완전히 정의됩니다.

이 섹션에서 이러한 분포는 가장 단순한 분포에 속하는데, 일반적으로 소수의 값만 지정하면 되기 때문입니다. 부록 A와 B에 있는 모든 개별 분포는 모수 분포입니다. 이 클래스 내에서, 모수가 적은 분포는 모수가 많은 분포보다 더 단순합니다.

보험계리 모델링 작업의 많은 부분에서, 확률변수가 상수와 곱해졌을 때에도 분포의 이름이 바뀌지 않는 경우가 특히 편리합니다. 이 현상은 주로 물가 상승의 영향을 모델링하거나 화폐 단위 변경을 수용하는 데 사용됩니다.

정의 4.2 *모수 분포(Parametric Distribution)는 다음과 같은 경우 스케일 분포(Scale Distribution)라고 합니다. 해당 분포 집합의 확률변수가 양의 상수와 곱해질 때, 그 결과 확률변수도 동일한 분포 집합에 속하는 경우입니다.*

예제 4.1

지수 분포(Exponential Distribution)가 스케일 분포(Scale Distribution)임을 증명하시오.

부록 A에 따르면, 지수 분포의 분포 함수는 다음과 같습니다:

$$F_X(x) = 1 - e^{-x/\theta}$$

여기서 $Y = cX$이라고 가정합니다. 그러면,

$$\begin{aligned} F_Y(y) &= \Pr(Y \le y) \\ &= \Pr(cX \le y) \\ &= \Pr\left(X \le \frac{y}{c}\right) \\ &= 1 - e^{-y/c\theta}. \end{aligned}$$

이는 모수 $c\theta$를 가지는 지수 분포입니다. □

정의 4.3 *비음수가 가능한 값을 가지는 확률변수의 경우, 스케일 모수(Scale Parameter)는 다음 두 가지 조건을 충족하는 스케일 분포의 모수입니다.*

스케일 분포의 구성원이 양의 상수와 곱해질 때, 스케일 모수도 동일한 상수와 곱해진다.

스케일 분포의 구성원이 양의 상수와 곱해질 때, 다른 모든 모수는 변하지 않는다.

예제 4.2

부록 A에 정의된 감마 분포가 스케일 모수를 가지는지 증명하시오.

X가 감마 분포를 따르고, $Y=cX$라고 가정합니다. 그러면, 부록 A의 불완전 감마 함수 표기법

을 사용하여,

$$F_Y(y) = \Pr\left(X \le \frac{y}{c}\right)$$
$$= \Gamma\left(\alpha; \frac{y}{c\theta}\right),$$

여기서 $\Gamma(\alpha;z)$는 불완전 감마 함수입니다.

이는 Y가 모수 α와 $c\theta$를 가지는 감마 분포임을 나타냅니다. 따라서, 모수 θ는 스케일 모수입니다. □

많은 교재에서는 감마 분포의 밀도 함수(density function)를 다음과 같이 작성합니다.

$$f(x) = \frac{\beta^\alpha}{\Gamma(\alpha)} x^{\alpha-1} e^{-\beta x}, \qquad x > 0.$$

이 책에서는 밀도 함수의 스케일 모수(scale parameter)인 θ를 사용하는 버전을 선택하였습니다. 이 경우, $\theta = 1/\beta$입니다. 우리 버전에서는 평균(mean)이 θ에 비례합니다.

다른 정의와의 대략적인 비교를 쉽게 하기 위해, 모수 β가 평균에 역비례한다는 점만 기억하면 됩니다.

스케일 모수는 분포 함수나 밀도 함수를 통해 쉽게 인식할 수 있는 경우가 많습니다. 특히, 분포 함수에서 x는 일반적으로 x/θ 형태로 θ와 함께 나타납니다.

4.2.2 모수 분포 계열 Parametric Distribution Families

모수 분포의 약간 더 복잡한 버전은 모수의 수가 유한하지만 사전에 고정되지 않은 경우입니다.

정의 4.4 *모수 분포 계열이란, 어떤 의미 있는 방식으로 서로 관련된 모수 분포의 집합을 말합니다.*

가장 일반적인 유형의 모수 분포 계열은 다음 예제에서 설명됩니다.

예제 4.3

모수 분포 계열의 한 유형은 특정 모수 분포를 기반으로 합니다. 이 계열의 다른 구성원들은 지정된 분포에서 하나 이상의 모수를 미리 정해진 값으로 고정하거나 서로 동일하게 설정하여 생성됩니다. 부록 A에 정의된 변환 베타 계열은 모수 분포 계열이라는 것을 보여주십시오. 변환 베타 분포는 네 개의 모수를 가집니다. 이 계열의 다른 이름이 있는 분포들은 특정 모수를 1로 설정하거나 (예: 파레토 분포에서는 $\gamma = \tau = 1$), 서로 동일하게 설정하여 (예: 패러로지스틱 분포(Paralogistic distribution)에서는 $\tau = 1$ 및 $\gamma = \alpha$) 변환 베타 분포의 특별한 경우로 나타납니다. 모수의 수(2개에서 4개까지)가 사전에 정해져 있지 않다는 점에 유의해야 합니다. 여기에는 정의에서의 미묘한 차이가 존재합니다.

- 변환 베타 분포를 사용하는 모델러(modeler)는 네 개의 모수를 가능한 값의 범위에서 고려합니다.
- 변환 베타 계열을 사용하는 모델러(modeler)는 Burr 분포와 같은 특별한 경우를 사용하는 가능성에 주목합니다.

예를 들어, 첫 번째 모델러(modeler)가 데이터를 수집한 후 $\tau = 1.01$이라고 판단했다면, 해당 값을 사용할 것입니다. 그러나 두 번째 모델러(modeler)는 $\tau = 1$이 Burr 분포를 나타낸다는 점에 주목하며, 대신 해당 모델을 사용할 가능성이 높습니다. □

4.2.3 유한 혼합 분포 Finite Mixture Distribution

혼합 분포 자체는 그다지 복잡하지 않지만, 이 섹션의 후반부에서 복잡성을 증가시키는 방법을 찾을 수 있습니다. 혼합의 한 가지 동기는 기본 현상이 실제로는 알려지지 않은 확률로 발생하는 여러 현상일 수 있다는 점입니다. 예를 들어, 무작위로 선택된 치과 손해액 청구는 정기 검진, 충전, 보수(예: 크라운), 또는 외과적 시술 중 하나일 수 있습니다. 이러한 가능성에 따른 모드(mode)의 차이 때문에 혼합 모델이 효과적으로 작동할 수 있습니다.

정의 4.5 *확률 변수 집합 $\{X_1, X_2, \cdots, X_k\}$과 연관된 주변 분포 함수 $\{F_{X_1}, F_{X_2}, \cdots, F_{X_k}\}$의 집합을 고려하시오. 확률 변수 Y는 k-포인트 혼합(mixture)[1]으로, 누적분포함수(CDF)가 다음과 같이 주어진 경우를 말합니다:*

1 “혼합(mixed)”과 “혼합물(mixture)”이라는 단어는 여기서 설명된 분포 유형과 이산적(discrete)인 부분과 연속적(continuous)인 부분을 동시에 가진 분포를 지칭하는 데 혼용되어 왔습니다. 이를 더 복잡하게 만드는 점은, 이산적이고 연속적인 부분을 모두 포함하는 분포는 이항 혼합(two-point mixture)으로 작성될 수 있다는 것입니다. 이 텍스트는 이러한 혼란을 해결하려고 시도하지 않습니다. 어떤 유형의 분포를 고려하는지에 대한 맥락은 본문에서 명확히 할 것입니다.

$$F_Y(y) = a_1 F_{X_1}(y) + a_2 F_{X_2}(y) + \cdots + a_k F_{X_k}(y), \tag{4.1}$$

여기서 모든 $a_j > 0$*이고,* $a_1 + a_2 + \cdots + a_k = 1$입니다.

$\{X_1, X_2, \cdots, X_k\}$의 결합 분포(joint distribution)는 여기서 중요하지 않다는 점에 주목하십시오. Y의 분포는 이 변수들의 주변 분포 함수에만 의존합니다.

이 모델의 해석은 Y가 확률 변수 X_j의 실현(realization)이 될 확률 a_j를 할당한다는 것입니다. 주어진 확률 변수에 대해 20개의 선택지가 있다면, 2-포인트 혼합만으로도 200개 이상의 새로운 분포[2]를 생성할 수 있습니다. 이는 대부분의 모델링 상황에서 충분할 수 있습니다. 그럼에도 불구하고, 이러한 분포들은 여전히 모수 분포(parametric distributions)이며, 다소 많은 모수를 가질 수 있습니다.

예제 4.4

일반 책임 보험과 관련된 모델에서, 보험 계리사는 두 개의 파레토(Pareto) 분포를 혼합한 모델을 고려했습니다. 이 모델은 총 5개의 모수를 포함하고 있었습니다. 그러나 보험 계리사는 5개의 모수가 필수적이지 않다고 판단하여, 아래와 같은 분포 함수로 표현된 혼합 분포를 선택했습니다.

$$F(x) = 1 - a\left(\frac{\theta_1}{\theta_1 + x}\right)^{\alpha} - (1-a)\left(\frac{\theta_2}{\theta_2 + x}\right)^{\alpha+2}.$$

두 파레토 분포에서의 모양(shape) 모수는 2만큼 차이가 있다는 점에 유의하십시오. 두 번째 분포는 더 작은 값에 대해 더 많은 확률을 할당합니다. 이는 빈번하지만 소액의 손해액 청구를 모델링할 수 있으며, 첫 번째 분포는 크지만 드문 손해액 청구를 다룹니다. 이 분포는 4개의 모수를 가지며, 이는 모델링 과정에 약간의 간결함(parsimony)을 제공합니다. □

혼합에 포함되어야 할 분포의 개수를 모른다고 가정해 보겠습니다. 이 경우, k값이 모수가 되며, 이는 다음 정의에서 나타납니다.

---

2 실제로는 $\binom{20}{2} + 20 = 210$가지 선택지가 있습니다. 여기서 추가된 20은 두 분포가 동일한 유형이지만 모수가 다른 경우를 나타냅니다.

정의 4.6 *가변 구성 요소 혼합 분포(variable-component mixture distribution)는 다음과 같은 형태로 작성될 수 있는 분포 함수입니다.*

$$F(x) = \sum_{j=1}^{K} a_j F_j(x), \quad \sum_{j=1}^{K} a_j = 1, \quad a_j > 0,\ j = 1, \ldots, K,\ K = 1, 2, \ldots .$$

이러한 모델은 복잡성 면에서 모수적(parametric) 모델과 비모수적(nonparametric) 모델(4.2.4절 참고) 사이에 위치하기 때문에 "준모수적(semiparametric)" 모델이라고 불려왔습니다. 이 구분은 15장에서 모델 선택이 논의될 때 더욱 중요해집니다. 모수의 수를 데이터로부터 추정해야 하는 경우, 적절한 모수 수를 결정하기 위한 가설 검정은 더욱 어려워집니다. 모든 구성 요소가 동일한 모수적 분포(단, 모수는 다름)를 가지는 경우, 결과 분포는 "*gs*의 가변 혼합(variable mixture of *gs*)" 분포라고 불립니다. 여기서 *g*는 구성 요소 분포의 이름을 나타냅니다.

예제 4.5

변수 혼합 지수 분포에 대한 분포 함수, 밀도 함수, 및 해저드율 함수를 구하십시오.

지수 분포 함수의 혼합은 다음과 같습니다.

$$F(x) = 1 - a_1 e^{-x/\theta_1} - a_2 e^{-x/\theta_2} - \cdots - a_K e^{-x/\theta_K},$$
$$\sum_{j=1}^{K} a_j = 1, \quad a_j, \theta_j > 0,\ j = 1, \ldots, K,\ K = 1, 2, \ldots .$$

그러면, 다른 함수들은 다음과 같습니다.

$$f(x) = a_1 \theta_1^{-1} e^{-x/\theta_1} + a_2 \theta_2^{-1} e^{-x/\theta_2} + \cdots + a_K \theta_K^{-1} e^{-x/\theta_K},$$
$$h(x) = \frac{a_1 \theta_1^{-1} e^{-x/\theta_1} + a_2 \theta_2^{-1} e^{-x/\theta_2} + \cdots + a_K \theta_K^{-1} e^{-x/\theta_K}}{a_1 e^{-x/\theta_1} + a_2 e^{-x/\theta_2} + \cdots + a_K e^{-x/\theta_K}}.$$

모수의 수는 고정되어 있지 않으며, 제한되지도 않습니다. 예를 들어, $K = 2$인 경우, 모수는 a_1, θ_1, θ_2로 총 세 개이며, a_2는 a_1이 설정되면 값이 결정되므로 모수로 간주되지 않습니다. 그러나 $K = 4$인 경우에는 모수가 총 7개입니다. □

Keatinge [68]의 논문은 혼합 지수 분포를 범용 모델로 사용하는 것에 대한 강력한 주장을 제시하고 있습니다. 혼합 분포 중 하나가 지수 분포가 아닌 확장 모델은 Klugman과 Rioux [75]에 의해 제공되었습니다.

예제 4.6

감마 변수의 두 점 혼합이 어떻게 이중봉(bimodal) 분포를 생성할 수 있는지 설명하십시오. 50-50 혼합된 두 감마 분포를 고려하십시오. 하나는 모드가 21인 α = 4 와 θ = 7의 모수를 가지며, 다른 하나는 모드가 98인 α = 15 와 θ = 7의 모수를 가집니다. 밀도 함수는 다음과 같고 그래프는 Figure 4.1에 있습니다.

$$f(x) = 0.5\frac{x^3e^{-x/7}}{3!7^4} + 0.5\frac{x^{14}e^{-x/7}}{14!7^{15}},$$

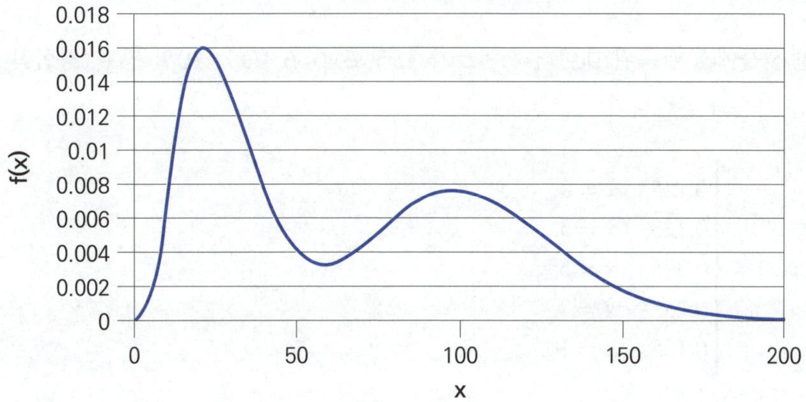

그림 4.1 The two-point mixture-of-gammas distribution

4.2.4 데이터 의존 분포 Data-Dependent Distribution

모델 1-5와 많은 예제들은 관련 현상(확률 변수)에 의존하지만, 그 현상의 관찰에 의존하지는 않습니다. 예를 들어, 손해액 청구 데이터가 없어도 μ = 5 및 σ = 1의 모수를 가진 로그정규 분포나, 두 로그정규 분포의 혼합을 가정할 수 있습니다. 우리의 모델이 치과 클레임에 대한 설명으로 부적절할 수 있지만, 이는 별개의 문제입니다. 로그정규 분포 예제와 달리 데이터를 요구하는 또 다른 유형의 모델이 있습니다.

이러한 모델도 모수를 가지지만, 종종 비모수(nonparametric)라고 불립니다.

정의 4.7 *데이터 의존 분포(data-dependent distribution)는 이를 생성한 데이터나 지식만큼 복잡하며, 데이터 포인트 수나 지식의 양이 증가함에 따라 "모수(parameters)"의 수도 증*

가합니다.

본질적으로 이러한 모델은 데이터 세트의 관찰값보다 같거나 더 많은 "모수"를 가지고 있습니다.

정의 4.8 *경험적 모델(empirical model)은 크기가 n인 샘플을 기반으로 하며, 각 데이터 포인트에 $1/n$의 확률을 할당하는 이산 분포입니다.*

예제 4.7

크기가 8인 샘플에서 관측된 데이터 포인트가 3, 5, 6, 6, 6, 7, 7, 10일 경우, 경험적 모델의 확률 함수는 다음과 같습니다:

$$p(x) = \begin{cases} 0.125, & x = 3, \\ 0.125, & x = 5, \\ 0.375, & x = 6, \\ 0.25, & x = 7, \\ 0.125, & x = 10. \end{cases}$$

□

많은 유한 지지체를 가진 이산 모델은 경험적 모델과 유사하게 보입니다. 예를 들어, 섹션 2.2의 모델 3은 크기가 100인 샘플에 대해 경험적 모델로 간주될 수 있습니다. 이 샘플은 50개의 0, 25개의 1, 12개의 2, 8개의 3, 5개의 4로 구성되어 있습니다. 하지만, 실제 샘플 데이터가 뒷받침되는 경우에만 "경험적 모델"이라는 용어를 사용합니다.

경험적 분포는 데이터 의존적 분포입니다. 각 데이터 포인트는 확률 함수에 $1/n$의 확률을 기여합니다. 따라서 경험적 분포를 생성한 데이터 세트의 n개의 관측치가 바로 n개의 모수가 됩니다.

데이터 의존적 모델의 또 다른 예는 커널 스무딩 모델로, 이는 섹션 14.6에서 더 자세히 다룹니다. 이 모델은 각 데이터 포인트에 $1/n$의 확률 질량을 배치하는 대신, 연속 밀도 함수를 사용하여 해당 데이터 포인트를 대체합니다. 이 밀도 함수의 면적은 $1/n$이며, 데이터 포인트에 중심을 맞추어 배치됩니다. 따라서 이 모델은 데이터를 따라가지만, 완벽히 일치하지는 않습니다. 이는 경험적 분포와 비교했을 때 약간의 스무딩(smoothing)을 제공합니다. 간단한 예는 다음과 같습니다.

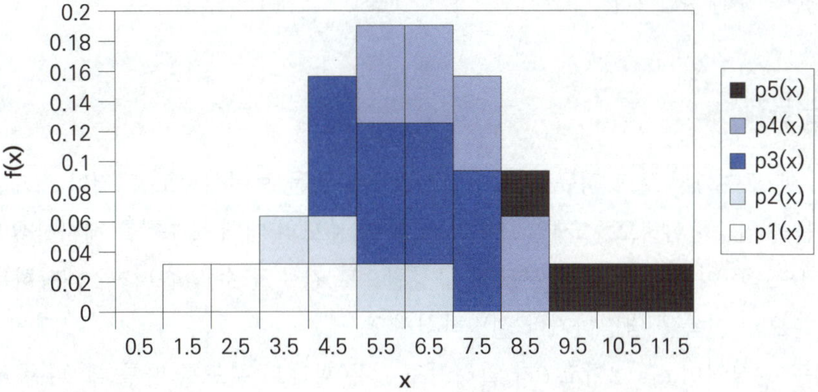

그림 4.2 The kernel density distribution

예제 4.8

예제 4.7에서 생성된 데이터를 사용하여 균일 커널(uniform kernel)과 대역폭 2를 활용하여 커널 스무딩 모델을 구성하십시오. 확률 밀도 함수는 다음과 같습니다.

$$f(x) = \sum_{j=1}^{5} p_8(x_j)K_j(x),$$

$$K_j(x) = \begin{cases} 0, & |x - x_j| > 2, \\ 0.25, & |x - x_j| \le 2, \end{cases}$$

합은 원래 모델이 양의 확률을 가지는 다섯 지점에서 계산됩니다. 예를 들어, 합의 첫 번째 항은 다음 함수입니다.

$$p_8(x_1)K_1(x) = \begin{cases} 0, & x < 1, \\ 0.03125, & 1 \le x \le 5, \\ 0, & x > 5. \end{cases}$$

완전한 확률 밀도 함수는 이러한 다섯 개 함수의 합으로 구성되며, 이는 그림 4.2에 설명되어 있습니다. □

커널 스무딩 모델과 경험적 분포는 모두 혼합 분포로도 표현될 수 있습니다. 그러나 이러한 모델이 별도로 분류되는 이유는 구성 요소의 수가 현상과 그에 따른 확률 변수와는 달리 표본 크기와 관련되기 때문입니다.

4.2.5 연습 문제

4.1 부록 A에 모수화된 로그 정규 분포가 스케일 분포임을 보이십시오. 그러나 스케일 모수가 없음을 입증하십시오. 스케일 모수가 있는 이 분포의 대체 모수화를 제시하십시오.

4.2 모델 1~5 중 어떤 것이 모수 분포의 구성원으로 간주될 수 있습니까? 해당하는 경우 해당 분포의 이름을 명명하거나 설명하십시오.

4.3 (*) 청구 손실액이 $\alpha = 2$이고 θ가 알려지지 않은 파레토 분포를 따를 때, 다음 해의 청구 손실은 6%의 균일한 인플레이션을 경험합니다. r를, 다음 해 d를 초과하는 청구 비율과 올해 d를 초과하는 청구 비율의 비율로 정의합니다. d가 무한대로 갈 때 r의 극한값을 구하십시오.

4.4 예제 4.4의 두 점 혼합 분포의 평균과 두 번째 모멘트를 구하십시오. 이 연습의 해답은 혼합 분포의 순(raw) 모멘트에 대한 일반 공식을 제공합니다.

4.5 감마 혼합 분포의 평균과 분산에 대한 표현식을 구하십시오.

4.6 모델 1~5 중 어떤 것이 모수 분포 계열에서 파생된 것으로 간주될 수 있습니까? 어떤 것이 가변 구성 요소 혼합 분포에서 파생된 것으로 간주될 수 있습니까?

4.7 (*) 청구 손실액의 75%는 평균 3,000, 분산 1,000,000인 정규 분포를 따르고, 나머지 25%는 평균 4,000, 분산 1,000,000인 정규 분포를 따릅니다. 무작위로 선택된 청구 손실이 5,000을 초과할 확률을 구하십시오.

4.8 (*) X는 모수 $\alpha = 1$, $\gamma = 2$, $\theta = \sqrt{1{,}000}$를 가진 Burr 분포를 따르고, Y는 모수 $\alpha = 1$, $\theta = 1{,}000$를 가진 파레토 분포를 따릅니다. Z는 X와 Y가 동일한 가중치를 가진 혼합 분포이다. Z의 중앙값을 구하십시오. $W = 1.1Z$라고 할 때, W가 또한 Burr와 파레토 분포의 혼합임을 보이십시오. W의 모수를 구하십시오.

4.9 (*) 세 가지 확률 변수에 대해 고려하라:

X: 0-2 구간의 균등 분포와 0-3 구간의 균등 분포의 혼합.

Y: 0-2 구간의 균등 분포와 0-3 구간의 균등 분포의 합.

Z: 1에서 오른쪽 검열된 정규 분포. 다음 설명과 각 확률 변수를 연결하십시오:

(a) 분포 함수와 밀도 함수가 모두 연속적이다.

(b) 분포 함수는 연속적이지만 밀도 함수는 불연속적이다.

(c) 분포 함수는 불연속적이다.

4.10 예제 4.8의 모델이 균등 분포의 혼합임을 증명하십시오.

4.11 부록 A에서 모수화된 역 가우스 분포가 스케일 계열이지만 스케일 모수를 가지고 있지 않음을 증명하십시오.

4.12 와이블 분포가 스케일 모수를 가지고 있음을 증명하십시오.

05 연속변수 모델 CONTINUOUS MODELS

5.1 서론 Introduction

이 장에서는 다양한 연속형 모델을 소개합니다. 여기서 개발된 모델 컬렉션은 대부분의 모델링 상황에 충분히 활용될 수 있습니다. 논의는 기존 분포에서 새로운 분포를 생성하는 방법을 설명하는 것으로 시작됩니다. 이러한 하향식 접근 방식은 추가 모수를 포함하도록 확장할 수 있는 유연성을 제공합니다.

5.2 새 분포 창출 Creating New Distributions

부록 A에는 연속형 분포의 확률밀도함수(pdf), 누적분포함수(cdf), 및 기타 관련 수식이 나열되어 있습니다. 보험수리 응용에서는 $F(0) = 0$인, 즉 양의 지원만을 가지는 분포에 주로 관심이 있습니다. 이러한 속성을 가진 분포로는 통계학 학생들에게 익숙한 지수분포, 감마분포, 파레토분포, 로그정규분포 등이 있습니다.

모든 분포에 대해 변환을 수행하거나 기타 수학적 기법을 사용하여 새로운 분포를 구성할 수 있습니다. 부록 A에 나열된 많은 분포는 동일한 부록에 나열된 다른 분포에 이러한 방법을 적용하여 얻을 수 있습니다. 이 섹션에서는 다양한 예제를 통해 이러한 방법을 설명합니다. 예제를 통해 분포 간의 관계를 이해하는 데 도움이 됩니다. 특히, 5.3절에서는 하나의

"모체(parent)" 분포에서 파생된 "가족(family)" 분포를 살펴봅니다. 이 가족의 구성원들은 모두 모체 분포의 특수한 사례입니다.

5.2.1 상수 곱하기 Multiplication by a Constant

이 변환은 모든 손실 수준에 걸쳐 인플레이션을 균일하게 적용하는 것과 동일하며, 스케일 변화(change of scale)로 알려져 있습니다. 예를 들어, 올해의 손실이 확률 변수 X로 주어진다면, 5%의 균일한 인플레이션은 내년 손실이 확률 변수 $Y = 1.05X$모델링될 수 있음을 나타냅니다.

정리 5.1 X를 확률밀도함수 $f_X(x)$와 누적분포함수 $F_X(x)$를 갖는 연속형 확률 변수라고 가정합니다. $Y = \theta X$, $\theta > 0$일 때, 다음이 성립합니다.

$$F_Y(y) = F_X\left(\frac{y}{\theta}\right), \quad f_Y(y) = \frac{1}{\theta} f_X\left(\frac{y}{\theta}\right).$$

증명

$$F_Y(y) = \Pr(Y \le y) = \Pr(\theta X \le y) = \Pr\left(X \le \frac{y}{\theta}\right) = F_X\left(\frac{y}{\theta}\right)$$
$$f_Y(y) = \frac{d}{dy} F_Y(y) = \frac{1}{\theta} f_X\left(\frac{y}{\theta}\right).$$

□

필연 귀결 5.2 모수 θ는 확률 변수 Y에 대한 스케일 모수입니다.

예제 5.1

X의 확률 밀도 함수(pdf)가 $f(x) = e^{-x}$, $x > 0$라고 합시다. $Y = \theta X$에 대한 누적 분포 함수(cdf)와 확률 밀도 함수(pdf)를 구하라.

$$F_X(x) = 1 - e^{-x}, \quad F_Y(y) = 1 - e^{-y/\theta},$$
$$f_Y(y) = \frac{1}{\theta} e^{-y/\theta}.$$

이는 지수 분포로 인식됩니다. □

5.2.2 거듭 제곱 변환 Raising to a Power

정리 5.3 X를 확률 밀도 함수(pdf) $f_X(x)$와 누적 분포 함수(cdf) $F_X(x)$를 가진 연속 확률 변수라고 가정하고, $F_X(0) = 0$이라고 하자. $Y = X^{1/\tau}$라고 하고,

$\tau > 0$라면,

$$F_Y(y) = F_X(y^\tau), \quad f_Y(y) = \tau y^{\tau-1} f_X(y^\tau), \quad y > 0$$

반면 $\tau < 0$라면,

$$F_Y(y) = 1 - F_X(y^\tau), \quad f_Y(y) = -\tau y^{\tau-1} f_X(y^\tau).$$

증명: $\tau > 0$라면,

$$F_Y(y) = \Pr(X \le y^\tau) = F_X(y^\tau),$$

반면 $\tau < 0$라면,

$$F_Y(y) = \Pr(X \ge y^\tau) = 1 - F_X(y^\tau).$$

확률 밀도 함수(pdf)는 미분을 통해 얻어진다. □

파라미터를 양수로 유지하는 것이 일반적이므로, τ가 음수일 경우 새로운 파라미터 $\tau* = -\tau$를 정의합니다. 그러면 (5.1)은 다음과 같이 변환됩니다:

$$F_Y(y) = 1 - F_X(y^{-\tau^*}), \quad f_Y(y) = \tau^* y^{-\tau^*-1} f_X(y^{-\tau^*}).$$

이후의 양수 파라미터 사용을 위해 별표(*)를 생략합니다.

정의 5.4 *분포를 거듭제곱하는 경우,*

*$\tau > 0$일 때, 결과 분포를 **변환된 분포**(transformed distribution)라 합니다.*

*$\tau = -1$일 때, 결과 분포를 **역분포**(inverse distribution)라 합니다.*

*$\tau < 0$ (하지만 -1은 제외)일 때, 결과 분포를 **역변환 분포**(inverse transformed distribution)라 합니다. 부록 A에 있는 분포를 생성하고 θ를 스케일 파라미터로 유지하려면, 기본 분포를 거듭제곱한 후 θ로 곱해야 합니다.*

예제 5.2

X가 지수 분포를 따른다고 가정합니다. 역 지수 분포, 변환된 지수 분포, 역변환 지수 분포의

누적 분포 함수(cdf)를 구하시오.

1. 스케일 파라미터가 없는 역 지수 분포의 cdf는 다음과 같습니다:

$$F(y) = 1 - [1 - e^{-1/y}] = e^{-1/y}.$$

스케일 파라미터를 추가하면, 다음과 같이 됩니다:

$$F(y) = e^{-\theta/y}.$$

2. 스케일 파라미터가 없는 변환된 지수 분포의 cdf는 다음과 같습니다:

$$F(y) = 1 - \exp(-y^{\tau}).$$

스케일 파라미터를 추가하면, 다음과 같이 됩니다.

$$F(y) = 1 - \exp[-(y/\theta)^{\tau}]$$

이 분포는 와이블 분포(Weibull distribution)로 더 잘 알려져 있습니다.

3. 스케일 파라미터가 없는 역변환 지수 분포의 cdf는 다음과 같습니다:

$$F(y) = 1 - [1 - \exp(-y^{-\tau})] = \exp(-y^{-\tau}).$$

스케일 파라미터를 추가하면, 다음과 같이 됩니다.

$$F(y) = \exp[-(\theta/y)^{\tau}]$$

이 분포는 역 와이블 분포(inverse Weibull distribution)로 알려져 있습니다. □

다른 기본 분포의 확률 밀도 함수(pdf)는 다음과 같습니다:

$$f(x) = x^{\alpha-1}e^{-x}/\Gamma(\alpha)$$

여기에 스케일 파라미터를 추가하면, 이는 감마 분포가 됩니다. 이 분포는 이 섹션에서 소개된 결과를 사용하여 역(inverse) 및 변환(transformed) 버전을 생성할 수 있습니다. 지금까지 소개된 분포와 달리, 이 분포는 닫힌 형태의 누적 분포 함수(cdf)를 가지고 있지 않습니다. 우리가 할 수 있는 최선은 이 함수를 나타내는 기호를 정의하는 것입니다.

정의 5.5 *모수 $\alpha > 0$을 가진 불완전 감마 함수(incomplete gamma function)는 다음과 같이 표시되고 정의됩니다:*

$$\Gamma(\alpha; x) = \frac{1}{\Gamma(\alpha)} \int_0^x t^{\alpha-1}e^{-t}\,dt,$$

감마 함수는 다음과 같이 정의하고 표시합니다.

$$\Gamma(\alpha) = \int_0^\infty t^{\alpha-1} e^{-t}\, dt.$$

추가적으로, $\Gamma(\alpha) = (\alpha-1)\Gamma(\alpha-1)$이며, n이 양의 정수일 때 $\Gamma(n) = (n-1)$입니다. 부록 A에서는 이러한 값을 계산하는 수치적 방법에 대한 세부 정보를 제공합니다. 또한, 이러한 함수는 대부분의 스프레드시트 프로그램과 많은 통계 및 수치 해석 프로그램에 내장되어 있습니다.

5.2.3 지수화 Exponentiation

정리 5.6 *연속 확률 변수 X가 확률 밀도 함수(pdf) $f_X(x)$와 누적 분포 함수(cdf) $F_X(x)$를 가지고, 모든 실수 x에 대해 $f_X(x) > 0$인 경우, $Y = exp(X)$로 정의하면 $y > 0$에 대해 다음이 성립합니다.*

$$F_Y(y) = F_X(\ln y), \quad f_Y(y) = \frac{1}{y} f_X(\ln y).$$

증명:

$$F_Y(y) \;=\; \Pr(e^X \;\le\; y) \;=\; \Pr(X \;\le\; \ln y) \;=\; F_X(\ln y)$$

확률밀도함수(pdf)는 cdf를 미분하면 얻을 수 있습니다. □

예제 5.3

X가 평균 μ과 σ^2을 갖는 정규분포를 따른다고 하고, $Y = e^X$의 cdf와 pdf를 구하시오.

$$F_Y(y) = \Phi\left(\frac{\ln y - \mu}{\sigma}\right)$$

$$f_Y(y) = \frac{1}{y\sigma}\phi\left(\frac{\ln y - \mu}{\sigma}\right) = \frac{1}{y\sigma\sqrt{2\pi}} \exp\left[-\frac{1}{2}\left(\frac{\ln y - \mu}{\sigma}\right)^2\right].$$

□

우리는 $W = \theta Y$를 생성하여 스케일 모수를 추가하려고 시도할 수 있지만, 이는 아무런 가치를 추가하지 않습니다. 이는 연습 문제 5.5에서 입증됩니다. 이 예는 로그정규분포(lognormal)를 생성했으며(이름은 "expnormal"이 더 적절해 보이지만), "로그정규분포"라는 이름이 관행적으로 사용되고 있습니다.

5.2.4 혼합 (Mixing)

혼합의 개념은 유한한 수의 확률 변수 혼합에서 셀 수 없는 무한한 수의 혼합으로 확장될 수 있습니다. 다음 정리에서, 확률 밀도 함수 $f_\Lambda(\lambda)$는 k-점 혼합에서 사용되는 이산 확률 a_j의 역할을 합니다.

정리 5.7 X가 모수 λ를 가지는 조건부 확률 밀도 함수 $f_{X|\Lambda}(x|\lambda)$와 누적 분포 함수 $F_{X|\Lambda}(x|\lambda)$를 가진다고 가정합니다. X가 다른 모수를 가질 수 있으나, 그것들은 이 문맥에서는 관련이 없습니다. λ는 확률 변수 Λ의 실현 값이며, 그 확률 밀도 함수는 $f_\Lambda(\lambda)$입니다. 그러면, X의 무조건부 확률 밀도 함수는 다음과 같습니다.

$$f_X(x) = \int f_{X|\Lambda}(x|\lambda)f_\Lambda(\lambda)\,d\lambda, \tag{5.2}$$

여기서 적분은 λ에 대해 양의 확률을 가지는 모든 값에 대해 수행됩니다. 결과적으로 만들어진 분포는 혼합 분포입니다. 분포 함수는 다음 식으로 결정될 수 있습니다:

$$\begin{aligned} F_X(x) &= \int_{-\infty}^{x}\int f_{X|\Lambda}(y|\lambda)f_\Lambda(\lambda)\,d\lambda\,dy \\ &= \int\int_{-\infty}^{x} f_{X|\Lambda}(y|\lambda)f_\Lambda(\lambda)\,dy\,d\lambda \\ &= \int F_{X|\Lambda}(x|\lambda)f_\Lambda(\lambda)\,d\lambda. \end{aligned}$$

혼합 분포의 모먼트는 다음 식을 통해 구할 수 있습니다:

$$\mathrm{E}(X^k) = \mathrm{E}[\mathrm{E}(X^k|\Lambda)]$$

그리고, 특히

$$\mathrm{Var}(X) = \mathrm{E}[\mathrm{Var}(X|\Lambda)] + \mathrm{Var}[\mathrm{E}(X|\Lambda)].$$

증명: 적분식의 피적분 함수는 정의에 따라 X와 Λ의 결합 밀도 함수(joint density)를 나타냅니다. 따라서, 적분은 X의 주변 밀도 함수(marginal density)를 제공합니다. 기댓값을 계산할 때, 적분 순서를 바꿀 수 있다고 가정하면 다음과 같이 표현할 수 있습니다.

$$\begin{aligned}
\mathrm{E}(X^k) &= \int\int x^k f_{X|\Lambda}(x|\lambda) f_\Lambda(\lambda)\, d\lambda\, dx \\
&= \int\left[\int x^k f_{X|\Lambda}(x|\lambda)\, dx\right] f_\Lambda(\lambda)\, d\lambda \\
&= \int \mathrm{E}(X^k|\lambda) f_\Lambda(\lambda)\, d\lambda \\
&= \mathrm{E}[\mathrm{E}(X^k|\Lambda)].
\end{aligned}$$

분산은,

$$\begin{aligned}
\mathrm{Var}(X) &= \mathrm{E}(X^2) - [\mathrm{E}(X)]^2 \\
&= \mathrm{E}[\mathrm{E}(X^2|\Lambda)] - \{\mathrm{E}[\mathrm{E}(X|\Lambda)]\}^2 \\
&= \mathrm{E}\{\mathrm{Var}(X|\Lambda) + [\mathrm{E}(X|\Lambda)]^2\} - \{\mathrm{E}[\mathrm{E}(X|\Lambda)]\}^2 \\
&= \mathrm{E}[\mathrm{Var}(X|\Lambda)] + \mathrm{Var}[E(X|\Lambda)].
\end{aligned}$$

□

$f_\Lambda(\lambda)$이 이산적(discrete)이라면, 적분은 합(sums)으로 대체되어야 합니다. 결과를 표현하는 또 다른 방법은 $f_X(x) = \mathrm{E}_\Lambda[f_{X|\Lambda}(x|\Lambda)$와 $F_X(x) = \mathrm{E}_\Lambda[F_{X|\Lambda}(x|\Lambda)]$로 쓸 수 있으며, 여기서 E의 아래 첨자 Λ는 확률 변수 Λ와 관련이 있음을 나타냅니다.

혼합 분포가 일반적으로 꼬리가 무거운(heavy-tailed) 특성을 가지는 흥미로운 현상이 있습니다. 따라서 이 방법은 그러한 모델을 생성하는 데 적합한 방법입니다. 특히, 모든 λ에 대해 $f_{X|\Lambda}(x|\lambda)$가 감소하는 해저드율(hazard rate) 함수를 가지면, 혼합 분포 역시 감소하는 해저드율 함수를 가지게 됩니다(자세한 내용은 Ross [107, pp. 407 – 409] 참고). 다음 예제는 혼합을 통해 익숙한 꼬리가 무거운 분포를 얻는 방법을 보여줍니다.

예제 5.4

$X|\Lambda$가 모수 $1/\Lambda$를 갖는 지수 분포를 따르고, Λ는 감마 분포를 따른다고 가정합니다. X의 무조건적(unconditional) 분포를 구하십시오. 여기서 감마 분포의 모수 θ는 그 역수로 대체되었음을 주의하십시오.

$$\begin{aligned}
f_X(x) &= \frac{\theta^\alpha}{\Gamma(\alpha)}\int_0^\infty \lambda e^{-\lambda x}\lambda^{\alpha-1}e^{-\theta\lambda}d\lambda \\
&= \frac{\theta^\alpha}{\Gamma(\alpha)}\int_0^\infty \lambda^\alpha e^{-\lambda(x+\theta)}d\lambda \\
&= \frac{\theta^\alpha}{\Gamma(\alpha)}\frac{\Gamma(\alpha+1)}{(x+\theta)^{\alpha+1}} \\
&= \frac{\alpha\theta^\alpha}{(x+\theta)^{\alpha+1}}.
\end{aligned}$$

이것은 파레토 분포입니다. □

다음 예제는 16장에서 유용하게 쓰일 내용을 제시합니다.

예제 5.5

Θ = θ때, X이 평균 θ, 분산 v를 가지는 정규분포를 따른다고 가정하면,

$$f_{X|\Theta}(x|\theta) = \frac{1}{\sqrt{2\pi v}} \exp\left[-\frac{1}{2v}(x-\theta)^2\right], \quad -\infty < x < \infty,$$

그리고 **Θ** 자체는 평균 μ, 분산 a를 가지는 정규분포를 따른다고 하면,

$$f_{\Theta}(\theta) = \frac{1}{\sqrt{2\pi a}} \exp\left[-\frac{1}{2a}(\theta-\mu)^2\right], \quad -\infty < \theta < \infty.$$

X의 주변 확률밀도함수(pdf)를 구하십시오.

X의 주변 확률밀도함수는 다음과 같습니다:

$$\begin{aligned} f_X(x) &= \int_{-\infty}^{\infty} \frac{1}{\sqrt{2\pi v}} \exp\left[-\frac{1}{2v}(x-\theta)^2\right] \frac{1}{\sqrt{2\pi a}} \exp\left[-\frac{1}{2a}(\theta-\mu)^2\right] d\theta \\ &= \frac{1}{2\pi\sqrt{va}} \int_{-\infty}^{\infty} \exp\left[-\frac{1}{2v}(x-\theta)^2 - \frac{1}{2a}(\theta-\mu)^2\right] d\theta. \end{aligned}$$

다음 대수적 항등식의 검증을 연습 문제로 남겨둡니다:

$$\frac{(x-\theta)^2}{v} + \frac{(\theta-\mu)^2}{a} = \frac{a+v}{va}\left(\theta - \frac{ax+v\mu}{a+v}\right)^2 + \frac{(x-\mu)^2}{a+v}$$

이는 θ에 대해 제곱을 완성하여 얻어진 결과입니다.

따라서,

$$f_X(x) = \frac{\exp\left[-\frac{(x-\mu)^2}{2(a+v)}\right]}{\sqrt{2\pi(a+v)}} \int_{-\infty}^{\infty} \sqrt{\frac{a+v}{2\pi va}} \exp\left[-\frac{a+v}{2va}\left(\theta - \frac{ax+v\mu}{a+v}\right)^2\right] d\theta.$$

여기서 적분 부분은 평균이 $(ax+v\mu)/(a+v)$, 분산이 $(va)/(a+v)$인 정규분포의 확률밀도함수로 확인됩니다.

따라서 이 적분값은 1이 되고,

$$f_X(x) = \frac{\exp\left[-\frac{(x-\mu)^2}{2(a+v)}\right]}{\sqrt{2\pi(a+v)}}, \quad -\infty < x < \infty;$$

그래서, X는 평균 μ 그리고 분산은 $a + v$ 인 정규분포를 따릅니다. □

다음 예시는 Hayne [51]에서 발췌한 것입니다. 이 예시는 혼합 분포가 어떻게 발생할 수 있는지를 보여줍니다. 특히, 연속적인 혼합은 종종 모수의 불확실성에 대한 모델을 제공하는 데 사용됩니다. 즉, 모수의 정확한 값은 알려져 있지 않지만, 해당 모수의 가능한 값을 설명하는 확률 밀도 함수가 밝혀질 수 있습니다.

예제 5.6

자동차 보증 평가에서 운전자마다 주행 거리가 다르다는 점을 인식하는 것이 중요합니다. 또한, 특정 운전자의 경우에도 연도별 주행 거리가 변동될 수 있습니다. 임의로 선택된 운전자의 연간 주행 거리가 역 와이블 분포를 따르며, 이때 스케일 모수의 연도별 변동이 동일한 τ 값을 갖는 변환 감마 분포를 따른다고 가정합시다. 임의로 선택된 운전자가 임의로 선택된 연도에 주행하는 거리에 대한 분포를 구해보겠습니다.

Appendix A의 모수를 활용하여, 연간 주행 거리에 대한 역 와이블 분포는 모수 Λ(Θ대신 사용됨)와 τ를 가집니다. 또한, 스케일 모수 Λ에 대한 변환 감마 분포는 모수 τ, θ, α를 가집니다.

$$\begin{aligned}
f(x) &= \int_0^\infty \frac{\tau\lambda^\tau}{x^{\tau+1}} e^{-(\lambda/x)^\tau} \frac{\tau\lambda^{\tau\alpha-1}}{\theta^{\tau\alpha}\Gamma(\alpha)} e^{-(\lambda/\theta)^\tau}\, d\lambda \\
&= \frac{\tau^2}{\theta^{\tau\alpha}\Gamma(\alpha)x^{\tau+1}} \int_0^\infty \lambda^{\tau+\tau\alpha-1} \exp[-\lambda^\tau(x^{-\tau}+\theta^{-\tau})]\, d\lambda \\
&= \frac{\tau^2}{\theta^{\tau\alpha}\Gamma(\alpha)x^{\tau+1}} \int_0^\infty [y^{1/\tau}(x^{-\tau}+\theta^{-\tau})^{-1/\tau}]^{\tau+\tau\alpha-1} e^{-y} \\
&\quad \times y^{\tau^{-1}-1}\tau^{-1}(x^{-\tau}+\theta^{-\tau})^{-1/\tau}\, dy \\
&= \frac{\tau}{\theta^{\tau\alpha}\Gamma(\alpha)x^{\tau+1}(x^{-\tau}+\theta^{-\tau})^{\alpha+1}} \int_0^\infty y^\alpha e^{-y}\, dy \\
&= \frac{\tau\Gamma(\alpha+1)}{\theta^{\tau\alpha}\Gamma(\alpha)x^{\tau+1}(x^{-\tau}+\theta^{-\tau})^{\alpha+1}} \\
&= \frac{\tau\alpha\theta^\tau x^{\tau\alpha-1}}{(x^\tau+\theta^\tau)^{\alpha+1}}.
\end{aligned}$$

세 번째 줄은 변환 $y = \lambda^{\tau}(x^{\tau} + \theta^{\tau})$를 사용하여 얻어졌습니다. 마지막 줄에서는 감마 함수의 성질 $\Gamma(\alpha+1) = \alpha\Gamma(\alpha)$를 활용하였습니다.

결과적으로, 이는 역 부어 분포(Inverse Burr Distribution)를 나타냅니다. 이 분포는 특정 운전자에게 적용됩니다.

다른 운전자는 다른 와이블 분포의 형상 모수 τ를 가질 수 있으며, 해당 운전자의 와이블 스케일 모수 $\boldsymbol{\Theta}$ 역시 다른 분포를 따를 수 있습니다. 특히, 평균이 다를 가능성도 고려됩니다. □

5.2.5 취약성 모델(Frailty Models)

취약성 모델은 혼합 분포(mixture distribution)의 중요한 유형 중 하나입니다. 이 모델은 원래 생존 분석(survival analysis)에서 수명 분포(lifetime distribution)를 분석하기 위해 물리적 동기에서 출발했지만, 수학적으로도 편리하여 혼합을 통해 새로운 분포를 생성하는 유용한 방법으로 간주될 수 있습니다.

먼저, 취약성 확률 변수 $\Lambda > 0$를 도입한 후, $\Lambda = \lambda$가 주어졌을 때의 X의 조건부 해저드율을 다음과 같이 정의합니다:

$$h_{X|\Lambda}(x|\lambda) = \lambda a(x)$$

여기서 $a(x)$는 x의 알려진 함수로, 특정 응용 분야에서 지정됩니다. 취약성(frailty)은 해저드율(hazard rate)에 관련된 불확실성을 정량화하며, 위 조건부 해저드율 정의에 따르면 곱셈 방식으로 작용합니다.

따라서 $X|\Lambda$의 조건부 생존 함수는 다음과 같이 표현됩니다:

$$S_{X|\Lambda}(x|\lambda) = e^{-\int_0^x h_{X|\Lambda}(t|\lambda)dt} = e^{-\lambda A(x)}, \quad A(x) = \int_0^x a(t)dt$$

여기서 $A(x)$는 x에 따라 정의된 누적 위험 함수입니다.

혼합 분포(즉, X의 주변 분포)를 명시하기 위해, 취약성 확률 변수 Λ의 모먼트 생성 함수를 다음과 같이 정의합니다:

$$M_{\Lambda}(z) = \mathrm{E}[e^{z\Lambda}]$$

그러면 X의 주변 생존 함수는 다음과 같이 표현됩니다:

$$S_X(x) = \mathrm{E}[e^{-\Lambda A(x)}] = M_{\Lambda}[-A(x)], \tag{5.3}$$

물론 $F_X(x) = 1 - S_X(x)$입니다.

혼합 유형은 $a(x)$와 $A(x)$의 선택을 결정하며, 이에 따라 사용되는 혼합 모델이 달라집니다. 취약성 모델의 가장 중요한 하위 분류는 다음과 같은 지수 혼합 모델입니다.

$a(x) = 1$ 및 $A(x) = x$, 따라서 $S_{X|\Lambda}(x|\lambda) = e^{-\lambda x}; x \geq 0$

다른 유용한 혼합 모델로는 다음이 포함됩니다:

Weibull 혼합 모델: $a(x) = \gamma x^{\gamma-1}$및 $A(x) = x^{\gamma}$

취약성 분포의 계산에는 취약성 변수 Λ의 모먼트 생성 함수 $M_{\Lambda}(z)$가 필요합니다. 가장 일반적으로 사용되는 선택은 감마 취약성(gamma frailty)이며, 역가우스 취약성(inverse Gaussian frailty)과 같은 다른 선택지도 종종 사용됩니다.

예제 5.7

Λ가 감마 분포를 따르고, Λ가 주어진 조건에서 $X|\Lambda$가 Weibull 분포를 따른다고 가정합니다. $X|\Lambda$의 조건부 생존 함수는 다음과 같이 주어집니다:

$$S_{X|\Lambda}(x|\lambda) = e^{-\lambda x^{\gamma}}$$

이 경우, 감마 분포의 모먼트 생성 함수는 Example 3.7에 따라 다음과 같습니다:

$$M_{\Lambda}(z) = (1-\theta z)^{-\alpha}.$$

또한 식 (5.3)에 따라 X의 무조건적(또는 주변) 생존 함수는 다음과 같습니다:

$$S_X(x) = M_{\Lambda}(-x^{\gamma}) = (1+\theta x^{\gamma})^{-\alpha}.$$

이는 부록 A에서 정의된 Burr 분포입니다. 단, 일반적인 Burr 분포의 모수 θ가 θ^{-1}로 대체되었습니다.

특히, $\gamma = 1$인 경우, 이는 지수 혼합 모델로 귀결되며, 이는 Example 5.4에서 다뤄진 Pareto 분포가 됩니다. □

앞서 언급한 것처럼, 혼합은 일반적으로 heavy-tailed 분포를 생성하는 경향이 있습니다. 특히, 모든 구성 분포가 감소하는 해저드율(hazard rate)을 가진 혼합 분포는 역시 감소하는 해저드율을 가집니다.

Exercise 5.16에서는 이러한 사실을 frailty 모델에 대해 증명하도록 요청하고 있습니다. frailty 모델에 대한 추가적인 세부 사항은 Hougaard [59]를 참조하십시오.

5.2.6 스플라이싱(Splicing)

새로운 분포를 생성하는 또 다른 방법은 스플라이싱(splicing)입니다. 이 접근법은 손실을 생성하는 두 개 이상의 개별적인 과정이 있다고 가정하는 점에서 혼합(mixing)과 유사합니다. 그러나 혼합과 스플라이싱의 차이는 이러한 과정이 작동하는 방식에 있습니다:

혼합(Mixing) 방식은 다양한 과정이 모집단의 서로 다른 하위 집합에 작용합니다. 하위 집합이 식별되면 단일 손실 모델이 해당 하위 집합에 적용됩니다.

스플라이싱(Splicing)은 각 과정은 손실 금액에 따라 달라집니다. 특정 손실 구간에서는 하나의 모델이 작동하며, 다른 구간에서는 다른 모델이 작동합니다.

정의 5.8이 이 점을 자세히 보여줍니다.

정의 5.8 *k-컴포넌트 스플라이싱 분포는 다음과 같이 표현되는 밀도 함수 f(x)를 가집니다:*

$$f_X(x) = \begin{cases} a_1 f_1(x), & c_0 < x < c_1, \\ a_2 f_2(x), & c_1 < x < c_2, \\ \vdots & \vdots \\ a_k f_k(x), & c_{k-1} < x < c_k. \end{cases}$$

$j = 1,\cdots,k$에 대해, 각 $a_j > 0$이고, 각 $f_j(x)$는 합법적인 밀도 함수여야 하며, 확률은 구간 (c_{j-1}, c_j)에 모두 분포해야 합니다. 또한, $a_1+\cdots+a_k = 1$을 만족해야 합니다.

예제 5.8

섹션 2.2에 나오는 모델 5가 2-구성요소 접합(spliced) 모델임을 증명하십시오. 확률 밀도 함수는 다음과 같습니다.

$$f(x) = \begin{cases} 0.01, & 0 \le x < 50, \\ 0.02, & 50 \le x < 75, \end{cases}$$

그리고 접합 모델은 다음과 같이 정의됩니다: $f_1(x) = 0.02,\ 0 \le x < 50$, 이는 [0,50) 구간에서의 균일 분포(uniform distribution)를 나타냅니다. $f_2(x) = 0.04,\ 50 \le x < 75$, 이는 [50,75) 구간에서의 균일 분포를 나타냅니다.

계수는 $a_1 = 0.5$, $a_2 = 0.5$로 설정됩니다. □

밀도 함수와 계수를 사용할 필요는 없었지만, 결과가 합법적인 밀도 함수가 되도록 보장하는 한 가지 방법입니다. 모수 모델(parametric models)을 사용할 때, 접합(splicing)의 동기는 꼬리(tail) 부분의 특성이 작은 손실에 대한 특성과 일치하지 않을 수 있다는 점입니다. 예를 들어, 경험적으로 (현재 데이터 세트가 작고 충분한 정보를 제공하지 않을 수 있지만 이를 넘어서는 지식을 바탕으로) 꼬리가 파레토(Pareto) 분포를 따르는 것으로 보일 수 있습니다. 그러나 양(positive) 최빈값(mode)은 로그정규분포(lognormal)나 역가우스분포(inverse Gaussian distributions)와 더 잘 일치할 수 있습니다. 또 다른 사례는 특정 값 이하에서 많은 데이터가 존재하지만 그 외의 구간에서는 정보가 제한적인 경우입니다. 이러한 경우, 특정 지점까지는 경험적 분포(또는 이를 부드럽게 한 버전)를 사용하고 그 이후에는 모수 모델을 사용할 수 있습니다. 정의 5.8은 분할 지점 $c_0,\cdots,c_k$이 사전에 알려져 있을 때 적합합니다.

또 다른 접합 모델 구성 방법은 c_0에서 c_k까지의 범위에서 표준 분포를 사용하는 것입니다. $g_j(x)$를 해당 범위에서의 j-번째 밀도 함수라고 하면, 정의 5.8에서 $f_j(x)$를 $[G(c_j)-G(c_{j-1})]$로 나눈 $g_j(x)/\ [G(c_j)-G(c_{j-1})]$로 대체합니다. 이 구성은 분할 지점을 모수로 만들어 추정할 수 있게 합니다.

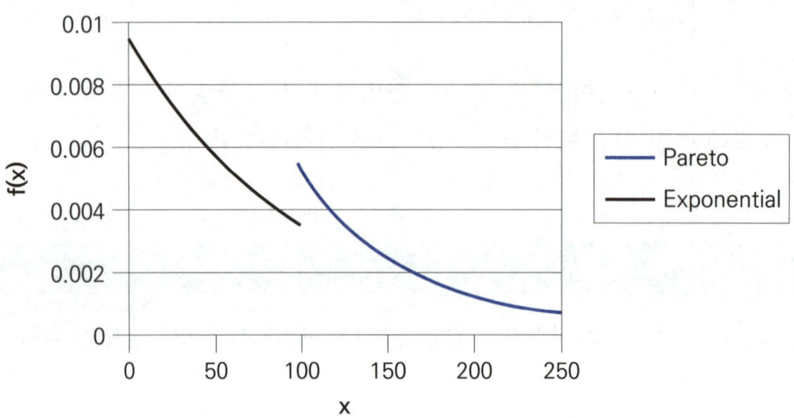

그림 5.1 The two-component spliced density

그러나 이러한 접합 접근 방식은 결과 밀도 함수가 연속적이도록 보장하지는 않습니다(즉, 각 구성 요소가 분할 지점에서 서로 맞닿지 않을 수 있습니다). 이러한 제약 조건을 사양에 추가할 수도 있습니다.

예제 5.9

두 구성 요소로 이루어진 접합 모델을 생성합니다. 0에서 c까지는 지수 분포를 사용하고 c에서 무한대까지는 파레토 분포(θ 대신 γ 를 사용)를 사용합니다. 기본 형식은 다음과 같습니다.

$$f_X(x) = \begin{cases} a_1 \dfrac{\theta^{-1}e^{-x/\theta}}{1-e^{-c/\theta}}, & 0 < x < c, \\ a_2 \dfrac{\alpha\gamma^{\alpha}(x+\gamma)^{-\alpha-1}}{\gamma^{\alpha}(c+\gamma)^{-\alpha}}, & c < x < \infty. \end{cases}$$

그러나 밀도 함수가 1로 적분되도록 만들어야 합니다. 이를 위해 $a_1 = v$와 $a_2 = 1-v$로 설정하면 충분합니다. 접합 밀도 함수는 다음과 같이 됩니다.

$$f_X(x) = \begin{cases} v \dfrac{\theta^{-1}e^{-x/\theta}}{1-e^{-c/\theta}}, & 0 < x < c, \\ (1-v)\dfrac{\alpha(c+\gamma)^{\alpha}}{(x+\gamma)^{\alpha+1}}, & c < x < \infty \end{cases}, \quad \theta, \alpha, \gamma, c > 0,\ 0 < v < 1.$$

그림 5.1은 c =100, v = 0.6, θ = 100, γ = 200, α = 4 값을 사용하여 이 밀도 함수를 보여줍니다. 이 밀도 함수가 연속적이지 않다는 점이 명확히 드러납니다. □

5.2.7 연습 문제

5.1 X의 누적분포함수(cdf)가 $F_X(x) = 1 - (1+x)^{-\alpha}$, $x, \alpha > 0$이라고 하자. $Y = \theta X$의 확률밀도함수(pdf)와 누적분포함수(cdf)를 구하십시오.

5.2 (*) 1995년에 관찰된 100건의 청구 건수는 다음과 같이 정리되었습니다: 42건은 0, 300 사이, 3건은 300, 350 사이, 5건은 350, 400 사이, 5건은 400, 450 사이, 0건은 450, 500 사이, 5건은 500, 600 사이, 나머지 40건은 600 이상이었습니다. 이후 3년 동안 모든 청구 건수는 연간 10%씩 증가합니다. 1995년의 경험적 분포를 기준으로, 1998년에 청구 금액이 500을 초과할 확률의 범위를 구하십시오(정확한 확률을 결정하기에는 정보가 부족함).

5.3 X가 파레토 분포를 따를 때, 역분포(inverse), 변환분포(transformed), 그리고 역변환분포(inverse transformed)의 누적분포함수(cdf)를 구하십시오. 부록 A를 참조하여 이러한 분포 중 특별한 이름을 가진 분포가 있는지 확인하십시오.

5.4 X가 로그로지스틱(loglogistic) 분포를 따를 때, 역분포도 로그로지스틱 분포를 따름을 보이십시오. 따라서 별도의 역로그로지스틱 분포를 정의할 필요가 없음을 보이십시오.

5.5 Y가 로그정규(lognormal) 분포를 따르며 모수가 μ와 σ라고 합시다. $Z = \theta Y$라고 할 때, Z도 로그정규 분포를 따름을 보이고, 따라서 세 번째 모수를 추가하더라도 새로운 분포가 생성되지 않음을 증명하십시오.

5.6 (*) X가 모수가 α와 θ인 파레토 분포를 따를 때, $Y = \ln(1+X/\theta)$의 분포 이름과 모수를 구하십시오.

5.7 Venter [124]는 X가 변환감마(transformed gamma) 분포를 따르고, 그 스케일 모수 θ가 역변환감마(inverse transformed gamma) 분포를 따를 때(두 분포 모두 모수 τ가 동일), 결과적으로 혼합된 분포가 변환베타(transformed beta) 분포가 됨을 언급하였습니다. 이것이 사실임을 증명하십시오.

5.8 (*) N이 평균 Λ를 갖는 포아송 분포를 따르고, Λ가 평균 1, 분산 2를 갖는 감마 분포를 따를 때, $N = 1$일 무조건부 확률을 구하십시오.

5.9 (*) $\boldsymbol{\Theta} = \theta$일 때, 확률 변수 X는 해저드율 함수 $h(x) = \theta$(상수)를 갖는 지수 분포를 따른다고 합시다. 확률 변수 $\boldsymbol{\Theta}$는 구간 (1,11)에서 균일 분포를 따릅니다. X의 무조건부 분포에 대한 $S_X(0.5)$를 구하십시오.

5.10 (*) N이 평균 Λ를 갖는 포아송 분포를 따르고, Λ가 구간 (0,5)에서 균일 분포를 따를 때, $N \geq 2$일 무조건부 확률을 구하십시오.

5.11 (*) 두 점 혼합 분포가 확률 p로 모수가 $m = 2$, $q = 0.5$인 이항 분포를 따르고, 확률 $1-p$로 모수가 $m = 4$, $q = 0.5$인 이항 분포를 따를 때, 이 확률 변수가 값 2를 가질 확률을 p의 함수로 표현하십시오.

5.12 결핍 분포(frailty distribution)의 확률밀도함수와 해저드율(hazard rate)을 구하십시오.

5.13 $X|\Lambda$가 생존함수 $S_{X|\Lambda}(x|\lambda) = e^{-\lambda \cdot x^\gamma}$, $x \geq 0$를 따르며, Λ가 지수 분포를 따를 때, X의 무조건부 분포가 로그로지스틱 분포임을 증명하십시오.

5.14 다음과 같은 지수-역가우시안(exponential-inverse Gaussian frailty) 모델을 고려하십시오.

$$a(x) = \frac{\theta}{2\sqrt{1+\theta x}}, \quad \theta > 0.$$

(a) $X|\Lambda$의 조건부 해저드율 $h_{X|\Lambda}(x|\lambda)$가 유효한 해저드율임을 확인하십시오.

(b) $X|\Lambda$의 조건부 생존함수 $S_{X|\Lambda}(x|\lambda)$를 구하십시오.

(c) Λ가 모수 $\theta = 1$및 α를 2α로 대체한 감마 분포를 따를 경우, X의 무조건부 생존함수를 구하십시오.

(d) (c)를 사용하여 주어진 frailty 모델이 $X|\Lambda$의 조건부 분포와 Λ의 frailty 분포의 다양한 조합으로부터 유도될 수 있음을 논증하십시오.

5.15 X의 생존함수가 $S_X(x) = 1 - F_X(x)$로 주어졌다고 가정하십시오(식 (5.3) 참조).

$S_1(x) = F_X(x)/[\mathrm{E}(\Lambda)A(x)]$가 식 (5.3) 형태의 생존함수임을 보이고, $S_1(x)$와 연관된 Λ의 분포를 식별하십시오.

5.16 $s \geq 0$로 고정하고 "Esscher-transformed" frailty 확률 변수 Λ_s를 다음과 같이 정의하십시오.

$$f_{\Lambda_s}(\lambda) = e^{-s\lambda} f_\Lambda(\lambda)/M_\Lambda(-s),\ \lambda \geq 0.$$

(a) Λ_s의 모멘트 생성 함수가 다음과 같음을 보이십시오.

$$M_{\Lambda_s}(z) = E(e^{z\Lambda_s}) = \frac{M_\Lambda(z-s)}{M_\Lambda(-s)}.$$

(b) Λ의 축적량 생성 함수(cumulant generating function)를

$$c_\Lambda(z) = \ln[M_\Lambda(z)],$$

로 정의하고, (a)를 사용하여 다음을 증명하십시오.

$$c'_\Lambda(-s) = \mathrm{E}(\Lambda_s), \quad c''_\Lambda(-s) = \mathrm{Var}(\Lambda_s).$$

(c) 식 (5.3)로 주어진 생존함수를 가지는 frailty 모델의 해저드율이 다음과 같이 표현될 수 있음을 증명하십시오.

$$h_X(x) = a(x)c'_\Lambda[-A(x)]$$

여기서 c_Λ는 (b)에서 정의됩니다.

(d) (c)를 사용하여 다음을 증명하십시오.

$$h'_X(x) = a'(x)c'_\Lambda[-A(x)] - [a(x)]^2 c''_\Lambda[-A(x)].$$

(e) (d)를 사용하여 조건부 해저드율 $h_{X|\Lambda}(x|\lambda)$가 x에 대해 감소하지 않는 경우, $h_X(x)$도 x에 대해 감소하지 않음을 증명하십시오.

5.17 0에서 1,000까지의 구간에서는 균일 밀도에 비례하고, 1,000에서 무한대까지는 지수 밀도에 비례하는 밀도함수를 가지는 2-컴포넌트 스플라이스 모델의 밀도함수를 작성하십시오. 결과 밀도함수가 연속적이도록 하십시오.

5.18 X의 확률밀도함수가

$$f(x) = \exp(-|x/\theta|)/2\theta \text{ for } -\infty < x < \infty$$

로 주어졌다고 가정하십시오. $Y = e^X$일 때, Y의 pdf와 cdf를 구하십시오.

5.19 (*) 1993년 손실은 확률밀도함수

$$f(x) = 3x^{-4},\ x \geq 1$$

를 따르며, 여기서 x는 손실을 백만 달러 단위로 나타냅니다. 1993년에서 1994년까지 모든 청구 건수는 균일하게 10% 인플레이션의 영향을 받습니다. 1994년 손실의 누적분포함수를 구하고, 1994년 손실이 2,200,000을 초과할 확률을 구하십시오.

5.20 역가우시안(Inverse Gaussian) 확률 변수 X가 부록 A에 정의된 pdf를 가지는 것으로 가정하십시오.

$$f(x) = \sqrt{\frac{\theta}{2\pi x^3}} \exp\left[-\frac{\theta}{2x}\left(\frac{x-\mu}{\mu}\right)^2\right], \quad x > 0,$$

여기서 $\theta > 0$, $\mu > 0$는 모수입니다.

(a) 역가우시안 확률 변수 $1/X$의 pdf를 도출하십시오.

(b) X와 $1/X$의 "결합" 모먼트 생성 함수가 다음과 같음을 증명하십시오.

$$\begin{aligned} M(z_1, z_2) &= \mathrm{E}\left(e^{z_1 X + z_2 X^{-1}}\right) \\ &= \sqrt{\frac{\theta}{\theta - 2z_2}} \exp\left(\frac{\theta - \sqrt{(\theta - 2\mu^2 z_1)(\theta - 2z_2)}}{\mu}\right), \end{aligned}$$

여기서 $z_1 < \theta/(2\mu^2)$ 및 $z_2 < \theta/2$.

(c) (b)를 사용하여 X의 모먼트 생성 함수가 다음과 같음을 증명하십시오.

$$M_X(z) = E\left(e^{zX}\right) = \exp\left[\frac{\theta}{\mu}\left(1 - \sqrt{1 - \frac{2\mu^2}{\theta}z}\right)\right], \quad z < \frac{\theta}{2\mu^2}.$$

(d) (b)를 사용하여 역가우시안 확률 변수 $1/X$의 모먼트 생성 함수가 다음과 같음을 증명하십시오.

$$\begin{aligned} M_{1/X}(z) &= \mathrm{E}\left(e^{zX^{-1}}\right) \\ &= \sqrt{\frac{\theta}{\theta - 2z}} \exp\left[\frac{\theta}{\mu}\left(1 - \sqrt{1 - \frac{2}{\theta}z}\right)\right], \quad z < \frac{\theta}{2}. \end{aligned}$$

따라서 $1/X$가 Z_1+Z_2와 동일한 분포를 가짐을 증명하십시오. 여기서 Z_1은 감마 분포를 따르고, Z_2는 역가우시안 분포를 따르며, Z_1과 Z_2는 독립적입니다. 또한, 이 표현에서 감마 분포와 역가우시안 분포의 모수를 식별하십시오.

(e) (b)를 사용하여

$$Z = \frac{1}{X}\left(\frac{X-\mu}{\mu}\right)^2$$

가 모수 $\alpha = \frac{1}{2}$와 θ가 부록 A에서 정의된 모수 대신 $2/\theta$로 대체된 감마 분포를 따름을 증명하십시오.

(f) (c)에 주어진 역가우시안 확률 변수 X의 모멘트 생성 함수 $M_X(z)$를 사용하여 k = 1,2,⋯에 대해 모멘트 생성 함수의 k차 도함수가 다음과 같음을 귀납법으로 증명하십시오.

$$M_X^{(k)}(z) = M_X(z)\sum_{n=0}^{k-1}\frac{(k+n-1)!}{(k-n-1)!n!}\left(\frac{1}{2}\right)^{\frac{k+3n}{2}}\theta^{\frac{k-n}{2}}\left(\frac{\theta}{2\mu^2}-z\right)^{-\frac{k+n}{2}}$$

따라서 역가우시안 확률 변수의 정수 모멘트는 다음과 같음을 증명하십시오.

$$\mathrm{E}[X^k] = \sum_{n=0}^{k-1}\frac{(k+n-1)!}{(k-n-1)!n!}\frac{\mu^{n+k}}{(2\theta)^n}, \quad k = 1, 2, \ldots .$$

(g) 수정된 베셀 함수(modified Bessel function), $K_\lambda(x)$는 지수 모수 λ가 반정수값일 때 다음과 같이 정의됩니다.

$$K_{-\lambda}(x) = K_\lambda(x)$$

그리고

$$K_{m+\frac{1}{2}}(x) = \sqrt{\frac{\pi}{2x}}e^{-x}\sum_{j=0}^{m}\frac{(m+j)!}{(m-j)!j!}\left(\frac{1}{2x}\right)^j, \quad m = 0, 1, \ldots .$$

(f) 를 사용하여 $\alpha > 0$, $\theta > 0$, 그리고 m = 0,1,⋯에 대해 다음을 증명하십시오.

$$\int_0^\infty x^{m-\frac{3}{2}}e^{-\alpha x-\frac{\theta}{2x}}\,dx = 2\left(\frac{\theta}{2\alpha}\right)^{\frac{m}{2}-\frac{1}{4}}K_{m-\frac{1}{2}}\left(\sqrt{2\alpha\theta}\right).$$

5.3 선택한 분포들과 그들의 관계 Selected Distributions and Their Relationship

5.3.1 서론 Introduction

다양한 방법으로 분포를 그룹으로 조직화할 수 있습니다. Pearson(12종류), Burr(12종류), Stoppa(5종류), Dagum(11종류)와 같은 가족들은 [69]의 2장에서 논의됩니다. 동일한 분포가 여러 체계에 나타날 수 있으며, 이는 여기서 제시된 것 이상의 많은 관계가 분포들 사이에 존재한다는 것을 나타냅니다. 섹션 5.3.2에서 제시된 시스템은 양의 실수 범위에서 지지 집합을 가지며 대체로 오른쪽으로 왜도가 있는 분포들이기 때문에 보험계리 모델링에 특히 유용합니다.

연속 분포의 포괄적인 집합에 대해서는 Johnson, Kotz, Balakrishnan [63, 64]의 두 권의 책이 귀중한 참고 자료가 될 수 있습니다. 또한 단일 분포에 전념한 전체 책들도 존재합니다(예: Pareto 분포에 관한 Arnold [6]). Leemis와 McQueston [78]은 76개의 분포를 한 페이지에 정리하고 화살표를 사용하여 다양한 관계를 나타냅니다.

5.3.2 모수 2개의 군 Two Parametric Families

모수적 가족(parametric families)을 정의할 때 언급한 바와 같이, 이 섹션과 부록 A에서 제시된 많은 분포는 다른 분포의 특수한 경우입니다. 예를 들어, $\tau = 1$이고 θ가 임의의 값인 Weibull 분포는 지수 분포입니다. 이러한 과정을 통해 많은 분포를 그룹으로 조직화할 수 있으며, 이는 그림 5.2와 5.3에서 설명됩니다. 변환된 베타(transformed beta) 가족에는 다른 성질을 가진 두 가지 특수한 경우가 포함되어 있습니다. Burr 및 역 Burr(inverse Burr) 분포의 두 비스케일(non-scale) 모수를 서로 같게 설정함으로써, 이들은 패럴로지스틱(paralogistic) 및 역 패럴로지스틱 (inverse paralogistic) 분포를 생성합니다.

5.3.3 극한 분포 Limiting Distributions

Section 5.3.2의 분류는 다른 분포의 특수한 경우인 분포들을 포함합니다. 또한, 분포 간의 관계를 이해하는 또 다른 방법은 모수(parameter)가 극한값(0 또는 무한대)으로 접근할 때 분포에 어떤 변화가 생기는지를 관찰하는 것입니다.

예제 5.10

변환 감마 분포가 변환 베타 분포의 극한 경우임을 보여라. 여기서 $\theta \to \infty$, $\alpha \to \infty$, $\theta/\alpha^{1/\gamma} \to \xi$ (상수)인 경우이다.

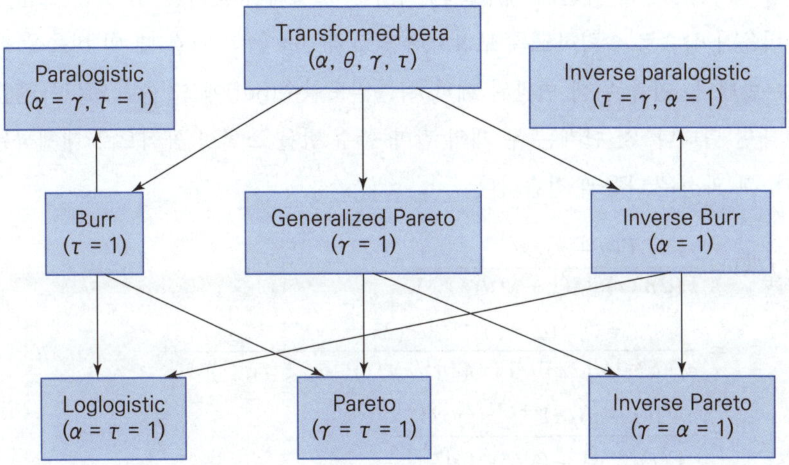

그림 5.2 The transformed beta family

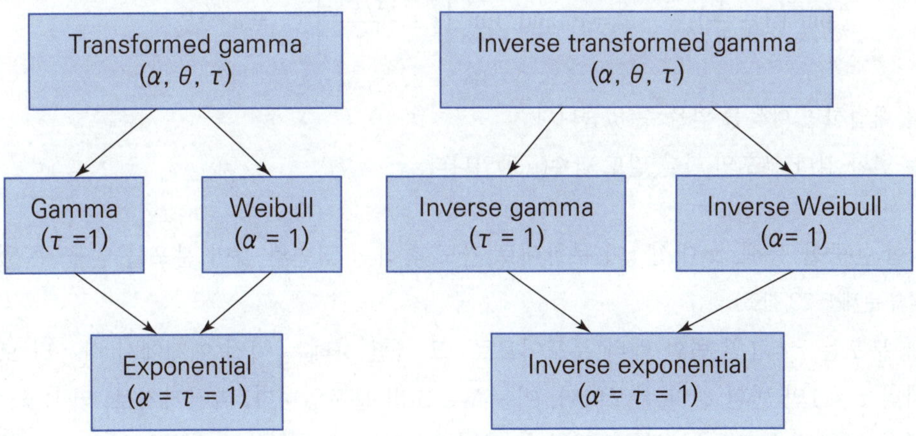

그림 5.3 The transformed/inverse transformed gamma family

그 증명은 다음 두 가지 극한과 관련된 사실에 의존합니다:

$$\lim_{\alpha \to \infty} \frac{e^{-\alpha} \alpha^{\alpha - 1/2} (2\pi)^{1/2}}{\Gamma(\alpha)} = 1 \tag{5.4}$$

그리고

$$\lim_{a\to\infty}\left(1+\frac{x}{a}\right)^{a+b}=e^{x}. \tag{5.5}$$

식 (5.4)의 극한은 스털링 공식(Stirling's formula)로 알려져 있으며 감마 함수에 대한 근사값을 제공합니다. 식 (5.5)의 극한은 대부분의 미적분 교재에서 찾아볼 수 있는 표준 결과입니다. $\theta/\alpha^{1/\gamma}$ 비율이 상수로 수렴하도록 보장하려면, α와 θ가 점점 커질 때 이 비율을 상수로 고정하면 충분합니다. 이를 위해 변환된 베타 확률밀도함수(pdf)에 $\xi\alpha^{1/\gamma}$를 θ로 치환한 다음 $\alpha \to \infty$로 보내면 됩니다. 첫 단계는 두 개의 감마 함수 항을 스털링 공식으로 대체하는 과정도 포함됩니다. 그 과정은 다음과 같습니다.

$$\begin{aligned}
f(x) &= \frac{\Gamma(\alpha+\tau)\gamma x^{\gamma\tau-1}}{\Gamma(\alpha)\Gamma(\tau)\theta^{\gamma\tau}(1+x^{\gamma}\theta^{-\gamma})^{\alpha+\tau}}\\
&= \frac{e^{-\alpha-\tau}(\alpha+\tau)^{\alpha+\tau-1/2}(2\pi)^{1/2}\gamma x^{\gamma\tau-1}}{e^{-\alpha}\alpha^{\alpha-1/2}(2\pi)^{1/2}\Gamma(\tau)(\xi\alpha^{1/\gamma})^{\gamma\tau}(1+x^{\gamma}\xi^{-\gamma}\alpha^{-1})^{\alpha+\tau}}\\
&= \frac{e^{-\tau}[(\alpha+\tau)/\alpha]^{\alpha+\tau-1/2}\gamma x^{\gamma\tau-1}}{\Gamma(\tau)\xi^{\gamma\tau}\left[1+(x/\xi)^{\gamma}/\alpha\right]^{\alpha+\tau}}.
\end{aligned}$$

두 극한은 다음과 같습니다:

$$\lim_{\alpha\to\infty}\left(1+\frac{\tau}{\alpha}\right)^{\alpha+\tau-1/2}=e^{\tau} \text{ and } \lim_{\alpha\to\infty}\left[1+\frac{(x/\xi)^{\gamma}}{\alpha}\right]^{\alpha+\tau}=e^{(x/\xi)^{\gamma}},$$

이를 대입하면 다음을 얻을 수 있습니다.

이는 변환 감마 분포의 확률 밀도 함수(pdf)입니다. □

유사한 논증을 통해, α 대신 τ이 무한대로 가도록 하면 역변환 감마 분포를 얻을 수 있습니다(연습 문제 5.23 참조):

Burr 분포는 τ = 1인 변환 베타 분포이므로, 그 극한 사례는 이전 예제에서 사용된 모수화에 따라 τ = 1인 변환 감마 분포이며, 이는 Weibull 분포입니다. 마찬가지로, 역 Burr 분포의 극한 사례는 역 Weibull 분포입니다. 마지막으로, $\tau = \gamma = 1$로 설정하면 Pareto 분포의 극한 사례는 지수 분포가 됩니다(역분포도 유사).

마지막 극한 사례의 예로, 이전에 모수화된 변환 감마 분포를 고려합니다.

$\gamma^{-1}\sqrt{\xi^{\gamma}} \to \sigma$와 $\gamma^{-1}(\xi^{\gamma}\tau - 1) \to \mu$이 되도록 설정합니다. 이를 τ이 무한대로 가도록 하여 수행하면(따라서 γ와 ξ는 0으로 수렴해야 함), 극한 분포는 로그 정규 분포가 됩니다.

그림 5.4에서는 이러한 극한 및 특수 사례 관계 중 일부가 나타나 있습니다. 다양한 분포

에 관한 기타 흥미로운 사실도 제공됩니다.[1]

5.3.4 두개의 꼬리 무거운 분포 Two Heavy-Tailed Distributions

위험 관리의 중요성이 증가함에 따라 두 가지 분포가 극단값 분포로서 특히 주목을 받고 있습니다. 이는 잘 개발된 연구 분야이지만, 이곳에서는 이론에 깊이 들어가지 않고 결과만을 간략히 제시합니다. 이러한 분포를 개발하는 첫 번째 상황은 독립적이고 동일하게 분포된(동일하고 독립(i.i.d.)) 관측값 샘플에서 최댓값을 조사하는 것입니다. 보험 애플리케이션에서 지불해야 할 가능성이 있는 가장 큰 청구액에 대한 정보를 아는 것은 위험에 대한 통찰을 제공합니다. 이는 샘플 크기에 따라 달라지는 분위수를 검토하기 때문에 VaR(Value at Risk)을 측정하는 것과 동일하지 않습니다.

Fisher-Tippett 정리(40)에 따르면, 최댓값(적절히 스케일 조정된 값)은 결국 세 가지 가능한 분포 중 하나를 따르게 됩니다. 이 중 보험 수리 응용에서 흥미로운 유일한 분포는 Fréchet 분포로, 이는 우리가 이전에 역 Weibull 분포라고 부른 것과 동일합니다. 따라서 무작위 샘플의 최댓값을 모델링하는 것이 목표라면, 역 Weibull 분포가 적합한 후보일 가능성이 높습니다. 직관적으로, 무작위 샘플(특히 heavy-tailed 분포에서의 샘플)의 최댓값은 heavy-tailed일 가능성이 크며, 따라서 역 Weibull 분포가 heavy-tailed 모델이 필요한 경우 적절한 선택으로 확인됩니다.

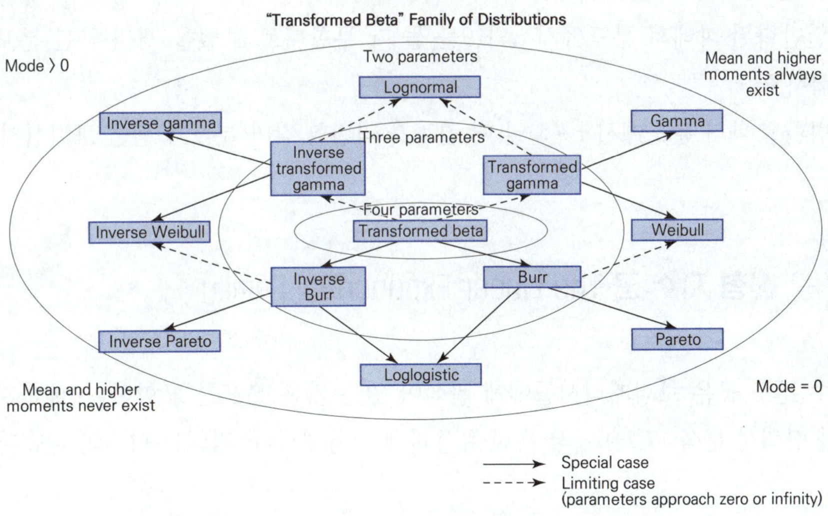

그림 5.4 Distributional relationships and characteristics

1 이 그래픽을 제작해 주신 Munich Reinsurance America, Inc.의 Dave Clark님께 감사드립니다.

두 번째 상황은 절단점(truncation point)이 증가할 때 초과 손실액을 조사하는 것입니다. Balkema-de Haan-Pickands 정리(참고: Balkema 및 de Haan [11]과 Pickands [102])에 따르면, 적절히 스케일 조정된 이 분포는 결국 세 가지 분포 중 하나로 수렴합니다. 이 중 두 가지가 보험 관측에 관련이 있습니다. 하나는 지수 분포로, 이는 가벼운 꼬리를 가진 분포의 극한 경우입니다. 다른 하나는 우리가 Pareto 분포라고 부르는 것으로, 극단값 이론에서는 일반화된 Pareto 분포(generalized Pareto distribution)로 불리지만, 이 책에서 정의된 동일 이름의 분포와는 다릅니다.

보험에서 관심 있는 상황은 고액 면책(high deductible)이 있을 때로, 이는 재보험 계약에서 자주 발생합니다. 중간 수준의 손실 분포에 관심이 없는 경우, Pareto 분포는 큰 손실에 대해 적합한 모델이 될 가능성이 높습니다. 다시 말해, 이 상황이 반드시 관심 주제가 아니더라도, 이러한 발전은 Pareto 분포가 heavy-tailed 손실을 모델링하기에 적합하다는 추가적인 확인을 제공합니다.

극단값 분포에 대한 더 자세한 내용은 이 책 3판의 5.6절 [73]에서 확인할 수 있으며, 4판의 고급 손실 모델 동반서 [74]에도 나와 있습니다.

5.3.5 연습 문제

5.21 파레토 분포의 경우, α와 θ를 무한대로 보내면서 비율 α/θ를 일정하게 유지합니다. 그 결과가 지수 분포가 됨을 보이십시오.

5.22 일반화된 파레토 분포에서 α와 θ를 둘 다 무한대로 보냈을 때의 극한 분포를 구하십시오.

5.23 변환된 베타 분포에서 $\tau\to\infty$일 때 결과가 역변환 감마 분포가 됨을 보이십시오.

5.4 선형 지수 군 The Linear Exponential Family

큰 모수 분포 군은 보험계리사들에게 관심이 있는 많은 분포를 포함하며, 베이지안 분석(13.3절)과 신뢰성 분석(17.7절)에서 특히 유용하게 사용됩니다. 정의는 다음과 같습니다.

정의 5.9 *확률 변수 X(이산 또는 연속형)은 모수 θ에 따라 모수화될 수 있으며, 확률 밀도 함수(pdf)가 다음과 같은 형태로 표현될 경우* ***선형 지수 분포군****에서 유래한 분포를 갖습니다:*

$$f(x;\theta) = \frac{p(x)e^{r(\theta)x}}{q(\theta)}. \tag{5.6}$$

함수 $p(x)$는 x에만 의존하며 θ에는 의존하지 않습니다. 함수 $q(\theta)$는 정규화 상수(normalizing constant)입니다. 또한, 확률 변수의 지지 집합(support)은 θ에 의존해서는 안 됩니다. 모수 $r(\theta)$는 분포의 ***표준 모수***(canonical parameter) *라고 불립니다.*

다음 예제들에서 볼 수 있듯이, 많은 표준 분포들이 이 형식을 따릅니다.

예제 5.11

정규분포가 선형 지수군(linear exponential family)의 멤버임을 증명해 보겠습니다. 정규분포의 확률 밀도 함수(pdf)는, 평균을 θ로 놓으면 다음과 같습니다:

$$\begin{aligned} f(x;\theta) &= (2\pi v)^{-1/2}\exp\left[-\frac{1}{2v}(x-\theta)^2\right] \\ &= (2\pi v)^{-1/2}\exp\left(-\frac{x^2}{2v}+\frac{\theta}{v}x-\frac{\theta^2}{2v}\right) \\ &= \frac{\left[(2\pi v)^{-1/2}\exp\left(-\frac{x^2}{2v}\right)\right]\exp\left(\frac{\theta}{v}x\right)}{\exp\left(\frac{\theta^2}{2v}\right)}, \end{aligned}$$

위 식은 (5.6) 형식에 해당하며,

$$p(x) = (2\pi v)^{-1/2}\exp[-x^2/(2v)],\ r(\theta) = \theta/v,\ q(\theta) = \exp[\theta^2/(2v)]. \qquad \square$$

예제 5.12

감마 분포가 선형 지수군(linear exponential family)의 멤버임을 증명하십시오.

확률 밀도 함수(pdf)는 (부록 A에서):

$$f(x;\theta) = \frac{\theta^{-\alpha}x^{\alpha-1}e^{-x/\theta}}{\Gamma(\alpha)},$$

이는 다음과 같이 (5.6)의 형태를 따릅니다:

$$r(\theta) = -1/\theta,\ q(\theta) = \theta^{\alpha},\ p(x) = x^{\alpha-1}/\Gamma(\alpha). \qquad \square$$

다음은 (5.6)에 의해 정의된 분포의 평균과 분산을 구하는 과정입니다.

우선, 주어진 확률 밀도 함수에 대해 로그를 취하면:

$$\ln f(x;\theta) = \ln p(x) + r(\theta)x - \ln q(\theta).$$

이를 θ에 대해 미분하면,

즉, 분포의 평균과 분산을 구하기 위해 로그 우도를 θ에 대해 미분한 표현식을 얻었습니다. 계속해서 이를 사용해 기댓값과 분산을 도출할 수 있습니다.

$$\frac{\partial}{\partial\theta} f(x;\theta) = \left[r'(\theta)x - \frac{q'(\theta)}{q(\theta)} \right] f(x;\theta). \tag{5.7}$$

우선, $f(x;\theta)$ 전체에 대해 x의 범위를 적분하면,

$$\int \frac{\partial}{\partial\theta} f(x;\theta)\, dx = r'(\theta) \int x f(x;\theta)\, dx - \frac{q'(\theta)}{q(\theta)} \int f(x;\theta)\, dx.$$

이때, 적분 범위는 θ에 의존하지 않으므로, 미분과 적분의 순서를 바꿀 수 있습니다. 따라서 왼쪽 항은 다음과 같이 됩니다,

$$\frac{\partial}{\partial\theta} \left[\int f(x;\theta)\, dx \right] = r'(\theta) \int x f(x;\theta)\, dx - \frac{q'(\theta)}{q(\theta)} \int f(x;\theta)\, dx.$$

이제, 다음과 같은 사실을 이용하여,

$$\int f(x;\theta)\, dx = 1 \qquad \int x f(x;\theta)\, dx = \mathrm{E}(X)$$

다음을 구할 수 있습니다.,

$$\frac{\partial}{\partial\theta}(1) = r'(\theta)\mathrm{E}(X) - \frac{q'(\theta)}{q(\theta)}.$$

다시 말해, 평균은

$$\mathrm{E}(X) = \mu(\theta) = \frac{q'(\theta)}{r'(\theta)q(\theta)}. \tag{5.8}$$

분산을 구하기 위해, (5.7)은 먼저 다음과 같이 표현할 수 있습니다.

$$\frac{\partial}{\partial\theta} f(x;\theta) = r'(\theta)[x - \mu(\theta)] f(x;\theta).$$

여기서 한 번 더 θ에 대해 미분하면:

$$\begin{aligned}\frac{\partial^2}{\partial\theta^2} f(x;\theta) &= r''(\theta)[x - \mu(\theta)] f(x;\theta) - r'(\theta)\mu'(\theta) f(x;\theta) \\ &\quad + [r'(\theta)]^2 [x - \mu(\theta)]^2 f(x;\theta).\end{aligned}$$

이제, x의 범위에 대해 적분합니다.

$$\int \frac{\partial^2}{\partial\theta^2} f(x,\theta)\,dx = r''(\theta)\int [x-\mu(\theta)]f(x;\theta)\,dx - r'(\theta)\mu'(\theta)\int f(x;\theta)\,dx$$
$$+ [r'(\theta)]^2 \int [x-\mu(\theta)]^2 f(x;\theta)\,dx.$$

다시 말해, (5.8)이 성립하기 때문에,

$$[r'(\theta)]^2 \int [x-\mu(\theta)]^2 f(x;\theta)\,dx = r'(\theta)\mu'(\theta) + \frac{\partial^2}{\partial\theta^2}\int f(x;\theta)\,dx.$$

평균 $\mu(\theta)$는 정의상 기댓값이므로, 왼쪽 항은 분산×$[r'(\theta)]^2$이면서, 이제 오른쪽 항의 두 번째 항이 0이 되므로, 분산은 다음과 같이 표현됩니다.

$$\mathrm{Var}(X) = v(\theta) = \frac{\mu'(\theta)}{r'(\theta)}. \tag{5.9}$$

결론적으로, 선형 지수 가족의 분산은 위와 같이 유도됩니다.

이 섹션에서는 연속 분포에 중점을 두었지만, 선형 지수 가족에는 포아송(Poisson), 이항(Binomial), 음이항(Negative Binomial) 분포와 같은 이산 분포도 포함됩니다. 이 경우, 식 (5.6)에서의 $f(x;\theta)$는 확률 밀도 함수(pdf)가 아니라 확률 함수(pf)로 표현됩니다. 그러나 평균과 분산은 각각 식 (5.8)과 (5.9)에 의해 여전히 주어집니다. 해당 공식의 유도 과정은 동일하며, 적분이 합산으로 대체된다는 점만 다릅니다.

5.4.1 연습 문제

5.24 예제 5.12와 식 (5.8) 및 (5.9)의 결과를 사용하여 감마 분포의 평균과 분산을 유도하십시오.

5.25 다음과 같은 일반화된 형태의 (5.6)을 고려하십시오.

$$f(x;\theta) = \frac{p(m,x)e^{mr(\theta)x}}{[q(\theta)]^m},$$

여기서 m은 알려진 모수입니다. 이 분포는 지수 분산형(exponential dispersion type)이라고 합니다. 평균이 여전히 식 (5.8)에 의해 주어진다는 것을 증명하십시오. 또한 분산이 식 (5.9)에 의해 $v(\theta)$로 주어지는 $v(\theta)/m$임을 증명하십시오.

5.26 $j = 1,2,\cdots,m$에 대해 X_j가 다음과 같은 형태의 확률 함수(pf)를 가지는 것으로 가정하십시오.

$$f_j(x;\theta) = \frac{p_j(x)e^{r(\theta)x}}{q_j(\theta)},$$

그리고 $X_1,\cdots,X_m$이 서로 독립임을 가정합니다. (a) $S = X_1 + X_2 + \cdots + X_m$ 이 식 (5.6)의 형태를 가지는 확률 밀도 함수(pdf)를 가지며,

$$q(\theta) = \prod_{j=1}^{m} q_j(\theta).$$

임을 보이십시오. (b) 이제 $X_1,\cdots,X_m$이 또한 동일하게 분포한다고 가정하십시오.

$$\bar{X} = S_m/m$$

이 식이 연습 문제 5.25에 주어진 형태를 가지는 확률 밀도 함수(pdf)를 가지는 것을 증명하십시오.

06 이산변수 분포 DISCRETE DISTRIBUTIONS

6.1 서론

이 장의 목적은 큰 범주의 사고 청구건 분포(counting distributions)를 소개하는 것입니다. 사고 청구건 분포는 비음수 정수에서만 확률이 정의되는 이산 분포로, 즉 확률이 0, 1, 2, 3, 4, ...와 같은 점에서만 정의됩니다. 보험의 맥락에서, 사고 청구건 분포는 피보험자에 대한 손실 또는 보험사에 대한 청구와 같은 사건의 수를 설명하는 데 사용될 수 있습니다. 청구 건수와 청구 금액을 모두 이해하면, 총 손실에 대한 정보만 있는 경우보다 보험금 지급과 관련된 다양한 문제를 더 깊이 이해할 수 있습니다. 청구 건수와 금액을 각각 설명하는 것은 보험계약 수정 문제를 다룰 수 있게 해줍니다. 또한, 청구 건수 모델은 상대적으로 얻기 쉽고, 경험적으로 자주 사용되는 분포들이 손실 발생 경향을 잘 모델링한다는 것이 입증되었습니다.

이제 이산적인 현상에 대한 모델링에서 사용되는 몇 가지 표기법을 형식화하겠습니다. 확률 함수(probability function, pf) p_k는 정확히 k개의 사건(예: 청구 또는 손실)이 발생할 확률을 나타냅니다. N을 이러한 사건의 개수를 나타내는 확률 변수라고 합시다.

그러면,

$$p_k = \Pr(N = k), \qquad k = 0, 1, 2, \ldots.$$

입니다.

참고로, 확률 생성 함수(probability generating function, pgf)는 확률 함수 p_k를 갖는 이산 확률 변수 N에 대해 다음과 같이 정의됩니다.

$$P(z) = P_N(z) = \mathrm{E}\left(z^N\right) = \sum_{k=0}^{\infty} p_k z^k. \tag{6.1}$$

모먼트 생성 함수(moment generating function)와 마찬가지로, pgf는 모먼트를 생성하는 데 사용할 수 있습니다. 특히, $P'(1) = E(N)$이고 $P''(1) = E[N(N-1)]$입니다(연습문제 6.1 참조). pgf가 실제로 확률을 생성한다는 것을 확인하려면, 다음을 보십시오:

$$\begin{aligned}
P^{(m)}(z) &= \mathrm{E}\left(\frac{d^m}{dz^m} z^N\right) = \mathrm{E}[N(N-1)\cdots(N-m+1)z^{N-m}] \\
&= \sum_{k=m}^{\infty} k(k-1)\cdots(k-m+1)z^{k-m} p_k \\
P^{(m)}(0) &= m!p_m \text{ or } p_m = \frac{P^{(m)}(0)}{m!}.
\end{aligned}$$

6.1.1 연습 문제

6.1 이산 변수에 대한 모먼트 생성 함수(mgf)는 다음과 같이 정의됩니다.

$$M_N(z) = \mathrm{E}\left(e^{zN}\right) = \sum_{k=0}^{\infty} p_k e^{zk}.$$

여기서 p_k는 $N = k$일 확률(확률 질량 함수, pmf)입니다.

$P_N(z) = M_N(\ln z)$임을 증명하십시오.

다음 사실을 사용하십시오:

$(N^k) = M_N^{(k)}(0)$. 이를 이용하여 $P'(1)=\mathrm{E}(N)$ 및 $P''(1)=\mathrm{E}[N(N-1)$임을 보이십시오.

6.2 포아송 분포 The Poisson Distribution

포아송 분포의 확률 질량 함수(pf)는 다음과 같습니다:

$$p_k = \frac{e^{-\lambda}\lambda^k}{k!}, \qquad k = 0, 1, 2, \ldots.$$

예제 3.8에서 나온 확률 생성 함수(pgf)는 다음과 같습니다:

$$P(z) = e^{\lambda(z-1)}, \qquad \lambda > 0.$$

확률 생성 함수를 이용하여 평균과 분산을 계산할 수 있습니다:

$$\begin{aligned}
\mathrm{E}(N) &= P'(1) = \lambda \\
\mathrm{E}[N(N-1)] &= P''(1) = \lambda^2 \\
\mathrm{Var}(N) &= \mathrm{E}[N(N-1)] + \mathrm{E}(N) - [\mathrm{E}(N)]^2 \\
&= \lambda^2 + \lambda - \lambda^2 \\
&= \lambda.
\end{aligned}$$

포아송 분포의 경우, 분산은 평균과 같습니다. 포아송 분포와 포아송 과정(포아송 분포를 생성하는 과정)은 Panjer와 Willmot [100], Ross [109] 등 확률, 통계, 보험계리학 관련 교과서에서 자세히 다뤄집니다.

포아송 분포는 다음 정리에 의해 설명되는 두 가지 추가로 유용한 속성을 가지고 있습니다.

정리 6.1 *$N_1, N_2\cdots, N_n$이 서로 독립인 포아송 변수이고, 해당 변수들의 모수는 $\lambda_1, \lambda_2, \cdots, \lambda_n$이라 하자. 그렇다면, $N = N_1 + N_2 + \cdots + N_n$은 모수가 $\lambda_1 + \lambda_2 + \cdots + \lambda_n$인 포아송 분포를 갖습니다.*

증명:

독립적인 확률 변수들의 합의 확률 생성 함수(pgf)는 각 개별 확률 생성 함수의 곱으로 나타낼 수 있습니다. 포아송 확률 변수들의 경우, 확률 생성 함수는 다음과 같습니다.

따라서, $N = N_1 + N_2 + \cdots + N_n$의 확률 생성 함수는 다음과 같습니다:

$$\begin{aligned}
P_N(z) &= \prod_{j=1}^{n} P_{N_j}(z) = \prod_{j=1}^{n} \exp[\lambda_j(z-1)] \\
&= \exp\left[\sum_{j=1}^{n} \lambda_j (z-1)\right] \\
&= e^{\lambda(z-1)},
\end{aligned}$$

여기서 모수는 $\lambda = \lambda_1 + \lambda_2 + \ldots + \lambda_n$인 포아송 분포의 확률 생성 함수와 동일합니다.

따라서, N은 모수가 λ인 포아송 분포를 갖습니다. □

다음 성질은 보험 리스크를 모델링할 때 특히 유용합니다. 일정 기간(예: 1년) 동안 발생하는 청구 건수 N이 포아송 분포를 따른다고 가정해 보겠습니다. 또한, 청구가 m개의 구분된 유형으로 분류될 수 있다고 가정합니다. 예를 들어, 청구는 특정 한도를 기준으로 하여 해당 한도 이하와 이상으로 분류될 수 있습니다. 이때, 우리가 한도 이상의 청구 건수를 연구하고자 한다면, 그 분포 역시 포아송 분포가 되며, 새로운 포아송 모수를 갖게 됩니다. 이 두 번째 성질은 보험 보장을 일부 추가하거나 제거할 때도 유용합니다. 예를 들어, 복잡한 의료 혜택 보장의 청구 건수가 포아송 분포를 따른다고 가정합시다. 이때, 청구의 "유형"은 계획 내에서 제공되는 서로 다른 의료 절차나 의료 혜택이라고 할 수 있습니다. 만약 특정 혜택이 계획에서 제거된다면, 수정된 계획 아래에서의 청구 건수 분포는 여전히 포아송 분포를 따르며, 새로운 모수를 갖게 됩니다.

앞 단락에서 언급된 각 경우에서, 서로 다른 유형의 청구 건수는 단순히 포아송 분포를 따르는 것뿐만 아니라 서로 독립적이라는 점도 중요합니다. 즉, 한도 이상의 청구 건수와 한도 이하의 청구 건수는 서로 독립된 분포를 가집니다. 이는 다소 놀라운 결과입니다. 예를 들어, 보험사가 현재 면책액이 50인 보험 상품을 판매하고 있으며, 경험적으로 특정 모수를 가진 포아송 분포가 청구 건수를 모델링하기에 적합하다고 판단되었다고 가정합시다. 또한, 일정 기간 내 발생하는 손실 건수가 포아송 분포를 따른다고 가정할 수 있지만, 해당 모수의 값은 알 수 없다고 가정합니다. 추가적인 정보 없이 면책액을 낮추거나 완전히 제거할 경우 포아송 모수의 값을 추론하는 것은 불가능합니다.

이 아이디어를 아래 정리에서 공식화합니다.

정리 6.2 *사건의 개수 N이 평균 λ를 갖는 포아송 확률 변수라고 가정합니다. 또한, 각 사건이 m개의 유형 중 하나로 분류될 수 있으며, 각 사건의 유형으로 분류될 확률은* $p_1,\cdots,p_m$*이고 다른 모든 사건들과 독립적이라고 가정합니다. 그렇다면, 각각의 유형* $1,\cdots,m$*에 해당하는 사건의 개수* $N_1,\cdots,N_m$*는 서로 독립적인 포아송 확률 변수며, 평균은 각각* $\lambda_{p_1},\cdots,\lambda_{p_n}$ *입니다.*

증명: 고정된 $N = n$일 때, $(N_1,\cdots, N_m)$의 조건부 결합 분포는 $(n, p_1,\cdots, p_m)$의 모수를 갖는 다항 분포(multinomial distribution)입니다. 또한, 고정된 $N = n$일 때, N_j의 조건부 주변 분포는 (n, p_j)의 모수를 갖는 이항 분포(binomial distribution)입니다.

$(N_1\cdots,N_m)$의 결합 확률 함수(pf)는 다음과 같이 주어집니다:

$$\begin{aligned}\Pr(N_1 = n_1, \ldots, N_m = n_m) &= Pr(N_1 = n_1, \ldots, N_m = n_m | N = n) \\ &\quad \times \Pr(N = n) \\ &= \frac{n!}{n_1!n_2!\cdots n_m!} p_1^{n_1} \cdots p_m^{n_m} \frac{e^{-\lambda}\lambda^n}{n!} \\ &= \prod_{j=1}^{m} e^{-\lambda p_j} \frac{(\lambda p_j)^{n_j}}{n_j!},\end{aligned}$$

여기서 $n = n_1+n_2+\cdots+n_m$입니다.

마찬가지로, N_j의 주변 확률 함수는 다음과 같이 계산됩니다.

$$\begin{aligned}
\Pr(N_j = n_j) &= \sum_{n=n_j}^{\infty} \Pr(N_j = n_j | N = n) \Pr(N = n) \\
&= \sum_{n=n_j}^{\infty} \binom{n}{n_j} p_j^{n_j}(1-p_j)^{n-n_j} \frac{e^{-\lambda}\lambda^n}{n!} \\
&= e^{-\lambda} \frac{(\lambda p_j)^{n_j}}{n_j!} \sum_{n=n_j}^{\infty} \frac{[\lambda(1-p_j)]^{n-n_j}}{(n-n_j)!} \\
&= e^{-\lambda} \frac{(\lambda p_j)^{n_j}}{n_j!} e^{\lambda(1-p_j)} \\
&= e^{-\lambda p_j} \frac{(\lambda p_j)^{n_j}}{n_j!}.
\end{aligned}$$

결합 확률 함수(joint pf)는 주변 확률 함수(marginal pfs)의 곱으로 표현되므로, 상호 독립(mutual independence)이 성립함을 입증할 수 있습니다. □

예제 6.1

의료 보험 연구에서, 개별 보험 증권당 예상 청구 건수는 2.3건이며, 청구 건수는 포아송 분포를 따릅니다. 이 보험에서 특정 의료 절차를 보장에서 제외하는 것을 고려하고 있습니다. 과거 연구에 따르면, 이 절차는 청구 건수의 약 10%를 차지합니다. 새로운 청구 빈도 분포를 구하십시오.

정리 6.2에 따르면, 이 절차를 보장에서 제외한 후 개정된 보험 계약에서 예상되는 청구 건수의 분포는 평균이 0.9(2.3) =2.07인 포아송 분포를 따릅니다. 그러나 이것이 보험료의 10% 감소를 의미하지는 않습니다. 이는 해당 절차가 제외된 후 청구 금액의 분포가 변경될 가능성이 있기 때문입니다.

6.3 음이항 분포 The Negative Binomial Distribution

음의 이항 분포는 포아송 분포의 대안으로 널리 사용되어 왔습니다. 포아송 분포와 마찬가지로, 음의 이항 분포는 음이 아닌 정수에 대해 양의 확률을 가집니다. 그러나 음의 이항 분포는 두 개의 모수를 가지므로, 포아송 분포보다 모양에 있어서 더 큰 유연성을 제공합니다.

정의 6.3 *음의 이항 분포의 확률 함수는 다음과 같이 정의됩니다:*

$$\Pr(N=k)=p_k=\binom{k+r-1}{k}\left(\frac{1}{1+\beta}\right)^r\left(\frac{\beta}{1+\beta}\right)^k, \quad (6.2)$$
$$k=0,1,2,\ldots,\quad r>0,\ \beta>0.$$

이항 계수는 다음과 같이 계산됩니다:

$$\binom{x}{k}=\frac{x(x-1)\cdots(x-k+1)}{k!}.$$

여기서 k는 정수여야 하지만, x는 실수일 수 있습니다. $x > k$-1일 때, 이 식은 다음과 같이 다시 쓸 수도 있습니다:

$$\binom{x}{k}=\frac{\Gamma(x+1)}{\Gamma(k+1)\Gamma(x-k+1)},$$

이는 $\ln\Gamma(x)$가 많은 스프레드시트, 프로그래밍 언어 및 수학 소프트웨어에서 사용할 수 있기 때문에 유용할 수 있습니다.

음수 이항 분포의 확률 생성 함수(pgf)는 다음과 같음을 보이기 어렵지 않습니다:

$$P(z)=[1-\beta(z-1)]^{-r}.$$

이를 통해 음수 이항 분포의 평균과 분산은 다음과 같이 유도됩니다:

$$\mathrm{E}(N)=r\beta \text{ and } \mathrm{Var}(N)=r\beta(1+\beta).$$

β가 양수이므로, 음수 이항 분포의 분산은 평균보다 큽니다. 이는 분산이 평균과 같은 포아송 분포와 대조되는 특징입니다. 따라서 특정 데이터 세트에서 관측된 분산이 평균보다 크다면, 음수 이항 분포가 포아송 분포보다 더 적합한 모델일 가능성이 있습니다.

음수 이항 분포는 포아송 분포를 최소 두 가지 방식으로 일반화한 것입니다. 첫 번째는 감마 혼합 분포를 사용한 혼합 포아송 분포로 설명되며(이 절의 후반부에서 다룸), 두 번째는 로그형 부차 분포를 사용하는 합성 포아송 분포(7.1절 참조)입니다.

기하 분포는 음수 이항 분포의 특수한 경우로, $r = 1$일 때입니다. 기하 분포는 연속적인 지수 분포의 이산적 유사체로 간주될 수 있습니다. 기하 분포와 지수 분포 모두 확률 함수가 지수적으로 감소하며, 이로 인해 무기억성(memoryless) 특성을 가집니다. 이는 다음과 같은 다양한 맥락에서 해석될 수 있습니다.

지수 분포가 수명 분포를 나타낸다면, 특정 나이에서의 기대 잔여 수명은 일정합니다.

지수 분포가 보험 청구 금액을 설명한다면, *특정 수준 d를 초과하는 청구 금액의 기대 초과 금액은 d에 의존하지 않으며 일정합니다.* 즉, 면책금(deductible) d가 부과되더라도 청구당 기대 지급 금액은 변하지 않지만, 지급 횟수의 기댓값은 감소합니다.

기하 분포가 청구 건수를 설명한다면, *m건 이상의 청구가 발생했을 때 초과 청구 건수의 확률 분포는 m에 의존하지 않습니다.*

연속 분포의 경우 지수 분포는 무거운 꼬리(heavy-tailed)를 가진 *준지수적(subexponential)* 분포와 가벼운 꼬리(light-tailed)를 가진 분포를 구분하는 데 사용됩니다. 마찬가지로, 빈도 분포에서는 꼬리가 기하 분포보다 느리게 감소하는 분포를 일반적으로 무거운 꼬리를 가진 것으로 간주하며, 기하 분포보다 빠르게 감소하는 분포는 가벼운 꼬리를 가진 것으로 간주합니다. 음수 이항 분포는 $r < 1$일 때 꼬리가 무겁고, $r > 1$일 때 꼬리가 더 가볍습니다.

앞서 언급했듯이, 음수 이항 분포를 생성하는 한 가지 방법은 포아송 분포를 혼합하는 것입니다. 특정 위험에 대해 위험 모수 λ가 주어졌을 때, 해당 위험은 포아송 분포를 따르는 청구 건수 분포를 가진다고 가정합니다. 이제 λ를 확률 변수 Λ의 결과로 간주합니다. Λ의 확률 밀도 함수(pdf) 또는 확률 함수(pf)를 $u(\lambda)$로, 누적 분포 함수(cdf)를 $U(\lambda)$로 나타냅니다.

λ가 확률 변수의 결과로 간주될 수 있는 아이디어는 여러 방식으로 정당화될 수 있습니다. 첫 번째로, 위험 모수 Λ와 관련하여 모집단의 위험이 이질적이라고 생각할 수 있습니다. 실무적으로 이는 합리적입니다. 예를 들어, 동일한 보험료를 가진 보험 계약 포트폴리오를 생각해 봅시다. 예를 들어, 동일한 요율 범주에 속하는 자동차 운전자 그룹은 연간 주행 거리가 0~7,500마일이고, 시골 지역에 차를 주차하며, 주당 통근 거리가 50마일 미만인 경우로 구성될 수 있습니다. 이러한 범주는 일반적으로 넓은 범위를 포함하지만, 실제로 동일한 요율 범주에 속하는 운전자들이 동일하지는 않습니다. 이는 보험사의 관점에서 동일하게 보일 수 있지만, 각 운전자는 동일한 보험료를 부과받습니다.

λ는 특정 운전자의 기대 사고 건수를 측정합니다. 만약 λ가 운전자 모집단 전체에 걸쳐 변한다면, 특정 피보험자를 잠재적인 운전자 모집단에서 추출한 표본값으로 생각할 수 있습니다. 특정 운전자에 대해, λ는 보험사에게는 알려지지 않지만, 해당 운전자 모집단에 대해 $u(\lambda)$로 표현되는 분포를 따릅니다. λ의 진정한 값은 관찰할 수 없으며, 운전자에게 발생한 사고 건수만 관찰할 수 있습니다. 이는 모수에 대한 추가적인 불확실성을 도입합니다.

이는 연속 분포와 관련하여 5.2.4절에서 논의된 혼합 과정과 동일합니다. 어떤 맥락에서는 **모수 불확실성(parameter uncertainty)**으로 언급되기도 합니다. 베이즈 맥락에서는 Λ의 분포를 **사전 분포(prior distribution)**라고 하며, 해당 분포의 모수를 **초모수(hyperparameters)**라고 부르기도 합니다. $u(\cdot)$ 분포의 역할은 신용도 이론(16장)의 주제에서 매우 중요합니다.

모수 λ가 알려지지 않을 때, 정확히 k건의 청구가 발생할 확률은 동일한 확률의 기댓값으로 작성될 수 있습니다. 여기서 기댓값은 $\Lambda = \lambda$에 조건부로 설정되며, 기댓값은 Λ의 분포에 따라 계산됩니다. 전체 확률의 법칙에 따르면, 이는 다음과 같이 쓸 수 있습니다:

이 식은 Λ의 조건부 확률 $\Pr(N = k|\Lambda = \lambda)$를 Λ의 확률 밀도 함수 $u(\lambda)$에 대해 적분하여 얻어진 결과입니다.

$$\begin{aligned}
p_k &= \Pr(N = k) \\
&= \mathrm{E}[\Pr(N = k|\Lambda)] \\
&= \int_0^\infty \Pr(N = k|\Lambda = \lambda)u(\lambda)\,d\lambda \\
&= \int_0^\infty \frac{e^{-\lambda}\lambda^k}{k!}u(\lambda)\,d\lambda.
\end{aligned}$$

이제 Λ가 감마 분포를 따른다고 가정합시다. 그러면,

$$p_k = \int_0^\infty \frac{e^{-\lambda}\lambda^k}{k!}\frac{\lambda^{\alpha-1}e^{-\frac{\lambda}{\theta}}}{\theta^\alpha\Gamma(\alpha)}\,d\lambda = \frac{1}{k!}\frac{1}{\theta^\alpha\Gamma(\alpha)}\int_0^\infty e^{-\lambda(1+\frac{1}{\theta})}\lambda^{k+\alpha-1}\,d\lambda.$$

부록 A에서 정의된 감마 분포의 정의를 사용하면, 이 표현식은 다음과 같이 계산할 수 있습니다.

$$\begin{aligned}
p_k &= \frac{\Gamma(k+\alpha)}{k!\Gamma(\alpha)}\frac{\theta^k}{(1+\theta)^{k+\alpha}} \\
&= \binom{k+\alpha-1}{k}\left(\frac{\theta}{1+\theta}\right)^k\left(\frac{1}{1+\theta}\right)^\alpha.
\end{aligned}$$

이 공식은 (6.2)와 동일한 형태를 가지며, 감마 혼합 분포를 가진 혼합 포아송 분포가 음수 이항 분포와 동일함을 보여줍니다.

포아송 분포가 음수 이항 분포의 극한적인 경우라는 점은 주목할 만합니다. 이를 확인하기 위해, $r \to \infty$, $\beta \to 0$로 설정하고 이들의 곱이 상수로 유지되도록 합니다. 즉, $\lambda = r\beta$ 를 상수로 설정합니다. pgf에서 $\beta = \lambda/r$를 대입하면 (3번째와 5번째 줄에서 로피탈의 법칙(L'Hôpital's rule)을 사용하여),

$$
\begin{aligned}
\lim_{r\to\infty}\left[1-\frac{\lambda(z-1)}{r}\right]^{-r} &= \exp\left\{\lim_{r\to\infty} -r\ln\left[1-\frac{\lambda(z-1)}{r}\right]\right\}\\
&= \exp\left\{-\lim_{r\to\infty}\frac{\ln[1-\lambda(z-1)/r]}{r^{-1}}\right\}\\
&= \exp\left\{\lim_{r\to\infty}\frac{[1-\lambda(z-1)/r]^{-1}\lambda(z-1)/r^2}{r^{-2}}\right\}\\
&= \exp\left[\lim_{r\to\infty}\frac{r\lambda(z-1)}{r-\lambda(z-1)}\right]\\
&= \exp\left\{\lim_{r\to\infty}[\lambda(z-1)]\right\}\\
&= \exp[\lambda(z-1)],
\end{aligned}
$$

이는 포아송 분포의 pgf와 동일합니다.

6.4 이항 분포 The Binomial Distribution

이항 분포는 청구 건수 모델링에서 자연스럽게 발생하는 또 다른 사고 청구건 분포입니다. 이는 포아송 분포 및 음수 이항 분포와는 다른 몇 가지 특성을 가지고 있어 특히 유용합니다. 첫째, 이항 분포의 분산은 평균보다 작으며, 이는 표본 분산이 표본 평균보다 작은 데이터 세트에 유용합니다. 이 특성은 분산이 평균을 초과하는 음수 이항 분포 및 분산이 평균과 동일한 포아송 분포와 대조됩니다.

둘째, 이항 분포는 m개의 위험이 각각 청구나 손실에 위험 노출되는 물리적 상황을 설명합니다. 이를 다음과 같이 공식화할 수 있습니다. m개의 독립적이고 동일한 위험을 고려하며, 각각이 청구를 할 확률 q를 가집니다.[1] 예를 들어, 모든 고려 대상이 동일한 사망률 범주에 속하는 생명보험 상황에 적용될 수 있습니다. 예를 들어, 이들은 모두 35세의 남성 흡연자로, 보험 가입 기간이 5년 차인 경우일 수 있습니다. 이 경우 q는 이러한 속성을 가진 사람이 다음 해에 사망할 확률을 나타냅니다. 그러면 한 사람의 청구 건수는 베르누이 분포를 따르며, 이 분포는 0에서 $1-q$의 확률, 1에서 q의 확률을 가집니다. 개인당 청구 건수의 확률 생성 함수는 다음과 같이 주어집니다.

---

1 이 분포의 모수로 p를 사용하는 것이 더 일반적입니다. 하지만 우리는 확률에 대해 p를 사용하였고, q는 사망 확률에 대한 표준 보험 수리 기호이기 때문에, 우리는 이를 선택하였습니다.

$$P(z) = (1-q)z^0 + qz^1 = 1 + q(z-1).$$

이제, 독립적인 개인이 m명 있다면, 확률 생성 함수를 모두 곱하여 m명 그룹에서 발생하는 총 청구 건수의 확률 생성 함수를 얻을 수 있습니다. 이 확률 생성 함수는 다음과 같습니다.

$$P(z) = [1 + q(z-1)]^m, \qquad 0 < q < 1.$$

이로부터 k개의 청구가 발생할 확률을 쉽게 구할 수 있습니다.

$$p_k = \Pr(N = k) = \binom{m}{k} q^k (1-q)^{m-k}, \quad k = 0, 1, \ldots, m, \tag{6.3}$$

이는 모수 m과 q를 가지는 이항 분포의 확률 함수(pf)입니다. 이 베르누이 실험 구조에서 명확히 알 수 있듯이, 최대 m개의 사건(청구)이 발생할 수 있습니다. 따라서, 이 분포는 m을 포함하는 비음의 정수에서만 양의 확률을 가집니다.

결과적으로, 이항 분포의 유용한 속성 중 하나는 유한 지지(finite support)를 가진다는 점입니다. 즉, 양의 확률이 존재하는 값의 범위가 유한합니다. 이 속성은 자동차 사고에서 부상당한 사람의 수나 건강보험 계약에 포함된 가족 구성원의 수를 모델링하는 데 유용할 수 있습니다. 이러한 경우, 가능한 값의 범위에 상한선이 있는 것이 합리적입니다.

또한, 어떤 지점을 넘어 양의 확률을 부여하는 것이 비합리적이라고 여겨지는 상황에서도 유용합니다. 예를 들어, 1년 동안 자동차 한 대당 발생하는 사고 건수를 모델링할 때, 사고 간 수리 시간이 필요하다는 점을 감안하면 연간 12건 이상의 청구는 물리적으로 불가능할 것입니다. 만약 12를 초과하는 확률을 가진 모델을 사용한다면, 그 확률은 매우 작아야 하며, 이는 의사 결정에 거의 영향을 미치지 않아야 합니다.

이항 분포의 평균과 분산은 다음과 같이 주어집니다.

$$\mathrm{E}(N) = mq, \quad \mathrm{Var}(N) = mq(1-q).$$

6.5 $(a,b,0)$ 군 The $(a,b,0)$ Class

다음 정의는 이 분포 클래스의 구성원을 특징짓습니다.

정의 6.3 *p_k를 이산 확률 변수의 확률 함수(pf)라고 하자. 이 확률 함수가 $(a,b,0)$ 분포 클래스에 속하려면 다음 조건을 만족하는 상수 a와 b가 존재해야 합니다.*

$$p_k = \left(a + \frac{b}{k}\right) p_{k-1}, \qquad k = 1, 2, 3, \ldots.$$

이 재귀식은 계산 분포에서 연속된 확률 값의 상대적 크기를 설명합니다.

0에서의 확률 p_0는 확률이 1이 되어야 한다는 조건에서 재귀 공식을 통해 구할 수 있습니다.

$(a,b,0)$ 클래스의 분포는 두 개의 모수 a와 b를 가진 2개 모수 클래스입니다.

다음 예는 이 아이디어를 보여주며, 이항 분포가 $(a,b,0)$ 클래스에 속함을 입증합니다.

예제 6.2

이항 분포가 $(a,b,0)$ 클래스의 구성원임을 증명합시다. 모수 m과 q를 가진 이항 분포는 확률이 다음과 같이 정의됩니다.

$$p_k = \binom{m}{k} q^k (1-q)^{m-k}, \qquad k = 0, 1, \ldots, m,$$

그리고 $p_k = 0$ $(k > m)$.

$k = 1, 2, \cdots, m$에 대해 확률을 다음과 같이 다시 쓸 수 있습니다.

$$\begin{aligned} p_k &= \frac{m!}{(m-k)!k!} q^k (1-q)^{m-k} \\ &= \frac{m-k+1}{k} \frac{q}{1-q} \left\{ \frac{m!}{[m-(k-1)]!(k-1)!} q^{k-1} (1-q)^{m-(k-1)} \right\} \\ &= \frac{q}{1-q} \left(-1 + \frac{m+1}{k} \right) p_{k-1}. \end{aligned}$$

따라서, $p_k = (a + b/k)p_{k-1}$는 $a = -q/(1-q)$와 $b = (m+1)q/(1-q)$하에서 $k = 1, 2, \cdots, m$에 대해 성립합니다. 이 예제를 마무리하기 위해 $k = m+1, m+2, \cdots$에 대해 재귀 관계를 확인해야 합니다. $k = m+1$일 때,

$$\left(a + \frac{b}{m+1}\right) p_m = \left(-\frac{q}{1-q} + \frac{q}{1-q}\right) p_m = 0 = p_{m+1}.$$

$k = m+2, m+3, \cdots$에서는 양쪽 모두 명백히 0이 되므로, 재귀 관계는 자명하게 성립합니다. 따라서, 이항 분포는 $(a,b,0)$ 클래스의 구성원임이 증명되었습니다. □

위의 예제와 같이, 정의 6.4의 재귀 공식 양쪽에 포아송 분포와 음이항 분포의 확률 함수를 대입하고, 표 6.1에 제시된 a와 b값을 사용하면, 이 두 분포가 $(a,b,0)$ 클래스의 구성원임을 증명할 수 있습니다. 또한, 표 6.1은 재귀를 시작하는 값인 p_0의 값을 제공합니다. 음이항 분포의 1-모수 특수 사례(즉, $r = 1$)인 기하 분포도 표에 포함되어 있습니다.

Panjer와 Willmot [100, Chapter 6]에 따르면, 이 재귀 공식을 만족하는 분포는 위에 언급된 분포들뿐이라고 합니다.

재귀 공식은 $p_{k-1} > 0$일 경우 다음과 같이 다시 쓸 수 있습니다.

$$k\frac{p_k}{p_{k-1}} = ak + b, \qquad k = 1,2,3,\ldots.$$

왼쪽 표현은 k에 대한 선형 함수입니다. 표 6.1에서 볼 수 있듯이, 직선의 기울기 a는 포아송 분포의 경우 0이고, 이항 분포의 경우 음수이며, 음이항 분포(특수한 경우인 기하 분포 포함)의 경우 양수입니다. 이러한 관계는 데이터에 적합한 세 가지 분포 중 하나를 선택하기 위한 그래픽적 방법을 제안합니다. 선 아래 값을 k에 대해 그래프화합니다.

$$k\frac{\hat{p}_k}{\hat{p}_{k-1}} = k\frac{n_k}{n_{k-1}}$$

관측된 값들이 대략 직선을 형성한다면, 해당 모델 중 하나를 선택할 수 있으며, 기울기의 값은 선택해야 할 모델을 나타냅니다. 단, n_k중 하나라도 0이면 이 방법을 적용할 수 없으므로, 관측치가 적은 경우에는 이 절차가 덜 유용합니다.

표 6.1 The members of the$(a, b, 0)$ class

Distribution	a	b	p_0
Poisson	0	λ	$e^{-\lambda}$
Binomial	$-\frac{q}{1-q}$	$(m+1)\frac{q}{1-q}$	$(1-q)^m$
Negative binomial	$\frac{\beta}{1+\beta}$	$(r-1)\frac{\beta}{1+\beta}$	$(1+\beta)^{-r}$
Geometric	$\frac{\beta}{1+\beta}$	0	$(1+\beta)^{-1}$

예제 6.3

표 6.2에 제시된 사고 데이터는 Thyrion [120]에서 발췌된 것으로, 9,461건의 자동차 보험 계약에서 발생한 사고 건수를 기록한 것입니다. 표에는 선형성을 보여야 하는 관찰 값도 포함되어 있습니다.

그림 6.1은 관심 있는 값을 사고 건수 k에 대해 플롯(Plot)한 것입니다. 그래프에서 알 수 있듯이, 관심 있는 값은 $k = 6$에서의 점을 제외하고 대체로 선형적으로 보입니다. k가 증가함에 따라 관찰 수가 감소하고 결과의 변동성이 커져 이러한 비공식 절차의 약점이 드러납니다. 시각적으로 모든 점이 동일한 값을 가진 것처럼 보이지만, 관찰 수가 더 많은 왼쪽의 점들이 오른쪽의 점들보다 더 신뢰할 수 있습니다. 그래프에서 기울기가 양수이고 데이터가 대체로 선형으로 보이므로 음이항 분포가 적합한 모델일 가능성이 높습니다. 그러나 기울기가 0과 유의미하게 다른지 여부를 그래프만으로 판단하기는 어렵습니다. 그래프의 세로 축을 재조정하면 기울기가 더 가파르게 보이게 할 수 있으므로, 기울기가 0과 유의미하게 다른 것으로 보일 가능성도 있습니다. 그래프로는 포아송 분포와 음이항 분포를 구분하기 어렵습니다. 포아송 분포의 경우 기울기가 0이어야 하지만, 현재 데이터는 기울기가 0과 같아 보이지 않습니다. 한편, 기울기가 음수라는 증거가 없으므로 이항 분포는 적절하지 않을 가능성이 높습니다. 이러한 경우에는 포아송 분포와 음이항 분포를 모두 적용한 뒤, 보다 정형화된 검정을 통해 두 분포 중 하나를 선택하는 것이 바람직합니다. □

분포의 적합성을 비교하는 또 다른 방법은 분산과 평균의 관계를 살펴보는 것입니다. 이 데이터 세트에서 계약당 평균 청구 건수는 0.2144이며, 분산은 0.2889입니다. 분산이 평균을 초과하므로 음이항 분포를 포아송 분포의 대안으로 고려해야 합니다. 그러나 이 시점에서는 분산이 평균보다 충분히 큰지 여부를 판단하여 음이항 분포를 사용할 타당성을 결정하는 공식적인 방법이 없습니다.

좀 더 형식적인 분석을 위해, 표 6.3은 포아송 분포와 음이항 분포의 모수에 대한 최대우도추정 결과와 각각의 음의 로그우도(log-likelihood) 값을 제시합니다(11장과 12장에서 논의됨). 15장에서 제시되는 공식적인 선택 방법은 이 데이터 세트에 대해 음이항 분포가 포아송 분포보다 우수한 모델임을 나타냅니다. 그러나 이러한 방법들은 음이항 분포 또한 특히 좋은 모델은 아니며, 따라서 이후 소개될 다른 분포들을 고려해야 한다고도 지적합니다.

이후 섹션에서는 포아송, 이항, 음이항 분포와 관련된 보다 일반적인 모델을 구성하여 분포의 범위를 세 가지 분포를 넘어 확장할 것입니다.

표 6.2 The accident profile from Thyrion [120]

Number of accidents, k	Number of accidents, k	$k\dfrac{n_k}{n_{k-1}}$
0	7,840	
1	1,317	0.17
2	239	0.36
3	42	0.53
4	14	1.33
5	4	1.43
6	4	6.00
7	1	1.75
8+	0	
Total	9,461	

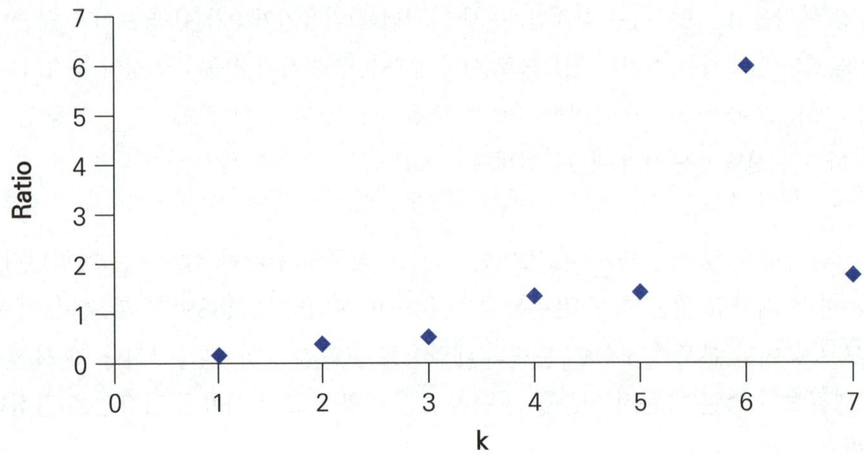

그림 6.1 The plot of the ratio kn_k/n_{k-1} against k

6.5.1 연습 문제

6.2 12.7장의 연습문제 12.3 및 12.5에 있는 각 데이터 세트에 대해, 표 6.2의 값과 유사한 값을 계산합니다. 그런 다음, 각 데이터 세트에 대해 $(a,b,0)$ 클래스에서 가장 적합한 모델을 결정하십시오.

표 6.3 Comparison between Poisson and negative binomial models

Distribution	Parameter estimates	−Loglikelihood
Poisson	$\hat{\lambda} = 0.2143537$	5,490.78
Negative binomial	$\hat{\beta} = 0.3055594$ $\hat{r} = 0.7015122$	5,348.04

6.2 포아송, 음이항, 이항 분포의 모수에 대한 허용 가능한 범위를 활용하여 (*a,b,0*) 클래스의 구성원에 대한 가능한 모든 a와 b 값을 결정하십시오. 이들이 이 클래스의 유일한 구성원이므로, 다른 모든 쌍은 합이 1이 되는 비음수 확률 분포로 이어지지 않습니다. $a = -1$ 및 $b = 1.5$인 쌍이 (가능한 값 목록에 없으며) 정당한 분포로 이어지지 않는다는 것을 보여주십시오.

6.6 0에서의 절단과 수정 Truncation and Modification at Zero

때때로 이전에 논의된 분포들이 실제로 관찰된 데이터 세트의 특성을 충분히 설명하지 못하는 경우가 있습니다. 이는 음의 이항 분포의 꼬리가 충분히 무겁지 않거나, (*a,b,0*) 클래스의 분포가 데이터 세트의 다른 부분에서 형태를 포착하지 못하기 때문일 수 있습니다.

이 섹션에서는 특히 분포의 왼쪽 끝, 즉 0에서의 확률에 대해 부적합한 문제를 다룹니다.

보험 건수 데이터에서 0에서의 확률은 연구 기간 동안 어떠한 클레임도 발생하지 않을 확률을 나타냅니다. 손실 발생 확률이 매우 낮은 보험 애플리케이션에서는 0에서의 확률이 가장 큰 값을 가집니다. 따라서 이 지점에서의 적합성에 특별히 주의를 기울이는 것이 중요합니다.

또한 자연적으로 0에서 비정상적으로 큰 확률을 생성하는 상황이 발생할 수 있습니다. 예를 들어, 단체 치과 보험의 경우를 고려해 봅시다. 한 가족에서 남편과 아내가 각각 자신들의 고용주가 제공하는 단체 보험 플랜을 통해 보험에 가입했고, 두 단체 보험 계약 모두 가족 구성원을 위한 보장을 제공한다고 가정하면, 클레임은 더 나은 혜택을 제공하는 플랜의 보험사에 제출되고, 다른 계약에서는 클레임이 제출되지 않을 수 있습니다. 따라서 특정 보험사를 대상으로 연구를 수행할 경우, 클레임을 하지 않은 개인의 수가 예상보다 더 많을 수 있습니다.

마찬가지로, 0에서의 발생 빈도가 예상보다 적거나 심지어 전혀 없는 상황도 있을 수 있습니다. 예를 들어, 클레임이 발생한 사고의 클레임 수를 계산하는 경우, 최소 관찰값은 1이 됩니다.

0에서의 확률을 조정하는 것은 포아송, 이항, 음의 이항 분포에서 쉽게 처리할 수 있습니다.

정의 6.5 *p_k를 이산 확률 변수의 확률 함수(pf)라고 합시다. p_k는 다음 조건을 만족하는 상수 a와 b가 존재할 때 (a,b,1) 클래스에 속한다고 합니다.*

$$p_k = \left(a + \frac{b}{k}\right) p_{k-1}, \qquad k = 1, 2, 3, \ldots .$$

(a,b,1) 클래스와 (a,b,0) 클래스의 유일한 차이점은 재귀가 p_0가 아니라 p_1에서 시작한다는 점입니다. k = 1에서 k = ∞까지의 분포는 상수 비례 관계로 인해 확률이 동일하다는 점에서 (a,b,0) 클래스와 동일한 형태를 가집니다. 이는 $\sum_{k=1}^{\infty} p_k$가 [0, 1] 구간의 임의의 값으로 설정될 수 있기 때문입니다. 나머지 확률은 k = 0에 위치합니다.

우리는 p_0 = 0인 상황과 p_0 > 0인 상황을 구분합니다. 첫 번째 하위 클래스는 절단된(truncated) 분포(좀 더 구체적으로는 0-절단 분포(zero-truncated))라고 하며, 여기에는 0-절단 포아송 분포, 0-절단 이항 분포, 0-절단 음이항 분포(및 그 특수한 경우인 0-절단 기하 분포)가 포함됩니다.

두 번째 하위 클래스는 0-수정(zero-modified) 분포라고 하며, 이는 (a,b,0) 클래스의 확률이 수정된 것을 의미합니다. 이러한 분포는 (a,b,0) 분포와 k = 0에 모든 확률이 집중된 퇴화 분포의 혼합으로 볼 수 있습니다. 또는 이를 0을 포함하는 절단 분포(truncated with zero)라고 부를 수도 있습니다. 이러한 분포는 절단 분포와 k = 0에 모든 확률이 있는 퇴화 분포의 혼합으로 간주할 수 있습니다. 우리는 이제 이 등가성을 보다 형식적으로 보여줍니다.

모든 0-절단 분포는 0-수정 분포로 간주될 수 있으며, 이때 특정한 수정은 p_0 = 0으로 설정됩니다. 때때로 약어로 ZT(Zero-Truncated)와 ZM(Zero-Modified)을 사용합니다. 예를 들어, ZT 포아송 분포에 대한 참조를 들 수 있습니다.

세 가지 유형의 분포가 존재하기 때문에 표기법이 혼란스러울 수 있습니다. 일반적인 이산 분포에 대해 이야기할 때는 계속해서 p_k = Pr(N = k)로 둡니다. 0-절단 분포를 언급할 때는 p_k^T를 사용하고, 0-수정 분포를 언급할 때는 p_k^M를 사용합니다. 다시 말해, 0-수정 분포는 0-절단 분포가 될 수도 있습니다.

$P(z) = \sum_{k=0}^{\infty} p_k z^k$를 (a,b,0) 클래스 멤버의 확률 생성 함수(pgf)로 표시합시다.

$P^M(z) = \sum_{k=0}^{\infty} p_k^M z^k$는 (a,b,1) 클래스 해당 멤버의 확률 생성 함수(pgf)를 표시한다면, 즉,

$$p_k^M = c p_k, \qquad k = 1, 2, 3, \ldots ,$$

이고, p_0^M은 임의 숫자입니다. 그러면,

$$\begin{aligned} P^M(z) &= p_0^M + \sum_{k=1}^{\infty} p_k^M z^k \\ &= p_0^M + c\sum_{k=1}^{\infty} p_k z^k \\ &= p_0^M + c[P(z) - p_0]. \end{aligned}$$

$P^M(1) = P(1) = 1$ 이기 때문에,

$$1 = p_0^M + c(1 - p_0),$$

결과적으로

$$c = \frac{1 - p_0^M}{1 - p_0} \text{ or } p_0^M = 1 - c(1 - p_0).$$

이 관계는 p_k^M의 합이 1이 되어야 기준에 필요합니다. 따라서 우리는 다음을 얻을 수 있습니다.

$$\begin{aligned} P^M(z) &= p_0^M + \frac{1 - p_0^M}{1 - p_0}[P(z) - p_0] \\ &= \left(1 - \frac{1 - p_0^M}{1 - p_0}\right)1 + \frac{1 - p_0^M}{1 - p_0}P(z). \end{aligned} \tag{6.4}$$

이는 축퇴(degenerate) 분포의 pgf와 해당하는 $(a,b,0)$ 멤버의 pgf의 가중 평균입니다. 게다가,

$$p_k^M = \frac{1 - p_0^M}{1 - p_0}p_k, \qquad k = 1, 2, \ldots. \tag{6.5}$$

$P^T(z)$를 $(a,b,0)$의 pgf $P(z)$에 해당하는 영-절단(zero-truncated) 분포의 pgf라고 하겠습니다. 그러면, (6.4)와 (6.5)에서 $p_0^M = 0$으로 설정하면,

$$P^T(z) = \frac{P(z) - p_0}{1 - p_0}$$

그리고,

$$p_k^T = \frac{p_k}{1-p_0}, \quad k = 1, 2, \ldots. \tag{6.6}$$

그러면, (6.5)로부터

$$p_k^M = (1 - p_0^M)p_k^T, \quad k = 1, 2, \ldots, \tag{6.7}$$

이고

$$P^M(z) = p_0^M(1) + (1 - p_0^M)P^T(z). \tag{6.8}$$

그렇다면, 영-수정(zero-truncated) 분포 또한 축퇴(degenerate) 분포와 $(a,b,0)$ 클래스의 영-절단 멤버의 가중 평균입니다. 다음 예제는 이러한 관계를 설명합니다.

예제 6.4

$\beta = 0.5$ 및 $r = 2.5$의 모수를 가지는 음이항(random variable)을 고려하십시오.

이 확률 변수의 처음 네 가지 확률을 구하십시오. 그런 다음, 해당 0-절단(zero-truncated) 및 0-수정(zero-modified, $p_0^M = 0.6$) 버전에 대한 확률을 결정하십시오.

표 6.4에 따르면, 음이항 분포의 경우:

$$\begin{aligned} p_0 &= (1 + 0.5)^{-2.5} = 0.362887, \\ a &= \frac{0.5}{1.5} = \frac{1}{3}, \\ b &= \frac{(2.5-1)(0.5)}{1.5} = \frac{1}{2}. \end{aligned}$$

처음 세 개의 재귀식은

$$p_1 = 0.362887\left(\frac{1}{3} + \frac{1}{2}\frac{1}{1}\right) = 0.302406,$$

$$p_2 = 0.302406\left(\frac{1}{3} + \frac{1}{2}\frac{1}{2}\right) = 0.176404,$$

$$p_3 = 0.176404\left(\frac{1}{3} + \frac{1}{2}\frac{1}{3}\right) = 0.088202.$$

영(0)으로 절단된 확률 변수의 경우, 정의에 따라 $p_0^T = 0$입니다. 재귀식은 [식 (6.6)에서] $p_1^T = 0.302406/(1 - 0.362887) = 0.474651$로 시작합니다. 그런 다음,

$$p_2^T = 0.474651\left(\frac{1}{3} + \frac{1}{2}\frac{1}{2}\right) = 0.276880,$$

$$p_3^T = 0.276880\left(\frac{1}{3} + \frac{1}{2}\frac{1}{3}\right) = 0.138440.$$

만약 원래 값이 모두 사용 가능했다면, 영(0)으로 절단된 확률은 모든 원래 값을 1/(1-0.362887)=1.5695801/(1-0.362887)=1.5695801/(1-0.362887)=1.569580로 곱하여 얻을 수 있었습니다.

영(0)으로 수정된 확률 변수의 경우, $p_0^M = 0.6$으로 임의로 설정됩니다. 식 (6.5)에서 $p_1^M = (1-0.6)\cdot 0.302406/(1-0.362887)=0.189860$로 계산됩니다. 그런 다음,

$$p_2^M = 0.189860\left(\frac{1}{3} + \frac{1}{2}\frac{1}{2}\right) = 0.110752,$$
$$p_3^M = 0.110752\left(\frac{1}{3} + \frac{1}{2}\frac{1}{3}\right) = 0.055376.$$

이 경우, 각 원래의 음의 이항 확률은 (1-0.6)/(1-0.362887)=0.627832로 곱해졌습니다. 또한, $j\geq 1$일 때, $p_j^M = 0.4p_j^T$임을 확인할 수 있습니다. □

제로 수정 분포의 특별한 경우로 제로 팽창(Zero-Inflated) 분포가 있습니다. 이 분포의 유일한 차이점은 $p_0^M > p_0$ 조건을 요구한다는 것입니다. Frees [41]에서는 제로 팽창 포아송 분포의 경우 분산이 항상 평균보다 크다는 것을 보여줍니다. 이 성질이 필요할 때, 음의 이항 모델에 대한 대안으로 사용할 수 있습니다.

우리가 지금까지 논의한 것은 $(a,b,0)$ 클래스의 제로 수정 분포에 한정되었지만, $(a,b,1)$ 클래스는 추가적인 분포를 허용합니다. (a,b) 모수 공간이 확장되어 음의 이항 분포를 확장한 경우를 포함하며, 여기에는 $-1<r<0$ 조건이 포함됩니다. $(a,b,0)$ 클래스에서는 $r > 0$이어야 합니다. 샘플 공간에 추가 영역을 포함함으로써, 확장된 절단 음의 이항(Extended Truncated Negative Binomial, ETNB) 분포는 $\beta>0, r>-1, r\neq 0$의 모수 제약을 갖게 됩니다.

재귀 방정식이 다음과 같음을 보이십시오.

$$p_k = p_{k-1}\left(a + \frac{b}{k}\right), \qquad k = 2, 3, \ldots , \tag{6.9}$$

재귀 방정식이 $p_0 = 0$인 경우 올바른 확률 분포를 정의함을 보이기 위해서는, p_1의 임의의 값에 대해 재귀적으로 계산된 p_k의 모든 값이 양수이고, 다음 조건이 충족됨을 보이는 것으로 충분합니다.

$$\textstyle\sum_{k=1}^{\infty} p_k < \infty.$$

확장된 절단 음의 이항 분포(ETNB)의 경우, 이는 다음 모수 공간에 대해 수행되어야 합니다.

$$a = \frac{\beta}{1+\beta}, \quad \beta > 0, \qquad b = (r-1)\frac{\beta}{1+\beta}, \quad r > -1, r \neq 0$$

(연습 문제 6.4를 보시오)

$r \to 0$일 때, 확장된 절단 음의 이항 분포(ETNB)의 극한 경우는 다음과 같은 확률 질량 함수(pf)를 가진 **로그 분포(logarithmic distribution)**입니다.

$$p_k^T = \frac{[\beta/(1+\beta)]^k}{k \ln(1+\beta)}, \quad k = 1, 2, 3, \ldots \tag{6.10}$$

(연습 문제 6.5를 보시오) 로그 분포의 확률 생성 함수(pgf)는 다음과 같습니다.

$$P^T(z) = 1 - \frac{\ln[1-\beta(z-1)]}{\ln(1+\beta)} \tag{6.11}$$

(연습문제 6.6을 참고하십시오). 0에서 임의의 확률을 할당하고 나머지 확률을 감소시킴으로써 0 수정 로그 분포가 생성됩니다.

흥미로운 점은 $-1 < r < 0$이고 $\beta \to \infty$일 때, 이 특수 극단 경우가 올바른 분포로 남아있으며 때로는 **시부야(Sibuya) 분포**라고 불립니다. 이 분포의 pgf는 다음과 같습니다.

$$P(z) = 1 - (1-z)^{-r}$$

이 경우 어떤 모먼트도 존재하지 않습니다(연습문제 6.7을 참고하십시오). 모먼트가 존재하지 않는 분포는 일반적으로 청구 건수를 모델링하는 데 적합하지 않습니다(오른쪽 꼬리를 이후에 수정하지 않는 한). 왜냐하면 이 경우 청구 건수가 무한대가 될 것으로 예상되기 때문입니다. 이러한 상황을 보장하는 보험 계약은 가격 책정이 매우 어려울 수 있습니다!

예제 6.5

R = −0.5, β = 1인 ETNB 분포의 확률을 계산하십시오. 이는 절단된(truncated) 버전과 수정된(modified) 버전에 대해 모두 수행하며, 수정된 버전에서는 $p_0^M = 0.6$로 임의로 설정합니다.

모수 a와 b는 다음과 같습니다.

a = 1/(1 + 1) = 0.5와 b = (-0.5 - 1)(1)/(1 + 1) = −0.75

부록 B에 따르면, 절단된 확률은 다음과 같다.

$$p_1^T = -0.5(1)/[(1+1)^{0.5} - (1+1)] = 0.853553$$

이후 확률은 다음과 같습니다.

$$p_2^T = \left(0.5 - \frac{0.75}{2}\right)(0.853553) = 0.106694$$

$$p_3^T = \left(0.5 - \frac{0.75}{3}\right)(0.106694) = 0.026674$$

수정된 확률은 절단된 확률에 0.4를 곱하여 얻습니다.

$$p_1^M = p_1^M \times 0.4 = 0.341421$$
$$p_2^M = p_2^M \times 0.4 = 0.042678$$
$$p_3^M = p_3^M \times 0.4 = 0.010670$$

□

6.6.1 연습 문제

6.4 $\beta > 0$이고 $r > -1$, 그러나 $r \neq 0$인 확장된 절단 음이항 분포에서 (6.9)에 의해 주어진 p_k의 연속적인 값들이, 임의의 p_1에 대해 양수이며 $\sum_{k=1}^{\infty} p_k < \infty$임을 보이십시오.

6.5 $r \to 0$일 때, 영 절단 음이항 분포의 확률 함수(pf)가 (6.10)에서 주어진 것과 같음을 보이십시오.

6.6 로그 분포의 확률 생성 함수(pgf)가 (6.11)에서 주어진 것과 같음을 보이십시오.

6.7 Sibuya 분포(이는 $-1 < r < 0$이고 $\beta \to \infty$인 ETNB 분포임)에 대해, 평균이 존재하지 않음을 보이십시오(즉, 평균을 정의하는 합이 수렴하지 않음을 보이십시오). 이 확률 변수(random variable)가 음수가 아닌 값을 취하기 때문에, 이는 다른 양의 모멘트도 존재하지 않음을 의미합니다.

6.8 $p_k = \Pr(N = k)$이고, $\{p_0, p_2, p_2, \cdots\}$가 $(a,b,1)$ 클래스의 멤버라고 가정하십시오. $k = 1, 2, \cdots$이고 $a \neq 1$일 때,

$$\mathrm{E}(N|N > k) = \frac{a+b}{1-a} + \frac{a(k+1)+b}{1-a}\frac{p_k}{\bar{P}_k},$$

임을 증명하시오. 여기서 $\bar{P}_k = p_{k+1} + p_{k+2} + \cdots$입니다.

표 6.4 The members of the $(a, b, 1)$ class

Distribution[a]	p_0	a	b	Parameter space
Poisson	$e^{-\lambda}$	0	λ	$\lambda > 0$
ZT Poisson	0	0	λ	$\lambda > 0$
ZM Poisson	Arbitrary	0	λ	$\lambda > 0$
Binomial	$(1-q)^m$	$-\frac{q}{1-q}$	$(m+1)\frac{q}{1-q}$	$0 < q < 1$
ZT binomial	0	$-\frac{q}{1-q}$	$(m+1)\frac{q}{1-q}$	$0 < q < 1$
ZM binomial	Arbitrary	$-\frac{q}{1-q}$	$(m+1)\frac{q}{1-q}$	$0 < q < 1$
Negative binomial	$(1-q)^{-r}$	$\frac{\beta}{1+\beta}$	$(r-1)\frac{\beta}{1+\beta}$	$r > 0, \beta > 0$
ETNB	0	$\frac{\beta}{1+\beta}$	$(r-1)\frac{\beta}{1+\beta}$	$r > -1^b, \beta > 0$
ZM ETNB	Arbitrary	$\frac{\beta}{1+\beta}$	$(r-1)\frac{\beta}{1+\beta}$	$r > -1^b, \beta > 0$
Geometric	$(1+\beta)^{-1}$	$\frac{\beta}{1+\beta}$	0	$\beta > 0$
ZT geometric	0	$\frac{\beta}{1+\beta}$	0	$\beta > 0$
ZM geometric	Arbitrary	$\frac{\beta}{1+\beta}$	0	$\beta > 0$
Logarithmic	0	$\frac{\beta}{1+\beta}$	$-\frac{\beta}{1+\beta}$	$\beta > 0$
ZM logarithmic	Arbitrary	$\frac{\beta}{1+\beta}$	$-\frac{\beta}{1+\beta}$	$\beta > 0$

[a]ZT = zero truncated, ZM = zero modified.

[b]Excluding $r = 0$, which is the logarithmic distribution.

07 고급 이산변수 분포 ADVANCED DISCRETE DISTRIBUTIONS

7.1 합성 빈도 분포 Compound Frequency Distributions

더 큰 분포 클래스는 두 이산 분포를 합성(compounding)하는 과정을 통해 생성될 수 있습니다. "합성*(compounding)*"이라는 용어는 새로운 분포의 확률 생성 함수(pgf)가 다음과 같이 표현된다는 아이디어를 반영합니다.

$$P_S(z) = P_N[P_M(z)] \tag{7.1}$$

여기서 $P_N(z)$와 $P_M(z)$는 각각 *1차(primary)* 분포와 *2차(secondary)* 분포라고 불립니다. 합성 분포(compound distributions)는 다음과 같은 방식으로 자연스럽게 나타납니다. N이 확률 생성 함수(pgf)가 $P_N(z)$인 계수형 확률 변수라고 가정합시다. $M_1, M_2, \cdots$는 각각 pgf가 $P_M(z)$인 독립적이고 동일하게 분포된(동일하고 독립(i.i.d.)) *계수형* 확률 변수라고 가정합시다.

M_j들이 N에 의존하지 않는다고 가정하면, 확률 변수 합계 $S = M_1 + M_1 + \cdots + M_N$ (여기서 $N = 0$일 경우 $S = 0$)의 pgf는 $P_S(z) = P_N[P_M(z)]$로 주어집니다. 이를 다음과 같이 증명할 수 있습니다.

$$\begin{aligned}
P_S(z) &= \sum_{k=0}^{\infty} \Pr(S = k) z^k = \sum_{k=0}^{\infty} \sum_{n=0}^{\infty} \Pr(S = k | N = n) \Pr(N = n) z^k \\
&= \sum_{n=0}^{\infty} \Pr(N = n) \sum_{k=0}^{\infty} \Pr(M_1 + \cdots + M_n = k | N = n) z^k \\
&= \sum_{n=0}^{\infty} \Pr(N = n) [P_M(z)]^n \\
&= P_N[P_M(z)].
\end{aligned}$$

보험 컨텍스트에서, 이러한 분포는 자연스럽게 발생할 수 있습니다. 만약 N이 위험 포트폴리오에서 발생하는 사고의 건수를 나타내고, $\{M_k: k = 1,2,\cdots,N\}$이 사고로 인해 발생한 청구(부상, 차량 수 등)의 건수를 나타낸다면, S는 포트폴리오에서 발생한 총 청구 건수를 나타냅니다. 이러한 해석이 합성 분포(compound distribution)의 사용을 정당화하는 데 반드시 필요한 것은 아닙니다. 합성 분포가 데이터를 잘 설명한다면, 그것만으로도 충분한 정당화가 될 수 있습니다. 또한, 이러한 분포를 사용하는 데는 다른 동기들도 존재하며, 이는 섹션 7.5에서 다루어집니다.

예제 7.1

모든 영 수정 분포(ZM distribution)가 합성 분포(compound distribution)임을 증명합니다. 일차 베르누이 분포(primary Bernoulli distribution)를 고려합니다. 이 분포는 확률 생성 함수(pgf)가 $P_N(z) = 1 - q + qz$입니다. 그런 다음, pgf $P_M(z)$를 가진 임의의 이차 분포(secondary distribution)를 고려합니다. 그러면 (7.1)로부터 다음을 얻습니다:

$$P_S(z) = P_N[P_M(z)] = 1 - q + qP_M(z).$$

(6.4)로부터 이것이 ZM 분포의 pgf임을 알 수 있으며, 여기서

$$q = \frac{1 - p_0^M}{1 - p_0}.$$

즉, ZM 분포는 0에서 임의의 확률 p_0^M을 할당하며, p_0는 이차 분포가 0에서 할당한 확률입니다. □

예제 7.2

M과 N이 모두 포아송 분포(Poisson distribution)를 따르는 경우를 고려합니다. 이 분포의 확률 생성 함수(pgf)를 구합니다.

이 분포는 포아송-포아송(Poisson-Poisson) 또는 네이만 유형 A 분포(Neyman Type A distribution)라고 불립니다.

$$P_N(z) = e^{\lambda_1(z-1)} \qquad P_M(z) = e^{\lambda_2(z-1)}$$

라고 하면,

$$P_S(z) = e^{\lambda_1[e^{\lambda_2(z-1)}-1]}.$$

λ_2가 λ_1보다 훨씬 클 때, 예를 들어 $\lambda_1 = 0.1$, $\lambda_2 = 10$인 경우, 결과 분포는 두 개의 국소 모드(local modes)를 갖게 됩니다. □

정확히 k개의 청구가 발생할 확률은 다음과 같이 표현될 수 있습니다.

$$\begin{aligned}\Pr(S = k) &= \sum_{n=0}^{\infty} \Pr(S = k | N = n) \Pr(N = n)\\ &= \sum_{n=0}^{\infty} \Pr(M_1 + \cdots + M_N = k | N = n) \Pr(N = n)\\ &= \sum_{n=0}^{\infty} \Pr(M_1 + \cdots + M_n = k) \Pr(N = n).\end{aligned} \tag{7.2}$$

여기서

$$g_n = \Pr(S = n),\ p_n = \Pr(N = n), \text{ and } f_n = \Pr(M = n)$$

로 두면, 이는 다음과 같이 다시 쓸 수 있습니다.

$$g_k = \sum_{n=0}^{\infty} p_n f_k^{*n}, \tag{7.3}$$

여기서 f_k^{*n}, $k = 0, 1, \ldots$는 함수 f_k, $k = 0, 1, \cdots$의 "n-회 합성곱(n-fold convolution)"이며, 이는 동일한 확률 함수 f_k를 따르는 독립적이고 동일하게 분포된 n개의 확률 변수를 합했을 때 값이 k가 될 확률을 의미합니다.

만약 $P_N(z)$가 $(a,b,0)$ 클래스의 구성원으로 선택된다면,

$$p_k = \left(a + \frac{b}{k}\right) p_{k-1}, \qquad k = 1, 2, \ldots, \tag{7.4}$$

간단한 재귀 공식이 사용될 수 있습니다. 이 공식은 합성곱의 사용을 피하고, 따라서 계산을 상당히 줄여줍니다.

정리 7.1 *만약 기본 분포(primary distribution)가 $(a,b,0)$ 클래스의 구성원이라면, 재귀 공식은 다음과 같습니다:*

$$g_k = \frac{1}{1-af_0}\sum_{j=1}^{k}\left(a+\frac{bj}{k}\right)f_j g_{k-j}, \quad k=1,2,3,\ldots. \tag{7.5}$$

증명: 식 (7.4)에서,

$$np_n = a(n-1)p_{n-1} + (a+b)p_{n-1}.$$

양변에 $[P_M(z)]^{n-1}P'_M(z)$를 곱하고 n에 대해 합산하면 다음과 같이 됩니다.

$$\sum_{n=1}^{\infty} np_n[P_M(z)]^{n-1}P'_M(z) = a\sum_{n=1}^{\infty}(n-1)p_{n-1}[P_M(z)]^{n-1}P'_M(z) + (a+b)\sum_{n=1}^{\infty}p_{n-1}[P_M(z)]^{n-1}P'_M(z).$$

$P_S(z) = \sum_{n=0}^{\infty} p_n[P_M(z)]^n$ 이기 때문에, 직전 방정식은

$$P'_S(z) = a\sum_{n=0}^{\infty} np_n[P_M(z)]^n P'_M(z) + (a+b)\sum_{n=0}^{\infty}p_n[P_M(z)]^n P'_M(z).$$

따라서,

$$P'_S(z) = aP'_S(z)P_M(z) + (a+b)P_S(z)P'_M(z).$$

양변은 z의 거듭제곱으로 전개될 수 있습니다. 이러한 전개에서 z^{k-1}의 계수는 방정식의 양변에서 동일해야 합니다. 따라서, k = 1,2,⋯에 대해 다음이 성립합니다.

$$\begin{aligned} kg_k &= a\sum_{j=0}^{k}(k-j)f_j g_{k-j} + (a+b)\sum_{j=0}^{k} jf_j g_{k-j} \\ &= akf_0 g_k + a\sum_{j=1}^{k}(k-j)f_j g_{k-j} + (a+b)\sum_{j=1}^{k} jf_j g_{k-j} \\ &= akf_0 g_k + ak\sum_{j=1}^{k} f_j g_{k-j} + b\sum_{j=1}^{k} jf_j g_{k-j}. \end{aligned}$$

따라서,

$$g_k = af_0 g_k + \sum_{j=1}^{k}\left(a+\frac{bj}{k}\right)f_j g_{k-j}.$$

재조정하면 (7.5)가 됩니다. □

(7.5)를 사용하기 위해서는 시작 값 g_0가 필요하며, 이는 정리 7.3에서 제공됩니다. 만약 기본 분포가 $(a,b,1)$ 클래스의 멤버라면, 기본 분포의 재귀식이 $k = 2$에서 시작된다는 사실을 반영하여 증명을 수정해야 합니다. 결과는 다음과 같습니다.

정리 7.2 *만약 기본 분포(primary distribution)가 (a,b,1) 클래스의 구성원이라면, 재귀 공식은 다음과 같습니다:*

$$g_k = \frac{[p_1 - (a+b)p_0]f_k + \sum_{j=1}^{k}(a+bj/k)f_j g_{k-j}}{1-af_0}, \quad k = 1,2,3,\ldots. \tag{7.6}$$

증명: 정리 7.1과 증명이 유사하므로 생략합니다. □

예제 7.3

기본 분포가 포아송 분포인 경우의 재귀 공식을 개발하십시오. 이 경우, $a = 0$이고 $b = \lambda$로 설정되며, 재귀 형태는 다음과 같습니다.

$$g_k = \frac{\lambda}{k}\sum_{j=1}^{k} j f_j g_{k-j}.$$

시작 값은 (7.1)에서 다음과 같이 주어집니다:

$$\begin{aligned} g_0 &= \Pr(S=0) = P(0) \\ &= P_N[P_M(0)] = P_N(f_0) \\ &= e^{-\lambda(1-f_0)}. \end{aligned} \tag{7.7}$$

이러한 유형의 분포를 합성 포아송(compound Poisson)이라고 합니다. 이차 분포(secondary distribution)가 지정되면, 복합 분포는 Poisson-X라고 불리며, 여기서 X는 이차 분포의 이름입니다. □

이 방법은 모든 복합 분포에 대해 g_0를 구하는 데 적용될 수 있습니다.

정리 7.3 *모든 복합 분포에 대해 $g_0 = P_N(f_0)$, 여기서 $P_N(z)$는 기본 분포의 확률 생성 함수(pgf)이고 f_0는 2차 분포가 0 값을 가질 확률입니다.*

증명: (7.7)의 두 번째 줄을 참조하십시오. □

참고로, 2차 분포는 특정한 형태를 가질 필요는 없습니다. 하지만 분포의 수를 관리 가능하게 유지하기 위해 2차 분포는 $(a,b,0)$ 또는 $(a,b,1)$ 클래스에서 선택됩니다.

예제 7.4

포아송-ETNB 분포에 대한 확률 계산하십시오.

여기서 포아송 분포는 $\lambda = 3$이고 ETNB 분포는 $r = -0.5$이고 $\beta = 1$입니다.

예제 6.5에서, 2차 확률은 $f_0 = 0$, $f_1 = 0.853553$, $f_2 = 0.106694$입니다. 식 (7.7)에 따라, $g_0 = \exp[-3(1-0)] = 0.049787$.

포아송 기본 분포에 대해 $a = 0$, $b = 3$이고, 식 (7.5)의 재귀 공식은 다음과 같이 됩니다.

$$g_k = \frac{\sum_{j=1}^{k}(3j/k)f_j g_{k-j}}{1-0(0)} = \sum_{j=1}^{k}\frac{3j}{k}f_j g_{k-j}.$$

그럼,

$$\begin{aligned}
g_1 &= \frac{3(1)}{1}0.853553(0.049787) = 0.127488,\\
g_2 &= \frac{3(1)}{2}0.853553(0.127488) + \frac{3(2)}{2}0.106694(0.049787) = 0.179163,\\
g_3 &= \frac{3(1)}{3}0.853553(0.179163) + \frac{3(2)}{3}0.106694(0.127488)\\
&\quad + \frac{3(3)}{3}0.026674(0.049787) = 0.184114.
\end{aligned}$$

□

예제 7.5

포아송-로그 분포가 음이항 분포임을 증명하시오.

음이항 분포는 다음과 같은 pgf를 갖습니다.

$$P(z) = [1-\beta(z-1)]^{-r}.$$

포아송-로그 분포를 고려합시다. 여기서 $P_N(z)$는 포아송 분포 (λ)이고 $P_M(z)$는 로그 분포 (β)입니다. 그러면,

$$
\begin{aligned}
P_N[P_M(z)] &= \exp\{\lambda[P_M(z) - 1]\} \\
&= \exp\left\{\lambda\left[1 - \frac{\ln[1-\beta(z-1)]}{\ln(1+\beta)} - 1\right]\right\} \\
&= \exp\left\{\frac{-\lambda}{\ln(1+\beta)}\ln[1-\beta(z-1)]\right\} \\
&= [1-\beta(z-1)]^{-\lambda/\ln(1+\beta)} \\
&= [1-\beta(z-1)]^{-r},
\end{aligned}
$$

$r = \lambda/\ln(1+\beta)$.

이 결과는 음이항 분포의 pgf와 동일하므로, 포아송-로그 분포가 로그 분포를 2차 분포로 갖는 합성 포아송 분포로 나타낼 수 있음을 보여줍니다. □

예제 7.5는 포아송-로그 분포가 $(a,b,0)$ 및 $(a,b,1)$ 클래스 외의 새로운 분포를 생성하지 않음을 보여줍니다. 결과적으로, 이러한 분포 조합은 유용하지 않습니다. 마찬가지로, 새로운 분포를 생성하지 않는 또 다른 조합은 1차와 2차 분포가 모두 기하 분포인 합성 기하 분포입니다. 이 경우 결과 분포는 0-수정 기하 분포로 나타나며, 이는 연습 문제 7.2에서 증명됩니다. 다음 정리는 특정 조합이 합성을 통해 분포의 클래스를 확장하는 데 쓸모가 없음을 보여줍니다.

이전과 같이, $P_S(z)=P_N[P_M(z)]$라고 가정합시다. 이제, $P_M(z)$는 항상 다음과 같이 쓸 수 있습니다.

$$
P_M(z) = f_0 + (1-f_0)P_M^*(z), \tag{7.8}
$$

여기서 $P_M^*(z)$는 양의 값에 대한 조건부 분포(즉, 0-절단된 버전)의 pgf입니다.

정리 7.4 *pgf $P_N(z;\theta)$가 다음을 만족한다고 가정합니다.*

$$
P_N(z;\theta) = B[\theta(z-1)]
$$

여기서 θ는 모수고, $B(z)$는 θ와 독립적인 함수입니다. 즉, 모수 θ와 인수 z는 pgf에서 $\theta(z-1)$ 형태로만 나타납니다. 다른 모수도 있을 수 있으며, 이러한 모수는 pgf의 어디에나 나타날 수 있습니다. 그런 경우, $P_S(z)=P_N[P_M(z);\theta]$는 다음과 같이 다시 쓸 수 있습니다.

$$
P_S(z) = P_N[P_M^T(z); \theta(1-f_0)].
$$

여기서 $P_M^*(z)$는 0-절단된 이차 분포의 pgf이고, f_0는 이차 분포가 0을 가질 확률입니다.

증명:

$$\begin{aligned}P_S(z) &= P_N[P_M(z);\theta]\\ &= P_N[f_0+(1-f_0)P_M^T(z);\theta]\\ &= B\{\theta[f_0+(1-f_0)P_M^T(z)-1]\}\\ &= B\{\theta(1-f_0)[P_M^T(z)-1]\}\\ &= P_N[P_M^T(z);\theta(1-f_0)].\end{aligned}$$

□

이는 이차 분포에서 0의 확률을 추가하거나, 삭제하거나, 수정하는 것이 새로운 분포를 생성하지 않는다는 것을 보여줍니다. 왜냐하면 이는 1차 분포의 모수 θ를 수정하는 것과 동등하기 때문입니다. 예를 들어, 포아송 1차 분포에 포아송, 0-절단 포아송, 또는 0-수정 포아송 이차 분포를 사용하더라도 결과적으로 여전히 Neyman Type A(포아송-포아송) 분포를 생성하게 됩니다.

예제 7.6

포아송-제로 수정 ETNB 분포의 확률을 구하십시오. 여기서 모수는 $\lambda = 7.5$, $p_0^M = 0.6$, $r = -0.5$, $\beta = 1$입니다.

예제 6.5에 따르면, 2차 분포의 확률은 다음과 같습니다. f_0 =0.6, f_1 = 0.341421, f_2 = 0.042678, 그리고 f_3 = 0.010670. 식 (7.7)에 따르면, g_0 = exp[-7.5·(1-0.6)]=0.049787.

포아송 1차 분포의 경우, a = 0, b = 7.5입니다. 식 (7.5)의 재귀 공식은 다음과 같습니다.

$$g_k = \frac{\sum_{j=1}^{k}(7.5j/k)f_j g_{k-j}}{1-0(0.6)} = \sum_{j=1}^{k}\frac{7.5j}{k}f_j g_{k-j}.$$

따라서 계산 결과는 다음과 같습니다.

$$\begin{aligned}g_1 &= \frac{7.5(1)}{1}0.341421(0.049787) = 0.127487,\\ g_2 &= \frac{7.5(1)}{2}0.341421(0.127487) + \frac{7.5(2)}{2}0.042678(0.049787) = 0.179161,\\ g_3 &= \frac{7.5(1)}{3}0.341421(0.179161) + \frac{7.5(2)}{3}0.042678(0.127487)\\ &\quad + \frac{7.5(3)}{3}0.010670(0.049787) = 0.184112.\end{aligned}$$

약간의 반올림 차이를 제외하고, 이 확률은 예제 7.4에서 얻은 값과 동일합니다. □

7.1.1 연습 문제

7.1 모든 $(a,b,0)$ 클래스의 멤버가 정리 7.4의 조건을 만족하는지 확인하십시오. 조건을 만족하는 멤버들에 대해, 정리에서 θ의 역할을 하는 모수(또는 모수의 함수)를 식별하십시오.

7.2 다음 세 분포가 동일함을 증명하십시오.

(1) 기하-기하 분포(geometric-geometric),

(2) 베르누이-기하 분포(Bernoulli-geometric),

(3) 제로 수정 기하 분포(zero-modified geometric). 즉, 임의의 모수를 가진 하나의 분포에 대해, 동일한 확률 함수(pf) 또는 확률 생성 함수(pgf)를 가지는 다른 두 분포 유형의 멤버가 있음을 보여주십시오.

7.3 이항-기하 분포(binomial-geometric)와 음이항-기하 분포(negative binomial-geometric, 음이항 모수 r이 양의 정수인 경우)가 동일함을 증명하십시오.

7.2 합성 포아송 클래스의 추가 특성 Further Properties of the Compound Poisson Class

합성 빈도 모델 클래스에서 중심적으로 중요한 것은 합성 포아송 빈도 분포(compound Poisson frequency distributions) 클래스입니다. 이 모델에 대한 물리적 동기는 포아송 분포가 사고를 유발하는 청구 건수의 수를 설명하는 데 종종 적합한 모델이라는 점에서 비롯됩니다. 또한 사고로 인한 청구 건수 자체도 종종 확률 변수로 나타납니다.

합성 포아송 클래스는 수학적으로 편리한 여러 특성을 가지고 있습니다. 특히 확률의 재귀적 계산과 관련된 속성은 7.1절에서 논의되었습니다. 추가적으로, 합성 포아송 분포와 혼합 포아송 빈도 분포(mixed Poisson frequency distributions) 사이의 밀접한 연결고리는 7.3.2절에서 논의됩니다. 여기서는 이러한 분포의 다른 특성들을 살펴봅니다.

합성 포아송의 확률 생성 함수(pgf)는 다음과 같이 표현될 수 있습니다.

$$P(z) = \exp\{\lambda[Q(z) - 1]\}, \tag{7.9}$$

여기서 $Q(z)$는 2차 분포(secondary distribution)의 pgf입니다.

예제 7.7

포아송-ETNB 분포의 pgf를 구하고, 이것이 포아송-음수 이항(Poisson-negative binomial) 분포의 pgf와 유사하게 보이는지 확인합니다.

TNB 분포의 pgf는 다음과 같습니다.

$$Q(z) = \frac{[1-\beta(z-1)]^{-r} - (1+\beta)^{-r}}{1-(1+\beta)^{-r}}$$

여기서 $\beta > 0,\ r > -1,\ r \neq 0$입니다.

그렇다면 포아송-ETNB 분포의 pgf의 로그는 다음과 같이 표현됩니다.

$$\begin{aligned}\ln P(z) &= \lambda\left\{\frac{[1-\beta(z-1)]^{-r} - (1+\beta)^{-r}}{1-(1+\beta)^{-r}} - 1\right\}\\ &= \lambda\left\{\frac{[1-\beta(z-1)]^{-r} - 1}{1-(1+\beta)^{-r}}\right\}\\ &= \mu\{[1-\beta(z-1)]^{-r} - 1\},\end{aligned}$$

이를 통해, $\mu = \lambda/\{1-(1+\beta)^{-r}\}$로 정의되는 1차 평균(primary mean)을 가지는 합성 포아송(compound Poisson) 분포로 정의됩니다. 2차 pgf는 $[1-\beta(z-1)]^{-r}$로, $r > 0$ 따라서 $\mu > 0$ 조건인 한, 이는 음수 이항 분포의 pgf입니다.

결과적으로, 다음이 성립합니다.

2차 분포에서 0의 확률은 합성 포아송 형태에 영향을 미치지 않습니다.

포아송-ETNB pgf $P(z)$, $\ln P(z) = \mu\{[1-\beta(z-1)]^{r}-1\}$는 $\{\beta > 0,\ r > -1,\ \mu r > 0\}$라는 모수 공간을 가지며, 이는 모수의 추정과 분석에 유용한 관찰입니다. □

이들 분포의 왜도(세 번째 모멘트)를 비교하여, 평균과 분산이 고정되었을 때도 왜도와 분포의 꼬리(tail)가 얼마나 달라질 수 있는지 이해할 수 있습니다. (7.9)식(Exercise 7.5 참조)과 정의 3.2에서, 합성 포아송(compound Poisson) 분포의 평균, 두 번째 및 세 번째 중심 모멘트는 다음과 같이 주어집니다.

$$\begin{aligned}\mu_1' &= \mu = \lambda m_1',\\ \mu_2 &= \sigma^2 = \lambda m_2',\\ \mu_3 &= \lambda m_3',\end{aligned} \tag{7.10}$$

여기서 m_j'는 이차 분포(secondary distribution)의 j번째 원시(raw) 모먼트입니다. 왜도의 계수(coefficient of skewness)는 다음과 같습니다.

$$\gamma_1 = \frac{\mu_3}{\sigma^3} = \frac{m_3'}{\lambda^{1/2}(m_2')^{3/2}}.$$

포아송-이항 분포 (Poisson-binomial distribution)에 대하여,
약간의 대수 계산(Exercise 7.6 참조)을 통해 다음 결과를 얻습니다.

$$\begin{aligned} \mu &= \lambda m q, \\ \sigma^2 &= \mu[1 + (m-1)q], \\ \mu_3 &= 3\sigma^2 - 2\mu + \frac{m-2}{m-1}\frac{(\sigma^2-\mu)^2}{\mu}. \end{aligned} \tag{7.11}$$

유사한 과정을 통하여 다음을 얻을 수 있습니다.

$$\begin{aligned} \text{Negative binomial: } \mu_3 &= 3\sigma^2 - 2\mu + 2\frac{(\sigma^2-\mu)^2}{\mu} \\ \text{Polya–Aeppli: } \mu_3 &= 3\sigma^2 - 2\mu + \frac{3}{2}\frac{(\sigma^2-\mu)^2}{\mu} \\ \text{Neyman Type A: } \mu_3 &= 3\sigma^2 - 2\mu + \frac{(\sigma^2-\mu)^2}{\mu} \\ \text{Poisson–ETNB: } \mu_3 &= 3\sigma^2 - 2\mu + \frac{r+2}{r+1}\frac{(\sigma^2-\mu)^2}{\mu} \end{aligned}$$

포아송-ETNB 분포에서 r의 범위는 $-1 < r < \infty$, $r \neq 0$입니다. 위의 다른 세 가지 분포는 이 분포의 특수한 경우에 해당합니다.

$r \to 0$이면 이차 분포가 로그 분포가 되어 음수 이항 분포로 수렴합니다.

$r = 1$이면 폴리아-애플리 분포로 정의됩니다.

$r \to \infty$이면 이차 분포가 포아송 분포가 되어 네이만 타입 A 분포로 수렴합니다.

평균과 분산이 고정된 경우, 다섯 개의 분포 각각에서 세 번째 모먼트는 마지막 항의 계수를 통해서만 변화합니다. 포아송 분포에서는

$$\mu_3 = \lambda = 3\sigma^2 - 2\mu$$

이므로, 세 번째 항은 각 표현식에서 포아송 분포와의 차이를 나타냅니다. 포아송-이항 분포에서는 $m = 1$인 경우, 해당 분포는 포아송 분포가 됩니다. 이는 포아송-제로 절단 이항 분포와 동일하기 때문이며, 0에서 절단하면 1에서만 확률이 남기 때문입니다. 또 다른 관점으로는 (7.11)에서 다음과 같은 관계를 얻을 수 있습니다.

$$\mu_3 = 3\sigma^2 - 2\mu + \frac{m-2}{m-1}\frac{(m-1)^2 q^4 \lambda^2 m^2}{\lambda m q}$$
$$= 3\sigma^2 - 2\mu + (m-2)(m-1)q^3 \lambda m,$$

이 식은 $m = 1$일 때 μ_3가 포아송 값으로 축소됩니다. 따라서, 포아송 분포가 아닌 분포가 생성되려면 $m \geq 2$이어야 합니다. 이 경우 계수는 다음 관계를 만족합니다.

$$0 \leq \frac{m-2}{m-1} < 1.$$

포아송-ETNB 분포의 경우, $r > -1$이므로 계수는 다음 관계를 만족합니다.

$$1 < \frac{r+2}{r+1} < \infty,$$

여기서 $r = 0$인 경우는 음이항 분포를 나타냅니다. Neyman Type A 분포에서는 계수가 정확히 1입니다. 따라서, 이 세 가지 분포는 포아송 분포보다 큰 임의의 왜도(skewness)를 제공할 수 있습니다.

표 7.1 The data of Hossack et al. [58]

Number of claims	Observed frequency
0	565,664
1	68,714
2	5,177
3	365
4	24
5	6
6+	0

예제 7.8

표 7.1의 데이터는 Hossack 등 [58]에서 가져온 것으로, 호주의 자동차 보험 계약에서 청구 건수의 분포를 보여줍니다. 이 절의 왜도 결과를 기반으로 적절한 빈도 모델을 결정하십시오. 평균, 분산 및 세 번째 중심 모먼트는 각각 0.1254614, 0.1299599, 0.1401737입니다. 이 값들을 이용하면 다음을 계산할 수 있습니다.

$$\frac{\mu_3 - 3\sigma^2 + 2\mu}{(\sigma^2 - \mu)^2/\mu} = 7.543865.$$

포아송-이항 분포, 음이항 분포, Polya-Aeppli 분포, Neyman Type A 분포 및 포아송-ETNB 분포 중, 포아송-ETNB 분포만이 적합합니다. 이 분포의 경우, r의 추정값은 다음 방정식으로부터 얻을 수 있습니다.

$$7.543865 = \frac{r+2}{r+1},$$

이를 계산하면 $r = -0.8471851$이 됩니다. 예제 15.12에서는 보다 공식적인 추정 및 선택 절차가 적용되지만, 결론은 동일합니다. □

합성 포아송 확률 분포 클래스의 매우 유용한 성질 중 하나는 합성 아래에서도 닫혀 있다는 점입니다. 이에 대한 정리를 아래와 같이 제시합니다.

정리 7.5 *S_i가 포아송 모수 λ_i와 이차 분포 $\{q_n(i) : n = 0,1,2,\cdots\}$를 가지는 합성 포아송 분포를 따른다고 가정합시다. $k = 1, 2, 3,\cdots$, k에 대해, $S_1, S_2,\ldots, S_k$가 독립적인 확률 변수라면, $S = S_1 + S_2 +\cdots+ S_k$ 또한 합성 포아송 분포를 가지며, 포아송 모수는 $\lambda = \lambda_1 + \lambda_2 +\cdots+\lambda_k$, 이차 분포는 $\{q_n : n = 0,1,2,\cdots\}$이고, 여기서 $q_n = [\lambda_1 q_n(1) + \lambda_2 q_n(2) +\cdots+ \lambda_k q_n(k)]/\lambda$입니다.*

증명: $Q_i(z) = \sum_{n=0}^{\infty} q_n(i) z^n$ 로 두자 ($i = 1,2,\cdots,k$). 그러면 S_i는 생성 함수 $P_{S_i}(z) = \mathrm{E}[z^{S_i}] = \exp\{\lambda_i[Q_i(z)-1]\}$를 가집니다.

$S_1, S_2,\cdots,S_k$ 가 독립적이므로 S의 생성 함수 $P_S(z)$는 다음과 같습니다.

$$\begin{aligned}
P_S(z) &= \prod_{i=1}^{k} P_{S_i}(z) \\
&= \prod_{i=1}^{k} \exp\{\lambda_i[Q_i(z) - 1]\} \\
&= \exp\left[\sum_{i=1}^{k} \lambda_i Q_i(z) - \sum_{i=1}^{k} \lambda_i\right] \\
&= \exp\{\lambda[Q(z) - 1]\},
\end{aligned}$$

여기서 $\lambda = \sum_{i=1}^{k} \lambda_i$, $Q(z) = \sum_{i=1}^{k} \lambda_i Q_i(z)/\lambda$입니다.

생성 함수의 유일성에 의해 결과가 성립함을 알 수 있습니다. □

합성 포아송 분포 클래스의 폐쇄성의 주요 장점 중 하나는 계산 효율성입니다.

독립적인 합성 포아송 확률 변수들의 합에 관심이 있는 경우, 각 합성 포아송 확률 변수의 분포를 개별적으로 계산할 필요가 없습니다(예: 예제 7.3에서처럼 재귀적으로 계산). 정리 7.5에 따르면, 합성 포아송 재귀 공식을 한 번만 적용하면 충분합니다.

다음 예제는 이 개념을 설명합니다.

예제 7.9

k = 2, S_1은 합성 포아송 분포를 따르고, λ_1 = 2, 보조 분포는 $q_1(1)$ = 0.2, $q_2(1)$ = 0.7, $q_3(1)$ =0.1입니다. 또한, S_2는 S_1과 독립적인 합성 포아송 분포를 따르며, λ_2 = 3, 보조 분포는 $q_2(2)$ = 0.25, $q_3(2)$ = 0.67, $q_4(2)$ =0.15입니다. 합 $S = S_1 + S_2$의 분포를 구하십시오. 포아송 파라미터는 $\lambda = \lambda_1 + \lambda_2$= 2 +3=5이면,

$$\begin{aligned} q_1 &= 0.4(0.2) + 0.6(0) = 0.08, \\ q_2 &= 0.4(0.7) + 0.6(0.25) = 0.43, \\ q_3 &= 0.4(0.1) + 0.6(0.6) = 0.40, \\ q_4 &= 0.4(0) + 0.6(0.15) = 0.09. \end{aligned}$$

결과는 S는 λ = 5와 보조 분포 q_1 = 0.08, q_2 = 0.43, q_3= 0.40, q_4= 0.09를 가지는 합성 포아송 분포를 따릅니다. 아래의 재귀 공식을 통해 S의 수치적 확률 값을 계산할 수 있습니다.

$$\Pr(S = x) = \frac{5}{x}\sum_{n=1}^{x} nq_n \Pr(S = x - n),\ x = 1, 2, \ldots,$$

시작 조건은 $\Pr(S=0) = e^{-5}$. □

예제 7.10

(음이항 분포의 합성) N_i가 음이항 분포를 따르며 모수 r_i와 β_i를 갖는다고 가정하고, i =1, 2,⋯,k에 대해 $N_1, N_2, \ldots, N_k$가 독립적이라고 가정합니다. $N = N_1 + N_2 + \cdots + N_k$의 분포를 구하십시오.

N_i의 확률생성함수(pgf)는 다음과 같습니다.

$$P_{N_i}(z) = [1 - \beta_i(z-1)]^{-r_i}$$

N의 확률생성함수(pgf)는 다음과 같습니다.

$$P_N(z) = \prod_{i=1}^{k} P_{N_i}(z) = \prod_{i=1}^{k} [1 - \beta_i(z-1)]^{-r_i}.$$

만약 β_i가 $i = 1, 2, \cdots, k$에 대해 동일하다면,

$$P_N(z) = [1 - \beta(z-1)]^{-(r_1+r_2+\cdots+r_k)},$$

따라서 N은 $r = r_1 + r_2 + \cdots + r_k$와 β를 모수로 갖는 음이항 분포를 따릅니다.

그러나 β_i들이 모두 동일하지 않을 경우, 다음과 같이 진행할 수 있습니다. 예제 7.5에 따르면,

$$P_{N_i}(z) = [1 - \beta_i(z-1)]^{-r_i} = e^{\lambda_i[Q_i(z)-1]},$$

여기서 $\lambda_i = r_i \ln(1+\beta_i)$이며,

$$Q_i(z) = 1 - \frac{\ln[1 - \beta_i(z-1)]}{\ln(1+\beta_i)} = \sum_{n=1}^{\infty} q_n(i) z^n$$

그리고

$$q_n(i) = \frac{[\beta_i/(1+\beta_i)]^n}{n \ln(1+\beta_i)}, \quad n = 1, 2, \ldots .$$

하지만 정리 7.5에 따르면 $N = N_1 + N_2 + \cdots + N_k$는 다음의 포아송 합성 분포를 따르는데, 포아송 모수는

$$\lambda = \sum_{i=1}^{k} r_i \ln(1+\beta_i)$$

그리고 이차 분포는

$$\begin{aligned} q_n &= \sum_{i=1}^{k} \frac{\lambda_i}{\lambda} q_n(i) \\ &= \frac{\sum_{i=1}^{k} r_i [\beta_i/(1+\beta_i)]^n}{n \sum_{i=1}^{k} r_i \ln(1+\beta_i)}, \quad n = 1, 2, 3, \ldots . \end{aligned}$$

N의 분포는 다음의 재귀식을 사용하여 계산할 수 있습니다.

$$\Pr(N = n) = \frac{\lambda}{n} \sum_{k=1}^{n} k q_k \Pr(N = n-k), \quad n = 1, 2, \ldots ,$$

초기값 $\Pr(N = 0) = e^{-\lambda}$를 사용하고, 이전에 정의한 λ와 q_n을 활용합니다. □

정리 7.5는 정리 6.1의 일반화라는 것을 어렵지 않게 알 수 있습니다. 정리 6.1은 $q_1(i)' = 1$ ($i = 1, 2, \cdots, k$)인 경우로부터 유도될 수 있습니다. 마찬가지로, 정리 6.2의 분해 결과도 이차 분포의 지지 집합(region of support)에 기초하여 포아송 합성(random variables)의 경우로 확장될 수 있습니다. 더 자세한 내용은 Panjer와 Willmot [100, 섹션 6.4] 혹은 Karlin과 Taylor[67, 섹션 6.9]를 보십시오.

7.2.1 연습 문제

7.4 $i = 1, \cdots, n$에 대해, S_i가 포아송 모수 λ_i와 pgf $P_2(z)$를 가지는 독립적인 합성 포아송 빈도 분포(compound Poisson frequency distribution)를 따른다고 가정하십시오. 모든 n개의 변수는 동일한 부 분포(secondary distribution)를 갖는다고 가정합니다. $S = S_1 + \cdots + S_n$의 분포를 구하십시오.

7.5 임의의 pgf $P(z)$에 대해 다음을 증명하십시오.

$$P^{(k)}(1) = \mathrm{E}[N(N-1)\cdots(N-k+1)]$$

여기서 $P^{(k)}(z)$는 k번째 도함수를 나타내며, 기댓값이 존재한다고 가정합니다. 이 결과를 사용하여 (7.10)에 주어진 세 가지 모먼트를 확인하십시오.

7.6 (7.11)에 주어진 세 가지 모먼트를 검증하십시오.

7.3 혼합 빈도 분포 Mixed-Frequency Distributions

7.3.1 일반 혼합 빈도 분포(The General Mixed-Frequency Distributions)

혼합 분포는 합성과는 매우 다른 방식으로 발생할 수 있습니다. 이 섹션에서는 하나 이상의 모수를 어떤 의미에서 "랜덤(random)"으로 간주하여 혼합 분포를 검토합니다. 이 섹션은 섹션 6.3에서 논의된 포아송 분포의 감마 혼합이 음이항 분포임과 관련된 아이디어를 확장합니다. 우리는 모수가 고려 중인 모집단에 분포되어 있으며, 데이터를 생성하는 샘플링 체계가 두 단계로 이루어진다고 가정합니다. 먼저 모수 값이 선택됩니다. 그런 다음, 해당 모수 값을 기반으로 관찰값이 생성됩니다.

예를 들어, 자동차 보험에서는 분류 체계가 가격 책정을 목적으로 개인을 (상대적으로) 동질적인 그룹으로 분류하려고 시도합니다.

분류 체계를 개발하는 데 사용되는 변수에는 나이, 경험, 위반 기록, 사고 이력 및 기타 변수가 포함될 수 있습니다. 각 클래스 내에서 사고 위험에 대한 잔여 변동이 항상 존재하기 때문에, 혼합 분포는 이러한 이질성을 모델링하는 프레임워크를 제공합니다.

$P(z|\theta)$를 위험 모수가 θ로 알려져 있을 때 사건(예: 청구)의 수에 대한 pgf로 나타냅시다. 모수 θ는 예를 들어 포아송 평균일 수 있으며, 이는 고정된 시간 동안의 기대 사건 수로 위험을 측정하는 경우입니다. $\mathbf{\Theta}$가 위험 모수로 간주되는 확률 변수인 경우, $\mathbf{\Theta} \leq \theta$일 확률을 나타내는 cdf를 $U(\theta) = \Pr(\mathbf{\Theta} \leq \theta)$로 정의합니다. 그렇다면 $U(\theta)$는 $\mathbf{\Theta}$ 값이 선택되었을 때(예: 운전자가 샘플에 포함될 때), 위험 모수 값이 θ를 초과하지 않을 확률을 나타냅니다. $u(\theta)$를 $\mathbf{\Theta}$의 확률 질량 함수(pf, pmf) 또는 확률 밀도 함수(pdf)로 정의합시다.

$$P(z) = \int P(z|\theta)u(\theta)\,d\theta \qquad P(z) = \sum P(z|\theta_j)u(\theta_j) \tag{7.12}$$

그렇다면 (7.12)는 사건 수의 무조건적인 pgf를 나타냅니다(선택된 공식은 $\mathbf{\Theta}$가 이산형인지 연속형인지에 따라 달라집니다). 해당 확률은 다음과 같이 나타냅니다.

$$p_k = \int p_k(\theta)u(\theta)\,d\theta \qquad p_k = \sum p_k(\theta_j)u(\theta_j). \tag{7.13}$$

혼합 분포(mixing distribution) $U(\theta)$는 이산형 또는 연속형, 혹은 이산형과 연속형의 조합일 수도 있습니다. **이산 혼합**(Discrete mixtures)은 혼합 함수가 이산형일 때 분포의 혼합을 나타내며, **연속 혼합**(continuous mixtures)도 마찬가지로 혼합 함수가 연속형일 때를 나타냅니다. 이 현상은 섹션 5.2.4에서 연속형 심도 분포의 혼합에 대해, 그리고 섹션 4.2.3에서 유한 이산 혼합에 대해 소개되었습니다.

혼합 분포는 데이터가 혼합 분포에서 추출되므로 관측할 수 없다는 점에 유의해야 합니다.

예제 7.11

제로 수정 분포(Zero-Modified Distributions)가 이점 혼합(Two-Point Mixture)을 사용하여 생성될 수 있음을 입증하겠습니다.

다음과 같은 pgf를 가정합니다.

$$P(z) = p(1) + (1-p)P_2(z).$$

여기서 p는 확률이고, $P_2(z)$는 다른 분포의 pgf입니다.

간단한 분포에서 시작하여 많은 혼합 모델을 구성할 수 있습니다. 여기 두 가지 예가 있습니다.

예제 7.12

베타 혼합 분포를 가진 혼합 이항 분포의 확률 질량 함수(pf)를 구하십시오.
이 분포는 이항-베타(binomial-beta), 부정 초기하(negative hypergeometric), 또는 폴야-에겐버거(Polya-Eggenberger) 분포라고 불립니다.
베타 분포의 pdf는 다음과 같습니다.

$$u(q) = \frac{\Gamma(a+b)}{\Gamma(a)\Gamma(b)} q^{a-1}(1-q)^{b-1}, \quad a>0, b>0.$$

□

혼합 분포의 확률은 다음과 같이 정의됩니다.

$$\begin{aligned} p_k &= \int_0^1 \binom{m}{k} q^k (1-q)^{m-k} \frac{\Gamma(a+b)}{\Gamma(a)\Gamma(b)} q^{a-1}(1-q)^{b-1}\, dq \\ &= \frac{\Gamma(a+b)\Gamma(m+1)\Gamma(a+k)\Gamma(b+m-k)}{\Gamma(a)\Gamma(b)\Gamma(k+1)\Gamma(m-k+1)\Gamma(a+b+m)} \\ &= \frac{\binom{-a}{k}\binom{-b}{m-k}}{\binom{-a-b}{m}}, \quad k=0,1,2,\ldots. \end{aligned}$$

□

예제 7.13

혼합 모수 $p = (1+\beta)^{-1}$에 대해 혼합 음의 이항 분포를 고려합니다. 여기서 p는 베타 분포를 따릅니다. 이 혼합 분포는 일반화 와링 분포(Generalized Waring Distribution)라고 불립니다.
예제 7.12와 같은 방식으로 논의하면, 확률 질량 함수는 다음과 같습니다:

$$\begin{aligned} p_k &= \frac{\Gamma(r+k)}{\Gamma(r)\Gamma(k+1)} \frac{\Gamma(a+b)}{\Gamma(a)\Gamma(b)} \int_0^1 p^{a+r-1}(1-p)^{b+k-1}\, dp \\ &= \frac{\Gamma(r+k)}{\Gamma(r)\Gamma(k+1)} \frac{\Gamma(a+b)}{\Gamma(a)\Gamma(b)} \frac{\Gamma(a+r)\Gamma(b+k)}{\Gamma(a+r+b+k)}, \quad k=0,1,2,\ldots. \end{aligned}$$

이 적분을 계산하면, $b = 1$인 경우, 분포는 와링 분포(Waring Distribution)라고 불리고, $r = b = 1$이면 분포는 율 분포(Yule Distribution)라고 불립니다. □

7.3.2 혼합 포아송 분포 Mixed Poisson Distributions

만약 (7.13)에서 $p_k(\theta)$가 포아송 분포를 따른다고 가정하면, 이는 유용한 특성을 가진 분포 계열로 이어집니다. 포아송 혼합 분포의 간단한 예로는 두 점 혼합(two-point mixture)이 있습니다.

예제 7.14

운전자들을 "좋은 운전자(good drivers)"와 "나쁜 운전자(bad drivers)"로 분류한다고 가정합시다. 각각의 그룹은 자체 포아송 분포를 따릅니다. 이 모델에 대해 확률 질량 함수(pf)를 구하고 예제 12.5의 데이터에 맞춥니다. 이 모델과 데이터셋에 대한 적용은 Tröbliger [121]의 연구를 기반으로 합니다.

식 (7.13)에서 포아송 분포를 사용하는 경우, 혼합 분포의 확률 질량 함수는 다음과 같습니다:

$$p_k = p\frac{e^{-\lambda_1}\lambda_1^k}{k!} + (1-p)\frac{e^{-\lambda_2}\lambda_2^k}{k!}.$$

Tröbliger에 의해 계산된 최대우도 추정값[1]은 다음과 같습니다.

$\hat{p} = 0.94$, $\hat{\lambda}_1 = 0.11$, $\hat{\lambda}_2 = 0.70$이면, 약 94%의 운전자는 "좋은 운전자"로 분류되며, 이들의 연간 기대 사고율은 $\lambda_1 = 0.11$이고, 약 6%의 운전자는 "나쁜 운전자"로 분류되며, 이들의 연간 기대 사고율은 $\lambda_2 = 0.70$입니다.

주의해야 할 사항은 이 데이터셋에서 "나쁜 운전자"가 누구인지 개별적으로 식별하는 것은 불가능하다는 겁니다. 이 모델은 혼합 그룹의 전반적인 사고율을 분석하는 데 초점이 맞추어져 있습니다. □

이 예제는 유한 혼합(finite mixtures)에 대한 두 가지 중요한 점을 보여줍니다. 첫째, 모델은 아마도 과도하게 단순화되었을 가능성이 있습니다. 예를 들어, 위험(예: 운전자)이 단지 두 가지 수준으로 나뉘는 대신 연속적인 위험 수준을 가질 가능성이 큽니다. 둘째, 유한 혼합 모델은 추정해야 할 모수가 많습니다. 간단한 두 점 포아송 혼합 모델은 세 개의 모수를 가지고 있습니다.

---

1 최대우도 추정은 11장에서 논의됩니다.

혼합에 포함된 분포의 수를 r로 늘리면, r개의 구성 분포의 모수 총합 외에 $r-1$개의 혼합 모수가 추가로 필요합니다. 따라서 연속 혼합 모델이 자주 선호됩니다.

혼합 포아송 분포 계열은 흥미로운 특성을 가지며, 이 섹션에서는 이를 다룹니다.

혼합 분포 $U(\theta)$를 가진 혼합 포아송 분포의 pgf $P(z)$는 다음과 같이 표현됩니다(연속적인 경우를 기준으로 공식 제공). 크기 모수 λ를 도입하면,

$$\begin{aligned} P(z) &= \int e^{\lambda\theta(z-1)} u(\theta)\, d\theta = \int \left[e^{\lambda(z-1)}\right]^{\theta} u(\theta)\, d\theta \\ &= E\left\{\left[e^{\lambda(z-1)}\right]^{\theta}\right\} = M_{\Theta}\left[\lambda(z-1)\right], \end{aligned} \tag{7.14}$$

여기서 $M_{\Theta}(z)$는 혼합 분포의 mgf(moment generating function)입니다.

따라서, $P'(z) = \lambda M'_{\Theta}[\lambda(z-1)]$이며, $z = 1$일 때 $\mathrm{E}[N] = \lambda E[\Theta]$를 얻습니다. 여기서 N은 혼합 포아송 분포를 따릅니다. 또한, $P''(z) = \lambda 2M''_{\Theta}[\lambda(z-1)]$를 통해 $\mathrm{E}[N(N-1)] = \lambda^2\mathrm{E}[\Theta^2]$를 얻을 수 있으며, 따라서

$$\begin{aligned} \mathrm{Var}(N) &= \mathrm{E}[N(N-1)] + \mathrm{E}(N) - [\mathrm{E}(N)]^2 \\ &= \lambda^2\mathrm{E}(\Theta^2) + \mathrm{E}(N) - \lambda^2[\mathrm{E}(\Theta)]^2 \\ &= \lambda^2\,\mathrm{Var}(\Theta) + \mathrm{E}(N) \\ &> \mathrm{E}(N), \end{aligned}$$

이를 통해 혼합 포아송 분포에서는 분산이 항상 평균보다 크다는 사실을 알 수 있습니다.

이 책에서 다루는 대부분의 연속 분포는 크기 모수를 포함합니다. 이는 분포의 척도 변화가 분포의 형태에는 영향을 미치지 않고 크기 모수의 값에만 영향을 준다는 것을 의미합니다. 혼합 포아송 분포에서, pgf (7.14)를 고려하면, λ의 변화는 혼합 분포의 크기 모수 변화와 동일합니다. 따라서 크기 모수를 사용하는 혼합 분포에서는 편의상 λ로 설정할 수 있습니다.

더글라스(Douglas) [29]는 혼합 포아송 분포(mixed Poisson distribution)의 혼합 분포가 고유함을 증명했습니다. 이는 두 개의 다른 혼합 분포가 동일한 혼합 포아송 분포를 생성할 수 없음을 의미하며, 이로 인해 특정 경우에 혼합 분포를 식별할 수 있습니다. 또한 혼합 포아송 분포와 합성 포아송 분포(compound Poisson distribution) 사이에는 중요한 연관성이 있습니다.

정의 7.6 *어떤 분포가 다음 조건을 만족하면 무한 가분성(infinitely divisible)을 가진다고 합니다: 모든 $n = 1, 2, 3, \cdots$에 대해 그 특성 함수(characteristic function) $\varphi(z)$이*

$$\varphi(z) = [\varphi_n(z)]^n$$

으로 표현될 수 있으며, 여기서 $\varphi_n(z)$은 어떤 확률 변수의 특성 함수입니다. 즉, 특성 함수의 $(1/n)$ 제곱을 취했을 때도 여전히 특성 함수가 되는 것을 의미합니다. 특성 함수는 다음과 같이 정의됩니다.

정의 7.7 *확률 변수 X의 특성 함수는 다음과 같습니다.*

$$\varphi_X(z) = \mathrm{E}(e^{izX}) = \mathrm{E}(\cos zX + i\sin zX),$$

여기서 $i = \sqrt{-1}$입니다.

정의 7.6에서 “특성 함수”는 “모멘트 생성 함수(moment generating function)”나 “확률 생성 함수(probability generating function)” 또는 다른 변환으로 대체될 수도 있습니다. 즉, 정의가 이러한 변환 중 하나에 대해 성립한다면, 해당 확률 변수에 대해 존재하는 다른 변환에도 성립합니다.

특성 함수를 선택하는 이유는 모든 분포에 대해 특성 함수가 존재하지만, 모멘트 생성 함수는 꼬리가 무거운(heavy-tailed) 분포에서는 존재하지 않을 수도 있기 때문입니다. 이전의 많은 결과들이 확률 생성 함수와 관련이 있으므로, 특성 함수와 확률 생성 함수 간의 관계를 유용하게 참고할 수 있습니다.

정리 7.8 *만약 확률 변수 X에 대해 확률 생성 함수(probability generating function, pgf)가 존재한다면,*

$$P_X(z) = \varphi(-i\ln z) \text{ and } \varphi_X(z) = P(e^{iz})$$

증명:

$$P_X(z) = \mathrm{E}(z^X) = \mathrm{E}(e^{X\ln z}) = \mathrm{E}[e^{-i(i\ln z)X}] = \varphi_X(-i\ln z)$$

그리고,

$$\varphi_X(z) = \mathrm{E}(e^{izX}) = \mathrm{E}[(e^{iz})^X] = P_X(e^{iz}).$$

□

여러 분포 중에 다음의 분포들은 무한 가분성(infinitely divisible)을 가집니다: 정규 분포(normal distribution), 감마 분포 (gamma distribution), 포아송 분포 (Poisson distribution), 음이항 분포 (negative binomial distribution).

하지만 이항 분포(binomial distribution)는 무한 가분성을 가지지 않습니다. 그 이유는, 이항 분포의 pgf에서 지수 m이 반드시 정수 값을 가져야 하기 때문입니다. m을 n = 1,2,3,⋯로 나누면 정수가 아닌 값이 발생할 수 있습니다. 사실, 유한한 지지 범위(positive 확률이 존재하는 값들의 범위)를 가지는 분포는 무한 가분성을 가질 수 없습니다.

이제 중요한 결과로 넘어가겠습니다.

정리 7.9 *만약 $P(z)$가 무한 가분성을 가지는 혼합 포아송 확률 생성 함수(pgf)라면, $P(z)$는 또한 합성 포아송(compound Poisson) 확률 생성 함수이며, 다음과 같이 표현될 수 있습니다:*

$$P(z) = e^{\lambda[P_2(z)-1]},$$

여기서 $P_2(z)$는 확률 생성 함수(pgf)입니다.

만약 $P_2(0) = 0$이라는 조건을 추가로 요구한다면, $P_2(z)$는 유일합니다.

증명은 Feller [37, Chapter 12]에서 확인할 수 있습니다. 임의의 무한 가분 혼합 분포를 선택하면, 해당 혼합 포아송 분포는 합성 포아송(compound Poisson) 분포로 동등하게 기술될 수 있습니다. 이는 특정 상황에서 수치 작업을 수행할 때 상당한 이점을 제공합니다. 예를 들어, 이차 분포가 식별되면 재귀 공식 (7.5)을 사용하여 확률을 평가할 수 있습니다. 대부분의 경우, 이러한 식별은 쉽게 수행됩니다.

또 다른 이점은 동일한 분포가 두 가지 다른 방식으로 동기화될 수 있다는 점으로, 특정 설명 없이도 사용할 수 있다는 점입니다. 반대로, 이러한 모델 중 하나가 데이터를 잘 설명한다고 해서 반드시 혼합(mixing)이나 합성(compounding)의 결과임을 의미하지는 않습니다. 예를 들어, 청구 건수가 음수 이항 분포(negative binomial distribution)를 따른다고 해서 개인의 사고 발생 건수가 포아송 분포를 따르고 포아송 파라미터가 감마 분포를 따른다는 것을 의미하지는 않습니다.

이 결과를 더 깊이 이해하기 위해, pgf $P(z) = \sum_{n=0}^{\infty} p_n z^n$를 가지는 계수 분포가 합성 포아송 형태(또는 동등하게 무한 가분 pgf)임이 알려져 있다면, 정리 7.9의 λ와 $P_2(z)$를 $P(z)$로 표현할 수 있습니다. $P_2(0) = 0$이므로, $P(0) = p_0 = e^{-\lambda}$가 성립하며, 이를 통해 다음이 도출됩니다:

$$\lambda = -\ln P(0) \tag{7.15}$$

정리 7.9에 (7.15)를 대입하면:

$$P_2(z) = 1 + \frac{1}{\lambda} \ln P(z) = \frac{\ln P(0) - \ln P(z)}{\ln P(0)}. \tag{7.16}$$

다음 예제들은 이러한 개념의 활용을 보여줍니다.

예제 7.15

이전 결과와 식 (7.14)를 사용하여 음수 이항 분포를 혼합 포아송(mixed Poisson) 및 합성 포아송(compound Poisson) 형태로 표현합니다.

감마 분포의 pdf를 $u(\theta)$로 나타낼 때, 그 모먼트 생성 함수(mgf)는 (예제 3.7에서 α를 r로, θ를 β로 대체한 결과):

$$M_\Theta(t) = (1 - \beta t)^{-r} = \int_0^\infty e^{t\theta} u(\theta)\, d\theta, \quad t < 1/\beta.$$

이는 명백히 무한 가분(infinitely divisible)합니다. 왜냐하면 $[M_\Theta(t)]^{1/n}$은 r를 r/n으로 대체한 또 다른 감마 분포의 mgf이기 때문입니다. 따라서 λ = 1인 경우 (7.14)를 사용하면 음수 이항 pgf는 다음과 같이 주어집니다.

$$P(z) = M_\Theta(z - 1) = \int_0^\infty e^{\theta(z-1)} u(\theta)\, d\theta = [1 - \beta(z - 1)]^{-r}.$$

감마 혼합 분포가 무한 가분성을 가지므로, 정리 7.9에 의해 음수 이항 분포 또한 합성 포아송 형태를 가지며, 이는 예제 7.5와 일치합니다. 예제 7.5에서 포아송 모수 λ와 이차 분포를 식별한 결과는 대수적으로는 정확하지만, 현재 논의에서 제공하는 통찰만큼은 아닙니다. 특히, 식 (7.15)에서 바로 다음과 같이 도출할 수 있습니다:

$$\lambda = r \ln(1 + \beta)$$

그리고 식 (7.16)으로부터:

$$\begin{aligned} P_2(z) &= \frac{-r\ln(1+\beta) + r\ln[1 - \beta(z-1)]}{-r\ln(1+\beta)} \\ &= \frac{\ln\left(\frac{1+\beta-\beta z}{1+\beta}\right)}{\ln(1+\beta)^{-1}} \\ &= \frac{\ln\left(1 - \frac{\beta}{1+\beta} z\right)}{\ln\left(1 - \frac{\beta}{1+\beta}\right)}, \end{aligned}$$

이는 이전과 동일한 로그 시리즈 pdf입니다. □

예제 7.16

혼합 포아송 분포와 역 가우스 혼합 분포가 r = -0.5를 가지는 포아송-ETNB 분포와 동일함을 증명하십시오. 역 가우스 분포는 부록 A에서 설명되어 있습니다. 해당 분포의 확률 밀도 함수(pdf)는 다음과 같습니다.

$$f(x) = \left(\frac{\theta}{2\pi x^3}\right)^{1/2} \exp\left[-\frac{\theta}{2x}\left(\frac{x-\mu}{\mu}\right)^2\right], \quad x > 0,$$

그리고 모먼트 생성 함수(MGF)는 다음과 같습니다.

$$M(t) = \int_0^\infty e^{tx} f(x)\,dx = \exp\left[\frac{\theta}{\mu}\left(1 - \sqrt{1 - \frac{2\mu^2}{\theta}t}\right)\right],$$

여기서 $\theta > 0$ 및 $\mu > 0$는 모수입니다.

$$\begin{aligned}[M(t)]^{1/n} &= \exp\left[\frac{\theta}{n\mu}\left(1 - \sqrt{1 - \frac{2\mu^2}{\theta}t}\right)\right] \\ &= \exp\left\{\frac{\theta/n^2}{\mu/n}\left[1 - \sqrt{1 - \frac{2(\mu/n)^2}{(\theta/n^2)}t}\right]\right\}.\end{aligned}$$

이는 θ가 θ/n^2로 대체되고 μ가 μ/n으로 대체된 역 가우스 분포의 모먼트 생성 함수(mgf)이므로, 역 가우스 분포는 무한 가분 성질을 가집니다.

따라서, 정리 7.9에 따라 역 가우스 분포에 의해 혼합된 포아송 분포는 또한 합성 포아송(compound Poisson)입니다. 해당 분포의 pgf는 (7.14)에서 $\lambda = 1$로 설정했을 때 다음과 같습니다.

$$P(z) = M(z-1) = \exp\left\{\frac{\theta}{\mu}\left[1 - \sqrt{1 - \frac{2\mu^2}{\theta}(z-1)}\right]\right\},$$

이를 정리 7.9의 합성 포아송 형태의 (7.15)와 (7.16)으로 표현하면 다음과 같이 나타낼 수 있습니다.

$$\lambda = -\ln P(0) = \frac{\theta}{\mu}\left(\sqrt{1 + \frac{2\mu^2}{\theta}} - 1\right),$$

그리고,

$$P_2(z) = \frac{\frac{\theta}{\mu}\left(1-\sqrt{1+\frac{2\mu^2}{\theta}}\right)+\frac{\theta}{\mu}\left[\sqrt{1-\frac{2\mu^2}{\theta}(z-1)}-1\right]}{\frac{\theta}{\mu}\left(1-\sqrt{1+\frac{2\mu^2}{\theta}}\right)}$$

$$= \frac{\sqrt{1-\frac{2\mu^2}{\theta}(z-1)}-\sqrt{1+\frac{2\mu^2}{\theta}}}{1-\sqrt{1+\frac{2\mu^2}{\theta}}}.$$

$P_2(z)$는 확장된 절단 음이항(extended truncated negative binomial, ETNB) 분포의 pgf이며, 이때 모수는 $r = -1/2$이고 $\beta = 2\mu^2/\theta$입니다..

음이항 분포는 $(a,b,0)$ 클래스의 멤버로, 합성 포아송 표현은 원래 혼합 포아송 공식보다 계산적으로 더 유용합니다. □

만약 $u(\theta)$가 확률 생성 함수(pgf)가 $P_\Theta(z)$인 임의의 이산 확률 변수에 대한 확률 함수(pf)라면, 혼합 포아송 분포의 pgf는 $P_\Theta\left[e^{\lambda(z-1)}\right]$가 됩니다. 이는 포아송 보조 분포를 가진 합성 분포(compound distribution)입니다.

표 7.2 Pairs of compound and mixed Poisson distributions

Name	Compound secondary distribution	Mixing distribution
Negative binomial	Logarithmic	Gamma
Neyman-Type A	Poisson	Poisson
Poisson-inverse Gaussian	ETNB (r = −0.5)	Inverse Gaussian

예제 7.17

네이만 유형 A 분포가 혼합에 의해 얻어질 수 있음을 증명하십시오. 만약 (7.14)에서 혼합 분포의 pgf가

$$P_\Theta(z) = e^{\mu(z-1)}$$

라면, 혼합 포아송 분포의 pgf는

$$P(z) = \exp\{\mu[e^{\lambda(z-1)} - 1]\},$$

가 되며, 이는 포아송 보조 분포를 가진 합성 포아송 분포의 pgf, 즉 네이만 유형 A 분포의 pgf입니다. □

홀게이트(Holgate) [57]에 의해 얻어진 또 다른 흥미로운 결과는, 혼합 분포가 절대 연속적이고 단봉형(unimodal)일 경우, 결과로 나오는 혼합 포아송 분포 역시 단봉형이라는 것입니다. 반면, 이산 혼합 함수가 사용될 때 다봉형(multimodal) 분포가 나타날 수 있습니다. 예를 들어, 네이만 유형 A(Neyman Type A) 분포는 하나 이상의 봉우리를 가질 수 있습니다. 이 두 모수의 다양한 조합에 대해 계산을 시도해 보십시오. 혼합 포아송 분포와 합성 포아송 분포 간의 관계는 표 7.2에 나와 있습니다.

이 장에서는 계산 처리가 용이한 분포에 초점을 맞추고 있습니다. 더 많은 이산 분포가 존재하지만, 논의된 분포들이 대부분의 문제에 대해 충분히 풍부한 클래스라고 믿습니다.

7.3.3 연습 문제

7.7 음이항-포아송 합성 분포가 음이항 혼합 분포와 동일함을 보이십시오. 혼합 포아송 분포에서 혼합 분포가 음이항 분포를 갖는 경우, 해당 분포가 동일한지 증명하십시오.

7.8 i = 1,⋯,n에 대해, N_i가 혼합 포아송 분포를 가지며 모수 λ를 가진다고 가정합시다. 혼합 분포 P_i(z)의 pgf를 가진 N_i에 대해 $N = N_1+\cdots+ N_n$이 혼합 포아송 분포를 가지며, 이 혼합 분포의 pgf를 구하십시오.

7.9 N이 ($\boldsymbol{\Theta} = \theta$일 때) 모수 λ를 가지는 포아송 분포를 따른다고 가정합시다. 확률 변수 $\boldsymbol{\Theta}$의 분포가 스케일 모수를 갖는 경우, 혼합 분포가 λ값에 의존하지 않음을 증명하시오.

7.10 N이 ($\boldsymbol{\Theta} = \theta$일 때) 모수 θ를 가지는 포아송 분포를 따른다고 가정합시다. 확률 변수 $\boldsymbol{\Theta}$의 pdf가 $u(\theta) = \alpha 2(\alpha+1)^{-1}(\theta+1)e^{-\alpha\theta}$, $\theta > 0$인 경우, 혼합 분포의 pf를 구하십시오. 또한 혼합 분포가 합성 분포임을 증명하십시오.

7.11 다음과 같은 혼합 포아송 분포를 고려하시오.

$$p_n = \int_0^\infty \frac{(\lambda\theta)^n e^{-\lambda\theta}}{n!} u(\theta)\,d\theta,\ n = 0, 1, \dots ,$$

여기서 pdf $u(\theta)$는 양의 안정 분포(positive stable distribution, (예: Feller [38, pp. 448, 583])로 주어집니다:

$$u(\theta) = \frac{1}{\pi}\sum_{k=1}^{\infty} \frac{\Gamma(k\alpha+1)}{k!}(-1)^{k-1}\theta^{-k\alpha-1}\sin(k\alpha\pi),\ \theta > 0,$$

여기서, $0<\alpha<1$.

라플라스 변환(Laplace transform)은 $\int_0^\infty e^{-s\theta}u(\theta)\,d\theta = \exp(-s^\alpha)$, $s \geq 0$입니다. 이를 증명하고, $\{p_n;\ n = 0, 1, \cdots\}$이 Sibuya 부 분포(Sibuya secondary distribution)를 가지

는 합성 포아송 분포임을 보이십시오. (이 혼합 포아송 분포는 종종 이산 안정 분포(discrete stable distribution)라고 불립니다.)

7.12 포아송-역 가우시안 분포(Poisson-inverse Gaussian distribution, 예제 7.16)를 고려하십시오.

$$P(z) = \sum_{n=0}^{\infty} p_n z^n = \exp\left\{\frac{\mu}{\beta}\left[1 - \sqrt{1 + 2\beta(1 - z)}\right]\right\}.$$

Exercise 5.20(g)의 결과를 사용하여 다음을 증명하십시오.

$$p_0 = \exp\left[\frac{\mu}{\beta}\left(1 - \sqrt{1 + 2\beta}\right)\right]$$

그리고 $n = 1, 2, \cdots$,

$$p_n = p_0 \frac{\mu^n}{n!} \sum_{j=0}^{n-1} \frac{(n + j - 1)!}{(n - j - 1)!j!} \left(\frac{\beta}{2\mu}\right)^j (1 + 2\beta)^{-\frac{n+j}{2}}.$$

7.13 N이 평균 Λ를 가지는 포아송 분포를 따르며, Λ가 역 가우시안 분포를 가진다고 가정하십시오. 해당 역 가우시안 분포의 mgf는 (Exercise 5.20(d)에서) 다음과 같이 주어집니다.

$$M(t) = \sqrt{\frac{\theta}{\theta - 2t}} \exp\left[\frac{\theta}{\mu}\left(1 - \sqrt{1 - \frac{2}{\theta}t}\right)\right].$$

(a) N의 pgf를 유도하고, 이 pgf가 어떤 유형의 분포를 나타내는지 설명하십시오.

(b) (a)의 pgf를 합성 포아송 형식으로 표현하고, 포아송 모수와 부분포(secondary distribution)를 식별하십시오.

7.14 다음을 가정하십시오.

- Λ는 양의 실수 범위에서 정의된 확률 변수입니다.
- $N | \Lambda = \lambda$는 평균 λ이고 N은 pgf $P_N(z)$의 포아송 확률 변수입니다.
- $\Lambda_* = \Lambda + \mu$, 여기서 $\mu > 0$는 상수입니다.
- $N_* | \Lambda_* = \lambda$는 평균 λ인 N은 포아송 확률 변수입니다.

(a) N_*의 pgf가 다음과 같음을 증명하십시오.

$$P_{N_*}(x) = e^{\mu(z-1)} P_N(z)$$

그리고 이 pgf가 어떤 유형의 분포를 나타내는지 설명하십시오.

(b) Λ가 역 가우시안 분포를 갖는 경우, $P_{N*}[Q(z)]$와 같은 pgf를 가지는 합성 분포의 확률을 재귀적으로 계산하는 방법을 설명하십시오. 여기서 $Q(z)$는 자체적으로 pgf입니다.

7.4 빈도에의 위험 노출량의 효과 The Effects of Exposure on Frequency

현재 포트폴리오가 각각 청구를 발생시킬 수 있는 n개의 개체로 구성되어 있다고 가정합니다. N_j를 j번째 개체가 발생시키는 청구 건수라고 하면, $N = N_1 + \cdots + N_n$입니다. N_j들이 서로 독립적이고 동일한 분포를 따른다고 가정하면 다음과 같이 쓸 수 있습니다.

$$P_N(z) = [P_{N_1}(z)]^n.$$

이제 포트폴리오가 n^*개의 개체로 확장될 것으로 예상된다고 가정하고, 이때 빈도는 N^*입니다. 따라서 다음과 같이 표현할 수 있습니다:

$$P_{N^*}(z) = [P_{N_1}(z)]^{n^*} = [P_N(z)]^{n^*/n}.$$

따라서, N이 무한 분할 가능(infinitely divisible)하다면, N^*의 분포는 N의 분포와 동일한 형태를 가지되, 수정된 모수를 가지게 됩니다.

예제 7.18

과거 연구를 통해, 특정 직업군에서 300명의 직원에 대한 산재 청구 건수가 모수 $\beta = 0.3$, $r = 10$인 음수 이항 분포(negative binomial distribution)를 따른다는 사실이 밝혀졌습니다. 이제 동일한 직업군의 500명 직원에 대한 빈도 분포를 구하십시오.

N^*의 pgf는 다음과 같이 주어집니다:

$$\begin{aligned} P_{N^*}(z) &= [P_N(z)]^{500/300} = \{[1 - 0.3(z-1)]^{-10}\}^{500/300} \\ &= [1 - 0.3(z-1)]^{-16.67}, \end{aligned}$$

따라서 이는 $\beta = 0.3$, $r = 16.67$인 음수 이항 분포를 따릅니다. □

$(a,b,0)$ 클래스의 경우, 이항 분포를 제외한 모든 멤버가 이 속성을 가지고 있습니다. $(a,b,1)$ 클래스에서는 어떤 멤버도 이 속성을 가지고 있지 않습니다. 합성 분포(compound distribution)의 경우, 1차 분포(primary distribution)가 반드시 무한 분할 가능(infinitely divisible) 해야 합니다. 특히, 합성 포아송(compound Poisson) 및 합성 음수 이항(compound negative binomial, 기하 분포 포함) 분포는 위험 노출(exposure)이 증가하더라도 보존됩니다.

이전에, 제로 수정 분포(zero-modified distribution)를 사용하는 이유가 일부 설명되었습니다. 만약 위험 노출 조정이 예상된다면, 적합도가 약간 떨어지더라도 합성 모델을 선택하는 것이 더 나을 수 있습니다. 합성 모델은 0에 큰 확률을 부여할 수 있는 능력을 가지고 있다는 점도 주목할 필요가 있습니다.

표 7.3 Relationships among discrete distributions

Distribution	Is a special case of	Is a limiting case of
Poisson	ZM Poisson	Negative binomial Poisson-binomial Poisson-inverse Gaussian Polya-Aeppli[a] Neyman-Type A[b]
ZT Poisson	ZM Poisson	ZT negative binomial
ZM Poisson		ZM negative binomial
Geometric	Negative binomial, ZM geometric	Geometric-Poisson
ZT geometric	ZT negative binomial	
ZM geometric	ZM negative binomial	
Logarithmic		ZT negative binomial
ZM logarithmic		ZM negative binomial
Binomial	ZM binomial	
Negative binomial	ZM negative binomial, Poisson-ETNB	
Poisson-inverse Gaussian	Poisson-ETNB	
Polya-Aeppli	Poisson-ETNB	
Neyman-Type A		Poisson-ETNB

7.5 이산 분포 목록 An Inventory of Discrete Distribution

우리는 간단한 $(a,b,0)$ 클래스를 도입한 후, 이를 $(a,b,1)$ 클래스로 일반화하였으며, 합성(compounding)과 혼합(mixing)을 통해 더 큰 분포 클래스도 생성했습니다. 이러한 분포들의 확률 계산은 간단한 재귀 절차를 통해 수행할 수 있습니다. 이 섹션에서는 5.3.2절에서 다룬 것과 유사한 분포 간의 관계를 언급하며, 특정 관계는 표 7.3에 제시되어 있습니다.

이전의 전개에서 알 수 있듯이, $(a,b,0)$ 클래스의 멤버는 $(a,b,1)$ 클래스의 특수한 사례이고, 제로 절단 분포(zero-truncated distribution)는 제로 수정 분포(zero-modified distribution)의 특수한 사례입니다. 한계 사례는 확률 생성 함수(probability generating function, pgf)를 통해 가장 잘 발견할 수 있습니다. 이는 6.3절에서 음수 이항 분포의 한계 사례로 포아송 분포를 보여준 방식과 같습니다.

우리는 1차 분포(primary distribution)가 음수 이항 분포 또는 포아송-역 가우스(Poisson-inverse Gaussian)와 같은 두 개의 모수를 가진 모델인 합성 분포는 나열하지 않았습니다. 이들은 종종 자체적으로 합성 포아송 분포(compound Poisson distribution)이며, 이미 제시된 분포를 일반화한 것입니다. 이 컬렉션은 형태 측면에서 특히 풍부한 분포 집합을 형성합니다. 그러나, 이 외에도 가능한 많은 다른 분포가 있으며, 이는 Johnson, Kotz, Kemp [65], Douglas [29], 및 Panjer와 Willmot [100]에서 논의됩니다.

7.5.1 연습 문제

7.15 다음 분포에 대해 $\Pr(N = 0)$, $\Pr(N = 1)$, $\Pr(N = 2)$를 계산하십시오:

(a) 포아송($\lambda = 4$)

(b) 기하($\beta = 4$)

(c) 음이항($r = 2$, $\beta = 2$)

(d) 이항($m = 8$, $q = 0.5$)

(e) 로그($\beta = 4$)

(f) ETNB($r = -0.5$, $\beta = 4$)

(g) 포아송-역 가우스($\lambda = 2$, $\beta = 4$)

(h) 0 수정 기하($pM\ 0 = 0.5$, $\beta = 4$)

(i) 포아송-포아송(네이만 유형 A)($\lambda_{\text{primary}} = 4$, $\lambda_{\text{secondary}} = 1$)

(j) 포아송-ETNB($\lambda = 4$, $r = 2$; $\beta = 0.5$)

(k) 포아송-0 수정 기하($\lambda = 8$, $p = 0.5$, $r = 2$; $\beta = 0.5$)

7.16 지금까지 언급되지 않은 빈도 모델 중 하나는 **제타 분포(zeta distribution)**입니다. 이 분포는 0이 제거된 분포로, 다음과 같은 확률 질량 함수를 가집니다.

$p_k^T = k^{-(\rho+1)}/\zeta(\rho+1),\ k = 1, 2, \ldots, \rho > 0.$

여기서 분모는 제타 함수이며, 다음과 같이 계산됩니다:

$\zeta(\rho + 1) = \sum_{k=1}^{\infty} k^{-(\rho+1)}$

영수정 제타 분포는 일반적인 방식으로 생성할 수 있습니다. 더 많은 정보는 Luong 및 Doray [84]에서 확인할 수 있습니다. 제타 분포가 $(a,b,1)$ 클래스의 멤버가 아님을 확인하십시오.

7.17 이산 사고 건수 확률 변수 N에 대해 $p_n = \Pr(N = n)$이고 $n = 0, 1, 2, \ldots$ 일 때, 다음을 정의하십시오:

$$a_n = \Pr(N > n) = \sum_{k=n+1}^{\infty} p_k;\ n = 0, 1, 2, \ldots .$$

(a) $E(N) = \sum_{n=0}^{\infty} a_n$ 임을 증명하십시오.

(b) $A(z) = \sum_{n=0}^{\infty} a_n z^n$ 과 $P(z) = \sum_{n=0}^{\infty} p_n z^n$이 다음과 같은 관계가 있음을 증명하십시오: $A(z) = [1 - P(z)] / (1 - z)$. $z \to 1$일 때는 어떻게 됩니까?

(c) N이 다음과 같은 음이항 분포를 가질 때,

$$p_n = \binom{n+r-1}{n} \left(\frac{1}{1+\beta}\right)^r \left(\frac{\beta}{1+\beta}\right)^n,\ n = 0, 1, 2, \ldots ,$$

r은 양의 정수.

a_n을 다음과 같이 표현할 수 있음을 증명하십시오:

$$a_n = \beta \sum_{k=1}^{r} \binom{n+k-1}{n} \left(\frac{1}{1+\beta}\right)^k \left(\frac{\beta}{1+\beta}\right)^n,\ n = 0, 1, 2, \ldots .$$

(d) N이 Sibuya 분포를 가지고 pgf가 다음과 같다고 가정하십시오:

$$P(z) = 1 - (1 - z)^{-r},\quad -1 < r < 0.$$

다음을 증명하십시오:

$$p_n = \frac{(-r)\Gamma(n+r)}{n!\Gamma(1+r)},\ n = 1, 2, 3, \ldots ,$$

그리고

$$a_n = \binom{n+r}{n}, \; n = 0, 1, 2, \ldots .$$

(e) N이 다음과 같은 혼합 포아송 분포를 가지며

$$p_n = \int_0^\infty \frac{(\lambda\theta)^n e^{-\lambda\theta}}{n!} dU(\theta), \; n = 0, 1, 2, \ldots ,$$

여기서 $U(\theta)$는 누적 분포 함수입니다. 다음을 증명하십시오:

$$a_n = \lambda \int_0^\infty \frac{(\lambda\theta)^n e^{-\lambda\theta}}{n!} [1 - U(\theta)] \, d\theta, \; n = 0, 1, 2, \ldots .$$

08 담보수정 시 빈도와 심도 FREQUENCY AND SEVERITY WITH COVERAGE MODIFICATION

8.1 서론

우리는 다양한 확률 변수의 함수와 관련된 예제를 살펴보았습니다. 이번 장에서는 이러한 함수들을 보험 응용에 어떻게 연결할 수 있는지 다룹니다. 본 장 전반에 걸쳐, 모든 확률 변수는 음이 아닌 실수 또는 그 하위 집합을 지원한다고 가정합니다. 이 장과 이후의 텍스트에서, 손실당 지급액(손실은 있지만 지급이 없는 경우 0이 될 수 있음)을 측정하는 확률 변수와 지급당 지급액(지급이 없는 경우 정의되지 않음)을 측정하는 확률 변수를 구별해야 할 때가 있습니다.

표기법으로, 손실당 변수를 Y^L로 나타내고, 지급당 변수를 Y^P로 나타냅니다. 구별이 중요하지 않은 경우(예: 최대 지급액 설정이 차이를 만들지 않는 경우)에는 첨자를 생략합니다.

8.2 면책 Deductible

보험 상품은 종종 손실당 면책금 d가 적용된 형태로 판매됩니다. 손실 x가 d 이하일 때, 보험사는 아무런 지급도 하지 않습니다. 손실이 d를 초과하면, 보험사는 $x-d$를 지급합니다. 제3장에서 사용된 용어를 활용하면, 이러한 면책금은 다음과 같이 정의될 수 있습니다.

정의 8.1 *일반적인 면책금(ordinary deductible)은 확률 변수를 초과 손실(excess loss) 또는 좌측 검열(left censored) 및 이동된 변수(shifted variable)로 수정합니다(정의 3.3 참조). 이 차이는 면책금을 적용한 결과가 지급당 변수(per-payment)인지 손실당 변수(per-loss)인지에 따라 달라집니다.*

이 개념은 이미 도입되었으며, 이를 이용해 모먼트를 계산하는 공식이 제공되었습니다. 각각의 경우는 다음과 같습니다:

지급당 변수는 다음과 같습니다.

$$Y^P = \begin{cases} \text{undefined}, & X \le d, \\ X - d, & X > d, \end{cases}$$

손실당 변수는 다음과 같습니다.

$$Y^L = \begin{cases} 0, & X \le d, \\ X - d, & X > d. \end{cases}$$

지급당 변수 $Y^P = Y^L | Y^L > 0$과 같습니다. 즉, 지급당 변수는 손실당 변수가 양수일 조건에서의 손실당 변수입니다.

초과 손실(지급당) 변수의 밀도 함수는 다음과 같습니다:

$$f_{Y^P}(y) = \frac{f_X(y+d)}{S_X(d)}, \quad y > 0, \tag{8.1}$$

이산형 분포의 경우, 밀도 함수 대신 확률 함수(probability function)를 사용하면 됩니다. 다른 주요 함수는 다음과 같습니다:

$$S_{Y^P}(y) = \frac{S_X(y+d)}{S_X(d)},$$

$$F_{Y^P}(y) = \frac{F_X(y+d) - F_X(d)}{1 - F_X(d)},$$

$$h_{Y^P}(y) = \frac{f_X(y+d)}{S_X(y+d)} = h_X(y+d).$$

지급당 변수로서 초과 손실 변수는 0에 확률을 부여하지 않는 점을 주목하십시오. 좌측 검열 및 이동된 변수는 $F_X(d)$의 확률을 0에 할당하며, 이는 손실이 d를 초과하지 않아 지급이 없는 경우를 나타냅니다. 0 이상의 값에 대해 밀도 함수는 다음과 같습니다.

$$f_{Y^L}(y) = f_X(y+d), \quad y > 0, \tag{8.2}$$

다른 주요 함수들은 다음과 같습니다.[1]($y \geq 0$일 때).

$$S_{Y^L}(y) = S_X(y+d),$$
$$F_{Y^L}(y) = F_X(y+d).$$

손해를 지급당 기준으로 계산할 때, 면책금을 변경하면 지급이 이루어지는 빈도가 달라질 수 있다는 점을 인식하는 것이 중요합니다(반면, 손실의 빈도는 변하지 않습니다). 이러한 변화의 성격은 8.6절에서 논의됩니다.

예제 8.1

이전에 논의된 함수를 α = 3 및 θ = 2000인 파레토 분포에 대해 면책금 d = 500을 적용하여 계산하십시오. 앞서 소개한 공식을 이용하여, 초과 손실 변수는,

$$f_{Y^P}(y) = \frac{3(2{,}000)^3(2{,}000+y+500)^{-4}}{(2{,}000)^3(2{,}000+500)^{-3}} = \frac{3(2{,}500)^3}{(2{,}500+y)^4},$$

$$S_{Y^P}(y) = \left(\frac{2{,}500}{2{,}500+y}\right)^3,$$

$$F_{Y^P}(y) = 1 - \left(\frac{2{,}500}{2{,}500+y}\right)^3,$$

$$h_{Y^P}(y) = \frac{3}{2{,}500+y}.$$

이 결과는 α = 3 및 θ = 2500인 파레토 분포임을 나타냅니다.

좌측 검열 및 이동된 변수(Left Censored and Shifted Variable)에 대한 함수는 다음과 같습니다.

$$f_{Y^L}(y) = \begin{cases} 0.488, & y = 0, \\ \dfrac{3(2{,}000)^3}{(2{,}500+y)^4}, & y > 0, \end{cases}$$

$$S_{Y^L}(y) = \begin{cases} 0.512, & y = 0, \\ \dfrac{(2{,}000)^3}{(2{,}500+y)^3}, & y > 0, \end{cases}$$

1 해저드율 함수는 0에서 정의되지 않아 유용성이 제한되므로 제공되지 않았습니다. 초과 손실 변수의 경우, 해저드율 함수는 단순히 이동된 형태임을 유의하십시오.

$$F_{Y^L}(y) = \begin{cases} 0.488, & y = 0, \\ 1 - \dfrac{(2{,}000)^3}{(2{,}500 + y)^3}, & y > 0, \end{cases}$$

$$h_{Y^L}(y) = \begin{cases} \text{undefined}, & y = 0, \\ \dfrac{3}{2{,}500 + y}, & y > 0. \end{cases}$$

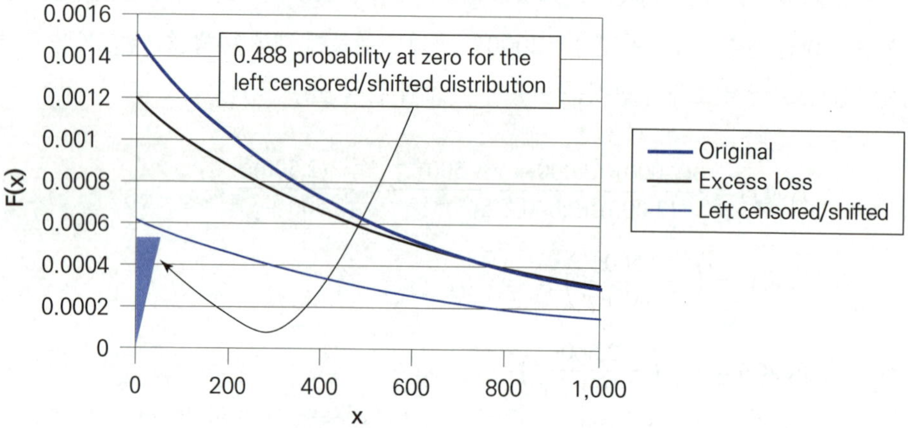

그림 8.1 The densities for Example 8.1

그림 8.1은 밀도 함수의 그래프를 포함하고 있습니다. 수정된 밀도 함수는 다음과 같이 생성됩니다.

초과 손실 변수(Excess Loss Variable)의 경우는 원래 밀도 함수 중 500 이상의 부분을 사용합니다. 그런 다음 이를 원점에서 시작하도록 이동시키고, 면적이 1이 되도록 상수로 곱합니다.

좌측 검열 및 이동된 변수(Left Censored and Shifted Variable)의 경우는 원래 밀도 함수에서 500 이상의 부분을 가져와 원점으로 이동시키지만, 추가적인 조정 없이 그대로 둡니다. 나머지 확률은 분산되지 않고 0에 집중됩니다. □

일반 면책액(ordinary deductible)의 대안으로 프랜차이즈 면책액(franchise deductible)이 있습니다. 이 면책액은 일반 면책액과 달리 손실이 면책액을 초과할 경우, 손실 전액이 지급된다는 점에서 차이가 있습니다.

예를 들어, 장애보험(disability insurance)의 경우를 생각해볼 수 있습니다. 장애가 7일 이하 지속되면 보상이 지급되지 않습니다. 그러나 장애가 7일을 초과하여 지속되면, 장애가 시작된 시점부터 소급적으로 하루 단위로 보상이 지급됩니다.

정의 8.2 *프랜차이즈 면책액(franchise deductible)은 지급되는 금액이 있을 경우, 면책액을 추가하여 일반 면책액(ordinary deductible)을 수정한 형태입니다.*

좌측 검열 및 이동(left censored and shifted) 및 초과 손실(excess loss)이라는 용어는 여기에서 사용되지 않습니다. 이 수정은 보험 응용에만 독특하게 적용되므로 지급 단위(per-payment) 및 손실 단위(per-loss) 용어를 사용합니다.

손실 단위 변수는 다음과 같이 정의됩니다:

좌측 검열 및 이동(left censored and shifted) 및 초과 손실(excess loss)이라는 용어는 여기에서 사용되지 않습니다. 이 수정은 보험 응용에만 독특하게 적용되므로 지급 단위(per-payment) 및 손실 단위(per-loss) 용어를 사용합니다.

손실 단위 변수는 다음과 같이 정의됩니다:

$$Y^L = \begin{cases} 0, & X \le d, \\ X, & X > d, \end{cases}$$

지급 단위 변수는 다음과 같이 정의됩니다.

$$Y^P = \begin{cases} \text{undefined}, & X \le d, \\ X, & X > d. \end{cases}$$

지급 단위 변수는 항상 조건부 확률 변수임을 주의하십시오. 관련 함수들은 다음과 같습니다:

손실 단위 변수에 대한 함수,

$$f_{Y^L}(y) = \begin{cases} F_X(d), & y = 0, \\ f_X(y), & y > d, \end{cases}$$

$$S_{Y^L}(y) = \begin{cases} S_X(d), & 0 \le y \le d, \\ S_X(y), & y > d, \end{cases}$$

$$F_{Y^L}(y) = \begin{cases} F_X(d), & 0 \le y \le d, \\ F_X(y), & y > d, \end{cases}$$

$$h_{Y^L}(y) = \begin{cases} 0, & 0 < y < d, \\ h_X(y), & y > d, \end{cases}$$

지급 단위 변수에 대한 함수,

$$f_{Y^P}(y) = \frac{f_X(y)}{S_X(d)}, \quad y > d,$$

$$S_{Y^P}(y) = \begin{cases} 1, & 0 \le y \le d, \\ \dfrac{S_X(y)}{S_X(d)}, & y > d, \end{cases}$$

$$F_{Y^P}(y) = \begin{cases} 0, & 0 \le y \le d, \\ \dfrac{F_X(y) - F_X(d)}{1 - F_X(d)}, & y > d, \end{cases}$$

$$h_{Y^P}(y) = \begin{cases} 0, & 0 < y < d, \\ h_X(y), & y > d, \end{cases}$$

예제 8.2

프랜차이즈 면책액에 대해 예제 8.1을 반복합니다. 다음의 공식들을 사용하여, 지불 건당 변수에 대해 $y > 500$일 때:

$$f_{Y^P}(y) = \frac{3(2{,}000)^3(2{,}000+y)^{-4}}{(2{,}000)^3(2{,}000+500)^{-3}} = \frac{3(2{,}500)^3}{(2{,}000+y)^4},$$

$$S_{Y^P}(y) = \left(\frac{2{,}500}{2{,}000+y}\right)^3,$$

$$F_{Y^P}(y) = 1 - \left(\frac{2{,}500}{2{,}000+y}\right)^3,$$

$$h_{Y^P}(y) = \frac{3}{2{,}000+y}.$$

손실 건당 변수에 대해:

$$f_{Y^L}(y) = \begin{cases} 0.488, & y = 0, \\ \dfrac{3(2{,}000)^3}{(2{,}000+y)^4}, & y > 500, \end{cases}$$

$$S_{Y^L}(y) = \begin{cases} 0.512, & 0 \le y \le 500, \\ \dfrac{(2{,}000)^3}{(2{,}000+y)^3}, & y > 500, \end{cases}$$

$$F_{Y^L}(y) = \begin{cases} 0.488, & 0 \le y \le 500, \\ 1 - \dfrac{(2{,}000)^3}{(2{,}000 + y)^3}, & y > 500, \end{cases}$$

$$h_{Y^L}(y) = \begin{cases} 0, & 0 < y < 500, \\ \dfrac{3}{2{,}000 + y}, & y > 500. \end{cases}$$

프랜차이즈 면책액은 손실이 면책 기준을 초과할 경우 전체 손실이 지급되는 것을 반영합니다. □

정리 8.3 *일반 면책액의 경우, 손실 건당 기대 비용은 다음과 같습니다:*

$$E(X) - E(X \wedge d)$$

그리고 지불 건당 기대 비용은 다음과 같이 계산됩니다:

$$\frac{E(X) - E(X \wedge d)}{1 - F(d)}.$$

프랜차이즈 면책액의 경우, 손실 건당 기대 비용은 다음과 같습니다:

$$E(X) - E(X \wedge d) + d[1 - F(d)]$$

그리고 지불 건당 기대 비용은 다음과 같습니다:

$$\frac{E(X) - E(X \wedge d)}{1 - F(d)} + d.$$

증명: 일반 면책액이 적용된 손실 건당 기댓값은 식 (3.7) 및 (3.10)으로부터 다음과 같이 $E(X)-E(X \wedge d)$ 도출됩니다. 식 (8.1) 및 (8.2)를 통해 알 수 있듯이, 지불 건당 기댓값으로 변경하려면 $1-F(d)$로 나누어야 합니다. 프랜차이즈 면책액의 조정은 지불이 발생할 때마다 d가 추가되는 점에서 비롯됩니다. □

예제 8.3

예제 8.1과 8.2의 파레토 분포를 사용하여 면책액이 500일 때 네 가지 기댓값을 구하십시오.

예제 8.1과 8.2에서 얻은 밀도 함수로부터 기댓값을 직접 도출할 수 있습니다. 또한 정리 8.3을 사용하고, 파레토 분포임을 인식하여 필요한 값을 찾아볼 수도 있습니다(공식은 부록 A에

나와 있습니다). 즉,

$$F(500) = 1 - \left(\frac{2,000}{2,000+500}\right)^3 = 0.488,$$

$$\mathrm{E}(X \wedge 500) = \frac{2,000}{2}\left[1 - \left(\frac{2,000}{2,000+500}\right)^2\right] = 360.$$

E(*X*) =1,000인 경우, 일반 면책액에 대한 손실당 기대 비용은 1,000 - 360 = 640, 지불당 기대 비용은 640/0.512 = 1,250이다. 프랜차이즈 면책액에 대한 기댓값은 다음과 같습니다.

640 + 500(1-0.488) = 896과 1,250 + 500 = 1,750 □

8.2.1 연습 문제

8.1 예제 8.1의 계산을 다음 분포에 대해 수행하시오. 일반 면책액은 5,000으로 설정합니다.

$$F_4(x) = \begin{cases} 0, & x < 0, \\ 1 - 0.3e^{-0.00001x}, & x \geq 0. \end{cases}$$

8.2 연습문제 8.1을 프랜차이즈 면책액에 대해 반복하십시오.

8.3 예제 8.3을 연습문제 8.1의 모델과 5,000의 면책액으로 반복하십시오.

8.4 (*) 위험 1은 모수 $\alpha > 2$와 θ를 가지는 파레토 분포를 따릅니다. 위험 2는 모수 0.8α와 θ를 가지는 파레토 분포를 따릅니다. 각각의 위험은 개별 보험으로 보장되며, 각 보험에는 k의 일반 면책액이 적용됩니다. 위험 1의 손실당 기대 비용을 구하십시오. k가 무한대로 증가할 때, 위험 2의 손실당 기대 비용과 위험 1의 손실당 기대 비용의 비율의 극한을 구하십시오.

8.5 (*) 면책 적용 이전 손실 분포가 표 8.1에 반영된 것과 같습니다. 손실당 일반 면책액은 10,000입니다. 면책액을 조정하여, 새로운 면책액을 초과하는 손실의 수가 이전 면책액을 초과하는 손실의 수의 절반이 되도록 합니다. 면책액 증가 시 지불당 기대 비용의 변화율을 구하십시오.

표 8.1 The data for Exercise 8.5

x	$F(x)$	$E(X \wedge x)$
10,000	0.60	6,000
15,000	0.70	7,700
22,500	0.80	9,500
32,500	0.90	11,000
∞	1.00	20,000

8.3 손실 제거 비율과 일반 면책금에 대한 인플레이션의 영향 The Loss Elimination Ratio and the Effect of Inflation for Ordinary Deductibles

손실 제거 비율(LER)은 면책금(deductible)이 적용되었을 때, 지급 금액의 감소 비율을 평가하는 데 유용한 지표입니다.

정의 8.4 *손실 제거 비율은 일반 면책금(ordinary deductible)을 적용하여 기대 지급액이 감소한 정도를 면책금을 적용하지 않았을 때의 기대 지급액으로 나눈 비율을 나타냅니다.*

다양한 유형의 보장 수정(coverage modifications)이 기대 지급액을 감소시킬 수 있지만, "손실 제거 비율"이라는 용어는 면책금 변경에 따른 영향을 설명하는 데만 사용됩니다. 면책금이 없는 경우의 기대 지급액은 $E[X]$입니다. 면책금이 있는 경우의 기대 지급액은 정리 8.3에 따라 $E[X]-E[X \wedge d]$입니다.

따라서, 손실 제거 비율은 다음과 같이 정의됩니다:

$$\frac{E(X)-[E(X)-E(X \wedge d)]}{E(X)}=\frac{E(X \wedge d)}{E(X)}$$

여기서 $E[X]$가 존재하는 경우에만 유효합니다.

LER은 보험 설계에서 면책금이 손실에서 얼마나 효과적으로 제거되었는지를 측정하는 데 중요한 지표로 활용됩니다.

예제 8.4

Pareto 분포(α = 3, θ = 2,000)에 대해 일반 면책금 500이 적용되었을 때 손실 제거 비율(LER)을 구하십시오.

예제 8.3에서, 손실 제거 비율은 다음과 같습니다.

LER = 360/1,000 = 0.36 □

인플레이션은 비용을 증가시키지만, 면책금이 있는 경우 인플레이션의 효과가 더욱 확대됩니다. 첫째, 이전에는 면책금 이하로 손실이 발생했던 일부 사건들이 이제는 지급으로 이어질 수 있습니다. 둘째, 인플레이션의 상대적 효과는 면책금이 인플레이션 후에 차감되기 때문에 더 크게 확대됩니다.

예를 들어, 어떤 사건이 이전에는 600의 손실을 초래했다고 가정해 보겠습니다. 면책금이 500일 경우, 지급액은 100이 됩니다. 인플레이션이 10% 발생하면 손실은 660으로 증가하고, 지급액은 160이 되어 보험사에 대한 비용이 60% 증가하게 됩니다.

정리 8.5 *균등 인플레이션이 1+r인 경우, 면책금 d에 대한 예상 손실 비용은 다음과 같이 계산됩니다.*

$$(1+r)\{\mathrm{E}(X) - \mathrm{E}[X \wedge d/(1+r)]\}.$$

만약 $F[d/(1+r)] < 1$이라면, 지급 건당 예상 비용은 예상 손실 비용을 다음으로 나누어 구합니다.

$$1 - F[d/(1+r)]$$

증명:

인플레이션이 적용된 후의 손실은 무작위 변수 Y=(1+r)X로 표현됩니다. 정리 5.1에 따르면, 다음이 성립합니다.

$$f_Y(y) = f_X[y/(1+r)]/(1+r) \text{ and } F_Y(y) = F_X[y/(1+r)]$$

이를 사용하여 식 (3.8)에 따라 다음을 구할 수 있습니다.

$$\begin{aligned}\mathrm{E}(Y \wedge d) &= \int_0^d y f_Y(y)\,dy + d[1 - F_Y(d)] \\ &= \int_0^d \frac{y f_X[y/(1+r)]}{1+r}dy + d\left[1 - F_X\left(\frac{d}{1+r}\right)\right]\end{aligned}$$

$$= \int_0^{d/(1+r)} (1+r)x f_X(x)\,dx + d\left[1 - F_X\left(\frac{d}{1+r}\right)\right]$$

$$= (1+r)\left\{\int_0^{d/(1+r)} x f_X(x)\,dx + \frac{d}{1+r}\left[1 - F_X\left(\frac{d}{1+r}\right)\right]\right\}$$

$$= (1+r)\mathrm{E}\left(X \wedge \frac{d}{1+r}\right),$$

세 번째 라인에서 다음과 같이 변수 치환 $x = y/(1+r)$을 적용하였습니다.

그러면, $\mathrm{E}(Y) = (1+r)\,\mathrm{E}(X)$를 통해 첫 번째 명제가 증명되었습니다. 지급 건당 결과는 Y와 X의 분포 함수 간 관계로부터 따라옵니다. □

예제 8.5

10% 인플레이션이 Pareto 분포($\alpha = 3$, $\theta = 2{,}000$)에 적용된 500의 일반 면책금에 미치는 영향을 계산하십시오.

예제 8.3에서 예상 비용은 각각 손실당 640, 지급당 1,250입니다. 10% 인플레이션의 영향을 고려하려면 다음을 계산해야 합니다.

$$\mathrm{E}\left(X \wedge \frac{500}{1.1}\right) = \mathrm{E}(X \wedge 454.55)$$

$$= \frac{2{,}000}{2}\left[1 - \left(\frac{2{,}000}{2{,}000 + 454.55}\right)^2\right] = 336.08.$$

인플레이션 이후 손실당 예상 비용은 다음과 같습니다.

1.1(1,000-336.08) = 730.32, 이는 14.11% 증가에 해당합니다.

지급당 기준으로는 다음을 계산합니다.

$$F_Y(500) = F_X(454.55)$$

$$= 1 - \left(\frac{2{,}000}{2{,}000 + 454.55}\right)^3$$

$$= 0.459.$$

인플레이션 이후 지급당 예상 비용은 다음과 같습니다.

730.321/(1-0.459) = 1,350, 이는 8% 증가에 해당합니다. □

8.3.1 연습 문제

8.6 일반 면책금이 5,000인 경우, 여기서 제공된 분포에 대한 손실 제거 비율(Loss Elimination Ratio)을 계산하십시오. 이 모델은 연습문제 8.1에서 사용된 모델과 동일합니다.

$$F_4(x) = \begin{cases} 0, & x < 0, \\ 1 - 0.3e^{-0.00001x}, & x \geq 0. \end{cases}$$

표 8.2 The data for Exercise 8.11

x	$F(x)$	$\mathrm{E}(X \wedge x)$
10,000	0.60	6,000
15,000	0.70	7,700
22,500	0.80	9,500
∞	1.00	20,000

8.7 연습문제 8.6의 분포에 대해 5,000의 일반 면책금이 적용될 때, 10% 인플레이션의 영향을 계산하십시오.

8.8 (*) 손실이 평균 $\mu = 7$, 표준편차 $\sigma = 2$인 로그정규 분포를 따릅니다. 면책금은 2,000이며 매년 10건의 손실이 예상됩니다. 손실 제거 비율을 계산하십시오. 20%의 균일 인플레이션이 발생하였으나 면책금이 2,000으로 유지되는 경우, 예상 지급 건수를 계산하십시오.

8.9 (*) 손실이 $\alpha = 2$, $\theta = k$인 Pareto 분포를 따릅니다. 일반 면책금은 $2k$입니다. 100% 인플레이션 이전과 이후의 손실 제거 비율을 계산하십시오.

8.10 (*) 손실이 평균 1,000인 지수 분포를 따릅니다. 면책금은 500입니다. 손실 제거 비율을 두 배로 늘리기 위해 면책금을 얼마만큼 올려야 하는지 계산하십시오.

8.11 (*) 무작위 변수 X에 대해 표 8.2의 값이 제공됩니다. 손실 당 면책금은 15,000이며 보험 한도는 없습니다.

1. X를 사용하여 지급당 예상 비용을 계산하십시오.
2. 면책금이 15,000으로 유지되는 상태에서 50% 인플레이션이 발생하면 지급당 예상 비용을 계산하십시오.

8.12 (*)손실이 $\mu = 6.9078$, $\sigma = 1.5174$인 로그정규 분포를 따릅니다.

1. 10,000에서의 손실 제거 비율을 1,000에서의 손실 제거 비율로 나눈 비율을 계산하십시오.
2. 모든 손실이 10% 증가하면 1,000을 초과하는 손실 건수가 몇 퍼센트 증가하는지 계산하십시오.

8.13 (*)손실의 평균은 2,000입니다. 면책금이 1,000인 경우 손실 제거 비율은 0.3이며, 손실이 1,000을 초과할 확률은 0.4입니다. 손실이 1,000 이하인 경우 손실의 평균 크기를 계산하십시오.

8.4 계약 한도 Policy Limits

계약 한도는 면책금의 반대 개념입니다. 일반적인 한도는 손실이 u 이하일 때 보험이 손실 전체를 보상하지만, 손실이 u를 초과할 경우 보험이 u까지만 보상하는 계약에서 발생합니다. 한도의 효과는 오른쪽 검열된 확률 변수(Right Censored Random Variable)를 생성합니다. 한도를 적용한 후의 확률 변수 Y는 혼합 분포를 가지며, 그 분포 함수와 밀도 함수는 다음과 같습니다.

$$F_Y(y) = \begin{cases} F_X(y), & y < u, \\ 1, & y \geq u \end{cases}$$

$$f_Y(y) = \begin{cases} f_X(y), & y < u, \\ 1 - F_X(u), & y = u. \end{cases}$$

인플레이션의 효과는 다음과 같이 계산할 수 있습니다.

정리 8.6 한도가 u인 계약에 대해, 물가상승률 $1+r$을 고려한 후의 기대 비용은 다음과 같이 계산됩니다.

$$(1+r)\mathrm{E}[X \wedge u\ /\ (1+r)].$$

증명: 기대 비용은 $\mathrm{E}[Y \wedge u]$입니다. 정리 8.5의 증명에 따라, 이 값은 위에서 제시된 표현과 같음을 알 수 있습니다. □

계약 한도에서는 손해당 비용(per-loss cost)과 지급당 비용(per-payment cost)의 개념이 적절하지 않습니다. 이는 한도가 부과되기 전 지급을 발생시킨 모든 손실이 한도가 부과된 이후에도 여전히 지급을 발생시키기 때문입니다.

예제 8.6

파레토 분포($\alpha = 3,\ \theta = 2{,}000$)에 3,000의 한도를 적용합니다. 한도 적용 후 기대 손실 비용과 기대 비용의 비례 감소율을 계산하십시오. 10%의 균일한 물가상승이 적용된 후에도 동일한 계산을 반복합니다. 이 파레토 분포의 기대 비용은 다음과 같습니다.

$$E(X \wedge 3{,}000) = \frac{2{,}000}{2}\left[1 - \left(\frac{2{,}000}{2{,}000 + 3{,}000}\right)^2\right] = 840$$

비례 감소율 = (1,000−840)/1,000 = 0.16입니다. 10% 물가상승 ($r = 0.1$)이 적용되면 한도는 3,000/1.1 = 2,727.27로 조정됩니다.
물가상승 후 기대 비용은 다음과 같습니다.

$$1.1E(X \wedge 3{,}000/1.1) = 1.1\frac{2{,}000}{2}\left[1 - \left(\frac{2{,}000}{2{,}000 + 3{,}000/1.1}\right)^2\right] = 903.11$$

비례 감소율 = (1,100−903.11)/1,100 = 0.179입니다. 물가상승 후 기대 비용은 903.11로 증가했으며, 이는 7.51% 증가로 물가상승률(10%)보다 낮습니다. 물가상승 전 비례 감소율은 16%, 물가상승 후에는 17.9%로 증가했습니다. 한도를 적용하면 물가상승의 영향이 완화되며, 이는 면책(deductible)의 경우와 반대되는 효과를 보입니다.
그래프 8.2는 한도 적용된 확률 밀도 함수를 보여줍니다. 0부터 3,000까지는 원래의 파레토 분포와 동일하며, $\Pr[X > 3{,}000] = (2{,}000/5{,}000)^3 = 0.064$는 3,000에서 집중됩니다. □

계약 한도와 일반 면책(deductible)은 서로 연관되어 보험사의 지급에 하나가 적용되면, 나머지 하나는 보험 계약자의 지급에 적용됩니다. 예를 들어, 계약에 500의 면책이 있는 경우, 보험 계약자가 부담하는 손실 비용은 500에서 오른쪽 절단된(random variable that is right censored) 확률 변수입니다. 반대로, 계약에 3,000의 한도가 있으면 보험 계약자의 지급은 왼쪽에서 절단되고 이동된 확률 변수(left truncated and shifted variable)가 됩니다(일반 면책(deductible)에서와 동일합니다).

프랜차이즈 면책(franchise deductible)의 반대 개념은 손실을 오른쪽에서 절단하는(coverage that right truncates losses) 보장 형태입니다(연습문제 3.12 참고). 그러나 이러한 보장은 거의, 혹은 전혀 판매되지 않습니다. (손실이 u를 초과하면 아무런 보상도 받지 못하는 계약을 구매하시겠습니까?)

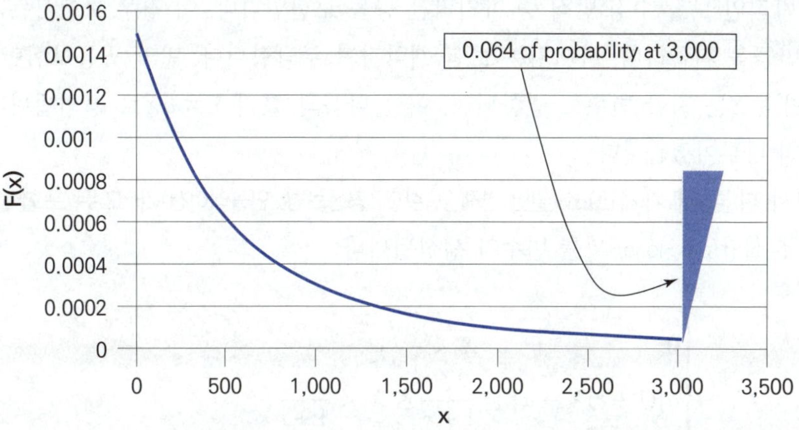

그림 8.2 The density function for Example 8.6

8.4.1 연습 문제

8.14 다음 분포에 대해 보험 한도 150,000에 10%의 인플레이션이 미치는 영향을 계산하십시오. 이는 연습 문제 8.1 및 8.6에서 사용된 것과 동일한 분포입니다.

$$F_4(x) = \begin{cases} 0, & x < 0, \\ 1 - 0.3e^{-0.00001x}, & x \geq 0. \end{cases}$$

8.15 (*) X가 $\alpha = 2$ 및 $\theta = 100$인 파레토 분포를 가진다고 가정하십시오. 평균 초과 손실 함수 $e(d)$의 범위를 d가 모든 양의 수를 범위로 할 때 결정하십시오. 그런 다음, $Y = 1.1X$으로 설정하십시오. $e_Y(d)/e_X(d)$의 비율이 d가 모든 양의 수를 범위로 할 때의 범위를 결정하십시오. 마지막으로, Z를 500에서 우측 검열된 X(즉, X에 500의 한도가 적용됨)라고 하십시오. $e_Z(d)$의 범위를 d가 0에서 500 사이의 구간을 범위로 할 때 결정하십시오.

8.5 공동 보험, 면책액, 한도 Coinsurance, Deductible, and Limits

가장 일반적인 보장 수정 방식 중 마지막은 공동 보험입니다. 이 경우 보험사는 손실의 일정 비율 α만큼을 지급하며, 나머지는 보험 계약자가 부담합니다. 만약 공동보험만 적용된다면, 손실 변수 X는 지급 변수로 변환되며, 이는 다음과 같이 $Y = \alpha X$로 정의됩니다. 곱셈의 효과는 이미 다루어졌습니다.

이 장에서 다룬 네 가지 요소(일반 면책금, 한도, 공동보험, 인플레이션)가 모두 포함될 경우, 다음과 같은 손실당(per-loss) 확률 변수가 생성됩니다:

$$Y^L = \begin{cases} 0, & X < \dfrac{d}{1+r}, \\ \alpha[(1+r)X - d], & \dfrac{d}{1+r} \le X < \dfrac{u}{1+r}, \\ \alpha(u-d), & X \ge \dfrac{u}{1+r}. \end{cases}$$

이 정의에 있어 각 요소는 특정 순서로 적용되며, 공동보험은 마지막에 적용됩니다. 예시 계약에서 지급 한도는 $\alpha(u–d)$로 설정되며, 이는 보험사가 지급할 수 있는 최대 금액을 의미합니다. 이 정의에서 u는 최대 보장 손실 (maximum covered loss)로, 이 값을 초과하는 손실에 대해서는 추가 보상이 이루어지지 않습니다.

지급 변수 Y^P는 $X < d/(1+r)$인 경우 정의되지 않습니다. 이는 면책금보다 낮은 손실에서는 지급이 이루어지지 않음을 나타냅니다.

앞서 제시된 결과들을 결합하여 다음 정리를 도출할 수 있습니다. 그러나 이 정리는 증명 없이 제시됩니다.

정리 8.7 손해당(per-loss) 변수에 대해, 기댓값은 다음과 같습니다:

$$\mathrm{E}(Y^L) = \alpha(1+r)\left[\mathrm{E}\left(X \wedge \frac{u}{1+r}\right) - \mathrm{E}\left(X \wedge \frac{d}{1+r}\right)\right].$$

지급당(per-payment) 변수의 기댓값은 다음과 같이 계산됩니다:

$$\mathrm{E}(Y^P) = \frac{\mathrm{E}(Y^L)}{1 - F_X\left(\frac{d}{1+r}\right)}.$$

고차 모먼트(higher moments)는 계산이 더 복잡합니다. 정리 8.8에서는 두 번째 모먼트

(second moment)에 대한 공식을 제공합니다. 분산(variance)은 평균의 제곱을 빼는 방식으로 구할 수 있습니다.

정리 8.8 손해당(per-loss) 변수에 대해, 두 번째 모멘트는 다음과 같습니다.

$$\mathrm{E}\left[(Y^L)^2\right] = \alpha^2(1+r)^2\{\mathrm{E}[(X \wedge u^*)^2] - \mathrm{E}[(X \wedge d^*)^2] - 2d^*\mathrm{E}(X \wedge u^*) + 2d^*\mathrm{E}(X \wedge d^*)\},$$

여기서 $u^* = u/(1+r)$, $d^* = d/(1+r)$입니다. 지급당(per-payment) 변수의 두 번째 모멘트를 구하려면 위 식을 $1-F_X(d^*)$로 나누면 됩니다.

증명: Y^L의 정의에서,

$$Y^L = \alpha(1+r)[(X \wedge u^*) - (X \wedge d^*)]$$

이므로,

$$\begin{aligned}\frac{(Y^L)^2}{[\alpha(1+r)]^2} &= [(X \wedge u^*) - (X \wedge d^*)]^2 \\ &= (X \wedge u^*)^2 + (X \wedge d^*)^2 - 2(X \wedge u^*)(X \wedge d^*) \\ &= (X \wedge u^*)^2 - (X \wedge d^*)^2 - 2(X \wedge d^*)[(X \wedge u^*) - (X \wedge d^*)].\end{aligned}$$

오른쪽 항의 마지막 항은 다음과 같이 쓸 수 있습니다.

$$2(X \wedge d^*)[(X \wedge u^*) - (X \wedge d^*)] = 2d^*[(X \wedge u^*) - (X \wedge d^*)].$$

이 사실은 $X < d^*$일 때 양변이 0이고, $d^* \leq X < u^*$일 때 양변이 $2d^*(X-d^*)$, $X \geq u^*$일 때 양 변이 $2d^*(u^*-d^*)$가 되는 것을 통해 확인할 수 있습니다. 이를 대입하고 각 항에 대해 기댓값을 계산하면 증명이 완료됩니다.[2] □

예제 8.7

면책액이 500이고 보장 한도가 2,500인 조건에서, $\alpha = 3$, $\theta = 2{,}000$인 파레토 분포의 건당 손실에 대한 평균과 표준편차를 구하십시오. 최대 보장 손실은 $u = 3{,}000$입니다.

이전 예제에서 다음을 구했습니다.

$$\mathrm{E}(X \wedge 500) = 360 \text{ and } \mathrm{E}(X \wedge 3{,}000) = 840$$

2 이러한 향상된 증명을 제공해준 Ken Burton에게 감사드립니다.

두 번째 제한 모멘트는 다음과 같습니다:

$$\begin{aligned}
E[(X \wedge u)^2] &= \int_0^u x^2 \frac{3(2{,}000)^3}{(x+2{,}000)^4}\,dx + u^2\left(\frac{2{,}000}{u+2{,}000}\right)^3 \\
&= 3(2{,}000)^3 \int_{2{,}000}^{u+2{,}000} (y-2{,}000)^2 y^{-4} dy + u^2\left(\frac{2{,}000}{u+2{,}000}\right)^3 \\
&= 3(2{,}000)^3 \left(-y^{-1} + 2{,}000y^{-2} - \frac{2{,}000^2}{3} y^{-3} \Big|_{2{,}000}^{u+2{,}000} \right) \\
&\quad + u^2\left(\frac{2{,}000}{u+2{,}000}\right)^3 \\
&= 3(2{,}000)^3 \left[-\frac{1}{u+2{,}000} + \frac{2{,}000}{(u+2{,}000)^2} - \frac{2{,}000^2}{3(u+2{,}000)^3} \right] \\
&\quad + 3(2{,}000)^3 \left[\frac{1}{2{,}000} - \frac{2{,}000}{2{,}000^2} + \frac{2{,}000^2}{3(2{,}000)^3} \right] \\
&\quad + u^2\left(\frac{2{,}000}{u+2{,}000}\right)^3 \\
&= (2{,}000)^2 - \left(\frac{2{,}000}{u+2{,}000}\right)^3 (2u+2{,}000)(u+2{,}000).
\end{aligned}$$

이로부터,

$$E[(X \wedge 500)^2] = 160{,}000 \text{ and } E[(X \wedge 3{,}000)^2] = 1{,}440{,}000$$

따라서,

$$\begin{aligned}
&E(Y) = 840 - 360 = 480, \\
&E(Y^2) = 1{,}440{,}000 - 160{,}000 - 2(500)(840) + 2(500)(360) = 800{,}000
\end{aligned}$$

분산은, $Var(Y) = E(Y^2)-[E(Y)]^2 = 800{,}000-4802 = 569{,}600$

따라서 표준편차는 754.72. □

8.5.1 연습 문제

8.16 (*) $e(0) = 25$, $S(x) = 1 - x/\omega$, $0 \le x \le \omega$, Y^P는 $d = 10$에 대한 초과 손실 변수입니다. Y^P 의 분산을 구하십시오.

8.17 (*) 손해율 (R)은 총 손실 (L)을 경과(획득) 보험료 (P)로 나눈 값으로 정의됩니다. 에이전트는 손해율이 0.7 미만인 경우 보너스 (B)를 받습니다. 보너스는 $B = P(0.7-R)/3$

(이 값이 양수일 때)로 주어지며, 그렇지 않으면 0입니다. P = 500,000이고 L은 α = 3, θ = 600,000인 파레토 분포를 따릅니다. 보너스의 기댓값을 구하십시오.

8.18 (*) 올해의 손실은 $\mathrm{E}(X \wedge d) = -0.025d^2 + 1.475d - 2.25$, d = 10, 11, 12,⋯,26의 분포를 가집니다. 내년에는 손실이 10% 균등 증가하며, 보험 계약은 11의 면책액과 최대 11의 보상 한도를 기준으로 100% 손실을 보상합니다. 내년 보상이 올해 보상에 비해 몇 배인지 구하십시오.

8.19 (*) 손실은 평균 1,000인 지수 분포를 따릅니다. 보험회사는 100의 면책액을 초과하는 손실 금액을 지급합니다. 보험회사가 한 청구 건에 대해 지급한 금액(0일 가능성을 포함)의 분산을 구하십시오.

8.20 (*) 건강보험 플랜의 총 청구액은 α = 2, θ = 500인 파레토 분포를 따릅니다. 건강보험 플랜은 총 청구액이 500 미만인 경우 초과 금액의 50%를 보너스로 지급합니다. 그렇지 않으면 보너스는 지급되지 않습니다. 보너스 시스템이 도입된 후, 청구액 분포가 α = 2, θ = K로 바뀔 것으로 예상됩니다. 새로운 분포에서 보너스를 포함한 기대 청구액이 보너스 시스템 이전의 기대 청구액과 동일하다고 가정할 때 K 값을 구하십시오.

8.21 (*) 연도 a의 총 기대 손실은 10,000,000입니다. 연도 a에서 개별 손실은 α = 2, θ = 2,000인 파레토 분포를 따릅니다. 재보험사는 각 개별 손실이 3,000을 초과하는 부분을 지급하며, 이에 대해 예상 보장 손실의 110%를 보험료로 받습니다. 연도 b에는 연도 a에 비해 손실이 5% 인플레이션을 경험하지만 손실 빈도는 변하지 않습니다. 연도 b의 보험료가 연도 a의 보험료에 비해 몇 배인지 구하십시오.

8.22 (*) 손실은 0에서 50,000 사이의 균등 분포를 가집니다. 손실당 면책액은 5,000이며 보장 한도는 20,000입니다(최대 보장 손실은 25,000). 지급이 이루어진 경우 기대 지급액을 구하십시오.

8.23 (*) 손실은 μ = 10, σ = 1인 로그 정규 분포를 가집니다. 50,000 미만의 손실에 대해서는 지급이 이루어지지 않습니다. 50,000에서 100,000 사이의 손실에 대해서는 손실 금액 전액이 지급됩니다. 100,000을 초과하는 손실에 대해서는 한도가 100,000으로 설정됩니다. 손실당 기대 비용을 구하십시오.

8.24 (*) 손실 심도 변수 X는 평균 10,000인 지수 분포를 가집니다. d = 30,000 기준으로 Y^P와 Y^L 변수의 변동 계수를 구하십시오.

8.25 (*) 청구 규모 분포는 구간 (0,50),(50,100),(100,200),(200,400)에서 균등합니다. 전체 확률의 30%는 첫 번째 구간에, 36%는 두 번째 구간에, 18%는 세 번째 구간에, 16%는 네 번째 구간에 분포합니다. $\mathrm{E}[(X \wedge 350)^2]$ 값을 구하십시오.

8.26 (*) 손실은 $\alpha = 2$, $\theta = 5{,}000$인 두 모수 파레토 분포를 따릅니다. 보험 계약은 각 손실에 대해 다음과 같이 지급합니다. 첫 번째 1,000에 대해서는 보험 지급이 없습니다. 1,000에서 6,000 사이의 손실에 대해서는 보험이 80%를 지급합니다. 6,000을 초과하는 손실에 대해서는 피보험자가 총지급액이 10,000이 될 때까지 지불하며, 남은 손실에 대해서는 보험이 90%를 지급합니다. 손실당 기대 보험 지급액을 구하십시오.

8.27 (*) 손실 금액은 평균 $\lambda = 3$인 포아송 분포를 따릅니다. 두 가지 보험 계약을 고려합니다. 하나는 면책액이 2인 일반 보험입니다. 다른 하나는 면책액이 없으며 보험회사가 손실의 α만큼을 지급하는 공동 보험입니다. 두 계약의 기대 비용이 동일하도록 하는 α 값을 구하십시오.

8.28 (*) 손실 금액은 $F(x)=(x/100)^2$, $0 \le x \le 100$의 cdf를 가집니다. 보험 계약은 일반 면책액 20을 초과하는 손실 금액의 80%를 지급합니다. 최대 지급액은 손실당 60입니다. 지급이 이루어진 경우 기대 지급액을 구하십시오.

8.6 빈도에의 면책의 영향 The Impact of Deductibles on Claim Frequency

계약 수정의 효과를 분석하는 데 중요한 요소는 면책액(일반 또는 프랜차이즈)이 도입되거나 변경될 때 지급 빈도 분포의 변화와 관련이 있습니다. 면책액이 도입되거나 증가하면 일정 기간 동안 지급 건수가 줄어들고, 면책액이 낮아지면 지급 건수가 늘어납니다. 손실을 발생시키는 과정이나 보험을 구매하는 개인의 유형에 변화가 없다고 가정할 수 있다면 이러한 과정을 정량화할 수 있습니다. 예를 들어, 자동차 재산 피해 보장에 대해 250의 면책액이 설정된 보험을 구매한 사람들이 전액 보장을 구매한 사람들보다 사고에 연루될 가능성이 낮다고(정확히) 인식할 수 있습니다. 마찬가지로, 고용주는 고용 초기에 직원들에게 제공되는 혜택을 줄이면 영구 장애 발생률이 감소한다고 발견할 수 있습니다.

먼저, 심도 X_j가 j번째 손실에 대한 기본 손실을 나타내고 보장 수정이 없다고 가정합니다. N^L을 손실의 수라고 합시다. 이제 v가 손실이 지급으로 이어질 확률인 보장 수정 조건을 고려합니다. 예를 들어, 면책액이 d인 경우 $v = \Pr(X > d)$입니다. 다음으로, 지시(random variable) 변수 I_j를 j번째 손실이 지급으로 이어지는 경우 $I_j = 1$, 그렇지 않은 경우 $I_j = 0$으로 정의합니다. 그러면 I_j는 모수 v를 가진 베르누이 분포를 따르며, I_j의 pgf는 $P_{I_j}(z) = 1 - v + vz$입니다. 이제 $N^P = I_1 + \cdots + I_{N^L}$은 지급 건수를 나타냅니다. $I_1, I_2, \cdots$가 서로 독립적이며 N^L와도 독립적이라면 N^P는 N^L을 1차 분포로 하고 베르누이를 2차 분포로 하는 복합 분포를 가집니

다. 따라서,

$$P_{N^P}(z) = P_{N^L}[P_{I_j}(z)] = P_{N^L}[1 + v(z-1)].$$

중요한 특별한 경우로, N^L의 분포가 모수 θ에 의존하며 다음과 같이 표현된다고 가정합시다.

$$P_{N^L}(z) = P_{N^L}(z;\theta) = B[\theta(1-z)],$$

여기서 $B(z)$는 θ와 함수적으로 독립적입니다(정리 7.4와 같이). 그러면 다음을 얻습니다.

$$\begin{aligned} P_{N^P}(z) &= B[\theta(1-1-vz+v)] \\ &= B[v\theta(1-z)] \\ &= P_{N^L}(z;v\theta). \end{aligned}$$

이 결과는 N^L과 N^P가 동일한 모수적 가족에 속하며 모수 θ만 변경되면 된다는 것을 의미합니다.

예제 8.8

이전 결과가 음수 이항 분포에 적용된다는 것을 증명하고, 손실이 $\alpha = 3$ 및 $\theta = 1,0000$을 가진 파레토 분포를 따른다고 가정할 때, $r = 2$ 및 $\beta = 3$인 음수 이항 분포에 250의 면책액이 적용될 경우의 효과를 설명하십시오.

음수 이항 분포의 pgf는 $P_{N^L}(z) = [1-\beta(z-1)]^{-r}$입니다. 여기서 β는 결과에서 θ의 역할을 하고, $B(z) = (1+z)^{-r}$입니다. 따라서 N^P는 $r^* = r$ 및 $\beta^* = v\beta$를 가진 음수 이항 분포를 가져야 합니다. 주어진 상황에서:

$$v = 1 - F(250) = \left(\frac{1,000}{1,000+250}\right)^3 = 0.512,$$

따라서 $r^* = 2$ 및 $\beta^* = 3(0.512) = 1.536$입니다. □

이 결과는 영 수정(zero-modified) 및 영 절단(zero-truncated) 분포로 일반화될 수 있습니다. N^L이 모수 θ 및 α에 따라 다음과 같이 정의된다고 가정합시다.

$$P_{N^L}(z) = P_{N^L}(z;\theta,\alpha) = \alpha + (1-\alpha)\frac{\phi[\theta(1-z)] - \phi(\theta)}{1-\phi(\theta)}. \tag{8.3}$$

여기서 $\alpha = P_{N^L}(0) = \Pr(N^L = 0)$으로, 이는 0에서 수정된 확률을 나타냅니다. 또한, 만약

$\phi[\theta(1-z)]$ 자체가 pgf라면, (8.3)에 주어진 pgf는 해당 영 수정 분포에 대한 pgf입니다. 그러나 $\phi[\theta(1-z)]$가 pgf일 필요는 없으며, (8.3)에 주어진 $P_{N^L}(z)$가 pgf이기만 하면 됩니다. 예를 들어, $\phi(z)=1+\ln(1+z)$는 ZM 로그 분포를 생성하지만, $\phi(z)$를 pgf로 가지는 분포는 존재하지 않습니다. 이와 유사하게, $\phi(z)=(1+z)-r$에서 $-1 < r < 0$은 ETNB 분포를 생성합니다.

몇 가지 대수적 단계를 거치면 (연습문제 8.35를 참조) (8.3)에 대해 다음을 얻을 수 있습니다.

$$P_{N^P}(z) = P_{N^L}(z; v\theta, \alpha^*),$$

여기서 $\alpha^* = \Pr(N^P = 0) = P_{N^P}(0) = P_{N^L}(1-v;\ \theta,\ \alpha)$입니다. 면책액을 적용하면 α값이 증가할 것으로 예상되며, 이는 지불이 없는 기간이 더 많아질 가능성을 나타냅니다. 특히, N^L이 영 절단되었다면 N^P는 영 수정될 것입니다.

예제 8.9

예제 8.8을 반복하되, 이제 빈도 분포가 $r = 2$, $\beta = 3$, $p_0^M = 0.4$ 영 수정 음의 이항 분포(zero-modified negative binomial)라고 가정합니다. pgf는 다음과 같습니다:

$$P_{N^L}(z) = p_0^M + (1 - p_0^M)\frac{[1 - \beta(z - 1)]^{-r} - (1 + \beta)^{-r}}{1 - (1 + \beta)^{-r}}.$$

따라서 $\alpha = p_0^M$이고 $\phi(z) = (1+z)^{-r}$입니다. 이로부터 $r^* = r$, $\beta^* = v\beta$, 그리고

$$\begin{aligned}\alpha^* = p_0^{M*} &= p_0^M + (1 - p_0^M)\frac{[1 + v\beta)]^{-r} - (1 + \beta)^{-r}}{1 - (1 + \beta)^{-r}}\\ &= \frac{p_0^M - (1 + \beta)^{-r} + (1 + v\beta)^{-r} - p_0^M(1 + v\beta)^{-r}}{1 - (1 + \beta)^{-r}}.\end{aligned}$$

주어진 분포에 대해 새로운 모수는 $r^* = 2$, $\beta^* = 3(0.512) = 1.536$, 그리고

$$p_0^{M*} = \frac{0.4 - 4^{-2} + 2.536^{-2} - 0.4(2.536)^{-2}}{1 - 4^{-2}} = 0.4595.$$

□

응용에서, N^P의 분포에서 N^L의 분포를 결정하고자 하는 경우가 있을 수 있습니다. 예를 들어, 면책액이 존재하는 상황에서 지급 건수에 대한 데이터를 수집하고 그 데이터로부터 N^P의 모수를 추정할 수 있습니다. 이후 면책액이 제거되었을 때 지급 분포를 알고자 할 수 있습니다. 이전과 같은 논리를 적용하면 다음을 얻을 수 있습니다:

$$P_{N^L}(z) = P_{N^P}(1 - v^{-1} + zv^{-1}).$$

이 결과는 이전에 유도된 공식이 v를 $1/v$로 대체하여도 성립함을 시사합니다. 그러나 결과적으로 N^L의 pgf가 유효하지 않을 가능성도 있습니다. 이 경우, 모델링 가정 중 하나가 잘못되었을 가능성이 있습니다(예: 면책액을 변경해도 청구 관련 행동이 변하지 않는다는 가정). 결과적으로 $v\in(0,1)$의 모든 값에 대해 N^L의 pgf가 유효하려면 N^P의 pgf가 혼합 포아송(mixed Poisson) 형태여야만 합니다(이 사실에 대한 증명은 Grandell [47, pp. 25–26] 참조). 이는 보험 청구 건수 모델링에서 혼합 포아송 모델을 사용하는 강력한 동기를 제공합니다. 다음 두 예제가 이를 보여줍니다.

예제 8.10

면책액이 250인 보험 계약의 지급액이 $r^* = 2$, $\beta^* = 1.536$, $p_0^{M*} = 0.4595$인 영 수정 음의 이항 분포(zero-modified negative binomial distribution)를 따른다고 가정합니다. 손실은 $\alpha = 3$, $\theta = 1{,}000$인 Pareto 분포를 따릅니다. 면책액이 제거되었을 때 지급 건수의 분포를 구하십시오. $p_0^{M*} = 0.002$라고 가정한 경우에도 이 계산을 반복하십시오.

첫 번째 경우, 공식은 $v = 1/0.512 = 1.953125$를 사용하며, 따라서 $r = 2$, $\beta = 1.953125(1.536) = 3$이 됩니다. 또한,

$$p_0^{M*} = \frac{0.4595 - 2.536^{-2} + 4^{-2} - 0.4595(4)^{-2}}{1 - 2.536^{-2}} = 0.4$$

로 예상된 대로 나옵니다.

두 번째 경우,

$$p_0^{M*} = \frac{0.002 - 2.536^{-2} + 4^{-2} - 0.002(4)^{-2}}{1 - 2.536^{-2}} = -0.1079,$$

이며, 이는 유효한 확률이 아닙니다. □

$(a, b, 0)$ 및 $(a, b, 1)$ 클래스의 모든 멤버는 이 섹션의 조건을 충족합니다. 표 8.3은 N^L에서 N^P로 이동할 때 모수가 어떻게 변경되는지 나타냅니다. 만약 N^L이 합성 분포(compound distribution)를 가지고 있다면, 이를 $P_{N^L}(z)=P_1[P_2(z)]$로 쓸 수 있으며, 따라서

$$P_{N^P}(z) = P_{N^L}[1 + v(z - 1)] = P_1\{P_2[1 + v(z - 1)]\}.$$

따라서 N^P도 2차 분포(secondary distribution)가 수정된 합성 분포를 가지게 됩니다. 만약 2차 분포가 $(a, b, 0)$ 분포라면, 표 8.3에 따라 수정할 수 있습니다. 다음 예는 2차 분포가 $(a,$

b, 1) 분포인 경우에 적용할 조정을 보여줍니다.

표 8.3 Frequency adjustments

N^L	Parameters for N^P
Poisson	$\lambda^* = v\lambda$
ZM Poisson	$p_0^{M*} = \dfrac{p_0^M - e^{-\lambda} + e^{-v\lambda} - p_0^M e^{-v\lambda}}{1 - e^{-\lambda}}, \ \lambda^* = v\lambda$
Binomial	$q^* = vq$
ZM binomial	$p_0^{M*} = \dfrac{p_0^M - (1-q)^m + (1-vq)^m - p_0^M(1-vq)^m}{1-(1-q)^m}$ $q^* = vq$
Negative binomial	$\beta^* = v\beta, \ r^* = r$
ZM negative binomial	$p_0^{M*} = \dfrac{p_0^M - (1+\beta)^{-r} + (1+v\beta)^{-r} - p_0^M(1+v\beta)^{-r}}{1-(1+\beta)^{-r}}$
ZM logarithmic	$\beta^* = v\beta, \ r^* = r$ $p_0^{M*} = 1 - (1 - p_0^M)\ln(1+v\beta)/\ln(1+\beta)$ $\beta^* = v\beta$

예제 8.11

N^L은 $\lambda = 5$, $\beta = 0.3$, $r = 4$를 가지는 Poisson-ETNB 분포를 따른다고 가정하면, $v = 0.5$일 때 N^P의 분포를 결정하십시오.

앞서 논의한 내용에 따르면, N^P는 $\lambda^* = 5$를 가지는 합성 포아송(compound Poisson) 분포이지만, 2차 분포는 다음 값에 따른 zero-modified 음이항 분포입니다(표 8.3 참조). $\beta^* = 0.5(0.3) = 0.15$,

$$p_0^{M*} = \frac{0 - 1.3^{-4} + 1.15^{-4} - 0(1.15)^{-4}}{1 - 1.3^{-4}} = 0.34103,$$

$r^* = 4$.

이것으로 충분하지만, 우리는 2차 분포로 ETNB를 사용하는 습관이 있습니다. 정리 7.4에 따르면, zero-modified 2차 분포를 가지는 합성 포아송 분포는 zero-truncated 2차 분포를 가지는 합성 포아송 분포와 동일합니다. 포아송 모수는 $(1 - p_0^M)\lambda^*$로 변경되어야 합니다. 따라서 N^P는 다음 모수를 가지는 Poisson-ETNB 분포를 따릅니다. $\lambda^* = (1-0.34103)\cdot 5 = 3.29485$, $\beta^* = 0.15$, $r^* = 4$. □

면책액의 증가 또는 감소에 대한 결과는 더 일반화될 수 있습니다. 면책액이 d일 때 빈도를 N^d, 면책액이 d^*일 때 빈도를 N^{d*}라고 합시다. $v = [1 - F_X(d^*)]/[1 - F_X(d)]$로 정의하면, 표 8.3을 사용하여 N^d의 모수에서 N^{d*}의 모수로 이동할 수 있습니다. $d^* > d$인 경우 $v < 1$이 되어 N^{d*}에 대해 적합한 분포가 도출됩니다. 이는 이 섹션의 시작 부분에서 사용된 $d = 0$의 특수한 경우를 포함합니다. 반대로, $d^* < d$인 경우 $v > 1$이 되며, 적합한 분포가 생성될 것이라는 보장이 없습니다. 이는 이전에 다룬 $d^* = 0$(면책액 제거)의 특수한 경우를 포함합니다.

또한, 보험 한도는 빈도 분포에 영향을 미치지 않는다는 점에 유의해야 합니다. 한도를 부과하거나 제거하거나 변경해도 지급 빈도에는 영향을 주지 않습니다.

마지막으로, 이 섹션의 모든 결과는 반드시 성립하지 않을 수 있는 가정에 의존한다는 점을 다시 강조하는 것이 중요합니다. 이 가정은 면책액(또는 기타 보장 수정)을 변경해도 손실을 초래하는 사건의 수나 손실 금액이 변경되지 않는다는 것입니다.

8.6.1 연습 문제

8.29 한 그룹 생명 보험 계약은 사고 사망 특약을 포함하고 있습니다. 일반 사망의 경우 보험금은 10,000이고, 사고 사망의 경우 보험금은 20,000입니다. 피보험자들은 나이가 대체로 비슷하므로 모두 동일한 청구 확률을 가진다고 가정하는 것이 합리적입니다. 해당 확률은 청구 없음이 0.97, 일반 사망 청구가 0.01, 사고 사망 청구가 0.02입니다. 재보험자는 사고 사망당 10,000을 지급하는 초과 재보험을 제공하도록 입찰 요청을 받았습니다.

(a) 청구 과정을 빈도 요소(청구 여부를 결정하는 베르누이 분포)와 청구가 발생했을 때 두 가지 청구 수준에 연관된 확률로 구성된 두 점 심도 요소로 모델링할 수 있습니다. 빈도 및 심도 확률 변수에 대한 확률 분포를 명시하십시오.

(b) 재보험자가 동일한 빈도 분포를 유지하고자 한다고 가정합니다. 재보험자의 지급을 반영하는 수정된 심도 분포를 결정하십시오.

(c) 재보험 지급이 이루어지는 조건에서 심도 분포를 기반으로 재보험자의 빈도 및 심도 분포를 결정하십시오.

8.30 개별 손실은 $\alpha = 2$, $\theta = 1{,}000$인 파레토 분포를 따릅니다. 면책액이 500인 경우 지

급 건수의 빈도 분포는 λ = 3, β = 2인 포아송-역가우시안 분포입니다. 면책액이 1,000으로 증가하면 지급 건수의 분포를 결정하십시오. 또한 새로운 면책액이 적용될 때 지급당 심도 분포의 확률 밀도 함수를 결정하십시오.

8.31 손실은 α = 2, θ = 1,000인 파레토 분포를 따릅니다. 면책액이 500일 때 빈도 분포는 β = 4인 영-절단(truncated) 로그 분포입니다. 면책액이 0으로 감소할 때 지급 건수에 대한 모델을 결정하십시오.

8.32 손실 건수 N^L이 Sibuya 분포를 따르고, pgf는 $P_{N^L}(z) = 1-(1-z)^{-r}$이며, 여기서 $-1 < r < 0$입니다(문제 6.7 참조). 지급 건수가 영-수정 Sibuya 분포를 따름을 증명하십시오.

8.33 면책액이 없을 때 손실 건수의 빈도 분포는 r = 3, β = 5인 음이항 분포를 따릅니다. 손실 금액은 τ = 0.3, θ = 1,000인 와이블 분포를 따릅니다. 면책액이 200일 때 예상 지급 건수를 결정하십시오.

8.34 문제 8.28의 상황을 고려하십시오. 면책액이 적용된 상태에서 지급 건수의 빈도 분포가 λ = 4인 포아송 분포를 따릅니다. 면책액이 제거되었을 때 예상 지급 건수를 결정하십시오.

8.35 손실 건수가 다음 pgf를 가지는 경우를 가정합니다.

$$P(z) = \alpha + (1-\alpha)\frac{\phi[\beta(1-z)] - \phi(\beta)}{1-\phi(\beta)}$$

여기서 $\phi(x)$는 함수이고 $\beta > 0$입니다. 또한 손실이 지급으로 이어질 확률이 v라고 가정합니다.

(a) 지급 건수의 pgf가 다음과 같음을 증명하십시오.

$$P_1(z) = q_0^* + (1-q_0^*)\frac{\phi[\beta^*(1-z)] - \phi(\beta^*)}{1-\phi(\beta^*)},$$

여기서

$$\beta^* = v\beta \text{ and } q_0^* = (1-\alpha)\frac{\phi(v\beta) - \phi(\beta)}{1-\phi(\beta)}.$$

(b) α = 0이고 $P(z)$가 영-절단 분포의 pgf라고 가정합니다. (a)를 사용하여 $P_1(z)$가 영-수정 분포의 pgf임을 설명하십시오. 또한, $P(z)$가 $(a,b,0)$ 클래스의 영-절단 멤버의 pgf라고 가정합니다. $P_1(z)$가 $(a,b,1)$ 클래스의 멤버의 pgf임을 설명하십시오.

(c) α = 0이고 $\phi(x) = 1+\ln(1+x)$일 때 $P(z)$가 로그 시리즈의 pgf임을 증명하십시오.

09 총손해액 모델 AGGREGATE LOSS MODEL

9.1 서론

보험 기업은 위험을 결합하여 관리할 수 있는 능력 때문에 존재합니다. 많은 사람들에게 보험을 제공함으로써 개별적인 위험은 관리 가능한 집합적 위험으로 결합되고, 이는 고객을 유치할 수 있는 수준에서 가격이 책정될 수 있습니다. 다음의 간단한 예를 고려해 보십시오.

예제 9.1

보험 가능한 사건이 발생할 확률은 10%이며, 발생할 경우 5,000의 손실을 초래합니다. 시장 조사는 소비자들이 이 사건에 대해 보험을 구매하기 위해 최대 550을 지불할 의향이 있음을 보여주었습니다. 회사가 비용을 무시하고 95% 확률로 이익을 내기 위해 몇 건의 보험을 판매해야 할까요? n을 판매된 보험 계약 건수라고 하겠습니다. 청구 건수 C에 대한 합리적인 모델은 $m = n$, $q = 0.1$인 이항 분포이며, 총 지급액은 5,000C가 됩니다. 원하는 결과를 달성하려면,

$$
\begin{aligned}
0.95 &\leq \Pr(5{,}000C < 550n) \\
&= \Pr(C < 0.11n) \\
&\doteq \Pr\left[Z < \frac{0.11n - 0.1n}{\sqrt{0.1(0.9)n}}\right],
\end{aligned}
$$

여기서 근사는 중심 극한 정리를 사용합니다. 정규 분포를 사용하면,

$$\frac{0.11n - 0.1n}{\sqrt{0.1(0.9)n}} = 1.645,$$

이를 풀면 $n = 2{,}435.42$가 됩니다. 따라서 최소 2,436건의 보험 계약을 판매해야 합니다. □

이 장의 목표는 보험 시스템(전체 회사, 특정 사업 부문, 단체 보험 계약의 피보험자, 또는 단일 보험 계약일 수도 있음)에 의한 총 지급액에 대한 모델을 구축하는 것입니다. 모델의 구성 요소는 이전 장에서 다룬 청구 건수와 청구 금액을 설명하는 확률 변수들입니다.

정해진 보험 계약 세트에서 일정 기간 동안 발생하는 모든 청구에 대한 지급액 모델을 구축하는 방법은 두 가지가 있습니다. 첫 번째 방법은 지급이 이루어지는 대로 기록한 다음 이를 합산하는 것입니다. 이 경우, 총 손실 S를 개별 지급 금액 $X_1, X_2, \cdots, X_N$의 랜덤 개수 N의 합으로 나타낼 수 있습니다. 따라서,

$$S = X_1 + X_2 + \cdots + X_N, \quad N = 0, 1, 2, \ldots, \tag{9.1}$$

여기서 $N = 0$일 때 $S = 0$입니다.

정의 9.1 *집단 위험 모델(Collective Risk Model)은 S를 식 (9.1)로 표현하며, X_j는 명시되지 않는 한 서로 독립적이고 동일하게 분포(i.i.d.)된 확률 변수입니다. 더 형식적으로, 독립성 가정은 다음과 같습니다:*

1. *$N = n$일 때, 확률 변수 $X_1, X_2, \cdots, X_n$는 i.i.d. 확률 변수입니다.*
2. *$N = n$일 때, 확률 변수 $X_1, X_2, \cdots, X_n$의 공통 분포는 n에 의존하지 않습니다.*
3. *N의 분포는 $X_1, X_2, \cdots$값에 전혀 의존하지 않습니다.*

두 번째 모델은 예제 9.1에서 사용된 것으로, 각 계약에 확률 변수를 할당합니다.

정의 9.2 *개별 위험 모델(Individual Risk Model)은 총 손실 S를 고정된 개수 n의 보험 계약에 대한 손실 금액 $X_1, X_2, \cdots, X_n$의 합으로 나타냅니다. X_j는 독립적이지만 동일한 분포를 따르지 않는다고 가정합니다. X_j의 분포는 일반적으로 0에서 확률 질량을 가지며, 이는 해당 계약에서 손실이나 지급이 없을 확률에 해당합니다.*

개별 위험 모델은 고정된 수의 보험 계약 또는 보험 계약 세트로부터 발생하는 손실이나 지급액을 합산하는 데 사용됩니다. 이 모델은 n명의 직원이 피보험자로 포함된 단체 생명보험 또는 건강보험 계약의 손실을 모델링하는 데 사용됩니다. 각각의 직원은 서로 다른 보장

수준(예: 급여의 배수로 제공되는 생명보험 혜택)과 서로 다른 손실 확률 수준(예: 연령 및 건강 상태의 차이)을 가질 수 있습니다.

특수한 경우, X_j가 동일한 분포를 따르는 경우, 개별 위험 모델은 집단 위험 모델의 특수한 경우가 됩니다. 이때, N의 분포는 $N = n$에서 모든 확률이 집중되는 퇴화 분포가 되며, $\Pr(N = n) = 1$이 됩니다.

식 (9.1)에서 S의 분포는 N의 분포와 X_j의 공통 분포로부터 얻어집니다. 이 접근법에서는 청구 건수(빈도)와 청구 금액(심도)을 개별적으로 모델링합니다. 이러한 분포에 대한 정보를 사용하여 S에 대한 정보를 얻을 수 있습니다. 이와 대조적으로, 단순히 S에 대한 정보를 수집(예: 여러 달 동안 매달 총 손실액)하고 이전 장에서 제시된 모델을 사용하여 S의 분포를 모델링하는 접근법도 있습니다. N과 X_j의 분포를 개별적으로 모델링하는 접근법에는 다음과 같은 일곱 가지 주요 장점이 있습니다.

1. 청구 건수의 예측 가능성 향상
   - 보험 계약 수가 변화함에 따라 청구 건수의 기댓값도 변화합니다.
   - 과거 데이터를 기반으로 미래 연도의 청구 건수를 예측할 때, 사업 규모의 성장을 고려할 수 있습니다.
2. 경제적 요인과 청구 인플레이션 반영
   - 일반적인 경제 인플레이션과 추가적인 청구 인플레이션의 영향은 피보험자의 손실 및 보험사가 지급한 청구 금액에 반영됩니다.
   - 영향은 보험 계약의 면책액과 한도액이 인플레이션과 관계없이 설정되고 집계된 결과만 사용할 경우 종종 숨겨지게 됩니다.
3. 개별 면책액 및 한도 변경의 영향 반영
   - 심도 분포의 사양을 변경함으로써 개별 면책액 및 계약 한도 변경의 영향을 쉽게 반영할 수 있습니다.
4. 면책액 변경이 청구 빈도에 미치는 영향 이해
   - 면책액 변경이 청구 빈도에 미치는 영향을 더 잘 이해할 수 있습니다.
5. 이질적인 데이터 통합 가능
   - 면책액과 한도 측면에서 이질적인 데이터를 결합하여 가상의 손실 규모 분포를 얻을 수 있습니다.
   - 이 접근법은 계약 조항이 변경된 여러 연도의 데이터를 결합할 때 유용합니다.
6. 보험사와 재보험사 간 일관된 모델링 가능
   - 피보험자의 비보상 손실, 보험사의 청구 비용, 재보험사의 청구 비용에 대해 상호 일관된 모델을 개발할 수 있습니다.

- 이러한 특징은 손실을 재보험사로 이전하는 결과를 연구할 때 직접 보험사에게 유용합니다.

7. S 분포의 형태 이해

- S 분포의 형태는 N과 X의 분포 형태 모두에 따라 달라집니다.
- 계약 세부 사항을 수정할 때 상대적인 분포 형태를 이해하는 것이 유용합니다. 예를 들어, 심도 분포의 꼬리가 빈도 분포의 꼬리보다 훨씬 더 무겁다면, 집계 청구나 손실 분포의 꼬리 형태는 심도 분포에 의해 결정되며 빈도 분포의 선택에는 상대적으로 민감하지 않습니다.

요약하자면, 빈도(frequency)와 심도(severity)를 개별적으로 분석함으로써 더 정확하고 유연한 모델을 구축할 수 있습니다.

모델 (9.1)에서 S를 구성할 때, N이 피보험자의 실제 손실 건수를 나타낸다면, X_j는 다음 중 하나를 나타낼 수 있습니다.

(i) 피보험자의 손실,

(ii) 보험사의 청구 지급액,

(iii) 재보험사의 청구 지급액,

(iv) 피보험자가 부담하는 면책액(자기 보험).

각 경우에서 S의 해석은 다르며, 심도 분포는 일관된 방식으로 구성될 수 있습니다.

이 장에서 확률 변수 $N, X_1, X_2, \cdots$, 그리고 S는 중요한 초점이 되므로 이를 언급할 때 특별히 주의하고자 합니다. 이를 위해, N을 청구 건수 확률 변수라고 하며, 그 분포를 청구 건수 분포라고 부릅니다. 때로는 청구 건수라는 표현을 사용하거나 간단히 청구라고도 합니다. 또한, 빈도 분포라는 용어도 일반적으로 사용됩니다.

X_j는 개별 손실 확률 변수 또는 단일 손실 확률 변수라고 합니다. 참조가 명확한 경우, 개별 또는 단일이라는 수식어는 생략합니다. 8장에서 손실과 지급액 간의 차이가 논의되었지만, 엄밀히 말해 X_j는 실제 현금 거래를 나타내므로 지급액이라고 할 수 있습니다. 그러나 손실이라는 용어가 더 일반적이므로 이를 계속 사용합니다. X_j에 대해 흔히 사용되는 또 다른 용어는 심도입니다.

마지막으로, S는 총손실 확률 변수 또는 전체합손실 확률 변수라고 합니다.

예제 9.2

면책액이 250인 자동차 물적 손해 보험에서 1년 동안의 총 지급액을 집단 위험 모델로 계산하는 방법을 설명하십시오.

이 작업을 수행하는 방법은 두 가지가 있습니다. 첫 번째로, N^L을 사고 건수(면책액을 초과하지 않는 사고도 포함)로 설정합니다. 개별 손실 변수는 8장에서 설명된 Y^L 변수가 됩니다. 두 번째로, N^P를 지급 건수로 설정합니다. 이 경우, 개별 손실 변수는 Y^P입니다. □

9.1.1 연습 문제

9.1 예제 9.1의 모델을 집단 위험 모델로 작성하는 방법을 보여주십시오.

9.2 다음 상황 각각에 대해, 총손해액(aggregate losses)을 더 잘 설명할 수 있는 모델(개별 또는 집단) 중 어느 것이 더 적합한지 결정십시오.

(a) 각 직원이 서로 다른 연령, 성별, 사망보험금을 가지는 단체 생명보험 계약.

(b) 특정 병원의 연간 총 의료 과실 비용이 정해진 금액을 초과할 때 지급하는 재보험 계약.

(c) 개인 치과 보험이 가족 구성원당 연간 최대 두 번의 건강검진 비용을 지급합니다. 하나의 계약이 가족 규모와 관계없이 동일한 가격으로 보장을 제공합니다.

9.2 모델 선택

빈도 또는 심도 분포를 데이터에 적합시키는 많은 경우에서 여러 분포가 모델로 적합한 후보가 될 수 있습니다. 하지만 실용적인 이유로 일부 분포가 더 선호될 수 있습니다.

일반적으로, 심도 분포는 스케일 분포(정의 4.2 참조)가 되는 것이 유용합니다. 이는 통화의 선택(예: 미 달러 또는 영국 파운드)이 결과에 영향을 미치지 않아야 하기 때문입니다. 또한, 스케일 분포는 시간에 따른 인플레이션 효과를 조정하기 쉽습니다(이는 사실상 통화의 변화와 같음, 예: 1994년 미 달러에서 1995년 미 달러로). 미래 연도의 비용을 예측할 때, 예상되는 인플레이션율을 모수를 조정함으로써 쉽게 반영할 수 있습니다.

유사한 고려 사항이 빈도 분포에도 적용됩니다. 보험사의 계약 포트폴리오가 성장함에 따라, 다른 조건이 동일하다면 청구 건수도 증가할 것으로 예상됩니다. 다음과 같은 형태의 확률 생성 함수를 가지는 모델이 적합합니다.

$$P_N(z; \alpha) = Q(z)^\alpha \tag{9.2}$$

여기서 모수 α는 청구 건수의 기댓값이 α에 비례하도록 만듭니다. 사업 규모를 $100r\%$ 증가시키는 경우, 기대 청구 건수는 $\alpha^* = (1 + r)\alpha$에 비례하게 됩니다. 이 접근법은 7.4절에서 논의되었습니다. $r > -1$을 만족하는 어떤 값이든 가능하므로, (9.2)를 만족하는 분포는 α가 양의 값을 취할 수 있어야 합니다. 이러한 분포는 무한 가분성(정의 7.6 참조)을 가진 것으로 나타낼 수 있습니다.

관련된 고려 사항으로, 연구 기간 동안의 불변성 개념도 무한 가분성을 가지는 빈도 분포를 사용하는 것을 지지합니다. 이상적으로 선택된 모델은 청구 빈도 연구에서 사용된 기간의 길이에 의존하지 않아야 합니다. 특히, 성장률 조정 후의 기대 빈도는 연구 기간의 길이에 비례해야 합니다. 이 경우, 10년 동안의 연구를 통해 한 달, 1년, 또는 다른 기간에 대한 청구 빈도 분포를 개발할 수 있습니다. 또한, 1년 기간에 대한 분포 형태는 모수의 변경과 함께 한 달 기간에 대한 분포 형태와 동일합니다. 여기서 모수 α는 연구 기간의 길이에 해당합니다. 예를 들어, 한 달 기간에 대해 $\alpha = 1.7$인 경우, 동일한 모델에 대해 $\alpha = 20.4$는 1년 기간에 적합한 모델이 됩니다.

0에서 수정된 분포는 (9.2)의 형태가 아닙니다. 그러나 물리적 상황이 이를 시사한다면, 0 수정 분포를 사용하는 것이 여전히 바람직할 수 있습니다. 예를 들어, 특정 비율의 계약이 중복 보장 또는 기타 이유로 인해 청구를 하지 않을 경우, 무작위로 선택된 계약에서 미래 기간에도 동일한 비율을 사용하는 것이 적절할 수 있습니다.

9.2.1 연습 문제

9.3 (9.2)를 만족하는 pgf에 대해, 평균이 α에 비례함을 보여주십시오.

9.4 부록 B에 있는 분포 중에서 모든 양의 α에서 (9.2)를 만족하는 분포는 무엇입니까?

9.3 총 청구 복합 모델 Compound Model for Aggregate Claims

S를 N개의 관찰된 청구 $X_1, X_2, \cdots, X_N$와 관련된 총손해액(aggregate losses)으로 정의하며, 이는 (9.1) 이후의 독립성 가정을 만족한다고 가정합니다. 이 장에서는 다음 세 가지 단계를 포함한 접근법을 다룹니다.

1. 데이터를 기반으로 N의 분포에 대한 모델을 개발합니다.

2. 데이터를 기반으로 X_j의 공통 분포에 대한 모델을 개발합니다.

3. 이 두 모델을 사용하여 S의 분포와 관련된 문제를 해결하기 위한 계산을 수행합니다.

첫 번째와 두 번째 단계는 이 텍스트의 다른 부분에서 다룬 아이디어를 따릅니다. 여기서는 이 두 모델이 이미 개발되었다고 가정하며, S의 분포와 관련된 문제를 해결하기 위해 필요한 수치 작업만 수행하면 됩니다.

9.3.1 확률과 모멘트

랜덤 합 S는 다음과 같이 정의됩니다.

$$S = X_1 + X_2 + \cdots + X_N$$

여기서 N은 카운팅 분포를 가지며, S의 분포 함수는 다음과 같습니다.

$$\begin{aligned} F_S(x) &= \Pr(S \le x) \\ &= \sum_{n=0}^{\infty} p_n \Pr(S \le x | N = n) \\ &= \sum_{n=0}^{\infty} p_n F_X^{*n}(x), \end{aligned} \tag{9.3}$$

여기서 $F_X(x) = \Pr(X \le x)$ 는 X_j의 공통 누적 분포 함수이고, $p_n = \Pr(N = n)$입니다. S의 분포는 **복합 분포(compound distribution)**라고 불립니다. 식 (9.3)에서 $F_X^{*n}(x)$는 X의 누적 분포 함수(cdf)의 "n-중합성(fold convolution)"입니다. 이는 다음과 같이 계산됩니다.

$$F_X^{*0}(x) = \begin{cases} 0, & x < 0, \\ 1, & x \ge 0, \end{cases}$$

$$F_X^{*k}(x) = \int_{-\infty}^{\infty} F_X^{*(k-1)}(x-y)\, dF_X(y), \qquad \text{for } k = 1, 2, \ldots. \tag{9.4}$$

꼬리 확률은 $x \ge 0$에 대해 다음과 같이 표현할 수 있습니다.

$$1 - F_S(x) = \sum_{n=1}^{\infty} p_n [1 - F_X^{*n}(x)]. \tag{9.5}$$

X가 음수가 아닌 값에서 확률이 0인 연속 확률 변수라면, 식 (9.4)는 다음으로 단순화됩니다.

$$F_X^{*k}(x) = \int_0^x F_X^{*(k-1)}(x-y) f_X(y)\, dy, \quad \text{for } k = 2, 3, \ldots.$$

K = 1일 때, 이 식은 $F_X^{*1}(x) = F_X(x)$로 단순화됩니다. 이를 미분하면 확률 밀도 함수(pdf)는 다음과 같이 표현됩니다.

$$f_X^{*k}(x) = \int_0^x f_X^{*(k-1)}(x-y) f_X(y)\, dy \text{ for } k = 2, 3, \ldots.$$

따라서, X가 연속적인 경우, S는 확률 밀도 함수를 가지며 $x > 0$에서 다음과 같이 주어집니다.

$$f_S(x) = \sum_{n=1}^{\infty} p_n f_X^{*n}(x), \tag{9.6}$$

그리고 x = 0에서의 이산 확률 질량은 $\Pr(S = 0) = p_0$입니다.

여기서 $\Pr(S = 0) \neq f_S(0) = \lim_{x\to 0_+} f_S(x)$입니다.

만약 X가 0, 1, 2, ...에서 확률을 가지는 이산 분포라면, 식 (9.4)는 다음으로 단순화됩니다.

$$F_X^{*k}(x) = \sum_{y=0}^{x} F_X^{*(k-1)}(x-y) f_X(y), \quad \text{for } x = 0, 1, \ldots,\ k = 2, 3, \ldots.$$

그리고 확률 질량 함수(pmf)는 다음과 같습니다.

$$f_X^{*k}(x) = \sum_{y=0}^{x} f_X^{*(k-1)}(x-y) f_X(y), \quad \text{for } x = 0, 1, \ldots,\ k = 2, 3, \ldots.$$

표기법상, $f_X^{*0}(0) = 1$이고 $f_X^{*0}(x) = 0 (x \neq 0)$로 정의합니다. 이 경우, S는 다음과 같은 이산 분포를 가집니다.

$$f_S(x) = \Pr(S = x) = \sum_{n=0}^{\infty} p_n f_X^{*n}(x), \quad x = 0, 1, \ldots \tag{9.7}$$

7.1절과 유사한 방식으로, S의 pgf는 다음과 같습니다.

$$\begin{aligned} P_S(z) &= \mathrm{E}[z^S] \\ &= \mathrm{E}[z^0]\Pr(N = 0) + \sum_{n=1}^{\infty} \mathrm{E}[z^{X_1+X_2+\cdots+X_n} | N = n] \Pr(N = n) \end{aligned}$$

$$= \Pr(N=0) + \sum_{n=1}^{\infty} \mathrm{E}\left[\prod_{j=1}^{n} z^{X_j}\right] \Pr(N=n)$$

$$= \sum_{n=0}^{\infty} \Pr(N=n)[P_X(z)]^n$$

$$= \mathrm{E}[P_X(z)^N] = P_N[P_X(z)] \tag{9.8}$$

여기서 $X_1, X_2, \cdots, X_n$의 독립성 때문에 위 식이 성립합니다. pgf는 S가 이산형일 때 주로 사용됩니다.

모먼트 생성 함수(moment generating function)와 관련해서는 다음과 같은 관계가 성립합니다.

$$M_S(z) = P_N[M_X(z)].$$

복합 분포(compound distribution)의 pgf는 7.1절에서 논의되며, 여기서 "2차 분포(secondary distribution)"는 이 장에서 청구 금액 분포 역할을 합니다. 해당 절에서는 청구 금액 분포가 항상 이산형으로 가정됩니다.

만약 $P_N(z) = P_1[P_2(z)]$ (즉, N 자체가 복합 분포인 경우)라면, $P_S(z) = P_1\{P_2[P_X(z)]\}$ 가 됩니다. 이는 추가적인 복잡성을 유발하지 않습니다.

식 (9.8)을 통해 S의 모먼트를 N과 X_j의 모먼트로 표현할 수 있습니다. 첫 세 가지 모먼트는 다음과 같습니다.

$$\begin{aligned} \mathrm{E}(S) = \mu'_{S1} &= \mu'_{N1}\mu'_{X1} = \mathrm{E}(N)\mathrm{E}(X), \\ \mathrm{Var}(S) = \mu_{S2} &= \mu'_{N1}\mu_{X2} + \mu_{N2}(\mu'_{X1})^2 = \mathrm{E}(N)\mathrm{Var}(X) + \mathrm{Var}(N)[\mathrm{E}(X)]^2 \\ \mathrm{E}\{[S-\mathrm{E}(S)]^3\} = \mu_{S3} &= \mu'_{N1}\mu_{X3} + 3\mu_{N2}\mu'_{X1}\mu_{X2} + \mu_{N3}(\mu'_{X1})^3. \end{aligned} \tag{9.9}$$

여기서 첫 번째 아래 첨자(subscript)는 적절한 확률 변수를 나타내며, 두 번째 아래 첨자는 모먼트의 차수를 나타냅니다. 윗 첨자(superscript)는 프라임(')으로서 순(raw) 모먼트(원점 기준)를 나타내며, 윗 첨자가 없는 경우 중심 모먼트(평균 기준)를 나타냅니다.

이 모먼트는 모델과 샘플 모먼트의 첫 몇 가지를 일치시켜 집합 청구의 확률을 근사하는 데 사용할 수 있습니다.

예제 9.3

지난 10개월 동안 청구 건수와 개별 손실의 관측 평균(및 표준편차)은 각각 6.7(2.3)과 179,247(52,141)입니다. 월별 총 청구액의 평균 및 표준편차를 구하십시오.

$$\begin{aligned} \mathrm{E}(S) &= 6.7(179{,}247) = 1{,}200{,}955, \\ \mathrm{Var}(S) &= 6.7(52{,}141)^2 + (2.3)^2(179{,}247)^2 \\ &= 1.88180 \times 10^{11}. \end{aligned}$$

따라서, 총 청구액의 평균과 표준편차는 각각 1,200,955와 433,797입니다. □

예제 9.4

(예제 9.3*의 연속*) 총 청구액에 대한 근사 분포로 정규분포와 로그정규분포를 사용하여 청구액이 예상 비용의 140%를 초과할 확률을 계산하십시오. 즉,

$$\Pr(S > 1.40 \times 1{,}200{,}955) = \Pr(S > 1{,}681{,}337).$$

정규분포를 사용하여

$$\begin{aligned} \Pr(S > 1{,}681{,}337) &= \Pr\left(\frac{S - \mathrm{E}(S)}{\sqrt{\mathrm{Var}(S)}} > \frac{1{,}681{,}337 - 1{,}200{,}955}{433{,}797}\right) \\ &= \Pr(Z > 1.107) = 1 - \Phi(1.107) = 0.134. \end{aligned}$$

부록 A에 따르면, 로그정규분포의 평균과 두 번째 순(raw) 모멘트는 각각 다음과 같습니다.

$$\mathrm{E}(S) = \exp(\mu + \tfrac{1}{2}\sigma^2) \quad \text{and} \quad \mathrm{E}(S^2) = \exp(2\mu + 2\sigma^2).$$

이를 1.200955×10^6과 $1.88180 \times 10^{11} + (1.200955 \times 10^6)^2 = 1.63047 \times 10^{12}$에 대입하고 로그를 취하면 두 개의 미지수 μ와 σ^2에 대한 방정식 두 개가 생성됩니다.

$$\mu + \tfrac{1}{2}\sigma^2 = 13.99863, \quad 2\mu + 2\sigma^2 = 28.11989.$$

이를 풀면 $\mu = 13.93731$, $\sigma^2 = 0.1226361$이 됩니다. 따라서,

$$\begin{aligned} \Pr(S > 1{,}681{,}337) &= 1 - \Phi\left[\frac{\ln 1{,}681{,}337 - 13.93731}{(0.1226361)^{0.5}}\right] \\ &= 1 - \Phi(1.135913) = 0.128. \end{aligned}$$

E[N]이 클 경우, 정규분포는 좋은 근사치를 제공합니다. 특히, N이 포아송, 이항, 또는 음이항 분포를 따를 경우, 중심극한정리에 따라 λ, m, 또는 r이 무한대로 갈 때 S의 분포는 정규분포에 가까워집니다. 이 경우, 로그정규분포는 좋은 근사치를 제공할 수 있지만, 이를 뒷받침하는 이론은 없습니다. □

예제 9.5

(그룹 치과 보험) 직원과 그 가족을 대상으로 하는 그룹 치과 보험 플랜에서는, 결혼한 직원 한 명당 보험료가 가족 구성원의 수와 관계없이 동일합니다.
보험회사는 플랜이 제공하는 혜택에 따라 사람당 연간 치과 진료비의 통계 분포를 Table 9.1에 제시된 대로 작성했습니다(단위는 25).

표 9.1 The loss distribution for Example 9.5

x	$f_X(x)$
1	0.150
2	0.200
3	0.250
4	0.125
5	0.075
6	0.050
7	0.050
8	0.050
9	0.025
10	0.025

또한, 연간 치과 진료를 받는 보험 증서(즉, 직원 한 명당)당 인원 수의 분포는 표 9.2에 제시된 대로 나타납니다.

표 9.2 The frequency distribution for Example 9.5

n	p_n
0	0.05
1	0.10
2	0.15
3	0.20
4	0.25
5	0.15
6	0.06
7	0.03
8	0.01

보험사는 이제 그룹 내 결혼한 직원 한 명당 연간 비용 분포를 계산할 수 있게 되었습니다. 결혼한 직원 한 명당 비용은 다음과 같이 정의됩니다.

$$f_S(x) = \sum_{n=0}^{8} p_n f_X^{*n}(x).$$

S의 확률 함수(pf)를 525까지 결정하십시오. 직원 한 명당 총 지급액의 평균(mean)과 표준편차(standard deviation)를 구하십시오.

525까지의 분포는 표 9.3에 제시되어 있습니다.

표 9.3 The aggregate probabilities for Example 9.5

x	f_X^{*0}	f_X^{*1}	f_X^{*2}	f_X^{*3}	f_X^{*4}	f_X^{*5}	f_X^{*6}	f_X^{*7}	f_X^{*8}	$f_S(x)$
0	1	0	0	0	0	0	0	0	0	0.05000
1	0	0.150	0	0	0	0	0	0	0	0.01500
2	0	0.200	0.02250	0	0	0	0	0	0	0.02338
3	0	0.250	0.06000	0.00338	0	0	0	0	0	0.03468
4	0	0.125	0.11500	0.01350	0.00051	0	0	0	0	0.03258
5	0	0.075	0.13750	0.03488	0.00270	0.00008	0	0	0	0.03579
6	0	0.050	0.13500	0.06144	0.00878	0.00051	0.00001	0	0	0.03981
7	0	0.050	0.10750	0.08569	0.01999	0.00198	0.00009	0.00000	0	0.04356
8	0	0.050	0.08813	0.09750	0.03580	0.00549	0.00042	0.00002	0.00000	0.04752
9	0	0.025	0.07875	0.09841	0.05266	0.01194	0.00136	0.00008	0.00000	0.04903
10	0	0.025	0.07063	0.09338	0.06682	0.02138	0.00345	0.00031	0.00002	0.05190
11	0	0	0.06250	0.08813	0.07597	0.03282	0.00726	0.00091	0.00007	0.05138
12	0	0	0.04500	0.08370	0.08068	0.04450	0.01305	0.00218	0.00022	0.05119
13	0	0	0.03125	0.07673	0.08266	0.05486	0.02062	0.00448	0.00060	0.05030
14	0	0	0.01750	0.06689	0.08278	0.06314	0.02930	0.00808	0.00138	0.04818
15	0	0	0.01125	0.05377	0.08081	0.06934	0.03826	0.01304	0.00279	0.04576
16	0	0	0.00750	0.04125	0.07584	0.07361	0.04677	0.01919	0.00505	0.04281
17	0	0	0.00500	0.03052	0.06811	0.07578	0.05438	0.02616	0.00829	0.03938
18	0	0	0.00313	0.02267	0.05854	0.07552	0.06080	0.03352	0.01254	0.03575
19	0	0	0.00125	0.01673	0.04878	0.07263	0.06573	0.04083	0.01768	0.03197
20	0	0	0.00063	0.01186	0.03977	0.06747	0.06882	0.04775	0.02351	0.02832
21	0	0	0	0.00800	0.03187	0.06079	0.06982	0.05389	0.02977	0.02479
p_n	0.05	0.10	0.15	0.20	0.25	0.15	0.06	0.03	0.01	

예를 들어,

$$f_X^{*3}(4) = f_X^{*1}(1)f_X^{*2}(3) + f_X^{*1}(2)f_X^{*2}(2)$$

일반적으로, 원하는 열의 위첨자(여기서 3)를 얻기 위해 두 열의 위첨자를 합칩니다(여기서 1 + 2 = 3). 그런 다음, 원하는 값(여기서 4)을 얻는 모든 조합(1 + 3 = 4 및 2 + 2 = 4)을 추가합니다. $f_S(x)$를 얻기 위해서는, $f_X(x)$의 합성 행렬의 각 행에 표 아래 행의 확률을 곱한 뒤, 그 결과를 모두 더합니다. 예를 들어,

$$f_S(2) = 0.05(0) + 0.10(0.2) + 0.15(0.225) = 0.02338$$

식 (9.9)을 사용하여 $f_S(x)$의 분포의 첫 번째 두 모먼트를 확인할 수 있습니다.

$$\mathrm{E}(S) = 12.58, \quad \mathrm{Var}(S) = 58.7464.$$

따라서, 치과 보험 플랜의 연간 비용의 평균은 12.58×25 = 314.50이며, 표준편차는 191.6155입니다. (표 9.3에서 계산할 수 없는 이유는 무엇일까요?) □

9.3.2 Stop-Loss Insurance

보험에서 면책액이 특정 기간 동안의 총 손실에 적용되는 형태로 제공되는 경우가 일반적입니다. 손실이 보험 가입자에게 발생하면 이를 **보험 보장(insurance coverage)**이라고 하며, 손실이 보험사에 발생하면 이를 **재보험 보장(reinsurance coverage)**이라고 합니다. 후자의 형태는 보험사가 (단일 대형 손실액 청구에 대한 보장이 아니라) 보험사에게 불리한 연도로부터 자신을 보호하는 일반적인 방법입니다. 이를 보다 공식적으로 정의하면 다음과 같습니다.

정의 9.3 *면책액이 적용되는 총 손실에 대한 보험은 **스톱로스(stop-loss) 보험**이라고 합니다. 이 보험의 예상 비용은 **순 스톱로스 보험료(net stop-loss premium)**라고 하며, 이는 다음과 같이 계산됩니다.*

$$\mathrm{E}[(S-d)_+]$$

여기서 d는 면책액이며, $(\cdot)_+$ 표기법은 괄호 안의 값이 양수이면 그 값을 사용하고, 그렇지 않으면 0을 사용함을 의미합니다.

임의의 총 손실 분포에 대해

$$\mathrm{E}[(S-d)_+] = \int_d^\infty [1 - F_S(x)]\,dx.$$

만약 분포가 $x > d$ 에 대해 연속적이라면, 순 스톱로스 보험료는 정의에 따라 직접적으로

계산될 수 있습니다.

$$\mathrm{E}[(S-d)_+] = \int_d^\infty (x-d) f_S(x)\,dx.$$

마찬가지로, 이산 확률변수의 경우,

$$\mathrm{E}[(S-d)_+] = \sum_{x>d} (x-d) f_S(x).$$

총 확률이 없는 구간이 있을 경우, 다음 정리가 계산을 단순화할 수 있습니다.

정리 9.4 *만약* $\Pr(a < S < b) = 0$*이라면,* $a \le d \le b$ *에 대해,*

$$\mathrm{E}[(S-d)_+] = \frac{b-d}{b-a}\mathrm{E}[(S-a)_+] + \frac{d-a}{b-a}\mathrm{E}[(S-b)_+].$$

즉, 순 스톱로스 보험료는 선형 보간법을 통해 계산할 수 있습니다.

증명: 가정에 따르면, $F_S(x) = F_S(a)$, $a \le x < b$ 입니다. 따라서,

$$\begin{aligned}
\mathrm{E}[(S-d)_+] &= \int_d^\infty [1 - F_S(x)]\,dx \\
&= \int_a^\infty [1 - F_S(x)]\,dx - \int_a^d [1 - F_S(x)]\,dx \\
&= \mathrm{E}[(S-a)_+] - \int_a^d [1 - F_S(a)]\,dx \\
&= \mathrm{E}[(S-a)_+] - (d-a)[1 - F_S(a)]. \qquad (9.10)
\end{aligned}$$

$d = b$ 를 위 식에 대입하면,

$$\mathrm{E}[(S-b)_+] = \mathrm{E}[(S-a)_+] - (b-a)[1 - F_S(a)]$$

따라서,

$$1 - F_S(a) = \frac{\mathrm{E}[(S-a)_+] - \mathrm{E}[(S-b)_+]}{b-a}.$$

이를 (9.10)에 대입하면 원하는 결과를 얻을 수 있습니다. □

S가 동일 간격으로 확률을 가지는 경우, 이산의 경우에 추가적으로 단순화됩니다.

정리 9.5 $S = kh$일 때 $\Pr(S = kh) = f_k \geq 0$, $h > 0$, $k = 0,1,\cdots$ 이고, 다른 모든 x에 대해 $\Pr(S = x) = 0$라고 가정합니다. 이때, $d = jh$, j는 0 이상의 정수라고 하면,

$$\mathrm{E}[(S-d)_+] = h\sum_{m=0}^{\infty}\{1 - F_S[(m+j)h]\}.$$

증명:

$$\begin{aligned}\mathrm{E}[(S-d)_+] &= \sum_{x>d}(x-d)f_S(x)\\ &= \sum_{k=j}^{\infty}(kh-jh)f_k\\ &= h\sum_{k=j}^{\infty}\sum_{m=0}^{k-j-1}f_k\\ &= h\sum_{m=0}^{\infty}\sum_{k=m+j+1}^{\infty}f_k\\ &= h\sum_{m=0}^{\infty}\{1-F_S[(m+j)h]\}.\end{aligned}$$

□

이산적인 경우 동일 간격의 확률이 주어진 경우, 간단한 재귀 관계가 성립합니다.

추론 9.6 *정리 9.5의 조건에 따르면,*

$$\mathrm{E}\{[S-(j+1)h]_+\} = \mathrm{E}[(S-jh)_+] - h[1-F_S(jh)].$$

이 결과는 $d = 0$일 때 간단히 사용할 수 있습니다. 이때,

$$\mathrm{E}[(S-0)_+] = \mathrm{E}(S) = \mathrm{E}(N)\mathrm{E}(X)$$

이는 빈도와 심도 분포에서 직접적으로 얻을 수 있습니다.

예제 9.6

(예제 9.5 *계속*) 보험사가 직원당 총 면책액을 적용했을 때의 영향을 검토하고 있습니다. 면책액으로 25, 30, 50, 100를 적용했을 때 순 보험료 감소량을 구하십시오.

표 9.3에서, 0, 25, 50, 75에서의 누적분포함수(cdf) 값은 각각 0.05, 0.065, 0.08838,

0.12306입니다. E(S) = 25(12.58) =314.5에서,

$$\begin{aligned} E[(S-25)_+] &= 314.5 - 25(1-0.05) = 290.75, \\ E[(S-50)_+] &= 290.75 - 25(1-0.065) = 267.375, \\ E[(S-75)_+] &= 267.375 - 25(1-0.08838) = 244.5845, \\ E[(S-100)_+] &= 244.5845 - 25(1-0.12306) = 222.661. \end{aligned}$$

또한, 정리 9.4를 사용하여 $E[(S-30)_+]$를 계산할 수 있습니다.

$$E[(S-30)_+] = \frac{20}{25}290.75 + \frac{5}{25}267.375 = 286.07$$

원래 보험료 314.5와 비교했을 때, 면책액 25, 30, 50, 100에 대한 순 보험료 감소는 각각 23.75, 28.43, 47.125, 91.839입니다. □

9.3.3 트위디 분포 Tweedie Distribution

트위디 분포 [123]는 두 가지 개념을 결합합니다. 첫째, 특정 모수 값에서 트위디 분포(Tweedie Distribution)는 감마 심도 분포를 가지는 합성 포아송(compound Poisson) 분포입니다. 따라서 총 청구액을 모델링하는 데 유용할 수 있습니다. 둘째, 이 분포는 선형 지수 가족(linear exponential family)의 구성원으로, 5.4절에서 논의되었습니다. 따라서 청구액과 보험 가입자의 특성을 연결하는 일반화 선형 모델을 구축할 때 유용한 분포 모델이 될 수 있습니다.

우선, 이 합성 포아송 분포를 살펴보겠습니다. N이 평균 λ를 가지는 포아송 분포를 따르고, X가 모수 α와 γ를 가지는 감마 분포를 따르며, 여기서 γ는 선형 지수 가족의 정의에서 θ를 대신하는 변수로 사용됩니다. 이 경우 복합 분포 $S = X_1 + X_2 + \cdots + X_N$에 대해 다음이 성립합니다:

$$\begin{aligned} \Pr(S=0) &= \Pr(N=0) = e^{-\lambda} \\ f_S(s) &= \sum_{n=1}^{\infty} e^{-\lambda} \frac{\lambda^n}{n!} \frac{s^{n\alpha-1}e^{-s/\gamma}}{\Gamma(n\alpha)\gamma^{n\alpha}}, \\ E(S) &= E(N)E(X) = \lambda\alpha\gamma, \\ Var(S) &= E(N)Var(X) + Var(N)[E(X)]^2 = \lambda\alpha\gamma^2 + \lambda(\alpha\gamma)^2 = \lambda\gamma^2\alpha(\alpha+1). \end{aligned}$$

두 번째 식은 감마 분포의 n-중합성은 모양 모수 α가 n배가 된 또 다른 감마 분포라는 사실에서 유도됩니다.

트위디 분포는 종종 다음 관계를 통해 재모수화됩니다.

$$\lambda = \frac{\mu^{2-p}}{\phi(2-p)}, \quad \alpha = \frac{2-p}{p-1}, \quad \gamma = \phi(p-1)\mu^{p-1}$$

여기서 $1 < p < 2$, $\mu > 0$, $\phi > 0$입니다. 위의 세 공식을 모먼트 방정식에 대입하면 다음을 얻습니다.

$$\mathrm{E}(S) = \mu \quad \text{and} \quad \mathrm{Var}(S) = \phi\mu^p. \tag{9.11}$$

이 식은 분산과 평균 사이의 관계를 나타내며, 특정 문제에 적합한 모델인지 판단하는 데 도움이 됩니다.

언급했듯이 트위디 분포는 선형 지수 가족의 구성원입니다. 정의 5.9에 따르면, 이 가족의 구성원은 다음 형태를 가집니다:

$$f(x;\theta) = \frac{p(x)e^{r(\theta)x}}{q(\theta)}$$

여기서 $p(x)$는 θ 외의 모수를 포함할 수 있습니다. 이 논의에서는 선형 지수 분포의 일반적인 형태를 다음과 같이 씁니다.

$$f(x;\theta) = p(x)\exp\left[\frac{\theta y - a(\theta)}{\phi}\right].$$

여기서 두 가지 차이점은 $r(\theta)$가 θ로 대체되었고, 모수 ϕ가 추가되었다는 점입니다. 이는 단순히 재모수화한 것입니다. 추가된 모수 ϕ는 분산 모수(dispersion parameter)라고 하며, (9.11)에서 볼 수 있듯이 분산이 평균과 어떻게 관련되는지에 대해 더 많은 유연성을 제공합니다. 트위디 분포가 선형 지수 가족의 구성원임을 증명하려면 Clark과 Thayer [24]를 참조하십시오.

트위디 분포는 p의 다른 값에서도 존재합니다. $0 < p < 1$을 제외한 모든 음수가 아닌 값이 가능합니다. 몇 가지 친숙한 분포로는 정규분포($p = 0$), 포아송 분포($p = 1$), 감마 분포($p = 2$), 역가우스 분포($p = 3$)가 있습니다. $p = 1$일 때, (9.11)로부터 $\mathrm{Var}(X) = \phi\mu$ 가 성립합니다. 따라서 포아송 분포를 특수한 경우로 얻으려면 $\phi = 1$이어야 합니다. ϕ 가 1보다 큰 값을 가지면, 이를 과분산 포아송 분포(overdispersed Poisson distribution)라고 합니다. 이는 본 텍스트에서 더 이상 논의하지 않지만, 건수 데이터(count data)에 대한 일반화 선형 모델을 구축할 때 자주 사용됩니다.

9.3.4 연습문제

9.5 (9.8)로부터 (9.9)에서 모먼트들 간의 관계가 성립함을 증명하십시오.

9.6 (*) 개인이 병원에 입원했을 때, 병원 청구액은 다음과 같은 특성을 가집니다.

1.

Charges	Mean	Standard deviation
Room	1,000	500
Other	500	300

2. 병실청구액과 기타 청구액 간의 공분산이 100,000입니다.

보험사가 병실 청구액 100%와 기타 청구액 80%를 보상하는 계약을 발행합니다. 병원 입원의 수는 파라미터가 4인 포아송 분포를 따릅니다. 보험사가 지급하는 보험금의 평균과 표준편차를 구하십시오.

9.7 총 청구액은 $r = 15$, $\beta = 5$인 복합 음이항 분포로 모델링됩니다. 청구액은 구간 (0,10)에서 균등 분포를 따릅니다. 정규 근사를 사용하여, 청구액이 보험료를 초과할 확률이 0.05가 되도록 하는 보험료를 구하십시오.

9.8 자동차 운전자를 세 개의 동질적인 클래스로 나눌 수 있습니다. 각 운전자의 청구 횟수는 파라미터 λ를 가지는 포아송 분포를 따릅니다. 표 9.4의 데이터를 사용하여, 무작위로 선택된 운전자의 청구 횟수의 분산을 구하십시오.

표 9.4 The data for Exercise 9.8

Class	Proportion Class of population	λ
1	0.25	5
2	0.25	3
3	0.50	2

9.9 (*) X_1, X_2, X_3이 서로 독립적인 손실 확률 변수이며, 확률 함수는 표 9.5와 같이 주어졌다고 가정합니다. $S = X_1 + X_2 + X_3$의 확률 함수(pf)를 구하십시오.

표 9.5 The distributions for Exercise 9.9

x	$f_1(x)$	$f_2(x)$	$f_3(x)$
0	0.90	0.50	0.25
1	0.10	0.30	0.25
2	0.00	0.20	0.25
3	0.00	0.00	0.25

9.10 (*) X_1, X_2, X_3이 서로 독립적인 확률 변수이며, 확률 함수는 표 9.6과 같이 주어졌다고 가정합니다. $S = X_1 + X_2 + X_3$이고 $f_S(5) = 0.06$일 때, p를 구하십시오.

표 9.6 The distributions for Exercise 9.10

x	$f_1(x)$	$f_2(x)$	$f_3(x)$
0	p	0.6	0.25
1	$1 - p$	0.2	0.25
2	0.00	0.1	0.25
3	0.00	0.1	0.25

9.11 (*) AIDS 환자에 대한 다음 정보를 고려하십시오.

1. AIDS에 걸리지 않은 개인의 의료비 조건부 분포는 평균이 1,000이고 분산이 250,000입니다.
2. AIDS에 걸린 개인의 의료비 조건부 분포는 평균이 70,000이고 분산이 1,600,000입니다.
3. 무작위로 선택된 m명의 성인 그룹에서 AIDS 환자의 수는 모수 m과 $q = 0.01$을 가지는 이항 분포를 따릅니다.

보험사는 그룹의 총 청구액 분포의 평균에 표준편차의 10%를 더하여 보험료를 결정합니다. AIDS에 걸리지 않은 것으로 확인된 10명의 독립적인 생명으로 이루어진 그룹에 대한 보험료는 P입니다. 무작위로 선택된 10명의 성인 그룹에 대한 보험료는 Q입니다. P/Q를 구하십시오.

9.12 (*) 도시 계획자가 사무실 내 흡연 패턴 분석을 요청했습니다. 계획자는 표 9.7에 근무일 동안 흡연한 담배 수에 대한 분포 데이터를 제공했습니다. 무작위로 선택된 N명의 직원이 있는 사무실에서 남성 직원 수는 모수 N과 0.4를 가지는 이항 분포를 따릅니다. 무작위로 선택된 8명의 직원이 있는 사무실에서 근무일 동안 흡연한 담배 수의 평균과 표준편차를 구하십시오.

표 9.7 The data for Exercise 9.12

	Male	Female
Mean	6	3
Variance	64	31

9.13 (*) 특정 그룹에서 총 청구액은 구간 (0,10)에서 균등 분포를 따릅니다. 보험사 A는 면책액 6에 대해 예상 스톱로스 청구액에 해당하는 보험료로 스톱로스 보상을 제안합니다. 보험사 B는 보험료 7인 집단보험을 제안하며, $7k$가 청구액을 초과하는 경우 그 초과 금액에 대한 배당금(보험료 환급금)을 제공합니다. 두 제안에서 그룹의 예상 비용이 같도록 하는 k 값을 구하십시오.

9.14 (*) 특정 그룹 건강 계약에서, 총 청구액은 지수 분포를 따른다고 가정합니다. 이 분포의 평균은 그룹 인수인이 추정합니다. 예상 청구액의 125%를 초과하는 총 청구액에 대한 스톱로스 보험은 예상 스톱로스 청구액의 두 배에 해당하는 총 보험료로 제공됩니다. 인수인의 예상 청구액 계산 방법에서 오류를 발견했습니다. 인수인의 추정치는 정확한 추정치의 90%입니다. 보험료의 실제 비율 로딩을 구하십시오.

9.15 (*) 무작위 손실 X의 확률 함수는 표 9.8과 같이 주어졌습니다. $E(X) = 4$이고 $E[(X - d)_+] = 2$가 주어졌을 때, d를 구하십시오.

표 9.8 The data for Exercise 9.15

x	$f(x)$
0	0.05
1	0.06
2	0.25
3	0.22
4	0.10
5	0.05
6	0.05
7	0.05
8	0.05
9	0.12

9.16 (*) 재보험사는 d를 초과하는 총 청구액에 대해 스톱로스 보험료 $\mathrm{E}[(S-d)_+]$를 지급합니다. 다음이 주어졌습니다.

$$\mathrm{E}[(S-100)_+] = 15, \mathrm{E}[(S-120)_+] = 10$$

그리고 총 청구액이 80을 초과하고 120 이하일 확률은 0입니다. 총 청구액이 80 이하일 확률을 구하시오.

9.17 (*) 손실 확률 변수 X의 확률 밀도 함수는 $f(x) = 1/100,\ 0 < x < 100$입니다. 손실의 재정적 영향을 완화하기 위해 두 가지 계약을 구매할 수 있습니다.

$$A = \begin{cases} 0, & x < 50k, \\ \dfrac{x}{k} - 50, & x \geq 50k, \end{cases}$$

$$B = kx, \quad 0 < x < 100,$$

여기서 A와 B는 손실이 x일 때 지급되는 금액을 나타냅니다. 두 계약은 동일한 순보험료를 가지며, 즉 $\mathrm{E}(A) = \mathrm{E}(B)$입니다. k 값을 구하시오.

9.18 (*) 요양원 보험 계약에 대해, 평균 입원 기간이 440일이며, 입원의 30%가 첫 30일 이내에 종료됩니다. 이러한 종료는 해당 기간 동안 균등하게 분포합니다. 계약은 첫 30일 동안 하루에 20을 지급하며, 그 이후에는 하루에 100을 지급합니다. 단일 입원에 대해 예상 지급액을 구하십시오.

9.19 (*) 특정 보험 포트폴리오는 N건의 청구를 발생시킵니다. N의 확률 분포는 다음과 같습니다.

n	$\Pr(N=n)$
0	0.5
1	0.4
3	0.1

개별 청구액의 분포는 다음과 같습니다.

x	$f_X(x)$
1	0.9
10	0.1

개별 청구액과 N은 서로 독립입니다. 총 청구액이 예상 청구액의 3배를 초과할 확률을 구하십시오.

9.20 (*) 한 회사는 그룹 여행 사고 생명보험을 판매하며, 여행 사고로 사망한 개인에 대해 m을 지급합니다. 그룹의 총 보험료는 그룹 총 청구액의 기댓값에 표준편차를 더한 값으로 설정됩니다. 표준 보험료는 다음 두 가지 가정을 기반으로 합니다.

1. 그룹 내 모든 개인 청구는 서로 독립적입니다.
2. $m^2q(1-q) = 2{,}500$, 여기서 q는 개인이 여행 사고로 사망할 확률입니다.

100명의 특정 그룹에서, 세 명의 특정 개인이 항상 함께 여행하기 때문에 독립 가정이 성립하지 않습니다. 한 명이 사고로 사망하면 세 명 모두 사망한다고 가정합니다. 이 그룹의 보험료와 표준 보험료 간의 차이를 구하십시오.

9.21 (*) 한 생명보험 회사는 표 9.9에 따라 16,000명의 생명을 대상으로 1년 만기 생명보험을 제공합니다. 모든 청구는 서로 독립적입니다. 보험회사의 보유 한도는 생명당 2단위이며, 재보험은 단위당 0.03에 구매됩니다. 보험회사의 보유 청구액 S와 재보험 비용을 합한 금액이 1,000을 초과할 확률은 다음과 같습니다:

$$\Pr\left[\frac{S - \mathrm{E}(S)}{\sqrt{\mathrm{Var}(S)}} > K\right].$$

정규 근사를 사용하여 K를 구하십시오.

표 9.9 The data for Exercise 9.21

Benefit amount	Number covered	Probability of
1	8,000	0.025
2	3,500	0.025
3	4,500	0.025

9.22 (*) 개인 손실 Y의 확률 밀도 함수는 다음과 같습니다.

$$f(y) = \begin{cases} 0.02\left(1 - \dfrac{y}{100}\right), & 0 < y < 100, \\ 0, & \text{elsewhere.} \end{cases}$$

지급 금액 Z는 면책액 10을 초과하는 손실 부분의 80%입니다. $\mathrm{E}(Z)$를 구하십시오.

9.23 (*) 개인 손실 분포는 평균 μ = 100, 분산 σ^2 = 9인 정규 분포를 따릅니다. 청구 건수 N의 분포는 Table 9.10에 주어져 있습니다. 총 청구액이 100을 초과할 확률을 구하시오.

표 9.10 The distribution for Exercise 9.23

n	$\Pr(N = n)$
0	0.5
1	0.2
2	0.2
3	0.1

9.24 (*) 한 고용주는 다음 두 가지 특성을 가진 생명보험 프로그램을 자가 보험 방식으로 운영합니다:

1. 청구가 발생한 경우, 청구 금액은 2,000일 확률이 0.4이고, 3,000일 확률이 0.6입니다.
2. 청구 건수는 표 9.11에 주어진 분포를 따릅니다.

   고용주는 연간 총 청구 비용을 5,000으로 제한하는 총 스톱로스 보상을 구매합니다. 이 스톱로스 보상의 비용은 1,472입니다. 스톱로스 보상 비용을 포함한 프로그램의 예상 연간 비용을 구하십시오.

표 9.11 The distribution for Exercise 9.24

n	$f(n)$
0	1/16
1	1/4
2	3/8
3	1/4
4	1/16

9.25 (*) 병원에 입원한 개인이 k일 이하로 입원할 확률은 $1 - 0.8^k$, $k = 0, 1, 2, \cdots$ 입니다. 병원 보상 계약은 4일째부터 10일까지 (최대 7일) 하루에 일정 금액을 지급합니다. 지급 최대일수를 7일에서 14일로 늘리면 예상 입원당 비용이 몇 퍼센트 증가하는지 구하십시오.

9.26 (*) 총 청구액 S의 확률 밀도 함수는 다음과 같습니다.

$$f_S(x) = 3x^{-4},\ x \geq 1$$

상대 부가율 θ와 값 λ는 다음 조건을 만족하도록 선택됩니다.

$$\Pr[S \leq (1+\theta)\mathrm{E}(S)] = \Pr\left[S \leq \mathrm{E}(S) + \lambda\sqrt{\mathrm{Var}(S)}\right] = 0.90.$$

λ와 θ를 계산하시오.

9.27 (*) 한 보험 계약은 발생한 총 비용에 대해 다음과 같이 보상합니다.

- 100을 초과하는 첫 번째 1,000의 80%
- 그다음 초과분 1,000의 90%
- 이후에는 100%

다양한 d 값에 대해 $R_d = \mathrm{E}[(S-d)_+]$ 로 보상의 예상 비용을 표현하시오.

9.28 (*) 한 보험 가입자가 1년 동안 입은 사고의 수는 λ = 2인 포아송 분포를 따릅니다. 사고가 발생하면 피해액이 면책액을 초과할 확률은 0.25입니다. 청구 건수와 피해액은 서로 독립적입니다. 1년 동안 면책액을 초과하는 피해가 없을 확률을 구하십시오.

9.29 (*) 한 보험사는 총 손실 분포를 지수 분포로 모델링합니다. 그러나 평균은 불확실합니다. 회사는 평균이 (2,000,000,4,000,000) 범위의 균등 분포를 따른다고 가정합니다. 총 예상 손실을 계산하십시오.

9.30 (*) 한 그룹 병원 보상 계약은 최대 30일 동안 하루 100의 연속 요율로 혜택을 제공합니다. 입원 기간이 하루의 일부일 경우 비례적으로 계산됩니다. 입원 기간 T의 생존 함수는 다음과 같습니다.

$$\Pr(T \geq t) = \begin{cases} 1 - 0.04t, & 0 \leq t \leq 10, \\ 0.95 - 0.035t, & 10 < t \leq 20, \\ 0.65 - 0.02t, & 20 < t \leq 30. \end{cases}$$

계약 기간 동안 각 구성원의 단일 병원 입원 확률은 0.1이며, 두 번 이상 입원할 확률은 0입니다. 화폐의 시간 가치를 무시하고 구성원당 순보험료를 계산하십시오.

9.31 (*) 의료 및 치과 청구는 다음과 같이 합성 포아송 분포를 따르며 서로 독립적이라고 가정합니다.

Claim type	Claim amount distribution	λ
Medical claims	Uniform (0,1,000)	2
Dental claims	Uniform (0,200)	3

의료 및 치과 청구를 모두 포함하는 보험 계약에서 주어진 청구 금액을 X라고 하겠습니다. $E[(X-100)_+]$, 즉 100을 초과하는 부분의 예상 비용을 구하십시오.

9.32 (*) 특정 가입자의 총 청구액 분포는 모수가 $m = 12$, $q = 0.25$인 이항 분포를 따릅니다. 보험사는 배당금 D를 지급하며, 이는 보험료의 80%가 청구액을 초과하는 경우 그 초과분에 해당합니다. 보험료는 5입니다. $E[D]$를 구하십시오.

9.33 (*) 1년 동안의 청구 건수는 평균이 1.5인 기하 분포를 따릅니다. 각 청구 건의 손실액은 100입니다. 보험 계약은 1년 동안 첫 세 건의 청구에 대해서는 지급하지 않으며, 네 번째 청구부터 각 청구에 대해 100을 지급합니다. 연간 예상 보험 지급액을 구하십시오.

9.34 (*) 합성 포아송 분포는 $\lambda = 5$와 다음과 같은 청구 금액 분포를 가집니다.

$$p(100) = 0.80, \ p(500) = 0.16, \text{ and } p(1,000) = 0.04$$

총 청구 금액이 600일 확률을 구하십시오.

9.35 (*) 총 지급액은 복합 분포를 따릅니다. 빈도 분포는 $r = 16$, $\beta = 6$인 음이항 분포이며, 심도 분포는 구간 (0,8)에서 균등 분포를 따릅니다. 총 지급액이 보험료를 초과할 확률이 5%가 되도록 하는 보험료를 정규 근사를 사용하여 구하십시오.

9.36 (*) 손실 건수는 $\lambda = 3$인 포아송 분포를 따릅니다. 손실 금액은 $\alpha = 3$, $\theta = 2$, $\gamma = 1$을 가지는 Burr 분포를 따릅니다. 총 손실의 분산을 구하십시오.

9.4 분석 결과 Analytic results

대부분의 N과 X_j의 분포 선택에 대해, 복합 분포 값은 수치적으로만 얻을 수 있습니다. 이 장의 후속 섹션에서는 이러한 수치 절차를 다룹니다. 그러나 특정 조합의 선택에 대해서는 간단한 분석적 결과가 제공되어 계산 문제를 크게 줄일 수 있습니다.

그러나 특정 조합의 선택에 대해서는 간단한 분석적 결과가 제공되어 계산 문제를 상당히 줄일 수 있습니다.

예제 9.7

(*복합 음이항-지수 분포*) 빈도 분포가 r이 정수 값인 음이항 분포이고, 심도 분포가 지수 분포일 때, S의 분포를 구하십시오.

S의 모멘트 생성 함수(mgf)는 다음과 같습니다.

$$\begin{aligned} M_S(z) &= P_N[M_X(z)] \\ &= P_N[(1-\theta z)^{-1}] \\ &= \{1-\beta[(1-\theta z)^{-1}-1]\}^{-r}. \end{aligned}$$

약간의 대수적 계산을 통해 다음과 같이 다시 쓸 수 있습니다.

$$M_S(z) = \left(1+\frac{\beta}{1+\beta}\{[1-\theta(1+\beta)z]^{-1}-1\}\right)^r,$$

이는 다음 형태를 가집니다.

$$M_S(z) = P_N^*[M_X^*(z)],$$

여기서

$$P_N^*(z) = \left[1+\frac{\beta}{1+\beta}(z-1)\right]^r,$$

이는 모수 r과 $\beta/(1+\beta)$를 가지는 이항 분포의 확률 생성 함수(pgf)이며, $M_X^*(z)$는 평균 $\theta(1+\beta)$를 가지는 지수 분포의 mgf입니다.

이 변환은 분포 함수의 계산을 다음 유한 합으로 줄여줍니다.

$$\begin{aligned} F_S(x) = 1 - \sum_{n=1}^{r}\binom{r}{n}\left(\frac{\beta}{1+\beta}\right)^n\left(\frac{1}{1+\beta}\right)^{r-n} \\ \times\sum_{j=0}^{n-1}\frac{[x\theta^{-1}(1+\beta)^{-1}]^j e^{-x\theta^{-1}(1+\beta)^{-1}}}{j!}. \end{aligned}$$

특히 $r = 1$일 때, S는 복합 기하 분포를 가지며, 위 공식은 다음으로 단순화됩니다.

$$F_S(x) = 1-\frac{\beta}{1+\beta}\exp\left[-\frac{x}{\theta(1+\beta)}\right], \quad x \ge 0.$$

따라서, $\Pr(S=0) = F_S(0) = (1+\beta)^{-1}$, 그리고 $F_S(x)$ 는 미분 가능하므로, S의 확률 밀도 함수(pdf)는 $f_S(x) = F_S'(x)$이며, $x > 0$에 대해 다음과 같습니다.

$$f_S(x) = \frac{\beta}{\theta(1+\beta)^2} \exp\left[-\frac{x}{\theta(1+\beta)}\right].$$

요약하면, $r = 1$일 때, S는 0에서 질량 $(1 + \beta)^{-1}$를 가지며, 양의 축에서는 지수적으로 감소하는 밀도를 가집니다. □

예제 9.7에서 볼 수 있듯이, 지수 청구액 크기의 경우 유용한 공식이 도출될 수 있습니다. 다음 예제에서는 이 경우를 더 자세히 다룹니다.

예제 9.8

(*지수 심도*) 어떤 복합 분포에서 지수형 심도(Severity)를 가진 S의 누적분포함수 (CDF)를 구하십시오.

각각 평균 θ를 가진 n개의 독립적인 지수 확률 변수의 합의 모멘트 생성 함수(MGF)는 다음과 같습니다.

$$M_{X_1+X_2+\cdots+X_n}(z) = (1-\theta z)^{-n},$$

이는 감마 분포의 MGF와 동일하며, 그 CDF는 다음과 같습니다.

$$F_X^{*n}(x) = \Gamma\left(n; \frac{x}{\theta}\right)$$

(부록 A를 참조). 정수 값 α에 대해, $\Gamma(\alpha;x)$의 값은 다음과 같이 정확히 계산할 수 있습니다(부록 A에서 유도 과정을 참조)

$$\Gamma(n;x) = 1 - \sum_{j=0}^{n-1} \frac{x^j e^{-x}}{j!}, \quad n = 1, 2, 3, \ldots. \tag{9.12}$$

식 (9.3)에서,

$$F_S(x) = p_0 + \sum_{n=1}^{\infty} p_n \Gamma\left(n; \frac{x}{\theta}\right). \tag{9.13}$$

밀도 함수는 이를 미분하여 얻을 수 있습니다:

$$f_S(x) = \sum_{n=1}^{\infty} p_n \frac{x^{n-1} e^{-x/\theta}}{\theta^n \Gamma(n)}. \tag{9.14}$$

분포 함수로 돌아가, (9.12)를 (9.13)에 대입하면 다음과 같습니다.

$$F_S(x) = 1 - \sum_{n=1}^{\infty} p_n \sum_{j=0}^{n-1} \frac{(x/\theta)^j e^{-x/\theta}}{j!}, \quad x \geq 0. \tag{9.15}$$

합의 순서를 바꾸면,

$$\begin{aligned} F_S(x) &= 1 - e^{-x/\theta} \sum_{j=0}^{\infty} \frac{(x/\theta)^j}{j!} \sum_{n=j+1}^{\infty} p_n \\ &= 1 - e^{-x/\theta} \sum_{j=0}^{\infty} \bar{P}_j \frac{(x/\theta)^j}{j!}, \quad x \geq 0, \end{aligned} \tag{9.16}$$

여기서 $\bar{P}_j = \sum_{n=j+1}^{\infty} p_n$ 로 $j = 0, 1, \ldots$.입니다. □

비음수 정수에 대해 양의 확률을 부여하는 빈도 분포의 경우, 식 (9.15)는 첫 번째 합에서 충분한 항을 취하여 계산할 수 있습니다. $\Pr(N > n^*) = 0$인 분포의 경우, 첫 번째 합은 유한해집니다. 예를 들어, 이항 빈도 분포에 대해 식 (9.15)는 다음과 같이 됩니다.

$$F_S(x) = 1 - \sum_{n=1}^{m} \binom{m}{n} q^n (1-q)^{m-n} \sum_{j=0}^{n-1} \frac{(x/\theta)^j e^{-x/\theta}}{j!}. \tag{9.17}$$

다음 정리는 독립적인 합성 포아송 확률 변수를 더할 때 계산을 단순화하는 방법을 제공합니다. 예를 들어, 각 구성원이 총 손실에 대해 합성 포아송 모델을 가지는 그룹 보험 계약에서 전체 총 손실 분포를 계산하려는 경우에 적용될 수 있습니다.

마찬가지로, 여러 독립적인 사업 라인의 결합된 손실을 평가하려는 경우에도 해당됩니다.

이 정리는 각 라인이나 그룹 구성원의 분포를 계산한 다음 합의 분포를 결정할 필요가 없음을 의미합니다. 대신, 각 구성 요소의 손실 심도 분포를 가중 평균하여 심도 분포로 사용할 수 있으며, 포아송 모수를 합하여 빈도 분포를 얻을 수 있습니다. 그런 다음 단일 총 손실 분포 계산만으로 충분합니다.

정리 9.7 *S_j가 포아송 모수 λ_j와 심도의 cdf $F_j(x)$, $j = 1, 2, \cdots, n$를 가진 합성 포아송 분포를 따른다고 가정합니다. 또한 $S_1, S_2, \cdots, S_n$이 서로 독립적이라고 가정합니다. 이때 $S = S_1 + \cdots + S_n$은 포아송 모수 $\lambda = \lambda_1 + \cdots + \lambda_n$과 심도 CDF*

$$F(x) = \sum_{j=1}^{n} \frac{\lambda_j}{\lambda} F_j(x).$$

를 가지는 합성 포아송 분포를 따릅니다.

증명: $F_j(x)$의 mgf를 $M_j(t)$라 하고 $j = 1, 2, \cdots, n$에 대해

$$M_{S_j}(t) = \mathrm{E}(e^{tS_j}) = \exp\{\lambda_j[M_j(t) - 1]\},$$

S_j들이 서로 독립적이므로, S의 mgf는

$$\begin{aligned} M_S(t) &= \prod_{j=1}^{n} M_{S_j}(t) = \prod_{j=1}^{n} \exp\{\lambda_j[M_j(t) - 1]\} \\ &= \exp\left\{\left[\sum_{j=1}^{n} \lambda_j M_j(t)\right] - \lambda\right\} \\ &= \exp\left(\lambda\left\{\left[\sum_{j=1}^{n} \frac{\lambda_j}{\lambda} M_j(t)\right] - 1\right\}\right). \end{aligned}$$

여기서 $\sum_{j=1}^{n} \frac{\lambda_j}{\lambda} M_j(t)$는 $F(x) = \sum_{j=1}^{n} \frac{\lambda_j}{\lambda} F_j(x)$의 mgf입니다. 따라서 $M_S(t)$는 합성 포아송 mgf이며, 정리가 성립합니다. □

예제 9.9

계약 A는 $\lambda = 2$, 지급 확률 0.6(1의 지급) 및 0.4(2의 지급)를 가지는 합성 포아송 분포를 따릅니다. 계약 B는 $\lambda = 1$, 지급 확률 0.7(1의 지급) 및 0.3(3의 지급)을 따릅니다. 두 계약의 총 지급액이 2가 될 확률을 구하십시오.

이 문제는 충분히 단순하여 정리 9.7을 사용할 필요가 없으며, $S = 2$가 되는 경우의 수를 열거하여 직접 구할 수 있습니다. 또한, 합성 포아송 확률을 계산하는 더 빠른 방법은 9.6절에서 다룹니다.

정리 9.7을 사용하면 총 지급액은 $\lambda = 2 + 1 = 3$과 다음 심도 분포를 가지는 합성 포아송 분포를 따릅니다.

$$\begin{aligned} f_X(1) &= (2/3)(0.6) + (1/3)(0.7) = 0.63333, \\ f_X(2) &= (2/3)(0.4) + (1/3)(0.0) = 0.26667, \\ f_X(3) &= (2/3)(0.0) + (1/3)(0.3) = 0.1. \end{aligned}$$

따라서,

$$\begin{aligned}\Pr(S=2) &= \Pr(N=1, X_1=2) + \Pr(N=2, X_1=1, X_2=1) \\ &= e^{-3}(3/1)(0.26667) + e^{-3}(3^2/2)(0.63333)(0.63333) \\ &= 2.605e^{-3} = 0.12970.\end{aligned}$$

각 계약을 별도로 처리하면 다음과 같습니다. 계약 A의 경우,

$$\begin{aligned}&\Pr(S_A=0) = e^{-2}, \\ &\Pr(S_A=1) = e^{-2}(2/1)(0.6) = 1.2e^{-2}, \\ &\Pr(S_A=2) = e^{-2}(2/1)(0.4) + e^{-2}(2^2/2)(0.6)^2 = 1.52e^{-2}.\end{aligned}$$

계약 B의 경우,

$$\begin{aligned}&\Pr(S_B=0) = e^{-1}, \\ &\Pr(S_B=1) = e^{-1}(0.7), \\ &\Pr(S_B=2) = e^{-1}(1/2)(0.7)^2 = 0.245e^{-1}.\end{aligned}$$

따라서,
$\Pr(S_A + S_B = 2) = e^{-2}(0.245e^{-1}) + 1.2e^{-2}(0.7e^{-1}) + 1.52e^{-2}(e^{-1}) = 2.605e^{-3} = 0.12970.$ □

9.4.1 연습 문제

9.37 모수 $\beta = 1$, $r = 2$를 가지는 복합 음이항 분포가 있고, 심도 분포 $f_X(x)$는 $x = 0, 1, 2, \cdots$에서 정의됩니다. 총 청구액 분포는 변경되지 않은 채로, 심도 분포가 $g_X(x) = f_X(x)/[1 - f_X(0)]$, $x = 1, 2, \cdots$로 바뀌었다면, 분포의 모수는 어떻게 변경됩니까?

9.38 심도 분포가 지수 분포인 복합 로그 분포를 고려하십시오.

(a) 총 손실의 밀도가 다음과 같이 표현될 수 있음을 보이십시오.

$$f_S(x) = \frac{1}{\ln(1+\beta)} \sum_{n=1}^{\infty} \frac{1}{n!} \left[\frac{\beta}{\theta(1+\beta)} \right]^n x^{n-1} e^{-x/\theta}.$$

(b) 이를 다음 형태로 단순화하십시오.

$$f_S(x) = \frac{\exp\{-x/[\theta(1+\beta)]\} - \exp(-x/\theta)}{x \ln(1+\beta)}.$$

9.39 복합 분포에서 N은 모수 $m = 3$, $q = 0.4$를 가지는 이항 분포를 따르고, X는 평균 100을 가지는 지수 분포를 따릅니다. $\Pr(S \leq 300)$을 계산하시오.

9.40 한 회사가 세 가지 보험을 판매합니다.

계약 A: 모든 청구 지급액은 10,000이며, 단일 계약의 청구 건수는 평균 0.01을 가지는 포아송 분포를 따릅니다.

계약 B: 모든 청구 지급액은 20,000이며, 단일 계약의 청구 건수는 평균 0.02를 가지는 포아송 분포를 따릅니다.

계약 C: 모든 청구 지급액은 40,000이며, 단일 계약의 청구 건수는 평균 0.03을 가지는 포아송 분포를 따릅니다.

모든 계약은 서로 독립적입니다. 다가오는 해에 대해, 계약 A, B, C는 각각 5,000건, 3,000건, 1,000건이 판매되었습니다. 총 지급액의 기댓값, 표준편차, 및 총 지급액이 30,000을 초과할 확률을 계산하십시오.

9.5 총 청구액 분포 계산 Computing the Aggregate Claims Distribution

복합 분포 함수의 계산은

$$F_S(x) = \sum_{n=0}^{\infty} p_n F_X^{*n}(x) \tag{9.18}$$

또는 이에 대응하는 확률 밀도 함수(pdf)를 계산하는 일은, 가장 간단한 경우에도 일반적으로 쉽지 않습니다. 이 절에서는 빈도 및 심도 분포의 특정 선택뿐만 아니라, 하나 또는 두 분포 모두의 임의 선택에 대해 식 (9.18)을 수치적으로 계산하는 여러 접근법을 논의합니다.

하나의 접근법은 (9.18)의 직접 계산을 피하기 위해 근사 분포(approximating distribution)를 사용하는 것입니다. 예제 9.4에서는 모멘트 방법을 사용하여 근사 분포의 모수를 추정합니다. 이 방법의 장점은 단순하고 적용하기 쉽다는 점입니다. 그러나 단점도 큽니다.

첫째, 근사가 얼마나 정확한지 알 수 있는 방법이 없습니다. 다른 근사 분포를 선택하면 특히 분포의 오른쪽 꼬리 부분에서 매우 다른 결과를 초래할 수 있습니다.

물론, 근사는 모멘트가 높을수록 질이 향상해야 하지만, 4차 모멘트 이후에는 사용할 분포가 빠르게 고갈됩니다!

근사 분포는 실제 분포의 특수한 특징을 반영하지 못할 수도 있습니다. 예를 들어, 손실 분포가 연속형이고 최대 청구액(예: 보험 한도가 있는 경우)이 존재할 때, 심도 분포는 최댓값에서 점 질량("원자" 또는 "스파이크")을 가질 수 있습니다. 실제 총 청구액 분포는 혼합형으로, 최댓값의 정수 배수(예: 1, 2, 3, ...)에서 스파이크를 가집니다. 이러한 스파이크가 크다면, 해당 배수 근처 확률에 상당한 영향을 미칠 수 있습니다. 이러한 총 청구액 분포 함수의 점프는 매끄러운 근사 분포로는 재현할 수 없습니다.

두 번째 방법은 (9.18) 또는 이에 대응하는 pdf를 직접 계산하는 것입니다. 여기서 가장 어려운 부분(혹은 computer 집약성)은 심도 분포의 n-중(fold) 합성(convolution)을 계산하는 것입니다. 이를 계산하기 위해 다음과 같은 적분을 사용합니다.

$$F_X^{*k}(x) = \int_{-\infty}^{\infty} F_X^{*(k-1)}(x-y)\,dF_X(y). \tag{9.19}$$

손실이 음이 아닌 값으로 제한될 경우(일반적인 경우), 적분 범위가 유한해져 식 (9.19)는 다음과 같이 줄어듭니다.

$$F_X^{*k}(x) = \int_{0-}^{x} F_X^{*(k-1)}(x-y)\,dF_X(y). \tag{9.20}$$

이 적분은 누적분포함수(CDF), $F_X(x)$의 0과 다른 점에서의 점프를 다루기 위해 Lebesgue-Stieltjes[1] 형태로 작성됩니다. 일반적으로 (9.20)의 계산에는 수치적 적분 방법이 필요합니다. 적분식 (9.20)의 첫 번째 항 때문에, x의 모든 가능한 값에 대해 계산해야 합니다. 이 접근 방식은 기술적으로 매우 복잡해질 수 있습니다.

예제 9.5에서 보듯이, 심도 분포가 이산형인 경우 계산은 단순히 많은 곱셈과 덧셈으로 줄어듭니다. 그러나 연속형 심도 분포의 경우 이러한 기술적 문제를 피하는 간단한 방법은 심도 분포를 0, 1, 2,…와 같은 특정 금전 단위(예: 1,000)의 배수로 정의된 이산 분포로 대체하는 것입니다.

실제에서는 금전 단위를 충분히 작게 설정하여 최대 보험 금액에서 발생하는 스파이크를 반영할 수 있습니다. 스파이크는 금전 단위의 배수여야 정확히 올바른 위치에 놓일 수 있습니다. 측정 단위가 작아질수록 이산 분포 함수는 실제 분포 함수에 가까워져야 합니다. 가장 간단한 방법은 모든 금액을 금전 단위의 가장 가까운 배수로 반올림하는 것입니다.

---

1 Lebesgue-Stieltjes 적분의 공식적인 정의로 들어가지 않고, 다음과 같이 해석하는 것으로 충분합니다. $\int g(y)dF_X(y)$를 평가할 때, X가 연속 분포를 가지는 y 값에 대해 $g(y)f_X(y)$를 적분한 결과에, $\Pr(X=y_i)>0$인 점들에서 $g(y_i)\Pr(X=yi)$를 더합니다. 이 공식은 연속형, 이산형, 그리고 혼합형 확률 변수에 대해 단일 표기법으로 사용할 수 있도록 해줍니다.

예를 들어, 모든 손실이나 청구액을 가장 가까운 1,000단위로 반올림할 수 있습니다. 보다 정교한 방법은 이 장의 후반부에서 논의됩니다.

심도 분포가 0, 1, 2,⋯와 같은 비음수 정수로 정의된 경우, $f_X^{*k}(x)$를 정수 x에 대해 계산하려면 $x+1$번의 곱셈이 필요합니다. 그런 다음, k와 x의 가능한 모든 값에 대해 계산하려면 최대 n까지의 x에 대해 $O(n^3)$번의 곱셈이 필요합니다.

총 청구액 분포를 계산해야 하는 최댓값 n이 클 경우, 계산량은 매우 빠르게 증가하며, 심지어 고속 컴퓨터로도 감당하기 어려워질 수 있습니다. 예를 들어, 실제 응용에서 n은 1,000과 같이 매우 클 수 있으며, 약 10^9번의 곱셈이 필요합니다.

게다가, $\Pr(X=0)>0$이고 빈도 분포가 무한한 경우, 단일 확률을 계산하려면 무한히 많은 계산이 필요합니다. 이는 $F_X^{*n}(x)>0$이 모든 n과 x에 대해 성립하기 때문에, 식 (9.18)의 합이 무한한 항을 포함하기 때문입니다. 그러나 $\Pr(X=0)=0$인 경우 $F_X^{*n}(x)=0$이 $n>x$일 때 성립하므로, 식 (9.18)은 최대 $x+1$개의 양의 항만을 가질 수 있습니다. 표 9.3은 이러한 경우의 예를 제공합니다.

총 청구액 분포를 더 빠르게 계산하는 대안 방법은 9.6절에서 논의됩니다. 이 *재귀적 방법*은 이전에 논의된 계산량을 $O(n^2)$로 줄여줍니다. 이는 $n=1{,}000$일 때 직접 계산에 비해 약 99.9%의 컴퓨터 시간을 절약할 수 있습니다. 그러나 이 방법은 특정 빈도 분포에 제한됩니다. 다행히도, 이 방법은 6장과 부록 B에서 논의된 모든 빈도 분포를 포함합니다.

9.6 재귀적 방법 The Recursive Method

심도 분포 $f_X(x)$는 $x=0, 1, 2, \cdots, m$에서 정의되며, 이는 특정 금전적 단위의 배수를 나타냅니다. 숫자 m은 최대 가능한 지급액을 나타내며, 이는 무한일 수도 있습니다. 또한, 빈도 분포 p_k는 $(a,b,1)$ 클래스의 구성원이며, 다음 식을 만족한다고 가정합니다.

$$p_k=\left(a+\frac{b}{k}\right)p_{k-1}, \quad k=2,3,4,\ldots.$$

이 경우, 다음 결과가 성립합니다.

정리 9.8 $(a,b,1)$ 클래스에 대해,

$$f_S(x) = \frac{[p_1 - (a+b)p_0]f_X(x) + \sum_{y=1}^{x\wedge m}(a+by/x)f_X(y)f_S(x-y)}{1-af_X(0)}, \tag{9.21}$$

여기서 $x \wedge m$*은* $\min(x, m)$*을 나타냅니다.*

증명: 이 결과는 적절한 기호 대체 및 $f_X(y)$의 인자가 m을 초과할 수 없음을 인식하여, 정리 7.2와 동일합니다. □

추론 9.9 $(a,b,0)$ *클래스에 대해, 결과* (9.21)*는 다음과 같이 단순화됩니다.*

$$f_S(x) = \frac{\sum_{y=1}^{x\wedge m}(a+by/x)f_X(y)f_S(x-y)}{1-af_X(0)}. \tag{9.22}$$

심도 분포가 0에서 확률을 가지지 않는 경우, (9.21)과 (9.22)의 분모는 1이 됩니다. 또한, 포아송 분포의 경우, (9.22)는 다음과 같이 단순화됩니다.

$$f_S(x) = \frac{\lambda}{x}\sum_{y=1}^{x\wedge m} yf_X(y)f_S(x-y), \quad x = 1, 2, \ldots. \tag{9.23}$$

재귀 방식 (9.21)과 (9.22)의 시작값은, 정리 7.3에 따라 적절한 기호 변경 후 다음과 같습니다. $f_S(0) = P_N[f_X(0)]$. 포아송 분포의 경우는,

$$f_S(0) = e^{-\lambda[1-f_X(0)]}.$$

다른 빈도 분포의 시작값은 부록 D에서 찾을 수 있습니다.

예제 9.10

(예제 9.9 *계속*) 재귀 공식을 사용하여 0, 1, 2, 3, ,4의 확률 값을 계산하십시오. 다음 공식을 사용하여,

$f_X(0) = 0$, $f_X(1) = 0.63333$, $f_X(2) = 0.26667$, $f_X(3) = 0.1$.

그러면, $f_S(0) = e^{-3(1-0)} = e^{-3}$.

재귀 공식($\lambda = 3$)은 다음과 같습니다.

$$f_S(x) = \frac{3}{x}\sum_{y=1}^{3} y f_X(y) f_S(x-y)$$
$$= \frac{3}{x}[1(0.63333)f_S(x-1) + 2(0.26667)f_S(x-2) + 3(0.1)f_S(x-3)]$$

$f_S(x)$의 인수가 음수인 경우, 값은 0으로 간주합니다. 그러면,

$$f_S(1) = 3(0.63333)e^{-3} = 1.9e^{-3},$$
$$f_S(2) = (3/2)[0.63333(1.9e^{-3}) + 0.53333e^{-3} = 2.605e^{-3},$$
$$f_S(3) = (3/3)[0.63333(2.605e^{-3}) + 0.53333(1.9e^{-3}) + 0.3e^{-3} = 2.96315e^{-3},$$
$$f_S(4) = (3/4)[0.63333(2.96315e^{-3}) + 0.53333(2.605e^{-3}) + 0.3(1.9e^{-3})$$
$$= 3.83598e^{-3}.$$

□

예제 9.11

복합 분포가 $m = 3$, $q = 0.3$, $p_0^M = 0.4$를 가지는 0-수정 이항 분포를 따릅니다. 개별 지급액은 0, 50, 150이며, 각각의 확률은 0.3, 0.5, 0.2입니다. 재귀 공식을 사용하여 S의 확률 분포를 구하십시오.

지급금액은 동일한 간격이어야 하기 때문에, 적절한 단위는 50으로 설정합니다. 따라서,

$$f_X(0) = 0.3,\ f_X(1) = 0.5,\ f_X(2) = 0, \text{ and } f_X(3) = 0.2$$

시작값은,

$$f_X(0) = 0.4 + 0.6\frac{[1 + 0.3(-0.7)]^3 - 0.7^3}{1 - 0.7^3} = 0.53702.$$

주요 숫자는,

$$a = -0.3/0.7 = -3/7,$$
$$b = (3+1)(0.3)/0.7 = 12/7, \text{ and}$$
$$p_1 = 3(0.3)(0.7)^2(0.6)/(1 - 0.7^3) = 0.40274.$$

재귀 공식은,

$$f_S(s) = \frac{[p_1 - (a+b)p_0]f_X(x) + \sum_{y=1}^{3}\left(-\frac{3}{7} + \frac{12y}{7x}\right) f_X(y) f_S(x-y)}{1 - (-3/7)(0.3)}$$
$$= \frac{70}{79}\left[\left(0.40274 - \frac{3.6}{7}\right) f_X(x) + \left(-\frac{3}{7} + \frac{12}{7x}\right) 0.5 f_S(x-1)\right.$$
$$\left. + \left(-\frac{3}{7} + \frac{36}{7x}\right) 0.2 f_S(x-3)\right].$$

처음 몇 확률은,

$$
\begin{aligned}
f_S(1) &= \frac{70}{79}\left[-0.11155(0.5) + \left(-\frac{3}{7} + \frac{12}{7}\right)(0.5)(0.53702)\right] = 0.25648,\\
f_S(2) &= \frac{70}{79}\left(-\frac{3}{7} + \frac{12}{14}\right)(0.5)(0.25648) = 0.04870,\\
f_S(3) &= \frac{70}{79}\left[-0.11155(0.2) + \left(-\frac{3}{7} + \frac{12}{21}\right)(0.5)(0.04870)\right.\\
&\qquad\qquad\qquad\left. + \left(-\frac{3}{7} + \frac{36}{21}\right)(0.2)(0.53702)] = 0.10567\right],\\
f_S(4) &= \frac{70}{79}\left[\left(-\frac{3}{7} + \frac{12}{28}\right)(0.5)(0.10567) + \left(-\frac{3}{7} + \frac{36}{28}\right)(0.2)(0.25648)\right]\\
&= 0.03896.
\end{aligned}
$$

나머지 값은 $fs(4)$의 공식과 유사한 방법으로 계산할 수 있습니다. □

9.6.1 복합 빈도 모델에 대한 응용

빈도 분포가 $(a,b,0)$ 또는 $(a,b,1)$ 클래스에서만 파생된 분포(예: Neyman Type A, 포아송-역가우시안)로 나타낼 수 있는 경우, 재귀 공식 (9.21)을 두 번 이상 사용하여 총 청구액 분포를 구할 수 있습니다.

만약 빈도 분포가 다음과 같이 표현될 수 있다면,

$$P_N(z) = P_1[P_2(z)],$$

총 청구액 분포의 확률 생성 함수(pgf)는 다음과 같습니다.

$$
\begin{aligned}
P_S(z) &= P_N[P_X(z)]\\
&= P_1\{P_2[P_X(z)]\},
\end{aligned}
$$

이를 다시 정리하면:

$$P_S(z) = P_1[P_{S_1}(z)], \tag{9.24}$$

여기서,

$$P_{S_1}(z) = P_2[P_X(z)]. \tag{9.25}$$

식 (9.25)는 총 청구액 분포와 동일한 형식을 가집니다. 따라서 $P_2(z)$가 $(a,b,0)$ 또는 $(a,b,1)$ 클래스에 속한다면, 식 (9.21)을 사용하여 S_1의 분포를 계산할 수 있습니다. 이 결과 분포는 식 (9.25)에서의 "심도" 분포가 됩니다. 이후, 식 (9.24)에 대해 두 번째로 식 (9.21)을 적용하면 S의 분포를 얻을 수 있습니다.

예제 9.12

사고 청구 건수는 포아송-ETNB 분포를 따르며, 포아송 모수 $\lambda = 2$, ETNB 모수 $\beta = 3$ 및 $r = 0.2$를 가집니다. 청구 금액 분포는 0, 10, 20에서 각각 0.3, 0.5, 0.2의 확률을 가집니다. 재귀적으로 총 청구액 분포를 구하십시오.

이전 용어에서 N의 확률 생성 함수(pgf)는 다음과 같습니다.

$$P_N(z) = P_1[P_2(z)],$$

여기서 $P_1(z)$와 $P_2(z)$는 각각 포아송 및 ETNB pgf를 나타냅니다. 따라서 총 청구액의 pgf는 다음과 같습니다.

$$P_S(z) = P_1\left[P_{S_1}(z)\right]$$

여기서 $P_{S_1}(z) = P_2\left[P_X(z)\right]$는 복합 ETNB pgf입니다.

먼저 S_1의 분포를 계산하면 다음과 같습니다(화폐 단위 10).

$$f_X(0) = 0.3,\ f_X(1) = 0.5,\ f_X(2) = 0.2.$$

복합 ETNB 재귀식을 이용하기 위해 다음으로 출발합니다.

$$\begin{aligned} f_{S_1}(0) &= P_2\left[f_X(0)\right] \\ &= \frac{\left\{1+\beta\left[1-f_X(0)\right]\right\}^{-r}-(1+\beta)^{-r}}{1-(1+\beta)^{-r}} \\ &= \frac{\{1+3(1-0.3)\}^{-0.2}-(1+3)^{-0.2}}{1-(1+3)^{-0.2}} \\ &= 0.16369. \end{aligned}$$

$f_{S_1}(x)$의 나머지 값은 S를 S_1로 대체한 (9.21)에서 구할 수 있습니다. 이 경우, 모수는 다음과 같습니다.

$$\begin{aligned} &a = \frac{3}{1+3} = 0.75, \quad b = (0.2-1)a = -0.6, \\ &p_0 = 0, \qquad p_1 = \frac{0.2(3)}{(1+3)^{0.2+1}-(1+3)} = 0.46947. \end{aligned}$$

(9.21)은 다음과 같이 됩니다.

$$f_{S_1}(x) = \frac{[0.46947 - (0.75 - 0.6)(0)]\, f_X(x) + \sum_{y=1}^{x} (0.75 - 0.6y/x)\, f_X(y) f_{S_1}(x-y)}{1 - (0.75)(0.3)}$$
$$= 0.60577 f_X(x) + 1.29032 \sum_{y=1}^{x} \left(0.75 - 0.6\frac{y}{x}\right) f_X(y) f_{S_1}(x-y).$$

처음 몇 확률은,

$$\begin{aligned}
f_{S_1}(1) &= 0.60577(0.5) + 1.29032\left[0.75 - 0.6\left(\tfrac{1}{1}\right)\right](0.5)(0.16369) \\
&= 0.31873, \\
f_{S_1}(2) &= 0.60577(0.2) + 1.29032\left\{\left[0.75 - 0.6\left(\tfrac{1}{2}\right)\right](0.5)(0.31873)\right. \\
&\quad \left. + \left[0.75 - 0.6\left(\tfrac{2}{2}\right)\right](0.2)(0.16369)\right\} = 0.22002, \\
f_{S_1}(3) &= 1.29032\left\{\left[0.75 - 0.6\left(\tfrac{1}{3}\right)\right](0.5)(0.22002)\right. \\
&\quad \left. + \left[0.75 - 0.6\left(\tfrac{2}{3}\right)\right](0.2)(0.31873)\right\} = 0.10686, \\
f_{S_1}(4) &= 1.29032\left\{\left[0.75 - 0.6\left(\tfrac{1}{4}\right)\right](0.5)(0.10686)\right. \\
&\quad \left. + \left[0.75 - 0.6\left(\tfrac{2}{4}\right)\right](0.2)(0.22002)\right\} = 0.06692.
\end{aligned}$$

이제 합성 포아송 pgf로 S 분포의 평가로 돌아옵니다.

$$P_S(z) = P_1\left[P_{S_1}(z)\right] = e^{\lambda\left[P_{S_1}(z)-1\right]}.$$

따라서 다음 분포

$$f_{S_1}(x), \quad x = 0, 1, 2, \ldots$$

는 합성 포아송 재귀식의 적용에 있어 "2차적" 혹은 "청구 금액" 분포입니다.
따라서 초기값은,

$$f_S(0) = P_S(0) = e^{\lambda\left[P_{S_1}(0)-1\right]} = e^{\lambda\left[f_{S_1}(0)-1\right]} = e^{2(0.16369-1)} = 0.18775.$$

나머지 확률은 다음의 재귀식으로 구할수 있습니다.

$$f_S(x) = \frac{2}{x}\sum_{y=1}^{x} y f_{S_1}(y) f_S(x-y), \quad x = 1, 2, \ldots .$$

처음 몇 개의 확률값 계산,

$$
\begin{aligned}
f_S(1) &= 2\left(\tfrac{1}{1}\right)(0.31873)(0.18775) = 0.11968, \\
f_S(2) &= 2\left(\tfrac{1}{2}\right)(0.31873)(0.11968) + 2\left(\tfrac{2}{2}\right)(0.22002)(0.18775) = 0.12076, \\
f_S(3) &= 2\left(\tfrac{1}{3}\right)(0.31873)(0.12076) + 2\left(\tfrac{2}{3}\right)(0.22002)(0.11968) \\
&\quad + 2\left(\tfrac{3}{3}\right)(0.10686)(0.18775) = 0.10090, \\
f_S(4) &= 2\left(\tfrac{1}{4}\right)(0.31873)(0.10090) + 2\left(\tfrac{2}{4}\right)(0.22002)(0.12076) \\
&\quad + 2\left(\tfrac{3}{4}\right)(0.10686)(0.11968) + 2\left(\tfrac{4}{4}\right)(0.06692)(0.18775) \\
&= 0.08696.
\end{aligned}
$$

□

심도 분포가 m에서 최대 가능한 값을 가지는 경우, (9.21)에서의 합이 최대 m개의 0이 아닌 항으로 제한되기 때문에 계산 속도가 더욱 빨라집니다. 이러한 경우, 계산은 $O(x)$의 복잡도로 간주될 수 있습니다.

9.6.2 언더플로/오버플로 문제

재귀식 (9.21)은 $P(S = 0) = P_N[f_X(0)]$ 의 계산된 값으로 시작합니다. 대규모 보험 포트폴리오의 경우, 이 확률값은 매우 작아 컴퓨터가 표현할 수 있는 가장 작은 값보다 작을 수 있습니다. 이 경우, 값이 컴퓨터에 0으로 저장되고, 재귀식 (9.21)이 실패하게 됩니다. 이러한 문제는 여러 가지 방법으로 해결할 수 있습니다(참조: Panjer와 Willmot [99]). 가장 간단한 방법 중 하나는 $f_S(0), f_S(1), \cdots, f_S(k)$의 값을 임의로 설정하는 것입니다. 예를 들어, 초기 값을 (0, 0, 0,⋯, 0, 1)로 설정합니다. 여기서 k는 분포에서 $F_S(k)$의 실제 값이 여전히 무시할 수 있을 만큼 작은 지점으로 충분히 왼쪽에 있어야 합니다.

보통 평균보다 6 표준편차 왼쪽에 위치한 k를 설정하면 충분합니다. 재귀식 (9.21)을 사용하여 이 초기값 세트로부터 분포값을 생성하며, 값이 $f_S(k)$보다 지속적으로 작아질 때까지 반복합니다. 이후, 생성된 "확률"값들을 모두 합산하고, 이 합으로 나눠서 "진정한" 확률 값이 합산하여 1이 되도록 조정합니다. 특정 문제에 대해 k를 얼마나 작게 설정해야 하는지는 시행착오를 통해 결정됩니다.

시작 값이 너무 작아 문제가 발생할 때, 포트폴리오의 부분 집합에 대해 계산을 수행하는 방법도 있습니다. 예를 들어, 평균이 λ인 포아송 분포의 경우, 확률 $P(N = 0)$이 컴퓨터에서 표현될 수 있도록 $\lambda^* = \lambda/2^n$값을 선택합니다.

이제 λ^*를 포아송 평균으로 사용하여 (9.21)을 통해 총 청구액 분포를 계산합니다. 만약 $P^*(z)$가 λ^*를 사용하는 총 청구액의 pgf라면, $P_S(z) = [P^*(z)]^{2^n}$이 됩니다. 각 단계에서 결과를 자기 자신과 합성하여 $[P^*(z)]^2$, $[P*(z)]^4$, $[P^*(z)]^8, \cdots$, $[P^*(z)]^{2^n}$을 순차적으로 구할 수 있습니다.

이 접근법은 계산에서 n번의 추가 합성(convolution)을 필요로 하지만, 근사 없이 수행됩니다. 이는 합성에 대해 닫혀 있는 모든 빈도 분포에서 사용할 수 있습니다.

음의 이항 분포에서는 $r^* = r/2^n$에서 시작합니다. 이항 분포에 대해서는 모수 m은 정수여야 합니다. 이 경우, 약간의 수정이 필요합니다.

$m^* = \lfloor m/2^n \rfloor$로 설정하며, 여기서 $\lfloor\cdot\rfloor$는 함수의 정수 부분을 나타냅니다. n번의 합성을 수행한 후, (9.21)을 사용하여 $m-m^* \cdot 2^n$ 모수를 가진 계산을 추가로 수행해야 합니다. 이 결과는 n번의 합성 결과와 다시 합성됩니다. 복합 빈도 분포에서는 1차 분포(primary distribution)만 합성에 대해 닫혀 있으면 됩니다.

9.6.3 수치적 안정성

모든 재귀 공식은 정확한 값 계산을 요구합니다. 각 계산된 값은 이후 값들을 계산하는 데 사용되기 때문에, 재귀 방식에서는 오류가 모든 이후 값에 전파되어 결과적으로 값이 폭증할 위험이 있습니다. 재귀 공식 (9.21)에서는 컴퓨터가 유한한 유효 숫자를 사용하여 숫자를 표현하기 때문에 각 단계에서 반올림으로 인해 오류가 발생합니다.

수치적 안정성에 대한 질문은 다음과 같습니다: *계산된 값이 연속적으로 사용될 때, 계산 과정에서 발생한 오류는 얼마나 빠르게 증가하는가?*

이 분석은 Panjer와 Wang [98]에 의해 수행되었습니다. 분석은 매우 복잡하며 이 책의 범위를 벗어나지만, 일반적인 결론을 도출할 수 있습니다.

재귀식 (9.21)의 오류는 다음 합을 통해 발생합니다.

$$\sum_{y=1}^{x}\left(a+\frac{by}{x}\right)f_X(y)f_S(x-y)$$

S의 분포의 극단적인 오른쪽 꼬리에서는 이 합이 양수(또는 적어도 0 이상)입니다. 이후 값은 점차 감소하며, 반올림 오류가 있어도 이 합은 양수로 유지됩니다.

합의 각 항에서 세 개의 요소가 모두 양수인 경우, 재귀 공식은 안정적이며 상대적인 오류가 빠르게 증가하지 않습니다. 포아송 분포 및 음의 이항 기반 분포의 경우, 각 항의 요소는 항상 양수입니다.

그러나, 이항 분포의 경우 a는 음수, b는 양수, y/x는 1 이하의 양수 함수이기 때문에 합에서 음수 항이 존재할 수 있습니다. 이러한 음수 항은 값이 교대로 부호를 바꾸며 폭증하는 결과를 초래할 수 있습니다. 이러한 경우, 결과는 즉시 비논리적으로 보이게 됩니다. 이 문제가 실무에서 자주 발생하지는 않지만, 이항 분포 기반 모델에서 발생 가능성을 염두에 두어야 합니다.

9.6.4 연속 분포의 심도

여기서 제시된 재귀 방법은 이산 심도 분포를 필요로 하지만, 일반적으로 심도에 대해 연속 분포를 사용하는 것이 관례입니다. 연속형 심도 분포의 경우, 재귀식 (9.21)의 유사 항목은 적분 방정식으로 나타나며, 이 방정식의 해가 총 청구액 분포를 제공합니다.

정리 9.10 $(a,b,1)$ *빈도 분포 클래스와 양의 실수 범위에서 확률이 정의된 연속 변수 심도 분포에 대해, 다음 적분 방정식이 성립합니다.*

$$f_S(x) = p_1 f_X(x) + \int_0^x \left(a + \frac{by}{x}\right) f_X(y) f_S(x-y)\, dy. \tag{9.26}$$

이 결과의 증명은 이 책의 범위를 벗어납니다. 자세한 증명은 Panjer와 Willmot [100]의 정리 6.14.1 및 정리 6.16.1과 관련된 추론을 참조하십시오. 해당 논문에서는 (a,b,m) 클래스 분포를 다룹니다. 이 클래스는 분포의 m개의 초기 값을 임의로 수정할 수 있습니다. 초기 항은 $p_1 f_X(x)$입니다. 이는 (9.21)의 초기 항 $[p_1 - (a+b)p_0]f_X(x)$와 다릅니다. 또한, (9.26)은 $(a,b,0)$ 클래스의 구성원에도 적용됩니다.

(9.26)의 적분 방정식은 제2종 Volterra 적분 방정식입니다. 이러한 유형의 적분 방정식에 대한 수치적 해법은 Baker [10]의 저서에서 다루어졌습니다. 연속 변수 심도 분포의 경우, 적분 방정식 (9.26)을 직접 해결하는 대신, 다음과 같은 대안적 방법을 고려할 수 있습니다. 심도 분포의 이산 근사값을 사용하여 재귀식 (9.21)을 활용합니다. 이렇게 하면 Baker [10]의 더 복잡한 방법을 피하면서 재귀 방법을 사용할 수 있습니다. □

9.6.5 산술 분포 구성

이산형 심도 분포를 연속형 분포에서 구성하는 가장 간단한 방법은, 측정 단위 h의 배수에 이산 확률을 할당하는 것입니다. 이러한 분포는 정의역이 음이 아닌 정수로 구성되므로 산술(arithmetic) 분포라고 불립니다. 분포를 산술화(arithmetize)할 때는 원래 분포의 특성을 분포의 일부 구간을 통하여 국지적(local)으로 또한 분포 전체를 통하여 전체적(globally)으로 유지

보존하는 것이 중요합니다. 이렇게 함으로써 분포의 일반 형태와 동시에 모멘트(moment)와 같은 전체적인 정량을 유지하여야 합니다.

이 방법은 연속형, 혼합형, 비산술 이산 분포의 이산화(산술화)에 적용할 수 있습니다.

9.6.5.1 *반올림 방법 (Mass Dispersal)* f_j가 jh에서의 확률 (j =0, 1, 2,⋯)이라고 하면, 확률 값은 다음과 같이 설정됩니다.[2]

$$\begin{aligned} f_0 &= \Pr\left(X < \frac{h}{2}\right) = F_X\left(\frac{h}{2} - 0\right), \\ f_j &= \Pr\left(jh - \frac{h}{2} \le X < jh + \frac{h}{2}\right) \\ &= F_X\left(jh + \frac{h}{2} - 0\right) - F_X\left(jh - \frac{h}{2} - 0\right), \quad j = 1, 2, \ldots. \end{aligned}$$

이 방법은 jh 양쪽의 반 스팬(half-span) 내 모든 확률을 jh에 집중시킵니다. jh = 0에 할당된 확률은 예외적으로 처리됩니다. 결과적으로, 모든 값을 분포의 스팬 h에 따라 가장 가까운 금전 단위로 반올림하는 효과가 있습니다. 연속 변수 심도 분포가 무한 범위일 경우, 확률 대부분이 포함되었다고 판단되면 특정 지점에서 이산화 과정을 중단하는 것이 합리적입니다. 마지막 지점의 지수를 m이라고 하면, 마지막 확률 값은 다음과 같이 설정됩니다. $f_m = 1 - F_X[(m - 0.5)h - 0]$. 이 방법은 이산 확률이 절대 음수가 되지 않도록 보장합니다. 모든 이산 확률의 합은 1이 되어, 결과 분포가 적합한 분포로 유지됩니다.

9.6.5.2 *국지적 모멘트 일치 방법(Moment Matching)* 이 방법에서는 산술 분포를 구성하여 산술 분포와 실제 심도 분포의 첫 p개의 모멘트가 일치하도록 합니다. 임의의 길이가 ph인 구간 $[x_k, x_k + ph)$을 고려합니다. 이 구간 내에 점 질량 $m_0^k, m_1^k, \ldots, m_p^k$를 $x_k, x_k + h, x_k + ph$ 에 위치시켜, 첫 p개의 모멘트를 보존하도록 합니다.

이 조건을 반영한 p + 1개의 방정식 시스템은 다음과 같습니다.

$$\sum_{j=0}^{p}(x_k + jh)^r m_j^k = \int_{x_k-0}^{x_k+ph-0} x^r dF_X(x), \quad r = 0, 1, 2, \ldots, p, \tag{9.27}$$

여기서 적분 구간 끝에 있는 표기 "-0"는 x_k에서의 이산 확률을 포함하고, $x_k + ph$에서의 이산 확률을 제외함을 나타냅니다.

2 $F_X(x-0)$는 이산 확률이 x에 포함되지 않도록 한다는 의미입니다. 연속형 분포에서는 이러한 처리 방식이 영향을 미치지 않습니다. 경계점에 이산 확률이 있는 경우, 해당 확률은 그 경계점보다 반 스팬 위의 값으로 할당됩니다.

구간을 $x_{k+1} = x_k + ph$ 로 배치하여 구간 끝점이 일치하도록 합니다.

그런 다음 끝점에서의 점 질량을 합산합니다.

$x_0 = 0$일 때, 결과 분포의 이산 확률은 다음과 같이 나옵니다.

$$\begin{aligned} &f_0 = m_0^0, \qquad f_1 = m_1^0, \qquad f_2 = m_2^0, \ldots, \\ &f_p = m_p^0 + m_0^1, \quad f_{p+1} = m_1^1, \quad f_{p+2} = m_2^1, \ldots. \end{aligned} \tag{9.28}$$

x_0로 시작하여 모든 가능한 k에 대해 (9.27)을 합산하면, 전체 분포에 대해 첫 p개의 모먼트가 보존되고 확률의 합이 정확히 1이 됨을 확인할 수 있습니다.

정리 9.11 *방정식 (9.27)의 해는 다음과 같습니다.*

$$m_j^k = \int_{x_k-0}^{x_k+ph-0} \prod_{i \neq j} \frac{x - x_k - ih}{(j-i)h} dF_X(x), \quad j = 0, 1, \ldots, p. \tag{9.29}$$

증명: 다항식 $f(y)$를 점 $y_0, y_1, \cdots, y_n$에서 $f(y_j)$와 일치하도록 구성하는 Lagrange 다항식 공식은

$$f(y) = \sum_{j=0}^{n} f(y_j) \prod_{i \neq j} \frac{y - y_i}{y_j - y_i}.$$

이 공식을 $f(y) = y^r$로 적용하고, $x_k, x_k + h, \cdots, x_k + ph$에 대해 다항식을 생성,

$$x^r = \sum_{j=0}^{p} (x_k + jh)^r \prod_{i \neq j} \frac{x - x_k - ih}{(j-i)h}, \quad r = 0, 1, \ldots, p.$$

$[x_k, x_k + ph)$ 구간에서 심도 분포 $F_X(x)$에 대해 적분,

$$\int_{x_k-0}^{x_k+ph-0} x^r dF_X(x) = \sum_{j=0}^{p} (x_k + jh)^r m_j^k,$$

여기서 m_j^k는 (9.29)로 주어집니다. 따라서, 이 솔루션은 첫 p개의 모먼트를 보존합니다. □

예제 9.13

X는 확률 밀도 함수(pdf)가 $f(x) = 0.1e^{-0.1x}$인 지수 분포를 따른다고 가정합니다. 이 분포를 반올림 방법과 첫 번째 모먼트 일치 방법을 사용하여 이산화(discretize) 합니다. 여기서 스팬

은 h = 2입니다. 반올림 방법의 일반 공식은 다음과 같습니다.

$$f_0 = F(1) = 1 - e^{-0.1(1)} = 0.09516,$$
$$f_j = F(2j+1) - F(2j-1) = e^{-0.1(2j-1)} - e^{-0.1(2j+1)}.$$

j = 0, 1, 2,… 에 대한 결과는 표 9.12에 제공됩니다.

표 9.12 The discretization of the exponential distribution by two methods

j	f_j rounding	f_j matching
0	0.09516	0.09365
1	0.16402	0.16429
2	0.13429	0.13451
3	0.10995	0.11013
4	0.09002	0.09017
5	0.07370	0.07382
6	0.06034	0.06044
7	0.04940	0.04948
8	0.04045	0.04051
9	0.03311	0.03317
10	0.02711	0.02716

첫 번째 모먼트 일치 방법에 대해서, p = 1이고 x_k = 2k로 설정합니다. 주요 방정식은 다음과 같습니다.

$$m_0^k = \int_{2k}^{2k+2} \frac{x-2k-2}{-2}(0.1)e^{-0.1x}\,dx = 5e^{-0.1(2k+2)} - 4e^{-0.1(2k)},$$
$$m_1^k = \int_{2k}^{2k+2} \frac{x-2k}{2}(0.1)e^{-0.1x}\,dx = -6e^{-0.1(2k+2)} + 5e^{-0.1(2k)},$$

그러면,

$$f_0 = m_0^0 = 5e^{-0.2} - 4 = 0.09365,$$
$$f_j = m_1^{j-1} + m_0^j = 5e^{-0.1(2j-2)} - 10e^{-0.1(2j)} + 5e^{-0.1(2j+2)}.$$

이 계산으로부터 나온 초기 값들도 표 9.13에 제공됩니다. 첫 번째 모멘트를 일치시키는 더 간단한 직접적인 해법은 연습문제 9.41에서 제공됩니다. □

표 9.13 The data for Exercise 9.41

Type of hit	Probability of hit per time at bat	Compensation per hit
Single	0.14	x
Double	0.05	$2x$
Triple	0.02	$3x$
Home run	0.03	$4x$

이 국부적 모멘트 일치 방법은 Gerber와 Jones [44], 그리고 Gerber [43]에 의해 처음 소개되었으며, 이후 Panjer와 Lutek [97]에 의해 다양한 경험적 및 분석적 심도 분포에 대해 추가 연구되었습니다. Panjer와 Lutek [97]은 집합적 초과손실 순보험료(집합적 초과손실 순수보험료)에 대한 오류의 영향을 평가한 결과, 두 개의 모멘트가 대체로 충분하며, 세 번째 모멘트 요구사항을 추가해도 정확도가 소폭 증가하는 데 그친다는 점을 발견했습니다.

또한, 반올림 방법과 첫 번째 모멘트 일치 방법(p = 1)은 유사한 오류를 가지는 반면, 두 번째 모멘트 일치 방법(p = 2)은 정확도 면에서 상당한 개선을 제공했습니다. 반올림 방법과 첫 번째 모멘트 일치 방법에 대한 구체적인 공식은 부록 E에 제공되어 있습니다. 0개 또는 1개의 모멘트를 맞추는 방법을 선호해야 하는 이유는 결과 확률이 항상 음이 아닌 값을 가지기 때문입니다. 반면, 2개 이상의 모멘트를 맞추는 경우, 이 조건이 보장되지 않을 수 있습니다.

여기에서 설명한 방법들은 수치 해석에서 개발된 볼테라 적분 방정식(예: (9.26))을 푸는 수치적 방법과 질적으로 유사합니다(예: Baker [10] 참조).

9.6.6 연습문제

9.41 로컬 모멘트 일치 방법으로 k = 1 (전체 확률과 평균 일치)을 사용하여 (9.28) 및 (9.29)로부터 다음을 보이십시오.

$$
\begin{aligned}
f_0 &= 1 - \frac{\mathrm{E}[X \wedge h]}{h}, \\
f_i &= \frac{2\mathrm{E}[X \wedge ih] - \mathrm{E}[X \wedge (i-1)h] - \mathrm{E}[X \wedge (i+1)h]}{h}, \quad i = 1, 2, \dots ,
\end{aligned}
$$

그리고 $\{f_i;\ i = 0, 1, 2, \cdots\}$가 원래의 심도 분포와 동일한 평균을 가지는 유효한 분포를 형성함을 보이십시오. 여기 제공된 공식을 사용하여 예제 9.13에서 제시된 공식을 검증하십시오.

9.42 야구 선수가 표 9.13에 명시된 금액을 받을 수 있는 인센티브 계약을 원한다고 가정합니다. 타석에 선 횟수는 $\lambda = 200$의 포아송 분포를 따릅니다. 선수가 최소 4,000,000을 받을 확률이 0.95가 되도록 모수 x를 결정하십시오. 선수의 예상 보상을 계산하십시오.

9.43 두 개의 포아송 분포의 가중 평균

$$p_k = w\frac{e^{-\lambda_1}\lambda_1^k}{k!} + (1-w)\frac{e^{-\lambda_2}\lambda_2^k}{k!}$$

는 일부 저자(e.g., Tröbliger [121])가 운전자를 "좋은" 운전자와 "나쁜" 운전자로 분류하는 데 사용되었습니다.

(a) 두 유형의 운전자의 손실 수에 대한 pgf $P_1(z)$ 및 $P_2(z)$를 사용하여 손실 수의 pgf $P_N(z)$를 찾으십시오.

(b) $f_X(x)$가 음이 아닌 정수에 대해 정의된 심도 분포라고 가정할 때, (9.23)을 어떻게 사용하여 전체 그룹의 총 손실 분포를 계산할 수 있는지 설명하십시오.

(c) (b)에서 제시한 접근법을 다른 빈도 분포로 확장할 수 있는지 논의하십시오.

9.44 합성 포아송 집계 손실 모델은 연간 5건의 예상 청구를 가지며, 심도 분포는 1,000의 양의 배수에 대해 정의됩니다. 주어진 값 $f_S(1) = e^{-5}$, $f_S(2) = \frac{5}{2}e^{-5}$를 사용하여 $f_S(2)$를 계산하십시오.

9.45 합성 포아송 분포에서 $\lambda = 6$이고 개별 손실의 확률 함수는 $f_X(1) = f_X(2) = f_X(4) = \frac{1}{3}$이다. 집계 분포 S에 대한 일부 확률 함수값은 표 9.14에 주어져 있습니다. $f_S(6)$를 계산하십시오.

표 9.14 The data for Exercise 9.45

x	$f_S(x)$
3	0.0132
4	0.0215
5	0.0271
6	$f_s(6)$
7	0.0410

9.46 $(a,b,0)$ 클래스의 빈도 분포와 최대 가능한 단일 손실이 $M < \infty$ 인 양의 정수 $\{1, 2, \cdots, M\}$에 대해 정의된 임의의 심도 분포를 고려하십시오.

(a) 복합 분포에 대해 다음과 같은 후진 재귀 관계가 성립함을 보이십시오.

$$f_S(x) = \frac{f_S(x+M) - \sum_{y=1}^{M-1}\left(a + b\dfrac{M-y}{x+M}\right) f_X(M-y) f_S(x+y)}{\left(a + b\dfrac{M}{x+M}\right) f_X(M)}.$$

(b) 이항 (m, q) 빈도 분포에 대해 위의 공식을 사용하여 집계 손실의 분포를 구하는 방법을 설명하십시오.

9.47 집계 청구는 합성 포아송 분포로, $\lambda = 2$, $f_X(1) = \frac{1}{4}$, $f_X(2) = \frac{3}{4}$을 따릅니다. 보험료가 6일 경우, 보험사는 집계 청구를 보장하고, 보험료의 75%가 청구 금액의 100%를 초과할 경우 그 초과분을 배당금(보험료 환급)으로 지급합니다. 예상 청구 및 배당금을 초과하는 보험료를 계산하십시오.

9.48 주어진 날에 의사가 N_A명의 성인과 N_C명의 어린이에게 의료 서비스를 제공한다고 가정합시다. N_A와 N_C는 각각 모수 3과 2를 가진 포아송 분포를 따릅니다. 환자 1인당 진료 시간의 분포는 다음과 같습니다:

	Adult	Child
1 hour	0.4	0.9
2 hour	0.6	0.1

N_A, N_C, 모든 개인의 진료 시간은 독립적이라고 가정하십시오. 의사는 진료 시간당 200을 청구합니다. 주어진 날의 소득이 800 이하일 확률을 계산하십시오.

9.49 (*) 단체 계약자의 총 청구액 S는 $\lambda = 1$이고 모든 청구 금액이 2인 합성 포아송 분포를 따릅니다. 보험사는 다음과 같은 배당금 D를 단체에 지급합니다.

$$D = \begin{cases} 6 - S, & S < 6, \\ 0, & S \geq 6. \end{cases}$$

$E[D]$를 구하십시오.

9.50 독립적인 두 합성 포아송 확률 변수 S_1과 S_2가 주어졌으며, 두 개의 단일 청구 크기 분포는 $f_j(x)$, $j = 1, 2$입니다. 주어진 조건은 다음과 같습니다.

$\lambda_1 = \lambda_2 = 1$, $f_1(1) = 1$, $f_2(1) = f_2(2) = 0.5$.

복합 분포 $S = S_1 + S_2$에 연관된 단일 청구 크기 분포 함수를 $F_X(x)$라고 할 때, $F_X^{*4}(6)$을 계산하십시오.

9.51 (*) 변수 S는 다음 특성을 가진 합성 포아송 청구 분포를 따릅니다.

1. 개별 청구 금액은 1, 2, 또는 3입니다.
2. E[S] = 56.
3. Var[S] = 126.
4. λ = 29.

크기 2인 청구의 예상 청구 건수를 구하십시오.

9.52 (*) 양의 정수 청구 금액을 가지는 합성 포아송 분포에서 확률 함수는 다음과 같습니다.

$$f_S(x) = \frac{1}{x}[0.16f_S(x-1) + kf_S(x-2) + 0.72f_S(x-3)], \quad x = 1, 2, 3, \ldots.$$

총 청구액의 기댓값이 1.68입니다. 예상 청구 건수를 구하십시오.

9.53 (*) 다음 조건을 만족하는 보험 포트폴리오가 주어졌습니다.

1. 청구 건수는 포아송 분포를 따릅니다.
2. 청구 금액은 1, 2, 또는 3입니다.
3. 다양한 면책액에 대한 순보험료가 표 9.15와 같이 주어졌습니다.

표 9.15 The data for Exercise 9.53

Deductible	Net premium
4	0.20
5	0.10
6	0.04
7	0.02

총 청구액이 5 또는 6일 확률을 구하십시오.

9.54 (*) 그룹 장애 소득 보험에서, 연간 기대되는 장애 발생 건수는 보장 인원 100명당 1건입니다. 장애 기간 Y에 대한 지속 함수(생존 함수)는 다음과 같습니다.

$$\Pr(Y > y) = 1 - \frac{y}{10}, \quad y = 0, 1, \ldots, 10.$$

5일의 대기 기간 후에 일일 20의 혜택이 지급됩니다. 합성 포아송 분포를 사용하여, 독립적인 1,500명의 집단에 대한 총 청구액의 분산을 구하십시오.

9.55 한 인구에는 두 종류의 운전자가 있습니다. 개별 운전자의 사고 건수는 기하 분포를 따릅니다. 클래스 I에서 무작위로 선택된 운전자의 경우, 기하 분포의 모수는 구간 (0,1)에서 균일 분포를 따릅니다. 전체 운전자의 25%가 클래스 I에 속합니다. 클래스 II의 모든 운전자는 기대 청구 건수가 0.25입니다. 이 인구에서 무작위로 선택된 운전자에 대해, 정확히 두 건의 사고가 발생할 확률을 구하십시오.

9.56 (*) 합성 포아송 청구 분포가 $\lambda = 5$이고, 개별 청구 금액 분포가 $p(5) = 0.$이며 $k > 5$일 때 $p(k) = 0.4$입니다. 면책액이 5인 집합적 초과손실 보험의 예상 비용이 28.03입니다. k의 값을 구하십시오.

9.57 (*) 집합적 손실은 $\lambda = 3$인 합성 포아송 청구 분포를 따르며, 개별 청구 금액 분포는 다음과 같습니다:

$$p(1) = 0.4,\ p(2) = 0.3,\ p(3) = 0.2,\ p(4) = 0.1$$

집합적 손실이 3을 초과하지 않을 확률을 구하십시오.

9.58 연습문제 9.57을 빈도 분포가 $r = 6$, $\beta = 0.5$인 음의 이항 분포로 반복하십시오.

참고: 연습문제 9.59와 9.60은 컴퓨터의 사용이 필요합니다.

9.59 한 보험 계약은 회사의 차량에 발생하는 물적 손상을 보장합니다. 1년 동안의 손실 건수는 $\lambda = 5$인 포아송 분포를 따릅니다. 단일 손실 금액은 $\alpha = 0.5$, $\theta = 2{,}500$인 감마 분포를 따릅니다. 보험 계약은 연간 최대 20,000의 보상을 지급합니다. 최대 보상이 지급될 확률을 구하십시오. 스팬(span) 100과 반올림 방법을 사용하십시오.

9.60 한 개인이 건강 보험을 구입하여, 의사 방문 시마다 10을, 처방전마다 5를 지불합니다. 지불액이 10일 확률은 0.25이고, 5일 확률은 0.75입니다. 연간 총 지불 건수는 $\lambda_1 = 10$과 $\lambda_2 = 4$인 포아송-포아송(Neyman Type A) 분포를 따릅니다. 1년 동안 총 지불액이 400을 초과할 확률을 구하십시오. 정규 분포 근사(normal approximation)와 비교하여 답을 제시하십시오.

9.61 지수 분포가 반올림 방법에 의해 이산화되었을 때, 결과적인 이산 분포가 ZM 기하 분포임을 증명하십시오.

9.7 개별 보험 계약 수정이 총 지급액에 미치는 영향
The Impact of Individual Policy Modifications on Aggregate Payments

8.6에서 개별 면책액(일반 면책 및 프랜차이즈 면책을 포함)이 개별 손실 금액 및 청구 빈도 분포에 어떤 영향을 미치는지에 대해 논의했습니다. 이 섹션에서는 총 손실에 미치는 영향을 고려합니다. 개별 코인보험 및 개별 계약 한도는 개별 손실에 영향을 미치지만 이러한 손실의 빈도에는 영향을 미치지 않으므로, 이하에서는 주로 면책과 관련된 문제에 초점을 맞춥니다.

우리는 보험 계약 수정이 피보험자의 위험 특성에 영향을 미쳐 개별 손실 분포에 영향을 미친다는 문제(8.6장에서 논의됨)가 없다고 가정합니다. 즉, 개별 손실 금액 X의 **면책을 포함한 손실액(ground-up)**의 분포는 계약 수정에 의해 영향을 받지 않고, 단지 지급액만 영향을 받는다고 가정합니다.

총 손실의 관점에서 관련된 사실은 다음과 같습니다. 일반 면책이든 프랜차이즈 면책이든 상관없이, 개별 손실이 지급으로 이어질 확률을 v라고 가정합니다. 개별 기본 손실 확률 변수 X는 계약 수정(면책을 포함)을 거쳐 지급으로 이어지고, 이러한 지급 금액은 각 손실에 대해 Y^L로 나타낼 수 있으며, 손실이 지급되지 않을 경우 $Y^L = 0$이 됩니다. 따라서, 손실 기준(per-loss basis)에서 지급 금액 Y^L은 각 모든 손실에 대해 결정됩니다. 대체적으로 개별 지급액은 또한 지급 기준(per-payment basis)으로 볼 수도 있습니다. 이 경우 지급액은 Y^P로 표시하고 실제 지급이 발생한 경우에만 지급 금액이 계산됩니다. 따라서, $Y^P = Y^L | Y^L > 0$이며, $\Pr(Y^P = 0) = 0$입니다. 누적 분포 함수의 관계는 다음과 같이 표현됩니다.

$$F_{Y^L}(y) = (1-v) + vF_{Y^P}(y), \quad y \geq 0,$$

왜냐하면 $1 - v = \Pr(Y^L = 0) = F_{Y^L}(0)$ (Y^L이 X와 마찬가지로 연속 확률 밀도 함수를 가지고 있어도 Y^L이 $y > 0$일 때 0에서 이산 확률 질량점 $1 - v$를 갖기 때문입니다). Y^L과 Y^P의 모멘트 생성 함수는 다음과 같은 관계를 갖습니다.

$$M_{Y^L}(z) = (1-v) + vM_{Y^P}(z), \tag{9.30}$$

이는 기댓값의 관점에서 다음과 같이 다시 표현될 수 있습니다.

$$\mathrm{E}(e^{zY^L}) = \mathrm{E}(e^{zY^L}|Y^L=0)\Pr\left(Y^L=0\right) + \mathrm{E}(e^{zY^L}|Y^L>0)\Pr\left(Y^L>0\right).$$

8.6에서 도출된 바에 따르면 손실 횟수 N^L과 지급 횟수 N^P는 다음의 확률 생성 함수 관계를 가집니다.

$$P_{N^P}(z) = P_{N^L}(1-v+vz), \tag{9.31}$$

여기서 $P_{N^P}(z) = \mathrm{E}(z^{N^P})$이고 $P_{N^L}(z) = \mathrm{E}(z^{N^L})$입니다.

이제 총 지급액을 분석해보겠습니다. 개별 손실 기준으로 총 지급액은 다음과 같이 표현됩니다.

$S = Y_1^L + Y_2^L + \cdots + Y_{N^L}^L$, 단 $N^L = 0$일 때 $S = 0$입니다.

또는 지급이 이루어지지 않은 손실을 제외하고, 개별 지급 기준으로 총 지급액은 $S = Y_1^P + Y_2^P + \cdots + Y_{N^P}^P$, 단 $N^P = 0$일 때 $S = 0$입니다. 여기서 Y_j^P는 j번째 손실에 대한 지급액으로, 이는 비제로(non-zero) 지급을 초래합니다.

분명히 S는 총합 기준에서 두 가지 방식으로 표현될 수 있습니다. 물론 개별 손실 기준으로 S의 모멘트 생성 함수는 다음과 같습니다.

$$M_S(z) = \mathrm{E}\left(e^{zS}\right) = P_{N^L}\left[M_{Y^L}(z)\right], \tag{9.32}$$

한편 개별 지급 기준으로는

$$M_S(z) = \mathrm{E}\left(e^{zS}\right) = P_{N^P}\left[M_{Y^P}(z)\right]. \tag{9.33}$$

위 두 식 (9.32)와 (9.33)은 (9.30)과 (9.31)로부터 동일함을 확인할 수 있습니다. 즉,

$$P_{N^L}\left[M_{Y^L}(z)\right] = P_{N^L}\left[1 - v + vM_{Y^P}(z)\right] = P_{N^P}\left[M_{Y^P}(z)\right].$$

입니다.

따라서 총 지급액 S에 대한 분석은 개별 손실 기준(합성 모먼트 생성 함수 (9.32)) 또는 개별 지급 기준(합성 모먼트 생성 함수 (9.33))으로 수행할 수 있습니다. 분석 방식은 특정 상황에 적합한 기준에 따라 결정되어야 합니다.

엄격한 규칙은 아니지만, 개별 손실 기준을 사용하여 S의 모먼트를 평가하는 것이 더 편리한 경우가 많습니다. 특히, 8.5장에서 제공된 개별 평균 및 분산 공식은 개별 손실 기준이며, 총 지급액 S의 평균과 분산은 이 공식을 사용하여 계산할 수 있습니다.

반면, S의 분포(근사된)가 모먼트보다 더 관심 대상일 경우, 개별 지급 기준을 선호하는 것이 일반적입니다. 이 선택의 이유는 개별 손실 기준에서 $\mathrm{E}(N^L)$가 클 경우 언더플로 문제가 발생할 수 있고, 특히 프랜차이즈 면책이 적용되는 경우 Y^L 분포에 다수의 0 확률이 존재하기 때문에 컴퓨터 저장 공간 문제가 발생할 수 있기 때문입니다. 또한, 편의성을 위해 우리는 일반적으로 개별 손실 분포에 계약 수정 사항을 먼저 적용한 다음 필요할 경우 이산화(discretize)를 수행하는 방식을 선택하며, 이산화된 분포에 계약 수정 사항을 적용하는 순서를 따르지 않습니다. 이러한 문제는 면책액과 계약 한도가 이산화 간격의 정수 배가 아닐 경우에만 관련이 있습니다. 다음의 예제는 이러한 아이디어를 설명합니다.

예제 9.14

손실 횟수는 평균 λ = 3인 포아송 분포를 따릅니다. 개별 손실 분포는 파레토(Pareto) 분포로, 모수는 α = 4와 θ = 10입니다. 개별 손실에 대해 면책액 6, 75%의 공동보험, 그리고 면책액과 공동보험 적용 전에 24의 손실 한도가 모두 적용됩니다. 총 지급액의 평균, 분산, 분포를 구하십시오.

먼저 손실 기준에서 평균과 분산을 계산합니다. 손실 횟수의 평균은 $E(N^L)$ = 3이며, 개별 손실 기준에서 평균 지급액은 (r = 0과 파레토 분포를 사용한 정리 8.7을 적용하여) 다음과 같습니다.

$$E(Y^L) = 0.75\,[E(X \wedge 24) - E(X \wedge 6)] = 0.75(3.2485 - 2.5195) = 0.54675.$$

따라서 총 지급액의 평균은

$$E(S) = E(N^L)E(Y^L) = (3)(0.54675) = 1.64.$$

입니다.

개별 손실 기준에서 두 번째 모멘트는 (r = 0과 파레토 분포를 사용한 정리 8.8을 적용하여) 다음과 같습니다.

$$\begin{aligned} E\left[(Y^L)^2\right] &= (0.75)^2\{E\left[(X \wedge 24)^2\right] - E\left[(X \wedge 6)^2\right] \\ &\qquad - 2(6)E(X \wedge 24) + 2(6)E(X \wedge 6)\} \\ &= (0.75)^2\,[26.3790 - 10.5469 - 12(3.2485) + 12(2.5195)] \\ &= 3.98481. \end{aligned}$$

총 지급액의 분산을 계산할 때 $Var(Y^L)$을 명시적으로 구할 필요는 없습니다. 왜냐하면 S는 합성 포아송 분포를 따르기 때문입니다. 이로부터 (예: 식 (7.10)을 사용하여)

$$Var(S) = \lambda E\left[(Y^L)^2\right] = 3(3.98481) = 11.9544 = (3.46)^2.$$

입니다.

총 지급액 S의 (근사) 분포를 계산하기 위해 지급 기준을 사용합니다.

먼저 $v = Pr(X > 6) = [10 / (10 + 6)]^4 = 0.15259$이며, 지급 횟수 N^P는 평균 $E(N^P) = \lambda v = (3)(0.15259) = 0.45776$인 포아송 분포를 따릅니다.

이제 $Z = X - 6 | X > 6$로 정의합니다. Z는 면책액 6만 적용된 개별 지급액을 나타냅니다. 이때,

$$Pr(Z > z) = \frac{Pr(X > z + 6)}{Pr(X > 6)}.$$

75%의 공동보험을 적용하면 $Y^P = 0.75Z$이며, Y^P의 누적 분포 함수는 다음과 같습니다.

$$F_{Y^P}(y) = 1 - \Pr(0.75Z > y) = 1 - \frac{\Pr(X > 6 + y/0.75)}{\Pr(X > 6)}.$$

즉, 최대 지급액 (0.75)(24 - 6) = 13.5보다 작은 y에 대해

$$F_{Y^P}(y) = \frac{\Pr(X > 6) - Pr(X > 6 + y/0.75)}{Pr(X > 6)}, \quad y < 13.5,$$

그리고 $F_{Y^P}(y) = 1$ $(y \geq 13.5)$.

그런 다음 Y^P의 분포를 이산화합니다(따라서 계약 수정을 먼저 적용한 후 이산화). 이산화 간격은 2.25이고 반올림 방법을 사용합니다. 이 방식으로 다음을 계산합니다.

$f_0 = F_{Y^P}(1.125) = 0.30124$,

$f_1 = F_{Y^P}(3.375) - F_{Y^P}(1.125) = 0.32768$,

이와 같은 방식으로 계속 계산합니다.

특히 f_6를 평가할 때 주의가 필요하며, $f_6 = F_{Y^P}(14.625) - F_{Y^P}(12.375) = 1 - 0.94126 = 0.05874$. $n = 7, 8, \cdots$에 대해 $f_n = 1 - 1 = 0$입니다.

그런 다음 합성 포아송 재귀 공식을 사용하여 S의 근사 분포를 계산합니다. 즉, $f_S(0) = e^{-0.45776(1 - 0.30124)} = 0.72625$이며,

$$f_S(x) = \frac{0.45776}{x} \sum_{y=1}^{x \wedge 6} y f_y f_S(x - y), \quad x = 1, 2, 3, \ldots.$$

예를 들어, $f_S(1) = (0.45776)(1)(0.32768)(0.72625) = 0.10894$입니다. □

9.7.1 연습 문제

9.62 면책 금액 포함 손실 횟수 N^L의 확률 생성 함수가 $P_{N^L}(z) = B[\theta(z - 1)]$ 이고, 여기서 θ는 모수며 B는 θ와 함수적으로 독립적이라고 가정합니다. 개별 지면 손실 분포는 누적 분포 함수 $F_X(x) = 1 - e^{-\mu x}, x \geq 0$를 갖는 지수 분포입니다. 개별 손실은 일반 면책 d와 공동보험 α가 적용됩니다. 총 지급액이 지급 기준에서 합성 모먼트 생성 함수 (식 9.33)를 가지며, N^P가 N^L과 동일한 분포를 가지지만 θ가 $\theta e^{-\mu d}$로 대체되고, Y^P가 X와 동일한 분포를 가지지만 μ가 μ/α로 대체된다는 것을 증명하십시오.

9.63 개별 손실에 대한 손실 모델은 모수 $\alpha = 2$와 $\theta = 100$를 가진 감마 분포를 따릅니다. 손실 횟수는 $r = 2$와 $\beta = 1.5$를 가진 음이항 분포를 따릅니다. 각 개별 손실에는 일반 면책액 50과 손실 한도 175(면책 적용 전)가 적용됩니다.

(a) 손실 기준에서 총 지급액의 평균과 분산을 구하십시오.

(b) 지급 횟수의 분포를 구하십시오.

(c) 지급이 이루어졌다는 조건하에 지급 금액 Y^P의 누적 분포 함수를 구하십시오.

(d) (c)에서 얻은 손실 강도를 이산화 방법(반올림 사용)과 이산화 간격 40을 사용하여 이산화하십시오.

(e) 재귀 공식을 사용하여 이산화된 총 지급액 분포를 이산화된 지급 금액 120까지 계산하십시오.

9.8 개별 위험 모델 The Individual Risk Model

9.8.1 모델

개별 위험 모델(individual risk model)은 총 손실을 독립적인(하지만 반드시 동일한 분포는 아님) 확률 변수들의 고정된 합으로 나타냅니다.

$$S = X_1 + X_2 + \cdots + X_n.$$

이 공식은 일반적으로 n개의 보험 계약, 예를 들어 그룹 보험 정책에 가입된 n명의 손실 합으로 해석됩니다.

개별 위험 모델은 원래 생명 보험을 위해 개발되었습니다. 이 경우, 1년 내 사망 확률은 q_j이고, j번째 피보험자의 사망 시 지급되는 고정 급여는 b_j입니다. 이때 j번째 보험 계약에서 보험사가 입는 손실의 분포는 다음과 같습니다.

$$f_{X_j}(x) = \begin{cases} 1 - q_j, & x = 0, \\ q_j, & x = b_j. \end{cases}$$

총 손실의 평균과 분산은 다음과 같습니다.

$$\mathrm{E}(S) = \sum_{j=1}^{n} b_j q_j$$

$$\mathrm{Var}(S) = \sum_{j=1}^{n} b_j^2 q_j (1 - q_j)$$

여기서 X_j는 독립적이라고 가정합니다.

총 손실의 확률 생성 함수(pgf)는 다음과 같습니다.

$$P_S(z) = \prod_{j=1}^{n} (1 - q_j + q_j z^{b_j}). \tag{9.34}$$

모든 위험이 동일하여 $q_j = q$이고 $b_j = 1$인 경우, pgf는 다음과 같이 단순화됩니다.

$$P_S(z) = [1 + q(z - 1)]^n,$$

이 경우 S는 이항 분포를 따릅니다.

개별 위험 모델은 다음과 같이 일반화될 수 있습니다.

$$X_j = I_j B_j$$

여기서 $I_1, \cdots, I_n, B_1, \cdots, B_n$는 독립적입니다. 확률 변수 I_j는 표시 변수로, q_j의 확률로 1, 1 - q_j의 확률로 0의 값을 가집니다. 이는 j번째 보험 계약에서 지급이 이루어졌는지를 나타냅니다.

확률 변수 B_j는 임의의 분포를 가지며, 지급이 이루어진 경우 j번째 보험 계약에 대한 지급액을 나타냅니다. 생명 보험의 경우, B_j는 퇴화 분포를 가지며 b_j 값에 모든 확률이 집중됩니다.

(9.34)에 해당하는 모멘트 생성 함수(mgf)는 다음과 같습니다.

$$M_S(z) = \prod_{j=1}^{n} [1 - q_j + q_j M_{B_j}(z)]. \tag{9.35}$$

만약 $\mu_j = \mathrm{E}(B_j)$이고 $\sigma_j^2 = \mathrm{Var}(B_j)$라면,

$$\mathrm{E}(S) = \sum_{j=1}^{n} q_j \mu_j \tag{9.36}$$

$$\mathrm{Var}(S) = \sum_{j=1}^{n} [q_j \sigma_j^2 + q_j (1 - q_j) \mu_j^2]. \tag{9.37}$$

이 공식을 연습 문제 9.64에서 검증하라는 요청을 받았습니다. 다음 예제는 이러한 상황의 단순한 버전입니다.

예제 9.15

다음은 사고 사망 보험 혜택이 포함된 단체 생명 보험 계약에 대한 사례입니다. 모든 가입자에 대해 내년 사망 확률은 0.01이고, 사망 중 30%가 사고로 인한 사망이라고 가정합니다. 50명의 직원의 경우, 일반 사망 시 지급액은 50,000, 사고 사망 시 지급액은 100,000입니다. 나머지 25명의 직원의 경우, 일반 사망 시 지급액은 75,000, 사고 사망 시 지급액은 150,000입니다.

개별 위험 모델을 개발하고 평균 및 분산을 계산합니다.

모든 75명의 직원에 대해 $q_j = 0.01$입니다. 50명의 직원에 대해 B_j는 확률 0.7로 50,000의 값을 가지며, 확률 0.3으로 100,000의 값을 가집니다. 이들의 평균과 분산은 다음과 같습니다. $\mu_j = 65{,}000$, $\sigma_j^2 = 525{,}000{,}000$.

나머지 25명의 직원에 대해 B_j는 확률 0.7로 75,000의 값을 가지며, 확률 0.3으로 150,000의 값을 가집니다. 이들의 평균과 분산은 다음과 같습니다. $\mu_j = 97{,}500$, $\sigma_j^2 = 1{,}181{,}250{,}000$.

따라서, 총 손실의 평균,

$$\begin{aligned}\mathrm{E}(S) &= 50(0.01)(65{,}000) + 25(0.01)(97{,}500)\\ &= 56{,}875\end{aligned}$$

총 손실의 분산:

$$\begin{aligned}\mathrm{Var}(S) &= 50(0.01)(525{,}000{,}000) + 50(0.01)(0.99)(65{,}000)^2\\ &\quad + 25(0.01)(1{,}181{,}250{,}000) + 25(0.01)(0.99)(97{,}500)^2\\ &= 5{,}001{,}984{,}375.\end{aligned}$$

□

확률 계산에 관해서는 최소 세 가지 선택지가 있습니다.

1. 정확한 계산(exact calculation): 이는 다수의 합성(convolution)을 포함하며, 거의 항상 과도한 계산 시간이 필요합니다. 재귀 공식이 개발되어 있지만 복잡하며 여기에서는 다루지 않습니다. 자세한 내용은 De Peril[27]을 참조하십시오.
2. 모수 근사(parametric approximation): 이는 집합 위험 모델에 대해 논의된 모수 근사법을 사용하는 것입니다.
3. 집합 위험 모델로 대체(similar collective risk model): 개별 위험 모델을 유사한 집합 위험 모델로 대체한 후 해당 모델을 사용해 계산합니다.

이 두 번째와 세 번째 접근 방식이 여기에서 제시됩니다.

9.8.2 모수적 근사

정규 분포, 감마 분포, 로그정규 분포 또는 기타 분포를 사용하여 분포를 근사할 수 있으며, 보통 처음 몇 가지 모멘트를 일치시켜 수행됩니다. 정규 분포, 감마 분포 및 로그정규 분포는 각각 두 개의 모수를 가지므로 평균과 분산만으로 충분합니다.

예제 9.16

(*단체 생명보험*) 한 소규모 제조업체는 14명의 정규직 직원에 대해 단체 생명보험 계약을 체결하고 있습니다. 보험사의 보험계리사는 이 단체의 사망률을 나타내기 위해 사망률 표를 선택했습니다. 각 직원은 자신의 급여 금액을 다음 1,000으로 반올림한 금액으로 보험에 가입되어 있습니다. 이 단체의 데이터는 표 9.16에 나와 있습니다.

보험사가 순보험료(순수보험료)에 45%의 상대적 부가금을 추가한다고 할 때, 특정 연도에 손실을 볼 확률은 얼마나 될까요? 정규 분포와 로그정규 분포 근사를 사용하여 계산하십시오.

단체의 총손실의 평균과 분산은 다음과 같습니다.

$$\mathrm{E}(S) = \sum_{j=1}^{14} b_j q_j = 2{,}054.41$$

표 9.16 The employee data for Example 9.16

Employee, j	Age (years)	Sex	Benefit, b_j	Mortality rate, q_j
1	20	M	15,000	0.00149
2	23	M	16,000	0.00142
3	27	M	20,000	0.00128
4	30	M	28,000	0.00122
5	31	M	31,000	0.00123
6	46	M	18,000	0.00353
7	47	M	26,000	0.00394
8	49	M	24,000	0.00484
9	64	M	60,000	0.02182
10	17	F	14,000	0.00050
11	22	F	17,000	0.00050

Employee, j	Age (years)	Sex	Benefit, b_j	Mortality rate, q_j
12	26	F	19,000	0.00054
13	37	F	30,000	0.00103
14	55	F	55,000	0.00479
Total			373,000	

$$\mathrm{Var}(S) = \sum_{j=1}^{14} b_j^2 q_j (1 - q_j) = 1.02534 \times 10^8.$$

청구되는 보험료는 다음과 같습니다. 1.45×2,054.41=2,978.89

정규 분포 근사(단위: 1,000)로 보면, 평균은 2.05441, 분산은 102.534입니다. 따라서 손실 확률은 다음과 같습니다.

$$\begin{aligned}\Pr(S > 2.97889) &= \Pr\left[Z > \frac{2.97889 - 2.05441}{(102.534)^{1/2}}\right] \\ &\doteq \Pr(Z > 0.0913) \\ &= 0.46 \text{ or } 46\%.\end{aligned}$$

로그정규 분포 근사(예제 9.4와 동일한 방식)로 보면 다음과 같습니다.

$$\mu + \tfrac{1}{2}\sigma^2 = \ln 2.05441 = 0.719989$$

$$2\mu + 2\sigma^2 = \ln(102.534 + 2.05441^2) = 4.670533.$$

여기서,

$$\mu = -0.895289 \text{ and } \sigma^2 = 3.230555$$

따라서,

$$\begin{aligned}\Pr(S > 2.97889) &= 1 - \Phi\left[\frac{\ln 2.97889 + 0.895289}{(3.230555)^{1/2}}\right] \\ &= 1 - \Phi(1.105) \\ &= 0.13, \text{ or } 13\%.\end{aligned}$$

□

9.8.3 합성 포아송 근사

개별 위험 모델을 사용하여 n개의 위험에 대한 포트폴리오의 총 청구 분포를 계산하는 데 있어 계산 복잡성 때문에, 합성 포아송 분포를 사용하여 분포를 근사하려는 시도가 널리 행해져 왔습니다. 9.6절에서 본 것처럼, 합성 포아송 분포를 사용하면 매우 간단한 재귀 절차를 통해 총 청구 분포를 계산할 수 있습니다.

진행하기 위해, 표시 변수(indicator random) I_j의 pgf(확률 생성 함수)는 $P_{I_j}(z) = 1 - q_j + q_j z$로 표현될 수 있으며, 따라서 (9.35)는 다음과 같이 표현될 수 있습니다.

$$M_S(z) = \prod_{j=1}^{n} P_{I_j}[M_{B_j}(z)]. \tag{9.38}$$

I_j는 $m = 1$, $q = q_j$ 모수를 가지는 이항 분포를 따릅니다. 합성 포아송 근사를 얻기 위해, I_j가 평균 λ_j를 가지는 포아송 분포를 따른다고 가정합니다. 만약 $\lambda_j = q_j$라면, 포아송 평균은 이항 평균과 동일하게 되어, q_j가 0에 가까울 경우 좋은 근사를 제공합니다.

평균을 동일하게 맞추는 대신, 손실이 없는 확률을 동일하게 맞추는 방법도 있습니다. 이항 분포에서는 이 확률이 $1 - q_j$이고, 포아송 분포에서는 $\exp(-\lambda_j)$입니다. 두 확률을 동일하게 맞추면, 대안적인 근사치 $\lambda_j = -\ln(1 - q_j) > q_j$를 얻습니다. 이 두 번째 근사는 사람이 사망할 때 생명을 "대체"하는 단체 생명보험 계약 상황에서 적절하며, 이는 사망으로 인해 포아송 강도가 변하지 않도록 합니다. 자연스럽게, 예상 손실 건수는 $\sum_{j=1}^{n} q_j$보다 더 커집니다. Kornya [76]는 또 다른 대안을 제안하였으며, 이는 $\lambda_j = q_j/(1 - q_j)$를 사용합니다. 이 방법은 손실이 없는 확률을 동일하게 맞추는 방법보다 더 큰 예상 손실 건수를 제공합니다(연습 문제 9.65 참조).

어떤 근사를 사용하든, 정리 9.7에 의해, (9.38)로부터 $P_{I_j}(x) = \exp[\lambda_j(z-1)]$를 사용하여 다음과 같이 표현됩니다.

여기서

$$\lambda = \sum_{j=1}^{n} \lambda_j,$$

$$M_X(z) = \lambda^{-1} \sum_{j=1}^{n} \lambda_j M_{B_j}(z),$$

따라서 X는 다음과 같은 확률 질량 함수(pf) 또는 확률 밀도 함수(pdf)를 가집니다.

$$f_X(x) = \lambda^{-1} \sum_{j=1}^{n} \lambda_j f_{B_j}(x), \tag{9.39}$$

이는 n개의 개별 심도 밀도의 가중 평균입니다.

만약 $\Pr(B_j = b_j) = 1$인 경우(생명보험에서와 같이), (9.39)는 다음과 같이 표현됩니다.

$$f_X(x) = \Pr(X = x) = \lambda^{-1} \sum_{\{j : b_j = x\}} \lambda_j. \tag{9.40}$$

분자는 금액 b_j와 관련된 모든 확률을 합산한 값입니다.

예제 9.17

(*예제 9.16의 계속*) 예제 9.16의 단체 생명보험 사례를 고려하십시오. 평균을 맞춘 합성 포아송 근사를 도출하십시오. 이 절의 합성 포아송 근사를 사용하여, 포아송 모수 $\lambda = \Sigma q_j = 0.04813$로 계산하면, 표 9.17에 나와 있는 분포 함수를 얻을 수 있습니다. 이 값을 정확한 해(여기서는 제시되지 않음)와 비교했을 때, 최대 오차 0.0002708은 $x = 0$에서 발생합니다.

표 9.17 The aggregate distribution for Example 9.17

x	$F_S(x)$	x	$F_S(x)$	x	$F_S(x)$	x	$F_S(x)$
0	0.9530099	20	0.9618348	40	0.9735771	60	0.9990974
1	0.9530099	21	0.9618348	41	0.9735850	61	0.9990986
2	0.9530099	22	0.9618348	42	0.9736072	62	0.9990994
3	0.9530099	23	0.9618348	43	0.9736133	63	0.9990995
4	0.9530099	24	0.9664473	44	0.9736346	64	0.9990995
5	0.9530099	25	0.9664473	45	0.9736393	65	0.9990996
6	0.9530099	26	0.9702022	46	0.9736513	66	0.9990997
7	0.9530099	27	0.9702022	47	0.9736541	67	0.9990997
8	0.9530099	28	0.9713650	48	0.9736708	68	0.9990998
9	0.9530099	29	0.9713657	49	0.9736755	69	0.9991022
10	0.9530099	30	0.9723490	50	0.9736956	70	0.9991091
11	0.9530099	31	0.9735235	51	0.9736971	71	0.9991156

x	$F_S(x)$	x	$F_S(x)$	x	$F_S(x)$	x	$F_S(x)$
12	0.9530099	32	0.9735268	52	0.9737101	72	0.9991179
13	0.9530099	33	0.9735328	53	0.9737102	73	0.9991341
14	0.9534864	34	0.9735391	54	0.9737195	74	0.9991470
15	0.9549064	35	0.9735433	55	0.9782901	75	0.9991839
16	0.9562597	36	0.9735512	56	0.9782947	76	0.9992135
17	0.9567362	37	0.9735536	57	0.9782994	77	0.9992239
18	0.9601003	38	0.9735604	58	0.9783006	78	0.9992973
19	0.9606149	39	0.9735679	59	0.9783021	79	0.9993307

□

예제 9.18

(예제 9.15의 계속) 여기서 제안된 세 가지 방법 모두를 사용하여 합성 포아송 근사를 개발하십시오. 각 근사에 대해 평균과 분산을 계산하고 이를 정확한 값과 비교하세요. 평균을 맞추는 방법 사용: $\lambda = 50(0.01) + 25(0.01) = 0.75$ 심각도 분포는 다음과 같습니다.

$$f_X(50{,}000) = \frac{50(0.01)(0.7)}{0.75} = 0.4667,$$
$$f_X(75{,}000) = \frac{25(0.01)(0.7)}{0.75} = 0.2333,$$
$$f_X(100{,}000) = \frac{50(0.01)(0.3)}{0.75} = 0.2000,$$
$$f_X(150{,}000) = \frac{25(0.01)(0.3)}{0.75} = 0.1000.$$

평균은 $\lambda \mathrm{E}(X) = 0.75(75{,}833.33) = 56{,}875$로 정확한 값과 일치하며, 분산은 $\lambda \mathrm{E}(X^2) = 0.75(6{,}729{,}166{,}667) = 5{,}046{,}875{,}000$로 정확한 값보다 더 큽니다.

손실이 없는 확률을 유지하는 방법에서는, $\lambda = -75\ln(0.99) = 0.753775$. 이 방법에서는 심각도 분포가 이전과 정확히 동일합니다(모든 개인이 동일한 q_j 값을 가지기 때문). 따라서 평균은 57,161이고, 분산은 5,072,278,876으로 이전 근사 값들보다 더 큽니다.

Kornya의 방법을 사용한다면, $\lambda = 75(0.01)/0.99 = 0.757576$이고 다시 심도 분포는 변하지 않습니다. 평균은 57,449이고, 분산은 5,097,853,535로 모든 방법 중 가장 큰 값을 가집니다.

□

9.8.4 연습문제

9.64 (9.36)과 (9.37)을 도출하세요.

9.65 합성 포아송 모델 $\lambda_j = q_j$와 (9.40)이 정확한 분포와 동일한 평균을 가지지만 더 큰 분산을 생성한다는 것을 보이십시오. 또한, $\lambda_j = -\ln(1 - q_j)$를 사용하는 모델이 더 큰 평균과 훨씬 더 큰 분산을 생성한다는 것을 증명하십시오. 마지막으로, $\lambda_j = q_j/(1 - q_j)$를 사용하는 모델이 세 가지 중 가장 큰 평균과 분산을 생성한다는 것을 보이십시오.

9.66 (*) 보험된 그룹의 각 구성원은 독립적인 청구를 가지고 있습니다. 남성의 총 지급액은 평균 2, 분산 4를 가지며, 여성의 총 지급액은 평균 4, 분산 10을 가집니다. 그룹의 미래 청구 S에 대한 보험료는 S의 평균에 S의 표준편차의 2배를 더한 값으로 계산됩니다.

만약 m명의 그룹 구성원의 성별이 알려지지 않은 경우, 남성의 수는 매개변수 m과 $q = 0.4$를 가지는 이항 분포를 따른다고 가정합니다. 100명의 성별이 알려지지 않은 그룹에 대한 보험료를 A, 40명의 남성과 60명의 여성으로 구성된 그룹에 대한 보험료를 B라고 할 때, A/B를 계산하십시오.

9.67 (*) 보험회사는 흡연자의 청구 확률이 0.02이고, 비흡연자의 청구 확률이 0.01이라고 가정합니다. 서로 독립적인 구성원들로 이루어진 그룹은 각 생명당 1,000의 보험에 가입되어 있습니다. 회사는 그룹의 20%가 흡연자라고 가정하고, 예상 청구액의 110%를 보험료로 설정합니다. 만약 그룹의 30%가 흡연자일 경우, 청구액이 보험료를 초과할 확률은 0.20보다 작습니다. 정규 분포 근사를 사용하여 그룹에 포함되어야 할 최소 인원을 구하십시오.

9.68 (*) 독립적인 청구를 가진 개별 위험 모델에 기반하여 생명보험 포트폴리오의 총 청구 누적 분포 함수가 표 9.18에 주어져 있다.

표 9.18 The distribution for Exercise 9.68

x	$F_S(x)$
0	0.40
100	0.58
200	0.64
300	0.69
400	0.70
500	0.78
600	0.96
700	1.00

보험금액 100과 청구 확률 0.20을 가지는 한 개의 보험계약의 보험금액이 200으로 증가되었습니다. 수정된 포트폴리오의 총 청구액이 500을 초과하지 않을 확률을 구하십시오.

9.69 (*) 독립적인 생명을 포함하는 단체 생명보험 계약이 표 9.19에 주어진 세 가지 연령 그룹으로 평가됩니다. 보험사는 청구액이 보험료를 초과할 확률이 0.05가 되도록 계약의 가격을 책정합니다. 정규 분포 근사를 사용하여 보험사가 청구할 보험료를 구하십시오.

표 9.19 The data for Exercise 9.69

Age group	Number in age group	Probability of claim per life	Mean of the exponential distribution of claim amounts
18-35	400	0.03	5
36-50	300	0.07	3
51-65	200	0.10	2

9.70 (*) 건강보험 계획에서 구성원당 연간 청구액 분포에 대한 확률 모델이 표 9.20에 주어져 있습니다.

표 9.20 The data for Exercise 9.70

Service	Probability of claim	Distribution of annual charges given that a claim occurs	
		Mean	Variance
Office visits	0.7	160	4,900
Surgery	0.2	600	20,000
Other services	0.5	240	8,100

서비스 및 구성원 간 비용과 발생의 독립성이 가정됩니다. 정규 분포 근사를 사용하여 실제 청구액이 예상 청구액의 115%를 초과할 확률이 0.10보다 작아지기 위해 필요한 최소 구성원 수를 구하십시오.

9.71 (*) 보험사가 보유한 독립적인 위험 포트폴리오가 표 9.21에 나와 있습니다.

표 9.21 The data for Exercise 9.71

Class	Probability of claim	Benefit	Number of risks
Standard	0.2	k	3,500
Substandard	0.6	αk	2,000

보험사는 총 청구액의 기댓값이 100,000이고 최소 분산이 되도록 α와 k를 설정합니다. α를 구하십시오.

9.72 (*) 보험사가 보유한 독립적인 1년 만기 생명보험 계약 포트폴리오가 표 9.22에 나와 있습니다. 보험계리사는 개별 모델에서의 청구 기대 건수와 동일한 값을 가지는 합성 포아송 모델을 사용하여 청구 분포를 근사합니다. 합성 포아송 근사의 분산이 4,500보다 작은 최대 x값을 구하십시오.

표 9.22 Table 9.22 The data for Exercise 9.72

Class	Number in class	Benefit amount	Probability of a claim
1	500	x	0.01
2	500	$2x$	0.02

9.73 (*) 보험사가 2,300명의 독립적인 생명에 대해 1년 만기 생명보험을 판매하였으며, 관련 내용이 표 9.23에 나와 있습니다. 보험사는 각 생명에 대해 100,000을 초과하는 금액을 재보험합니다. 재보험사는 이러한 그룹에서 5% 확률로 손실이 발생하도록 보험료를 책정하고자 합니다. 다음 방법을 사용하여 적절한 보험료를 구하십시오.

(a) 총 청구 분포에 대한 정규 근사를 사용.

(b) 로그정규 근사를 사용.

(c) 감마 근사를 사용.

(d) 평균을 맞추는 합성 포아송 근사를 사용.

표 9.23 The data for Exercise 9.73

Class	Benefit amount	Probability of death	Number of policies
1	100,000	0.10	500
2	200,000	0.02	500
3	300,000	0.02	500
4	200,000	0.10	300
5	200,000	0.10	500

9.74 단체 보험 계약은 1,000명의 직원을 대상으로 합니다. 한 직원은 연간 최대 한 번의 청구를 할 수 있습니다.

- 500명의 직원에 대해 청구 확률은 0.02이며, 청구 금액은 평균 500의 지수 분포를 따릅니다.
- 다른 250명의 직원에 대해 청구 확률은 0.03이며, 청구 금액은 평균 750의 지수 분포를 따릅니다.
- 나머지 250명의 직원에 대해 청구 확률은 0.04이며, 청구 금액은 평균 1,000의 지수 분포를 따릅니다.

총 청구 지급액의 정확한 평균과 분산을 구하시오. 그런 다음, 동일한 평균을 가지는 합성 포아송 모델을 구성하고 이 모델의 분산을 구하십시오.

LOSS MODELS

From Data to Decision

PART

3

수학적 통계

MATHEMATICAL STATISTICS

10 수학적 통계의 소개

11 최대 우도 추정

12 이산분포에 대한 빈도학파의 추정

13 베이지안 추정

10 수학적 통계의 소개 INTRODUCTION TO MATHEMATICAL STATISTICS

10.1 서론과 네 가지 데이터 집합 Introduction and 4 Data Sets

경험적 모델과 모수적 모델을 공부하기 전에, 수리 통계학의 몇 가지 개념을 먼저 살펴보겠습니다.

수리 통계학은 매우 광범위한 주제로, 이 장에서 다루지 않는 많은 주제를 포함합니다. 다루는 주제에 대해서는 여러분이 어느 정도 사전 지식을 가지고 있다고 가정합니다. 보험수리 모델을 구축하는 데 가장 중요한 주제는 추정과 가설 검정입니다. 통계적 추론에 대한 베이즈 접근법은 초급 수리 통계학 교재나 강의에서 종종 간과되거나 가볍게 다뤄지기 때문에, 이 책에서는 13장에서 더 심도 있는 내용을 다룹니다. 또한 베이즈 방법론은 16장에서 다루는 신뢰도 방법의 기반이 됩니다.

통계적 추론 방법의 필요성을 이해하기 위해, 기본 치과 치료 비용에 대한 모델이 필요한 상황을 가정해 봅시다. 한 가지 선택지는 단순히 모델을 선언하는 것입니다.

예를 들어, 여러분은 해당 모델이 로그정규분포(lognormal)이고, $\mu = 5.1239$ 및 $\sigma = 1.0345$라고 선언합니다. (소수점 이하 여러 자리 숫자는 선언에 정확성의 느낌을 주기 위한 것입니다.) 여러분의 상사, 규제기관, 혹은 여러분을 증인석에 앉힌 변호사가 "어떻게 그렇게 알고 있느냐"고 묻는다면, "그냥 압니다," "저를 믿으세요, 저는 훈련된 통계학자입니다," "너무 복잡해서 이해 못 하실 겁니다," 혹은 "제 친구가 Gamma Dental에서 그 모델을 사용합니다"와 같은 대답은 아마 충분하지 않을 것입니다.

표 10.1 Data Set A

Number of accidents	Number of drivers
0	81,714
1	11,306
2	1,618
3	250
4	40
5 or more	7

다른 대안은 데이터를 수집하여 이를 사용해 모델을 구성하는 것입니다. 대부분의 분포 모델은 두 가지 구성 요소를 가집니다. 첫 번째는 “Pareto”와 같은 이름이고, 두 번째는 분포의 구체적인 내용을 규정하는 모수값의 집합입니다. 만약 모델 구성이 이 순서대로 이루어질 수 있다면 더 간단할 것입니다. 그러나 대부분의 경우, 특정 이름의 모델을 사용할지를 결정하기 전에 해당 모델에 적합한 모수를 고정해야 합니다. 모수 추정치는 모집단 전체가 아닌 모집단의 샘플을 기반으로 하기 때문에, 결과는 참값과 일치하지 않을 가능성이 큽니다. 따라서 잠재적인 오차를 파악하는 것이 중요합니다. 이 오차를 표현하는 한 가지 방법은 구간 추정(interval estimate)을 사용하는 것입니다. 즉, 특정 값을 선언하는 대신, 가능한 값의 범위를 제시하는 방식입니다. 명명된 모수적 분포(named parametric distributions)를 사용할 때는 부록 A와 B에서 제공된 모수화를 사용합니다. 또한, 비모수적 모델(경험적 모델이라고도 함)을 구성하고자 할 수도 있습니다. 이 경우 목표는 데이터를 사실상 재현하는 모델을 결정하는 것입니다. 이러한 모델은 14장에서 논의됩니다.

여기서 우리는 데이터 집합 A, B, C, D라고 부르는 네 개의 데이터 집합을 소개합니다. 이 데이터들은 이 장과 이후의 장들에서 여러 번 사용될 것입니다.

데이터 집합 A

이 데이터 집합은 손해보험 보험계리학 문헌에서 잘 알려져 있습니다. 1959년 Dropkin의 논문 [30]에서 처음 분석되었습니다. 그는 1956년부터 1958년까지 한 운전자가 1년에 사고를 낸 횟수를 조사하여 94,935명의 운전자 데이터를 수집했습니다. 결과는 표 10.1에 나타나 있습니다.

데이터 집합 B

이 데이터(및 다음 두 데이터 집합의 데이터)는 인위적으로 생성된 것입니다. 이는 근로자 보상 의료비 혜택에 대한 지급 금액을 나타내지만, 특정 계약이나 보험 계약자 집단과는 관련이 없습니다. 이러한 지급 금액은 손실의 총액을 의미합니다. 20건의 지급금에 대한 무작위 샘플이 표 10.2에 제시되어 있습니다.

표 10.2 Data Set B

27	82	115	126	155	161	243	294	340	384
457	680	855	877	974	1,193	1,340	1,884	2,558	15,743

데이터 집합 C

이 관찰값은 일반 책임보험 계약의 227건의 손실액 청구에 대한 지급을 나타냅니다. 데이터는 표 10.3에 나와 있습니다.

표 10.3 Data Set C

Payment range	Number of payments
0-7,500	99
7,500-17,500	42
17,500-32,500	29
32,500-67,500	28
67,500-125,000	17
125,000-300,000	9
Over 300,000	3

데이터 집합 D 이 데이터 집합은 5년 만기 보험 계약의 경험에서 나온 것입니다. 연구 기간은 고정된 시간 범위입니다. 열은 다음과 같이 해석됩니다:

(1) i는 계약 증권 번호, 1-40;

(2) d_i는 피보험자가 처음 관찰된 시점까지의 경과 시간; 따라서 계약 번호 1-30은 계약이 판매된 시점부터 관찰되었습니다. 나머지 계약들은 관찰 기간 시작 전에 발행되었으며, 해당 기간 동안 생존 중인 것으로 알려져 있습니다.

(3) x_i는 피보험자가 사망한 것으로 관찰된 시점까지의 경과 시간. 5년 동안 사망이 관찰되지 않은 경우 해당 열에는 "—"로 표시됩니다.

(4) u_i는 사망이 관찰되지 않은 피보험자에 대해 관찰된 최신 경과 시간. 이는 그들이 5년이 지나기 전에 보험을 해지했거나, 5년 만기 기간이 끝났거나, 연구가 보험이 여전히 유효한 상태에서 종료되었기 때문일 수 있습니다. 데이터는 표 10.4에 나와 있습니다.

표 10.4 Data Set D

i	*di*	*xi*	*ui*	*i*	*di*	*xi*	*ui*
1	0	—	0.1	16	0	4.8	—
2	0	—	0.5	17	0	—	4.8
3	0	—	0.8	18	0	—	4.8
4	0	0.8	—	19-30	0	—	5.0
5	0	—	1.8	31	0.3	—	5.0
6	0	—	1.8	32	0.7	—	5.0
7	0	—	2.1	33	1.0	4.1	—
8	0	—	2.5	34	1.8	3.1	—
9	0	—	2.8	35	2.1	—	3.9
10	0	2.9	—	36	2.9	—	5.0
11	0	2.9	—	37	2.9	—	4.8
12	0	—	3.9	38	3.2	4.0	—
13	0	4.0	—	39	3.4	—	5.0
14	0	—	4.0	40	3.9	—	5.0
15	0	—	4.1				

10.2 점 추정 Point Estimate

10.2.1 서론 Introduction

모델이 어떻게 추정되든 간에, 추정된 모델이 실제 분포와 정확히 일치할 가능성은 극히 낮습니다. 이상적으로는 추정된 모델을 사용할 때 발생하는 오류를 측정할 수 있기를 원하지만, 이는 명백히 불가능합니다. 만약 우리가 발생한 오류의 크기를 알 수 있다면, 그만큼 추정치를 조정하여 오류를 완전히 제거할 수 있을 것입니다. 우리가 할 수 있는 최선은 현재의 추정치에서 발생한 오류가 아니라, 절차를 반복적으로 사용할 때 본질적으로 발생하는 오류의 크기를 파악하는 것입니다. 따라서 우리는 특정 답변의 품질이 아니라, 절차를 통해 생성된 답변 전체의 품질에 관심을 가집니다.

이 점은 보험계리 실무와 관련하여 매우 중요한 논점입니다. 중요한 것은 적절한 절차를 사용하는 것이며, 심지어 가장 좋은 절차조차도 미래의 무작위 결과가 드러난 후에는 나쁜 결과를 초래할 수 있다는 점을 모두가 이해하는 것입니다. 이 점은 생명보험 위험 의무 포트폴리오에 대한 준비금의 적정 수준(즉, 회사가 계약상 의무를 이행하기에 충분한 자금을 보유할 확률)에 대해 작성된 미국 보험계리사회(Society of Actuaries) 원칙 초안 [115, pp. 779-780]에서 잘 설명되어 있습니다:

> 적정 수준은 전망적(prospective)이지만, 보험 계리 모델은 일반적으로 과거 경험에 비추어 검증됩니다. 이후의 경험을 바탕으로 보험 계리적 가정이 부적절했다고 결론짓거나, 적정 수준이 과대평가되었거나 과소평가되었다고 결론짓는 것은 잘못입니다.

모델을 구축할 때는 여러 유형의 오류가 존재합니다. 이 중 일부는 모델 오류(잘못된 모델을 선택하는 것)와 표본 프레임 오류(샘플링된 모집단과 다른 모집단에 대해 추론하려는 시도)와 같은 것으로, 여기에서는 다루지 않습니다. 예를 들어, 모델 오류는 실제 분포가 Weibull이거나 이에 가까운데도 Pareto 분포를 선택하는 경우입니다. 표본 프레임 오류의 예로는 독립 에이전트를 통해 판매된 보험 계약에서 손실액 청구 데이터를 샘플링(Sampling)하여 인터넷을 통해 판매될 계약의 가격을 책정하려는 경우입니다.

측정 가능한 오류의 유형은 모집단의 표본을 사용하여 전체 모집단에 대해 추론할 때 발생하는 오류입니다. 샘플링된 항목이 모집단을 대표하지 않을 때 오류가 발생합니다. 앞서 언급했듯이, 오늘날 샘플링된 특정 항목이 모집단을 대표하는지 여부는 알 수 없습니다. 그러나 추정치가 대표성을 가지지 않는 샘플로 인해 얼마나 영향을 받는지 추정할 수는 있습니다.

이 장에서 다루는 접근법은 모집단에서 추출될 수 있는 모든 표본을 고려하는 것입니다. 각 표본은 추정된 값(예: 확률, 모수 값, 혹은 모먼트)을 도출합니다. 우리는 추정된 값이 항상 실제 값과 일치할 것이라고 기대하지 않습니다. 합리적인 추정 절차에서는 일부 표본에서는 값이 실제 값과 일치하고, 많은 표본에서는 근접하며, 소수의 표본에서만 크게 다를 것이라고 기대합니다. 잠재적 추정치 집합이 실제 값과 얼마나 잘 일치하는지 측정할 수 있다면, 우리의 추정 절차의 품질을 평가할 수 있습니다. 여기에서 설명된 접근법은 종종 고전적(classical) 또는 빈도주의적(frequentist) 추정 접근법이라고 불립니다.

마지막으로, 추정치(estimate)와 정량적 추정량(estimator)의 차이에 대해 언급해야 합니다. 추정치는 특정 숫자 집합에 추정 절차를 적용했을 때 얻어진 특정 값을 의미합니다. 반면, 정량적 추정량은 추정치를 생성하는 규칙이나 공식을 의미합니다. 추정치는 숫자나 함수이고, 정량적 추정량은 확률 변수 또는 확률 함수입니다. 일반적으로 문맥과 사용된 단어들이 참조 대상을 명확히 해줍니다.

10.2.2 정성적 추정량 Measures of Quality

10.2.2.1 *서론* 정성적 추정량의 품질을 측정하는 다양한 방법이 있습니다. 이 장에서는 그 중 세 가지 방법을 논의합니다. 이를 설명하기 위해 두 가지 예제를 사용합니다.

예제 10.1

어떤 모집단이 1+, 3, 5, 9의 값을 포함하고 있습니다. 크기가 2인 표본을 복원 추출(sampling with replacement) 방식으로 추출하여 모집단의 평균을 추정하려고 합니다. □

예제 10.2

어떤 모집단이 평균이 θ인 지수 분포를 따릅니다. 크기가 3인 표본을 복원 추출 방식으로 추출하여 모집단의 평균을 추정하려고 합니다. □

두 예제 모두 표본 추출 이전에 정답(4.5와 θ)을 알고 있다는 점에서 명백히 인위적입니다. 그러나 이러한 사전 지식은 우리가 선택한 절차에서 발생하는 오류를 명확히 보여줄 것입니다. 실질적인 응용에서는, 추정하려는 값의 실제 값을 알지 못할 때 발생할 수 있는 오류를 추정할 수 있어야 합니다.

10.2.2.2 *불편성(Unbiasedness)* 추정량을 구성할 때, 평균적으로 우리가 저지르는 오류가 서로 상쇄된다면 좋을 것입니다. 보다 공식적으로 표현하면, 우리가 추정하려는 값이 θ라고 하겠습니다. 추정량을 나타내는 확률 변수를 $\hat{\theta}$라고 하고, θ가 참 모수값일 때 추정량 $\hat{\theta}$의 기댓값을 $E[\hat{\theta}|\theta]$로 정의하겠습니다.

정의 10.1 추정량 $\hat{\theta}$가 모든 θ에 대해 $E[\hat{\theta}|\theta] = \theta$를 만족하면, 해당 추정량을 불편 추정량(unbiased estimator)이라고 합니다. 편향(bias)은 다음과 같이 정의됩니다:

$$_{\hat{\theta}}(\theta) = \mathrm{E}(\hat{\theta}|\theta) - \theta$$

편향은 사용되는 추정량에 따라 달라지며, θ의 특정 값에 의존할 수도 있습니다.

예제 10.3

표본 평균이 모집단 평균의 추정량으로서 가지는 편향을 구하십시오.

모집단 평균은 θ = 4.5입니다. 표본 평균은 두 관측값의 평균으로 계산됩니다. 모든 경우에서 표본 추출은 무작위로 이루어진다고 가정합니다. 즉, 크기가 n인 모든 표본이 동일한 확률로 선택될 가능성을 가집니다. 이러한 샘플링은 모집단의 모든 구성원이 다른 구성원과 동일한 확률로 관찰될 가능성을 가진다는 것을 의미합니다.

이 예제에서는 총 16가지 동일한 확률을 가지는 샘플링 결과가 존재합니다:

1,1	1.3	1,5	1,9	3,1	3,3	3,5	3,9
5,1	5,3	5,5	5,9	9,1	9,3	9,5	9,9

이 표본은 다음과 같은 16가지 동일 확률의 표본 평균값을 도출합니다.

1	2	3	5	2	3	4	6
3	4	5	7	5	6	7	9

같은 값을 결합하여 표본 평균(보통 로 표시)의 확률 분포는 다음과 같습니다: 추정량의 기댓값은 다음과 같습니다:

x	1	2	3	4	5	6	7	9
$p_{\bar{X}}(x)$	1/16	2/16	3/16	2/16	3/16	2/16	2/16	1/16

추정량의 기댓값은 다음과 같습니다:

$$\mathrm{E}(\bar{X}) = [1(1) + 2(2) + 3(3) + 4(2) + 5(3) + 6(2) + 7(2) + 9(1)]/16 = 4.5$$

따라서, 이 예제에서 표본 평균은 모집단 평균의 불편 추정량(unbiased estimator)입니다. □

예제 10.4

예제 10.2에서, 표본 평균과 표본 중앙값이 모집단 평균의 추정량으로서 가지는 편향을 구하십시오.

표본 평균은 $\bar{X} = (X_1 + X_2 + X_3)/3$이며, 여기서 X_j는 지수 모집단에서 추출된 각 관측값을 나타냅니다. 표본 평균의 기댓값은 다음과 같이 계산됩니다:

$$\begin{aligned} E(\bar{X}) &= E\left[\frac{1}{3}\left(X_1 + X_2 + X_3\right)\right] = \frac{1}{3}\left[E(X_1) + E(X_2) + E(X_3)\right] \\ &= \frac{1}{3}(\theta + \theta + \theta) = \theta \end{aligned}$$

따라서, 표본 평균은 모집단 평균의 불편 추정량(unbiased estimator)입니다. 표본 중앙값을 조사하는 것은 약간 더 복잡합니다. 세 관측값 중 중간값의 분포 함수는 다음과 같이 계산됩니다. Y를 관심 있는 확률 변수로, X_j를 모집단에서 j번째 관측값의 확률 변수로 정의합니다.

$$\begin{aligned} F_Y(y) = {} & \Pr(Y \le y) = \Pr(X_1, X_2, X_3 \le y) + \Pr(X_1, X_2 \le y, X_3 > y) \\ & + \Pr(X_1, X_3 \le y, X_2 > y) + \Pr(X_2, X_3 \le y, X_1 > y) \\ = {} & F_X(y)^3 + 3F_X(y)^2[1 - F_X(y)] \\ = {} & [1 - e^{-y/\theta}]^3 + 3[1 - e^{-y/\theta}]^2 e^{-y/\theta}. \end{aligned}$$

위의 첫 두 줄은 중앙값이 y 이하가 되려면, 세 관측값 모두 y 이하이거나, 정확히 두 개만 y 이하여야 한다는 점에서 유도됩니다. 이 함수의 밀도 함수는 다음과 같습니다:

$$f_Y(y) = F'_Y(y) = \frac{6}{\theta}\left(e^{-2y/\theta} - e^{-3y/\theta}\right)$$

이 추정량의 기댓값은 다음과 같이 계산됩니다:

$$\begin{aligned} E(Y|\theta) &= \int_0^\infty y\frac{6}{\theta}\left(e^{-2y/\theta} - e^{-3y/\theta}\right) dy \\ &= \frac{5\theta}{6}. \end{aligned}$$

따라서, 이 추정량은 명백히 편향(biased)[1]이며, 그 편향은 다음과 같습니다.

$$\text{bias}_Y(\theta) = 5\theta/6 - \theta = -\theta/6.$$

---

1 표본 중앙값은 모집단 평균의 추정값으로 선택될 가능성이 낮습니다. 이 예는 비교 목적으로 이를 연구합니다. 모집단 중앙값이 $\theta \ln 2$이므로, 표본 중앙값 역시 모집단 중앙값에 대해 편향되어 있습니다.

즉, 이 추정량은 평균적으로 실제 값을 과소 추정합니다.

또한, 표본 중앙값을 1.2로 곱하면 불편 추정량으로 변환될 수 있다는 점을 쉽게 알 수 있습니다. □

예제 10.2에서, 우리는 두 가지 추정량(표본 평균과 표본 중앙값의 1.2배)을 가지고 있으며, 둘 다 불편 추정량입니다. 어떤 추정량을 선호할지를 결정하려면 추가적인 기준이 필요합니다.

일부 추정량은 약간의 편향을 가지지만, 표본 크기가 무한대로 증가하면 그 편향이 사라지는 특성을 보입니다.

정의 10.2 *크기가 n인 표본에 기반한 $\hat{\theta}_n$이 θ의 추정량이라고 하겠습니다. 만약 모든 θ에 대해*

$$\lim_{n\to\infty} \mathrm{E}(\hat{\theta}_n|\theta) = \theta$$

를 만족하면, 이 추정량을 점근적으로 불편(asymptotically unbiased)하다고 합니다.

예제 10.5

임의의 확률 변수가 구간 $(0,\theta)$에서 균등 분포를 가진다고 가정합니다.

추정량 $\hat{\theta}_n = \max(X_1, \dots, X_n)$이 점근적으로 불편(asymptotically unbiased)임을 증명해 보겠습니다.

크기 n인 표본에서 최댓값을 Y_n이라고 정의합니다. Y_n의 누적 분포 함수 $F_{Yn}(y)$는 다음과 같이 계산됩니다.

$$\begin{aligned} F_{Y_n}(y) &= \Pr(Y_n \le y) = \Pr(X_1 \le y, \dots, X_n \le y) \\ &= [F_X(y)]^n \\ &= (y/\theta)^n, \\ f_{Y_n}(y) &= \frac{ny^{n-1}}{\theta^n}, \quad 0 < y < \theta. \end{aligned}$$

여기서 $F_X(y)$는 X의 누적 분포 함수로, 균등 분포에서 $F_X(y) = y/\theta$입니다. 따라서:

$$F_{Yn}(y) = (y/\theta)^n,\ 0 < y < \theta.$$

밀도 함수 $f_{Yn}(y)$를 y에 대해 미분하여 얻습니다.

$$f_{Yn}(y) = \frac{d}{dy}F_{Yn}(y) = ny^{n-1}\theta^{-n},\ 0 < y < \theta$$

추정량 Y_n의 기댓값은 다음과 같이 계산됩니다:

$$\mathrm{E}(Y_n|\theta) = \int_0^\theta y(ny^{n-1}\theta^{-n})\,dy = \frac{n}{n+1}y^{n+1}\theta^{-n}\Big|_0^\theta = \frac{n\theta}{n+1}.$$

$n \to \infty$일 때, 기댓값의 극한값은 θ으로 이 추정량은 점근적으로 불편임을 확인할 수 있습니다. □

추정량 품질의 척도로서 불편성을 사용하는 데 한 가지 단점은, 추정량이 불편이더라도 분산이 클 경우 모수에 매우 가까운 값을 제공하지 못할 수 있다는 점입니다. 이는 추정량의 분산이 클 경우 자주 발생할 수 있습니다. 이제 불편 추정량의 정확성에는 일반적으로 한계가 있음을 보여주겠습니다. 즉, 추정량의 분산에 대해 Cramér-Rao 하한(Cramér-Rao lower bound)이라고 불리는 하한이 존재합니다. 다음의 설정을 가정합니다: 확률 변수 $\mathbf{X} = (X_1, X_2, \ldots, X_n)$이 결합 확률 질량 함수(joint pmf) 또는 확률 밀도 함수(joint pdf) $g(x;\theta)$를 가집니다. 여기서 $\mathbf{x} = (x_1, x_2, \ldots, x_n)$입니다. 독립적이고 동일한 분포(동일하고 독립(i.i.d.))의 특별한 경우에는 $g(\mathbf{x};\theta) = \prod_{i=1}^n f(x_i;\theta)$로 나타납니다. 여기서 $f(x_i;\theta)$는 X_i들의 공통 확률 질량 함수(pf) 또는 확률 밀도 함수(pdf)입니다.

모수 추정에 대한 논의에서 중심적인 역할을 하는 함수는 스코어 함수(Score Function)로, 다음과 같이 정의됩니다:

$$U = \partial \ln g(\mathbf{X};\theta)/\partial\theta$$

g에 대해 이후 자세히 논의할 정칙 조건(regularity conditions)을 가정합니다. 현재 시점에서는 g가 θ에 대해 두 번 미분 가능하고, 미분과 기댓값의 순서를 바꿀 수 있다고 가정합니다. 특히, 이는 분포의 끝점이 θ에 의존하는 상황을 제외합니다.

예제 10.6

독립적이고 동일한 분포(동일하고 독립(i.i.d.))를 따르는 지수 분포의 경우에 대한 스코어 함수(score function)를 구하십시오.

확률 밀도 함수는 다음과 같습니다.

$$f(x;\theta) = \theta^{-1}e^{-x/\theta}$$

그러면,

$$g(\mathbf{x};\theta) = \prod_{i=1}^{n} f(x_i;\theta) = \theta^{-n} \exp\left(-\sum_{i=1}^{n} x_i/\theta\right)$$

따라서, 스코어 함수는 다음과 같습니다:

$$U = \frac{\partial}{\partial\theta}\left(-n\ln\theta - \frac{1}{\theta}\sum_{i=1}^{n} X_i\right) = -\frac{n}{\theta} + \frac{1}{\theta^2}\sum_{i=1}^{n} X_i$$

□

위의 예시에서 보듯, U는 θ의 함수인 확률 변수(즉, θ의 함수이자 확률 변수)입니다. 독립적이고 동일한 분포(i.i.d.)의 경우, $W_i = \frac{\partial}{\partial\theta}\ln f(x_i;\theta),\ i = 1, 2, \ldots, n$)로 정의됩니다. 이때 W_1, $W_2, \cdots, W_n$은 동일하고 독립(i.i.d.)이고, $U = \sum_{i=1}^{n} W_i$가 됩니다. 이산(discrete) 경우에 스코어 함수 U의 기댓값은 다음과 같이 계산됩니다(연속 경우도 유사).

$$\begin{aligned} \mathrm{E}(U) &= \sum_{\text{all } \mathbf{x}} \left[\frac{\partial}{\partial\theta}\ln g(\mathbf{x};\theta)\right] g(\mathbf{x};\theta) \\ &= \sum_{\text{all } \mathbf{x}} \frac{\frac{\partial}{\partial\theta} g(\mathbf{x};\theta)}{g(\mathbf{x};\theta)} g(\mathbf{x};\theta) \\ &= \sum_{\text{all } \mathbf{x}} \frac{\partial}{\partial\theta} g(\mathbf{x};\theta) \\ &= \frac{\partial}{\partial\theta}\sum_{\text{all } \mathbf{x}} g(\mathbf{x};\theta) \\ &= \frac{\partial}{\partial\theta} 1 = 0. \end{aligned}$$

마지막 단계는 $g(x;\theta)$, 즉 모든 가능한 숫자의 확률의 합은 1이기 때문입니다. 또한,

$$\frac{\partial^2}{\partial\theta^2}\ln g(\mathbf{x};\theta) = \frac{\partial}{\partial\theta}\left[\frac{\partial}{\partial\theta}\ln g(\mathbf{x};\theta)\right] = \frac{\partial}{\partial\theta}\left[\frac{\frac{\partial}{\partial\theta} g(\mathbf{x};\theta)}{g(\mathbf{x};\theta)}\right]$$

그리고, 몫(분수)의 미분 방식에 따라

$$\begin{aligned} \frac{\partial^2}{\partial\theta^2}\ln g(\mathbf{x};\theta) &= \frac{\frac{\partial^2}{\partial\theta^2} g(\mathbf{x};\theta)}{g(\mathbf{x};\theta)} - \left[\frac{\frac{\partial}{\partial\theta} g(\mathbf{x};\theta)}{g(\mathbf{x};\theta)}\right]^2 \\ &= \frac{\frac{\partial^2}{\partial\theta^2} g(\mathbf{x};\theta)}{g(\mathbf{x};\theta)} - \left[\frac{\partial}{\partial\theta}\ln g(\mathbf{x};\theta)\right]^2 \end{aligned}$$

양쪽에 기댓값을 구하면

$$
\begin{aligned}
\mathrm{E}\left[\frac{\partial^2}{\partial\theta^2}\ln g(\mathbf{X};\theta)\right] &= \mathrm{E}\left[\frac{\frac{\partial^2}{\partial\theta^2}g(\mathbf{X};\theta)}{g(\mathbf{X};\theta)}\right] - \mathrm{E}(U^2) \\
&= \sum_{\text{all }\mathbf{x}} \frac{\frac{\partial^2}{\partial\theta^2}g(\mathbf{x};\theta)}{g(\mathbf{x};\theta)} g(\mathbf{x};\theta) - \mathrm{E}(U^2) \\
&= \sum_{\text{all }\mathbf{x}} \frac{\partial^2}{\partial\theta^2} g(\mathbf{x};\theta) - \mathrm{E}(U^2) \\
&= \frac{\partial^2}{\partial\theta^2}\left[\sum_{\text{all }\mathbf{x}} g(\mathbf{x};\theta)\right] - \mathrm{E}(U^2).
\end{aligned}
$$

첫 번째 줄의 오른쪽 앞 부분은 0이고 따라서

$$\mathrm{E}(U^2) = -\mathrm{E}\left[\frac{\partial^2}{\partial\theta^2}\ln g(\mathbf{X};\theta)\right]$$

U의 정의에 따라,

$$\mathrm{E}(U^2) = \mathrm{E}\left\{\left[\frac{\partial}{\partial\theta}\ln g(\mathbf{X};\theta)\right]^2\right\}$$

$\mathrm{E}(U) = 0$이므로, 그러면

$$\mathrm{Var}(U) = \mathrm{E}(U^2) = -\mathrm{E}\left[\frac{\partial^2}{\partial\theta^2}\ln g(\mathbf{X};\theta)\right] = \mathrm{E}\left\{\left[\frac{\partial}{\partial\theta}\ln g(\mathbf{X};\theta)\right]^2\right\}$$

더 나아가기 전에 임의의 두 확률변수 Z_1과 Z_2에 대하여 주목할 점은

$$\mathrm{Cov}(Z_1, Z_2) \le \sqrt{\mathrm{Var}(Z_1)}\sqrt{\mathrm{Var}(Z_2)}$$

여기에 근거하여, $\sigma = \mathrm{Var}(Z_1)$, $\sigma = \mathrm{Var}(Z_2)$, $\sigma_{12} = \mathrm{Cov}(Z_1, Z_2)$, 그리고 $\rho = \sigma_{12}/(\sigma_1\sigma_2)$이라 하면

$$
\begin{aligned}
0 &\le \mathrm{Var}\left(\frac{Z_1}{\sigma_1} - \rho\frac{Z_2}{\sigma_2}\right) \\
&= \frac{1}{\sigma_1^2}\mathrm{Var}(Z_1) + \left(\frac{\rho}{\sigma_2}\right)^2 \mathrm{Var}(Z_2) - \frac{2\rho}{\sigma_1\sigma_2}\mathrm{Cov}(Z_1, Z_2) \\
&= 1 + \rho^2 - 2\rho^2 = 1 - \rho^2.
\end{aligned}
$$

결과적으로 $-1 \le \rho \le 1$이 성립됨이 증명됩니다. 이제 $T = T(X)$가 θ 의 불편 추정치라고 합시다. 그러면, 불편성의 정의에 따라, 다음이 성립하고

$$\theta = \mathrm{E}(T) = \sum_{\text{all } \mathbf{x}} T(\mathbf{x}) g(\mathbf{x}; \theta)$$

θ에 따라 미분하면(미분과 합산/적분의 순서가 바뀔 수 있다는 가정을 기억하면),

$$\begin{aligned} 1 &= \sum_{\text{all } \mathbf{x}} T(\mathbf{x}) \frac{\partial}{\partial \theta} g(\mathbf{x}; \theta) \\ &= \sum_{\text{all } \mathbf{x}} T(\mathbf{x}) \left[\frac{\partial}{\partial \theta} \ln g(\mathbf{x}; \theta) \right] g(\mathbf{x}; \theta) \\ &= \mathrm{E}(TU). \end{aligned}$$

그러면,

$$\mathrm{Cov}(T, U) = \mathrm{E}(TU) - \mathrm{E}(T)\mathrm{E}(U) = 1 - (\theta)(0) = 1$$

다음이 성립합니다.

$$1 = \mathrm{Cov}(T, U) \le \sqrt{\mathrm{Var}(T)} \sqrt{\mathrm{Var}(U)}$$

이것은 다음을 의미합니다.

$$\mathrm{Var}(T) \ge \frac{1}{\mathrm{Var}(U)} = \frac{1}{-\mathrm{E}\left[\frac{\partial^2}{\partial \theta^2} \ln g(\mathbf{X}; \theta) \right]} = \frac{1}{\mathrm{E}\left\{ \left[\frac{\partial}{\partial \theta} \ln g(\mathbf{X}; \theta) \right]^2 \right\}} \tag{10.1}$$

동일하고 독립(i.i.d.)의 경우에, $\mathrm{Var}(U) = \sum_{i=1}^{n} \mathrm{Var}(W_i) = n\mathrm{Var}(W)$입니다.

여기서 $W = \frac{\partial}{\partial \theta} \ln f(X; \theta)$이고 X는 X_i들의 유전적 형태입니다. 그러면 (10.1)은 다음과 같습니다.

$$\mathrm{Var}(T) \ge \frac{1}{\mathrm{Var}(U)} = \frac{1}{-n\mathrm{E}\left[\frac{\partial^2}{\partial \theta^2} \ln f(X; \theta) \right]} = \frac{1}{n\mathrm{E}\left\{ \left[\frac{\partial}{\partial \theta} \ln f(X; \theta) \right]^2 \right\}} \tag{10.2}$$

이 식은 일반적으로 첫 번째 미분의 제곱 대신 두 번째 편미분을 사용하는 버전보다 계산하기 쉽습니다.

하한식 (10.1)과 (10.2)는 종종 Cramér-Rao 하한(Cramér-Rao Lower Bound)이라고 불리며, 이는 불편 추정량의 분산에 대한 하한을 나타냅니다. 이러한 하한은 최대우도 추정법

(Maximum Likelihood Estimation) 및 기타 추정 절차에서 매우 유용합니다.

각 경우의 분모는 Fisher 정보(Fisher Information) 또는 기대 정보(Expected Information)라고 불립니다. Fisher 정보는 모수에 대한 데이터의 정보를 정량화하며, 추정의 정확성과 관련된 핵심 개념입니다.

예제 10.7

지수 분포에서 표본 평균의 불편 추정량에 대한 Cramér-Rao 하한을 구하십시오. (공식 10.2를 사용)

지수 분포에 대하여,

$$\begin{aligned}
f(X;\theta) &= \theta^{-1}e^{-X/\theta},\\
\ln f(X:\theta) &= -\ln\theta - X/\theta,\\
\frac{\partial}{\partial\theta}\ln f(X:\theta) &= -\theta^{-1} + X\theta^{-2},\\
\frac{\partial^2}{\partial\theta^2}\ln f(X:\theta) &= \theta^{-2} - 2X\theta^{-3},\\
\mathrm{E}\left[\frac{\partial^2}{\partial\theta^2}\ln f(X;\theta)\right] &= \mathrm{E}\left(\theta^{-2} - 2X\theta^{-3}\right) = \theta^{-2} - 2\theta^{-2} = -\theta^{-2},\\
\mathrm{E}\left\{\left[\frac{\partial}{\partial\theta}\ln f(X;\theta)\right]^2\right\} &= \mathrm{E}\left[\left(-\theta^{-1} + X\theta^{-2}\right)^2\right] = \mathrm{E}\left(\theta^{-2} - 2X\theta^{-3} + X^2\theta^{-4}\right)\\
&= \theta^{-2} - 2\theta^{-2} + 2\theta^{-2} = \theta^{-2}.
\end{aligned}$$

표본 평균의 불편 추정량에 대한 Cramér-Rao 하한은:

$$1/(n\theta^{-2}) = \theta^2/n. \qquad \square$$

10.2.2.3 *일관성(Consistency)* 추정량의 또 다른 바람직한 속성은 매우 큰 표본에서도 잘 작동하는 것입니다. 약간 더 형식적으로, 표본 크기가 무한대로 증가할 때, 추정량이 실제 값에서 작은 오차보다 더 크게 벗어날 확률이 0으로 수렴하는 속성을 의미합니다. 이에 대한 형식적인 정의는 다음과 같습니다.

정의 10.3 *추정량이 일관성(consistent)을 가지며(이 문맥에서는 약한 일관성(weak consistency)이라고도 함), 모든 $\delta > 0$와 임의의 θ에 대해 다음 조건을 만족하면 일치적이라고 합니다:*

$$\lim_{n\to\infty} \Pr(|\hat{\theta}_n - \theta| > \delta) = 0.$$

추정량이 점근적으로 불편 (asymptotically unbiased)하며, $\mathrm{Var}(\hat{\theta}_n) \to 0$일 경우(동등하게, 평균 제곱 오차(mean squared error, MSE)가 $n\to\infty$일 때 0으로 수렴), 추정량은 약한 일관성을 가집니다. 이 조건은 충분하지만 필수는 아닙니다.

예제 10.8

확률 변수가 유한한 분산을 가질 경우, 표본 평균이 모집단 평균의 일관성의 추정량임을 증명하십시오.

연습문제 10.2에서, 표본 평균이 불편 추정량임을 확인했습니다. 또한, 분산을 계산하면 다음과 같습니다:

$$\begin{aligned}\mathrm{Var}(\bar{X}) &= \mathrm{Var}\left(\frac{1}{n}\sum_{j=1}^{n} X_j\right)\\ &= \frac{1}{n^2}\sum_{j=1}^{n}\mathrm{Var}(X_j)\\ &= \frac{\mathrm{Var}(X)}{n} \to 0.\end{aligned}$$

두번째 줄은 관찰치가 독립이라는 가정에서 비롯됩니다. □

예제 10.9

구간 $(0,\theta)$에서 균등 분포를 따르는 모집단에서 관측값의 최댓값이 θ의 일치 추정량임을 증명하십시오. 예제 10.5에서, 최댓값이 점근적으로 불편 추정량(asymptotically unbiased estimator)임을 보였습니다. 두 번째 모멘트는

$$\mathrm{E}(Y_n^2) = \int_0^{\theta} y^2 (n y^{n-1}\theta^{-n})\, dy = \frac{n}{n+2} y^{n+2}\theta^{-n}\Big|_0^{\theta} = \frac{n\theta^2}{n+2},$$

그리고

$$\text{Var}(Y_n) = \frac{n\theta^2}{n+2} - \left(\frac{n\theta}{n+1}\right)^2 = \frac{n\theta^2}{(n+2)(n+1)^2} \to 0.$$

□

10.2.2.4 *평균 제곱 오차(Mean Squared Error)* 일관성(consistency)은 바람직한 속성이지만, 대부분의 추정량이 이 속성을 가지고 있습니다. 진정으로 인상적인 추정량은 단순히 평균적으로 정확할 뿐만 아니라 대부분의 경우 매우 가까운 값을 제공하며, 특히 경쟁 추정량보다 더 가까운 값을 제공하는 것입니다. 유한 표본의 경우, 일관성의 정의에서 동기를 얻어 추정량의 품질을 평가할 수 있습니다.

추정량의 품질을 측정하는 한 가지 방법은 추정값이 실제 값에서 δ 이내에 있을 확률 $\Pr(|\hat{\theta}_n - \theta| < \delta)$로 측정하는 것입니다. 그러나 δ의 선택은 임의적이므로, 연구자의 주관적 판단에 의해 변경되지 않는 측정 기준이 선호됩니다.

그렇다면 $E(|\hat{\theta}_n - \theta|)$, 즉 평균 절대 오차(average absolute error)를 고려할 수도 있습니다. 하지만 절댓값을 다루는 것은 종종 수학적으로 까다로운 문제를 야기합니다. 따라서, 다음과 같은 측정 기준이 정확성을 평가하는 데 널리 받아들여지고 있습니다.

정의 10.4 *추정량의 평균 제곱 오차(mean squared error, MSE)는 다음과 같이 정의됩니다:*

$$\text{MSE}_{\hat{\theta}}(\theta) = E[(\hat{\theta} - \theta)^2 | \theta].$$

즉, 평균 제곱 오차는 추정량과 실제 모수 값 사이의 제곱 오차의 기댓값입니다. MSE는 모수의 실제 값 θ에 의존하는 함수입니다. 이는 어떤 모수값에서는 추정량이 매우 잘 작동할 수 있지만, 다른 값에서는 성능이 떨어질 수 있음을 의미합니다.

예제 10.10

모르는 θ 의 추정량 $\hat{\theta} = 5$를 고려합시다. 이 추정량의 MSE는 $(5-\theta)^2$이며, θ가 5에 가까울 때는 매우 작지만, 다른 값에서는 성능이 저조합니다. 물론, 이 추정량은 θ가 정확히 5일 때를 제외하면 편향(biased)이 있으며, 일관성(consistent)도 없습니다. □

여러 정의에서 직접적으로 도출되는 결과는 다음과 같습니다:

$$\mathrm{MSE}_{\hat{\theta}}(\theta) = \mathrm{E}\{[\hat{\theta} - \mathrm{E}(\hat{\theta}|\theta) + \mathrm{E}(\hat{\theta}|\theta) - \theta]^2|\theta\} = \mathrm{Var}(\hat{\theta}|\theta) + [\mathrm{bias}_{\hat{\theta}}(\theta)]^2 \tag{10.3}$$

만약 우리가 관심을 불편 추정량으로만 제한한다면, 최적의 추정량은 다음과 같이 정의할 수 있습니다.

정의 10.5 *추정량 $\hat{\theta}$가 균일 최소 분산 불편 추정량(uniformly minimum variance unbiased estimator, UMVUE)이라고 불리려면 다음 조건을 만족해야 합니다:*

1. *불편(unbiased): $E(|\hat{\theta}_n - \theta|) = \theta$*
2. *균일 최소 분산(uniformly minimum variance): 임의의 실제 모수 값 θ에 대해, θ보다 분산이 더 작은 다른 불편 추정량이 존재하지 않아야 합니다.*

즉, UMVUE는 모수의 모든 값에서 가장 작은 분산을 가지는 불편 추정량입니다.

불편 추정량만을 고려하기 때문에, 정의를 평균 제곱 오차(MSE)를 기준으로 다시 구성해도 동일하게 효과적이었을 것입니다. 또한, MSE와 관련하여 균일하게 최적인 추정량을 찾는 방향으로 정의를 일반화할 수도 있습니다. 그러나 이전의 예에서 볼 수 있듯, 이는 현실적으로 실행하기 어려운 경우가 많습니다.

UMVUE를 결정하는 데 도움을 줄 수 있는 몇 가지 결과가 있습니다(예: Hogg 외 [56, Ch. 7]). 하지만 이러한 추정량은 종종 구하기 어렵습니다. 그럼에도 불구하고, MSE는 두 대안 추정량을 비교하는 유용한 기준으로 여전히 사용됩니다.

예제 10.11

예제 10.2에서, 표본 평균과 표본 중앙값의 1.2배에 대한 MSE를 비교하고, 지수 분포에서 표본 평균이 UMVUE임을 증명하십시오.

표본 평균의 분산은 다음과 같습니다.

$$\frac{\mathrm{Var}(X)}{3} = \frac{\theta^2}{3}$$

표본 중앙값을 1.2배한 경우, 두 번째 모먼트는:

$$
\begin{aligned}
E[(1.2Y)^2] &= 1.44 \int_0^\infty y^2 \frac{6}{\theta} \left(e^{-2y/\theta} - e^{-3y/\theta}\right) dy \\
&= 1.44 \frac{6}{\theta} \Bigg[y^2 \left(\frac{-\theta}{2} e^{-2y/\theta} + \frac{\theta}{3} e^{-3y/\theta} \right) \\
&\qquad - 2y \left(\frac{\theta^2}{4} e^{-2y/\theta} - \frac{\theta^2}{9} e^{-3y/\theta} \right) \\
&\qquad + 2 \left(\frac{-\theta^3}{8} e^{-2y/\theta} + \frac{\theta^3}{27} e^{-3y/\theta} \right) \Bigg] \Bigg|_0^\infty \\
&= \frac{8.64}{\theta} \left(\frac{2\theta^3}{8} - \frac{2\theta^3}{27} \right) = \frac{38\theta^2}{25}
\end{aligned}
$$

따라서, 해당 값의 분산은

$$
\frac{38\theta^2}{25} - \theta^2 = \frac{13\theta^2}{25} > \frac{\theta^2}{3}
$$

즉, 표본 평균이 모든 θ값에서 더 작은 MSE를 가집니다. 따라서, 이 문제에서 표본 평균이 θ의 우수한 추정량입니다.

예제 10.7에서, 크기가 3인 표본에 대해 불편 추정량의 최소 가능한 분산은 $\theta^2/3$으로 이 값은 표본 평균의 분산과 일치합니다. 따라서, 어떠한 다른 불편 추정량도 더 작은 분산을 가질 수 없습니다. 따라서, 표본 평균은 UMVUE입니다. □

예제 10.12

구간 $(0, \theta)$에서 균등 분포를 따를 때, 추정량 $2\bar{X}$와 $[n+1/n]\ \max(X_1, \cdots, X_n)$, 그리고 $\max(X_1, \cdots, X_n)$의 MSE를 평가하십시오.

첫 두 가지 추정량은 불편이어서 그들의 분산을 비교하는 것은 충분합니다. 표본평균의 2배는

$$
\mathrm{Var}(2\bar{X}) = \frac{4}{n}\mathrm{Var}(X) = \frac{4\theta^2}{12n} = \frac{\theta^2}{3n}.
$$

조정된 최대치에 대하여 두 번째 모멘트는

$$
E\left[\left(\frac{n+1}{n} Y_n\right)^2\right] = \frac{(n+1)^2}{n^2} \frac{n\theta^2}{n+2} = \frac{(n+1)^2\theta^2}{(n+2)n}
$$

그리고 분산은

$$\frac{(n+1)^2\theta^2}{(n+2)n} - \theta^2 = \frac{\theta^2}{n(n+2)}.$$

n =1(두 추정량이 같은 경우)인 경우를 제외하고는, 최대치 기반의 추정량이 더 작은 MSE를 가집니다. 세 번째 추정량은 편중되어 있습니다. 그 MSE는 또한

$$\frac{n\theta^2}{(n+2)(n+1)^2} + \left(\frac{n\theta}{n+1} - \theta\right)^2 = \frac{2\theta^2}{(n+1)(n+2)},$$

인데 조정된 최대치의 MSE보다 큽니다. □

10.2.3 연습 문제

10.1 예제 10.1에서, 복원 없이 추출된 3개의 관측값의 평균이 모집단 평균의 불편 추정량임을 보이십시오. 또한, 복원 없이 추출된 3개의 관측값의 중앙값이 모집단 평균의 편향 추정량임을 보이십시오.

10.2 무작위 표본의 경우, 표본 평균이 항상 모집단 평균의 불편 추정량임을 증명하십시오.

10.3 X가 $(\theta - 2, \theta + 2)$ 범위에서 균등 분포를 가질 때, 즉 $f_X(x) = 0.25$, $\theta - 2 < x < \theta + 2$일 때, 크기가 3인 표본에서 추출된 중앙값이 θ의 불편 추정량임을 보이십시오.

10.4 왜 표본 평균이 Pareto 분포의 모집단 평균의 일치 추정량이 아닐 수 있는지 설명하십시오.

10.5 연습문제 10.3에서 크기가 3인 표본의 경우, θ에 대한 추정값으로서 표본 평균과 중앙값의 MSE를 비교하십시오.

10.6 (*) 다음 두 독립적인 추정량이 주어졌습니다.

1. 추정량 $\mathrm{E}(\hat{\theta}_A) = 1{,}000$, $\mathrm{Var}(\hat{\theta}_A) = 160{,}000$
2. 추정량 B: $\mathrm{E}(\hat{\theta}_B) = 1{,}200$, $\mathrm{Var}(\hat{\theta}_B) = 40{,}000$
3. 추정량 C는 가중 평균 $\hat{\theta}_C = w\hat{\theta}_A + (1-w)\hat{\theta}_B$로 정의됩니다.

$\mathrm{Var}(\hat{\theta}_C)$를 최소화하는 w의 값을 구하십시오.

10.7 (*) 손실 모집단이 $\theta = 6{,}000$, α 미지수인 Pareto 분포(부록 A 참조)를 따릅니다. 크기가 10인 표본에서 최대 우도 추정법(MLE)을 기반으로 시뮬레이션한 결과 $\mathrm{E}[\hat{\alpha}] = 2.2$, $\mathrm{MSE}(\hat{\alpha}) = 1$로 나타났습니다. $\alpha = 2$일 때 $\mathrm{Var}(\hat{\alpha})$를 구하십시오.

10.8 (*) 특정 0이 아닌 거리 측정을 위한 두 개의 도구가 있습니다. 첫 번째 도구로 측정

한 값은 확률 변수 X, 두 번째 도구로 측정한 값은 확률 변수 Y로 나타냅니다. X와 Y는 독립적이고 다음이 성립한다고 가정합니다: $E[X] = 0.8m$, $E[Y] = m$, $Var(X) = m^2$, $Var(Y) = 1.5m^2$. 추정량 $Z = \alpha X + \beta Y$가 이 형태의 추정량 중 UMVUE가 되도록 하는 α와 β 값을 구하십시오.

10.9 모집단에 6명의 구성원이 있으며, 그 값이 1, 1, 2, 3, 5, 10입니다. 크기가 3인 표본을 복원 없이 추출합니다. 각 경우의 목표는 모집단 평균을 추정하는 것입니다. (참고: 최적화를 위해 스프레드시트의 최적화 기능을 사용하는 것이 효과적일 수 있습니다.)

(a) 표본 평균의 편향, 분산, MSE를 구하십시오.

(b) 표본 중앙값의 편향, 분산, MSE를 구하십시오.

(c) 표본 중간 범위(최댓값과 최솟값의 평균)의 편향, 분산, MSE를 구하십시오.

(d) 추정량 $aX_{(1)} + bX_{(2)} + cX_{(3)}$ 형태를 고려합니다. 여기서 $X_{(1)} \le X_{(2)} \le X_{(3)}$는 표본 순서 통계량입니다.

i. 추정량이 불편 추정량이 되도록 a, b, c의 값을 제한하는 조건을 구하십시오.

ii. 분산이 가장 작은 불편 추정량을 생성하는 a, b, c의 값을 구하십시오.

iii. MSE가 가장 작은(편향일 수 있는) 추정량을 생성하는 a, b, c의 값을 구하십시오.

10.10 (*) 두 가지 다른 추정량 $\hat{\theta}_1$과 $\hat{\theta}_2$를 고려합니다. 이들의 성능을 테스트하기 위해 $\theta = 2$로 설정한 75번의 시뮬레이션을 수행했습니다. 다음 값이 주어졌습니다.

$$\sum_{j=1}^{75} \hat{\theta}_{1j} = 165, \quad \sum_{j=1}^{75} \hat{\theta}_{1j}^2 = 375, \quad \sum_{j=1}^{75} \hat{\theta}_{2j} = 147, \quad \sum_{j=1}^{75} \hat{\theta}_{2j}^2 = 312,$$

여기서 $\hat{\theta}_{ij}$ 추정량의 j번째 시뮬레이션 결과입니다. 각 추정량의 MSE를 추정하고, MSE 비율로 상대 효율성을 구하십시오.

10.11 $X_1, X_2, \cdots, X_n$이 $F(x) = 1 - (\theta/x)^3$, $x > \theta$이고, 그렇지 않으면 0인 분포를 따르는 독립적이고 동일한 분포(동일하고 독립(i.i.d.))의 표본이라고 가정합니다.

(a) $\hat{\theta}_1 = \min\{X_1, X_2, \cdots, X_n\}$이 θ의 추정량일 때

$$E(\hat{\theta}_1) = \frac{3n}{3n-1}\theta.$$

임을 증명하십시오.

(b) $\hat{\theta}_1$ 의 평균 제곱 오차(MSE)를 구하고, 이를 θ^2/k_n 형태로 표현하십시오. 또한, $\hat{\theta}_1$ 이 θ의 일치 추정량임을 보이십시오.

(c) $\hat{\theta}_2 = [(3n-1)/3n]\ \hat{\theta}_1$일 때, $\hat{\theta}_2$가 θ의 불편 추정량이자 일치 추정량임을 증명하

십시오.

(d) $\hat{\theta}_3 = (2/3)\bar{X}$, 여기서 $\bar{X} = (X_1 + X_2 + \cdots + X_n)/n$이 $\hat{\theta}_3$의 기댓값과 MSE를 도출하고, 왜 $\hat{\theta}_2$가 θ의 추정량으로 $\hat{\theta}_1$과 $\hat{\theta}_3$보다 일반적으로 선호되는지 설명하십시오.

10.3 구간 추정 Interval Estimation

지금까지 논의된 추정량은 모두 점 추정량(point estimator)이었습니다. 점 추정량은 미지의 모집단 값을 추정하기 위한 최선의 시도로 단일 값을 제공하는 방식입니다. 하지만 이 값이 실제 값과 정확히 일치할 것이라고 기대할 수는 없습니다. 종종 구간 추정량(interval estimator)이 더 유용한 정보를 제공합니다. 구간 추정량은 단일 값 대신 가능한 값들의 범위를 제공하며, 이 범위 내의 어떤 값이라도 실제 값일 가능성이 높습니다. 특정 유형의 구간 추정량은 신뢰 구간(confidence interval)입니다.

정의 10.6 *모수 θ에 대한 100(1- θ)% 신뢰 구간은 표본으로부터 계산된 두 개의 확률값 L과 U의 쌍으로 정의되며, 다음 조건을 만족합니다.*

모든 θ에 대해 $\Pr(L \le \theta \le U) \ge 1 - \alpha,$

주목할 점은 이 정의는 신뢰 구간을 고유하게 정의하지 않습니다. 이는 확률적 성질을 표현하며, 특정 모집단에서 계산된 구간이 실제 값 θ를 포함하는지 여부를 말하지 않습니다. 대신, 신뢰 수준(1- α)은 L과 U를 계산하는 방법의 속성을 나타냅니다. 올바른 해석은 동일한 방법을 여러 번 사용했을 때, 생성된 구간 중 적어도 100(1−α)%는 실제 값을 포함할 것이라는 점입니다. 여기서 구간의 끝점인 L과 U는 확률 변수임을 유념해야 합니다.

신뢰 구간을 구성하는 과정은 일반적으로 매우 어렵습니다. 예를 들어, 모집단이 평균과 분산이 미지인 정규 분포를 따를 경우, 평균에 대한 100(1−α)% 신뢰 구간은 다음과 같이 주어집니다:

$$L = \bar{X} - t_{\alpha/2,n-1}s/\sqrt{n}, \quad U = \bar{X} + t_{\alpha/2,n-1}s/\sqrt{n}, \tag{10.4}$$

여기서 $s = [\sum_{j=1}^{n}(X_j - \bar{X})^2/(n-1)]^{1/2}$와 $t_{\alpha/2,b}$는 자유도 b인 t분포의 $100(1 - \alpha/2)\%$ 분위수입니다. 이 식의 올바름을 확인하는 데는 많은 노력이 필요합니다(Hogg et al. [56, p. 186] 참고).

근사 신뢰 구간을 구성하는 방법도 있습니다. 모수 θ의 점 추정량 $\hat{\theta}$에 대해 $E(\hat{\theta}) \doteq \theta$ $\mathrm{Var}(\hat{\theta}) \doteq v(\theta)$, θ가 대략적으로 정규 분포를 따른다고 가정합니다. 이 경우, 다음이 성립합니다.

$$1 - \alpha \doteq \Pr\left(-z_{\alpha/2} \le \frac{\hat{\theta} - \theta}{\sqrt{v(\theta)}} \le z_{\alpha/2} \right) \tag{10.5}$$

여기서 $z_{\alpha/2}$는 표준 정규 분포의 $100(1-\alpha/2)\%$ 분위수입니다. 이 식을 θ에 대해 풀면 원하는 구간을 얻을 수 있습니다. 하지만 $v(\theta)$에 θ가 포함되어 있어 풀기가 어려울 수 있습니다. 이 경우 $v(\theta)$대신 $v(\hat{\theta})$를 사용하여 추가 근사를 적용할 수 있습니다:

$$1 - \alpha \doteq \Pr\left(\hat{\theta} - z_{\alpha/2}\sqrt{v(\hat{\theta})} \le \theta \le \hat{\theta} + z_{\alpha/2}\sqrt{v(\hat{\theta})} \right) \tag{10.6}$$

예제 10.13

식 (10.6)을 사용하여 분산이 미지수인 정규 모집단의 평균에 대한 근사 95% 신뢰 구간을 구성하십시오.

$\hat{\theta} = \bar{X}$로 설정하면 $E[\hat{\theta}] = \theta$, $\mathrm{Var}(\hat{\theta}) = \sigma^2/n$, $\hat{\theta}$는 정규 분포를 따릅니다. 따라서 신뢰 구간은:

$$\bar{X} \pm 1.96s/\sqrt{n}$$

$t_{0.025,n-1} > 1.96$이므로, 이 근사 구간은 (10.4)로 주어진 정확한 구간보다 좁습니다. 이는 신뢰 수준이 95%보다 낮을 수 있음을 의미합니다. □

예제 10.14

식 (10.5)와 (10.6)을 사용하여 포아송 분포의 평균에 대한 근사 95% 신뢰 구간을 구성하십시오. $n = 25$, $\bar{x} = 0.12$인 경우를 고려합니다.

포아송 분포에서 $\theta = \lambda$는 평균이며, $\hat{\theta} = \bar{X}$로 설정합니다. 이때 $E[\hat{\theta}] = E[X] = \theta$, $v(\theta) = \mathrm{Var}(\bar{X}) = \mathrm{Var}(X)/n = \theta/n$입니다. 첫 번째 근사 구간은,

$$0.95 \doteq \Pr\left(-1.96 \le \frac{\bar{X} - \theta}{\sqrt{\theta/n}} \le 1.96 \right)$$

이를 풀면,

$$|\bar{X} - \theta| \le 1.96\sqrt{\frac{\theta}{n}},$$

따라서,

$$(\bar{X} - \theta)^2 \le \frac{3.8416\theta}{n}$$

혹은

$$\theta^2 - \theta\left(2\bar{X} + \frac{3.8416}{n}\right) + \bar{X}^2 \le 0$$

이를 풀어 구간을 구하면,

$$\bar{X} + \frac{1.9208}{n} \pm \frac{1}{2}\sqrt{\frac{15.3664\bar{X} + 3.8416^2/n}{n}}$$

$\bar{X} = 0.12$, $n = 25$ 대입 시, 결과 구간은 0.1970.156입니다.
두 번째 근사 구간은,

$$\bar{X} \pm 1.96\sqrt{\bar{X}/n}$$

계산하면 구간은 0.120.136입니다. 그러나 이 구간은 θ의 가능한 값인 0 이하로 확장되므로, 근사식 (10.6)이 이 경우에 너무 조잡한 근사임을 나타냅니다. □

10.3.1 연습문제

10.12 $x_1, \cdots, x_n$이 확률 밀도 함수 $f(x) = \theta^{-1}e^{-x/\theta}$, $x > 0$를 따르는 모집단에서 추출된 랜덤 표본이라고 가정합니다. 이 지수 분포의 평균은 θ, 분산은 θ^2입니다. 표본 평균 를 θ의 추정량으로 고려합니다. $\bar{X}/\theta$는 감마 분포를 따르며, 이때 감마 분포의 모수는 $\alpha = n$, $\theta = 1/n$입니다(여기서 두 번째 표현의 θ는 감마 분포의 모수임에 유의). 표본 크기가 50이고 표본 평균이 275인 경우, 다음 방법을 사용하여 95% 신뢰 구간을 구하십시오. 각 경우에 실제 θ 값을 요구하는 공식이 있다면 추정된 값을 대입하십시오.

(a) 감마 분포를 사용하여 정확한 구간을 구하십시오.

(b) (10.6)과 같이, 부등식을 풀기 전에 분산을 추정하여 정규 근사를 사용하시오.

(c) 예제 10.14와 같이, 부등식을 푼 후 θ를 추정하여 정규 근사를 사용하십시오.

10.13 (*)2,000건의 보험 계약 표본 중 1,600건은 손실액 청구가 없었고, 400건은 하나

이상의 손실액 청구가 있었습니다. 정규 근사를 사용하여 단일 보험 계약에서 하나 이상의 손실액 청구가 발생할 확률에 대한 대칭적인 95% 신뢰 구간을 구하십시오.

10.4 모수적 추정량의 구축 The Construction of Parametric Estimators

이전 섹션에서는 추정량의 품질을 평가하는 방법을 개발했습니다. 모든 예제에서 평가된 추정량은 임의적이지만 합리적인 값들이었습니다. 이번 섹션에서는 추정량을 구성하는 두 가지 방법을 검토합니다. 세 번째 방법은 11장에서 다룹니다. 이번 섹션에서는 동일한 모수적 분포로부터 독립적으로 추출된 n개의 관측값이 수집되었다고 가정합니다.

모수(parameter)를 추정하는 데에는 본질적으로 서로 양립할 수 없는 두 가지 접근법이 있습니다. 이번 섹션과 11장에서는 빈도주의적 접근법(frequentist approach)을 다룹니다. 이는 10.2절에서 소개된 추정 방법입니다. 대안적인 접근법인 베이즈 추정(Bayesian estimation)은 13장에서 다룰 예정입니다.

10.4.1절에서 소개된 방법은 구현이 비교적 쉬우나 결과가 좋지 않은 경향이 있습니다. 11장에서 다룰 최대우도추정법(Maximum Likelihood Estimation)은 사용이 더 어렵지만, 우수한 통계적 특성을 가지며 훨씬 더 유연합니다.

10.4.1 모먼트 방법과 백분위수 매칭 The Method of Moments and Percentile Matching

개별 관측값의 분포 함수가 다음과 같이 주어진다고 가정합시다:

$$F(x|\theta), \quad \theta^T = (\theta_1, \theta_2, \dots, \theta_p)$$

여기서 θ^T는 θ의 전치(transpose)로, 추정해야 할 p개의 모수를 포함하는 열 벡터(column vector)입니다. 또한, $\mu'_k(\theta) = \mathrm{E}[X^k|\theta]$를 k-번째 원시(raw) 모먼트라고 하고, $\pi_g(\theta)$를 확률 변수의 $100g$번째 백분위수(percentile)라고 정의합니다. 즉, $F[\pi_g(\theta)|\theta] = g$를 만족합니다. 분포 함수가 연속적이라면, 이 방정식에 최소한 하나의 해가 존재합니다.

이 확률 변수로부터 독립적으로 추출된 n개의 표본에 대해, $\hat{\mu}'_k$를 k-번째 모먼트의 경험적 추정량(empirical estimate)으로 정의합니다.

$\hat{\mu}'_k = \frac{1}{n}\sum_{j=1}^{n} x_j^k$, 또한, π_g의 경험적 추정값을 $\hat{\pi}_g$라고 정의합니다.

정의 10.7 *모먼트 방법(Method of Moments)에 의한 θ의 추정치는 다음 p개의 방정식*

$$\mu'_k(\theta) = \hat{\mu}'_k,\ k = 1, 2, \dots, p.$$

을 만족하는 해 중 하나입니다. 이 추정량의 동기는 경험적 분포(empirical distribution)로 표현된 데이터와 동일한 첫 p개의 순(raw) 모먼트를 가지는 모델을 생성한다는 점에 있습니다. 모먼트 방법의 전통적인 정의는 양의 정수를 모먼트로 사용합니다. 하지만 임의의 음수 또는 분수 모먼트를 사용할 수도 있습니다. 특히 역분포(inverse distributions)의 모수를 추정할 때 음수 모먼트를 일치시키는 접근법[2]이 더 우수할 수 있습니다.

예제 10.15

모먼트 방법을 사용하여 데이터 세트 B의 지수 분포, 감마 분포 및 Pareto 분포에 대한 모수를 추정하십시오.

첫 번째와 두 번째 샘플 모먼트는

$$\hat{\mu}'_1 = \frac{1}{20}(27 + \cdots + 15{,}743) = 1{,}424.4,$$
$$\hat{\mu}'_2 = \frac{1}{20}(27^2 + \cdots + 15{,}743^2) = 13{,}238{,}441.9.$$

지수 분포의 경우, 방정식은 다음과 같습니다:

$$\theta = 1{,}424.4$$

따라서 명백한 해는 $\hat{\theta} = 1{,}424.4$

감마 분포의 두 방정식은 다음과 같습니다:

$$\mathrm{E}(X) = \alpha\theta = 1{,}424.4,$$
$$\mathrm{E}(X^2) = \alpha(\alpha + 1)\theta^2 = 13{,}238{,}441.9.$$

두 번째 방정식을 첫 번째 방정식의 제곱으로 나누면,

$$\frac{\alpha + 1}{\alpha} = 6.52489, \quad 1 = 5.52489\alpha,$$

2 하나의 장점은 적절한 모먼트를 선택하면, 방정식이 허용 가능한 매개변수 값 범위 내에서 해를 가질 수 있다는 점입니다.

따라서,

$$\hat{\alpha} = 1/5.52489 = 0.18100 \text{ and } \hat{\theta} = 1{,}424.4/0.18100 = 7{,}869.61.$$

Pareto 분포의 두 방정식은 다음과 같습니다.

$$\mathrm{E}(X) = \frac{\theta}{\alpha - 1} = 1{,}424.4,$$
$$\mathrm{E}(X^2) = \frac{2\theta^2}{(\alpha-1)(\alpha-2)} = 13{,}238{,}441.9.$$

두 번째 방정식을 첫 번째 방정식의 제곱으로 나누면,

$$\frac{2(\alpha-1)}{\alpha-2} = 6.52489,$$

이를 풀면

$$\hat{\alpha} = 2.442 \qquad \hat{\theta} = 1{,}424.4(1.442) = 2{,}053.985.$$ □

방정식에 해가 존재하거나, 해가 존재한다 하더라도 유일할 것이라는 보장은 없습니다.

정의 10.8 *백분위수 매칭(percentile matching)에 의한 θ의 추정치는 다음 p개의 방정식을 만족하는 해 중 하나입니다:*

$$\pi_{g_k}(\theta) = \hat{\pi}_{g_k},\ k = 1, 2, \ldots, p,$$

여기서 $g_1, g_2, \ldots, g_p$는 임의로 선택된 p개의 백분위수입니다. 백분위수의 정의에 따라, 위 방정식은 다음과 같이도 표현될 수 있습니다.

$$F(\hat{\pi}_{g_k}|\theta) = g_k,\ k = 1, 2, \ldots, p.$$

이 추정량은 경험적 분포로 표현된 데이터와 동일한 p개의 백분위수를 가지는 모델을 생성합니다. 그러나 모먼트 방법과 마찬가지로, 방정식에 해가 존재한다는 보장이 없으며, 해가 존재하더라도 유일하지 않을 수 있습니다. 백분위수는 이산형 확률 변수(예: 경험적 분포)에 대해 항상 잘 정의되지 않을 수 있습니다. 예를 들어, 데이터 세트 B는 20개의 관측값을 포함합니다. 이 경우, 384와 457 사이의 모든 값은 10개의 관측값이 아래에 있고 10개의 관측값이 위에 있으므로 중앙값으로 사용될 수 있습니다. 일반적으로 중간값을 사용합니다. 그러나 다른 백분위수에 대해서는 "공식적인" 보간(interpolation)[3] 체계가 없습니다.

정의 10.9 평활화된 경험적 백분위수 추정치(smoothed empirical estimate of a percentile)는 다음과 같이 계산됩니다:

$$\hat{\pi}_g = (1-h)x_{(j)} + hx_{(j+1)}$$

여기서,

$$j = \lfloor (n+1)g \rfloor \quad and \quad h = (n+1)g - j.$$

$\lfloor \cdot \rfloor$는 가장 큰 정수를 나타내며, $x_{(1)} \leq x_{(2)} \leq \cdots \leq x_{(n)}$는 표본의 순서 통계량(order statistics)입니다.

동일한 값을 가진 데이터 포인트가 두 개 이상 없는 한, 백분위수 값은 서로 다릅니다.

$g < 1/(n+1)$ 또는 $g > n/(n+1)$인 경우 $\hat{\pi}_g$를 계산할 수 없습니다. 이는 작은 표본에서 매우 큰 또는 작은 백분위수 값을 추론하는 것은 적절하지 않기 때문입니다. 우리는 경험적 백분위수 추정치가 필요할 때마다 평활화된 버전을 사용합니다.

예제 10.16

백분위수 매칭을 사용하여 데이터 세트 B의 지수 분포와 Pareto 분포의 모수를 추정하십시오. 지수 분포에서 50번째 백분위수를 선택합니다. 경험적 추정치는 중앙값으로

$$\hat{\pi}_{0.5} = (384 + 457)/2 = 420.5$$

해결해야 할 방정식은 다음과 같습니다.

$$0.5 = F(420.5|\theta) = 1 - e^{-420.5/\theta}$$
$$\ln 0.5 = \frac{-420.5}{\theta},$$
$$\hat{\theta} = \frac{-420.5}{\ln 0.5} = 606.65.$$

Pareto 분포에서는 30번째와 80번째 백분위수를 선택합니다. 평활화된 경험적 추정치를 계산

3 Hyndman과 Fan [60]은 9가지의 다른 방법을 제시합니다. 그들은 여기에서 제시된 방법을 약간 수정한 것을 추천하며, $h = g(n+\frac{1}{3}) + \frac{1}{3} - j$를 사용합니다.

하면,

$$\begin{aligned}
\text{30th:}\quad j &= \lfloor 21(0.3) \rfloor = \lfloor 6.3 \rfloor = 6,\ h = 6.3 - 6 = 0.3,\\
\hat{\pi}_{0.3} &= 0.7(161) + 0.3(243) = 185.6,\\
\text{80th:}\quad j &= \lfloor 21(0.8) \rfloor = \lfloor 16.8 \rfloor = 16,\ h = 16.8 - 16 = 0.8,\\
\hat{\pi}_{0.8} &= 0.2(1{,}193) + 0.8(1{,}340) = 1{,}310.6.
\end{aligned}$$

방정식은

$$\begin{aligned}
0.3 = F(185.6) &= 1 - \left(\frac{\theta}{185.6+\theta}\right)^{\alpha},\\
0.8 = F(1{,}310.6) &= 1 - \left(\frac{\theta}{1{,}310.6+\theta}\right)^{\alpha},\\
\ln 0.7 = -0.356675 &= \alpha \ln\left(\frac{\theta}{185.6+\theta}\right),\\
\ln 0.2 = -1.609438 &= \alpha \ln\left(\frac{\theta}{1{,}310.6+\theta}\right),\\
\frac{-1.609438}{-0.356675} = 4.512338 &= \frac{\ln\left(\frac{\theta}{1{,}310.6+\theta}\right)}{\ln\left(\frac{\theta}{185.6+\theta}\right)}.
\end{aligned}$$

수치 계산법을 이용하여 이 방정식을 풀면, $\hat{\theta} = 715.03$, 첫 번째 방정식에 대입하면,

$$0.3 = 1 - \left(\frac{715.03}{185.6 + 715.03}\right)^{\alpha}$$

따라서 $\hat{\alpha} = 1.54559$ □

예제 10.15에서 도출된 값과 큰 차이가 존재합니다. 이는 이러한 방법이 항상 신뢰할 수 있거나 일관된 결과를 보장하지 않을 수 있음을 나타냅니다.

10.4.2 연습문제

10.14 데이터 세트 B에 대해 로그정규(lognormal) 모델의 모멘트 방법 추정치를 구하십시오.

10.15 (*) 표본에서 20번째 백분위수와 80번째 백분위수가 각각 5와 12로 주어졌습니다. 백분위수 매칭 방법을 사용하여 모집단이 와이블(Weibull) 분포를 따른다고 가정하고 $S(8)$을 추정하십시오.

10.16 (*) 표본에서 평균이 35,000, 표준편차가 75,000, 중앙값이 10,000, 90번째 백분

위수가 100,000임이 주어졌습니다. 백분위수 매칭 방법을 사용하여 와이블 분포의 모수를 추정하십시오.

10.17 (*) 크기가 5인 표본에서 4, 5, 21, 99, 421 값이 도출되었습니다. 모먼트 방법을 사용하여 Pareto 분포를 적합한 후 적합한 분포의 95번째 백분위수를 구하십시오.

10.18 (*) 1년 차에는 평균 손실액 청구 금액이 10,000인 100건의 손실액 청구가 있었고, 2년 차에는 평균 손실액 청구 금액이 12,500인 200건의 손실액 청구가 있었습니다. 인플레이션은 매년 모든 손실액 청구 금액을 10% 증가시켰습니다. 손실액 청구 금액 분포를 $\alpha = 3$ 미지수인 Pareto 분포로 모델링한다고 가정했을 때, 모먼트 방법을 사용하여 3년 차의 θ를 추정하십시오.

10.19 (*) 랜덤 표본에서 20번째 백분위수가 18.25, 80번째 백분위수가 35.8임이 주어졌습니다. 백분위수 매칭을 사용하여 로그정규(lognormal) 분포의 모수를 추정한 후, 값이 30을 초과할 확률을 추정하십시오.

10.20 (*) 손실액 청구 프로세스가 두 개의 확률 변수 A와 B의 혼합으로 이루어졌다고 가정합니다. A는 평균이 1인 지수 분포를 따르고, B는 평균이 10인 지수 분포를 따릅니다. A에 가중치 p, B에 $1-p$가 할당됩니다. 혼합의 표준편차가 2임이 주어졌을 때, 모먼트 방법을 사용하여 p를 추정하십시오.

10.21 (*) 크기가 20인 랜덤 표본이 다음과 같이 정렬되었습니다.

12	16	20	23	26	28	30	32	33	35
36	38	39	40	41	43	45	47	50	57

평활화된 경험적 추정치를 사용하여 60번째 백분위수를 구하십시오.

10.22 (*) 한 해 동안 기록된 20건의 바람 피해 손실(단위: 백만 달러)이 다음과 같습니다:

1	1	1	1	1	2	2	3	3	4
6	6	8	10	13	14	15	18	22	25

평활화된 경험적 추정치를 사용하여 75번째 백분위수를 구하십시오.

10.23 (*) 관측값 1,000, 850, 750, 1,100, 1,250, 900이 감마 분포를 따르는 랜덤 표본으로부터 도출되었다고 가정합니다. 모먼트 방법을 사용하여 α와 θ를 추정하십시오.

10.24 (*) 랜덤 표본이 로그로지스틱(loglogistic) 분포로부터 추출되었습니다. 표본에서 80%의 손실액 청구가 100을 초과하고 20%가 400을 초과하는 경우, 백분위수 매칭 방법을 사용하여 로그로지스틱 분포의 모수를 추정하십시오.

10.25 (*) $x_1, \cdots, x_n$이 누적 분포 함수(cdf) $F(x) = x^p, 0 < x < 1$을 따르는 모집단에서 추출

된 랜덤 표본이라고 가정합니다. 모먼트 방법 추정치를 구하십시오.

표 10.5 The data for Exercise 10.30

Number of claims	Number of policies
0	9,048
1	905
2	45
3	2
4+	0

10.26 (*) 감마 분포로부터 추출된 크기가 10인 랜덤 표본이 다음과 같습니다.

1,500 6,000 3,500 3,800 1,800 5,500 4,800 4,200 3,900 3,000

모먼트 방법을 사용하여 α와 θ를 추정하시오.

10.27 (*) 로그정규 분포로부터 추출된 크기가 5인 랜덤 표본이 다음과 같습니다.

500 1,000 1,500 2,500 4,500

모먼트 방법을 사용하여 μ와 σ를 추정한 후, 손실이 4,500을 초과할 확률을 추정하십시오.

10.28 (*) 확률 변수 X가 확률 밀도 함수

$$f(x) = \beta^{-2} x \exp(-0.5x^2/\beta^2),\ \ x, \beta > 0$$

를 따른다고 가정합니다. 이 경우 $\mathrm{E}(X) = (\beta/2)\sqrt{2\pi}$, $\mathrm{Var}(X) = 2\beta^2 - \pi\beta^2/2$입니다. 다음 다섯 개의 관측값이 주어졌습니다.

4.9 1.8 3.4 6.9 4.0

모먼트 방법을 사용하여 β를 추정하십시오.

10.29 확률 변수 X가 확률 밀도 함수,

$$f(x) = \alpha\lambda^{\alpha}(\lambda + x)^{-\alpha-1},\ \ x, \alpha, \lambda > 0$$

를 따르며 $\lambda = 1{,}000$임이 주어졌습니다. 다음 다섯 개의 관측값이 주어졌습니다.

43 145 233 396 775

모먼트 방법을 사용하여 α를 추정하십시오.

10.30 표 10.5의 데이터를 사용하여 음이항 모델의 모수에 대한 모먼트 방법 추정치를 구하십시오.

10.31 표 10.6의 데이터를 사용하여 음이항 모델의 모수에 대한 모먼트 방법 추정치를 구하십시오.

표 10.6 The data for Exercise 10.31

Number of claims	Number of policies
0	861
1	121
2	13
3	3
4	1
5	0
6	1
7+	0

10.32 (*) 손실이 $\alpha = 2$인 Burr 분포를 따른다고 가정합니다. 크기가 15인 랜덤 표본이 다음과 같습니다.

195	255	270	280	350	360	365	
380	415	450	490	550	575	590	615

평활화된 경험적 추정치를 사용하여 30번째와 65번째 백분위수를 구한 뒤, 백분위수 매칭 방법을 사용하여 γ와 θ를 추정하십시오.

10.33 (*) 손실이 와이블(Weibull) 분포를 따른다고 가정합니다. 크기가 16인 랜덤 표본이 다음과 같습니다.

54	70	75	81	84	88	97	105
109	114	122	125	128	139	146	153

평활화된 경험적 추정치를 사용하여 20번째와 70번째 백분위수를 계산하고, 백분위수 매칭을 사용하여 모수 τ와 θ를 추정하십시오.

10.34 (*) 손실이 확률 밀도 함수

$$f(x) = \theta^{-1} \exp[-(x-\delta)/\theta],\ x > \delta$$

를 따르는 분포를 따른다고 가정합니다. 표본 평균이 300이고 표본 중앙값이 240으로 주어졌을 때, 이 두 값을 일치시키는 방식으로 δ와 θ를 추정하십시오.

10.5 가설 검정 Tests of Hypotheses

가설 검정은 대부분의 수리통계학 교재에서 자세히 다루고 있습니다. 이 리뷰는 비교적 간단하며 철학적 문제나 대안적 접근법을 다루지 않습니다. 가설 검정은 두 가지 가설, 즉 귀무가설(null hypothesis)과 대립가설(alternative hypothesis)로 시작합니다. 전통적인 표기법은 귀무가설을 H_0, 대립가설을 H_1로 나타냅니다. 두 가설은 대칭적으로 다루어지지 않습니다. 이를 뒤바꾸면 결과가 달라질 수 있습니다. 이를 설명하기 위해 간단한 예를 사용합니다.

예제 10.17

귀하의 회사는 평균 손실액 청구 금액이 1,200이라고 가정하여 보험료를 책정해 왔습니다. 보험료를 인상하려 하자, 규제기관이 평균 손실액 청구 금액이 이제 1,200을 초과한다는 증거를 제시할 것을 요구했습니다. 데이터 세트 B가 20개의 손실액 청구 데이터를 포함하는 표본이라고 가정할 때, 이 문제의 가설은 무엇입니까? 모집단 평균을 μ라고 합시다. 하나의 가설(귀하가 참이라고 주장하는 가설)은 $\mu > 1{,}200$입니다. 가설 검정은 반드시 이분법적인 상황을 제시해야 하므로, 다른 가설은 $\mu \le 1{,}200$이어야 합니다. 이제 남은 작업은 둘 중 어느 것이 귀무가설인지 결정하는 것입니다. 연속적인 가능성의 세계가 둘로 나뉠 때, 어느 한쪽에 경계값이 할당될 가능성이 높습니다. 경계를 포함하는 가설은 귀무가설이 되어야 합니다. 따라서 문제는 다음과 같이 간결하게 진술될 수 있습니다.

$$H_0 : \mu \le 1{,}200,$$
$$H_1 : \mu > 1{,}200.$$

□

결정은 검정 통계량(test statistic)이라는 값을 계산하여 이루어집니다. 이는 관측값의 함수로, 확률 변수로 간주됩니다. 즉, 검정 절차를 설계할 때는 실제로 관측된 표본이 아니라 관측될 수 있었던 표본에 대해 관심을 가집니다. 검정 명세는 기각영역(rejection region)을 구성함으로써 완료됩니다. 이는 검정 통계량이 가질 수 있는 값의 부분 집합입니다. 관측된 표본에 대한 검정 통계량의 값이 기각영역에 포함되면 귀무가설은 기각되고, 대립가설이 데이터에 의해 지지되는 결과로 발표됩니다. 그렇지 않으면 귀무가설은 기각되지 않습니다(이에 대해서는 후에 더 자세히 다룹니다). 기각영역의 경계값은 무한대가 아닌 한 임계값(critical value)(critical values)이라고 합니다.

예제 10.18

(예제 10.17 계속) 대부분의 통계 교재에서 권장하는 검정 통계량과 기각영역을 사용하여 검정을 완성하십시오. 모집단이 정규분포를 따르고 표준편차가 3,435이라고 가정합니다. 이 문제에 대한 전통적인 검정 통계량(정규 모집단 및 표준편차가 알려진 경우)은 다음과 같습니다.

$$z = \frac{\bar{x} - \mu_0}{\sigma/\sqrt{n}} = \frac{1{,}424.4 - 1{,}200}{3{,}435/\sqrt{20}} = 0.292,$$

여기서 μ_0는 귀무가설과 대립가설을 나누는 값을 나타냅니다. $z > 1.645$인 경우 귀무가설을 기각합니다. 그러나 0.292는 1.645보다 작으므로, 귀무가설은 기각되지 않습니다. 데이터는 평균 손실액 청구 금액이 1,200을 초과한다는 주장을 지지하지 않습니다. □

이전 예제에서 사용된 검정은 특정 목표를 충족하도록 설계되었습니다. 첫 번째 목표는 1종 오류(Type I error)를 제어하는 것입니다. 1종 오류란, 귀무가설이 참인 상황에서 검정이 귀무가설을 기각할 때 발생하는 오류입니다. 예제에서 귀무가설은 여러 방식으로 참일 수 있습니다. 따라서 1종 오류를 범할 가능성을 측정하는 방식은 신중히 정의되어야 합니다.

정의 10.10 *가설 검정의 유의수준(significance level)은 귀무가설이 참일 때 1종 오류를 범할 확률을 말합니다. 귀무가설이 여러 방식으로 참일 수 있다면, 유의수준은 그러한 확률 중 최댓값으로 정의됩니다. 유의수준은 보통 α로 나타냅니다.* 이는 보수적인 정의로, 두 가설의 경계에 있는 최악의 경우를 고려합니다.

예제 10.19

예제 10.18에서의 검정 유의수준을 결정하십시오. 우선, 귀무가설이 참이고 $\mu = 1{,}200$일 때

1종 오류를 범할 확률을 계산합니다. 그러면

$$\Pr(Z > 1.645 | \mu = 1{,}200) = 0.05$$

가 됩니다. 이는 Z가 표준 정규분포를 따른다는 가정에서 비롯됩니다.

이제 μ가 1,200보다 작은 값을 가진다고 가정해 봅시다. 그러면, 다음과 같습니다.

$$\begin{aligned}\Pr\left(\frac{\bar{X} - 1{,}200}{3{,}435/\sqrt{20}} > 1.645\right) &= \Pr\left(\frac{\bar{X} - \mu + \mu - 1{,}200}{3{,}435/\sqrt{20}} > 1.645\right)\\ &= \Pr\left(\frac{\bar{X} - \mu}{3{,}435/\sqrt{20}} > 1.645 - \frac{\mu - 1{,}200}{3{,}435/\sqrt{20}}\right)\end{aligned}$$

좌변의 확률 변수는 표준 정규분포를 따릅니다. μ가 1,200보다 작으므로 우변은 항상 1.645보다 큽니다. 따라서 이 확률은 0.05보다 작으며, 유의수준은 0.05입니다. □

유의수준은 일반적으로 사전에 설정되며 보통 1%에서 10% 사이에 있습니다. 두 번째 목표는 2종 오류(대립가설이 참일 때 귀무가설을 기각하지 못하는 오류)를 범할 확률을 작게 유지하는 것입니다. 일반적으로 한 오류의 확률을 줄이려는 노력은 다른 오류의 확률을 증가시킵니다. 유의수준이 설정된 후 최선의 검정은 2종 오류를 가능한 한 작게 만드는 것입니다. 그러나 이 확률이 항상 작은 값이 된다는 보장은 없습니다. 최선의 검정은 다음 조건을 만족하는 검정입니다.

정의 10.11 *가설 검정이 균일하게 가장 강력(uniformly most powerful)하다고 하려면, 같은 유의수준이거나 더 낮은 유의수준을 가지면서, 대립가설 내 특정 값에 대해 2종 오류를 범할 확률이 더 작은 다른 검정이 존재하지 않아야 합니다.*

예제 10.20

(예제 10.19 계속) 대립가설이 참이고 μ = 2,000일 때 2종 오류를 범할 확률을 구하십시오.

$$\begin{aligned}&\Pr\left(\frac{\bar{X} - 1{,}200}{3{,}435/\sqrt{20}} < 1.645 | \mu = 2{,}000\right)\\ &= \Pr(\bar{X} - 1{,}200 < 1{,}263.51 | \mu = 2{,}000)\\ &= \Pr(\bar{X} < 2{,}463.51 | \mu = 2{,}000)\\ &= \Pr\left(\frac{\bar{X} - 2{,}000}{3{,}435/\sqrt{20}} < \frac{2{,}463.51 - 2{,}000}{3{,}435/\sqrt{20}} = 0.6035\right) = 0.7269.\end{aligned}$$

이 μ 값에 대해, 이 검정은 70% 이상의 확률로 2종 오류를 범할 만큼 강력하지 않습니다. 그럼에도 불구하고(이는 증명하기 쉽지 않지만), 이 검정은 이 문제에서 가장 강력한 검정입니다. □

2종 오류의 확률이 높을 수 있으므로, 귀무가설이 기각되지 않을 경우 강한 주장을 하지 않는 것이 관례입니다. 귀무가설을 선택하거나 받아들였다고 말하기보다는, 귀무가설을 기각하지 못했다고 말합니다. 즉, 표본에서 대립가설을 지지하기 위한 강력한 증거를 찾지 못했으므로, 어떤 입장도 취하지 않습니다.

가설 검정 접근법에 대한 일반적인 비판 중 하나는 유의수준 선택이 임의적이라는 점입니다. 실제로, 유의수준을 변경함으로써 어떤 결과든 얻을 수 있습니다.

예제 10.21

(예제 10.20 *계속*) 유의수준 $\alpha = 0.45$를 사용하여 검정을 완료하십시오. 그런 다음 귀무가설이 기각되고 기각되지 않는 유의수준의 범위를 결정하십시오.

$\Pr(Z > 0.1257) = 0.45$이므로,

$$\frac{\bar{X} - 1{,}200}{3{,}435/\sqrt{20}} > 0.1257.$$

인 경우 귀무가설은 기각됩니다.

이 예제에서 검정 통계량은 0.292이며, 이는 기각영역에 속하므로 귀무가설은 기각됩니다. 그러나 오류를 45%의 확률로 범하도록 설계된 검정 결과를 신뢰하는 사람은 거의 없을 것입니다. $\Pr(Z > 0.292) = 0.3851$이므로, 유의수준이 38.51%보다 큰 경우 귀무가설이 기각되며, 유의수준이 38.51%보다 작은 경우 귀무가설이 기각되지 않습니다. □

38.51%의 오류를 범할 가능성은 사람들이 받아들이기 어려운 값입니다. 이 수치를 발표하는 것은 이전의 5% 유의수준에 기반한 결론보다 더 설득력 있을 수 있습니다. 유의수준을 사용하는 경우, 결과를 해석하는 사람들은 다른 유의수준에서 결과가 어떻게 나왔을지 궁금해할 수 있습니다. 38.51%라는 값은 p-값이라고 불립니다. 다음은 작동 정의입니다.

정의 10.12 *가설 검정에서 p-값(p-value)은 검정 통계량이 표본으로부터 얻어진 값보다 귀무가설과 덜 일치하는 값을 가질 확률입니다. 유의수준이 p-값보다 큰 검정은 귀무가설을 기각하게 되고, 유의수준이 p-값보다 작은 검정은 귀무가설을 기각하지 못하게 됩니다.*

또한, p-값은 0과 1 사이의 값이므로, 일부 의미를 전달할 수 있는 척도입니다. 값이 0에 가까울수록 대립가설을 지지하는 데이터의 증거가 강해집니다. 일반적으로 10% 이상의 값은 대립가설을 지지하는 증거가 없음을 나타내며, 1% 이하의 값은 대립가설을 강하게 지지함을 나타냅니다. 이 사이의 값은 적절한 결론에 대한 불확실성을 나타내며, 추가 데이터나 실험 설계에 대한 더 신중한 검토를 필요로 할 수 있습니다.

이 가설 검정 접근법은 보험계리학적 문제를 해결할 때 어려움을 야기할 수 있는 결과를 가져올 수 있습니다. 다음 예제는 이러한 문제를 보여줍니다.

예제 10.22

귀하는 로그 정규 모델이 조사 중인 문제에 적합하다고 믿습니다. 데이터를 수집했으며 이 가설을 검정하고 싶습니다. 귀무가설과 대립가설은 무엇이며, 검정을 완료한 후 무엇을 알 수 있습니까?

이 검정을 수행하는 방법은 15.4절에 제시되어 있습니다. 한 가지 가설은 모집단이 로그 정규 분포를 가진다는 것이고, 다른 하나는 그렇지 않다는 것입니다. 첫 번째 가설은 동등성의 진술이므로 귀무가설이어야 합니다. 문제는 데이터가 모집단이 로그 정규가 아님을 확인할 수는 있지만, 모집단이 로그 정규라고 주장할 수는 없다는 점입니다. 두 번째 문제는 종종 귀무가설이 거짓임을 알고 있다는 점입니다. 이 경우 모집단이 정확히 로그 정규일 가능성은 낮습니다. 표본 크기가 충분히 크다면, 가설 검정은 이를 발견할 것이며 거의 모든 모델이 기각될 가능성이 높습니다. □

가설 검정은 데이터를 수집하는 데 비용이 많이 들거나 번거로운 상황을 위해 고안되었다는 점을 기억하는 것이 중요합니다. 예를 들어, 새로운 약물이 질병을 치료하는지 확인하려면, 결과가 긍정적인 경우 약물이 승인되어 사용할 수 있도록 최소한의 표본으로 이 사실을 확인하는 것이 중요합니다. 또는 새로운 농작물 비료를 테스트하는 경우를 생각해 보십시오. 테스트에 사용되는 모든 에이커(acre)는 시간과 비용이 듭니다. 이에 반해, 많은 유형의 보험계리학적 문제에서는 과거 기록에서 대량의 데이터를 얻을 수 있습니다. 이 경우, 데이터가 모수적 모델을 매우 정확히 따르지 않는다면 충분히 큰 데이터 집합을 사용하여 거의 모든 모델을 기각할 수 있습니다.

10.5.1 연습문제

10.35 (*연습문제 10.12 계속*) $\theta \geq 325$를 귀무가설(H_0)로, $\theta < 325$를 대립가설(H_1)로 설정하고, 유의수준 5%를 사용하여 표본 평균을 검정 통계량으로 하는 검정을 수행하십시오. 또한, p-값을 계산하십시오. 다음 두 가지를 사용하여 계산하십시오.

(i) 검정 통계량의 정확한 분포

(ii) 정규 근사를 사용한 방법

11 최대 우도 추정 MAXIMUM LIKELIHOOD ESTIMATION

11.1 서론 Introduction

모먼트 방법과 퍼센타일(%-tile) 매칭에 의한 추정은 종종 수행하기 쉽지만, 이러한 추정량들은 데이터의 전체 관측치가 아니라 몇 가지 특징만 사용하기 때문에 성능이 좋지 않은 경향이 있습니다. 특히 모집단이 오른쪽 꼬리가 두꺼운 분포를 가질 때 가능한 한 많은 정보를 사용하는 것이 중요합니다. 예를 들어, 정규분포의 모수를 추정할 때는 표본 평균과 분산만으로 충분[1]합니다. 그러나 파레토 분포의 모수를 추정할 때는 α를 성공적으로 추정하기 위해 극단적인 관측값을 모두 알아야 합니다.

이 방법의 또 다른 단점은 모든 관측치가 동일한 확률변수에서 나왔다는 가정이 필요하다는 점입니다. 그렇지 않으면 모집단 모먼트나 퍼센타일(%-tile)을 무엇으로 사용할지 명확하지 않습니다. 예를 들어, 관측치의 절반은 면책액이 50이고 나머지 절반은 면책액이 100일 경우, 표본 평균을 무엇에 맞추어야 할지 명확하지 않습니다.[2]

마지막으로, 이러한 방법은 분석가가 사용할 모먼트나 퍼센타일(%-tile)을 임의로 선택할 수 있게 합니다.

---

1 이는 공식적인 통계학적 정의에서의 충분성(여기서는 다루지 않음)과 일반적인 의미 모두에 해당됩니다. 모집단이 정규 분포를 가진 경우, 표본 평균과 분산은 원래 관측값만큼 많은 정보를 전달합니다.

2 해당 단점을 보완하는 한 가지 방법은 먼저 14.3절에서 소개된 Kaplan-Meier 추정치와 같은 데이터 의존 모델을 결정한 다음, 해당 모델에서 백분위수나 모먼트를 사용하는 것입니다.

개별 데이터 포인트를 사용하는 다양한 추정량이 존재합니다. 이들 모두는 목적 함수를 설정한 다음, 해당 함수를 최적화하는 모수값을 결정함으로써 구현됩니다. 여러 가지 가능성 중에서 여기에서는 최대우도 추정량만을 다룹니다.

최대우도 추정량을 정의하기 위해, 데이터 세트를 n개의 사건 $A_1,\cdots,A_n$으로 정의합시다. 여기서 A_j는 j번째 관측값에 대해 관측된 것을 나타냅니다. 예를 들어, A_j는 단일 점 또는 구간일 수 있습니다. 후자는 그룹화된 데이터에서 발생합니다. 또한, 사건 A_j는 확률변수 X_j를 관측한 결과로 가정합니다. 확률변수 $X_1,\cdots,X_n$는 동일한 확률분포를 가질 필요는 없지만, 분포는 동일한 모수 벡터 θ에 의존해야 합니다. 또한, 확률변수들은 독립적이어야 합니다.

정의 11.1 *우도 함수(Likelihood function)는 다음과 같이 정의됩니다.*

$$L(\theta) = \prod_{j=1}^{n} \Pr(X_j \in A_j | \theta)$$

여기서, θ의 최대우도 추정량(maximum likelihood estimate)은 우도 함수[3]를 최대화하는 벡터입니다.

이 정의에서 A_j가 단일 점이고 분포가 연속적이라면 $\Pr(X_j \in A_j | \theta)$는 해당 점에서 확률밀도함수를 평가한 것으로 해석됩니다. 다른 모든 경우에는 해당 사건의 확률을 의미합니다.

우도 함수가 유효한 모수값에서 최댓값을 가지리라는 보장은 없습니다. 모수값이 0 또는 무한대로 변할수록 우도 함수가 계속 증가할 수도 있습니다. 또한, 이 함수를 최대화하는 과정에서 전역 최댓값 외에도 국소 최댓값이 존재할 수 있으므로 주의가 필요합니다.

종종 우도 함수를 분석적으로 최대화하는 것이 불가능하며(편미분을 0으로 설정), 수치적 접근법이 필요할 때가 많습니다.

독립성을 가정했기 때문에, 정의에 있는 곱은 다음의 결합확률을 나타냅니다:

$$\Pr(X_1 \in A_1, \cdots, X_n \in A_n | \theta)$$

즉, 우도 함수는 특정 모수 값이 주어졌을 때 실제로 관측된 표본 결과를 얻을 확률을 나타냅니다. 추정값은 실제 관측값이 가장 잘 관측될 가능성이 있는 모델을 생성하는 모수값입니다.

이 추정량의 주요 장점 중 하나는 거의 항상 사용할 수 있다는 점입니다. 즉, 원하는 확률에 대한 표현식을 작성할 수 있다면 이 방법을 실행할 수 있습니다. 모델을 사용하여 확률 표

3 일부 저자는 가능도 함수를 $L(\theta|\mathbf{x})$로 작성하며, 여기서 벡터 $\mathbf{x}$는 관측된 데이터를 나타냅니다. 관측 데이터는 다양한 형태를 취할 수 있으므로, 가능도 함수의 데이터 의존성은 표기에서 생략됩니다.

현식을 작성하고 평가할 수 없다면, 더 큰 보험계리 문제를 해결하기 위해 해당 모델을 가정하는 것은 의미가 없습니다.

예제 11.1

데이터 세트 B(10장에서 소개된 데이터)가 표 11.1에 재현된 바와 같이, 250을 초과하는 모든 관측값의 정확한 값이 알려지지 않았다고 가정해 보겠습니다. 알려진 것은 해당 값이 250보다 크다는 점뿐입니다. 지수분포에 대해 θ의 최대우도 추정량을 구하십시오.

표 11.1 Data Set B

27	82	115	126	155	161	243	294	340	384
457	680	855	877	974	1.193	1.134	1.884	2.558	15.743

첫 번째 7개의 값에 대해서는, 집합 A_j가 관측값 x_j에 해당하는 단일 점을 포함합니다. 따라서 곱의 첫 7항은 다음과 같습니다:

$$f(27)f(82)\cdots f(243) = \theta^{-1}e^{-27/\theta}\theta^{-1}e^{-82/\theta}\cdots\theta^{-1}e^{-243/\theta} = \theta^{-7}e^{-909/\theta}$$

마지막 13개의 값에 대해서는, 집합 A_j가 250에서 무한대까지의 구간이며, 따라서,

$$\Pr(X_j \in A_j) = \Pr(X_j > 250) = e^{-250/\theta}$$

이러한 항이 13개 있으므로, 우도 함수는 다음과 같이 나타낼 수 있습니다:

$$L(\theta) = \theta^{-7}e^{-909/\theta}(e^{-250/\theta})^{13} = \theta^{-7}e^{-4,159/\theta}.$$

우도 함수의 로그를 최대화하는 것이 더 쉽습니다. 로그우도 함수(loglikelihood function)는 $l(\theta) = \ln L(\theta)$로 나타내며, 이는 다음과 같습니다.

$$\begin{aligned} l(\theta) &= -7\ln\theta - 4,159\theta^{-1}, \\ l'(\theta) &= -7\theta^{-1} + 4,159\theta^{-2} = 0, \\ \hat{\theta} &= \frac{4,159}{7} = 594.14. \end{aligned}$$

이 경우, 도함수를 0으로 설정하는 미적분 기법은 간단히 수행됩니다. 또한, 이 해에서 로그우도(log-likelihood) 함수의 이차 도함수를 계산하면 음수가 나오므로, 이 값이 최댓값임을 확인할 수 있습니다. □

11.2 개별 데이터 Individual Data

각 관측값의 값이 기록된 특수한 경우를 고려합시다. 이 경우 로그우도(log-likelihood) 함수는 다음과 같이 간단히 표현할 수 있습니다:

$$L(\theta) = \prod_{j=1}^{n} f_{X_j}(x_j|\theta), \quad l(\theta) = \sum_{j=1}^{n} \ln f_{X_j}(x_j|\theta).$$

이 표기법은 각 관측값이 동일한 분포에서 나올 필요는 없지만, 모수 벡터가 각 분포에 공통적으로 적용된다는 가정을 계속 유지한다는 것을 나타냅니다.

예제 11.2

데이터 세트 B를 사용하여 다음의 경우에 대해 최대우도 추정량을 구하십시오.

(1) 지수분포

(2) α = 2인 감마 분포

(3) 두 모수 모두 알려지지 않은 감마 분포

(1) 지수분포

일반적인 해결 방법은 다음과 같습니다:

$$\begin{aligned} l(\theta) &= \sum_{j=1}^{n} \left(-\ln\theta - x_j\theta^{-1}\right) = -n\ln\theta - n\bar{x}\theta^{-1}, \\ l'(\theta) &= -n\theta^{-1} + n\bar{x}\theta^{-2} = 0, \\ n\theta &= n\bar{x}, \\ \hat{\theta} &= \bar{x}. \end{aligned}$$

데이터 세트 B에서,

$$\hat{\theta} = \bar{x} = 1{,}424.4$$

로그우도(log-likelihood) 함수 값은 −165.23입니다. 이 상황에서는 모먼트 방법과 최대우도 추정량이 동일합니다. 추가 분석은 연습문제 11.16을 참조하십시오.

(2) α = 2인 감마 분포 $\hat{\theta}$을 구해보면,

$$
\begin{aligned}
f(x|\theta) &= \frac{x^{2-1}e^{-x/\theta}}{\Gamma(2)\theta^2} = x\theta^{-2}e^{-x/\theta}, \\
\ln f(x|\theta) &= \ln x - 2\ln\theta - x\theta^{-1}, \\
l(\theta) &= \sum_{j=1}^{n} \ln x_j - 2n\ln\theta - n\bar{x}\theta^{-1}, \\
l'(\theta) &= -2n\theta^{-1} + n\bar{x}\theta^{-2} = 0, \\
\hat{\theta} &= \tfrac{1}{2}\bar{x}.
\end{aligned}
$$

데이터 세트 B에서, $\hat{\theta} = 1{,}424.4/2 = 712.2$입니다. 따라서, 로그우도(log-likelihood) 함수 값은 −179.98입니다. 이 추정치 또한 모멘트 방법에 의한 추정치와 동일합니다.

(3) 두 모수가 모두 알려지지 않은 감마 분포
이 경우 확률밀도 함수는 간단하지 않습니다.

$$
f(x|\alpha,\theta) = \frac{x^{\alpha-1}e^{-x/\theta}}{\Gamma(\alpha)\theta^{\alpha}},
$$

로그우도(log-likelihood) 함수는 다음과 같습니다:

$$
\ln f(x|\alpha,\theta) = (\alpha-1)\ln x - x\theta^{-1} - \ln\Gamma(\alpha) - \alpha\ln\theta.
$$

α에 대한 부분 도함수는 감마 함수의 도함수를 포함하므로, 결과 방정식을 분석적으로 해결할 수 없습니다. 수치적 방법을 사용하면,
$\hat{\alpha}$ = 0.55616, $\hat{\theta}$ = 2,561.1이고 로그우도(log-likelihood) 함수 값은 −162.29입니다. 이 값들은 모먼트 방법 추정치와 일치하지 않습니다. □

11.2.1 연습문제

11.1 예제 11.2를 역지수분포, α = 2인 역감마분포, 그리고 역감마분포를 사용하여 반복하십시오. 추정치를 모먼트 방법 추정치와 비교하십시오.

11.2 (*)다섯 개의 관측값 521, 658, 702, 819, 1,217이 주어졌습니다. 모델은 단일 모수 파레토 분포로, 분포 함수는 다음과 같습니다.

$$
F(x) = 1 - \left(\frac{500}{x}\right)^{\alpha}, \ x > 500, \alpha > 0.
$$

α의 최대우도 추정량을 구하십시오.

11.3 (*)다섯 개의 손실액 청구 심도 관측값 11.0, 15.2, 18.0, 21.0, 25.8이 주어졌습니다. 다음 모델에 대해 μ의 최대우도 추정량을 구하십시오(이는 역가우스 분포의 역수입니다. [74]의 연습문제 5.20a 참조).

$$f(x) = \frac{1}{\sqrt{2\pi x}} \exp\left[-\frac{1}{2x}(x-\mu)^2\right], \quad x, \mu > 0.$$

11.4 (*)10개의 손실에 대한 랜덤 표본으로부터 다음 값이 계산되었습니다.

$$\sum_{j=1}^{10} x_j^{-2} = 0.00033674, \quad \sum_{j=1}^{10} x_j^{-1} = 0.023999,$$

$$\sum_{j=1}^{10} x_j^{-0.5} = 0.34445, \quad \sum_{j=1}^{10} x_j^{0.5} = 488.97$$

$$\sum_{j=1}^{10} x_j = 31{,}939, \quad \sum_{j=1}^{10} x_j^2 = 211{,}498{,}983.$$

손실은 와이블 분포에서 나왔으며, τ = 0.5입니다. 그래서 [$F(x) = 1-\exp[-(x/\theta)^{0.5}]$].
θ의 최대우도 추정량을 구하십시오.

11.5 (*)n개의 독립 관측값 $x_1, \cdots, x_n$이 다음 확률밀도함수를 가진 분포에서 나왔습니다.

$$f(x) = 2\theta x \exp(-\theta x^2), \ x > 0$$

θ의 최대우도 추정량을 구하십시오.

11.6 (*)$x_1, \cdots, x_n$이 다음 누적분포함수를 가진 모집단의 랜덤 표본이라고 가정하십시오.

$F(x) = x^p$, $0 < x < 1$

p의 최대우도 추정량을 구하십시오.

11.7 감마 분포에서 나온 10개의 랜덤 표본이 다음과 같습니다.

1,500 6,000 3,500 3,800 1,800 5,500 4,800 4,200 3,900 3,000

(a) α = 12라고 알려져 있다고 가정하십시오. θ의 최대우도 추정량을 구하십시오.
(b) α와 θ의 최대우도 추정량을 구하십시오.

11.8 로그정규분포에서 나온 5개의 랜덤 표본이 다음과 같습니다.

500 1,000 1,500 2,500 4,500

최대우도법으로 μ와 σ를 추정하십시오. 손실이 4,500을 초과할 확률을 추정하십시오.

11.9 (*)$x_1, \cdots, x_n$이 다음 확률밀도함수를 가진 확률변수의 랜덤 표본이라고 가정하십시오.

$$f(x) = \theta^{-1} e^{-x/\theta}, \ x > 0$$

θ의 최대우도 추정량을 구하십시오.

11.10 (*)확률변수 X는 다음 확률밀도함수를 가집니다.

$$f(x) = \beta^{-2} x \exp(-0.5x^2/\beta^2), \ \ x, \beta > 0$$

이 확률변수에 대해 $f(x) = \beta^{-2} x \exp(-0.5x^2/\beta^2), \ \ x, \beta > 0$

$\mathrm{E}(X) = (\beta/2)\sqrt{2\pi}$과 $\mathrm{Var}(X) = 2\beta^2 - \pi\beta^2/2$. 다섯 개의 관측값

4.9 1.8 3.4 6.9 4.0

이 주어졌습니다. β의 최대우도 추정량을 구하십시오.

11.11 (*)$x_1, \cdots, x_n$이 다음 누적분포함수를 가진 확률변수의 랜덤 표본이라고 가정하십시오.

$$F(x) = 1 - x^{-\alpha}, \ x > 1, \ \alpha > 0$$

α의 최대우도 추정량을 구하십시오.

11.12 (*)확률변수 X는 다음 확률밀도함수를 가집니다.

$$f(x) = \alpha\lambda^{\alpha}(\lambda + x)^{-\alpha-1}, \ x, \alpha, \lambda > 0$$

$\lambda = 1{,}000$임이 알려져 있습니다. 다섯 개의 관측값

43 145 233 396 775

이 주어졌습니다. α의 최대우도 추정량을 구하십시오.

11.13 다음 20개의 관측값이 수집되었습니다. $\Pr(X > 200)$을 추정하십시오. 모수적 모델이 필요한 경우, 단일 모수 파레토 분포를 사용하십시오.

$$F(x) = 1 - (100/x)^{\alpha}, \ x > 100, \ \alpha > 0.$$

132	149	476	147	135	110	176	107	147	165
135	117	110	111	226	108	102	108	227	102

(a) 경험적 추정치로 $\Pr(X > 200)$을 구하십시오.

(b) 단일 모수 파레토 모수 α에 대해 모먼트 방법을 사용하여 추정하고, 이를 사용해 $\Pr(X > 200)$을 추정하십시오.

(c) 단일 모수 파레토 모수 α의 최대우도 추정량을 구하고, 이를 사용해 $\Pr(X > 200)$을 추정하십시오.

11.14 다음과 같은 밀도를 가지는 역가우스 분포를 고려하십시오.

$$f_X(x) = \left(\frac{\theta}{2\pi x^3}\right)^{1/2} \exp\left[-\frac{\theta}{2x}\left(\frac{x-\mu}{\mu}\right)^2\right], \quad x > 0.$$

(a) 다음을 증명하십시오:

$$\sum_{j=1}^{n} \frac{(x_j - \mu)^2}{x_j} = \mu^2 \sum_{j=1}^{n} \left(\frac{1}{x_j} - \frac{1}{\overline{x}}\right) + \frac{n}{\overline{x}}(\overline{x} - \mu)^2,$$

여기서, $\overline{x} = (1/n)\sum_{j=1}^{n} x_j$.

(b) 표본 $x_1, \cdots, x_n$에 대해, μ와 θ의 최대우도 추정량이 다음과 같음을 증명하십시오.

$$\hat{\mu} = \bar{x}$$

$$\hat{\theta} = \frac{n}{\sum_{j=1}^{n}\left(\frac{1}{x_j} - \frac{1}{\overline{x}}\right)}$$

11.15 $X_1, \cdots, X_n$이 독립적이며 평균 $E(X_j) = \mu$, 분산 $\mathrm{Var}(X_j) = (\theta m_j)^{-1}$인 정규분포를 따른다고 가정합시다. 여기서 $m_j > 0$는 알려진 상수입니다. μ와 θ의 최대우도 추정량이 다음과 같음을 증명하십시오.

$$\hat{\mu} = \bar{X}$$

$$\hat{\theta} = n\left[\sum_{j=1}^{n} m_j (X_j - \bar{X})^2\right]^{-1}$$

여기서

$$\bar{X} = (1/m)\sum_{j=1}^{n} m_j X_j \text{ and } m = \sum_{j=1}^{n} m_j$$

입니다.

11.16 $X_1, \cdots, X_n$이 (5.6)의 분포를 따르는 독립적이고 동일한 분포(i.i.d.)의 표본이라고 가정하십시오. 평균의 최대우도 추정량이 표본 평균과 같음을 증명하십시오. 즉, $\hat{\theta}$가 θ의 최대우도 추정량일 때, 다음이 성립함을 증명하십시오.

$$\widehat{\mu(\theta)} = \mu(\hat{\theta}) = \bar{X}.$$

11.3 그룹 데이터 Grouped Data

데이터가 그룹화되고 그룹이 가능한 관측치의 범위를 포괄하는 경우, 관측치는 다음과 같이 요약될 수 있습니다. $c_0 < c_1 < \cdots < c_k$라는 숫자 집합으로 시작합니다. 여기서 c_0는 가장 작은 가능한 관측치(종종 0)이고, c_k는 가장 큰 가능한 관측치(종종 무한대)입니다. 표본에서, n_j를 구간 $(c_{j-1}, c_j]$에 속하는 관측치의 수라고 하십시오. 이러한 데이터에 대한 우도 함수는 다음과 같습니다:

$$L(\theta) = \prod_{j=1}^{k} [F(c_j|\theta) - F(c_{j-1}|\theta)]^{n_j}$$

그리고 이 함수의 로그는 다음과 같습니다:

$$l(\theta) = \sum_{j=1}^{k} n_j \ln[F(c_j|\theta) - F(c_{j-1}|\theta)]$$

예제 11.3

10장의 데이터 세트 C(표 11.2로 재현됨)를 사용하여 지수분포에 대한 최대우도 추정량을 구하십시오.

로그우도(log-likelihood) 함수는 다음과 같습니다:

$$\begin{aligned} l(\theta) &= 99\ln[F(7{,}500) - F(0)] + 42\ln[F(17{,}500) - F(7{,}500)] + \cdots \\ &\quad +3\ln[1 - F(300{,}000)] \\ &= 99\ln(1 - e^{-7{,}500/\theta}) + 42\ln(e^{-7{,}500/\theta} - e^{-17{,}500/\theta}) + \cdots \\ &\quad +3\ln e^{-300{,}000/\theta}. \end{aligned}$$

표 11.2 Data Set C

Payment range	Number of payments
0-7,500	99
7,500-17,500	42
17,500-32,500	29
32,500-67,500	28
67,500-125,000	17
125,000-300,000	9
Over 300,000	3

표 11.3 The data for Exercise 11.19

Loss	Number of observations	Loss	Number of observations
0-25	5	350-500	17
25-50	37	500-750	13
50-75	28	750-1000	12
75-100	31	1,000-1,500	3
100-125	23	1,500-2,500	5
125-150	9	2,500-5,000	5
150-200	22	5,000-10,000	3
200-250	17	10,000-25,000	3
250-350	15	25,000-	2

수치적 계산이 필요하며, 이를 통해 얻어진 최대우도 추정량은 $\hat{\theta}$ =29,721, 로그우도(log-likelihood) 함수의 값은 −406.03입니다. □

11.3.1 연습문제

11.17 데이터 세트 C를 사용하여 감마 분포, 역지수 분포, 그리고 역감마 분포에 대한 최대우도 추정량을 구하십시오.

11.18 (*)손실이 다음 누적분포함수(CDF)를 따릅니다.

$$F(x) = 1 - \theta/x, x > \theta$$

20개의 손실 표본에서, 9개는 10 이하, 6개는 10에서 25 사이, 5개는 25 초과입니다. θ의 최대우도 추정량을 구하십시오.

11.19 표 11.3은 250개의 손실에 대한 표본 결과를 제공합니다. 역지수 분포에서 $F(x) = e^{-\theta/x}$, $x > 0$, $\theta > 0$를 사용하는 경우 θ의 최대우도 추정량을 구하십시오.

11.4 절단 혹은 검열 데이터 Truncated or Censored Data

우측 검열의 정의는 다음과 같습니다.

정의 11.2 *관측치가 u에서 상한으로 검열되었다(우측 검열이라고도 함)고 하는 경우는 다음과 같습니다. 관측치가 u 이상일 때는 u로 기록되고, u 미만일 때는 관측된 값으로 기록됩니다.*

유사한 정의가 좌측 검열(좌측 검열은 보험 분야에서 드뭅니다)에도 적용됩니다. 10장의 데이터 세트 D는 사망률 데이터에서 검열이 어떻게 발생할 수 있는지 보여줍니다. 피보험자에 대한 관찰이 사망 이전에 종료되면, 사망이 마지막 관찰 시점 이후 어느 시점에 발생했는지만 알 수 있습니다. 또 다른 일반적인 상황은 보험 한도입니다. 실제 손실이 한도를 초과하면 한도를 초과했다는 정보만 알 수 있습니다.

검열된 데이터에서는 추가적인 복잡함이 없습니다. 우측 검열은 단순히 검열 지점에서 무한대까지 이어지는 구간을 생성합니다. 검열 지점 아래의 데이터는 개별 데이터로 간주되므로, 우도 함수는 밀도 함수와 분포 함수 항목을 모두 포함합니다.

절단의 정의는 다음과 같습니다.

정의 11.3 *관측치가 d에서 하한으로 절단되었다(좌측 절단이라고도 함)고 하는 경우는 다음과 같습니다. 관측치가 d 이하일 때는 기록되지 않고, d 이상일 때는 관측된 값으로 기록됩니다.*

유사한 정의가 우측 절단(보험 분야에서는 드뭅니다)에도 적용됩니다. 데이터 세트 D는 좌측 절단도 보여줍니다. 관찰 기간이 시작되기 전에 판매된 보험에 대해 일부 피보험자는 사망하고 일부는 관찰에 들어오게 됩니다. 이 경우, 사망 시간이 기록되지 않을 뿐만 아니라 해당 피보험자의 수조차 알 수 없습니다. 또 다른 일반적인 상황은 면책금액입니다. 면책금액 미만의 손실은 기록되지 않으며, 면책금액 미만의 손실이 몇 건이었는지도 알 수 없습니다. 절단된 데이터는 더 큰 도전을 제기합니다. 이를 처리하는 방법은 두 가지입니다.

(1) 절단 지점을 각 관측값에서 빼서 데이터를 이동시키는 것입니다.

(2) 절단 지점 아래의 값에 대한 정보가 없음을 받아들이되, 원래 모집단에 대한 모델을 맞추려고 시도하는 것입니다.

예제 11.4

세트 B의 값이 200에서 하한으로 절단되었다고 가정하십시오. 두 가지 방법을 사용하여 θ = 800이 주어진 파레토 분포에 대해 α 값을 추정하십시오. 그런 다음, 면책액이 0, 200, 400일 때의 지급당 비용을 추정하십시오.

데이터 이동 방식 사용에서의 값은 43, 94, 140, 184, 257, 480, 655, 677, 774, 993, 1,140, 1,684, 2,358, 15,543으로 변환됩니다.

우도 함수로 $\hat{\alpha}$을 구하면 다음과 같습니다.

$$
\begin{aligned}
L(\alpha) &= \prod_{j=1}^{14} \frac{\alpha(800^{\alpha})}{(800 + x_j)^{\alpha+1}}, \\
l(\alpha) &= \sum_{j=1}^{14} [\ln \alpha + \alpha \ln 800 - (\alpha + 1)\ln(x_j + 800)] \\
&= 14 \ln \alpha + 93.5846\alpha - 103.969(\alpha + 1) \\
&= 14 \ln \alpha - 103.969 - 10.384\alpha, \\
l'(\alpha) &= 14\alpha^{-1} - 10.384, \\
\hat{\alpha} &= \frac{14}{10.384} = 1.3482.
\end{aligned}
$$

$\hat{\alpha}$ = 14/10.384 = 1.3482.

데이터가 이동되었기 때문에 면책이 없는 경우의 비용을 추정할 수 없습니다. 면책이 200인 경우 예상 비용은 추정된 파레토 분포의 기댓값으로, 800/0.3482 = 2,298입니다. 면책을 400으로 올리는 것은 모델링한 분포에 면책 200을 추가하는 것과 같습니다.

정리 8.7에 따르면, 지급당 예상 비용은 다음과 같습니다.

$$\frac{\mathrm{E}(X)-\mathrm{E}(X\wedge 200)}{1-F(200)}=\frac{\frac{800}{0.3482}\left(\frac{800}{200+800}\right)^{0.3482}}{\left(\frac{800}{200+800}\right)^{1.3482}}=\frac{1{,}000}{0.3482}=2{,}872.$$

이동하지 않은 접근법에서 우도 함수를 구성할 때 필요한 핵심 질문은 관찰된 데이터에서 200 미만의 값이 생략되었음을 알고 각 값을 관찰할 확률이 무엇인가입니다. 즉, 데이터 집합에서 200 이하의 금액이 생략된 사실 하의 각 관찰 금액의 확률은 무엇인가? 이는 조건부 확률로 이어지며, 따라서 우도 함수는 다음과 같이 됩니다(여기서 x_j 값은 원래 값)

$$\begin{aligned}L(\alpha)&=\prod_{j=1}^{14}\frac{f(x_j|\alpha)}{1-F(200|\alpha)}=\prod_{j=1}^{14}\left[\frac{\alpha(800^{\alpha})}{(800+x_j)^{\alpha+1}}\Big/\left(\frac{800}{800+200}\right)^{\alpha}\right]\\&=\prod_{j=1}^{14}\frac{\alpha(1{,}000^{\alpha})}{(800+x_j)^{\alpha+1}},\end{aligned}$$

$$\begin{aligned}l(\alpha)&=14\ln\alpha+14\alpha\ln 1{,}000-(\alpha+1)\sum_{j=1}^{14}\ln(800+x_j),\\&=14\ln\alpha+96.709\alpha-(\alpha+1)105.810,\\l'(\alpha)&=14\alpha^{-1}-9.101,\\\hat{\alpha}&=1.5383.\end{aligned}$$

이 모델은 면책이 없는 손실에 해당하며, 따라서 면책이 없는 경우 지급 예상 비용은 다음과 같습니다. 800/0.5383 = 1,486.
면책을 200과 400으로 설정하면 다음 결과를 얻습니다.

- 면책 200:

$$\frac{\mathrm{E}(X)-\mathrm{E}(X\wedge 200)}{1-F(200)}=\frac{1{,}000}{0.5383}=1{,}858,$$

- 면책 400:

$$\frac{\mathrm{E}(X)-\mathrm{E}(X\wedge 400)}{1-F(400)}=\frac{1{,}200}{0.5383}=2{,}229.$$

□

이제 대부분의 관측치 유형에 대해 우도 함수에 기여하는 부분을 작성할 수 있음을 명확히 이해할 수 있습니다. 일반적으로 우도(likelihood) 항상 모델 하에서 데이터를 관측할 확률(또는 이에 비례하는 값)입니다. 여기서 연속 변수의 확률밀도함수(pdf)는 확률로 간주해야 한다는 점을 이해해야 합니다. 이 과정을 다음 두 단계로 요약할 수 있습니다.

1. 분자 계산
   - 관측치의 정확한 값 x가 알려져 있다면 $f(x)$를 사용합니다.
   - 관측치가 y와 z 사이에 있다는 것만 알려져 있다면 $F(z) - F(y)$를 사용합니다.

2. 분모 계산
   - 절단(truncation)이 없으면 분모는 1입니다.
   - 절단 지점이 d라면, 분모는 $1 - F(d)$ 가 됩니다.

예제 11.5

10장에서 소개된 데이터 세트 D를 사용하여 사망 시간에 대한 파레토 및 감마 모델을 결정하십시오.

표 11.4는 이러한 관측치에 대해 우도 함수가 어떻게 구성되는지를 보여줍니다.

- 관찰된 사망의 경우, 사망 시간이 알려져 있으므로 x의 정확한 값을 사용할 수 있습니다.
- 해약(surrender)되었거나 5시간에 도달한 경우, 관측치는 검열되었으므로 사망은 해약 시간 y에서 무한대 사이 어딘가에서 발생했음이 알려져 있습니다.
- 표에서 $z = \infty$는 표시되지 않았는데, 이는 모든 구간 관측치가 무한대로 끝나기 때문입니다.

우도 함수는 수치적으로 최대화해야 합니다.

- 파레토 분포: 해가 없습니다. 우도 함수는 α와 θ가 커질수록 계속 증가합니다.[4]
- 감마 분포: 최댓값은 $\hat{\alpha} = 2.617$, $\hat{\theta} = 3.311$에서 발생합니다. □

4 Pareto 분포의 경우, 매개변수 α와 θ가 일정한 비율을 유지한 채로 무한대로 갈 때 그 한계는 지수 분포가 됩니다. 따라서, 이 예제에서는 지수 분포가 모든 Pareto 모델보다 가능도 함수로 측정했을 때 더 나은 모델입니다.

표 11.4 The likelihood function for Example 11.5

Obs.	x,y	d	L	Obs.	x,y	d	L
1	$y = 0.1$	0	$1 - F(0.1)$	16	$x = 4.8$	0	$f(4.8)$
2	$y = 0.5$	0	$1 - F(0.5)$	17	$y = 4.8$	0	$1 - F(4.8)$
3	$y = 0.8$	0	$1 - F(0.8)$	18	$y = 4.8$	0	$1 - F(4.8)$
4	$x = 0.8$	0	$f(0.8)$	19-30	$y = 5.0$	0	$1 - F(5.0)$
5	$y = 1.8$	0	$1 - F(1.8)$	31	$y = 5.0$	0.3	$\frac{1-F(5.0)}{1-F(0.3)}$
6	$y = 1.8$	0	$1 - F(1.8)$	32	$y = 5.0$	0.7	$\frac{1-F(5.0)}{1-F(0.7)}$
7	$y = 2.1$	0	$1 - F(2.1)$	33	$x = 4.1$	1.0	$\frac{f(4.1)}{1-F(1.0)}$
8	$y = 2.5$	0	$1 - F(2.5)$	34	$x = 3.1$	1.8	$\frac{f(3.1)}{1-F(1.8)}$
9	$y = 2.8$	0	$1 - F(2.8)$	35	$y = 3.9$	2.1	$\frac{1-F(3.9)}{1-F(2.1)}$
10	$x = 2.9$	0	$f(2.9)$	36	$y = 5.0$	2.9	$\frac{1-F(5.0)}{1-F(2.9)}$
11	$x = 2.9$	0	$f(2.9)$	37	$y = 4.8$	2.9	$\frac{1-F(4.8)}{1-F(2.9)}$
12	$y = 3.9$	0	$1 - F(3.9)$	38	$x = 4.0$	3.2	$\frac{f(4.0)}{1-F(3.2)}$
13	$x = 4.0$	0	$f(4.0)$	39	$y = 5.0$	3.4	$\frac{1-F(5.0)}{1-F(3.4)}$
14	$y = 4.0$	0	$1 - F(4.0)$	40	$y = 5.0$	3.9	$\frac{1-F(5.0)}{1-F(3.9)}$
15	$y = 4.1$	0	$1 - F(4.1)$				

이산형 데이터는 추가적인 문제를 일으키지 않습니다.

예제 11.6

데이터 세트 A(10장에서 소개되었고 여기서는 표 11.5로 재현됨)에 대해, 사고가 5회 이상 발생한 7명의 운전자가 정확히 5회의 사고를 낸 것으로 가정합니다.

표 11.5 Data Set A

Number of accidents	Number of drivers
0	81,714
1	11,306
2	1,618
3	250
4	40
5 or more	7

포아송(Poisson) 분포와 m = 8인 이항(binomial) 분포에 대한 최대우도 추정량을 구하십시오. 일반적으로, 완전한 데이터가 있는 이산 분포의 경우 우도 함수는 다음과 같이 정의됩니다.

$$L(\theta) = \prod_{j=1}^{\infty} [p(x_j|\theta)]^{n_j}$$

여기서 x_j는 관찰된 값 중 하나, $p(x_j|\theta)$는 x_j를 관찰할 확률, n_x는 표본에서 x가 관찰된 횟수입니다. 포아송 분포에 대해 우도 함수는 다음과 같습니다.

$$\begin{aligned} L(\lambda) &= \prod_{x=0}^{\infty}\left(\frac{e^{-\lambda}\lambda^x}{x!}\right)^{n_x} = \prod_{x=0}^{\infty}\frac{e^{-n_x\lambda}\lambda^{xn_x}}{(x!)^{n_x}}, \\ l(\lambda) &= \sum_{x=0}^{\infty}(-n_x\lambda + xn_x\ln\lambda - n_x\ln x!) = -n\lambda + n\bar{x}\ln\lambda - \sum_{x=0}^{\infty} n_x \ln x!, \\ l'(\lambda) &= -n + \frac{n\bar{x}}{\lambda} = 0, \\ \hat{\lambda} &= \bar{x}. \end{aligned}$$

이항 분포에 대해 우도 함수는 다음과 같습니다.

$$\begin{aligned} L(q) &= \prod_{x=0}^{m}\left[\binom{m}{x}q^x(1-q)^{m-x}\right]^{n_x} = \prod_{x=0}^{m}\frac{m!^{n_x}q^{xn_x}(1-q)^{(m-x)n_x}}{(x!)^{n_x}[(m-x)!]^{n_x}}, \\ l(q) &= \sum_{x=0}^{m}[n_x\ln m! + xn_x\ln q + (m-x)n_x\ln(1-q)] \end{aligned}$$

$$
\begin{aligned}
&- \sum_{x=0}^{m} [n_x \ln x! + n_x \ln(m-x)!],\\
l'(q) &= \sum_{x=0}^{m} \frac{xn_x}{q} - \frac{(m-x)n_x}{1-q} = \frac{n\bar{x}}{q} - \frac{mn - n\bar{x}}{1-q} = 0,\\
\hat{q} &= \frac{\bar{x}}{m}.
\end{aligned}
$$

이 문제에서, $\bar{x}$ = [81,714(0) + 11,306(1) + 1,618(2) + 250(3) + 40(4) + 7(5)]/94,935 = 0.16313.

따라서,

- 포아송 분포에서, $\hat{\lambda}$ =0.16313
- 이항 분포에서, $\hat{q}$ = 0.16313/8 = 0.02039. □

연습문제 11.23에서는 사고가 5회 이상 발생한 사람들의 실제 값이 알려지지 않았을 때 포아송 분포 모수를 추정하도록 요구합니다.

11.4.1 연습문제

11.20 데이터 세트 B를 사용하여 역지수 분포, 감마 분포, 그리고 역감마 분포에 대한 최대우도 추정량을 구하십시오. 데이터가 250에서 검열되었다고 가정하고, 결과를 예제 11.2 및 연습문제 11.1에서 얻은 값과 비교하십시오.

11.21 예제 11.4를 반복하되, 두 모수가 모두 알려지지 않은 파레토 분포를 사용하십시오.

11.22 예제 11.5를 반복하되, 이번에는 해약(surrender) 시간의 분포를 구하십시오.

11.23 예제 11.6을 반복하되, 이번에는 사고가 5회 이상 발생한 7명의 운전자들의 실제 값을 알 수 없다고 가정하십시오. 이는 검열된 사례입니다.

11.24 (*)500개의 손실이 관찰되었습니다. 이 중 5개의 손실 값은 1,100, 3,200, 3,300, 3,500, 그리고 3,900입니다. 나머지 495개의 손실은 4,000을 초과한다는 것만 알려져 있습니다. 지수 모델의 평균에 대한 최대우도 추정량을 구하십시오.

11.25 (*)10개의 손실액 청구가 관찰되었습니다. 이 중 7개의 손실액 청구 값(단위: 천)은 3, 7, 8, 12, 12, 13, 그리고 14입니다. 나머지 3개의 손실액 청구는 모두 15에서 검열되었습니다. 제안된 모델의 해저드율(hazard rate) 함수는 다음과 같습니다.

$$h(t) = \begin{cases} \lambda_1, & 0 < t < 5, \\ \lambda_2, & 5 \le t < 10, \\ \lambda_3, & t \ge 10. \end{cases}$$

세 모수에 대한 최대우도 추정량을 구하십시오.

11.26 (*)5개의 표본이 τ = 2인 와이블 분포에서 추출되었습니다. 표본 중 2개는 50을 초과하는 것으로 알려져 있으며, 나머지 3개의 값은 20, 30, 그리고 45입니다. θ에 대한 최대우도 추정량을 구하십시오.

11.27 (*)Phil과 Sylvia는 전구 사업에서 경쟁자입니다. Sylvia는 자신의 전구가 Phil의 전구보다 두 배 오래 탄다고 광고합니다. Phil의 전구 20개와 Sylvia의 전구 10개를 테스트했습니다. 두 전구가 모두 지수 분포를 따른다고 가정하고, 시간은 시간 단위로 측정됩니다. 최대우도법으로 각각의 모수를 다음과 같이 추정했습니다.

$$\hat{\theta}_P = 1{,}000, \hat{\theta}_S = 1{,}500$$

Sylvia의 주장인 $\theta_S = 2\theta_P$에 의해 제한되는 경우, 전체 30개의 관측치를 사용하여 $\hat{\theta}^*$, 즉 θ_P의 최대우도 추정량을 구하십시오.

11.28 (*)100개의 손실 표본에서 62개는 1,000 미만, 38개는 1,000 초과로 나타났습니다. 평균 θ를 갖는 지수 분포를 고려하십시오. 주어진 정보만을 사용하여 θ의 최대우도 추정량을 구하십시오. 추가적으로, 1,000 미만의 62개 손실의 합이 28,140이며, 1,000 초과의 38개 손실의 합은 알려지지 않았다고 가정하십시오. 이 추가 정보를 사용하여 θ의 최대우도 추정량을 다시 구하십시오.

11.29 (*)1997년에 보고된 손실액 청구는 1997년(연도 0)에 해결된 수가 알려지지 않았으며, 1998년(연도 1)에 3건, 1999년(연도 2)에 1건 해결되었습니다. 1999년 이후에 해결된 수는 알려지지 않았습니다. 1998년에 보고된 손실액 청구는 연도 0에 5건, 연도 1에 2건 해결되었으며, 연도 1 이후 해결된 수는 알려지지 않았습니다. 1999년에 보고된 손실액 청구는 연도 0에 4건 해결되었으며, 연도 0 이후 해결된 수는 알려지지 않았습니다. 임의로 선택된 손실액 청구가 해결된 연도를 NNN이라 하고, 다음 확률함수를 따른다고 가정하십시오.

$$\Pr(N = n) = p_n = (1 - p)p^n, \ n = 0, 1, 2, \dots .$$

p의 최대우도 추정량을 구하십시오.

11.30 (*)손실은 구간 $(0,w)$에서 균등 분포를 가집니다. 5개의 손실이 관찰되었으며, 모두 면책액 4가 적용되었습니다. 이 중 3개의 손실 값은 5, 9, 13이며, 나머지 2개의 손

실은 $4+p$에서 검열되었습니다. w의 최대우도 추정량이 29일 때, p의 값을 구하십시오.

11.31 (*)3개의 손실 값은 66, 91, 186이며, 나머지 7개의 손실은 60 이하로 알려져 있습니다. 손실은 다음 누적분포함수(CDF)를 가지는 역지수 분포를 따릅니다:

$$F(x) = e^{-\theta/x},\ x > 0$$

모집단 최빈값(mode)의 최대우도 추정량을 구하십시오.

11.32 (*)계약은 면책액이 100입니다. 7개의 손실이 관찰되었으며, 각각의 값은 120, 180, 200, 270, 300, 1,000, 그리고 2,500입니다.

원천 손실은 $\theta = 400$과 α가 미지수인 파레토 분포를 따릅니다. α의 최대우도 추정량을 구하십시오.

11.5 최대 우도 추정치의 분산과 구간 추정 Variance and Interval Estimation for Maximum Likelihood Estimators

일반적으로 MLE(최대우도 추정량)와 같은 복잡한 추정량의 분산을 구하는 것은 쉽지 않습니다. 그러나 분산을 근사하는 것은 가능합니다. 핵심은 대부분의 수학적 통계 책에서 찾을 수 있는 정리에 있습니다. 여기서 제시된 특정 버전과 다중 모수 확장은 참고 문헌 [106]에서 가져온 것이며, 증명 없이 제공됩니다. $L(\theta)$는 우도 함수, $l(\theta)$는 그 로그 함수입니다. 모든 결과는 모집단이 선택한 모수적(parametric) 분포군의 구성원이라는 가정을 기반으로 합니다.

정리 11.4 *확률밀도함수(pdf, 또는 이산형의 경우 확률함수 $f(x;\theta)$가 다음 조건을 만족한다고 가정합니다. 여기서 θ는 참값을 포함하는 구간 내에 존재하며, 이산형 변수의 경우 적분은 합으로 대체됩니다:*

(i) $\ln f(x;\theta)$*는 θ에 대해 3회 미분 가능하다.*

(ii) $\int \frac{\partial}{\partial\theta} f(x;\theta) = 0$*이 식은 미분 연산이 적분 바깥으로 나올 수 있음을 의미하며, 상수 1*[5]*을 미분하는 것과 동일합니다.*

(iii) $\int \frac{\partial^2}{\partial\theta^2} f(x;\theta)\,dx = 0$*이 식은 2차 미분에 대해 동일한 개념을 나타냅니다.*

5 (ii)와 (iii)에 있는 적분은 $f(x;\theta) > 0$인 x 값의 범위에 대해 계산되어야 합니다.

(iv) $-\infty < \int f(x;\theta)\frac{\partial^2}{\partial\theta^2}\ln f(x;\theta)\,dx < 0$

이 부등식은 적분이 존재하며, 도함수가 0이 되는 지점이 최댓값임을 나타냅니다.

(v) *$H(x)$가 존재합니다.*

$$\int H(x) f(x;\theta)\,dx < \infty \quad with \quad \left|\frac{\partial^3}{\partial\theta^3}\ln f(x;\theta)\right| < H(x)$$

이 부등식은 극단적인 값에 대해 모집단이 과도하게 분포되지 않았음을 보장합니다.

그러면 다음의 결론을 도출합니다.

(a) *$n\to\infty$일 때, 우도 방정식 $L'(\theta)=0$이 해를 가질 확률은 1로 수렴합니다.*

(b) *$n\to\infty$일 때, mle $\hat{\theta}_n$의 분포는 평균 θ와 $I(\theta)\mathrm{Var}(\hat{\theta}_n)\to 1$를 갖는 분산의 정규분포로 수렴합니다. 여기서 $I(\theta)$는 다음과 같이 정의됩니다:*

$$\begin{aligned} I(\theta) &= -n\mathrm{E}\left[\frac{\partial^2}{\partial\theta^2}\ln f(X;\theta)\right] = -n\int f(x;\theta)\frac{\partial^2}{\partial\theta^2}\ln f(x;\theta)\,dx \\ &= n\mathrm{E}\left[\left(\frac{\partial}{\partial\theta}\ln f(X;\theta)\right)^2\right] = n\int f(x;\theta)\left(\frac{\partial}{\partial\theta}\ln f(x;\theta)\right)^2 dx. \end{aligned}$$

어떠한 z에 대해서도 (b)의 결과는 다음과 같이 해석됩니다:

$$\lim_{n\to\infty}\Pr\left(\frac{\hat{\theta}_n-\theta}{[I(\theta)]^{-1/2}} < z\right) = \Phi(z)$$

따라서 $[I(\theta)]^{-1}$는 $\hat{\theta}_n$의 분산에 대한 유용한 근사값입니다. $I(\theta)$는 정보량(특히, Fisher 정보량)이라고 불립니다. 이 결과에 따르면, MLE는 점근적으로 편향되지 않으며 일관성 있는 추정량입니다.

위 조건 (i) - (v)는 "경미한 규칙성 조건"(mild regularity conditions)이라고 불리며, 회의론자들은 이를 "거의 항상 성립하지만 증명하기 어려우므로 우리의 경우에는 성립한다고 가정한다"고 해석할 수 있습니다. 이 조건의 목적은 모수 변화에 대해 확률밀도함수가 비교적 매끄럽고, 밀도 자체에 특이점이 없음을 보장하는 것입니다.[6]

위 결과는 표본이 동일하고 독립(i.i.d.) (독립적이고 동일한 분포) 랜덤 관측치로 구성되어 있다고 가정합니다. 보다 일반적인 결과는 로그우도(log-likelihood) 함수를 사용하여 다음과 같이 나타낼 수 있습니다.

6 이러한 조건이 성립하지 않는 예외 상황에 대해서는 연습문제 11.34를 보십시오.

$$I(\theta) = -\mathrm{E}\left[\frac{\partial^2}{\partial\theta^2} l(\theta)\right] = \mathrm{E}\left[\left(\frac{\partial}{\partial\theta} l(\theta)\right)^2\right]$$

여기서의 유일한 요구사항은 모든 관측치에 동일한 모수값이 적용된다는 점입니다.

만약 모수가 여러 개 있는 경우, 변경되는 점은 최대우도 추정량(MLE)의 벡터가 점근적으로 다변량 정규분포를 따른다는 점입니다. 이 분포의 공분산 행렬[7]은 다음과 같이 정의된 행렬의 역행렬로부터 얻어집니다. 이 행렬의 (r, s)번째 요소는 다음과 같습니다:

$$\begin{aligned}\mathbf{I}(\theta)_{rs} &= -\mathrm{E}\left[\frac{\partial^2}{\partial\theta_s\,\partial\theta_r} l(\theta)\right] = -n\mathrm{E}\left[\frac{\partial^2}{\partial\theta_s\,\partial\theta_r} \ln f(X;\theta)\right] \\ &= \mathrm{E}\left[\frac{\partial}{\partial\theta_r} l(\theta) \frac{\partial}{\partial\theta_s} l(\theta)\right] = n\mathrm{E}\left[\frac{\partial}{\partial\theta_r} \ln f(X;\theta) \frac{\partial}{\partial\theta_s} \ln f(X;\theta)\right].\end{aligned}$$

각 행의 첫 번째 표현식은 항상 성립합니다. 두 번째 표현식은 우도(likelihood)가 n개의 동일한 밀도 함수의 곱으로 표현될 때 적용됩니다.

이 행렬은 종종 **정보 행렬**(information matrix)이라고 불립니다. 정보 행렬은 또한 크래머-라오 하한(Cramér-Rao lower bound)을 형성합니다(섹션 10.2.2.2에서 설명). 즉, 일반적인 조건하에서, 정보 행렬의 역행렬에 의해 주어진 분산보다 작은 분산을 가지는 비편향 추정량은 존재하지 않습니다. 따라서, 적어도 점근적으로는 MLE보다 더 정확한 비편향 추정량은 존재하지 않습니다.

예제 11.7

로그정규 분포의 최대우도추정치(MLE)의 공분산 행렬을 추정한 뒤, 이를 데이터 세트 B에 적용하겠습니다.

우도 함수와 그 로그는 다음과 같습니다.

$$\begin{aligned}L(\mu,\sigma) &= \prod_{j=1}^{n} \frac{1}{x_j\sigma\sqrt{2\pi}} \exp\left[-\frac{(\ln x_j - \mu)^2}{2\sigma^2}\right], \\ l(\mu,\sigma) &= \sum_{j=1}^{n}\left[-\ln x_j - \ln\sigma - \frac{1}{2}\ln(2\pi) - \frac{1}{2}\left(\frac{\ln x_j - \mu}{\sigma}\right)^2\right].\end{aligned}$$

7 모든 다변량 확률 변수에 대해 공분산 행렬은 주대각선에 개별 확률 변수의 분산을 가지고 있으며, 비대각선 위치에는 공분산이 있습니다.

1차 편미분은

$$\frac{\partial l}{\partial \mu} = \sum_{j=1}^{n} \frac{\ln x_j - \mu}{\sigma^2} \text{ and } \frac{\partial l}{\partial \sigma} = -\frac{n}{\sigma} + \sum_{j=1}^{n} \frac{(\ln x_j - \mu)^2}{\sigma^3}.$$

2차 편미분은

$$\frac{\partial^2 l}{\partial \mu^2} = -\frac{n}{\sigma^2},$$

$$\frac{\partial^2 l}{\partial \sigma\, \partial \mu} = -2 \sum_{j=1}^{n} \frac{\ln x_j - \mu}{\sigma^3},$$

$$\frac{\partial^2 l}{\partial \sigma^2} = \frac{n}{\sigma^2} - 3 \sum_{j=1}^{n} \frac{(\ln x_j - \mu)^2}{\sigma^4}.$$

기댓값은(로그정규 분포의 특징에 따라 $\ln X_j$는 평균 μ, 표준편차 σ를 가지는 정규 분포를 따릅니다.)

$$\mathrm{E}\left(\frac{\partial^2 l}{\partial \mu^2}\right) = -\frac{n}{\sigma^2},$$

$$\mathrm{E}\left(\frac{\partial^2 l}{\partial \mu\, \partial \sigma}\right) = 0,$$

$$\mathrm{E}\left(\frac{\partial^2 l}{\partial \sigma^2}\right) = -\frac{2n}{\sigma^2}.$$

부호를 반전시키고 행렬을 역으로 계산하면 다음과 같은 공분산 행렬을 얻습니다.

$$\begin{bmatrix} \frac{\sigma^2}{n} & 0 \\ 0 & \frac{\sigma^2}{2n} \end{bmatrix}$$

로그정규 분포의 최대우도추정치는 다음 두 방정식의 해입니다.

$$\sum_{j=1}^{n} \frac{\ln x_j - \mu}{\sigma^2} = 0 \qquad -\frac{n}{\sigma} + \sum_{j=1}^{n} \frac{(\ln x_j - \mu)^2}{\sigma^3} = 0.$$

첫 번째 방정식에서

$$\hat{\mu} = (1/n) \textstyle\sum_{j=1}^{n} \ln x_j$$

두 번째 방정식에서

$$\hat{\sigma}^2 = (1/n) \textstyle\sum_{j=1}^{n} (\ln x_j - \hat{\mu})^2$$

데이터 세트 B에 대해 추정된 값은 다음과 같습니다.

$$\hat{\mu} = 6.1379, \quad \hat{\sigma}^2 = 1.9305,$$

공분산 행렬 계산 시, 실제 값을 대체하여 다음과 같은 값을 얻습니다.

$$\widehat{\mathrm{Var}}(\hat{\mu}, \hat{\sigma}) = \begin{bmatrix} 0.0965 & 0 \\ 0 & 0.0483 \end{bmatrix} \tag{11.1}$$

여기서 "^(hats)"는 추정치를 나타내며, 이는 추정치의 분산을 나타내는 값입니다. □

대각선 외의 요소가 0이라는 것은 두 모수 추정치가 점근적으로 상관관계가 없음을 나타냅니다. 특히 로그정규 분포의 경우, 표본 크기에 상관없이 추정치가 상관관계가 없습니다. 이를 통해 95% 신뢰구간을 근사적으로 구성할 수 있습니다. 이는 추정치를 기준으로 1.96 표준편차만큼 양쪽으로 계산됩니다.

$$\mu: \quad 6.1379 \pm 1.96(0.0965)^{1/2} = 6.1379 \pm 0.6089,$$
$$\sigma: \quad 1.3894 \pm 1.96(0.0483)^{1/2} = 1.3894 \pm 0.4308.$$

정보 행렬을 계산하려면 편미분과 기댓값을 모두 계산해야 합니다. 이는 항상 쉬운 일이 아닙니다. 이를 회피하기 위한 방법은 단순히 기댓값을 계산하지 않고 관찰된 데이터 포인트를 사용하는 것입니다. 이를 관찰 정보(observed information)라고 합니다.

예제 11.8

예제 11.7에서 관찰 정보를 사용하여 공분산을 추정하시오.

관찰값을 2차 편미분에 대입하면 다음과 같은 결과를 얻습니다.

$$\frac{\partial^2 l}{\partial \mu^2} = -\frac{n}{\sigma^2} = -\frac{20}{\sigma^2},$$

$$\frac{\partial^2 l}{\partial \sigma\, \partial \mu} = -2\sum_{j=1}^{n} \frac{\ln x_j - \mu}{\sigma^3} = -2\frac{122.7576 - 20\mu}{\sigma^3},$$

$$\frac{\partial^2 l}{\partial \sigma^2} = \frac{n}{\sigma^2} - 3\sum_{j=1}^{n} \frac{(\ln x_j - \mu)^2}{\sigma^4} = \frac{20}{\sigma^2} - 3\frac{792.0801 - 245.5152\mu + 20\mu^2}{\sigma^4}.$$

모수 추정치를 대입하면 관찰 정보의 음수 항목은 다음과 같습니다.

$$\frac{\partial^2 l}{\partial \mu^2} = -10.3600, \quad \frac{\partial^2 l}{\partial \sigma\, \partial \mu} = 0, \quad \frac{\partial^2 l}{\partial \sigma^2} = -20.7190.$$

부호를 반전시키고 역행렬을 구하면 (11.1)과 동일한 값을 얻게 됩니다. 이는 로그정규 분포의 특징이며, 다른 모델에서는 반드시 성립하지 않을 수 있습니다. □

때로는 미분을 구하는 것조차 불가능할 수 있습니다. 이 경우 근사 2차 미분을 사용할 수 있습니다. 적절한 근사는 다음과 같습니다.

$$\begin{aligned}\frac{\partial^2 f(\theta)}{\partial \theta_i\, \partial \theta_j} \doteq \frac{1}{h_i h_j}[&f(\theta + \tfrac{1}{2}h_i\mathbf{e}_i + \tfrac{1}{2}h_j\mathbf{e}_j) - f(\theta + \tfrac{1}{2}h_i\mathbf{e}_i - \tfrac{1}{2}h_j\mathbf{e}_j)\\ &- f(\theta - \tfrac{1}{2}h_i\mathbf{e}_i + \tfrac{1}{2}h_j\mathbf{e}_j) + f(\theta - \tfrac{1}{2}h_i\mathbf{e}_i - \tfrac{1}{2}h_j\mathbf{e}_j)],\end{aligned}$$

여기서 e_i는 i번째 위치에만 1이 있고 나머지는 0인 벡터이며, $h_i = \theta_i/10^v$이고 v는 사용된 유효 자릿수의 1/3입니다.

예제 11.9

예제 11.8을 근사 파생값을 사용하여 반복하시오.

15자리의 유효 자릿수를 사용한다고 가정합니다. 그러면 $h_1 = 6.1379/10^5$, $h_2 = 1.3894/10^5$이며, 근사치는 각각 0.00006과 0.00001입니다. 첫 번째 근사는 다음과 같습니다.

$$\begin{aligned}\frac{\partial^2 l}{\partial \mu^2} &\doteq \frac{l(6.13796, 1.3894) - 2l(6.1379, 1.3894) + l(6.13784, 1.3894)}{(0.00006)^2}\\ &= \frac{-157.71389308198 - 2(-157.71389304968) + (-157.71389305468)}{(0.00006)^2}\\ &= -10.3604.\end{aligned}$$

다른 두 근사값은 다음과 같습니다.

$$\frac{\partial^2 l}{\partial \sigma\, \partial \mu} \doteq 0.0003 \quad \text{and} \quad \frac{\partial^2 l}{\partial \sigma^2} \doteq -20.7208.$$

위의 근사치들이 잘 작동함을 확인할 수 있습니다. □

11.5.1 연습문제

11.33 데이터 세트 B에 대해 지수 분포 및 감마 분포 모델의 모수에 대한 95% 신뢰구간을 구하십시오. 가능도 함수와 최대우도추정치는 예제 11.2에서 구하였습니다.

11.34 X가 0에서 θ 사이의 구간에서 균등 분포를 가진다고 가정합니다. 최대우도추정치가 $\hat{\theta} = \max(X_1, \ldots, X_n)$임을 보여라. 예제 10.5와 10.9를 사용하여 이 추정치가 점근적으로 편향되지 않음을 보이십시오, 분산을 구하십시오. 정리 11.4가 분산에 대한 음수 추정치를 제공하며, 조건의 항목 (ii)가 성립하지 않음을 보이십시오.

11.35 (*) 한 분포가 두 개의 모수 α와 β를 가집니다. 크기 10의 표본에서 다음의 로그가능도 함수가 생성되었습니다.

$$l(\alpha, \beta) = -2.5\alpha^2 - 3\alpha\beta - \beta^2 + 50\alpha + 2\beta + k,$$

여기서 k는 상수입니다. 최대우도추정치 $(\hat{\alpha}, \hat{\beta})$의 공분산 행렬을 추정하십시오.

11.36 (*) 크기 40의 표본이 다음 확률밀도함수를 가진 모집단에서 추출되었습니다.

$$f(x) = (2\pi\theta)^{-1/2} e^{-x^2/(2\theta)}, \quad -\infty < x < \infty,\ \theta > 0.$$

θ의 최대우도추정치 $\hat{\theta}$ = 2라고 가정합니다. 의 MSE를 근사적으로 구하십시오.

11.37 확률밀도함수가 다음과 같은 확률변수로부터 네 개의 관찰값이 주어졌습니다.

$$f(x) = 2\lambda x e^{-\lambda x}\ ,\ x, \lambda > 0$$

이 중 정확히 하나의 관찰값이 2보다 작습니다.

(a) (*) λ의 최대우도추정치를 구하십시오.

(b) λ의 최대우도추정치의 분산을 근사적으로 구하십시오.

11.38 크기 n의 랜덤 표본이 Weibull 분포에서 추출되었습니다. 이 연습문제에서는 Weibull 생존함수를 다음과 같이 작성합니다.

$$S(x) = \exp\left\{ -\left[\frac{\Gamma(1+\tau^{-1})x}{\mu} \right]^{\tau} \right\}$$

이때, τ는 알려져 있고 μ만을 추정한다고 가정합니다.

(a) E(X) = μ임을 보이십시오.

(b) μ의 최대우도추정치가 다음과 같음을 보이십시오.

$$\hat{\mu} = \Gamma(1+\tau^{-1})\left(\frac{1}{n}\sum_{j=1}^{n} x_j^{\tau}\right)^{1/\tau}$$

(c) 관찰된 정보를 사용하면 다음과 같은 분산 추정치를 얻게 됨을 보이십시오.

$$V\hat{a}r(\hat{\mu}) = \frac{\hat{\mu}^2}{n\tau^2},$$

여기서 μ는 $\hat{\mu}$로 대체됩니다.

(d) 정보를 사용하여 계산할 때도 (c)와 동일한 분산 추정치를 얻음을 보이십시오.

(e) $\hat{\mu}$가 $\alpha = n$, $\theta = \mu n^{-1/\tau}$, $\tau = \tau$인 변환된 감마 분포를 가짐을 보여라. 이 결과를 사용하여 μ의 함수로 의 정확한 분산을 구하십시오.

힌트: X^{τ}는 지수 분포를 가지므로, 변수 $\sum_{j=1}^{n} X_j^{\tau}$는 첫 번째 모수가 n, 두 번째 모수가 지수 분포의 평균인 감마 분포를 가집니다.

11.6 점근적으로 정규 분포를 따르는 추정량의 함수 Functions of Asymptotically Normal Estimators

우리는 종종 모수의 함수로 표현되는 값을 더 관심 있게 여깁니다.

예를 들어, 로그정규 평균을 모집단 평균의 추정치로 사용하고자 할 수 있습니다. 이는 $\exp(\hat{\mu} + \hat{\sigma}^2/2)$ 형태로, 모수의 최대우도추정치를 사용합니다. 그러나 이 값은 두 변수의 함수이며 각각 다른 분포를 가지므로, 해당 확률 변수의 평균과 분산을 평가하는 것은 간단하지 않습니다. 이에 대한 근사적인 해결책은 다음 정리에서 제공됩니다. 이 방법은 보통 델타 방법(Delta Method)이라고 불립니다.

정리 11.5 *다음과 같이 가정합니다:*

$X_n = (X_{1n},\ldots, X_{kn})^T$은 n 크기의 표본을 기반으로 하는 k차원 다변량 확률 변수입니다.

X은 평균 θ와 공분산 행렬 Σ/n을 가지는 점근 정규 분포를 따릅니다. 여기서 θ와 Σ는 n에 의존하지 않습니다. g는 k개의 변수의 함수로, 전미분 가능(totally differentiable)하다고 가정합니다. 이 경우, $G_n = g(X_{1n},\ldots, X_{kn})$은 평균 $g(\theta)$와 분산$(A^T\Sigma A)/n$을 가지는 점근 정규 분포를 따릅니다. 여기서 A는 g의 1차 미분 벡터로, $A = (\partial g/\partial\theta_1,\ldots, \partial g/\partial\theta_k)^T$이며, θ에서 평가됩니다.

이 정리의 내용은 해석하기가 어렵습니다. X는 추정치들이며, g는 우리가 추정하고자 하는 모수의 함수입니다. 한 모수에 대한 모델의 경우, 정리는 다음과 같이 단순화됩니다. $\hat{\theta}$가 평균 θ, 분산 Var($\hat{\theta}$)를 가진 점근 정규 분포를 따를 때, $g(\hat{\theta})$는 평균 $g(\theta)$와 점근 분산 $[g'(\theta)]$ Var($\hat{\theta}$)$[g'(\theta)] = g'(\theta)^2$ Var($\hat{\theta}$)를 가지는 점근 정규 분포를 따릅니다. 수치 결과를 얻기 위해 모수는 일반적으로 추정치로 대체됩니다. 이 정리는 사용된 추정치의 유형을 특정하지 않는다는 점에 유의하십시오. 필요한 것은 추정치가 점근적으로 다변량 정규 분포를 가져야 한다는 것입니다. 최대우도추정치의 경우, 일반적인 정규성 조건 하에서 이 특성이 성립하며, 정보 행렬을 이용하여 점근 분산을 추정할 수 있습니다.

예제 11.11

델타 방법을 사용하여 지수 분포에서 관측치가 200을 초과할 확률의 최대우도추정치 분산을 근사하시오. 이 결과를 데이터 세트 B에 적용하십시오.

예제 11.2에서, 지수 분포 모수의 최대우도추정치는 표본 평균임을 알 수 있습니다. 확률 $p = \Pr(X > 200) = \exp(-200/\theta)$를 추정하려고 합니다.

최대우도추정치는 $\hat{p} = \exp(-200/\hat{\theta}) = \exp(-200/\bar{x})$입니다. 이 정량의 평균과 분산을 결정하는 것은 쉽지 않지만, 우리는 다음을 알고 있습니다.

$$\mathrm{Var}(\bar{X}) = \mathrm{Var}(X)/n = \theta^2/n$$

$$g(\theta) = e^{-200/\theta}, \quad g'(\theta) = 200\theta^{-2}e^{-200/\theta},$$

따라서 델타 방법에 의해,

$$\mathrm{Var}(\hat{p}) \doteq \frac{(200\theta^{-2}e^{-200/\theta})^2\theta^2}{n} = \frac{40{,}000\theta^{-2}e^{-400/\theta}}{n}$$

데이터 세트 B에서,

$$\bar{x} = 1{,}424.4,$$

$$\hat{p} = \exp\left(-\frac{200}{1{,}424.4}\right) = 0.86900,$$

$$\widehat{\mathrm{Var}}(\hat{p}) = \frac{40{,}000(1,424.4)^{-2}\exp(-400/1{,}424.4)}{20} = 0.0007444.$$

95% 신뢰구간은 $0.869 \pm 1.960(0.0007444)^{1/2}$로 0.8690.053입니다. □

예제 11.11

로그정규 분포 모집단의 평균에 대한 95% 신뢰구간을 데이터 세트 B를 사용하여 구성하십시오. 이를 표본 평균에 기반한 더 전통적인 신뢰구간과 비교하십시오.

예제 11.7에서 $\hat{\mu} = 6.1379$, $\hat{\sigma} = 1.3894$, 추정 공분산 행렬은,

$$\frac{\hat{\Sigma}}{n} = \begin{bmatrix} 0.0965 & 0 \\ 0 & 0.0483 \end{bmatrix}$$

함수 $g(\mu,\sigma) = \exp(\mu + \sigma^2/2)$의 편미분은,

$$\frac{\partial g}{\partial \mu} = \exp\left(\mu + \frac{1}{2}\sigma^2\right),$$
$$\frac{\partial g}{\partial \sigma} = \sigma \exp\left(\mu + \frac{1}{2}\sigma^2\right),$$

이들의 추정치는 각각 1,215.75와 1,689.16입니다.

델타 방법에 의해:

$$\widehat{\text{Var}}[g(\hat{\mu},\hat{\sigma})] = \begin{bmatrix} 1{,}215.75 & 1{,}689.16 \end{bmatrix} \begin{bmatrix} 0.0965 & 0 \\ 0 & 0.0483 \end{bmatrix} \begin{bmatrix} 1{,}215.75 \\ 1{,}689.16 \end{bmatrix}$$
$$= 280{,}444.$$

신뢰구간은 $1{,}215.75 \pm 1.96(280{,}444)^{1/2}$, 즉 $1{,}215.75 \pm 1{,}037.96$입니다.

모집단 평균에 대한 일반적인 신뢰구간은 $\bar{x} \pm 1.96 s/\sqrt{n}$이고 s^2은 표본 분산입니다. 데이터 집합 B에 대하여, $1{,}424.4 \pm 1.96(3{,}435.04)/\sqrt{20}$, 즉 $1{,}424.4 \pm 1{,}505.47$입니다.

로그정규 모집단의 경우 최대우도추정치(MLE)가 점근적으로 UMVUE(최소분산 불편 추정치)임을 알기 때문에, 전통적인 신뢰구간이 더 넓은 것은 놀라운 일이 아닙니다. □

11.6.1 연습문제

11.39 델타 방법을 사용하여 데이터 세트 B를 이용해 감마 분포 평균에 대한 95% 신뢰구간을 구성하십시오. 예비 계산은 연습문제 11.33에 나와 있습니다.

11.40 (*) 로그정규 분포의 모수 μ와 σ에 대해 최대우도추정치가 $\hat{\mu} = 4.215$, $\hat{\sigma} = 1.093$라고 주어졌습니다. $(\hat{\mu}, \hat{\sigma})$의 추정 공분산 행렬은 다음과 같습니다.

$$\begin{bmatrix} 0.1195 & 0 \\ 0 & 0.0597 \end{bmatrix}$$

로그정규 분포의 평균은 $\exp(\mu + \sigma^2/2)$로 주어집니다. 델타 방법을 사용하여 이 로그정규 분포 평균에 대한 최대우도추정치의 분산을 추정하십시오.

11.41 이것은 연습문제 11.6의 연속입니다. $x_1, \cdots, x_n$이 $F(x)=x^p$, $0 < x < 1$을 가지는 모집단으로부터 추출된 랜덤 표본이라고 가정하십시오.

(a) p의 최대우도추정치의 점근 분산을 구하십시오.

(b) 이 답을 사용하여 p에 대한 95% 신뢰구간의 일반 공식을 구하십시오.

(c) E(X)의 최대우도추정치를 구하고, 그 점근 분산과 95% 신뢰구간의 공식을 구하십시오.

11.42 이것은 연습문제 11.9의 연속입니다. $x_1, \cdots, x_n$ 이 $f(x) = \theta^{-1}e^{-x/\theta}$, $x > 0$을 가지는 모집단으로부터 추출된 랜덤 표본이라고 가정하십시오.

(a) θ의 최대우도추정치의 점근 분산을 구하십시오.

(b) (*) 이 답을 사용하여 θ에 대한 95% 신뢰구간의 일반 공식을 구하십시오.

(c) Var(X)의 최대우도추정치를 구하고, 그 점근 분산과 95% 신뢰구간의 공식을 구하십시오.

11.43 (*) 손실이 지수분포를 따른다고 가정합니다. 이 분포로부터의 다섯 개 관측값이 100, 200, 400, 800, 1,400, 3,100입니다. 델타 방법을 사용하여 S(1,500)의 최대우도추정치 분산을 근사화하십시오. 그런 다음 참값에 대한 대칭 95% 신뢰구간을 구성하십시오.

11.44 α와 θ가 모두 알려지지 않은 상태에서, 연습문제 11.7의 데이터를 사용하여 최대우도추정치의 공분산 행렬을 추정하십시오. 로그우도(log-likelihood) 함수의 근사도함수를 계산하여 이 작업을 수행하십시오. 그런 다음 평균에 대한 95% 신뢰구간을 구성하십시오.

11.45 연습문제 11.12에 대해 최대우도추정치의 분산을 추정하고, 이를 사용하여 E($X \wedge$ 500)에 대한 95% 신뢰구간을 구성하십시오.

11.7 비정규 신뢰구간 Nonnormal Confidence Interval

11.5절에서는 신뢰구간을 만들기 위해 두 가지 가정을 설정했습니다. 첫 번째는 최대우도추정치의 실제 분포를 정규분포로 근사하는 것이 합리적이라는 가정입니다. 이 가정은 점근적으로는 타당하지만, 작은 샘플이나 중간 크기의 샘플에서는 항상 적용되지 않을 수 있습니

다. 두 번째는 모수가 두 개 이상인 경우 각 모수에 대해 별도의 신뢰구간을 구성해야 한다는 가정입니다. 로그정규분포와 같이 모수 추정치가 독립적인 경우에는 별도의 구간을 사용하는 것이 가능하지만, 대부분의 경우 그렇지 않습니다. 높은 상관관계가 있는 경우 점근적 공분산과 다변량 정규분포를 사용하여 신뢰 영역(confidence region)을 설정하는 것이 더 나을 수 있습니다. 그러나 정규분포 가정을 요구하지 않는 더 쉬운 방법이 있습니다(여전히 점근적 결과에 기반하긴 합니다).

신뢰 영역을 설정하는 한 가지 방법은 우도함수(likelihood function)의 의미를 고려하는 것입니다. 이 함수의 값을 최대화하는 모수 값이 가장 적합한 선택입니다.

우도함수 값이 최댓값에 가까운 모수 값들도 진정한 모수값으로 합리적인 대안이 될 수 있습니다. 따라서, 특정 값 ccc에 대해 다음과 같은 신뢰 영역을 설정할 수 있습니다.

$$\{\theta : l(\theta) \geq c\}$$

이는 로그우도(log-likelihood)값이 c 이상인 모든 모수의 집합입니다. 15.4.4절에서 다룬 우도비 검정은 로그우도(log-likelihood)가 올바른 함수임을 확인하며, 또한 $100(1 - \alpha)\%$ 신뢰 영역을 생성하기 위해 c 값을 어떻게 선택해야 하는지도 알려줍니다. c 값은 다음과 같습니다.

$$c = l(\hat{\theta}) - 0.5\chi_{\alpha}^{2}$$

여기서 첫 번째 항은 최대우도 추정치에서의 로그우도(log-likelihood)값이고, 두 번째 항은 자유도가 추정된 모수의 수와 같은 카이제곱(χ^2) 분포의 $1 - \alpha$ 분위값입니다.

예제 11.12

이 방법을 사용하여 지수분포 모수에 대한 95% 신뢰구간을 구성하십시오. Data Set B를 사용하여 정규 근사값과 비교하십시오.

우리는 $\hat{\theta} = \bar{x}$이고, 샘플 크기가 n인 경우 n, $l(\bar{x}) = -n - n\ln\bar{x}$임을 알고 있습니다. 자유도가 1인 경우, 카이제곱 분포의 95번째 분위값은 3.84입니다. 신뢰 영역은 다음과 같습니다.

$$\left\{\theta : -\frac{n\bar{x}}{\theta} - n\ln\theta \geq -n - n\ln\bar{x} - 1.92\right\}$$

이를 수치적으로 계산해야 합니다. Data Set B에 대해, 방정식은 다음과 같습니다.

$$-\frac{20(1{,}424.4)}{\theta} - 20\ln\theta \geq -20 - 20\ln(1{,}424.4) - 1.92,$$
$$-\frac{28{,}488}{\theta} - 20\ln\theta \geq -167.15,$$

그리고 해는 $946.85 \le \theta \le 2{,}285.05$입니다.

정규 근사를 사용하는 경우, 최대우도추정치의 점근적 분산은 θ^2/n이며, 이는 실제 분산과 일치합니다. 샘플 값을 대입하면 정규 신뢰구간은 다음과 같습니다.

$$1{,}424.4 \pm 1.96\sqrt{1{,}424.4^2/20},$$
$$1{,}424.4 \pm 624.27,$$

결과는 다음과 같습니다. $800.14 \le \theta \le 2{,}048.76$

이 두 구간의 너비가 비슷하지만, 첫 번째 구간은 샘플 평균을 중심으로 대칭적이지 않습니다. 이러한 비대칭성은 합리적입니다. 샘플 크기가 20인 경우, 샘플 평균이 기반이 되는 지수 분포의 왜도를 제거하기에 충분히 크지 않을 가능성이 높기 때문입니다. □

두 모수로 확장하는 방법은 유사하며, 이는 예제 11.13에서 설명됩니다.

예제 11.13

예제 11.2에서 데이터 세트 B에 대한 감마 모델의 최대우도추정치는 $\hat{\alpha} = 0.55616$과 $\hat{\theta} = 2{,}561.1$이었습니다. 참된 값에 대한 95% 신뢰영역을 구하십시오.

이 영역은 다음 부등식을 만족하는 모든 쌍 (α,θ)로 구성됩니다.

$$\begin{aligned}(\alpha-1)\sum_{j=1}^{20}\ln x_j - \frac{1}{\theta}\sum_{j=1}^{20}x_j - 20\ln\Gamma(\alpha) - 20\alpha\ln\theta \\ \ge (0.55616-1)\sum_{j=1}^{20}\ln x_j - \frac{1}{2{,}561.1}\sum_{j=1}^{20}x_j - 20\ln\Gamma(0.55616) \\ - 20(0.55616)\ln 2{,}561.1 - 2.996 = -165.289,\end{aligned}$$

여기서 2.996은 자유도 2인 카이제곱(χ^2) 분포의 95번째 분위수의 절반 값입니다. 도출된 신뢰영역은 그림 11.1에 나타나 있습니다. 정규 근사가 적절했다면, 이 영역은 타원형 모양이 되었을 것입니다. □

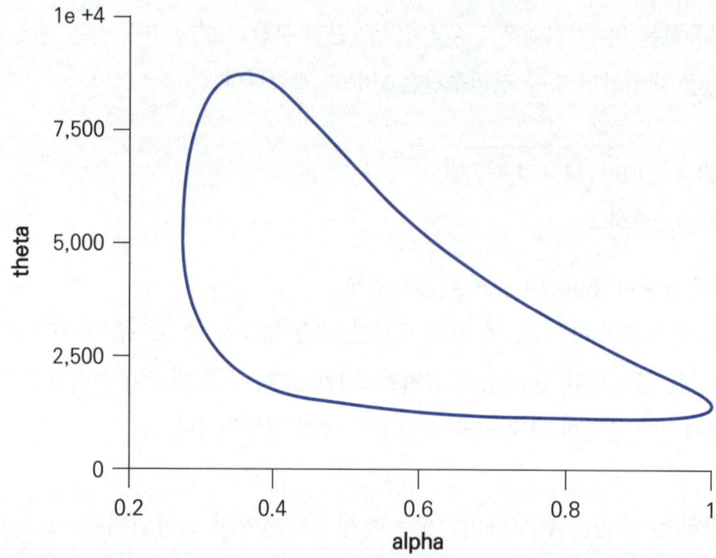

그림 11.1 The 95% confidence region for the gamma parameters

예제 11.14

감마 분포의 평균에 대한 95% 신뢰구간을 예제 11.13에서 구하십시오.

먼저 감마 밀도함수를 평균이 모수가 되도록 재모수화합니다. 이는 $\mu = \alpha\theta$로 설정하고 α는 변경하지 않음으로써 가능합니다. 재모수화된 밀도함수는 다음과 같습니다.

$$f(x) = \frac{x^{\alpha-1}e^{-x\alpha/\mu}}{\Gamma(\alpha)(\mu/\alpha)^{\alpha}}.$$

최대우도 추정량(mle)의 불변성에 의해 $\hat{\mu} = \hat{\alpha}\hat{\theta} = 1{,}424.4$가 됩니다. 이제, 최대 로그우도(log-likelihood) 값에서 1.92 이내에 해당하는 로그우도(log-likelihood) 값을 생성하는 대체 μ 값을 찾습니다. (평가되는 모수는 평균 하나이므로 자유도는 1입니다). 특정 μ 값을 시도할 때, 해당 값이 선택될 가능성을 최대화하기 위해 동반되는 α 값은 주어진 μ에서 우도를 최대화하는 값이어야 합니다.

수치적 최적화와 시행착오를 통해 신뢰구간은 다음과 같이 도출됩니다.

$$811 \le \mu \le 2{,}846.$$

□

11.7.1 연습 문제

11.46 지수 모델, 데이터 세트 B 및 본 절의 방법을 사용하여 관측값이 200을 초과할 확률에 대한 95% 신뢰구간을 구하십시오. 예제 11.10의 결과와 비교하십시오.

12 이산분포에 대한 빈도학파의 추정 FREQUENTIST ESTIMATION FOR DISCRETE DISTRIBUTION

이 장에서는 이산 분포의 모수를 추정할 때 적용되는 특별한 고려 사항에 대해 논의합니다.

12.1 포아송 분포 Poisson Distribution

10장과 11장에서 논의된 추정 원칙은 빈도 분포에도 적용될 수 있습니다. 이제 포아송(Poisson) 모델에 적합한 추정 방법을 예를 통해 설명하겠습니다.

예제 12.1

한 병원 책임 보험 계약이 10년 동안의 손실액 청구 건수를 경험했으며, 이 데이터는 표 12.1에 제공되어 있습니다. 모먼트 방법(Method of Moments)과 최대우도법(Method of Maximum Likelihood)을 사용하여 포아송 모수(λ)를 추정하십시오.

이 데이터를 다른 방식으로 요약할 수 있습니다. 각 연도별로 정확히 0건, 1건 등의 손실액 청구 건수가 발생한 횟수를 계산하여 표 12.2와 같이 정리할 수 있습니다.

표 12.1 The number of hospital liability claims by year

Year	Number of claims
1985	6
1986	2
1987	3
1988	0
1989	2
1990	1
1991	2
1992	5
1993	1
1994	3

표 12.1 Hospital liability claims by frequency

Frequency (k)	Number of observations (nk)
0	1
1	2
2	3
3	2
4	0
5	1
6	1
7+	0

1985년부터 1994년까지의 총 손실액 청구 건수는 25건입니다. 따라서 연평균 손실액 청구 건수는 2.5입니다. 이 평균은 표 12.2에서도 계산할 수 있습니다.

여기서, n_k를 손실액 청구 건수가 정확히 k인 연도의 수로 정의합시다. 예상 빈도(표본 평균)는 다음과 같이 계산됩니다.

$$\bar{x} = \frac{\sum_{k=0}^{\infty} kn_k}{\sum_{k=0}^{\infty} n_k}$$

여기서 n_k는 빈도 k에서 관찰된 값의 개수를 나타냅니다. 따라서 순간추정법에 의한 포아송 모수 추정치 $\hat{\lambda} = 2.5$입니다.

최대우도법(Maximum Likelihood Estimation, MLE)을 사용한 추정은 이 데이터에서도 쉽게 수행할 수 있습니다. 관찰된 k값의 우도 기여는 p_k입니다. 따라서 전체 관찰치의 우도 함수는 다음과 같습니다.

$$L = \prod_{k=0}^{\infty} p_k^{n_k}$$

그리고 로그우도(log-likelihood) 함수는 다음과 같이 주어집니다.

$$l = \sum_{k=0}^{\infty} n_k \ln p_k$$

우도 함수와 로그우도(log-likelihood) 함수는 미지의 모수를 함수로 간주됩니다. 포아송 분포의 경우, 하나의 모수만 존재하므로 최대화가 간단합니다. 포아송 분포에서,

$$p_k = \frac{e^{-\lambda}\lambda^k}{k!}$$

따라서,

$$\ln p_k = -\lambda + k \ln \lambda - \ln k!$$

로그우도(log-likelihood) 함수는 다음과 같습니다.

$$\begin{aligned} l &= \sum_{k=0}^{\infty} n_k(-\lambda + k \ln \lambda - \ln k!) \\ &= -\lambda n + \sum_{k=0}^{\infty} k\, n_k \ln \lambda - \sum_{k=0}^{\infty} n_k \ln k! \end{aligned}$$

여기서 $n = \sum_{k=0}^{\infty} n_k$는 표본 크기입니다. 로그우도(log-likelihood)를 λ에 대해 미분하면 다음을 얻습니다.

$$\frac{dl}{d\lambda} = -n + \sum_{k=0}^{\infty} k\, n_k \frac{1}{\lambda}$$

로그우도(log-likelihood)의 도함수를 0으로 설정하여 최대우도 추정량(mle)을 얻습니다. 추정

량은 다음과 같이 주어집니다.

$$\hat{\lambda} = \frac{\sum_{k=0}^{\infty} kn_k}{n} = \bar{x}$$

따라서, 포아송 분포의 경우, 최대우도 추정량과 순간추정법 추정량은 동일합니다. 포아송 분포를 따르는 N에 대해,

$$\mathrm{E}(\hat{\lambda}) = \mathrm{E}(N) = \lambda$$

$$\mathrm{Var}(\hat{\lambda}) = \frac{\mathrm{Var}(N)}{n} = \frac{\lambda}{n}$$

따라서, $\hat{\lambda}$는 불편 추정량이며 일관성을 가집니다. 정리 11.4에 따라, mle는 평균 λ와 분산 $\mathrm{Var}[\hat{\lambda}] = \lambda/n$을 갖는 점근적으로 정규 분포를 따릅니다. 다시 확인하면, 점근적으로,

$$\begin{aligned}\mathrm{Var}(\hat{\lambda}) &= \left\{-n\mathrm{E}\left[\frac{d^2}{d\lambda^2}\ln p_N\right]\right\}^{-1} \\ &= \left\{-n\mathrm{E}\left[\frac{d^2}{d\lambda^2}(-\lambda + N\ln\lambda - \ln N!)\right]\right\}^{-1} \\ &= \left[n\mathrm{E}(N/\lambda^2)\right]^{-1} \\ &= \left(n\lambda^{-1}\right)^{-1} = \frac{\lambda}{n}.\end{aligned}$$

표 12.3 The data for Example 12.2

Number of claims/day	Observed number of days
0	47
1	97
2	109
3	62
4	25
5	16
6+	9

이 경우, 분산에 대한 점근적 근사는 실제 값과 동일합니다. 이 정보를 바탕으로, 모수의 참값에 대한 대략적인 95% 신뢰구간을 구성할 수 있습니다. 구간은 $\hat{\lambda} \pm 1.96(\hat{\lambda}/n)^{1/2}$로 주어집니다. 이 예에서, 신뢰구간은 (1.52, 3.48)이 됩니다. 이 신뢰구간은 대규모 표본 이론에 의존하기 때문에 단지 근사값일 뿐입니다. 표본 크기가 매우 작으므로 이러한 신뢰구간은 주의해서 사용해야 합니다. □

지금까지 제시된 공식들은 각 관찰된 빈도에서의 개수가 알려져 있다고 가정했습니다. 때때로, 이러한 모든 개수가 주어지지 않은 상태로 데이터가 수집되기도 합니다. 가장 일반적인 예는 마지막 항목이 k+로 주어지는 경우로, 이는 k회 이상 손실액 청구가 관찰된 횟수를 나타냅니다. 만약 n_{k+}이 그 횟수를 나타낸다면, 가능도 함수에 대한 기여는 다음과 같습니다.

$$(p_k + p_{k+1} + \cdots)^{n_{k+}} = (1 - p_0 - \cdots - p_{k-1})^{n_{k+}}$$

이와 동일한 조정은 모든 종류의 그룹화된 빈도 데이터에도 적용됩니다. 예를 들어, 빈도가 3-5인 경우에 5번의 관찰이 있었다고 가정하면, 가능도 함수에 대한 기여는 다음과 같이 주어집니다:

$$(p_3 + p_4 + p_5)^5$$

예제 12.2

표 12.3의 데이터를 기반으로 포아송 분포의 최대우도추정치(MLE)를 구하십시오. 우도 함수는 다음과 같습니다:

$$L = p_0^{47} p_1^{97} p_2^{109} p_3^{62} p_4^{25} p_5^{16} (1 - p_0 - p_1 - p_2 - p_3 - p_4 - p_5)^9$$

이를 λ의 함수로 나타내면 다소 복잡해집니다. 도함수를 계산할 수는 있지만, 이를 0으로 설정한 후 방정식을 푸는 과정에는 수치적 방법이 필요합니다. 함수를 직접 최대화하는 수치적 방법을 사용하는 것이 더 쉬울 수 있습니다.

합리적인 초기값은 9개의 관찰치가 모두 정확히 6이라고 가정하고 샘플 평균을 사용하는 것입니다. 물론, 이러한 가정은 실제 최대우도추정치를 과소평가할 수 있지만, 좋은 출발점이 될 수 있습니다.

이 특정 예에서, 최대우도추정치는 다음과 같습니다. $\hat{\lambda} = 2.0226$

이는 모든 개수가 기록되었을 때 얻어진 값과 매우 가깝습니다. □

12.2 음이항 분포 Negative Binomial Distribution

모먼트 방정식은 다음과 같습니다:

$$r\beta = \frac{\sum_{k=0}^{\infty} kn_k}{n} = \bar{x} \tag{12.1}$$

그리고,

$$r\beta(1+\beta) = \frac{\sum_{k=0}^{\infty} k^2 n_k}{n} - \left(\frac{\sum_{k=0}^{\infty} kn_k}{n}\right)^2 = s^2 \tag{12.2}$$

해결 방법은 다음과 같습니다:

$$\hat{\beta} = (s^2/\bar{x}) - 1 \quad \text{and} \quad \hat{r} = \bar{x}/\hat{\beta}$$

여기서 이 분산 추정치는 n-1이 아닌 n으로 나누어 계산된다는 점에 유의하십시오. 이는 모먼트 방법을 사용할 때 흔히 사용되는 접근 방식이지만 필수적인 것은 아닙니다. 또한, 만약 $s^2 < \bar{x}$인 경우, β의 추정값이 음수가 되어 허용되지 않는 값이 될 수 있음을 주의하십시오.

예제 12.3

(예제 12.1 계속) 모먼트 방법을 사용하여 음이항 분포의 모수를 추정하십시오. 표본 평균과 표본 분산은 각각 2.5와 3.05입니다(이를 확인하십시오). 이 모수들의 추정값은 다음과 같습니다:

$$\hat{r} = 11.364 \quad \text{and} \quad \hat{\beta} = 0.22$$

□

같은 평균을 가진 포아송 분포와 비교했을 때, β는 "추가 포아송 변동(extra-Poisson variation)"의 척도로 볼 수 있습니다.

$\beta = 0$은 추가적인 포아송 변동이 없음을 의미하며, $\beta = 0.22$는 동일한 평균을 가진 포아송 분포와 비교했을 때 분산이 22% 증가했음을 나타냅니다.

음이항 분포의 로그우도(log-likelihood) 함수는 다음과 같습니다.

$$\begin{aligned} l &= \sum_{k=0}^{\infty} n_k \ln p_k \\ &= \sum_{k=0}^{\infty} n_k \left[\ln\binom{r+k-1}{k} - r\ln(1+\beta) + k\ln\beta - k\ln(1+\beta)\right] \end{aligned}$$

로그우도(log-likelihood) 두 모수 β와 r의 함수입니다. 로그우도(log-likelihood)를 최대화하기 위해 각 모수에 대해 미분하고, 이를 0으로 설정하여 모수를 구합니다.

로그우도(log-likelihood) 함수의 도함수를

β에 대한 미분은

$$\frac{\partial l}{\partial \beta} = \sum_{k=0}^{\infty} n_k \left(\frac{k}{\beta} - \frac{r+k}{1+\beta} \right) \tag{12.3}$$

r에 대한 미분은

$$\begin{aligned}
\frac{\partial l}{\partial r} &= -\sum_{k=0}^{\infty} n_k \ln(1+\beta) + \sum_{k=0}^{\infty} n_k \frac{\partial}{\partial r} \ln \frac{(r+k-1)\cdots r}{k!} \\
&= -n \ln(1+\beta) + \sum_{k=0}^{\infty} n_k \frac{\partial}{\partial r} \ln \prod_{m=0}^{k-1} (r+m) \\
&= -n \ln(1+\beta) + \sum_{k=0}^{\infty} n_k \frac{\partial}{\partial r} \sum_{m=0}^{k-1} \ln(r+m) \\
&= -n \ln(1+\beta) + \sum_{k=1}^{\infty} n_k \sum_{m=0}^{k-1} \frac{1}{r+m}.
\end{aligned} \tag{12.4}$$

두 방정식을 0으로 놓고 정리하면

$$\hat{\mu} = \hat{r}\hat{\beta} = \frac{\sum_{k=0}^{\infty} k n_k}{n} = \bar{x} \tag{12.5}$$

$$n \ln(1+\hat{\beta}) = \sum_{k=1}^{\infty} n_k \left(\sum_{m=0}^{k-1} \frac{1}{\hat{r}+m} \right) \tag{12.6}$$

평균의 mle는 표본평균입니다(모먼트 방법에서의 정의에 따라).

방정식 (12.5)와 (12.6)은 수치적으로 풀 수 있습니다. 특히, (12.6)에서 $\hat{\beta}$를 $\hat{\mu}/\hat{r} = \bar{x}/\hat{r}$로 대체하면,

$$H(\hat{r}) = n \ln\left(1 + \frac{\bar{x}}{\hat{r}}\right) - \sum_{k=1}^{\infty} n_k \left(\sum_{m=0}^{k-1} \frac{1}{\hat{r}+m} \right) = 0 \tag{12.7}$$

방정식 (12.7)의 우변이 (12.2)의 우변보다 크면, 이 방정식은 유일한 해를 가지는 것으로

보입니다. 그렇지 않다면, 표본 분산이 표본 평균을 초과하지 않기 때문에 음이항 모델은 적합하지 않을 가능성이 높습니다.[1]

방정식 (12.7)을 풀기 위해 뉴턴-랩슨(Newton-Raphson) 방법을 사용할 수 있습니다. k번째 반복에서 필요한 식은 다음과 같습니다.

$$r_k = r_{k-1} - \frac{H(r_{k-1})}{H'(r_{k-1})}$$

초깃값 r_0로 모멘트 기반 추정치 를 사용하는 것이 유용합니다. 물론, 이분법(bisection)이나 할선법(secant) 같은 다른 수치적 해법도 사용할 수 있습니다.

로그우도(log-likelihood) 두 변수의 함수이지만, 평균 추정치가 표본 평균이라는 점을 알기 때문에, $\beta = \bar{x}/r$로 설정하면 문제는 1차원 문제로 단순화됩니다.

예제 12.4

예제 12.1의 데이터를 사용하여 음이항 분포 모수의 최대우도추정치를 구하십시오. 최댓값은 다음과 같습니다:

The maximum occurs at $\hat{r} = 10.9650$ and $\hat{\beta} = 0.227998$ □

예제 12.5

Tröbliger [121]은 특정 자동차 보험 클래스에서 23,589명의 자동차 운전자의 운전 습관을 연구하기 위해, 1년 동안 운전자당 사고 발생 건수를 조사했습니다. 이 데이터와 적합한 포아송 분포 및 음이항 분포는 표 12.4에 제시되어 있습니다.

표 12.4 Two models for the automobile claims frequency

Number of claims/year	Number of drivers	Poisson expected	Negative binomial expected
0	20,592	20,420.9	20,596.8
1	2,651	2,945.1	2,631.0

1 즉, 표본 분산이 평균보다 작거나 같을 때, 로그우도 함수는 극댓값을 가지지 않습니다. 이 함수는 r이 무한대로 가고, β가 0으로 수렴하면서 두 값의 곱이 일정하게 유지될 때 계속 증가합니다. 이는 데이터를 가장 잘 설명하는 음이항 분포가 포아송 분포(제한적인 경우에 해당함)임을 효과적으로 나타냅니다.

Number of claims/year	Number of drivers	Poisson expected	Negative binomial expected
2	297	212.4	318.4
3	41	10.2	37.8
4	7	0.4	4.4
5	0	0.0	0.5
6	1	0.0	0.1
7+	0	0.0	0.0
Parameters		$\lambda = 0.144220$	$r = 1.11790$ $\beta = 0.129010$
Loglikelihood		−10,297.84	−10,223.42

제시된 정보를 바탕으로, 어느 분포가 더 나은 모델을 제공하는 것처럼 보입니까?

기대 빈도는 샘플 크기(23,589)에 모델이 할당한 확률을 곱하여 구합니다. 음이항 분포 확률은 관찰된 값에 훨씬 더 가까운 기대 빈도를 생성하는 것이 명확합니다. 또한, 로그우도(log-likelihood) 함수가 훨씬 더 높은 값에서 최대화됩니다.

모델 선택을 위한 공식적인 절차(특히 "유의미하게 더 높다"는 의미를 포함하여)는 15장에서 다룹니다. 그러나 이 경우, 음이항 분포 모델의 우월성이 명백합니다. □

12.3 이항 분포 The Binomial Distribution

이항 분포는 두 개의 모수 m과 q를 가집니다. 종종 m의 값이 알려져 있고 고정되어 있는 경우가 있습니다. 이 경우, 하나의 모수 q만 추정하면 됩니다. 많은 보험 상황에서 q는 사망이나 장애와 같은 사건의 확률로 해석됩니다. 이런 경우, q의 값은 보통 다음과 같이 추정됩니다:

$$\hat{q} = \frac{\text{관찰값수}}{\text{최대가능건수}}$$

이는 m이 알려진 경우 모멘트 방법 추정치와 같습니다.

이 장의 이전 예제들처럼 빈도 데이터가 주어진 상황에서는, 모수 m (가장 큰 가능 관찰값)이 알려져 고정되어 있거나, 알려지지 않은 경우가 있습니다. 어떤 경우든 m은 가장 큰 관찰값

보다 작을 수 없습니다. 로그우도(log-likelihood) 함수는 다음과 같습니다:

$$\begin{aligned} l &= \sum_{k=0}^{m} n_k \ln p_k \\ &= \sum_{k=0}^{m} n_k \left[\ln \binom{m}{k} + k \ln q + (m-k) \ln(1-q) \right] \end{aligned}$$

m이 알려져 있고 고정되어 있다면, q에 대해 l을 최대화하면 됩니다:

$$\frac{\partial l}{\partial q} = \frac{1}{q} \sum_{k=0}^{m} k n_k - \frac{1}{1-q} \sum_{k=0}^{m} (m-k) n_k$$

이 표현을 0으로 설정하면 다음과 같은 식이 나옵니다:

$$\hat{q} = \frac{1}{m} \frac{\sum_{k=0}^{m} k n_k}{\sum_{k=0}^{m} n_k}$$

이는 관찰된 사건의 샘플 비율입니다. 모먼트 방법에서 m이 고정된 경우, q의 추정치는 최대우도추정치(MLE)와 동일합니다. 왜냐하면 모먼트 방정식이 다음과 같기 때문입니다.

$$mq = \frac{\sum_{k=0}^{m} k n_k}{\sum_{k=0}^{m} n_k}$$

m이 알려지지 않은 경우, 최대우도추정치(MLE)에서 q는 다음과 같이 나타납니다:

$$\hat{q} = \frac{1}{\hat{m}} \frac{\sum_{k=0}^{\infty} k n_k}{\sum_{k=0}^{\infty} n_k} \tag{12.8}$$

여기서 $\hat{m}$은 m의 최대우도추정치입니다. 최대우도법으로 m과 q를 추정하는 간단한 방법은 여러 가능한 m 값에 대해 우도 프로파일을 작성하는 것입니다:

1단계: $\hat{m}$을 가장 큰 관찰값으로 설정합니다.

2단계: (12.8)을 사용해 $\hat{q}$를 계산합니다.

3단계: 이 값에서 로그우도(log-likelihood)를 계산합니다.

4단계: $\hat{m}$에 1을 더합니다.

5단계: 2~4단계를 반복하며 최댓값을 찾습니다.

음이항 분포와 마찬가지로, 우도 함수를 최대화하는 모수 쌍이 존재하지 않을 수도 있습니다. 특히, 표본 평균이 표본 분산보다 작거나 같은 경우, $\hat{m}$값을 증가시킬수록 로그우도

(log-likelihood) 값이 계속 증가하는 경향이 있습니다. 이 경우, 결국 포아송 모델로 수렴하게 됩니다. 이 현상은 예제 12.1의 데이터를 사용하여 확인할 수 있습니다.

예제 12.6

1년 동안 15,160개의 보험 계약에 대해 계약당 손실액 청구 건수가 표 12.5에 제시되어 있습니다.

표 12.5 The number of claims per policy

Number of claims/policy	Number of policies
0	5,367
1	5,893
2	2,870
3	842
4	163
5	23
6	1
7	1
8+	0

모멘트 기반 추정치와 최대우도추정치를 구하십시오.

표본 평균과 분산은 각각 0.985422와 0.890355입니다. 분산이 평균보다 작으므로, 이항 분포가 적절한 분포로 보입니다. 모멘트 방법을 사용하면 다음과 같은 방정식이 도출됩니다:

$$mq = 0.985422 \text{ 그리고 } mq(1-q)=0.890355.$$

따라서, $\hat{q} = 0.096474$이고 $\hat{m} = 10.21440$입니다. 하지만 m은 정수 값만 가질 수 있으므로, $\hat{m} = 10$으로 반올림합니다. 그 후, 첫 번째 모멘트 방정식을 사용하여 $\hat{q} = 0.0985422$로 추정치를 조정합니다. 이렇게 하면, 모델의 분산은 표본 분산과 달라지게 됩니다.

왜냐하면 $10(0.0985422)(1-0.0985422) = 0.888316$이기 때문입니다. 이 차이는 정수 값을 가지는 모수에 대해 모멘트 방법을 사용할 때 발생하는 단점 중 하나를 보여줍니다.

이제 최대우도추정으로 넘어갑니다. 데이터에서 $m \geq 7$입니다.

만약 m이 알려져 있다면 q만 추정하면 됩니다. m이 알려지지 않았다면, m의 값을 7부터 시작하여 증가시키며 고정된 값에 대해 우도를 최대화하여 우도 프로파일을 작성할 수 있습니다. 결과는 표 12.6에 나와 있습니다.

표 12.6 The binomial likelihood profile

$\hat{m}$	$\hat{q}$	−Loglikelihood
7	0.140775	19,273.56
8	0.123178	19,265.37
9	0.109491	19,262.02
10	0.098542	19,260.98
11	0.089584	19,261.11
12	0.082119	19,261.84

로그우도(log-likelihood) 값이 가장 큰 지점은 m = 10에서 발생합니다. 사전에 m의 값이 알려져 있지 않은 경우, 모수의 최대우도추정치는 $\hat{m}$ = 10과 $\hat{q}$ = 0.0985422입니다. 이 결과는 조정된 모먼트 추정치와 동일하지만, 모든 데이터 집합에서 반드시 동일하지는 않습니다. □

12.4 $(a, b, 1)$ 군 The $(a, b, 1)$ Class

$(a,b,1)$ 클래스의 모수 추정은 $(a,b,0)$ 클래스와 동일한 일반적인 원칙을 따릅니다. 데이터가 이전 예제와 같은 형식이라고 가정하면, 우도(likelihood) 식 (6.7)을 사용하여 다음과 같이 나타낼 수 있습니다:

$$L = \left(p_0^M\right)^{n_0} \prod_{k=1}^{\infty} (p_k^M)^{n_k} = \left(p_0^M\right)^{n_0} \prod_{k=1}^{\infty} \left[(1 - p_0^M) p_k^T\right]^{n_k}$$

로그우도(log-likelihood) 다음과 같습니다:

$$\begin{aligned} l &= n_0 \ln p_0^M + \sum_{k=1}^{\infty} n_k [\ln(1 - p_0^M) + \ln p_k^T] \\ &= n_0 \ln p_0^M + \sum_{k=1}^{\infty} n_k \ln(1 - p_0^M) + \sum_{k=1}^{\infty} n_k [\ln p_k - \ln(1 - p_0)], \end{aligned}$$

여기서 마지막 표현은 $p_k^T = p_k/(1-p_0)$을 사용한 결과입니다.

$(a,b,1)$ 클래스의 세 모수는 p_0^M, a, b이며, a와 b는 $p_1, p_2, \cdots$를 결정합니다. 따라서 다음과 같은 관계를 확인할 수 있습니다:

$$l = l_0 + l_1,$$

여기서,

$$l_0 = n_0 \ln p_0^M + \sum_{k=1}^{\infty} n_k \ln(1 - p_0^M),$$

$$l_1 = \sum_{k=1}^{\infty} n_k[\ln p_k - \ln(1 - p_0)]$$

l_0는 모수 p_0^M에만 의존하고, l_1은 p_0^M와 독립적으로 a와 b에만 의존합니다. 이러한 분리는 최적화를 단순화합니다.

$$\frac{\partial l}{\partial p_0^M} = \frac{\partial l_0}{\partial p_0^M} = \frac{n_0}{p_0^M} - \sum_{k=1}^{\infty} \frac{n_k}{1 - p_0^M} = \frac{n_0}{p_0^M} - \frac{n - n_0}{1 - p_0^M}$$

이를 0으로 설정하면 다음을 얻습니다:

$$\hat{p}_0^M = \frac{n_0}{n}$$

이는 0에서의 관찰 비율로, p_0^M가 0에서의 관찰 확률을 나타내므로 자연스러운 추정치입니다.

마찬가지로, 우도가 편리하게 분리되므로 a와 b의 추정은 p_0^M와 독립적으로 이루어집니다. a와 b는 모수지만, 모든 값의 a와 b가 허용 가능한 확률 분포[2]를 생성하지 않으므로, 이들에 대해 단순히 최대화하지는 않습니다.

제로 수정 포아송 분포의 로그우도(log-likelihood)의 관련 부분은 다음과 같습니다:

---

2 최대화를 수행할 때는 어떤 매개변수화에 대해서도 가능합니다. 이는 최대우도추정이 매개변수 변환에 대해 불변이기 때문입니다. 그러나 유계 영역(값이 제한된 범위)에서 최대화를 수행하는 것은 더 어렵습니다. 이는 수치적 방법이 제약을 가하기 어렵고, 해석적 방법은 미분 가능성이 부족하기 때문에 실패할 가능성이 있기 때문입니다. 따라서 추정은 일반적으로 특정 클래스 멤버(예: 푸아송 분포)를 기준으로 수행됩니다.

$$
\begin{aligned}
l_1 &= \sum_{k=1}^{\infty} n_k \left[\ln \frac{e^{-\lambda}\lambda^k}{k!} - \ln(1-e^{-\lambda}) \right] \\
&= -(n-n_0)\lambda + \left(\sum_{k=1}^{\infty} k\, n_k \right) \ln \lambda - (n-n_0)\ln(1-e^{-\lambda}) + c \\
&= -(n-n_0)[\lambda + \ln(1-e^{-\lambda})] + n\bar{x}\ln\lambda + c
\end{aligned}
$$

여기서, $\bar{x} = \frac{1}{n}\sum_{k=0}^{\infty} kn_k$ 표본 평균이고 $n = \sum_{k=0}^{\infty} n_k$이고, c는 λ와 독립적인 상수입니다. 따라서,

$$
\begin{aligned}
\frac{\partial l_1}{\partial \lambda} &= -(n-n_0) - (n-n_0)\frac{e^{-\lambda}}{1-e^{-\lambda}} + n\frac{\bar{x}}{\lambda} \\
&= -\frac{n-n_0}{1-e^{-\lambda}} + \frac{n\bar{x}}{\lambda}.
\end{aligned}
$$

이를 0으로 설정하면 다음을 얻습니다.

$$
\bar{x}(1-e^{-\lambda}) = \frac{n-n_0}{n}\lambda. \tag{12.9}
$$

식 (12.9)의 좌변과 우변을 λ의 함수로 그래프화하면, $n_0 > 0$인 경우 정확히 두 해가 존재함을 알 수 있습니다. 하나는 $\lambda = 0$, 다른 하나는 $\lambda > 0$입니다.

식 (12.9)는 수치적으로 풀어 $\hat{\lambda}$을 얻을 수 있습니다. 또한, $\hat{p}_0^M = n_0/n$과 $p_0 = e^{-\lambda}$를 사용하면 식 (12.9)는 다음과 같이 다시 작성할 수 있습니다.

$$
\bar{x} = \frac{1-\hat{p}_0^M}{1-p_0}\lambda. \tag{12.10}
$$

식 (12.10)의 우변은 제로 수정 포아송 분포의 이론적 평균이므로, 이는 모멘트 방정식입니다($\hat{p}_0^M$이 p_0^M으로 대체되면).

따라서, 최대우도추정법과 동일한 결과를 제공하는 대체 추정 방법은 0에서의 비율을 샘플 비율에 맞추고, 이론적 평균을 샘플 평균에 맞추는 것입니다.

이 접근법은 수정된 모멘트 방법으로, 우도 함수의 수치적 최대화를 위한 초깃값을 얻는 데 사용할 수 있습니다. 그러나 최대우도추정법이 더 나은 점근적 성질을 가지므로, 수정된 모멘트 방법은 초깃값을 얻는 데만 사용하는 것이 좋습니다.

λ의 최대우도추정치의 점근적 분산을 추정하기 위해, 다음을 계산할 수 있습니다:

$$
\frac{\partial^2 l_1}{\partial \lambda^2} = (n-n_0)\frac{e^{-\lambda}}{(1-e^{-\lambda})^2} - \frac{n\bar{x}}{\lambda^2}
$$

기댓값은 $\mathrm{E}(\bar{x}) = (1 - p_0^M)\lambda/(1 - e^{-\lambda})$을 사용하여 계산됩니다.

마지막으로, p_0^M는 그 추정치 n_0/n로 대체됩니다. $\hat{p}_0^M$의 분산은 분자가 이항 분포를 가지므로, 다음과 같이 계산됩니다.

$\mathrm{Var}\hat{p}_0^M = p_0^M(1-p_0^M)/n.$

제로 수정 이항 분포의 경우, 로그우도(log-likelihood) l_1는 다음과 같이 주어집니다:

$$\begin{aligned} l_1 &= \sum_{k=1}^{m} n_k \left\{ \ln\left[\binom{m}{k} q^k (1-q)^{m-k}\right] - \ln[1-(1-q)^m] \right\} \\ &= \left(\sum_{k=1}^{m} k n_k\right) \ln q + \sum_{k=1}^{m} (m-k) n_k \ln(1-q) \\ &\quad - \sum_{k=1}^{m} n_k \ln[1-(1-q)^m] + c \\ &= n\bar{x} \ln q + m(n-n_0)\ln(1-q) - n\bar{x}\ln(1-q) \\ &\quad - (n-n_0)\ln[1-(1-q)^m] + c \end{aligned}$$

여기서 c는 q에 의존하지 않는다. 그리고

로그우도(log-likelihood)를 q에 대해 미분하면:

$$\frac{\partial l_1}{\partial q} = \frac{n\bar{x}}{q} - \frac{m(n-n_0)}{1-q} + \frac{n\bar{x}}{1-q} - \frac{(n-n_0)m(1-q)^{m-1}}{1-(1-q)^m}$$

이를 0으로 설정하면 다음을 얻습니다:

$$\bar{x} = \frac{1-\hat{p}_0^M}{1-p_0} mq \tag{12.11}$$

여기서 $p_0 = (1-q)^m$입니다. 이 식은 이론적 평균을 표본 평균에 맞추는 식입니다.

만약 m이 알려져 고정되어 있다면, p_0^M의 최대우도추정치는 여전히

$$\hat{p}_0^M = \frac{n_0}{n}.$$

입니다. 그러나, m이 알려져 있더라도, q는 수치적으로 식 (12.11)을 풀어서 구해야 합니다.

m이 알려지지 않아서 m도 추정해야 하는 경우, m의 여러 값에 대해 이 과정을 반복하여 우도 함수의 최댓값을 찾습니다.

제로 수정 음이항 분포(또는 확장된 절단 음이항 분포)는 모수 p_0^M, r, β를 추정해야 하므로 더 복잡합니다.

물론, $\hat{p}_0^M$의 최대우도추정치는 이전과 동일하게, $\hat{p}_0^M = n_0/n$으로, 문제는 r과 β의 추정으로 축소됩니다. 로그우도(log-likelihood)의 관련 부분은 다음과 같습니다.

$$l_1 = \sum_{k=1}^{\infty} n_k \ln p_k - (n - n_0) \ln(1 - p_0). \tag{12.12}$$

이를 전개하면:

$$\begin{aligned} l_1 = & \sum_{k=1}^{\infty} n_k \ln \left[\binom{k+r-1}{k} \left(\frac{1}{1+\beta} \right)^r \left(\frac{\beta}{1+\beta} \right)^k \right] \\ & - (n - n_0) \ln \left[1 - \left(\frac{1}{1+\beta} \right)^r \right] \end{aligned} \tag{12.13}$$

수치적 최적화

로그우도(log-likelihood) l_1를 r과 β에 대해 수치적으로 극대화하여 최대우도추정치를 구합니다. 초깃값은 수정된 모먼트 방법을 사용하여 설정할 수 있습니다.

$\hat{p}_0^M = n_0/n$로 설정하고 분포의 첫 두 모먼트를 표본 모먼트와 맞추는 방식입니다. 이 경우, 중심 모먼트보다 원점 기준 모먼트를 사용하는 것이 더 쉽습니다.

실제로는 식 (12.13)보다는 식 (12.12)를 최적화하는 것이 더 편리합니다. 이는 재귀 관계

$$p_k = p_{k-1} \left(a + \frac{b}{k} \right)$$

를 사용하여 계산을 간소화할 수 있기 때문입니다. 이 접근법은 컴퓨터 프로그래밍을 보다 간단하게 만듭니다.

제로 절단 분포의 경우, 0에서의 확률은 0으로 고정되어 있으므로 이를 추정할 필요가 없습니다. 나머지 모수는 제로 수정 분포에 대해 개발된 동일한 공식을 사용하여 추정합니다.

예제 12.7

표 12.7의 데이터는 Beard 외 [13]의 자료에서 가져왔습니다. 데이터를 적절히 설명할 수 있는 모델을 결정하십시오.

□

표 12.7 The results of fitting distributions to the Beard et al. data

Accidents	Observed	Poisson	Geometric	ZM Poisson	ZM geom.
0	370,412	369,246.9	372,206.5	370,412.0	370,412.0
1	46,545	48,643.6	43,325.8	46,432.1	46,555.2
2	3,935	3,204.1	5,043.2	4,138.6	3,913.6
3	317	140.7	587.0	245.9	329.0
4	28	4.6	68.3	11.0	27.7
5	3	0.1	8.0	0.4	2.3
6+	0	0.0	1.0	0.0	0.2
Parameters		λ: 0.13174	β: 0.13174	p_0^M: 0.87934 λ: 0.17827	p_0^M: 0.87934 β: 0.091780
Loglikelihood		−171,373	−171,479	−171,160	−171,133

포아송 분포를 데이터에 적합하였을 때, 결과는 매우 부적합합니다. 한 번의 사고에 대해 확률이 너무 높고, 이후 값에서는 확률이 너무 낮습니다. 대안으로 단일 모수를 가진 기하 분포를 시도합니다.

기하 분포의 로그우도(log-likelihood) 다음과 같습니다.

$$\begin{aligned} l &= -n\ln(1+\beta) + \sum_{k=1}^{\infty} n_k \ln\left(\frac{\beta}{1+\beta}\right)^k \\ &= -n\ln(1+\beta) + \sum_{k=1}^{\infty} kn_k[\ln\beta - \ln(1+\beta)] \\ &= -n\ln(1+\beta) + n\bar{x}[\ln\beta - \ln(1+\beta)] \\ &= -(n+n\bar{x})\ln(1+\beta) + n\bar{x}\ln\beta, \end{aligned}$$

여기서

$$\bar{x} = \textstyle\sum_{k=1}^{\infty} k\, n_k/n \text{ and } n = \sum_{k=0}^{\infty} n_k.$$

입니다.

미분을 통해 로그우도(log-likelihood)가 최대가 되는 지점을 확인하면, 최대우도추정치는 다음과 같이 나타납니다.

$$\hat{\beta} = \bar{x}.$$

숫자를 질적으로 살펴보면, 제로 수정 기하 분포가 고려된 다른 세 가지 모델보다 데이터에 더 잘 맞는 것으로 보입니다. 정식 분석은 예제 15.14에서 수행됩니다.

12.5 복합 모델 Compound Models

모멘트 방법에서는 처음 몇 가지 이론적 모멘트를 표본 모멘트와 일치시킬 수 있습니다. 이 방정식 시스템을 풀어 모멘트 기반 추정치를 얻을 수 있습니다.

복합 모델의 모수 개수는 1차(기본) 분포와 2차(보조) 분포의 모수 개수의 합이라는 점에 유의하십시오. 복합 분포의 처음 두 이론적 모멘트는 다음과 같습니다:

$$\mathrm{E}(S) = \mathrm{E}(N)\mathrm{E}(M),$$
$$\mathrm{Var}(S) = \mathrm{E}(N)\,\mathrm{Var}(M) + \mathrm{E}(M)^2\,\mathrm{Var}(N)$$

이 결과는 9장에서 설명되었습니다. 합성 포아송 분포의 처음 세 모멘트는 식 (7.10)에 제시되어 있습니다.

최대우도추정도 이전과 동일하게 수행됩니다. 최대화해야 할 로그우도(log-likelihood) 다음과 같습니다:

$$l = \sum_{k=0}^{\infty} n_k \ln g_k$$

여기서 g_k는 복합 분포의 확률입니다. 로그우도(log-likelihood) 수치적으로 최대화할 수 있습니다. 로그우도(log-likelihood)의 첫 번째 및 두 번째 도함수는 최댓값에서 로그우도(log-likelihood) 함수에 직접 적용된 근사적 미분 방법을 사용하여 구할 수 있습니다.

예제 12.8

포아송-제로 절단 기하 분포의 다양한 성질을 구하십시오. 이 분포는 폴리야-아플리(Polya-Aeppli) 분포라고도 불립니다.

제로 절단 기하 분포의 확률생성함수(pgf)는 다음과 같습니다:

$$P_2(z) = \frac{[1-\beta(z-1)]^{-1} - (1+\beta)^{-1}}{1-(1+\beta)^{-1}}$$

따라서 폴리야-아플리 분포의 확률생성함수는 다음과 같이 주어집니다:

$$P(z) = P_1[P_2(z)] = \exp\left(\lambda\left\{\frac{[1-\beta(z-1)]^{-1} - (1+\beta)^{-1}}{1-(1+\beta)^{-1}} - 1\right\}\right)$$
$$= \exp\left\{\lambda\frac{[1-\beta(z-1)]^{-1} - 1}{1-(1+\beta)^{-1}}\right\}.$$

폴리야-아플리 분포의 평균은

$$P'(1) = \lambda(1+\beta)$$

분산은

$$P''(1) + P'(1) - [P'(1)]^2 = \lambda(1+\beta)(1+2\beta)$$

대체적으로, 다음을 사용하여 평균과 분산을 구할 수도 있습니다:

$$\begin{aligned}
&\mathrm{E}(N) = \mathrm{Var}(N) = \lambda, \mathrm{E}(M) = 1+\beta \quad \mathrm{Var}(M) = \beta(1+\beta) \\
&\quad \mathrm{E}(S) = \lambda(1+\beta), \\
&\mathrm{Var}(S) = \lambda\beta(1+\beta) + \lambda(1+\beta)^2 = \lambda(1+\beta)(1+2\beta).
\end{aligned}$$

정리 7.3에 따르면, 0에서의 확률은

$$g_0 = P_1(0) = e^{-\lambda}$$

그 이후의 g_k 값은 다음의 합성 포아송 재귀 관계를 사용하여 쉽게 계산할 수 있습니다.

$$g_k = \frac{\lambda}{k}\sum_{j=1}^{k} j f_j g_{k-j}, \qquad k = 1, 2, 3, \dots, \tag{12.14}$$

여기서

$$f_j = \beta^{j-1}/(1+\beta)^j, \; j = 1, 2, \dots$$

λ와 β의 어떤 값에 대해서도, 로그우도(log-likelihood) 함수는 쉽게 평가할 수 있습니다. 수치 계산을 통해 모수 λ와 β를 추정할 수 있습니다. □

예제 15.15에서는 Polya-Aeppli 분포가 적합한 데이터 세트를 제공합니다. 또 다른 유용한 합성 포아송 분포는 Poisson-ETNB(extended truncated negative binomial) 분포입니다. 보조 분포가 수정되었는지 또는 절단되었는지는 중요하지 않지만, 여기서는 모수 r을 확장[3] 할 수 있도록 절단된 버전을 선호합니다.

특수한 경우는 다음과 같습니다:

- $R = 1$: Poisson-geometric (Polya-Aeppli로도 불림)

---

3 이 선호는 정리 7.4와 모순되지 않습니다. $1 < r < 0$일 때도, 0에서의 확률을 변경한다고 해서 새로운 분포가 생성되지는 않습니다. 사실인 것은, 0에서의 어떠한 확률도 일반적인 $a,b,0$ 음의 이항 보조 분포로 이어지지 않는다는 점입니다.

- $r \to 0$: Poisson-logarithmic (negative binomial)
- $r=-0.5$: Poisson-inverse Gaussian

이 마지막 경우의 이름은 다른 경우와 일관되지 않습니다. 여기에서 inverse Gaussian 분포는 혼합 분포로 사용됩니다(7.3절 참조). 예제 15.16에서는 Poisson-inverse Gaussian 분포가 적합한 데이터 세트를 제공합니다.

12.6 최대 우도 추정에 대한 Exposure의 효과 The Effect of Exposure on Maximum Likelihood Estimation

7.4절에서는 위험 노출이 이산 분포에 미치는 영향을 논의합니다. 다수의 피보험자 그룹에서 집계 데이터를 얻은 경우에도 최대 우도 추정이 가능합니다. 다음 예제는 포아송 분포에서 이를 보여줍니다.

예제 12.9

표 12.8의 데이터를 사용하여 포아송 분포 모수에 대한 최대 우도 추정값을 구하십시오. 포아송 모수를 단일 위험 노출에 대해 λ라고 합시다.

만약 연도 k에 e_k Exposure가 있다면, 손실액 청구 건수는 모수가 λe_k인 포아송 분포를 따릅니다. 연도 k의 손실액 청구 건수를 n_k라고 하면, 우도 함수는 다음과 같습니다.

$$L = \prod_{k=1}^{6} \frac{e^{-\lambda e_k}(\lambda e_k)^{n_k}}{n_k!}$$

표 12.8 Automobile claims by year

Year	Number of Exposures	Number of Claims
1986	2,145	207
1987	2,452	227
1988	3,112	341
1989	3,458	335
1990	3,698	362
1991	3,872	359

최대 우도 추정값은 다음과 같이 구합니다:

$$l = \ln L = \sum_{k=1}^{6}[-\lambda e_k + n_k \ln(\lambda e_k) - \ln(n_k!)],$$

$$\frac{\partial l}{\partial \lambda} = \sum_{k=1}^{6}\left(-e_k + n_k \lambda^{-1}\right) = 0,$$

$$\hat{\lambda} = \frac{\sum_{k=1}^{6} n_k}{\sum_{k=1}^{6} e_k} = \frac{1,831}{18,737} = 0.09772.$$

□

이 예제에서 답은 예상한 대로, Exposure당 평균 손실액 청구 건수입니다. 이 기술은 $(a,b,0)$[4] 클래스와 복합 클래스에 속하는 모든 분포에도 적용할 수 있습니다. 그러나 모델을 해석할 때 주의가 필요합니다. 예를 들어, 음이항 분포를 사용하는 경우 각 위험 노출 위험량 단위가 음이항 분포에 따라 손실액 청구 건수를 생성한다고 가정합니다. 이는 각 개체가 서로 다른 모수를 가진 포아송 분포를 따르며, 총 손실액 청구 건수가 음이항 분포를 따르는 것과는 다른 가정입니다.

12.7 연습문제

12.1 이항 분포의 모수 m이 알려져 있다고 가정하고 q의 최대우도 추정량(mle)을 구하십시오.

(a) mle이 편향되지 않았음을 증명하십시오.

(b) mle의 분산을 구하십시오.

(c) 정리 11.4에 제시된 비대칭 분산이 (b)에서 구한 값과 동일함을 증명하십시오.

(d) 분산 항에서 q를 로 대체하여 10.3절의 식 (10.6)을 사용해 간단한 신뢰구간 공식을 구하십시오.

(e) 대체 없이 식 (10.5)을 사용하여 더 복잡한 신뢰구간 공식을 구하십시오.

12.2 식 (12.5)를 사용하여 기하 분포의 β에 대한 mle를 구하십시오. 또한, mle의 분산을 구하고, 정리 11.4에서 제시된 비대칭 분산과 일치함을 확인하십시오.

4 이항분포의 경우, m이 정수여야 한다는 일반적인 문제가 여전히 존재합니다.

12.3 10,000개의 위험 포트폴리오에서 표 12.9에 나와 있는 손실액 청구 건수를 생성했습니다.

(a) 포아송 모델의 λ에 대한 mle를 구하고 95% 신뢰구간을 구하십시오.

(b) 기하 모델의 β에 대한 mle를 구하고 95% 신뢰구간을 구하십시오.

(c) 음이항 모델의 r과 β에 대한 mle를 구하십시오.

(d) m = 4라고 가정했을 때 이항 모델의 q에 대한 mle를 구하십시오.

(e) 연습문제 12.1의 (d)와 (e)에서 개발한 방법을 사용해 q에 대한 95% 신뢰구간을 구성하십시오.

(f) 우도 프로파일을 작성하여 m과 q의 mle를 구하십시오.

표 12.9 The data for Exercise 12.3

Number of claims	Number of policies
0	9,048
1	905
2	45
3	2
4+	0

12.4 자동차 보험 계약은 과소 보험 및 무보험 운전자에 의한 사고에 대한 혜택을 제공합니다. 1,000개의 계약 데이터는 표 12.10에 나와 있습니다.

(a) 과소 보험 손실액 청구 건수 N_1과 무보험 손실액 청구 건수 N_2에 대한 포아송 모델의 λ에 대한 mle를 각각 구하십시오.

(b) N_1과 N_2가 독립적이라고 가정하십시오. 6.2절의 정리 6.1을 사용하여 $N = N_1 + N_2$에 대한 모델을 구하십시오.

표 12.10 The data for Exercise 12.4

Number of claims	Underinsured	Uninsured
0	901	947
1	92	50
2	5	2
3	1	1
4	1	0
5+	0	0

12.5 연습문제 12.4의 N에 대한 대안적인 방법으로, 1,000개의 계약 각각에 대해 과소 보험 및 무보험 손실액 청구 건수를 기록한다고 가정하십시오. 결과는 표 12.11에 나와 있습니다.

(a) 포아송 모델의 λ에 대한 mle를 구하십시오.

(b) (a)의 답이 이전 연습문제의 (c)와 일치함을 증명하십시오.

(c) 기하 모델의 β에 대한 mle를 구하십시오.

(d) 음이항 모델의 r과 β에 대한 mle를 구하십시오.

(e) m = 7이라고 가정했을 때 이항 모델의 q에 대한 mle를 구하십시오.

(f) 우도 프로파일을 작성하여 m과 q의 mle를 구하십시오.

표 12.11 The data for Exercise 12.5

Number of claims	Number of policies
0	861
1	121
2	13
3	3
4	1
5	0
6	1
7+	0

12.6 표 12.12의 데이터는 그룹 보험 계획의 노인 회원들에 대해 1년 동안 발행된 처방전 수를 나타냅니다.

(a) 포아송 모델의 λ에 대한 mle를 구하십시오.

(b) 기하 모델의 β에 대한 mle를 구하고 95% 신뢰구간을 구하십시오.

(c) 음이항 모델의 r과 β에 대한 mle를 구하십시오.

표 12.12 The data for Exercise 12.6

Number of prescriptions	Frequency	Number of prescriptions	Frequency
0	82	16-20	40
1-3	49	21-25	38

Number of prescriptions	Frequency	Number of prescriptions	Frequency
4-6	47	26-35	52
7-10	47	36-	91
11-15	57		

12.7 (*)3,000개의 계약 샘플에는 손실액 청구 건수가 없는 경우가 1,000건, 손실액 청구 건수가 1건인 경우가 1,200건, 손실액 청구 건수가 2건인 경우가 600건, 손실액 청구 건수가 3건인 경우가 200건 포함되어 있습니다. 포아송 모델의 평균에 대해 최대우도추정법과 정규 근사를 사용하여 90% 신뢰구간을 구하십시오.

12.8 (*)포아송 분포로부터 크기 10의 샘플이 다음 값을 포함합니다. 10, 2, 4, 0, 6, 2, 4, 5, 4, 2. 포아송 모수의 mle에 대한 변동계수를 추정하십시오.

12.9 다음 데이터를 고려하십시오. $\{n_1, n_2, \cdots\}$에서 n_k는 k와 같은 관측값의 수를 나타냅니다. 데이터가 0-절단 음이항 분포(zero-truncated negative binomial distribution)를 따른다고 가정합니다.

(a) r이 알려져 있다고 가정하십시오. 최대우도 추정량 $\hat{\beta}$가 모멘트 추정량과 동일함을 증명하십시오. 즉, β는 다음을 만족합니다.

$$\bar{x} = \frac{r\hat{\beta}}{1-(1+\hat{\beta})^{-r}}$$

여기서 $\bar{x} > 1$인 경우, $\hat{\beta} > 0$의 유일한 값이 이 식을 만족함을 참고하십시오. 또한, $\bar{x} \le 1$일 경우, 관측값이 모두 1임을 나타냅니다.

(b) $-1 < r < 0$이고 r이 유리수라고 가정하십시오. 즉, $r = -k/m$, 여기서 $k < m$이고 k와 m은 양의 정수입니다. 다음을 증명하십시오.

$$\sum_{j=0}^{k-1}(1+\hat{\beta})^{j/m} = \frac{(1+\hat{\beta})^{k/m}-1}{(1+\hat{\beta})^{1/m}-1}$$

따라서 $\hat{\beta}$는 다음 다항식 방정식을 만족합니다.

$$k\sum_{j=k}^{m-1}\left[(1+\hat{\beta})^{1/m}\right]^j - (m\bar{x}-k)\sum_{j=0}^{k-1}\left[(1+\hat{\beta})^{1/m}\right]^j = 0$$

(c) 다음 세 가지 명제를 각각 증명하십시오.

i. $r = -1/2$이면, $\hat{\beta} = 4\bar{x}(\bar{x} - 1)$

ii. $r = -1/3$이면, $\hat{\beta} = \left[\frac{\sqrt{3(4\bar{x}-1)}-1}{2}\right]^3 - 1$

iii. $r = -2/3$이면, $\hat{\beta} = \left[\frac{3\bar{x}-2+\sqrt{3(3\bar{x}-2)(\bar{x}+2)}}{4}\right]^3 - 1$

(d) $r > 0$이고 r이 유리수라고 가정하십시오. 즉, $r = k/m$, 여기서 k와 m은 양의 정수입니다. (b)에서와 같이 $\hat{\beta}$가 다음 다항식 방정식을 만족함을 증명하십시오.

$$k \sum_{j=k}^{m+k-1} \left[(1+\hat{\beta})^{1/m}\right]^j - m\bar{x} \sum_{j=0}^{k-1} \left[(1+\hat{\beta})^{1/m}\right]^j = 0$$

(e) 다음 세 가지 명제를 각각 증명하십시오.

i. $r = 1$이면, $\hat{\beta} = \bar{x} - 1$.

ii. $r = 1/2$이면, $\hat{\beta} = \left(\frac{\sqrt{8\bar{x}+1}-1}{2}\right)^2 - 1$.

iii. $r = 2$이면, $\hat{\beta} = \frac{\sqrt{\bar{x}(\bar{x}+8)}+\bar{x}-4}{4}$.

13 베이지안 추정 BAYESIAN ESTIMATION

이전에 다룬 추정에 관한 논의는 모두 빈도주의적 접근을 가정했습니다. 즉, 모집단 분포는 고정되어 있지만 알려져 있지 않으며, 우리의 결정은 모집단에서 얻은 표본뿐만 아니라 얻을 수 있었던 다른 표본에 관련된 가능성에 대해서도 고려해야 한다는 것입니다. 반면, 베이즈 접근법은 실제로 관찰된 데이터만이 관련이 있다고 가정하며, 모집단 분포는 변동 가능하다고 봅니다. 모수 추정을 위해, 다음 정의는 과정을 설명하며, 이후 베이즈 정리가 해법을 제공합니다.

13.1 정의와 베이즈 정리 Definitions and Bayes' Theorem

정의 13.1 *사전 분포(prior distribution)는 가능한 모수 값의 공간에 대한 확률 분포입니다. 이는 $\pi(\theta)$로 표시되며, 다양한 θ 값이 모수의 참값일 상대적 가능성에 대한 우리의 의견을 나타냅니다.*

이전과 마찬가지로 모수 θ는 스칼라 값일 수도 있고 벡터 값일 수도 있습니다. 사전 분포를 결정하는 것은 항상 베이즈 방법이 널리 받아들여지는 데 걸림돌 중 하나였습니다. 거의 확실히, 첫 번째 데이터 포인트를 관찰하기 전에 당신의 경험은 가능한 모수 값에 대해 어느 정도 통찰력을 제공했을 것입니다(만약 당신에게 그러한 의견이 없다면, 이 작업을 당신에게 할당한 사람의 지혜에 의문을 제기할 수도 있습니다). 문제는 이 지식을 확률 분포로 변환하는 것입니다.

사전 분포와 베이즈 분석의 기초에 대한 탁월한 논의는 Lindley [80]에서 찾을 수 있으며, 베이즈 방법과 빈도주의 방법 선택과 관련된 문제에 대한 논의는 Efron [33]을 참고하십시오. Klugman [72]의 책에는 베이즈 접근법에 대한 더 많은 세부 정보와 여러 보험계리 응용 사례가 포함되어 있습니다. 보험계리 문제에 베이즈 방법을 적용한 최근 논문에는 deAlba [26], Fellingham, Kottas, and Hartman [39], Meyers [88, 89], Mildenhall [90], Ntzoufras and Dellaportas [95], Scollnik [111], Verrall [125], 그리고 Wuthrich [133]이 포함됩니다. 보험계리와 관련된 일반적인 응용 사례는 Hartman [49] 및 Hartman, Richardson, and Bateman [50]에서 찾을 수 있습니다. 베이즈 방법의 철저한 수학적 처리는 Berger [14]의 교재가 좋은 자료입니다.

최근 몇 년 동안 베이즈 계산에서 많은 발전이 이루어졌습니다. 이에 대한 두 가지 훌륭한 리뷰는 Carlin and Louis [22]와 Gelman et al. [42]에 있습니다. 설득력 있는 사전 분포를 찾는 어려움(당신의 사전 의견이 타당하다는 것을 다른 사람들에게 설득해야 함)과 정말로 사전 의견이 없을 가능성 때문에, 사전 분포의 정의는 완화될 수 있습니다.

정의 13.2 *부적절한 사전 분포(improper prior distribution)는 확률(또는 확률 밀도 함수(pdf))이 음이 아닌 값을 가지지만, 이들의 합(또는 적분)이 무한대인 경우를 말합니다.*

많은 연구가 이른바 **비정보성(noninformative) 또는 모호한 사전 분포**를 결정하는 데 할애되었습니다. 이 분포의 목적은 최소한의 지식을 반영하는 것입니다. 모호한 사전 분포를 구성하는 최적의 방법에 대한 보편적인 합의는 없습니다. 그러나 척도 모수에 적합한 비정보성 사전 분포는 $\pi(\theta) = 1/\theta,\ \theta > 0$라는 데에는 동의합니다. 이는 부적절한 사전 분포라는 점에 유의하십시오.

베이즈 분석에서 모델 자체는 이전과 다르지 않습니다. 본 논의에서는 연속 분포뿐만 아니라 이산 및 혼합 분포를 나타내기 위해 확률 밀도 함수(pdf)를 사용합니다. 수식에서 적분은 필요에 따라 합으로 대체해야 합니다.

정의 13.3 *모델 분포(model distribution)는 특정 모수 값이 주어졌을 때 수집된 데이터에 대한 확률 분포를 말합니다. 이는 우도 함수(likelihood function)에 대한 정의(*정의 11.1*)와 일치합니다. 그러나 베이즈 개념에 따라 모델 pdf는 $f_{\mathbf{x}|\boldsymbol{\Theta}}(\mathbf{x}|\theta)$로 표기되며, 여기서 $\mathbf{x}$는 모든 데이터가 포함된다는 점을 상기시키기 위해 벡터 표기법을 사용합니다.*

따라서 최대우도추정(maximum likelihood estimation)과 마찬가지로, 주어진 상황에 대해 우도 함수를 작성할 수 있는 능력이 필요합니다. 절단되거나 검열된 데이터도 베이즈 방법으로 분석할 수 있습니다. 다변량 통계학의 개념을 사용하여 두 가지 추가 정의를 제시합니다.

정의 13.4 *결합 분포(joint distribution)는 다음과 같은 pdf를 가집니다.*

$$f_{\mathbf{X},\Theta}(\mathbf{x},\theta) = f_{\mathbf{X}|\Theta}(\mathbf{x}|\theta)\pi(\theta).$$

정의 13.5 *주변 분포(marginal distribution) x는 다음 pdf를 가집니다.*

$$f_{\mathbf{X}}(\mathbf{x}) = \int f_{\mathbf{X}|\Theta}(\mathbf{x}|\theta)\pi(\theta)\,d\theta.$$

모수가 여러 개 있는 경우, 이 식은 다중 적분이 됩니다. 이 정의를 섹션 5.2.4의 (5.2)에서 제시된 혼합 분포 정의와 비교하십시오. 마지막으로 관심 있는 두 가지는 사후 분포(posterior distribution)와 예측 분포(predictive distribution)입니다.

정의 13.6 *사후 분포(posterior distribution)는 관찰된 데이터를 기반으로 한 모수의 조건부 확률 분포입니다. 이는 $\pi_{\Theta|x}(\theta|x)$로 표기됩니다.*

정의 13.7 *예측 분포(predictive distribution)는 데이터 x가 주어졌을 때 새로운 관찰값 y의 조건부 확률 분포입니다. 이는 $f_{Y|x}(y|x)$[1]로 표기됩니다.*

이 두 가지는 베이즈 분석의 핵심 결과물입니다. 사후 분포는 데이터를 관찰한 후 모수에 대한 우리의 의견이 어떻게 변화했는지를 보여줍니다.

예측 분포는 데이터에 포함된 정보(그리고 암묵적으로 사전 의견)를 기반으로 다음 관찰값이 어떻게 나타날지를 알려줍니다. 베이즈 정리는 사후 분포를 계산하는 방법을 알려줍니다.

정리 13.8 *사후 분포(posterior distribution)는 다음과 같이 계산됩니다.*

$$\pi_{\Theta|\mathbf{X}}(\theta|\mathbf{x}) = \frac{f_{\mathbf{X}|\Theta}(\mathbf{x}|\theta)\pi(\theta)}{\int f_{\mathbf{X}|\Theta}(\mathbf{x}|\theta)\pi(\theta)\,d\theta} \tag{13.1}$$

예측 분포(predictive distribution)는 다음과 같이 계산됩니다.

$$f_{Y|\mathbf{X}}(y|\mathbf{x}) = \int f_{Y|\Theta}(y|\theta)\pi_{\Theta|\mathbf{X}}(\theta|\mathbf{x})\,d\theta, \tag{13.2}$$

---

1 이 섹션과 이후의 베이지안 논의에서, $f(\cdot)$는 관측값과 관련된 분포(모형 분포나 예측 분포 등)를 나타내는 데 사용하고, $\pi(\cdot)$는 매개변수와 관련된 분포(사전 분포나 사후 분포 등)를 나타내는 데 사용합니다. 논의의 맥락에서 사용되는 특정 분포는 보통 명확히 드러납니다. 이를 더욱 명확히 하기 위해, 우리는 난수 변수들을 추적할 수 있도록 아래첨자를 사용합니다.

여기서 $f_{Y|\Theta}(y|\theta)$는 모수 값이 주어졌을 때 새로운 관찰값의 pdf입니다.

예측 분포는 혼합 분포로 해석될 수 있으며, 이 경우 혼합은 사후 분포에 따라 이루어집니다. 예제 13.1은 위 정의와 결과를 설명합니다. 이 설정은 Meyers [87]에서 가져왔지만, 데이터는 다릅니다.

예제 13.1

다음 금액은 병원 책임 보험(hospital liability policy)에서 지급된 금액입니다.

125	132	141	107	133	319	126	104	145	223

단일 지급 금액은 $\theta = 100$ 및 α가 미지수인 단일 모수 파레토 분포를 따릅니다. 사전 분포는 $\alpha = 2$ 및 $\theta = 1$인 감마 분포를 따릅니다. 관련된 모든 베이즈 양을 구하십시오.

사전 분포는 감마 분포를 가지며, pdf는 다음과 같습니다.

$$\pi_A(\alpha) = \alpha e^{-\alpha}, \quad \alpha > 0$$

모델은 다음과 같이 정의됩니다(데이터 점에서 평가).

$$f_{\mathbf{X}|A}(\mathbf{x}|\alpha) = \frac{\alpha^{10}(100)^{10\alpha}}{\left(\prod_{j=1}^{10} x_j^{\alpha+1}\right)} = \alpha^{10} e^{-3.801121\alpha - 49.852823}$$

X와 A의 결합 확률 밀도 함수는 다음과 같습니다(데이터 점에서 평가).

$$f_{\mathbf{X},A}(\mathbf{x}, \alpha) = \alpha^{11} e^{-4.801121\alpha - 49.852823}$$

α의 사후 확률 밀도 함수는 다음과 같습니다.

$$\pi_{A|\mathbf{X}}(\alpha|\mathbf{x}) = \frac{\alpha^{11} e^{-4.801121\alpha - 49.852823}}{\int_0^\infty \alpha^{11} e^{-4.801121\alpha - 49.852823} d\alpha} = \frac{\alpha^{11} e^{-4.801121\alpha}}{(11!)(1/4.801121)^{12}} \tag{13.3}$$

분모에 있는 적분을 계산할 필요는 없습니다. 결과는 확률 분포가 되어야 하므로, 분모는 적절한 정규화 상수입니다. 분자를 보면 $\alpha = 12$와 $\theta = 1/4.801121$인 감마 분포임을 알 수 있습니다. 예측 분포는 다음과 같습니다.

$$
\begin{aligned}
f_{Y|\mathbf{X}}(y|\mathbf{x}) &= \int_0^\infty \frac{\alpha 100^\alpha}{y^{\alpha+1}} \frac{\alpha^{11} e^{-4.801121\alpha}}{(11!)(1/4.801121)^{12}} d\alpha \\
&= \frac{1}{y(11!)(1/4.801121)^{12}} \int_0^\infty \alpha^{12} e^{-(0.195951+\ln y)\alpha} d\alpha \\
&= \frac{1}{y(11!)(1/4.801121)^{12}} \frac{(12!)}{(0.195951+\ln y)^{13}} \\
&= \frac{12(4.801121)^{12}}{y(0.195951+\ln y)^{13}}, \quad y > 100.
\end{aligned} \tag{13.4}
$$

이 확률 밀도 함수가 익숙하지 않을 수 있지만, 연습 문제 13.1에서 $\ln Y - \ln 100$이 파레토 분포를 따른다는 것을 보여야 합니다. □

예제 13.2

(*예제 13.1 계속*) 데이터가 200에서 검열(censored)되었다고 가정하고 예제를 반복합니다. 모델은 다음과 같이 정의됩니다(데이터 점에서 평가).

$$
f_{\mathbf{X}|A}(\mathbf{x}|\alpha) = \frac{\alpha^8 (100)^{8\alpha}}{\left(\prod_{x_j<200} x_j^{\alpha+1}\right)} \left(\frac{100}{200}\right)^{2\alpha} = \alpha^8 e^{-3.225393\alpha - 38.680460}
$$

x와 A의 결합 확률 밀도 함수는 다음과 같습니다(데이터 점에서 평가)

$$
f_{\mathbf{X},A}(\mathbf{x},\alpha) = \alpha^9 e^{-4.225393\alpha - 38.680460}
$$

α의 사후 분포는 다음과 같습니다:

$$
\pi_{A|\mathbf{X}}(\alpha|\mathbf{x}) = \frac{\alpha^9 e^{-4.225393\alpha - 38.680460}}{\int_0^\infty \alpha^9 e^{-4.225393\alpha - 38.680460} d\alpha} = \frac{\alpha^9 e^{-4.225393\alpha}}{(9!)(1/4.225393)^{10}}
$$

분모에 있는 적분을 계산할 필요는 없습니다. 결과는 확률 분포가 되어야 하므로, 분모는 적절한 정규화 상수입니다. 분자를 보면 $\alpha = 10$과 $\theta = 1/4.225393$인 감마 분포임을 알 수 있습니다.

예측 분포는 다음과 같습니다.

The predictive distribution is $f_{Y|\mathbf{X}}(y|\mathbf{x}) = \dfrac{10(4.225393)^{11}}{y(-0.379777+\ln y)^{11}}, \quad y > 100.$

□

13.2 추론 및 예측 Inference and Prediction

어떤 의미에서는 분석이 완료되었습니다. 모수나 다음 관측값에 대한 지식을 양적으로 나타내는 분포로 시작해서 수정된 분포로 끝났습니다. 하지만 상사가 요청에 대해 분포를 제시하면 만족하지 않을 가능성이 높습니다. 아마도 구체적인 수치, 아마도 오차 범위를 포함한 결과를 원할 것입니다. 일반적인 베이즈 접근법은 손실 함수를 제시하는 것입니다.

정의 13.9 *손실 함수 $l_j(\hat{\theta}_j, \theta_j)$는 조사자가 $\hat{\theta}$를 추정치로 사용했을 때, $\hat{\theta}_j$가 j번째 모수의 참값인 경우 지불해야 하는 벌칙을 나타냅니다.*

다양한 모수 추정치의 오차에 따라 동시에 손실이 결정되는 다차원 손실 함수 $l(\hat{\theta}, \theta)$를 정의할 수도 있습니다.

정의 13.10 *주어진 손실 함수에 대한 **베이즈 추정치**는 해당 모수의 사후 분포를 기반으로 기대 손실을 최소화하는 추정치입니다.*

다음 세 가지 손실 함수가 가장 자주 사용됩니다.

정의 13.11 *제곱오차 손실(squared-error loss)에 대하여 손실 함수는(모든 하위 표기는 편의상 생략) $l(\hat{\theta}, \theta) = (\hat{\theta} - \theta)^2$이고 절대 손실(absolute loss)은 $l(\hat{\theta}, \theta) = |\hat{\theta} - \theta|$입니다. 0-1 손실(zero-one loss)에 대해서는, 만약 $\hat{\theta} = \theta$이면 $l(\hat{\theta}, \theta) = 0$이고 그렇지 않으면 1입니다.*

다음 정리는 이 세 가지 일반적인 손실 함수에 대한 베이즈 추정치를 나타냅니다.

정리 13.12 *제곱오차 손실의 경우, 베이즈 추정치는 사후 분포의 평균입니다.*

절대 손실의 경우, 베이즈 추정치는 중앙값입니다.

0-1 손실의 경우, 베이즈 추정치는 최빈값입니다.

사후 평균이 존재하지 않거나, 사후 중앙값 또는 최빈값이 유일하지 않을 가능성도 있습니다. 또한, 부적절한 사전 분포 $\pi(\theta) = 1$을 사용하고 추정치가 사후 최빈값이라면, 추정치는 최대우도 추정치와 일치할 것입니다. 별도로 명시되지 않은 경우, 베이즈 추정치라는 용어는 사후 평균을 나타냅니다.

예제 13.3

(*예제 13.1 및 13.2 계속*) 두 예제에서 α의 세 가지 베이즈 추정치를 구하십시오.

예제 13.1의 경우, 사후 감마 분포의 평균은 $\alpha\theta$ = 12/4.801121=2.499416입니다. 중앙값은 2.4303422.4303422.430342로, 수치적으로 계산해야 합니다. 최빈값은 $(\alpha - 1)/\theta$ = 11/4.801121 = 2.291132입니다. 이때 사용된 α는 사후 감마 분포의 모수며, 추정하려는 단일 모수 파레토 분포의 α가 아닙니다. 예제 13.2의 경우, 해당 값은 각각 10/4.225393 = 2.366644, 2.2882572, 그리고 9/4.225393 =2.129979입니다. □

예측 목적으로, 예측 분포의 기댓값은 종종 관심의 대상이 됩니다. 이는 첫 n개의 관측값과 사전 분포를 기반으로 n+1번째 관측값의 점 추정치를 제공하는 것으로 생각할 수 있습니다. 이는 다음과 같습니다.

$$\begin{aligned}
\mathrm{E}(Y|\mathbf{x}) &= \int y f_{Y|\mathbf{X}}(y|\mathbf{x})\,dy \\
&= \int y \int f_{Y|\Theta}(y|\theta)\pi_{\Theta|\mathbf{X}}(\theta|\mathbf{x})\,d\theta dy \\
&= \int \pi_{\Theta|\mathbf{X}}(\theta|\mathbf{x}) \int y f_{Y|\Theta}(y|\theta)\,dy\,d\theta \\
&= \int \mathrm{E}(Y|\theta)\pi_{\Theta|\mathbf{X}}(\theta|\mathbf{x})\,d\theta. \qquad (13.5)
\end{aligned}$$

식 (13.5)는 사후 분포를 가중치로 사용한 가중 평균으로 해석될 수 있습니다.

예제 13.4

(*예제 13.1 계속*) 처음 10개의 관측값을 기반으로 11번째 관측값의 기댓값을 구하십시오.

단일 모수 파레토 분포에서 $\mathrm{E}(Y|\alpha) = 100\alpha/(\alpha-1)$이고, $\alpha > 1$이어야 합니다. 하지만 사후 분포가 $\alpha \leq 1$인 값에도 양의 확률을 할당하므로, 예측 분포의 기댓값은 정의되지 않습니다. □

베이즈 접근에서 신뢰구간에 해당하는 개념은 쉽게 구성할 수 있습니다. 다음 정의로 충분합니다.

정의 13.13 *$a < b$는 θ_j에 대해 다음 조건을 만족할 때 100(1−α)% 신뢰구간(credibility interval)을 정의합니다.*

$$\Pr(a \le \Theta_j \le b \mid \mathbf{x}) \ge 1 - \alpha.$$

여기서 "신뢰(credibility)"라는 용어는 16장에서 다룰 보험계리 분석에서의 사용과는 관련이 없습니다. 이 부등식은 θ_j의 사후 분포가 이산적인 경우에 적용됩니다. 이 경우 확률이 정확히 $1 - \alpha$가 되는 것이 불가능할 수 있습니다. 이 정의는 고유한 해를 제공하지 않습니다. 다음 정리는 고유한 구간을 생성하는 한 가지 방법을 제시합니다.

정리 13.14 *사후 확률 변수 $\theta_j|\mathbf{X}$가 연속적이고 단봉형(unimodal)일 경우, 가장 폭이 좁은 $b - a$의 $100(1 - \alpha)\%$ 신뢰구간은 다음 조건을 만족하는 유일한 해입니다.*

$$\int_a^b \pi_{\Theta_j|\mathbf{X}}(\theta_j|\mathbf{x})\, d\theta_j = 1 - \alpha,$$
$$\pi_{\Theta|\mathbf{X}}(a|\mathbf{x}) = \pi_{\Theta|\mathbf{X}}(b|\mathbf{x}).$$

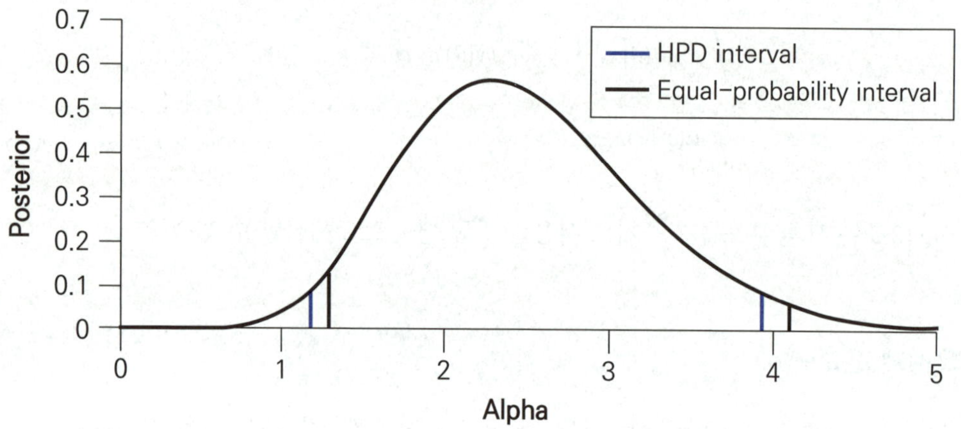

그림 13.1 Two Bayesian credibility intervals

이 구간은 최고 사후 밀도(Highest Posterior Density, HPD) 신뢰 집합의 특수한 경우입니다. 다음 예는 정리를 명확히 하는 데 도움을 줄 수 있습니다.

예제 13.5

(*예제 13.1 계속*) 모수 α에 대한 가장 짧은 95% 신뢰구간(credibility interval)을 구하십시오. 또한 양끝에 각각 2.5% 확률을 두는 구간을 구하십시오.
정리 13.14에 따라 두 가지 방정식은 다음과 같습니다.

$$\Pr(a \le A \le b \mid \mathbf{x}) = \Gamma(12; 4.801121b) - \Gamma(12; 4.801121a) = 0.95,$$
$$a^{11}e^{-4.801121a} = b^{11}e^{-4.801121b}.$$

수치적 방법을 사용하여 a = 1.1832 및 b = 3.9384라는 해를 찾을 수 있습니다. 이 구간의 폭은 2.75522입니다.
양끝에 각각 2.5% 확률을 두면 두 가지 방정식은 다음과 같습니다.

$$\Gamma(12; 4.801121b) = 0.975 \quad \text{and} \quad \Gamma(12; 4.801121b) = 0.975$$

이 해법은 불완전 감마 함수의 역함수(inverse)를 사용하거나 불완전 감마 함수를 이용한 근 찾기(root-finding) 기법을 필요로 합니다. 해는 a = 1.2915, b = 4.0995이며, 폭은 2.8080으로 첫 번째 구간보다 넓습니다. 그림 13.1은 두 구간의 차이를 보여줍니다. 파란색 세로 막대는 HPD 구간을 나타냅니다. 이 막대의 왼쪽과 오른쪽 전체 면적은 0.05입니다. 다른 95% 구간도 이 확률을 가져야 합니다. 양쪽에 각각 0.025 확률을 두려면, 두 막대를 오른쪽으로 이동해야 합니다. 왼쪽 끝에 추가된 확률을 오른쪽 끝에서 동일하게 빼려면, 사후 밀도가 오른쪽 구간에서 낮기 때문에 오른쪽 경계를 더 멀리 이동해야 합니다. 이러한 조정으로 인해 구간이 더 넓어질 수밖에 없습니다. □

다음 정의는 모든 사후 분포에 대해 동일한 결과를 제공합니다.

정의 13.15 *어떤 사후 분포에 대해서도 100(1 − α)% HPD 신뢰 집합은 모수값의 집합 C로 정의되며,*

$$\Pr(\theta_j \in C) \ge 1 - \alpha \tag{13.6}$$

$$C = \{\theta_j : \pi_{\Theta\,|\mathbf{X}}(\theta_j|\mathbf{x}) \ge c\} \textit{ for some } c,$$

여기서 c는 (13.6) 부등식이 성립하는 최댓값입니다.

이 집합은 여러 구간의 합집합일 수 있으며(사후 분포가 다봉형인 경우 발생 가능), 필요한 사후 확률을 가지는 최소 폭의 집합을 생성합니다. 이 집합을 구성하려면 c의 높은 값에서 시작해

점차 줄입니다. c가 감소함에 따라 C는 커지고 확률도 증가합니다. 이 과정을 통해 확률이 1 − α에 도달할 때까지 진행합니다. 이 정의는 모수 벡터 θ에 대해 동시에 신뢰 구역(credibility region)을 구성하는 것으로 확장될 수 있습니다.

사후 확률 계산이 어려운 경우, 사후 모멘트 계산이 쉬울 수 있습니다. 이 경우 베이즈 중심 극한 정리(Bayesian central limit theorem)를 사용할 수 있습니다. 다음 정리는 Berger [14, p. 224]에서 요약된 것입니다.

정리 13.16 *만약 $\pi(\theta)$와 $f_{\mathbf{X}|\Theta}(\mathbf{X}|\theta)$가 θ의 요소에 대해 두 번 미분 가능하고, 다른 일반적인 가정이 충족된다면, $\mathbf{X}=\mathbf{x}$일 때 $\mathbf{\Theta}$의 사후 분포는 점근적으로 정규 분포를 따릅니다.*

"일반적으로 충족되는 가정"은 정리 11.4에서 언급된 가정과 유사합니다. 해당 정리와 마찬가지로, 추가적인 근사가 가능합니다. 특히, 사후 평균 대신 사후 최빈값을 사용하거나, 사후 밀도의 음의 로그에 대한 이차 편미분 행렬의 역을 이용하여 사후 공분산 행렬을 추정할 경우에도 점근적으로 정규 분포가 성립합니다.

예제 13.6

(*예제 13.1 계속*) 베이즈 중심 극한 정리를 사용하여 α에 대한 95% 신뢰 구간을 구성하십시오.

사후 분포의 평균은 2.4994162.4994162.499416, 분산은 $\alpha\theta^2$ = 0.520590입니다. 정규 근사를 사용하면 신뢰 구간은

$$2.499416 \pm 1.96(0.520590)^{1/2}$$

즉, a = 1.0852, b = 3.9136을 생성합니다. 정규 분포의 대칭성 때문에 이 구간은 HPD입니다.사후 최빈값은 2.291132이며(예제 13.3 참고), 사후 밀도의 음의 로그에 대한 두 번째 미분은

$$-\frac{d^2}{d\alpha^2}\ln\left[\frac{\alpha^{11}e^{-4.801121\alpha}}{(11!)(1/4.801121)^{12}}\right]=\frac{11}{\alpha^2}.$$

분산 추정치는 이 값의 역수입니다. α의 최빈값에서 평가하면 0.477208으로, 신뢰 구간은

$$2.29113 \pm 1.96(0.477208)^{1/2}$$

즉, a = 0.9372, b = 3.6451을 생성합니다. □

예측 분포에도 동일한 개념을 적용할 수 있습니다. 그러나 예측 표본이 하나뿐인 경우, 베이즈 중심 극한 정리는 도움이 되지 않습니다. 다만, 초기 표본 크기가

충분히 클 경우, 식 (13.2)에서 참 사후 분포를 다변량 정규 분포로 대체할 수 있습니다.

예제 13.7

(예제 13.1 계속) 다음 관측값에 대해 95% 최고 밀도 예측 구간(Highest Density Prediction Interval)을 구성하십시오.

예측 밀도 함수(식 13.4)가 엄격히 감소함을 쉽게 알 수 있습니다. 따라서 최고 밀도를 가지는 구간은 a = 100에서 b까지입니다. b의 값은 다음 조건에서 결정됩니다.

$$\begin{aligned}0.95 &= \int_{100}^{b} \frac{12(4.801121)^{12}}{y(0.195951+\ln y)^{13}}\,dy \\ &= \int_{0}^{\ln(b/100)} \frac{12(4.801121)^{12}}{(4.801121+x)^{13}}\,dx \\ &= 1-\left[\frac{4.801121}{4.801121+\ln(b/100)}\right]^{12}\end{aligned}$$

이 방정식을 풀면 b = 390.1840이 됩니다. 예측 분포의 최빈값이 100임을 주목할 만합니다(확률 밀도 함수가 엄격히 감소하기 때문). 그러나 평균은 무한합니다(이는 $b = \infty$일 때 적분에 추가된 y가 변환 후 적분항이 $e^x x^{-13}$과 같아지고, x가 무한대로 갈 때 무한대로 발산하기 때문입니다). □

다음 예제는 6.3절에서 수행된 계산을 다시 살펴봅니다. 해당 절에서는 음이항 분포(negative binomial distribution)가 포아송 변수의 감마 혼합(gamma mixture)으로 도출되었습니다. 예제 13.8은 동일한 계산이 베이즈 문맥에서도 어떻게 나타나는지를 보여줍니다.

예제 13.8

1년 동안 주어진 보험에서 발생한 손실액 청구 건수는 포아송 분포를 따르는 것으로 알려져 있습니다. 모수는 알려져 있지 않지만, 사전 분포가 모수 α와 θ를 가지는 감마 분포라고 가정합니다. 지난 1년 동안 손실액 청구 건수가 x건이었다고 가정합니다. 베이즈 방법을 사용하여 다음 해의 손실액 청구 건수를 추정하십시오. 그런 다음, 과거 n년간의 손실액 청구 건수 $x_1, \cdots, x_n$를 고려하여 동일한 계산을 반복하십시오.

핵심 분포는 다음과 같습니다($x = 0,1,\cdots,;\lambda,\alpha,\theta > 0$):

$$\begin{aligned}
\text{Prior:} \quad & \pi(\lambda) &&= \frac{\lambda^{\alpha-1}e^{-\lambda/\theta}}{\Gamma(\alpha)\theta^{\alpha}}. \\
\text{Model:} \quad & p(x|\lambda) &&= \frac{\lambda^{x}e^{-\lambda}}{x!}. \\
\text{Joint:} \quad & p(x,\lambda) &&= \frac{\lambda^{x+\alpha-1}e^{-(1+1/\theta)\lambda}}{x!\Gamma(\alpha)\theta^{\alpha}}. \\
\text{Marginal:} \quad & p(x) &&= \int_0^{\infty} \frac{\lambda^{x+\alpha-1}e^{-(1+1/\theta)\lambda}}{x!\Gamma(\alpha)\theta^{\alpha}}\, d\lambda \\
& &&= \frac{\Gamma(x+\alpha)}{x!\Gamma(\alpha)\theta^{\alpha}(1+1/\theta)^{x+\alpha}} \\
& &&= \binom{x+\alpha-1}{x}\left(\frac{1}{1+\theta}\right)^{\alpha}\left(\frac{\theta}{1+\theta}\right)^{x} \\
\text{Posterior:} \quad & \pi(\lambda|x) &&= \frac{\lambda^{x+\alpha-1}e^{-(1+1/\theta)\lambda}}{x!\Gamma(\alpha)\theta^{\alpha}} \Bigg/ \frac{\Gamma(x+\alpha)}{x!\Gamma(\alpha)\theta^{\alpha}(1+1/\theta)^{x+\alpha}} \\
& &&= \frac{\lambda^{x+\alpha-1}e^{-(1+1/\theta)\lambda}(1+1/\theta)^{x+\alpha}}{\Gamma(x+\alpha)}.
\end{aligned}$$

주변 분포는 $r = \alpha$, $\beta = \theta$인 음이항 분포(negative binomial distribution)를 따릅니다. 사후 분포는 $x + \alpha$ 인 모양 모수 "α "와 $(1+1/\theta)^{-1} = \theta/(1+\theta)$인 크기 모수 "$\theta$"를 갖는 감마 분포를 따릅니다. 베이즈 추정치는 포아송 모수의 사후 평균으로,

$$(x+\alpha)\theta/(1+\theta)$$

예측 분포는 다음과 같이 주어집니다(식 13.2).

$$\begin{aligned}
p(y|x) &= \int_0^{\infty} \frac{\lambda^{y}e^{-\lambda}}{y!} \frac{\lambda^{x+\alpha-1}e^{-(1+1/\theta)\lambda}(1+1/\theta)^{x+\alpha}}{\Gamma(x+\alpha)}\, d\lambda \\
&= \frac{(1+1/\theta)^{x+\alpha}}{y!\Gamma(x+\alpha)} \int_0^{\infty} \lambda^{y+x+\alpha-1}e^{-(2+1/\theta)\lambda}\, d\lambda \\
&= \frac{(1+1/\theta)^{x+\alpha}\Gamma(y+x+\alpha)}{y!\Gamma(x+\alpha)(2+1/\theta)^{y+x+\alpha}}, \quad y = 0, 1, \ldots ,
\end{aligned}$$

계산하면 음이항 분포를 따릅니다. 여기서 $r = x + \alpha$, $\beta = \theta/(1 + \theta)$입니다. 다음 해의 기대 손실액 청구 건수는 $(x + \alpha)\theta/(1 + \theta)$입니다. 대체적으로 (13.5)에서

$$\mathrm{E}(Y|x) = \int_0^\infty \lambda \frac{\lambda^{x+\alpha-1} e^{-(1+1/\theta)\lambda}(1+1/\theta)^{x+\alpha}}{\Gamma(x+\alpha)} d\lambda = \frac{(x+\alpha)\theta}{1+\theta}$$

표본 크기가 n인 경우, 모델 분포는 다음과 같이 바뀝니다.

$$p(\mathbf{x}|\lambda) = \frac{\lambda^{x_1+\cdots+x_n} e^{-n\lambda}}{x_1! \cdots x_n!}$$

동일한 과정을 따르면 사후 분포는 여전히 감마 분포를 따릅니다.

이제 모수는 $x_1 + \cdots + x_n + \alpha = n\bar{x} + \alpha$와 $\theta/(1+n\theta)$입니다. 예측 분포는 음이항 분포를 따르며, $r = n\bar{x} + \alpha, \beta = \theta/(1+n\theta)$입니다. □

예측 분포에서 모먼트만 필요할 경우, 이중 기댓값 공식은 매우 유용합니다. 확률 변수 X와 Y에 대해 모먼트가 존재한다고 가정하면

$$\mathrm{E}(Y) = \mathrm{E}[\mathrm{E}(Y|X)], \tag{13.7}$$

$$\mathrm{Var}(Y) = \mathrm{E}[\mathrm{Var}(Y|X)] + \mathrm{Var}[\mathrm{E}(Y|X)]. \tag{13.8}$$

예측 분포의 경우

$$\begin{aligned}
\mathrm{E}(Y|\mathbf{x}) &= \mathrm{E}_{\Theta|\mathbf{x}}[\mathrm{E}(Y|\Theta, \mathbf{x})] \\
&= \mathrm{E}_{\Theta|\mathbf{x}}[\mathrm{E}(Y|\Theta)] \\
\mathrm{Var}(Y|\mathbf{x}) &= \mathrm{E}_{\Theta|\mathbf{x}}[\mathrm{Var}(Y|\Theta, \mathbf{x})] + \mathrm{Var}_{\Theta|\mathbf{x}}[\mathrm{E}(Y|\Theta, \mathbf{x})] \\
&= \mathrm{E}_{\Theta|\mathbf{x}}[\mathrm{Var}(Y|\Theta)] + \mathrm{Var}_{\Theta|\mathbf{x}}[\mathrm{E}(Y|\Theta)].
\end{aligned}$$

내부 기댓값과 분산의 단순화는 $\boldsymbol{\Theta}$가 알려져 있다면, x의 값이 Y의 분포에 대해 추가적인 정보를 제공하지 않는다는 사실에서 기인합니다.

이는 (13.5)의 단순한 다른 표현입니다.

예제 13.9

이 공식을 적용하여 예제 13.8의 예측 평균과 분산을 구하십시오. 그런 다음 16장과 17장의 신뢰 공식(credibility formulas)을 예견하십시오.

예측 평균은 $\mathrm{E}(Y|\lambda) = \lambda$를 사용합니다. 따라서,

$$\mathrm{E}(Y|\mathbf{x}) = \mathrm{E}(\lambda|\mathbf{x}) = \frac{(n\bar{x}+\alpha)\theta}{1+n\theta}$$

예측 분산은 $\mathrm{Var}(Y|\lambda) = \lambda$를 사용하며,

$$\begin{aligned}\mathrm{Var}(Y|\mathbf{x}) &= \mathrm{E}(\lambda|\mathbf{x}) + \mathrm{Var}(\lambda|\mathbf{x}) \\ &= \frac{(n\bar{x}+\alpha)\theta}{1+n\theta} + \frac{(n\bar{x}+\alpha)\theta^2}{(1+n\theta)^2} \\ &= (n\bar{x}+\alpha)\frac{\theta}{1+n\theta}\left(1+\frac{\theta}{1+n\theta}\right)\end{aligned}$$

이는 y에 대한 알려진 음이항 분포의 평균 및 분산과 일치합니다. 그러나 이러한 값들은 모델(포아송) 및 사후(감마) 분포의 모먼트로부터 얻어진 것입니다.

예측 평균 $\mathrm{E}(Y|x)$는 다음과 같이 작성할 수 있습니다.

$$\frac{n\theta}{1+n\theta}\bar{x} + \frac{1}{1+n\theta}\alpha\theta,$$

이는 데이터의 평균과 사전 분포의 평균의 가중 평균입니다. 표본 크기가 증가함에 따라, 데이터에 더 많은 가중치가 주어지고 사전 의견에는 덜 주어진다는 점을 주목하십시오.

사전 분포의 분산은 θ를 크게 함으로써 증가시킬 수 있습니다. 이와 같이 데이터에 부여되는 가중치도 증가합니다. 16장에서 다룰 신뢰 공식은 일반적으로 데이터에서의 추정치와 사전 의견의 가중 평균으로 구성됩니다. □

13.2.1 연습 문제

13.1 만약 Y가 예제 13.1의 예측 분포(predictive distribution)라면, $\ln Y - \ln 100$이 파레토 분포를 가진다는 것을 증명하십시오.

13.2 예제 13.1에서 사전 분포(prior distribution)가 임의의 감마 분포라고 가정했을 때, α의 사후 분포(posterior distribution)를 구하십시오. 혼동을 피하기 위해 이 감마 분포의 첫 번째 모수를 γ로 표기하십시오. 그 후, 특정 감마 모수 조합을 결정하여 $x_1,\cdots,x_n$의 값에 관계없이 사후 평균이 α의 최대우도 추정량(maximum likelihood estimate, MLE)과 동일하도록 만드십시오. 이 사전 분포가 부적절(improper)한 것인지 확인하십시오.

13.3 $x_1,\cdots,x_n$이 평균 μ와 분산 σ를 가지는 로그정규분포로부터 추출된 랜덤 표본이라고 가정합니다. 사전 밀도는 $\pi(\mu,\sigma) = \sigma^{-1}$입니다.

(a) μ와 σ의 사후 확률 밀도 함수(posterior pdf)를 상수 비례식으로 표현하십시오.

(b) 사후 모드(posterior mode)를 사용하여 μ와 σ의 베이지안 추정량(Bayesian estimators)을 구하십시오.

(c) (b)에서 결정된 사후 모드에서 σ를 고정한 후, μ의 정확한 (조건부) 확률 밀도를 구하시오. 이를 사용하여 μ에 대한 95% HPD 신뢰구간(credibility interval)을 구하십시오.

13.4 크기 100의 랜덤 표본이 평균 $\alpha = 2$, 분산 θ의 감마 분포로부터 추출되었습니다. 이 표본에서 $\sum_{j=1}^{100} x_j = 30{,}000$입니다. θ의 사전 분포는 역감마 분포(inverse gamma)이며, β는 α, λ는 θ의 역할을 합니다.

(a) θ의 정확한 사후 분포를 구하시오. 이때 β와 λ의 값은 아직 지정되지 않았습니다.

(b) 모집단 평균은 2θ입니다. 먼저 $\beta = \lambda = 0$(즉, $\pi(\theta) = \theta-1$)일 때, 그리고 $\beta = 2$, $\lambda = 250$(사전 평균이 250)일 때, 2θ의 사후 평균을 구하십시오. 그런 다음, 각각의 경우에 대해 2.5% 확률이 양쪽에 있는 95% 신뢰구간을 구하십시오.

(c) 2θ의 사후 분산을 구하고 베이지안 중심극한정리(Bayesian central limit theorem)를 사용하여 (b)에서 주어진 두 사전 분포에 대해 각각 95% 신뢰구간을 구성하십시오.

(d) θ의 최대우도 추정량(MLE)을 구하고, 추정된 분산을 사용하여 2θ에 대한 95% 신뢰구간을 구하십시오.

13.5 만약 $\mathbf{\Theta} = \theta$가 주어졌을 때, 확률 변수 $X_1, \cdots, X_n$이 서로 독립적이며 이항 분포를 따른다고 가정합니다. 확률질량함수는 다음과 같습니다.

$$f_{X_j|\Theta}(x_j|\theta) = \binom{K_j}{x_j}\theta^{x_j}(1-\theta)^{K_j-x_j}, \quad x_j = 0, 1, \ldots, K_j$$

그리고 $\mathbf{\Theta}$는 모수 a와 b를 가지는 베타 분포를 따릅니다. 확률밀도함수는 다음과 같습니다.

$$\pi(\theta) = \frac{\Gamma(a+b)}{\Gamma(a)\Gamma(b)}\theta^{a-1}(1-\theta)^{b-1}, \quad 0 < \theta < 1.$$

(a) X_j의 주변 확률질량함수(marginal pmf)가 다음을 만족함을 증명하십시오.

$$f_{X_j}(x_j) = \frac{\binom{-a}{x_j}\binom{-b}{K_j - x_j}}{\binom{-a-b}{K_j}}, \quad x_j = 0, 1, \ldots, K_j,$$

그리고 $(X_j) = aK_j/(a + b)$로서, 이 분포는 이항-베타(binomial-beta) 또는 음수 초기하 분포(negative hypergeometric distribution)라고 불립니다.

(b) 사후 확률밀도함수 $\pi_{\Theta|X}(\theta|\mathrm{x})$와 사후 평균 $\mathrm{E}[\boldsymbol{\Theta}|x]$을 구하십시오.

13.6 주어진 $\boldsymbol{\Theta} = \theta$일 때, 확률 변수 $X_1,\cdots,X_n$은 독립적이고 동일하게 지수 분포를 따르며, 확률 밀도 함수는 다음과 같습니다.

$$f_{X_j|\Theta}(x_j|\theta) = \theta e^{-\theta x_j}, \quad x_j > 0,$$

$\boldsymbol{\Theta}$는 모수 $\alpha > 1, \beta > 0$를 가지는 감마 분포를 따릅니다.

$$\pi(\theta) = \frac{\theta^{\alpha-1}e^{-\theta/\beta}}{\Gamma(\alpha)\beta^{\alpha}}, \quad \theta > 0.$$

(a) X_j의 주변 확률 밀도 함수가 다음과 같음을 증명하십시오.

$$f_{X_j}(x_j) = \alpha\beta^{-\alpha}(\beta^{-1} + x_j)^{-\alpha-1}, \quad x_j > 0,$$

그리고

$$\mathrm{E}(X_j) = \frac{1}{\beta(\alpha-1)}.$$

이 분포는 파레토 분포의 한 형태입니다.

(b) 사후 확률 밀도 함수 $\pi_{\Theta|x}(\theta|x)$와 사후 평균 $\mathrm{E}[\boldsymbol{\Theta}|x]$을 구하십시오.

13.7 주어진 $\boldsymbol{\Theta} = \theta$일 때, 확률 변수 $X_1,\cdots, X_n$은 독립적이고 동일하게 음이항 분포를 따르며, 모수 r, θ를 가지며 확률 질량 함수는 다음과 같습니다.

$$f_{X_j|\Theta}(x_j|\theta) = \binom{r + x_j - 1}{x_j}\theta^r(1-\theta)^{x_j}, \quad x_j = 0, 1, 2, \ldots ,$$

$\boldsymbol{\Theta}$는 모수 a, b를 가지는 베타 분포를 따릅니다.

$$\pi(\theta) = \frac{\Gamma(a+b)}{\Gamma(a)\Gamma(b)}\theta^{a-1}(1-\theta)^{b-1}, \ \ 0 < \theta < 1.$$

(a) X_j의 주변 확률 질량 함수가 다음과 같음을 증명하십시오.

$$f_{X_j}(x_j) = \frac{\Gamma(r+x_j)}{\Gamma(r)x_j!}\frac{\Gamma(a+b)}{\Gamma(a)\Gamma(b)}\frac{\Gamma(a+r)\Gamma(b+x_j)}{\Gamma(a+r+b+x_j)}, \ \ x_j = 0, 1, 2, \ldots ,$$

그리고

$$\mathrm{E}(X_j) = \frac{rb}{a-1}$$

이 분포는 일반화된 와링(Waring) 분포라 불립니다. b = 1인 경우 와링(Waring) 분포가 되며, r = 1, b = 1인 경우 율(Yule) 분포가 됩니다.

(b) 사후 확률 밀도 함수 $f_{\Theta|x}(\theta|x)$와 사후 평균 $\mathrm{E}[\Theta|x]$을 구하십시오.

13.8 주어진 $\Theta = \theta$일 때, 확률 변수 $X_1,\cdots,X_n$은 독립적이고 동일하게 평균 μ, 분산 θ^{-1}를 가지는 정규 분포를 따릅니다. 또한, Θ는 모수 α, $1/\beta$를 가지는 감마 분포를 따릅니다.

(a) X_j의 주변 확률 밀도 함수가 다음과 같음을 증명하십시오.

$$f_{X_j}(x_j) = \frac{\Gamma(\alpha+\frac{1}{2})}{\sqrt{2\pi\beta}\,\Gamma(\alpha)}\left[1+\frac{1}{2\beta}(x_j-\mu)^2\right]^{-\alpha-1/2}, \quad -\infty < x_j < \infty,$$

이 분포는 t-분포의 한 형태입니다.

(b) 사후 확률 밀도 함수 $f_{\Theta|x}(\theta|\mathrm{x})$와 사후 평균 $\mathrm{E}[\theta\,|\mathrm{x}]$을 구하십시오.

13.9 다음과 같은 조건에서 $j = 1,2,\cdots,n$에 대해 확률 변수 Y_{1j}와 Y_{2j}가 주어집니다.

- $\Theta = \theta$ 조건에서, Y_{1j}는 다음의 포아송 확률 질량 함수(pf)를 가집니다.

$$f_{Y_{1j}|\Theta}(y_{1j}|\theta) = \frac{\theta^{y_{1j}}e^{-\theta}}{(y_{1j})!}, \quad y_{1j} = 0, 1, \ldots$$

- $\Theta = \theta$ 조건에서, Y_{2j}는 다음의 이항 확률 질량 함수(pf)를 가집니다.

$$f_{Y_{2j}|\Theta}(y_{2j}|\theta) = \binom{N}{y_{2j}}\left(\frac{\theta}{1+\theta}\right)^{y_{2j}}\left(\frac{1}{1+\theta}\right)^{N-y_{2j}}, \quad y_{2j} = 0, 1, \ldots, N,$$

- 여기서 $\theta > 0$, N은 알려진 양의 정수입니다. 또한, 모든 확률 변수는 $\Theta = \theta$ 조건에서 독립적이라고 가정합니다.

이제 $X_j = Y_{1j} + Y_{12j}$로 정의합니다. j = 1, 2,$\cdots$,n

(a) $\Theta = \theta$ 조건에서 X_j가 포아송-이항 확률 질량 함수(pf)를 가짐을 증명하십시오.

$$f_{X_j|\Theta}(x_j|\theta) = \frac{p(x_j)\theta^{x_j}}{q(\theta)}, \quad x_j = 0, 1, \ldots ,$$

여기서

$$p(x)=\sum_{y=0}^{x}\binom{N}{y}\frac{1}{(x-y)!} \quad \text{and} \quad q(\theta)=e^{\theta}(1+\theta)^{N}$$

(b) $X_1,\cdots,X_n$은 이 (a)에서 주어진 확률 질량 함수를 가질 때, 이 상황에 대한 켤레 사전 분포(conjugate prior)가 다음과 같음을 증명하십시오.

$$\pi(\theta)=\frac{\theta^{\mu k-1}(1+\theta)^{-Nk}e^{-k\theta}}{c(\mu,k)}, \quad \theta>0,$$

여기서 $\mu>0$, $k>0$이며,

$$c(\mu,k)=\Gamma(\mu k)\Psi(\mu k,\mu k-Nk+1,k)$$

$\Psi(a,b,z)$는 다음과 같이 표현되는 제2종 쌍곡선 초등 함수(confluent hypergeometric function)입니다.

$$\Psi(a,b,z)=\frac{1}{\Gamma(a)}\int_0^{\infty}t^{a-1}(1+t)^{b-a-1}e^{-zt}dt.$$

13.10 N이 주어졌을 때, 확률 변수 X가 모수 N, p를 가지는 이항 분포를 따른다고 가정합니다.

(a) N이 포아송 분포를 따를 경우, X도 포아송 분포를 따름을 증명하고 모수를 식별하십시오.

(b) N이 이항 분포를 따를 경우, X도 이항 분포를 따름을 증명하고 모수를 식별하십시오.

(c) N이 음이항 분포를 따를 경우, X도 음이항 분포를 따름을 증명하고 모수를 식별하십시오.

13.11 (*)주사위 두 개가 들어 있는 항아리에서 주사위 하나를 무작위로 선택합니다.

- 주사위 1은 숫자 2가 3면, 숫자 1, 3, 4가 각각 1면씩 있습니다.
- 주사위 2는 숫자 4가 3면, 숫자 1, 2, 3이 각각 1면씩 있습니다.

첫 다섯 번의 주사위 굴림 결과는 2, 3, 4, 1, 4 순서로 나왔습니다. 선택된 주사위가 주사위 2일 확률을 구하십시오.

13.12 (*)연간 손실액 청구 건수 Y는 모수 θ에 따라 분포를 가집니다. $\mathbf{\Theta}$는 구간 (0,1)(0, 1) (0,1)에서 균일 분포를 따릅니다. $Y = 0$일 무조건적 확률이 0.35보다 큽니다. 다음 조건부 확률 질량 함수(pf) 중 Y의 참 조건부 확률 질량 함수일 가능성이 있는지 판단하십시오.

(a) $\Pr(Y = y|\theta) = e^{-\theta}\theta^y/y!$.
(b) $\Pr(Y = y|\theta) = (y+1)\theta^2(1-\theta)^y$.
(c) $\Pr(Y = y|\theta) = \binom{2}{y}\theta^y(1-\theta)^{2-y}$.

13.13 (*)H의 미지수 값에 대한 사전 분포는 다음과 같습니다.

$$\Pr(H = \tfrac{1}{4}) = \tfrac{4}{5},\ \Pr(H = \tfrac{1}{2}) = \tfrac{1}{5}.$$

단일 실험의 관측값은 다음 분포를 가집니다.

$$\Pr(D = d|H = h) = h^d(1-h)^{1-d},\ d = 0, 1.$$

단일 실험 결과는 $d = 1$이었습니다. H의 사후 분포를 구하십시오.

13.14 (*)개인이 1년 동안 손실액 청구한 건수는 모수 λ를 가지는 포아송 분포를 따릅니다. λ의 사전 분포는 평균 0.14와 분산 0.0004를 가지는 감마 분포입니다. 지난 2년 동안 총 110건의 손실액 청구가 관찰되었습니다. 매년 310건의 보험 계약이 존재했습니다. λ의 사후 분포에 대한 기댓값과 분산을 구하십시오.

13.15 (*)개별 위험은 매년 정확히 하나의 손실액 청구를 가집니다. 이 단일 손실액 청구 금액은 다음의 지수 분포를 따릅니다.

$$f(x) = te^{-tx},\ x > 0$$

모수 t는 다음과 같은 사전 분포를 가집니다.

$$\pi(t) = te^{-t}$$

5라는 손실액 청구 금액이 관찰되었습니다. t의 사후 확률 밀도 함수(pdf)를 구하십시오.

13.16 (*)$Q = q$일 때, $X_1,\cdots,X_m$은 모수 q를 가지는 독립적이고 동일하게 분포(동일하고 독립(i.i.d.))하는 베르누이 확률 변수라고 가정합니다. $S_m = X_1 + \cdots + X_m$이라 정의합니다. Q의 사전 분포(prior distribution)는 베타 분포로 $a = 1$, $b = 99$, $\theta = 1$입니다. S_m의 주변 분포(marginal distribution)의 평균이 50 이상이 되도록 하는 최소 m 값을 구하십시오.

13.17 (*)주어진 β일 때, 손실 X는 지수 확률 밀도 함수(pdf) $f(x) = \beta^{-1}e^{-x/\beta}$, $x > 0$를 따릅니다.

사전 분포는 역감마 분포(inverse gamma distribution)이며 $\pi(\beta) = 100\beta^{-3}e^{-10/\beta}$, $\beta > 0$

입니다. 하나의 손실 x가 관측되었습니다. x의 함수로서 사후 분포의 평균을 구하십시오.

13.18 연습문제 11.24에서 총 500건의 손실이 관측되었습니다. 이 중 5건의 손실 값은 1,100, 3,200, 3,300, 3,500, 그리고 3,900입니다. 나머지 495건의 손실에 대해서는 4,000을 초과한다는 것만 알려져 있습니다. 부적절한 사전 분포 $\pi(\theta) = 1/\theta$를 사용하여 지수 모델의 평균에 대한 베이즈 추정값(Bayes estimate)을 구하고 이를 최대우도추정값(MLE)과 비교하십시오.

13.19 $\mathbf{\Theta}_1 = \theta_1$ 및 $\mathbf{\Theta}_2 = \theta_2$일 때, 확률 변수 $X_1, \cdots, X_n$은 평균 θ_1, 분산 θ_2^{-1}를 가지는 독립적이고 동일하게 분포(동일하고 독립(i.i.d.))하는 정규분포를 따릅니다. 또한, $\mathbf{\Theta}_1$의 $\mathbf{\Theta}_2$ 조건부 분포는 평균 μ, 분산 σ^2/θ_2를 가지는 정규분포입니다. $\mathbf{\Theta}_2$는 모수 α, $\theta = 1/\beta$를 가지는 감마 분포를 따릅니다.

(a) $\mathbf{\Theta}_2 = \theta_2$ 조건부에서 $\mathbf{\Theta}_1$의 사후 조건부 분포가 평균

$$\mu_* = \frac{1}{1+n\sigma^2}\mu + \frac{n\sigma^2}{1+n\sigma^2}\bar{x}$$

및 분산

$$\sigma_*^2 = \frac{\sigma^2}{\theta_2(1+n\sigma^2)}$$

을 가지는 정규분포임을 증명하십시오. 또한, $\mathbf{\Theta}_2$의 사후 주변 분포가 모수

$$\alpha_* = \alpha + \frac{n}{2}$$

그리고

$$\beta_* = \beta + \frac{1}{2}\sum_{i=1}^{n}\left(x_i - \bar{x}\right)^2 + \frac{n\left(\bar{x}-\mu\right)^2}{2\left(1+n\sigma^2\right)}$$

를 가지는 감마 분포임을 증명하십시오.

(b) $\mathrm{E}[\mathbf{\Theta}_1|x]$와 $\mathrm{E}[\mathbf{\Theta}_2|x]$를 구하십시오.

13.3 결레 사전 분포와 선형 지수족
Conjugate Prior Distributions and the Linear Exponential Family

선형 지수 가족(linear exponential family)은 5.4절에서 소개되었으며, 이 절에서는 베이지안 분석과 관련하여 유용하게 사용될 수 있음을 보여줍니다.

예제 13.8에서는 사후 분포가 사전 분포(감마 분포)와 동일한 유형임이 밝혀졌습니다. 이에 대한 개념 정의는 다음과 같습니다.

정의 13.17 *주어진 모델에 대해 사전 분포가 켤레(conjugate) 사전 분포라고 불리는 경우는 결과로 나타나는 사후 분포가 (다른 모수를 가질 수는 있으나) 사전 분포와 동일한 계열의 분포인 경우를 말합니다.*

다음 정리는, 만약 모델이 선형 지수 가족에 속한다면 결합 사전 분포를 쉽게 찾을 수 있음을 보여줍니다.

정리 13.18 *다음과 같이 가정합니다. $\mathbf{\Theta} = \theta$가 주어졌을 때, 확률 변수 $X_1,...,X_n$은 독립적이며 동일 분포(동일하고 독립(i.i.d.))를 따르고, 확률 질량 함수는 다음과 같습니다.*

$$f_{X_j|\Theta}(x_j|\theta) = \frac{p(x_j)e^{r(\theta)x_j}}{q(\theta)}$$

여기서 $\mathbf{\Theta}$는 다음과 같은 확률 밀도 함수(pdf)를 가집니다.

$$\pi(\theta) = \frac{[q(\theta)]^{-k}e^{\mu k r(\theta)}r'(\theta)}{c(\mu, k)}$$

여기서 k와 μ는 분포의 모수며, $c(\mu,k)$는 정규화 상수(normalizing constant)입니다.

그러면, 사후 확률 질량 함수 $\pi_{\Theta|x}(\theta|x)$는 사전 분포 $\pi(\theta)$와 동일한 형태를 갖습니다.

증명: 사후 분포는 다음과 같이 주어집니다.

$$\begin{aligned}\pi(\theta|\mathbf{x}) &\propto \frac{\left[\prod_{j=1}^n p(x_j)\right]e^{r(\theta)\Sigma x_j}}{[q(\theta)]^n}\frac{[q(\theta)]^{-k}e^{\mu k r(\theta)}r'(\theta)}{c(\mu,k)} \\ &\propto [q(\theta)]^{-(k+n)}\exp\left[\left(r(\theta)\frac{\mu k + \sum x_j}{k+n}\right)(k+n)\right]r'(\theta) \\ &= [q(\theta)]^{-k^*}\exp[r(\theta)\mu^* k^*]r'(\theta),\end{aligned}$$

이는 사전 분포 $\pi(\theta)$와 동일한 형태를 가지며, 모수 k^*와 μ^*로 업데이트됩니다.

$$k^* = k + n,$$
$$\mu^* = \frac{\mu k + \sum x_j}{k+n} = \frac{k}{k+n}\mu + \frac{n}{k+n}\bar{x}.$$

□

예제 13.10

포아송(Poisson) 모델에 대해 정리 13.18에서 주어진 결레(conjugate) 사전분포가 감마(Gamma) 분포임을 증명하십시오.

포아송 확률 질량 함수는 다음과 같이 표현할 수 있습니다.

$$p(x) = \frac{\theta^x e^{-\theta}}{x!} = \frac{(x!)^{-1} e^{x \ln \theta}}{e^{\theta}}$$

따라서 $q(\theta) = e^{\theta}$이고 $r(\theta) = \ln\theta$임을 알 수 있습니다. 정리에 의해 주어진 사전분포는 다음과 같습니다.

$$\pi(\theta) \propto e^{-k\theta} e^{\mu k \ln \theta} \theta^{-1}$$

이를 정리하면

$$\pi(\theta) \propto \theta^{\mu k - 1} e^{-k\theta}$$

이 식은 $\alpha = \mu k$, 척도 모수(scale parameter) $1/k$를 가지는 감마 분포의 핵심(kernel)을 나타냅니다.

□

잘 알려진 선형 지수족(linear exponential family) 멤버의 다른 예로는 다음이 포함됩니다.

이항(binomial) 및 음이항(negative binomial) 분포는 각각 베타(beta) 결합 사전분포를 가집니다(연습문제 13.5 및 13.7 참조).

지수(exponential) 분포는 감마(gamma) 결합 사전분포를 가집니다(연습문제 13.6 참조).

13.3.1 연습 문제

13.20 다음과 같이 정의된 독립적으로 동일하게 분포(동일하고 독립(i.i.d.))하는 확률 변수 $X_1,\cdots,X_n$를 고려합니다. 이들은 조건부로 $\mathbf{\Theta}$를 기준으로 하고, 확률질량함수(pf)는 다음과 같습니다.

$$f_{X_j|\Theta}(x_j|\theta) = \frac{p(x_j)e^{r(\theta)x_j}}{q(\theta)}$$

여기서 $S = X_1 + \cdots + X_n$입니다. 연습문제 5.26(a)를 이용하여 사후 분포 $\pi_{\Theta|x}(\theta|x)$가 $\mathbf{\Theta}|S$의 조건부 분포와 동일함을 증명하십시오.

$$\pi_{\Theta|\mathbf{X}}(\theta|\mathbf{x}) = \frac{f_{S|\Theta}(s|\theta)\pi(\theta)}{f_S(s)},$$

여기서 $\pi(\theta)$는 $\mathbf{\Theta}$의 확률밀도함수(pf)이고, $f_S(s)$는 S의 주변 확률질량함수입니다.

13.21 (*)1년 동안 발생한 손실액 청구 건수 Y는 모수 θ를 가지는 포아송(Poisson) 분포를 따릅니다. 모수 θ는 $\pi(\theta) = e^{-\theta}$로 주어진 지수 분포를 따릅니다. 특정 피보험자가 1년 동안 손실액 청구가 없었음을 알 때, 이 피보험자에 대한 θ의 사후 분포를 구하십시오.

13.22 (*)1년 동안 발생한 손실액 청구 건수 Y는 모수 θ를 가지는 포아송(Poisson) 분포를 따릅니다. 사전 분포는 $\pi(\theta) = \theta e^{-\theta}$로 주어진 감마 분포이다. 1년 동안 손실액 청구가 한 건 있었습니다. θ의 사후 확률밀도함수(pdf)를 구하십시오.

13.23 (*)각 차량의 손실액 청구 건수는 모수 λ를 가지는 포아송(Poisson) 분포를 따릅니다. 모든 차량은 동일한 모수를 공유하며, 사전 분포는 $\alpha = 50$, $\theta = 1/500$의 모수를 가지는 감마 분포입니다. 보험사는 2년 동안 1년 차에는 750대, 2년 차에는 1,100대를 보장했고, 각각 65건과 112건의 손실액 청구가 있었습니다. 사후 감마 분포의 변동 계수(coefficient of variation)를 구하십시오.

13.24 (*)개인의 1년 동안의 손실액 청구 건수 r는 다음과 같은 확률질량함수를 가지는 이항(binomial) 분포를 따릅니다.

$$f(r) = \binom{3}{r}\theta^r(1-\theta)^{3-r}$$

θ의 사전 분포는 $\pi(\theta) = 6(\theta - \theta^2)$입니다. 1년 동안 손실액 청구가 1건 있었을 때, θ의 사후 확률밀도함수(pdf)를 구하십시오.

13.25 (*)1년 동안 개인의 손실액 청구 건수는 모수 λ를 가지는 포아송(Poisson) 분포를 따른다. λ의 사전 분포는 기댓값이 2인 지수 분포입니다. 1년 동안 3건의 손실액 청구가 있었습니다. λ의 사후 분포를 구하십시오.

13.26 (*)1년 동안 발생한 손실액 청구 건수는 $n = 3$이며, θ는 알려지지 않은 모수를 가지는 이항(binomial) 분포를 따릅니다. 사전 분포는 $\pi(\theta) = 280\theta^3(1-\theta)^4$, $0 < \theta < 10$입니다. 두 건의 손실액 청구가 관찰되었습니다. 다음을 구하십시오.

(a) θ의 사후 분포.

(b) 사후 분포에서 θ의 기댓값.

13.27 (*)손실액 청구 건수는 모수 m = 4를 가지는 이항(binomial) 분포를 따릅니다. q는 알려지지 않은 모수입니다. 사전 분포는 $\pi(q) = 6q(1-q)$, $0 < q < 1$0이다. 단일 관측값이 2였습니다. 다음을 구하십시오: (a) q의 사후 분포에서의 평균. (b) q의 사후 분포에서의 최빈값(mode).

13.4 Computational Issues

베이지안 분석은 모두 적분이나 합을 취하는 과정에서 진행된다는 점이 이제 명백해졌을 것입니다. 따라서 개념적으로는 언제나 베이지안 분석을 수행하는 것이 가능합니다. 그러나 적분이나 합이 쉬운 경우는 드물며, 이는 대부분의 베이지안 분석에서 수치적분이 필요하다는 것을 의미합니다.

1차원 적분은 높은 정확도로 쉽게 수행할 수 있지만, 다차원 적분은 근사하기가 훨씬 더 어렵습니다. 이 문제를 해결하기 위해 많은 노력이 기울여졌으며, 여러 창의적인 방법들이 개발되었습니다. 이러한 방법 중 일부는 Klugman [72]에 요약되어 있습니다.

그러나 오늘날 널리 사용되는 방법은 마르코프 체인 몬테카를로(Markov Chain Monte Carlo, MCMC) 시뮬레이션이라 불리는 기법입니다. 이 방법에 대한 좋은 논의는 Gelman et al. [42]에서 찾을 수 있습니다.

LOSS MODELS

From Data to Decision

PART

4

모델 구축

CONSTRUCTION OF MODELS

14 경험적 모델의 구축

15 모델 선택

14 경험적 모델의 구축 CONSTRUCTION OF EMPIRICAL MODELS

14.1 경험적 분포 The Empirical Distribution

여기서 제시된 내용은 전통적으로 "생존 모델(survival models)"이라는 주제하에 다루어졌으며, 이 기법들이 수명 분포를 연구할 때만 유용하다는 개념이 동반되었습니다. Klein과 Moeschberger [70], Lawless [77]와 같은 표준 교재는 이 주제에 대해 배타적으로 그러한 방향으로 구성된 예제를 포함하고 있습니다.

그러나 수명 모델링에서 발생하는 문제는 지급 손해액 모델링에서도 동일하게 발생합니다. 우리가 제시하는 예제는 두 가지 유형 모두를 포함합니다. 다만, 후반부에서는 감소 모델(decrement models)을 구성할 때의 특별한 고려사항에 초점을 맞춥니다. 이 주제와 관련하여 일부 참고문헌만 제시되며, 대부분의 결과는 생존 모델 문헌에서 잘 다루어져 있습니다. 보다 자세한 내용과 증명이 필요하다면, 앞서 언급한 교재와 같은 주제 전문 교재를 참고하십시오.

4장에서 모델은 데이터 의존형(data-dependent)과 모수적(parametric)이라는 두 가지 유형으로 나누었습니다. 여기에서 해당 정의를 다시 제시합니다.

정의 14.1 *데이터 의존형 분포(data-dependent distribution)는 데이터를 생성한 데이터 또는 지식만큼 복잡하며, "모수"의 수는 데이터 포인트의 수나 지식의 양이 증가함에 따라 증가합니다.*

정의 14.2 *모수적 분포(parametric distribution)는 모수(parameters)라고 불리는 하나 이상의 값을 지정하여 결정되는 분포 함수들의 집합입니다. 모수의 수는 고정되어 있으며 유한합니다.*

이 장에서는 데이터 의존형 분포를 모델로 다루며, 기본 분포에 대해 거의 또는 전혀 가정하지 않습니다. 가장 중요한 개념을 고정하기 위해 동일한(미지정) 연속 분포로부터 독립적이고 동일하게 분포된 n개의 관측값 샘플이 있다고 가정합니다. 이를 완전 데이터 상황(complete data situation)이라고 합니다. 이 문맥에서 다음 정의가 성립합니다.

정의 14.3 *경험적 분포(empirical distribution)는 각 데이터 포인트에 확률 $1/n$을 할당하여 얻어집니다.*

확률 분포에서 관측값이 수집될 때 이상적인 상황은 각 관측값의 (본질적으로) 정확한[1] 값을 가지는 것입니다. 이를 완전 개별 데이터(complete, individual data)라고 하며, 이는 10장에서 소개된 데이터 세트 B에 해당하며, 여기서는 표 14.1로 다시 제시됩니다.

표 14.1 Data Set B

27	82	115	126	155	161	243	294	340	384
457	680	855	877	974	1.193	1.340	1.884	2.558	15.743

정확한 데이터가 이용 가능하지 않을 수 있는 이유는 두 가지가 있습니다.

그룹화(grouping): 관측값이 속하는 값의 범위만 기록되는 경우입니다. 그룹화는 데이터 세트 C와 5건 이상의 사고를 기록한 데이터 세트 A에 적용됩니다. 이 데이터 세트들은 10장에서 소개되었으며, 각각 표 14.2와 표 14.3으로 다시 제시됩니다.

표 14.2 Data Set C

Payment range	Number of payments
0-7,500	99
7,500-17,500	42
17,500-32,500	29
32,500-67,500	28
67,500-125,000	17
125,000-300,000	9
Over 300,000	3

1 일부 측정값은 결코 정확하지 않을 수 있습니다. 예를 들어, 나이는 가장 가까운 정수로 반올림되고, 금액은 가장 가까운 달러로, 자동차 주행 거리는 가장 가까운 마일로 반올림될 수 있습니다. 이 텍스트는 이러한 반올림 오류에 대해 다루지 않습니다. 반올림된 값은 정확한 값으로 간주하여 다룰 것입니다.

표 14.3 Data Set A

Number of accidents	Number of drivers
0	81,714
1	11,306
2	1,618
3	250
4	40
5 or more	7

검열(censoring) 또는 절단(truncation):

- 하한 검열(censoring from below): 주어진 값보다 낮은 관측값은 그 값보다 낮다는 사실만 알려지고 정확한 값은 알려지지 않는 경우.
- 상한 검열(censoring from above): 주어진 값보다 높은 관측값은 그 값보다 높다는 사실만 알려지고 정확한 값은 알려지지 않는 경우.

검열은 사실상 그룹화된 데이터를 생성합니다. 데이터가 처음부터 그룹화되어 있는 경우, 검열은 영향을 미치지 않습니다. 예를 들어, 데이터 세트 C가 300,000에서 상한 검열되었다고 가정하더라도, 데이터 세트로부터는 이를 확인할 수 없으며 이 지식은 데이터를 처리하는 방식에 영향을 미치지 않습니다. 반면, 데이터 세트 B가 1,000에서 검열되었다면, 15개의 개별 관측값과 1,000에서 무한대까지의 구간에서 5개의 그룹화된 관측값을 갖게 됩니다.

보험 설정에서는 상한 검열(censoring from above)이 꽤 일반적입니다. 예를 들어, 한 사고에 대해 100,000을 초과하여 지급하지 않는 보험이 있는 경우, 손실이 100,000을 초과할 때 실제 금액은 알 수 없지만 초과되었음을 알게 됩니다. 데이터 세트 A는 상한 5에서 검열된 데이터입니다. 이는 데이터 세트 A가 일부 개별 데이터와 일부 그룹화된 데이터를 포함한다고 말하는 것보다 더 일반적인 표현입니다.

사망률이나 기타 감소(decrement)를 연구할 때, 연구 기간이 끝날 때 일부 개인이 여전히 살아 있을 수 있습니다. 이들은 연구 종료 시점 이후에 사망이 발생한다는 것을 알게 된다는 점에서 상한 검열된 것으로 간주됩니다.

하한 절단(truncation from below)이 발생하면 주어진 값보다 낮은 관측값은 기록되지 않습니다. 상한 절단(truncation from above)은 주어진 값보다 높은 관측값이 기록되지 않음을 의미합니다. 보험 환경에서는 하한 절단이 흔히 발생합니다. 예를 들어, 자동차 물리적 손상 보험이 손실액 청구당 250의 면책을 적용한다면, 250 미만의 손실은 보험사에 알려지지 않으며 데이터 세트에도 나타나지 않습니다.

데이터 세트는 절단을 강제로 적용받을 수 있습니다. 예를 들어, 데이터 세트 B가 250에서 하한 절단되었다면, 첫 7개의 관측값은 사라지고 나머지 13개는 변경되지 않습니다. 감소 연구에서는 개인을 출생 시점부터 관찰하는 경우가 드뭅니다. 예를 들어, 어떤 사람이 20세부터 관찰되었다면, 이 사람은 20세 이전에 사망한 사람은 관찰되지 않았던 모집단의 일원으로 간주되며 하한 절단된 것입니다.

정의 14.3에서 언급했듯이, 경험적 분포(empirical distribution)는 각 데이터 포인트에 $1/n$의 확률을 할당합니다. 이 정의는 각 데이터 포인트의 값이 기록되는 경우에 잘 작동합니다. 대안적인 정의는 다음과 같습니다.

정의 14.4 *경험적 분포 함수(empirical distribution function)는 다음과 같이 정의됩니다:*

$$F_n(x) = \frac{\textit{number of observations } \leq x}{n},$$

여기서 n은 총 관측값의 수입니다.

예제 14.1

데이터 세트 A와 B에 대해 경험적 확률 함수(empirical probability functions)를 제공하십시오. 데이터 세트 A에 대해 경험적 분포 함수도 제공하십시오. 데이터 세트 A의 경우, 사고가 5건 이상인 7명의 운전자가 정확히 5건의 사고를 겪었다고 가정하십시오.

표기법에서 표본 크기 또는 n의 첨자를 사용하여 경험적 함수를 나타냅니다. 첨자가 없는 경우, 해당 함수는 기본 확률 변수의 참 함수를 나타냅니다. 데이터 세트 A의 경험적 확률 함수는 다음과 같습니다.

$$p_{94,935}(x) = \begin{cases} 81,714/94,935 = 0.860736, & x = 0, \\ 11,306/94,935 = 0.119092, & x = 1, \\ 1,618/94,935 = 0.017043, & x = 2, \\ 250/94,935 = 0.002633, & x = 3, \\ 40/94,935 = 0.000421, & x = 4, \\ 7/94,935 = 0.000074, & x = 5, \end{cases}$$

여기서 값들은 반올림 때문에 합이 0.999999입니다. 경험적 분포 함수는 각 데이터 포인트에서 점프가 발생하는 계단 함수입니다.

$$F_{94,935}(x) = \begin{cases} 0/94,935 = 0.000000, & x < 0, \\ 81,714/94,935 = 0.860736, & 0 \le x < 1, \\ 93,020/94,935 = 0.979828, & 1 \le x < 2, \\ 94,638/94,935 = 0.996872, & 2 \le x < 3, \\ 94,888/94,935 = 0.999505, & 3 \le x < 4, \\ 94,928/94,935 = 0.999926, & 4 \le x < 5, \\ 94,935/94,935 = 1.000000, & x \ge 5. \end{cases}$$

데이터 세트 B에 대해:

$$p_{20}(x) = \begin{cases} 0.05, & x = 27, \\ 0.05, & x = 82, \\ 0.05, & x = 115, \\ \vdots & \vdots \\ 0.05, & x = 15,743. \end{cases}$$

이 예제에서 모든 값이 서로 구별되지는 않습니다. □

예제 14.2

숫자 1.0, 1.3, 1.5, 1.5, 2.1, 2.1, 2.1, 2.8로 이루어진 데이터 세트를 고려하십시오. 경험적 분포 함수(empirical distribution function)를 구하십시오.

경험적 분포 함수는 다음 값들을 가지는 계단 함수(step function)입니다.

$$F_8(x) = \begin{cases} 0, & x < 1.0, \\ 1 - \frac{7}{8} = 0.125, & 1.0 \le x < 1.3, \\ 1 - \frac{6}{8} = 0.250, & 1.3 \le x < 1.5, \\ 1 - \frac{4}{8} = 0.500, & 1.5 \le x < 2.1, \\ 1 - \frac{1}{8} = 0.875, & 2.1 \le x < 2.8, \\ 1, & x \ge 2.8. \end{cases}$$

□

추정치의 품질을 평가하기 위해 통계적 성질, 특히 평균(mean)과 분산(variance)을 살펴봅니다. 분포 함수의 경험적 추정치를 다루는 것은 간단합니다. 완전 데이터로 경험적 생존 함수 추정치가 불편성(unbiased)과 일관성(consistent)을 가진다는 것을 확인하기 위해, 경험적 분포 함수 $F(x)$의 추정치 $F_n(x)$는 다음과 같이 주어진다는 것을 상기합니다: $F_n(x) = Y/n$ 여기서 Y는 샘플에서 x 이하인 관측값의 수입니다. Y는 n과 $F(x)$를 모수로 가지는 이항 분포(binomial distribution)를 가지며,

$$\mathrm{E}[F_n(x)] = \mathrm{E}\left(\frac{Y}{n}\right) = \frac{nF(x)}{n} = F(x).$$

따라서 추정치가 불편함을 보입니다. 분산은 다음과 같습니다.

$$\mathrm{Var}[F_n(x)] = \mathrm{Var}\left(\frac{Y}{n}\right) = \frac{F(x)[1 - F(x)]}{n}$$

이는 0으로 수렴하므로 일관성을 확인할 수 있습니다.

이 결과를 활용하려면, 분산을 추정하는 것이 최선입니다. $F(x)$의 값을 정확히 알 수 없는 경우가 많으며, 이는 우리가 추정하려는 값입니다. 추정된 분산은 다음과 같이 주어집니다.

$$\widehat{\mathrm{Var}}[F_n(x)] = \frac{F_n(x)[1 - F_n(x)]}{n}. \tag{14.1}$$

같은 결과는 경험적으로 추정된 확률에도 적용됩니다. $p = \Pr(a < X \le b)$라고 할 때, p의 경험적 추정치는 $\hat{p} = F_n(b) - F_n(a)$입니다. $F_n(x)$에 대해 사용된 논리와 유사한 논리를 통해 $\hat{p}$가 불편성(unbiased)과 일관성(consistent)을 가지며, $\mathrm{Var}(\hat{p}) = p(1 - p)/n$임을 확인할 수 있습니다.

예제 14.3

예제 14.2의 데이터를 사용하여 $F_8(1.4)$의 분산을 추정하십시오. 예제에서 $F_8(1.4) = 0.25$입니다. 식 (14.1)을 사용하면,

$$\widehat{\mathrm{Var}}[F_8(1.4)] = \frac{F_8(1.4)[1 - F_8(1.4)]}{8} = \frac{0.25(1 - 0.25)}{8} = 0.02344.$$

□

14.2 그룹 데이터의 경험적 분포 Empirical Distributions for Grouped Data

데이터 세트 C와 같이 그룹화된 데이터의 경우, 앞서 정의된 대로 경험적 분포를 구성하는 것은 불가능합니다. 그러나 경험적 분포를 근사적으로 구성하는 것은 가능합니다. 전략은 가능한 곳에서 경험적 분포 함수의 값을 얻고, 이를 합리적인 방식으로 연결하는 것입니다. 그룹화된 데이터의 경우, 일반적으로 분포 함수는 각 점들을 직선으로 연결하여 근사됩니다.

표기법에서 그룹 경계를 $c_0 < c_1 < \cdots < c_k$로 두며, 종종 $c_0 = 0$이고 $c_k = \infty$로 설정됩니다. c_{j-1}과 c_j 사이에 속하는 관측값의 개수를 n_j라 하고, 다음과 같은 관계를 만족합니다.

$$\sum_{j=1}^{k} n_j = n$$

이러한 데이터에 대해 우리는 각 그룹 경계에서의 경험적 분포 값을 결정할 수 있습니다. 즉,

$$F_n(c_j) = (1/n) \sum_{i=1}^{j} n_i$$

그룹 경계에 위치한 관측값에 대해 어떤 규칙도 제안되지 않았음을 주의하십시오. 정답은 없으나, 관측값을 그룹에 할당하는 데 있어 일관성을 유지해야 합니다. 데이터 세트 C에서는 할당 방식이 어떻게 이루어졌는지 알 수 없습니다. 만약 그 정보를 알고 있다 해도, 이후 계산에 영향을 미치지는 않습니다.[2]

정의 14.5 *그룹화된 데이터의 경우, 그룹 경계에서 경험적 분포 함수의 값을 직선으로 연결하여 얻은 분포 함수를 오자이브(ogive)라고 합니다. 공식은 다음과 같습니다.*

$$F_n(x) = \frac{c_j - x}{c_j - c_{j-1}} F_n(c_{j-1}) + \frac{x - c_{j-1}}{c_j - c_{j-1}} F_n(c_j), \ c_{j-1} \le x \le c_j$$

이 함수는 그룹 경계를 제외한 모든 값에서 미분 가능하므로, 확률 밀도 함수를 얻을 수 있습니다. 밀도 함수를 완전히 지정하기 위해, 일반적으로 오른쪽 연속(right continuous)으로 정의합니다.

2 기술적으로, c_{j-1}부터 c_j까지의 구간에서 $F_n(c_j)$가 경험적 분포 함수가 되기 위해서는 $x = c_j$가 포함되고 $x = c_{j-1}$는 제외되어야 합니다.

정의 14.6 그룹화된 데이터의 경우, 오자이브를 미분하여 경험적 밀도 함수(empirical density function)를 얻을 수 있습니다. 이 함수는 히스토그램(histogram)이라 불립니다. 공식은 다음과 같습니다.

$$f_n(x) = \frac{F_n(c_j) - F_n(c_{j-1})}{c_j - c_{j-1}} = \frac{n_j}{n(c_j - c_{j-1})},\ c_{j-1} \le x < c_j$$

많은 컴퓨터 프로그램에서 생성하는 히스토그램은 실제로는 막대 높이가 n_j/n에 비례하는 막대그래프(bar chart)입니다. 막대그래프는 그룹의 폭이 동일할 때는 적합하지만, 그렇지 않을 경우 위의 공식을 사용해야 합니다. 이 접근법의 장점은 히스토그램이 실제로 밀도 함수로 작동한다는 점입니다. 특히, 히스토그램 아래의 면적을 사용하여 경험적 확률을 구할 수 있습니다.

예제 14.4

데이터 세트 C에 대해 오자이브(ogive)와 히스토그램(histogram)을 작성하시오.

분포 함수는 다음과 같습니다.

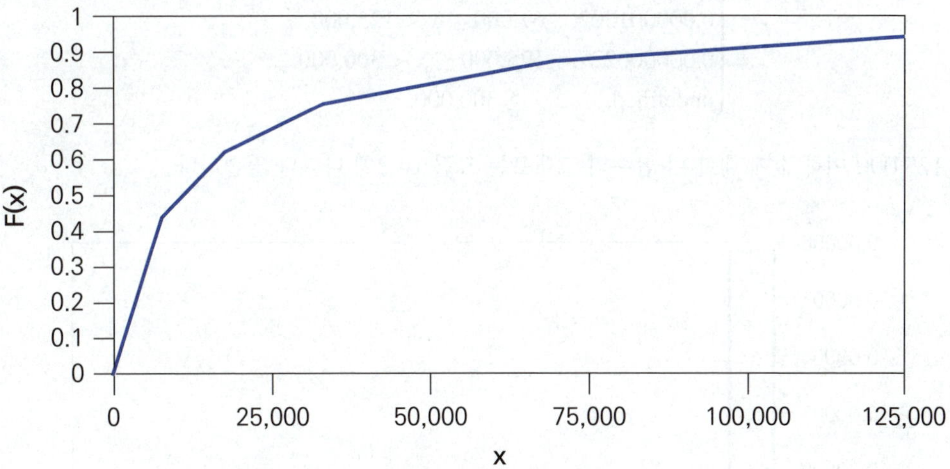

그림 14.1 The ogive for general liability losses

$$F_{227}(x) = \begin{cases} 0.000058150x, & 0 \le x \le 7{,}500, \\ 0.29736 + 0.000018502x, & 7{,}500 \le x \le 17{,}500, \\ 0.47210 + 0.000008517x, & 17{,}500 \le x \le 32{,}500, \\ 0.63436 + 0.000003524x, & 32{,}500 \le x \le 67{,}500, \\ 0.78433 + 0.000001302x, & 67{,}500 \le x \le 125{,}000, \\ 0.91882 + 0.000000227x, & 125{,}000 \le x \le 300{,}000, \\ \text{undefined}, & x > 300{,}000, \end{cases}$$

예를 들어, $32{,}500 \le x \le 67{,}500$범위에서의 계산은 다음과 같습니다.

$$F_{227}(x) = \frac{67{,}500 - x}{67{,}500 - 32{,}500}\frac{170}{227} + \frac{x - 32{,}500}{67{,}500 - 32{,}500}\frac{198}{227}$$

300,000 이상의 값에서는 마지막 구간의 폭이 무한대이기 때문에 값이 정의되지 않습니다. 125,000 이하 값에 대한 오자이브 그래프는 그림 14.1에 나타나 있습니다.

미분값은 단순히 다음 값을 가지는 계단 함수(step function)입니다.

$$f_{227}(x) = \begin{cases} 0.000058150, & 0 \le x < 7{,}500, \\ 0.000018502, & 7{,}500 \le x < 17{,}500, \\ 0.000008517, & 17{,}500 \le x < 32{,}500, \\ 0.000003524, & 32{,}500 \le x < 67{,}500, \\ 0.000001302, & 67{,}500 \le x < 125{,}000, \\ 0.000000227, & 125{,}000 \le x < 300{,}000, \\ \text{undefined}, & x \ge 300{,}000. \end{cases}$$

125,000 이하 값에 대한 이 함수의 그래프는 그림 14.2에 나타나 있습니다. □

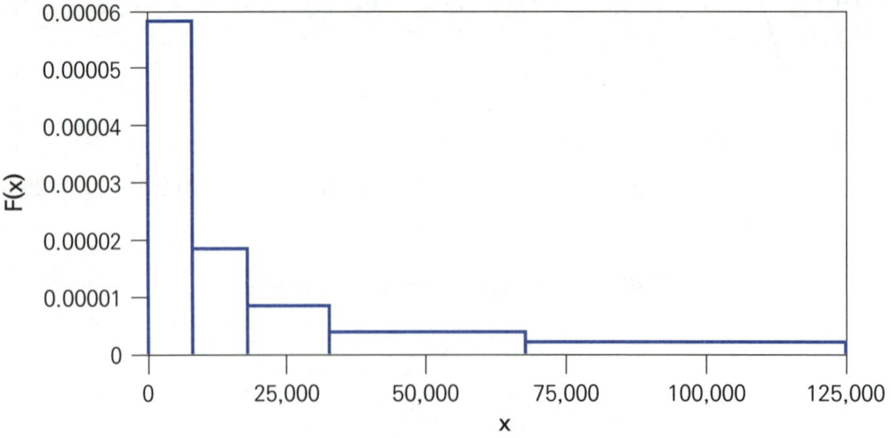

그림 14.2 The histogram of general liability losses

14.2.1 연습 문제

14.1 표 14.4의 데이터를 사용하여 오자이브(ogive)와 히스토그램(histogram)을 작성하십시오.

표 14.4 The data for Exercise 14.1

Payment range	Number of payments
0-25	6
25-50	24
50-75	30
75-100	31
100-150	57
150-250	80
250-500	85
500-1,000	54
1,000-2,000	15
2,000-4,000	10
Over 4,000	0

14.2 (*) 다음은 한 해 동안 기록된 20건의 태풍 손실 데이터(단위: 백만 달러)입니다.

1	1	1	1	1	2	2	3	3	4
6	6	8	10	13	14	15	18	22	25

(a) 클래스 경계를 0.5, 2.5, 8.5, 15.5, 29.5로 사용하여 오자이브(ogive)를 작성하십시오.

(b) (a)와 동일한 경계를 사용하여 히스토그램(histogram)을 작성하십시오.

14.3 표 14.5의 데이터는 Herzog와 Laverty [53]에서 가져온 것입니다. 특정 15년 만기 주택담보대출(class of 15-year mortgages)이 발행일부터 1993년 12월 31일까지 추적되었습니다. 발행 건수는 기존 대출의 재융자(refinance)와 신규 발행(original issues)으로 나뉘었습니다. 표의 각 항목은 발행 건수와 주어진 연수가 지난 후에도 여전히 유효한 대출의 비율을 제공합니다.

주어진 데이터를 기반으로 가능한 한 두 개의 오자이브를(같은 그래프에) 그리십시오. 오자이브를 보면 대출 종료 시점까지 걸리는 시간이라는 수명 변수(lifetime variable)의 분포가 재융자와 신규 발행에 대해 서로 다른 분포를 가지는 것처럼 보이나요?

표 14.5 The data for Exercise 14.3

Years	Refinances		Original	
	Number issued	Survived	Number issued	Survived
1.5	42,300	99.97	12,813	99.88
2.5	9,756	99.82	18,787	99.43
3.5	1,550	99.03	22,513	98.81
4.5	1,256	98.41	21,420	98.26
5.5	1,619	97.78	26,790	97.45

14.4 (*)표 14.6의 데이터가 수집되었습니다(단위: 백만 달러). 이 데이터를 사용하여 히스토그램(histogram)을 작성하십시오.

표 14.6 The data for Exercise 14.4

Loss	Number of observations
0-2	25
2-10	10
10-100	10
100-1,000	5

14.5 (*)40건의 손실 데이터가 관측되었습니다.

- 16건의 손실은 1에서 4/3 사이에 있으며, 총 손실 합계는 20입니다.
- 10건의 손실은 4/3에서 2 사이에 있으며, 총 손실 합계는 15입니다.
- 추가로 10건의 손실은 2에서 4 사이에 있으며, 총 손실 합계는 35입니다.
- 나머지 4건의 손실은 4 초과입니다.

이 관측치에 기반한 경험적 모델을 사용하여 $E[X \wedge 2]$를 구하시오.

14.6 (*)2,000개의 샘플 중에서,

- 1,700개의 관측값은 6,000 이하,
- 30개의 관측값은 6,000 초과 7,000 이하,
- 270개의 관측값은 7,000 초과입니다.

6,000 초과 7,000 이하의 30개의 관측값의 총합은 200,000입니다. 이 관측치와 관련된 경험적 분포에서 $E[X \wedge 6{,}000] = 1{,}810$입니다. 경험적 분포에서 $E[X \wedge 7{,}000]$를 구하십시오.

14.7 (*)알 수 없는 크기의 랜덤 샘플에서 다음과 같은 데이터가 관측되었습니다.

- 0에서 50 사이: 36개
- 50에서 150 사이: x개
- 150에서 250 사이: y개
- 250에서 500 사이: 84개
- 500에서 1,000 사이: 80개
- 1,000 초과: 없음

이 관측치로 구성된 오자이브(ogive)의 두 값이 다음과 같습니다.

$F_n(90) = 0.21$, $F_n(210) = 0.51$

x의 값을 구하십시오.

14.8 표 14.7의 데이터는 Hogg와 Klugman [55, p. 128]에서 가져온 것으로, 1949년부터 1980년 사이 발생한 35건의 허리케인으로 인한 총 손실을 나타냅니다. 손실은 인플레이션(주거 건설 지수 사용)에 따라 1981년 기준 달러로 조정되었습니다. 표에 나열된 항목은 추세 조정 손실이 5,000,000을 초과한 모든 허리케인을 나타냅니다. 연방정부는 손실이 5,000,000을 초과하는 모든 허리케인 손실에 대해 100% 지급하는 프로그램을 고려 중입니다. 이를 위한 초기 추정치를 작성하라는 요청을 받았습니다.

(a) 허리케인 손실 모집단의 평균(mean), 표준편차(standard deviation), 변동 계수(coefficient of variation), 왜도(skewness)를 추정하십시오.

(b) 500,000,000에서의 첫 번째와 두 번째 제한 모멘트(limited moments)를 추정하십시오.

표 14.7 Trended hurricane losses

Year	Loss (10^3)	Year	Loss (10^3)	Year	Loss (10^3)
1964	6,766	1964	40,596	1975	192,013
1968	7,123	1949	41,409	1972	198,446
1971	10,562	1959	47,905	1964	227,338
1956	14,474	1950	49,397	1960	329,511
1961	15,351	1954	52,600	1961	361,200
1966	16,983	1973	59,917	1969	421,680
1955	18,383	1980	63,123	1954	513,586
1958	19,030	1964	77,809	1954	545,778
1974	25,304	1955	102,942	1970	750,389
1959	29,112	1967	103,217	1979	863,881
1971	30,146	1957	123,680	1965	1,638,000
1976	33,727	1979	140,136		

14.9 (*)임의로 추출된 샘플에서 30건의 손실액 청구 데이터가 기록되었습니다.

- 2건은 2,000,
- 6건은 4,000,
- 12건은 6,000,
- 10건은 8,000입니다.

경험적 왜도 계수(empirical skewness coefficient)를 구하십시오.

14.3 우측 검열 데이터의 경험적 추정 Empirical Estimation with Right Censored Data

이 섹션에서는 이전 섹션의 경험적 접근 방식을 데이터가 완전하지 않은 상황으로 일반화합니다. 특히, 개별 관측값이 오른쪽 검열(right censored)될 수 있다고 가정합니다. 다음과 같은 정의가 있습니다.

정의 14.7 *관측값이 u에서 상한 검열(censored from above)(또는 오른쪽 검열(right censored))되었다는 것은, 관측값이 u 이상일 경우 u로 기록되지만, u 미만일 경우 실제 관측값으로 기록된다는 것을 의미합니다.*

보험 손실액 청구 데이터에서는 보험 한도(policy limit)가 존재할 경우 오른쪽 검열된 관측값이 발생할 수 있습니다. 손실 금액이 한도 u와 같거나 이를 초과하면, u를 초과하는 금액은 지급되지 않으므로 실제 손실 금액이 기록되지 않습니다. 그러나 최소한 u 이상의 손실이 발생했다는 사실은 알 수 있습니다.

인간의 사망률 연구를 수행할 때, 연구 종료 시점에 사람이 살아 있다면 오른쪽 검열이 발생한 것입니다. 이 경우, 사망 시점의 나이는 알 수 없지만, 최소한 연구 종료 시점의 나이 이상이라는 사실은 알고 있습니다. 오른쪽 검열은 해약(surrender) 또는 실효(lapse)로 인해 연구가 끝나기 전에 연구를 종료한 경우에도 영향을 미칩니다. 이러한 논의는 장애(disability), 보험 해약, 은퇴(retirement)와 같은 다른 감소(decrement)에 대해서도 적용될 수 있습니다.

이 섹션과 다음 두 섹션에서는 기본 확률 변수가 연속 분포를 가진다고 가정합니다. 이산 확률 변수로부터 수집된 데이터도 오른쪽 검열될 수 있지만(예: 데이터 세트 A), 경험적 추정기를 사용하는 경우는 드물기 때문에 이에 대한 공식 개발은 그다지 유용하지 않을 것입니다.

이제 데이터가 수집되고 기록되는 방식에 대해 구체적인 가정을 설정하겠습니다. 일부(모두가 아닌) 데이터가 오른쪽 검열된 랜덤 샘플이 있다고 가정합니다. 검열되지 않은(즉, 완전히 알려진) 관측값에 대해 k개의 고유값을 $y_1 < y_2 < \cdots < y_k$로 나타냅니다. 샘플에서 y_i가 나타나는 횟수를 s_i라고 합니다. 또한, 관측값의 최소 가능한 값을 y_0로 설정하며, $y_0 < y_1$이라고 가정합니다. 종종 $y_0 = 0$으로 설정합니다. 마찬가지로, 데이터의 최대 관측값(검열 여부와 상관없이)을 $y_{\max}$로 설정하며, $y_{\max} \geq y_k$입니다. 우리의 목표는 $y_1 < y_2 < \cdots < y_k$ 값에 확률을 할당하는 경험적(데이터 의존형) 분포를 생성하는 것입니다.

관측값이 검열된 특정 값을 알고 있는 경우가 많습니다. 그러나 추정치를 도출하고 이를 적용할 때 필요한 것은 검열이 y-값들 사이에서 발생했는지 여부뿐입니다. 따라서 필요한 유일한 입력값은 $[y_i, y_{i+1})$ 구간 내에서 오른쪽 검열된 관측값의 수인 b_i입니다($i = 1, 2, \cdots, k-1$). 관측값이 y_i에서 검열되었다면, 이는 $y_i + 0$에서 검열되었다고 가정합니다(예: 사망률 연구에서는 사망 직후). y_0와 y_1 사이에서 검열된 관측값이 있을 수 있습니다. 그러나 우리는 검열되지 않은 값에만 확률을 할당하므로, 이러한 관측값은 해당 확률에 대한 정보를 제공하지 않으며 무시할 수 있습니다. 샘플 크기를 언급할 때, n은 이러한 값들을 제거한 후의 관측값 수를 나타냅니다. y_k 이상에서 검열된 관측값은 무시할 수 없습니다. b_k를 $y_k + 0$ 혹은 이후에서 오른쪽 검열된 관측값의 수라고 합니다. 만약 $b_k = 0$이라면 $y_{\max} = y_k$입니다.

마지막으로 중요한 값은 y_i 시점에 "위험에 노출된 수(at risk)" r_i입니다. 사망률 연구의 맥락에서 위험 집합은 해당 연령에서 관찰되는 개인들로 구성됩니다. 여기에는 해당 연령에서 사망하거나 이후 사망한 모든 개인과 해당 연령에서 검열되거나 이후 검열된 모든 개인이 포함됩니다. 이를 형식적으로 정의하면 다음과 같습니다:

정의 14.8 *관측값 y_i에서의 위험에 위험 노출된 수(at risk) r_i는 다음과 같이 정의됩니다.*

$$r_i = \begin{cases} n, & i = 1 \\ r_{i-1} - s_{i-1} - b_{i-1}, & i = 2, 3, \ldots, k+1. \end{cases}$$

이 공식은 y_i에서 위험에 위험 노출된 수가 y_{i-1}에서의 위험에 위험 노출된 수에서 y_{i-1}에서의 정확한 관측값 s_{i-1}과 $[y_{i-1}, y_i)$ 구간에서 검열된 관측값 b_{i-1}을 뺀 값임을 나타냅니다. 또한, $b_k = r_k - s_k$이며, 따라서 $r_{k+1} = 0$입니다.

다음의 수치 예는 이러한 개념을 설명합니다.

예제 14.5

표 14.8 데이터에 대한 위험에 위험 노출된 수(risk numbers)를 구하십시오. 별표(*)가 표시된

관측값은 해당 값에서 검열(censoring)되었습니다.

표 14.8 The raw data for Example 14.5

1	2	3*	4	4	4*	4*	5	7*	8
8	8	9	9	9	9	10*	12	12	15*

첫 번째 단계는 이전에 정의된 표기법을 사용하여 데이터를 요약하는 것입니다. 요약된 값과 위험 집합(risk set) 계산은 표 14.9에 나와 있습니다. s 열과 b 열의 값을 더하면 n = 20개의 관측값이 있음을 확인할 수 있습니다. 따라서 $r_1 = n$ =20입니다.

이 표만 제공되었다고 가정할 경우, b_7 = 1이라는 사실은 관측값 중 하나가 가장 큰 관측값인 12보다 큰 값에서 검열되었음을 나타냅니다. 최댓값 y_{max} = 15은 이 관측값이 15에서 검열되었음을 나타냅니다.

표 14.9 The data for Example 14.5

i	y_i	s_i	b_i	r_i
0	0	—	—	—
1	1	1	0	20
2	2	1	1	20 - 1 - 0 = 19
3	4	2	2	19 - 1 - 1 = 17
4	5	1	1	17 - 2 - 2 = 13
5	8	3	0	13 - 1 - 1 = 11
6	9	4	1	11 - 3 - 0 = 8
7	12	2	1	8 - 4 - 1 = 3
max	15	—	—	3 - 2 - 1 = 0

앞서 언급했듯이, 위험 집합을 계산할 때 검열된 관측값의 정확한 값은 필요하지 않으며, 해당 값이 어느 구간에 속했는지만 알면 됩니다. 예를 들어, 7에서 검열된 관측값이 실제로 6에서 검열되었다고 하더라도, 결과적으로 위험에 위험 노출된 수는 변하지 않습니다(왜냐하면 b_4 = 1이라는 사실은 그대로 유지되기 때문입니다). □

만약 검열이 없어서 b_i = 0이 모든 i에 대해 성립한다면, 데이터는 완전하며 14.1절의 기법을 사용할 수 있습니다. 따라서, 이 섹션의 접근법은 일반화된 방식으로 볼 수 있습니다.

이제 경험적 분포 함수(empirical distribution function)의 잘 알려진 일반화를 직관적으로 유도하겠습니다. 이 추정치는 Kaplan-Meier 추정치 또는 곱 한계 추정치(product limit estimator)

라고 불립니다.

더 나아가, 이산 확률 변수 Y의 분포를 살펴보겠습니다. $y_1 < y_2 < \cdots < y_k$의 점들에서 정의된 경우, $p(y_j) = \Pr(Y = y_j)$라 하고, 생존 함수(survival function)는 다음과 같이 정의됩니다. ($i|y_i > y$는 $y_i > y$의 모든 i에 대해 합이나 곱을 택하는 것을 의미합니다.)

$$S(y) = \Pr(Y > y) = \sum_{i|y_i>y} p(y_i).$$

특히 $y = y_j$ ($j < k$)일 때, $S(y_k) = 0$입니다.

$$S(y_j) = \sum_{i=j+1}^{k} p(y_i),$$

또한 y_0의 정의로부터 $S(y_0) = 1$임을 알 수 있습니다.

정의 14.9 *이산 실패율 함수(discrete failure rate function)*는 다음과 같이 정의됩니다.

$$h(y_j) = \Pr(Y = y_j | Y \geq y_j) = p(y_j)/S(y_{j-1}), \quad j = 1, 2, \ldots, k.$$

따라서,

$$h(y_j) = \frac{S(y_{j-1}) - S(y_j)}{S(y_{j-1})} = 1 - \frac{S(y_j)}{S(y_{j-1})}$$

이로부터 다음과 같은 관계를 얻을 수 있습니다.

$$S(y_j)/S(y_{j-1}) = 1 - h(y_j)$$

따라서,

$$S(y_j) = \frac{S(y_j)}{S(y_0)} = \prod_{i=1}^{j} \frac{S(y_i)}{S(y_{i-1})} = \prod_{i=1}^{j} [1 - h(y_i)]$$

또한, $p(y_1) = h(y_1)$, 그리고 $j = 2, 3, \cdots, k$에 대해,

$$p(y_j) = h(y_j) S(y_{j-1}) = h(y_j) \prod_{i=1}^{j-1} [1 - h(y_i)]$$

추정치의 직관적 유도에 따라 $\lambda_j = h(y_j)$, $j = 1, 2, \cdots, k$를 미지의 모수로 보고 이를 비모수

(nonparametric)적인 최대우도(maximum likelihood) 기반의 접근법[3]으로 추정합니다. 자세한 논의는 Lawless [77]을 참고하십시오.

현재 데이터에서, y_j에서 검열되지 않은 s_j개의 관측값은 각각 $p(y_j)$를 우도(likelihood)에 기여하는데, 여기서 $p(y_1) = \lambda_1$와

$$p(y_j) = \lambda_j \prod_{i=1}^{j-1}(1-\lambda_i), \quad j = 2, 3, \ldots, k.$$

각 b_j개의 검열된 관측값은 다음을 우도에 기여합니다.

$$S(y_j) = \prod_{i=1}^{j}(1-\lambda_i), \quad j = 1, 2, \ldots, k-1$$

($y_i \le y < y_{j+1}$에 대하여 $S(y) = S(y_i)$를 기억하세요.)

그리고 y_k 이상에서의 b_k개의 검열된 관측값은,

$$S(y_k) = \prod_{i=1}^{k}(1-\lambda_i)$$

우도 함수는 모든 기여를 곱한 값으로 정의됩니다(모든 데이터 점이 독립적이라고 가정). 즉,

$$L(\lambda_1, \lambda_2, \ldots, \lambda_k) = \prod_{j=1}^{k}\left\{ \left[p(y_j)\right]^{s_j} \left[S(y_j)\right]^{b_j} \right\}$$

이를 λ_j에 대해 표현하면,

$$\begin{aligned} L(\lambda_1, \lambda_2, \ldots, \lambda_k) &= \lambda_1^{s_1} \left\{ \prod_{j=2}^{k} \left[\lambda_j \prod_{i=1}^{j-1}(1-\lambda_i) \right]^{s_j} \right\} \prod_{j=1}^{k} \left[\prod_{i=1}^{j}(1-\lambda_i) \right]^{b_j} \\ &= \left(\prod_{j=1}^{k} \lambda_j^{s_j} \right) \left[\prod_{j=2}^{k} \prod_{i=1}^{j-1} (1-\lambda_i)^{s_j} \right] \prod_{j=1}^{k} \prod_{i=1}^{j} (1-\lambda_i)^{b_j} \\ &= \left(\prod_{j=1}^{k} \lambda_j^{s_j} \right) \left[\prod_{i=1}^{k-1} \prod_{j=i+1}^{k} (1-\lambda_i)^{s_j} \right] \prod_{i=1}^{k} \prod_{j=i}^{k} (1-\lambda_i)^{b_j}, \end{aligned}$$

3 최대우도추정은 11장에서 다루었습니다. 미국 보험계리사협회(Society of Actuaries)의 장기 보험수리 수학(Long-Term Actuarial Mathematics) 시험을 준비하는 수험자들은 이 방법 자체에 대한 시험을 보지 않으며, 이 장에서 제시된 추정치에 대해서만 시험을 치르게 됩니다.

마지막 줄은 두 이중 곱(double product)의 곱셈 순서를 바꿔서 도출된 것입니다.

따라서,

$$\begin{aligned} L(\lambda_1, \lambda_2, \ldots, \lambda_k) &= \left(\prod_{j=1}^{k} \lambda_j^{s_j}\right)(1-\lambda_k)^{b_k} \prod_{i=1}^{k-1}(1-\lambda_i)^{b_i + \sum_{m=i+1}^{k}(s_m+b_m)} \\ &= \left(\prod_{j=1}^{k} \lambda_j^{s_j}\right)(1-\lambda_k)^{b_k} \prod_{i=1}^{k-1}(1-\lambda_i)^{b_i + \sum_{m=i+1}^{k}(r_m-r_{m+1})} \\ &= \left(\prod_{j=1}^{k} \lambda_j^{s_j}\right)(1-\lambda_k)^{r_k-s_k} \prod_{i=1}^{k-1}(1-\lambda_i)^{b_i+r_{i+1}-r_{k+1}} \end{aligned}$$

$r_{k+1} = 0$이고 $b_i + r_{i+1} = r_i - s_i$이다. 따라서,

$$\begin{aligned} L(\lambda_1, \lambda_2, \ldots, \lambda_k) &= \left(\prod_{j=1}^{k} \lambda_j^{s_j}\right)(1-\lambda_k)^{r_k-s_k} \prod_{i=1}^{k-1}(1-\lambda_i)^{r_i-s_i} \\ &= \prod_{j=1}^{k} \lambda_j^{s_j}(1-\lambda_j)^{r_j-s_j} \end{aligned}$$

이 우도 함수는 k개의 독립적인 이항(binomial) 분포의 우도와 같은 형태를 가집니다. 즉, $s_1, s_2, \cdots, s_k$가 $m = r_j$, $q = \lambda_j$를 가지는 k개의 독립적인 이항 관측값의 실현(realizations)인 경우와 동일한 우도입니다. 따라서 λ_j의 최대우도 추정치(최대가능도 추정치) $\hat{\lambda}$는, 로그를 취하여 다음으로 진행됩니다.

$$l(\lambda_1, \lambda_2, \ldots, \lambda_k) = \ln L(\lambda_1, \lambda_2, \ldots, \lambda_k) = \sum_{j=1}^{k}\left[s_j \ln \lambda_j + (r_j - s_j)\ln(1-\lambda_j)\right]$$

$$\frac{\partial l}{\partial \lambda_j} = \frac{s_j}{\lambda_j} - \frac{r_j - s_j}{1-\lambda_j}, \quad j = 1, 2, \ldots, k.$$

0으로 놓으면 $\hat{\lambda} = s_j/r_j$.

$y = y_k$일 때, Kaplan-Meier 추정치 $S_n(y)$는 λ_j를 $\hat{\lambda}$로 대체하여 얻어집니다. $S(y) = S(y_j)$ $(y_j \le y < y_{j+1})$임을 고려하면,

$$S_n(y) = \begin{cases} 1, & y < y_1, \\ \prod_{i=1}^{j}(1-\hat{\lambda}_i) = \prod_{i=1}^{j}\left(1-\frac{s_i}{r_i}\right), & y_j \le y < y_{j+1}, \quad j = 1, 2, \ldots, k-1, \\ \prod_{i=1}^{k}(1-\hat{\lambda}_i) = \prod_{i=1}^{k}\left(1-\frac{s_i}{r_i}\right), & y_k \le y < y_{\max}. \end{cases}$$

이를 간단히 표현하면,

$$S_n(y) = \prod_{i|y_i \le y} (1 - \hat{\lambda}_i) \quad \text{for} \quad y < y_{\max}$$

$y_{\max} = y_k$일 경우, $y_k \le y < y_{\max}$는 $y = y_k$ 로 해석합니다.

예제 14.6

예제 14.5의 데이터를 사용하여 $S(y)$에 대한 Kaplan-Meier 추정치를 구하십시오. $s_7 = 3$이고 $b_7 = 0$일 경우 결과가 어떻게 달라지는지도 명시하십시오.

계산 결과는 표 14.10에 나타나 있습니다. 추정된 생존 함수는 다음과 같습니다.

$$S_{20}(y) = \begin{cases} = 1, & y < 1, \\ = 0.950, & 1 \le y < 2, \\ = 0.900, & 2 \le y < 4, \\ = 0.794, & 4 \le y < 5, \\ = 0.737, & 5 \le y < 8, \\ = 0.533, & 8 \le y < 9, \\ = 0.167, & 9 \le y < 12, \\ = 0.089, & 12 \le y < 15. \end{cases}$$

표 14.10 The Kaplan-Meier estimates for Example 14.6

i	y_i	s_i	r_i	$\hat{S}_n(y_i)$
1	1	1	20	1 − 1/20 = 0.950
2	2	1	19	0.95(1 − 1/19) = 0.900
3	4	2	17	0.9(1 − 2/17) = 0.794
4	5	1	13	0.794(1 − 1/13) = 0.733
5	8	3	11	0.733(1 − 3/11) = 0.533
6	9	4	8	0.533(1 − 4/8) = 0.267
7	12	2	3	0.267(1 − 2/3) = 0.089

값이 $s_7 = 3$이고 $b_7 =$ 로 변경되면, $y_{\max} = y_7 = 12$이고, $y = 12$에서 $S_{20}(y) = 0.267(1-3/3) = 0$입니다. □

우리는 이제 $y \geq y_{\max}$에서의 추정에 대해 논의합니다. 우선, $s_k = r_k$(y_k에서 검열된 관측값이 없을 경우)라면, $S_n(y_k) = 0$이고, $y \geq y_k$에 대해 $S_n(y_k) = 0$인 것이 명백히 유일한 선택입니다.

그러나 이전 예제와 같이 $S_n(y_k) > 0$인 경우, $y \geq y_{\max}$에서 $S(y)$를 추정할 경험적 데이터가 없으므로, 꼬리 추정(tail correction)이 필요합니다. 아래는 세 가지 일반적인 외삽법(extrapolation)입니다.

- Efron의 꼬리 추정(Efron's tail correction) [31]

  $y \geq y_{\max}$에 대해 $S_n(y) = 0$이라고 가정합니다.
- Klein과 Moeschberger의 추정 [70, p. 118]

  $y_k \leq y < \gamma$ 에 대해 $S_n(y) = S_n(y_k)$이고, $y < \gamma$에 대해 $S_n(y) = 0$이라고 가정합니다. 여기서 $\gamma > y_{\max}$는 기본 확률 변수의 타당한 상한값입니다. 예를 들어, 인간 사망률 연구에서는 이 상한값이 120세일 수 있습니다.
- Brown, Hollander, 그리고 Korwar의 지수 꼬리 추정 [18]

  $S_n(y_{\max}) = S_n(y_k)$에서 $S_n(y) = \exp[-\hat{\beta}y]$라고 가정합니다.

  $y = y_{\max}$일 때, $\hat{\beta} = -\ln S_n(y_k)/y_{\max}$이며, 따라서

$$S_n(y) = e^{y[\ln S_n(y_k)]/y_{\max}} = \left[S_n(y_k)\right]^{y/y_{\max}}, \quad y \geq y_{\max}$$

예제 14.7

예제 14.6에서 사용된 데이터에 대해 세 가지 꼬리 보정 방법을 적용하십시오. $\gamma = 22$로 가정하십시오.

Efron의 방법에서는 $S_{20}(y) = 0(y \geq 15)$입니다.

$\gamma = 22$일 때, Klein과 Moeschberger의 방법에서는 $S_{20}(y) = 0.089(15 \leq y < 22)$이고, $S_{20}(y) = 0(y \geq 22)$입니다. 지수 꼬리 보정(Exponential Tail Correction)에서는 $S_{20}(y) = (0.089)^{y/15}(y \geq 15)$입니다. □

만약 검열된 데이터가 없어서 모든 $b_i = 0$이라면, $r_{i+1} = r_i - s_i$이고, $y_j \leq y < y_{j+1}$에서:

$$S_n(y) = \prod_{i=1}^{j}\left(\frac{r_i - s_i}{r_i}\right) = \prod_{i=1}^{j}\frac{r_{i+1}}{r_i} = \frac{r_{j+1}}{r_1}$$

이 경우, r_{j+1}은 y를 초과하는 관측값의 수이고, $r_1 = n$입니다. 따라서, 검열이 없을 경우

Kaplan-Meier 추정치는 이전 섹션에서 다룬 경험적 추정치로 축소됩니다.

Kaplan-Meier 추정치의 대안으로, Nelson-Aalen 추정치가 가끔 사용됩니다. 추정치를 유도하기 위해 다음을 고려합니다: $S(y)$가 실패율 $h(y)$를 가진 연속 분포의 생존 함수라면,

$$-\ln S(y) = H(y) = \int_0^y h(t)dt$$

는 누적 위험률 함수(cumulative hazard rate function)로 불립니다.

이산형 상황에서는 현재 맥락에서 다음과 같이 주어집니다.

$$\sum_{i|y_i \le y} \lambda_i$$

여기서 λ_i를 $\hat{\lambda}_i = s_i/r_i$로 대체하여 추정할 수 있습니다. 따라서 $H(y)$의 Nelson-Aalen 추정치는 $y < y_{\max}$에 대해 다음과 같이 정의됩니다.

$$\hat{H}(y) = \begin{cases} 0, & y < y_1, \\ \sum_{i=1}^{j} \hat{\lambda}_i = \sum_{i=1}^{j} \frac{s_i}{r_i}, & y_j \le y < y_{j+1}, \quad j = 1, 2, \ldots, k-1, \\ \sum_{i=1}^{k} \hat{\lambda}_i = \sum_{i=1}^{k} \frac{s_i}{r_i}, & y_k \le y < y_{\max}. \end{cases}$$

즉,

$$\hat{H}(y) = \sum_{i|y_i \le y} \hat{\lambda}_i \text{ for } y < y_{\max}$$

Nelson-Aalen 생존 함수 추정치는 다음과 같이 정의됩니다.

$$\hat{S}(y) = \exp(-\hat{H}(y))$$

합산 기호 아래의 표기법은 $\hat{\lambda}_i$ 값을 $y_i \le y$인 경우에만 포함해야 함을 나타냅니다. $y \ge y_{\max}$에서는 Kaplan-Meier 추정치의 경우와 유사하게 앞서 논의한 꼬리 보정을 적용해야 합니다. Kaplan-Meier 추정치와 달리, $\hat{S}(y_k) > 0$이므로 항상 꼬리 보정이 필요합니다.

예제 14.8

예제 14.6의 데이터에 대해 Nelson-Aalen 추정치를 구하십시오. 여전히 γ = 22로 가정하십시오.

누적 위험률 함수의 추정치는 표 14.11에 나와 있습니다. 추정된 생존 함수는 다음과 같습니다.

표 14.11 The Nelson-Å alen estimates for Example 14.8

i	y_i	s_i	r_i	$\hat{H}_n(y_i)$
1	1	1	20	1/20 = 0.050
2	2	1	19	0.05 + 1/19 = 0.103
3	4	2	17	0.103 + 2/17 = 0.220
4	5	1	13	0.220 + 1/13 = 0.297
5	8	3	11	0.297 + 3/11 = 0.570
6	9	4	8	0.570 + 4/8 = 1.070
7	12	2	3	1.070 + 2/3 = 1.737

$$\hat{S}_{20}(y) = \begin{cases} = 1, & y < 1, \\ = e^{-0.050} = 0.951, & 1 \le y < 2, \\ = e^{-0.103} = 0.902, & 2 \le y < 4, \\ = e^{-0.220} = 0.803, & 4 \le y < 5, \\ = e^{-0.297} = 0.743, & 5 \le y < 8, \\ = e^{-0.570} = 0.566, & 8 \le y < 9, \\ = e^{-1.070} = 0.343, & 9 \le y < 12, \\ = e^{-1.737} = 0.176, & 12 \le y < 15. \end{cases}$$

꼬리 보정(tail correction)과 관련하여,

- Efron의 방법에서는 $S_{20}(y) = 0,\ y \ge 15$입니다.
- Klein과 Moeschberger의 방법에서는 $S_{20}(y) = 0.176,\ 15 \le y < 22,\ S_{20}(y) = 0,\ y \ge 22$입니다.
- 지수 꼬리 보정에서는 $S_{20}(y) = (0.176)^{y/15},\ y \ge 15$입니다. □

두 추정치(Kaplan-Meier와 Nelson-Aalen)의 품질 평가를 위해서 이제 분산 추정 과정을 고려합시다. $y < y_{\max}$에 대해 Kaplan-Meier 추정치는 다음과 같이 표현됩니다.

$$S_n(y) = \prod_{i|y_i \le y} \left(1 - \hat{\lambda}_i\right)$$

이는 $\hat{\lambda}_i s$의 함수입니다. 따라서 $S_n(y)$의 분산을 추정하려면 먼저 $(\hat{\lambda}_1, \hat{\lambda}_2, \ldots, \hat{\lambda}_k)$의 공분산 행렬을 추정해야 합니다. 이는 "우도(likelihood)"를 사용하여 표준 우도 기법으로 추정됩니다. 우도 함수는 다음과 같습니다.

$$L\left(\lambda_1, \lambda_2, \ldots, \lambda_k\right) = \prod_{j=1}^{k} \lambda_j^{s_j} (1 - \lambda_j)^{r_j - s_j}$$

따라서 로그 우도 $l = \ln L$는 다음을 만족합니다.

$$l\left(\lambda_1, \lambda_2, \ldots, \lambda_k\right) = \sum_{j=1}^{k}\left[s_j \ln \lambda_j + (r_j - s_j)\ln(1-\lambda_j)\right]$$

1차 및 2차 도함수는

$$\frac{\partial l}{\partial \lambda_i} = \frac{s_i}{\lambda_i} - \frac{r_i - s_i}{1-\lambda_i}, \quad i = 1, 2, \ldots, k,$$

$$\frac{\partial^2 l}{\partial \lambda_i^2} = -\frac{s_i}{\lambda_i^2} - \frac{r_i - s_i}{\left(1-\lambda_i\right)^2}$$

이를 $\lambda_i = \hat{\lambda}_i = s_i/r_i$로 대체하면

$$\frac{\partial^2 l}{\partial \lambda_i^2}\Big|_{\lambda_i=\hat{\lambda}_i} = -\frac{s_i}{\hat{\lambda}_i^2} - \frac{r_i - s_i}{(1-\hat{\lambda}_i)^2} = -\frac{r_i^3}{s_i(r_i - s_i)}.$$

$i \neq m$일 경우:

$$\frac{\partial^2 l}{\partial \lambda_i \partial \lambda_m} = 0.$$

따라서, 최대우도 추정치에서 계산된 관측 정보(observed information)는 대각 행렬이 되며, 이를 역행렬로 변환하면 다음을 얻습니다.

$$\mathrm{Var}(\hat{\lambda}_i) \doteq \frac{s_i(r_i - s_i)}{r_i^3} = \frac{\hat{\lambda}_i(1-\hat{\lambda}_i)}{r_i}, \quad i = 1, 2, \ldots, k,$$

$$\mathrm{Cov}(\hat{\lambda}_i, \hat{\lambda}_m) \doteq 0, \quad i \neq m.$$

이 결과는 이항(binomial) 형태의 우도로부터 직접적으로 도출됩니다.

주어진 문제로 돌아가, 델타 방법(delta method)[4]을 사용하여 $f(\hat{\theta})$의 근사 분산은 다음과 같이 나타낼 수 있습니다. $f(\hat{\theta})$ as $\mathrm{Var}[f(\hat{\theta})] \doteq [f'(\hat{\theta})]^2 \mathrm{Var}(\hat{\theta})$.여기서 는 추정치입니다.

이를 진행하기 위해 다음을 주목합니다.

---

4 델타 방법은 11.6절에서 다루었습니다. 미국 보험계리사협회(Society of Actuaries)의 장기 보험수리 수학(Long-Term Actuarial Mathematics) 시험 응시자는 주어진 문제에 이 방법을 적용할 수 있을 필요는 없습니다. 이 장에서는 많은 분산 공식이 델타 방법으로 유도되었기 때문에 근사값이라는 점을 아는 것이 중요합니다.

$$\ln S_n(y) = \sum_{i|y_i \le y} \ln(1 - \hat{\lambda}_i),$$

그리고 $\hat{\lambda}_i$들이 서로 거의 상관관계가 없다고 가정하면,

$$\text{Var}[\ln S_n(y)] \doteq \sum_{i|y_i \le y} \text{Var}[\ln(1 - \hat{\lambda}_i)].$$

$f(x) = \ln(1 - x)$를 선택하면,

$$\text{Var}[\ln(1 - \hat{\lambda}_i)] \doteq \frac{\text{Var}(\hat{\lambda}_i)}{(1 - \hat{\lambda}_i)^2} \doteq \frac{\hat{\lambda}_i}{r_i(1 - \hat{\lambda}_i)} = \frac{s_i}{r_i(r_i - s_i)},$$

따라서,

$$\text{Var}[\ln S_n(y)] \doteq \sum_{i|y_i \le y} \frac{s_i}{r_i(r_i - s_i)}.$$

$S_n(y) = \exp[\ln S_n(y)]$임을 고려하여, $f(x) = \exp(x)$인 경우의 델타 방법을 사용하면,

$$\text{Var}[S_n(y)] \doteq \{\exp[\ln S_n(y)]\}^2 \text{Var}[\ln S_n(y)] = [S_n(y)]^2 \text{Var}[\ln S_n(y)]$$

이는 추정치의 최종 버전인 다음을 제공합니다.

$$\widehat{\text{Var}}[S_n(y)] = [S_n(y)]^2 \sum_{i|y_i \le y} \frac{s_i}{r_i(r_i - s_i)} \tag{14.2}$$

식 (14.2)는 모든 경우에 대해 $y < y_{\max}$일 때 성립합니다. 그러나, $y_{\max} = y_k$ (즉, 마지막 검열되지 않은 관찰 이후에는 검열된 관찰이 없는 경우)라면, 이는 $y \le y_{\max} = y_k$일 때 성립합니다. 따라서 이 공식은 항상 $y \le y_k$에 대해 성립합니다.

식 (14.2)는 $S_n(y)$의 분산에 대한 Greenwood 근사(approximation)로 알려져 있으며, 실제 분산을 과소평가하는 경향이 있는 것으로 알려져 있습니다. 만약 검열이 없고, $y_j \le y < y_{j+1}$이라면, Greenwood 근사는 다음과 같이 제공됩니다.

$$\widehat{\text{Var}}[S_n(y)] = \widehat{\text{Var}}[S_n(y_j)] = \left[S_n(y_j)\right]^2 \sum_{i=1}^{j} \frac{s_i}{r_i(r_i - s_i)}$$

이는 검열이 없기 때문에 $r_{i+1} = r_i * s_i$를 사용하여 다음과 같이 표현될 수 있습니다.

$$\widehat{\text{Var}}[S_n(y)] = [S_n(y_j)]^2 \sum_{i=1}^{j} \left(\frac{1}{r_i - s_i} - \frac{1}{r_i} \right)$$
$$= [S_n(y_j)]^2 \sum_{i=1}^{j} \left(\frac{1}{r_{i+1}} - \frac{1}{r_i} \right)$$

$r_1 = n$이므로, 이 합은 다음과 같이 간단해집니다.

$$\widehat{\text{Var}}[S_n(y)] = [S_n(y_j)]^2 \left(\frac{1}{r_{j+1}} - \frac{1}{r_1} \right)$$
$$= [S_n(y_j)]^2 \left[\frac{1}{nS_n(y_j)} - \frac{1}{n} \right]$$
$$= \frac{S_n(y_j)[1 - S_n(y_j)]}{n}$$

이는 Section 14.1에서 델타 방법을 사용하지 않고 도출된 동일한 추정치입니다. $r_k = s_k$ (즉, $S_n(y_k) = 0$)인 경우에는 Greenwood 근사를 사용하여 $S_n(y_k)$의 분산을 추정할 수 없습니다. 이 경우, 분모에서 $r_k - s_k$를 r_k로 대체하는 경우가 많습니다. 이제 Nelson-Aalen 추정기로 넘어가면,

$$\hat{H}(y) = \sum_{i|y_i \le y} \hat{\lambda}_i$$

이며, Kaplan-Meier에서 사용된 동일한 논리 하에 다음을 의미함에 따라

$$\text{Var}[\hat{H}(y)] \doteq \sum_{i|y_i \le y} \text{Var}(\hat{\lambda}_i)$$

이를 제공함을 의미합니다.

$$\widehat{\text{Var}}[\hat{H}(y)] = \sum_{i|y_i \le y} \frac{s_i(r_i - s_i)}{r_i^3} \tag{14.3}$$

이는 Klein 추정치로 알려져 있습니다. Aalen에 의해 제안된 일반적으로 사용되는 대체 추정치는 분자에서 $r_k - s_k$를 r_i로 대체하여 얻어집니다.

우리는 일반적으로 $H(t)$보다 $S(t)$에 더 관심이 있습니다.

$\hat{S}(y) = \exp[-\hat{H}(y)]$이기 때문에, $f(x) = e^{-x}$인 델타 방법을 사용하면 Klein 생존 함수 추정치는 다음과 같습니다.

$$\mathrm{Var}[\hat{S}(y)] \doteq [\exp(-\hat{H}(y))]^2 \widehat{\mathrm{Var}}[\hat{H}(y)],$$

즉, 추정된 분산은 다음과 같습니다.

$$\widehat{\mathrm{Var}}[\hat{S}(y)] = [\hat{S}(y)]^2 \sum_{i|y_i \le y} \frac{s_i(r_i - s_i)}{r_i^3}, \quad y < y_{\max}$$

예제 14.9

예제 14.5의 데이터에 대해, Kaplan-Meier 추정치 $S(2)$ 및 $S(9)$와 Nelson-Aalen 추정치 $S(2)$의 분산을 추정합니다.

Kaplan-Meier 추정치에 대해,

$$\begin{aligned}\widehat{\mathrm{Var}}[S_{20}(2)] &= [S_{20}(2)]^2 \left[\frac{1}{20(19)} + \frac{1}{19(18)}\right] \\ &= (0.90)^2(0.00556) \\ &= 0.0045,\end{aligned}$$

$$\begin{aligned}\widehat{\mathrm{Var}}[S_{20}(9)] &= [S_{20}(9)]^2 \left[\frac{1}{20(19)} + \frac{1}{19(18)} + \frac{2}{17(15)} + \frac{1}{13(12)} + \frac{3}{11(8)} + \frac{4}{8(4)}\right] \\ &= (0.26656)^2(0.17890) \\ &= 0.01271,\end{aligned}$$

그리고 Nelson-Aalen 추정치에 대해,

$$\begin{aligned}\widehat{\mathrm{Var}}[\hat{S}(2)] &= [\hat{S}(2)]^2 \left[\frac{1(19)}{(20)^3} + \frac{1(18)}{(19)^3}\right] \\ &= (0.90246)^2(0.00500) \\ &= 0.00407.\end{aligned}$$

□

분산 추정치는 $y \ge y_{\max}$의 경우 꼬리 보정(tail correction)에 따라 달라집니다. Efron 방법은 0의 추정치를 제공하며, 이는 현재 맥락에서는 관심 대상이 아닙니다. Kaplan-Meier 사례에서의 지수 꼬리 보정(exponential tail correction)에 대해, $y \ge y_{\max}$에서 $S_n(y)=S_n(y_k)^{y/y\max}$이고,

델타 방법(함수 $f(x)=x^{y/y_{max}}$을 사용하면 다음과 같은 결과를 얻습니다.

$$\begin{aligned}\widehat{\text{Var}}[S_n(y)] &= \left[\frac{y}{y_{\max}} S_n(y_k)^{\frac{y}{y_{\max}}-1}\right]^2 \widehat{\text{Var}}[S_n(y_k)] \\ &= \left(\frac{y}{y_{\max}}\right)^2 [S_n(y)]^2 \sum_{i=1}^{k} \frac{s_i}{r_i(r_i - s_i)} \\ &= \left(\frac{y}{y_{\max}}\right)^2 \left[\frac{S_n(y)}{S_n(y_k)}\right]^2 \widehat{\text{Var}}[S_n(y_k)].\end{aligned}$$

우도(likelihood) 방법은 일반적으로 추정치의 점근적 정규성(asymptotic normality)을 초래하며, 이는 Kaplan-Meier와 Nelson-Aalen 추정치에도 적용됩니다. 예제 14.9의 결과를 사용하여 $S(9)$에 대한 대략적인 95% 신뢰구간은 다음과 같이 주어집니다.

$$S_{20}(9) \pm 1.96\sqrt{\{\text{Var}[S_{20}(9)]\}} = 0.26656 \pm 1.96\sqrt{0.01271} = (0.04557, 0.48755)$$

$S(2)$에 대해, Nelson-Aalen 추정치는 다음과 같은 신뢰구간을 제공합니다.

$$0.90246 \pm 1.96\sqrt{0.00407} = (0.77740, 1.02753)$$

Kaplan-Meier 추정치를 기반으로 한 신뢰구간은 다음과 같습니다.

$$0.90 \pm 1.96\sqrt{0.0045} = (0.76852, 1.03148)$$

분명히, $S(2)$에 대한 두 신뢰구간 모두 만족스럽지 않으며, 둘 다 1보다 큰 값을 포함합니다.

대안적 접근 방식은 다음과 같이 성립할 수 있습니다.

Kaplan-Meier 추정치를 예로 들면, $Y = \ln[-\ln S_n(y)]$로 두고, 델타 방법을 사용하여 Y의 분산을 다음과 같이 근사할 수 있습니다. 관심 있는 함수는 $f(x) = \ln(-\ln x)$입니다. 이 함수의 도함수는 다음과 같습니다.

$$f'(x) = \frac{1}{-\ln x}\frac{-1}{x} = \frac{1}{x \ln x}$$

델타 방법에 따르면,

$$\widehat{\text{Var}}(Y) = \{f'[S_n(y)]\}^2 \text{Var}[S_n(y)] = \frac{\text{Var}[S_n(y)]}{[S_n(y) \ln S_n(y)]^2}$$

따라서 $\theta = \ln[-\ln S(y)]$에 대한 대략적인 95% 신뢰구간은 다음과 같습니다.

$$\ln[-\ln S_n(y)] \pm 1.96\frac{\sqrt{\widehat{\text{Var}}[S_n(y)]}}{S_n(y)\ln S_n(y)}$$

$S_n(y) = \exp(-e^Y)$이므로, 이 공식의 각 끝점을 평가하면 $S(y)$에 대한 신뢰구간을 제공합니다. 상한은 다음과 같습니다 $\hat{v} = \widehat{\text{Var}}[S_n(y)]$)

$$\exp\left\{-e^{\ln[-\ln S_n(y)]+1.96\sqrt{\hat{v}}/[S_n(y)\ln S_n(y)]}\right\} = \exp\left\{[\ln S_n(y)]e^{1.96\sqrt{\hat{v}}/[S_n(y)\ln S_n(y)]}\right\}$$
$$= S_n(y)^U, \quad U = \exp\left[\frac{1.96\sqrt{\hat{v}}}{S_n(y)\ln S_n(y)}\right]$$

유사하게, 하한은 $S_n(y)^{1/U}$입니다. 이 신뢰구간은 항상 0-1 범위 내에 있으며, **로그 변환 신뢰구간(log-transformed confidence interval)**이라고 합니다.

예제 14.10

예제 14.9에서 Kaplan-Meier 추정치를 기반으로 $S(2)$에 대한 95% 로그 변환 신뢰구간을 작성합니다.

이 경우, $S_{20}(2) = 0.9$이고,

$$U = \exp\left[\frac{1.96(0.06708)}{0.90\ln 0.90}\right] = 0.24994$$

따라서 하한은 $(0.90)^{1/U} = 0.65604$이고, 상한은 $(0.90)^U = 0.97401$입니다. □

Nelson-Aalen 추정치를 기반으로 $H(y)$에 대한 유사한 로그 변환 신뢰구간의 끝점은 $\hat{H}(y)U$이며, 여기서

$$U = \exp[\pm 1.96\sqrt{\widehat{\text{Var}}[\hat{H}(y)]}/\hat{H}(y)]$$

이 끝점들의 음수를 지수 함수로 변환하면 $S(y)$에 대한 해당 신뢰구간을 제공합니다.

예제 14.11

예제 14.9에서 Nelson-Aalen 추정치를 기반으로 $H(2)$에 대한 95% 선형 및 로그 변환 신뢰구간을 작성합니다. 그런 다음 $S(2)$에 대한 95% 로그 변환 신뢰구간을 작성합니다.

식 (14.3)으로부터, $H(2)$에 대한 95% 선형 신뢰구간은 다음과 같습니다.

$$0.10263 \pm 1.96\sqrt{\frac{1(19)}{(20)^3} + \frac{1(18)}{(19)^3}} = 0.10263 \pm 1.96\sqrt{0.00500}$$
$$= (-0.03595, 0.24121)$$

이 신뢰구간에는 음수 값이 포함됩니다.

로그 변환 신뢰구간의 경우,

$$U = \exp[\pm 1.96\sqrt{0.00500}/0.10263]$$
$$= 0.25916 \text{ and } 3.8586.$$

신뢰구간은 다음과 같습니다.

$$(0.10263)(0.25916) = 0.02660 \text{ to } (0.10263)(3.85865) = 0.39601.$$

이에 대응하는 $S(2)$에 대한 신뢰구간은 다음과 같습니다:

$$\exp(-0.39601) = 0.67300 \text{ to } \exp(-0.02660) = 0.97375.$$

□

14.3.1 연습 문제

14.10 (*)다섯 개의 무작위로 선택된 자동차 보험 계약에 대한 첫 번째 손실액 청구 시간이 다음과 같이 주어졌습니다: 1, 2, 3, 4, 5. 나중에 이 다섯 개의 시간 중 하나가 실제로는 계약 해지 시간이라는 것이 알려졌지만, 어느 것이 해지 시간인지는 알려지지 않았습니다. 첫 번째 손실액 청구가 시간 4 이후에 발생할 확률 $S(4)$의 최솟값 추정치는 주어진 시간 중 어떤 것이 해지 시간에서 발생했는지에 따라 달라집니다.

14.11 (*)오른쪽 검열된 데이터가 있는 사망률 연구에 대해, 표 14.12의 정보를 사용하여 시간 12에서 Nelson-Aalen 추정치를 기반으로 생존 함수의 추정치를 계산하십시오.

표 14.12 The data for Exercise 14.11

Time	Number of deaths	Number at risk
t_j	s_j	r_j
5	2	15
7	1	12
10	1	10
12	2	6

14.12 (*)n명을 출생 시점부터 관찰했습니다. 관찰된 사람 중 검열된 사람은 없으며, 동일한 나이에 사망한 두 사람도 없습니다. 9번째 사망 시점에서 누적 해저드율(Nelson-Aalen 추정치)은 0.511이고, 10번째 사망 시점에서는 0.588입니다. 3번째 사망 시점에서 생존 함수의 값을 추정하십시오.

14.13 (*)연구 대상자는 모두 출생 시점부터 연구에 참여했지만, 일부는 사망 외의 이유로 연구를 종료할 수 있습니다. 3번째 사망 시점에 사망자는 1명이었고 (s_3 = 1), 4번째 사망 시점에 사망자는 2명, 5번째 사망 시점에 사망자는 1명이었습니다. 다음과 같은 추정치가 주어졌습니다: $S_n(y_3)$ = 0.72, $S_n(y_4)$ =0.60, $S_n(y_5)$ =0.50. y_4와 y_5 사이에 검열된 관찰 횟수를 결정하십시오. 사망 시점에는 관찰이 검열되지 않았다고 가정합니다.

14.14 (*)사망률 연구에서는 오른쪽 검열된 데이터만 존재하며, 왼쪽 절단 데이터는 없습니다. 다음 연령에서 사망하지 않은 위험 집단(risk set) 크기가 주어졌습니다: 3세(50), 5세(49), 6세(k), 10세(21). 해당 연령에서 관찰된 사망자 수는 각각 1명, 3명, 5명, 7명입니다. 시간 10에서 생존 함수의 Nelson-Aalen 추정치가 0.575일 때, k의 값을 결정하십시오.

14.15 (*)다음과 같은 관찰 값이 주어졌습니다: 2500, 2500, 2500, 3617, 3662, 4517, 5000, 5000, 6010, 6932, 7500, 7500. 절단(truncation)은 불가능합니다.

(1) 모든 관찰값이 검열되지 않았다고 가정할 때, 시간 7000에서 누적 위험률 함수(Nelson-Aalen 추정치)를 구하십시오.

(2) 관찰값 2500, 5000, 7500이 오른쪽 검열된 값이라고 가정할 때, 동일한 추정치를 구하십시오.

14.16 (*)데이터 세트에 절단된 관찰은 없습니다. 일부는 오른쪽 검열되었습니다. 주어진 정보: s_3 = 1, s_4 = 3, Kaplan-Meier 추정치 $S_n(y_3)$ =0.65, $S_n(y_4)$ = 0.50, $S_n(y_5)$

= 0.25. y_4와 y_5 사이에 6개의 오른쪽 검열된 관찰이 있으며, 검열된 값이 검열되지 않은 값과 동일하지 않다고 가정합니다. s_5를 결정하십시오.

14.17 데이터 세트 A가 주어졌습니다. 두 번 이상의 사고가 발생할 확률의 경험적 추정치를 구하고, 그 분산을 추정하십시오.

14.18 (*)10명의 개인이 출생 시점부터 관찰되었습니다. 모두 사망 시점까지 관찰되었습니다. 표 14.13은 사망 연령을 나타냅니다.

- V_1: ${}_3\hat{q}_7$의 조건부 분산(어떠한 분포 가정 없이 계산된 경우).
- V_2: 생존 함수가 $S(t) = 1 - t/15$로 알려져 있을 때의 ${}_3\hat{q}_7$의 조건부 분산. $V_1 - V_2$ 값을 구하십시오.

표 14.13 The data for Exercise 14.18

Age	Number of deaths
2	1
3	1
5	1
7	2
10	1
12	2
13	1
14	1

14.19 (*)관찰값은 검열될 수 있지만 절단(truncation)은 없습니다. y_j와 y_{j+1}는 연속적인 사망 연령입니다.

- Klein 추정치를 사용하여 $H(y_j)$의 95% 선형 신뢰구간이 (0.07125,0.22875).
- $H(y_{j+1})$에 대한 유사한 신뢰구간은 (0.15985,0.38257).

s_{j+1}을 구하십시오.

14.20 (*)50명을 대상으로 사망률 연구가 수행되었습니다. 모두 0세부터 관찰되었습니다.

- 15세: 2명 사망
- 17세: 3명 검열
- 25세: 4명 사망
- 30세: c명 검열
- 32세: 8명 사망

- 40세: 2명 사망

Kaplan-Meier 추정치 S와 Greenwood 근사를 통한 추정치 분산 V가 주어졌습니다. $V/S^2 = 0.011467$인 경우 c의 값을 구하십시오.

14.21 (*)암 환자 15명이 진단 시점부터 사망 또는 36개월까지 관찰되었습니다. 사망은 다음과 같이 발생했습니다.

- 15개월: 2명 사망
- 20개월: 3명 사망
- 24개월: 2명 사망
- 30개월: d명 사망
- 34개월: 2명 사망
- 36개월: 1명 사망

H에 대한 Nelson-Aalen 추정치가 1.5641인 경우, Klein의 분산 추정치를 구하십시오.

14.22 (*)10건의 지급액이 다음과 같이 기록되었습니다: 4, 4, *5*, *5*, *5*, 8, *10*, *10*, 12, 15 이 중 기울임꼴(*Italic*)로 표시된 값은 보험 한도에서의 지급액입니다. 면책금액(deductibles)은 없습니다.

- $S(11)$의 Kaplan-Meier 추정치를 구하십시오.
- Greenwood 근사를 사용하여 분산을 추정하십시오.

14.23 (*)모든 관찰은 0일에 시작됩니다. 8건의 관찰값이 다음과 같이 주어졌습니다: *4*, *8*, 8, 12, *12*, 12, 22, 36 이 중 기울임꼴(*Italic*)로 표시된 값은 오른쪽 검열된 관찰입니다.

- $H(12)$에 대한 Nelson-Aalen 추정치를 구하십시오.
- Klein의 분산 추정치를 사용하여 90% 선형 신뢰구간을 구하십시오.

14.24 표 14.14의 데이터가 40개의 관찰값에 기반합니다. 일부 관찰값은 결측(dash)으로 표시되어 있으며 이를 유추해야 합니다.

(a) Kaplan-Meier 추정치 $S_{40}(y_i)$ ($i=1, 2, \cdots, 5$)를 계산하십시오.

(b) Nelson-Aalen 추정치 $\hat{H}(y_i)$ ($i=1, 2, \cdots, 5$)를 계산하십시오.

(c) Brown, Hollander, Korwar 방법을 사용하여 $S_{40}(24)$를 계산하십시오.

(d) Greenwood 근사를 사용하여 $\widehat{\mathrm{Var}}[S_{40}(15)]$를 계산하십시오.

(e) Kaplan-Meier 추정치를 사용하여 $S(15)$에 대한 95% 선형 신뢰구간을 계산하

십시오.

(f) Kaplan-Meier 추정치를 사용하여 $S(15)$에 대한 95% 로그 변환 신뢰구간을 계산하십시오.

표 14.14 The data for Exercise 14.24

i	y_i	s_i	b_i	r_i
1	4	3	—	40
2	6	—	3	31
3	9	6	4	23
4	13	4	—	—
5	15	2	4	6

14.25 표 14.15의 데이터가 50개의 관찰값에 기반합니다.

(a) Kaplan-Meier 추정치 $S_{50}(y_i)$ $(i = 1, 2, \cdots, 6)$를 계산하십시오.

(b) Nelson-Aalen 추정치 $\hat{S}(y_i)$ $(i = 1, 2, \cdots, 6)$를 계산하십시오.

(c) Efron의 꼬리 보정 및 Brown, Hollander, Korwar의 지수 꼬리 보정을 사용하여 $S_{50}(40)$를 계산하십시오.

(d) $\hat{S}(20)$에 대한 분산의 Klein 추정치를 계산하십시오.

(e) Nelson-Aalen 추정치를 기반으로 $H(20)$에 대한 95% 로그 변환 신뢰구간을 계산하십시오.

(f) Brown, Hollander, Korwar의 지수 꼬리 보정 방법을 사용하여 $\hat{S}(40)$의 분산을 추정하십시오.

표 14.15 The data for Exercise 14.25

i	y_i	s_i	b_i	r_i
1	3	3	6	50
2	5	7	4	41
3	7	5	2	30
4	11	5	3	23
5	16	6	4	15
6	20	2	3	5

14.26 추정치

$$\tilde{S}(y) = \prod_{i|y_i \le y} \phi\left(\hat{\lambda}_i\right)$$

여기서 ϕ는 미분 가능한 함수입니다.

(a) $\phi(x) = 1 - x$일 때 $\tilde{S}(y)$가 Kaplan-Meier 추정치 $S_n(y)$가 되고, $\phi(x) = e^{-x}$일 때 Nelson-Aalen 추정치 $\hat{S}(y)$가 됨을 보이십시오.

(b) 분산 추정치

$$\mathrm{Var}\left[\tilde{S}(y)\right] \approx \left[\tilde{S}(y)\right]^2 \sum_{i|y_i \le y} \left[\frac{\phi'\left(\hat{\lambda}_i\right)}{\phi\left(\hat{\lambda}_i\right)}\right]^2 \frac{s_i(r_i - s_i)}{r_i^3}$$

를 유도하십시오.

(c) 다음 정의에 따라,

$$\tilde{S}_m(y) = \prod_{i|y_i \le y} \phi_m\left(\hat{\lambda}_i\right) \text{ with } \phi_m(x) = \sum_{j=0}^{m} (-x)^j / j! \text{ for } m = 0, 1, 2, \ldots .$$

$\hat{S}(y) \le \tilde{S}_{2m}(y)(m = 0, 1, 2, \cdots)$과 $\hat{S}(y) \ge \tilde{S}_{2m+1}(y)(m = 0, 1, 2, \cdots)$이고, 따라서 특히

$\hat{S}(y) \ge S_n(y)$임을 증명하십시오.

Hint: 귀납법을 사용하여 $(-1)^m[\phi_m(x) - e^{-x}] \ge 0 (x \ge 0, m = 0, 1, 2, \cdots)$임을 증명하십시오.

14.4 모먼트의 경험적 추정 Empirical Estimation of Moments

이전 섹션에서는 확률 변수 Y의 생존 함수 $S(y)$ 또는 동등하게 누적 분포 함수 $F(y) = 1 - S(y)$의 추정에 초점을 맞췄습니다. 많은 보험계리 응용에서 순(raw) 모먼트와 같은 다른 양이 관심 대상이 될 수 있습니다. 이 맥락에서 중심적인 중요성을 가지는 값은 평균이며, 특히 손실 모델링에서 보험료 계산을 위해 중요합니다.

완전한 데이터 $Y_1, Y_2, \cdots, Y_n$에서 평균을 추정하기 위해, 명백한 (불편한) 추정치는 $\hat{\mu} = (Y_1 + Y_2 + \cdots Y_n)/n$입니다. 그러나, 이전 섹션의 오른쪽 검열 데이터를 포함한 불완전한 데이터의 경우, 다른 방법이 필요합니다. 우리는 이전 섹션에서 설명된 설정을 계속 가정하고, 거기서 얻은 $S(y)$에 대한 결과를 활용할 것입니다. 이를 위해, 비음수 값만 가지는 확률

변수에 대해 평균이 다음을 만족한다는 것을 상기합니다.

$$\mu = \mathrm{E}(Y) = \int_0^\infty S(y)\,dy$$

그리고 $S(y)$를 Kaplan-Meier 추정치 $S_n(y)$ 또는 Nelson-Aalen 추정치 $\hat{S}(y)$와 같은 추정치로 대체하여 μ를 경험적으로 추정할 수 있습니다. 접근 방식을 통일하기 위해, $y < y_{\max}$에 대해 섹션 14.3의 연습문제 14.26에서 제시된 추정치를 사용하여 $S(y)$를 추정한다고 가정합니다. 이 추정치는 다음과 같습니다.

$$\tilde{S}(y) = \prod_{i|y_i \le y} \phi(\hat{\lambda}_i),$$

여기서 Kaplan-Meier 추정치의 경우 $\phi(x) = 1 - x$이고, Nelson-Aalen 추정치의 경우 $\phi(x) = e^{-x}$입니다. 평균은 적분식에서 $S(y)$를 $\tilde{S}(y)$로 대체하여 계산됩니다. 이를 통해 다음 추정치를 얻습니다.

$$\tilde{\mu} = \int_0^\infty \tilde{S}(y)\,dy.$$

이를 편리하게 작성하면 다음과 같습니다.

$$\tilde{\mu} = \int_0^{y_{\max}} \tilde{S}(y)\,dy + \tilde{\tau}(y_{\max}),$$

여기서

$$\tau(x) = \int_x^\infty S(y)\,dy, \quad x \ge 0$$

$$\tilde{\tau}(x) = \int_x^\infty \tilde{S}(y)\,dy, \quad x \ge 0.$$

앞으로의 내용을 예상하며, $\tau(y_m)$를 $m = 1, 2, \cdots, k$에 대해 평가하고자 합니다. $m = k$인 경우, $S(y) = S(y_k) = \prod_{i=1}^{k} \phi(\lambda_i)$이고 $y_k \le y < y_{\max}$에서 성립합니다. 따라서,

$$\tau(y_k) = \tau(y_{\max}) + (y_{\max} - y_k) \prod_{i=1}^{k} \phi(\lambda_i)$$

$m = 1, 2, \cdots, k-1$에 대해 $\tau(y_m)$를 평가하려면, $S(y) = 1 (0 \le y < y_1)$이며 $y_j \le y < y_{j+1}$에서는 $S(y) = S(y_j) = \prod_{i=1}^{j} \phi(\lambda_i)$임을 상기해야 합니다. 따라서,

$$\begin{aligned}\tau(y_m) &= \tau(y_k) + \int_{y_m}^{y_k} S(y)\,dy \\ &= \tau(y_k) + \sum_{j=m+1}^{k} \int_{y_{j-1}}^{y_j} S(y)\,dy \\ &= \tau(y_k) + \sum_{j=m+1}^{k} \int_{y_{j-1}}^{y_j} S(y_{j-1})\,dy \\ &= \tau(y_k) + \sum_{j=m+1}^{k} \left(y_j - y_{j-1}\right) \prod_{i=1}^{j-1} \phi(\lambda_i).\end{aligned}$$

평균 μ를 평가하려면,

$$\mu = \int_0^{y_1} S(y)\,dy + \tau(y_1) = y_1 + \tau(y_1),$$

그리고 $m = 1, 2, \cdots, k-1$에 대해,

$$\tau(y_m) = \tau(y_{m+1}) + (y_{m+1} - y_m)S(y_m)$$

라는 재귀 공식이 $\tau(y_k)$부터 시작해 성립합니다.

추정치 자체에 대해, $\tilde{S}(y_j) = \prod_{i=1}^{j} \phi(\hat{\lambda}_i)$, 위의 식들은 $\tau(y_m)$를 $\tilde{\tau}(y_m)$,

$S(y)$를 $\tilde{S}(y)$, μ를 $\tilde{\mu}$로 대체해도 여전히 유효합니다.

평균 μ의 추정치는 명백히 $\tau(y_{max})$에 의존하며, 이는 꼬리 보정(tail correction), 즉 $y \geq y_{max}$에서의 $S(y)$에 따라 달라집니다. 만약 $y \geq y_{max}$에서 $S(y) = 0$이라면 (예: Efron의 꼬리 보정), $\tau(y_{max}) = 0$입니다. Klein 및 Moeschberger 방법에서는 $y_k \leq y < \gamma$에서 $S(y) = S(y_k)$, $y < \gamma$ 에서 $S(y) = 0$($\gamma > y_{max}$)로 설정되며,

$$\tau(y_{\max}) = \int_{y_{\max}}^{\gamma} S(y)\,dy + \int_{\gamma}^{\infty} S(y)\,dy = (\gamma - y_{\max})S(y_k)$$

Brown, Hollander, Korwar의 지수 꼬리 보정에서는 $y \geq y_{max}$ 에서 $S(y) = e^{-\beta y}$ 이고 $\beta = -\ln S(y_k)/y_{max}$입니다. 따라서,

$$\tau(y_{\max}) = \int_{y_{\max}}^{\infty} e^{-\beta y}\,dy = \frac{1}{\beta} e^{-\beta y_{\max}} = \frac{y_{\max} S(y_k)}{-\ln S(y_k)}$$

다음 예제는 모든 경험적 양이 추정치를 대입하여 얻어진 경우 $\tilde{\mu}$의 계산을 보여줍니다.

예제 14.12

다음은 예제 14.8의 Nelson-Aalen 추정치에 대한 평균 값을 세 가지 꼬리 보정 방법에 따라 계산한 결과입니다. 여전히 $\gamma = 22$로 가정합니다.

식은 $\tilde{\tau}(y_{\max}) = \tilde{\tau}(15)$로 표현됩니다.

$$\tilde{\tau}(y_7) = \tilde{\tau}(12) = (15-12)\hat{S}(12) + \tilde{\tau}(15) = 3(0.176) + \tilde{\tau}(15) = 0.528 + \tilde{\tau}(15),$$
$$\tilde{\tau}(y_6) = \tilde{\tau}(9) = (12-9)\hat{S}(9) + \tilde{\tau}(12) = 3(0.343) + \tilde{\tau}(12) = 1.557 + \tilde{\tau}(15),$$
$$\tilde{\tau}(y_5) = \tilde{\tau}(8) = (9-8)\hat{S}(8) + \tilde{\tau}(9) = 1(0.566) + \tilde{\tau}(9) = 2.123 + \tilde{\tau}(15),$$
$$\tilde{\tau}(y_4) = \tilde{\tau}(5) = (8-5)\hat{S}(5) + \tilde{\tau}(8) = 3(0.743) + \tilde{\tau}(8) = 4.352 + \tilde{\tau}(15),$$
$$\tilde{\tau}(y_3) = \tilde{\tau}(4) = (5-4)\hat{S}(4) + \tilde{\tau}(5) = 1(0.803) + \tilde{\tau}(5) = 5.155 + \tilde{\tau}(15),$$
$$\tilde{\tau}(y_2) = \tilde{\tau}(2) = (4-2)\hat{S}(2) + \tilde{\tau}(4) = 2(0.902) + \tilde{\tau}(4) = 6.959 + \tilde{\tau}(15),$$
$$\tilde{\tau}(y_1) = \tilde{\tau}(1) = (2-1)\hat{S}(1) + \tilde{\tau}(2) = 1(0.951) + \tilde{\tau}(2) = 7.910 + \tilde{\tau}(15).$$

따라서, $\tilde{\mu} = y_1 + \tilde{\tau}(y_1) = 1 + 7.910 + \tilde{\tau}(15) = 8.910 + \tilde{\tau}(15)$.

Efron의 방법: $\tilde{\tau}(15) = 0$이고, 따라서 $\tilde{\mu} = 8.910$.

Klein과 Moeschberger의 방법: $\tilde{\tau}(15) = (22-15)(0.176) = 1.232$,

따라서 $\tilde{\mu} = 8.910 + 1.232 = 10.142$.

지수 꼬리 보정: $\tilde{\tau}(15) = (15)(0.176)/(-\ln 0.176) = 1.520$,

따라서 $\tilde{\mu} = 8.910 + 1.520 = 10.43$ □

$\tilde{\mu}$의 분산을 추정하기 위해, $\tilde{\mu}$는 $\hat{\lambda} = (\hat{\lambda}_1, \hat{\lambda}_2, \ldots, \hat{\lambda}_k)$의 함수임을 알 수 있습니다. 이 경우, 우리는 이전 섹션에서 분산 행렬을 추정한 값을 가지고 있습니다. 특히, $\widehat{\mathrm{Var}}(\hat{\lambda})$는 $k \times k$ 대각 행렬로, 모든 비대각선 요소는 0입니다. 따라서 다변량 델타 방법을 사용하여, $1 \times k$ 행렬 A에서 j번째 항목 $\partial\mu/\partial\lambda_j$를 사용하면, 의 추정된 분산은 다음과 같습니다.

$$\mathrm{Var}(\tilde{\mu}) \doteq \sum_{m=1}^{k} \left(\frac{\partial\mu}{\partial\lambda_m}\right)^2 \mathrm{Var}(\hat{\lambda}_m)$$

그리고 $\partial\mu/\partial\lambda_m$을 $m = 1, 2, \cdots, k$에 대해 식별해야 합니다.

먼저, μ는 $\tau(y_k)$에 의존하며, 이는 $S(y_k) = \prod_{i=1}^{k} \phi(\lambda_i)$와 꼬리 보정에 의해서도 영향을 받습

니다. 따라서 우리는 $\partial\tau(y_k)/\partial\lambda_m$을 m = 1, 2,⋯, k에 대해 식으로 표현할 것입니다. 먼저 $\partial\mu/\partial\lambda_m$을 m = 1, 2,⋯, k-1에 대해 고려합니다. 그러면,

$$\mu = y_1 + \tau(y_1) = y_1 + \tau(y_k) + \sum_{j=2}^{k}(y_j - y_{j-1})\prod_{i=1}^{j-1}\phi(\lambda_i)$$

가 됩니다.

위의 식에서, λ_m은 합계의 첫 m - 1 항목에 나타나지 않으며, 즉 $j \leq m$일 경우입니다. 따라서,

$$\begin{aligned}\frac{\partial\mu}{\partial\lambda_m} &= \frac{\partial\tau(y_k)}{\partial\lambda_m} + \frac{\partial}{\partial\lambda_m}\left[\sum_{j=m+1}^{k}(y_j - y_{j-1})\prod_{i=1}^{j-1}\phi(\lambda_i)\right]\\ &= \frac{\partial\tau(y_k)}{\partial\lambda_m} + \frac{\phi'(\lambda_m)}{\phi(\lambda_m)}\sum_{j=m+1}^{k}(y_j - y_{j-1})\prod_{i=1}^{j-1}\phi(\lambda_i),\end{aligned}$$

그리고 $\tau(y_m)$를 사용하여 이를 표현하면,

$$\frac{\partial\mu}{\partial\lambda_m} = \frac{\partial\tau(y_k)}{\partial\lambda_m} + \frac{\phi'(\lambda_m)}{\phi(\lambda_m)}\left[\tau(y_m) - \tau(y_k)\right], \quad m = 1, 2, \ldots, k-1.$$

$\tilde{\mu}$의 분산을 추정하는 데 있어, $\int_0^{y_k} S(y)dy$는 λ_k와 관련이 없으며, 따라서 $\partial\mu/\partial\lambda_k$ = $\partial\tau(y_k)/\partial\lambda_k$임을 알 수 있습니다. 일반적인 분산 공식은 다음과 같이 쓸 수 있습니다.

$$\mathrm{Var}(\tilde{\mu}) \doteq \sum_{m=1}^{k}\left\{[\tau(y_m) - \tau(y_k)]\frac{\phi'(\lambda_m)}{\phi(\lambda_m)} + \frac{\partial\tau(y_k)}{\partial\lambda_m}\right\}^2 \mathrm{Var}(\hat{\lambda}_m)$$

그러나,

$$\frac{\partial\tau(y_k)}{\partial\lambda_m} = (y_{\max} - y_k)\frac{\phi'(\lambda_m)}{\phi(\lambda_m)}\left[\prod_{i=1}^{k}\phi(\lambda_i)\right] + \frac{\partial\tau(y_{\max})}{\partial\lambda_m}$$

따라서,

$$\frac{\partial\tau(y_k)}{\partial\lambda_m} = \frac{\phi'(\lambda_m)}{\phi(\lambda_m)}[\tau(y_k) - \tau(y_{\max})] + \frac{\partial\tau(y_{\max})}{\partial\lambda_m}$$

이는 다음을 의미합니다.

$$\text{Var}(\tilde{\mu}) \doteq \sum_{m=1}^{k} \left\{ [\tau(y_m) - \tau(y_{\max})] \frac{\phi'(\lambda_m)}{\phi(\lambda_m)} + \frac{\partial \tau(y_{\max})}{\partial \lambda_m} \right\}^2 \text{Var}(\hat{\lambda}_m)$$

분산은 위 공식을 사용하여 모수를 추정값으로 대체하여 추정됩니다. 이를 통해 다음과 같은 결과를 얻습니다.

$$\widehat{\text{Var}}(\tilde{\mu}) = \sum_{m=1}^{k} \left\{ [\tilde{\tau}(y_m) - \tilde{\tau}(y_{\max})] \frac{\phi'(\hat{\lambda}_m)}{\phi(\hat{\lambda}_m)} + \frac{\partial \tilde{\tau}(y_{\max})}{\partial \hat{\lambda}_m} \right\}^2 \frac{s_m(r_m - s_m)}{r_m^3}$$

여기서 $\partial \tilde{\tau}(y_{\max})/\partial \hat{\lambda}_m$는 $\partial \tau(y_{\max})/\partial \lambda_m$에서 $\tau(y_{\max})$를 $\tilde{\tau}(y_{\max})$로, λ_m을 $\hat{\lambda}_m$으로 대체하여 계산된 값을 의미합니다. 만약 $\tilde{\tau}(y_{\max}) = 0$이라면,

$$\widehat{\text{Var}}(\tilde{\mu}) = \sum_{m=1}^{k} [\tilde{\tau}(y_m)]^2 \left[\frac{\phi'(\hat{\lambda}_m)}{\phi(\hat{\lambda}_m)} \right]^2 \frac{s_m(r_m - s_m)}{r_m^3}$$

이 공식은 Kaplan-Meier 가정 $\Phi(x) = 1 - x$ 하에서 ($\hat{\lambda}_m = s_m/r_m$) 다음과 같이 간단해집니다.

$$\widehat{\text{Var}}(\tilde{\mu}) = \sum_{m=1}^{k} [\tilde{\tau}(y_m)]^2 \frac{s_m}{r_m(r_m - s_m)}$$

여기서 $\tilde{\tau}(y_{\max}) = 0$은 꼬리 수정이 필요 없음을 의미합니다. 이는 $S(y_k) = 0$ (이 경우 $\tilde{\tau}(y_k) = 0$이고, 합계의 상한은 $k-1$이 됩니다) 또는 Efron의 근사법하에서 발생합니다. Klein과 Moeschberger의 방법에서는,

$$\tau(y_{\max}) = (\gamma - y_{\max}) S(y_k) = (\gamma - y_{\max}) \prod_{i=1}^{k} \phi(\lambda_i)$$

이므로,

$$\frac{\partial \tau(y_{\max})}{\partial \lambda_m} = \frac{\phi'(\lambda_m)}{\phi(\lambda_m)} \tau(y_{\max})$$

결과적으로 Efron의 방법하에서와 동일한 분산 공식을 얻습니다(단, 이 후자의 근사법에서는 $\tilde{\tau}(y_m)$가 $\tilde{\tau}(y_{\max})$만큼 증가합니다).

이제 지수 꼬리 수정에 대해 살펴보겠습니다. $\tilde{\tau}(y_{max}) = -y_{\max} S(y_k)/\ln S(y_k)$로 정의될 때,

$$S(y_k) = \prod_{i=1}^{k} \phi(\lambda_i) \qquad \ln S(y_k) = \sum_{i=1}^{k} \ln \phi(\lambda_i)$$

임을 기억하십시오.

따라서,

$$\begin{aligned}\frac{\partial \tau(y_{max})}{\partial \lambda_m} &= -\frac{y_{max}}{\ln S(y_k)}\left[\frac{\partial}{\partial \lambda_m} S(y_k)\right] + \frac{y_{max} S(y_k)}{[\ln S(y_k)]^2}\left[\frac{\partial}{\partial \lambda_m} \ln S(y_k)\right] \\ &= -\frac{y_{max}}{\ln S(y_k)}\left[\frac{\phi'(\lambda_m)}{\phi(\lambda_m)} S(y_k)\right] + \frac{y_{max} S(y_k)}{[-\ln S(y_k)]^2}\left[\frac{\phi'(\lambda_m)}{\phi(\lambda_m)}\right] \\ &= \tau(y_{max})\frac{\phi'(\lambda_m)}{\phi(\lambda_m)} + \frac{[\tau(y_{max})]^2}{y_{\max} S(y_k)}\frac{\phi'(\lambda_m)}{\phi(\lambda_m)}\end{aligned}$$

따라서, 지수 꼬리 수정하에서 일반적인 분산 추정식은 다음과 같습니다.

$$\widehat{\mathrm{Var}}(\tilde{\mu}) = \sum_{m=1}^{k} \left\{ \tilde{\tau}(y_m) + \frac{[\tilde{\tau}(y_{\max})]^2}{y_{\max} \tilde{S}(y_k)} \right\}^2 \left[\frac{\phi'(\hat{\lambda}_m)}{\phi(\hat{\lambda}_m)}\right]^2 \frac{s_m(r_m - s_m)}{r_m^3}$$

Nelson-Aalen 방법에서는 $\phi(x) = e^{-x}$일 때, 항 $[\phi'(\hat{\lambda}_m)/\phi\left(\hat{\lambda}_m\right)]^2$는 명백히 생략될 수 있습니다.

예제 14.13

예제 14.12에서 계산된 평균의 분산을 추정하십시오. Efron 방법과 Klein 및 Moeschberger 방법 모두에서, 공식은 다음과 같습니다.

$$\begin{aligned}\widehat{\mathrm{Var}}(\tilde{\mu}) &= \sum_{m=1}^{7} [\tilde{\tau}(y_m)]^2 \frac{s_m(r_m - s_m)}{r_m^3} \\ &= [7.910 + \tilde{\tau}(15)]^2 \frac{(1)(19)}{(20)^3} + [6.959 + \tilde{\tau}(15)]^2 \frac{(1)(18)}{(19)^3} \\ &\quad + [5.155 + \tilde{\tau}(15)]^2 \frac{(2)(15)}{(17)^3} + [4.352 + \tilde{\tau}(15)]^2 \frac{(1)(12)}{(13)^3}\end{aligned}$$

$$+ [2.123 + \tilde{\tau}(15)]^2 \frac{(3)(8)}{(11)^3} + [1.557 + \tilde{\tau}(15)]^2 \frac{(4)(4)}{(8)^3}$$
$$+ [0.528 + \tilde{\tau}(15)]^2 \frac{(2)(1)}{(3)^3}.$$

Efron 방법하에서는 $\tilde{\tau}(15) = 0$이므로 분산 추정값은 0.719가 됩니다. 반면, Klein 및 Moeschberger 방법하에서는 $\tilde{\tau}(15) = 1.232$가 되어 분산 추정값은 1.469가 됩니다. 지수 꼬리 수정에서는 $\tilde{\tau}(15) = 1.520$이고,

$$\frac{[\tilde{\tau}(y_{\max})]^2}{y_{\max}\hat{S}(y_k)} = \frac{[\tilde{\tau}(15)]^2}{15\hat{S}(12)} = \frac{(1.520)^2}{15(0.176)} = 0.875$$

따라서 분산 추정값은 다음과 같습니다.

$$\widehat{\mathrm{Var}}(\tilde{\mu}) = \sum_{m=1}^{7} [\tilde{\tau}(y_m) + 0.875]^2 \frac{s_m(r_m - s_m)}{r_m^3}$$

즉,

$$\begin{aligned}
\widehat{\mathrm{Var}}(\tilde{\mu}) &= (7.910 + 1.520 + 0.875)^2 \frac{(1)(19)}{(20)^3} + (6.959 + 1.520 + 0.875)^2 \frac{(1)(18)}{(19)^3} \\
&\quad + (5.155 + 1.520 + 0.875)^2 \frac{(2)(15)}{(17)^3} + (4.352 + 1.520 + 0.875)^2 \frac{(1)(12)}{(13)^3} \\
&\quad + (2.123 + 1.520 + 0.875)^2 \frac{(3)(8)}{(11)^3} + (1.557 + 1.520 + 0.875)^2 \frac{(4)(4)}{(8)^3} \\
&\quad + (0.528 + 1.520 + 0.875)^2 \frac{(2)(1)}{(3)^3} \\
&= 2.568.
\end{aligned}$$

□

높은 차수의 모멘트에 대해서도 유사한 방법을 사용할 수 있습니다. α번째 모멘트에 대해,

$$\mathrm{E}(Y^\alpha) = \alpha \int_0^\infty y^{\alpha-1} S(y)\, dy,$$

이는 (일반적으로 $y_0 = 0$을 사용하여) 다음과 같이 추정할 수 있습니다.

$$
\begin{aligned}
\tilde{\mu}_\alpha &= \alpha \int_0^\infty y^{\alpha-1} \tilde{S}(y)\, dy \\
&= \alpha \left[\sum_{j=1}^{k} \int_{y_{j-1}}^{y_j} y^{\alpha-1} \tilde{S}(y)\, dy \right] + \alpha \int_{y_k}^{y_{\max}} y^{\alpha-1} \tilde{S}(y)\, dy + \alpha \int_{y_{\max}}^{\infty} y^{\alpha-1} \tilde{S}(y)\, dy \\
&= \alpha \left[\sum_{j=1}^{k} \int_{y_{j-1}}^{y_j} y^{\alpha-1} \tilde{S}(y_{j-1})\, dy \right] + \alpha \int_{y_k}^{y_{\max}} y^{\alpha-1} \tilde{S}(y_k)\, dy + \alpha \int_{y_{\max}}^{\infty} y^{\alpha-1} \tilde{S}(y)\, dy \\
&= \alpha \left[\sum_{j=1}^{k} \tilde{S}(y_{j-1}) \int_{y_{j-1}}^{y_j} y^{\alpha-1}\, dy \right] + \alpha \tilde{S}(y_k) \int_{y_k}^{y_{\max}} y^{\alpha-1}\, dy + \alpha \int_{y_{\max}}^{\infty} y^{\alpha-1} \tilde{S}(y)\, dy \\
&= \left[\sum_{j=1}^{k} \left(y_j^\alpha - y_{j-1}^\alpha \right) \tilde{S}(y_{j-1}) \right] + (y_{\max}^\alpha - y_k^\alpha) \tilde{S}(y_k) + \alpha \int_{y_{\max}}^{\infty} y^{\alpha-1} \tilde{S}(y)\, dy \\
&= y_1^\alpha + \left[\sum_{j=2}^{k} (y_j^\alpha - y_{j-1}^\alpha) \prod_{i=1}^{j-1} \phi(\hat{\lambda}_i) \right] + \left[(y_{\max}^\alpha - y_k^\alpha) \prod_{i=1}^{k} \phi(\hat{\lambda}_i) \right] + \alpha \int_{y_{\max}}^{\infty} y^{\alpha-1} \tilde{S}(y)\, dy.
\end{aligned}
$$

다시 말해, 오른쪽의 마지막 적분은 꼬리 수정에 의존하며, $\tilde{S}(y_k) = 0$이거나 Efron의 꼬리 수정 하에서는 0입니다. 지수 꼬리 수정 하에서는 $\tilde{S}(y) = e^{-\tilde{\beta} y}$로 정의되며, $y \geq y_{\max}$일 때 $\tilde{\beta} = -\ln \tilde{S}(y_k)/y_{\max}$이고, α = 1, 2,⋯일 경우,

$$
\begin{aligned}
\alpha \int_{y_{\max}}^{\infty} y^{\alpha-1} e^{-\tilde{\beta} y} dy &= \frac{\alpha!}{\tilde{\beta}^\alpha} \int_{y_{\max}}^{\infty} \frac{\tilde{\beta}^\alpha y^{\alpha-1} e^{-\tilde{\beta} y}}{(\alpha-1)!}\, dy \\
&= \frac{\alpha!}{\tilde{\beta}^\alpha} \sum_{j=0}^{\alpha-1} \frac{(\tilde{\beta} y_{\max})^j e^{-\tilde{\beta} y_{\max}}}{j!}
\end{aligned}
$$

여기서 우리는 감마 분포의 꼬리 함수 표현을 사용합니다. 즉, 지수 꼬리 수정하에서는,

$$
\alpha \int_{y_{\max}}^{\infty} y^{\alpha-1} \tilde{S}(y)\, dy = \alpha! (y_{\max})^\alpha \tilde{S}(y_k) \sum_{j=0}^{\alpha-1} \frac{1}{j!} \left[-\ln \tilde{S}(y_k) \right]^{j-\alpha}, \quad \alpha = 1, 2, 3, \ldots.
$$

특히 두 번째 모먼트(α = 2)의 경우,

$$
2 \int_{y_{\max}}^{\infty} y \tilde{S}(y) dy = 2(y_{\max})^2 \tilde{S}(y_k) \left\{ [-\ln \tilde{S}(y_k)]^{-1} + [-\ln \tilde{S}(y_k)]^{-2} \right\}
$$

$\tilde{\mu}_\alpha$에 대한 분산 추정은 평균에 대한 추정 방법과 유사한 방식으로 수행할 수 있습니다.

14.4.1 연습 문제

14.27 Exercise 14.24의 데이터와 Kaplan-Meier 추정법을 사용하여

(a) Efron의 꼬리 수정법을 가정하여 평균 생존 시간 추정치를 계산하십시오.

(b) Brown, Hollander, Korwar의 지수 꼬리 수정법을 사용하여 평균 생존 시간 추정치를 계산하십시오.

(c) (a)에서의 추정치의 분산을 추정하십시오.

14.28 Exercise 14.25의 데이터를 사용하고, Nelson-Aalen 추정법과 Brown, Hollander, Korwar의 지수 꼬리 수정법을 적용하여

(a) 평균 $\hat{\mu}$를 추정하십시오.

(b) (b)에서의 $\hat{\mu}$의 분산을 추정하십시오.

14.29 Example 14.5와 그 이후의 예제에 대해, Nelson-Aalen 추정법과 Brown, Hollander, Korwar의 지수 꼬리 수정법을 사용하여 Y의 분산을 추정하십시오.

14.5 좌측 절단의 경험적 추정 Empirical Estimation with Left Truncated Data

섹션 14.3의 결과는 데이터가 (우측) 검열된 경우에 적용됩니다. 이 섹션에서는 데이터가 (좌측) 절단된 경우에 대해 다룹니다. 우리는 다음과 같은 정의를 가지고 있습니다.

정의 14.10 *관측값은 d에서 아래로 절단된 경우(좌측 절단이라고도 함)라면, d 이하일 때는 기록되지 않으며, d 이상일 때는 관측된 값으로 기록됩니다. 관측값은 u에서 위로 절단된 경우(우측 절단이라고도 함)라면, u 이상일 때는 기록되지 않으며, u 이하일 때는 관측된 값으로 기록됩니다.*

보험 생존 데이터와 손실액 청구 데이터에서 가장 흔한 경우는 좌측 절단과 우측 검열입니다. 좌측 절단은 d의 일반적인 면책액이 적용될 때 발생합니다. 보험 계약자가 d 이하의 손실을 입었을 때, 자신이 어떤 혜택을 받을 수 없다는 사실을 알게 되어 보험사에 알리지 않습니다. 손실이 d 이상일 경우, 그 손실 금액은 보고된 것으로 간주됩니다.[5] 계약 한도는 우측 검열의 예를 나타냅니다.

5 경우에 따라 피보험자는 다음 보험료가 인상될 가능성이 높은 경우, 공제액을 약간 초과하는 손실이라 하더라도 이를 신고하지 않을 수 있습니다.

손실 금액이 u와 같거나 그 이상이면 그 이상의 혜택은 지급되지 않으므로 정확한 값은 기록되지 않습니다. 그러나 적어도 u 이상의 손실이 발생한 것은 알고 있습니다.

사망률과 같은 감소 연구에서는 사람을 태어날 때부터 죽을 때까지 추적하는 것이 비현실적입니다. 연구 기간 동안 다양한 연령대의 사람들 그룹을 몇 년 동안 추적하는 것이 더 일반적입니다. 사람이 연구에 참여하면, 그 시점에서 그 사람은 살아 있습니다. 이 사람의 사망 연령은 연구에 참여한 시점의 연령 이상이어야 하므로 좌측 절단이 발생합니다. 만약 사람이 연구가 끝날 때까지 살아 있다면, 우측 검열이 발생한 것입니다. 그 사람의 사망 연령은 알려지지 않지만, 적어도 연구가 끝날 때의 연령 이상임을 알 수 있습니다. 우측 검열은 또한 연구가 끝나기 전에 중도에 연구를 탈퇴한 사람들에게 영향을 미칩니다. 이 논의는 장애, 보험 해지, 은퇴와 같은 다른 감소에 대해서도 다룰 수 있습니다.

좌측 절단과 우측 검열은 보험계리 작업에서 가장 일반적인 경우이므로, 이 섹션에서는 이 두 가지 경우만 다룹니다. 간결하게 말하면, 절단은 항상 아래에서 절단된 것을 의미하고, 검열은 항상 위에서 검열된 것을 의미합니다.

절단되거나 검열된 데이터에서 경험적 분포를 구성하려고 할 때, 첫 번째 작업은 데이터를 나타내는 표기법을 만드는 것입니다. 개별 데이터(그룹화된 데이터와는 달리)의 경우, 다음의 사실들이 필요합니다. 첫 번째는 그 관측값의 절단 점입니다. 그 값을 d_j라고 하겠습니다.

만약 절단이 없었다면, $d_j = 0$입니다.[6] 다음으로 관측값 자체를 기록합니다. 사용되는 표기법은 그 관측값이 검열되었는지 여부에 따라 달라집니다.

만약 검열되지 않았다면, 그 값은 x_j로 표시됩니다. 만약 검열되었다면, 그 값은 u_j로 표시됩니다. 이 주제가 더 공식적으로 제시될 때, 검열 지점이 미리 알려져 있는 경우와 그렇지 않은 경우를 구별합니다. 예를 들어, 보험 한도가 있는 보험 계약은 보통 손실액 청구를 받기 전에 검열 지점이 알려져 있습니다. 반면, 보험 생명에 대한 사망률 연구에서, 보험 계약을 해지한 사람들은 계약이 판매될 때 알지 못했던 나이에 해지합니다. 이 장에서는 두 경우를 구별하지 않습니다.

추정치를 구성하려면, 원시 데이터를 유용한 방식으로 요약해야 합니다. 가장 중요한 값은 검열되지 않은 관측값입니다. 섹션 14.3에서처럼, $y_1 < y_2 < \cdots < y_k$는 샘플에 나타나는 x_j의 k개의 고유한 값들이며, 여기서 k는 검열되지 않은 관측값의 수보다 작거나 같아야 합니다. 또한, s_j는 샘플에 나타난 검열되지 않은 관측값 y_j의 개수입니다. 또 다른 중요한 양은 r_j로, y_j에서 "위험에 처한" 사람들의 수입니다. 감소 연구에서 r_j는 그 시점에서 관측 중인 사람 수를 나타냅니다. y_j에서 관측 중인 사람이 되려면, 개인은 (1) 검열되었거나 y_j 이상인 관

6 본문 전체에서 우리는 음수 값이 발생하지 않는다고 가정합니다.

측값이 있어야 하고, (2) y_j 이상인 절단 값이 없어야 합니다. 즉,

$$r_j = (x_i \geq y_j\text{의 수}) + (u_i \geq y_j\text{의 수}) - (d_i \geq y_j\text{의 수})$$

또는 d_i의 총 수는 x_i와 u_i의 총 수와 같으므로,

$$r_j = (d_i < y_j\text{의 수}) - (x_i < y_j\text{의 수}) - (u_i < y_j\text{의 수}). \tag{14.4}$$

이 후자의 버전은 개념적으로 이해하기 쉬운데, 이는 주어진 연령 이전에 연구에 참가한 모든 사람을 포함하고 이미 연구를 탈퇴한 사람들을 제외하기 때문입니다. 핵심은 위험에 처한 사람 수가 y_j에서 살아 있는 사람들의 수라는 점입니다. 데이터가 손실 금액일 경우, 위험 집합은 y_j 이상인 손실 금액이 있는 계약들의 수(실제 금액 또는 계약 한도에 의한 최대 금액)에서 y_j 이상인 면책액이 있는 계약들의 수를 뺀 값입니다. 이 관계는 다음과 같은 재귀적인 버전으로 이어집니다,

$$\begin{aligned} r_j = r_{j-1} &+ (y_{j-1}\text{과 } y_j \text{ 사이의 } d_i\text{의 수}) \\ &-(y_{j-1}\text{과 } y_j \text{ 사이의 } x_i\text{의 수}) \\ &-(y_{j-1}\text{과 } y_j \text{ 사이의 } u_i\text{의 수}), \end{aligned} \tag{14.5}$$

여기서 "사이"는 y_{j-1} 이상이고 y_j보다 작은 값을 의미하며, r_0은 0으로 설정됩니다.

위 정의의 결과는 검열이나 절단 시간이 사망 시간과 같으면 사망이 먼저 발생했다고 가정한다는 점입니다. 즉, 검열된 관측값은 위험에 처한 것으로 간주되며, 절단된 관측값은 그렇지 않습니다.

여기서 제시된 r_j의 정의는 섹션 14.3에서의 정의와 일치합니다. 즉, 모든 관측값에 대해 $d_j = 0$이면, 여기서 제시된 공식은 앞서 제시된 공식들과 일치하게 됩니다. 다음 예제는 절단이 있을 때 위험에 처한 사람 수를 계산하는 방법을 설명합니다.

예제 14.14

데이터 세트 D를 사용하여, 10장에서 소개되고 여기 표 14.16에 재현된 값을 사용하여 r_j 값을 (14.4)와 (14.5) 식을 이용해 계산하십시오.

표 14.16 The values for Example 14.14

i	d_i	x_i	u_i	i	d_i	x_i	u_i
1	0	—	0.1	16	0	4.8	—
2	0	—	0.5	17	0	—	4.8
3	0	—	0.8	18	0	—	4.8
4	0	0.8	—	19-30	0	—	5.0
5	0	—	1.8	31	0.3	—	5.0
6	0	—	1.8	32	0.7	—	5.0
7	0	—	2.1	33	1.0	4.1	—
8	0	—	2.5	34	1.8	3.1	—
9	0	—	2.8	35	2.1	—	3.9
10	0	2.9	—	36	2.9	—	5.0
11	0	2.9	—	37	2.9	—	4.8
12	0	—	3.9	38	3.2	4.0	—
13	0	4.0	—	39	3.4	—	5.0
14	0	—	4.0	40	3.9	—	5.0
15	0	—	4.1				

표에 있는 항목들을 설명하고 배경을 제공하기 위해, 이를 5년 만기 보험 계약에 대한 지속 기간별 사망률 연구로 생각해 보십시오. 연구 기간은 고정된 시간 기간입니다. 따라서 계약 31-40은 처음 관찰할 때 이미 보험에 가입되어 있었습니다. 검열이 발생하는 두 가지 방법이 있습니다. 일부(1, 2, 3, 5 등)에서는 연구가 그들이 여전히 살아 있을 때 끝났거나, 그들이 5년 만기 기간이 끝나기 전에 보험 계약을 종료한 경우입니다. 다른 일부(19-32, 36 등)에서는 5년 만기 기간이 끝날 때 그들이 여전히 살아 있었습니다. 여덟 명의 사망은 여섯 개의 고유한 시간에서 발생했으며, $y_6 = 4.8$입니다. 가장 높은 검열 시간은 5.0이므로 $y_{\max} = 5{:}0$입니다. 계산은 표 14.17에 나와 있습니다. □

표 14.17 The risk set calculations for Example 14.14

j	y_j	s_j	r_j
1	0.8	1	32 − 0 − 2 = 30 or 0 + 32 − 0 − 2 = 30
2	2.9	2	35 − 1 − 8 = 26 or 30 + 3 − 1 − 6 = 26
3	3.1	1	37 − 3 − 8 = 26 or 26 + 2 − 2 − 0 = 26
4	4.0	2	40 − 4 − 10 = 26 or 26 + 3 − 1 − 2 = 26
5	4.1	1	40 − 6 − 11 = 23 or 26 + 0 − 2 − 1 = 23
6	4.8	1	40 − 7 − 12 = 21 or 23 + 0 − 1 − 1 = 21

생존 함수의 경험적 추정기를 개발하는 접근법은 섹션 14.3에서 개발된 공식을 사용하되, r_j의 보다 일반적인 정의를 사용하는 것입니다. 왼쪽 절단을 포함한 이론적인 처리 방법은 훨씬 더 복잡합니다(자세한 내용은 Lawless[77]를 참조하십시오).

카플란-마이어 추정식의 공식은 이전에 제시된 것과 동일합니다. 즉,

$$S_n(y) = \begin{cases} 1, & y < y_1, \\ \prod_{i=1}^{j}\left(1 - \hat{\lambda}_i\right) = \prod_{i=1}^{j}\left(1 - \frac{s_i}{r_i}\right), & y_j \le y < y_{j+1}, \quad j = 1, 2, \ldots, k-1, \\ \prod_{i=1}^{k}\left(1 - \hat{\lambda}_i\right) = \prod_{i=1}^{k}\left(1 - \frac{s_i}{r_i}\right), & y_k \le y < y_{\max}. \end{cases}$$

섹션 14.3에서 개발된 동일한 꼬리 보정은 $y \ge y_{\max}$인 경우, $Sn(y_k) > 0$일 때 사용할 수 있습니다.

예제 14.15

예제 14.14의 데이터에 대해 카플란-마이어 추정치를 구하십시오. 이전 예제를 바탕으로, 우리는 다음과 같이 계산할 수 있습니다.

$$S_{40}(y) = \begin{cases} 1, & 0 \le y < 0.8, \\ \frac{30-1}{30} = 0.9667, & 0.8 \le y < 2.9, \\ 0.9667\frac{26-2}{26} = 0.8923, & 2.9 \le y < 3.1, \\ 0.8923\frac{26-1}{26} = 0.8580, & 3.1 \le y < 4.0, \\ 0.8580\frac{26-2}{26} = 0.7920, & 4.0 \le y < 4.1, \\ 0.7920\frac{23-1}{23} = 0.7576, & 4.1 \le y < 4.8, \\ 0.7576\frac{21-1}{21} = 0.7215, & 4.8 \le y < 5.0. \end{cases}$$

□

이 예제에서는 5년 만기 이후의 생존 추정값이 분석에 의미가 없으므로 꼬리 보정이 필요하지 않습니다.

넬슨-알렌 추정기에 대해서도 동일한 비유가 적용되며, 누적 위험 함수의 공식은 다음과 같습니다.

$$\hat{H}(y) = \begin{cases} 0, & y < y_1, \\ \sum_{i=1}^{j} \frac{s_i}{r_i}, & y_j \le y < y_{j+1}, \quad j = 1, 2, \ldots, k-1, \\ \sum_{i=1}^{k} \frac{s_i}{r_i}, & y_k \le y < y_{\max}. \end{cases}$$

앞서와 마찬가지로, $\hat{S}(y) = \exp[-\hat{H}(y)]$일 때 적용되며, $y \ge y_{\max}$인 경우에는 동일한 꼬리 보정을 사용할 수 있습니다.

예제 14.16

예제 14.14의 데이터에 대해 넬슨-알렌 추정치를 사용하여 생존 함수의 추정치를 구하십시오.

추정된 함수는 다음과 같습니다.

$$\hat{H}(y) = \begin{cases} 0, & 0 \le y < 0.8, \\ \frac{1}{30} = 0.0333, & 0.8 \le y < 2.9, \\ 0.0333 + \frac{2}{26} = 0.1103, & 2.9 \le y < 3.1, \\ 0.1103 + \frac{1}{26} = 0.1487, & 3.1 \le y < 4.0, \\ 0.1487 + \frac{2}{26} = 0.2256, & 4.0 \le y < 4.1, \\ 0.2256 + \frac{1}{23} = 0.2691, & 4.1 \le y < 4.8, \\ 0.2691 + \frac{1}{21} = 0.3167, & 4.8 \le y < 5.0. \end{cases}$$

$$\hat{S}(y) = \begin{cases} 1, & 0 \le y < 0.8, \\ e^{-0.0333} = 0.9672, & 0.8 \le y < 2.9, \\ e^{-0.1103} = 0.8956, & 2.9 \le y < 3.1, \\ e^{-0.1487} = 0.8618, & 3.1 \le y < 4.0, \\ e^{-0.2256} = 0.7980, & 4.0 \le y < 4.1, \\ e^{-0.2691} = 0.7641, & 4.1 \le y < 4.8, \\ e^{-0.3167} = 0.7285, & 4.8 \le y < 5.0. \end{cases}$$

□

이 섹션에서는 오른쪽 검열 데이터만 있는 경우처럼 결과가 공식적으로 개발되지 않았습니다. 그러나 모든 결과, 즉 모먼트 추정식 및 추정기의 분산 추정식은 왼쪽 절단이 추가되었을 때도 유효합니다. 그러나 중요한 점은 데이터가 절단되었을 때 결과 분포 함수는 가장 작은 절단 지점(즉, 가장 작은 d 값) 이상에 주어진 관측값의 분포 함수라는 것입니다. 경험적으로, 해당 값보다 작은 관측값에 대한 정보는 없으며, 따라서 그 범위에 대한 정보는 존재하지 않습니다. 마지막으로, 검열이나 절단이 없었다면, 이 섹션의 공식을 사용하면 섹션 14.1에서 경험적 공식을 사용할 때와 동일한 결과를 얻을 수 있습니다.

14.5.1 연습 문제

14.30 예제 14.14를 반복하되, "포기"를 "사망"으로 취급하십시오. 이를 가장 쉽게 하는 방법은 x와 u 라벨을 반대로 하는 것입니다. 이 경우, 사망은 검열을 발생시키는데, 사망한 사람들은 관찰에서 제외되므로 그들의 포기 시간이 관찰되지 않기 때문입니다. 5년 동안 지속된 사람들은 그 시점에서 포기로 취급하십시오.

14.31 데이터 세트 D에 대해 포기 시간을 위한 카플란-마이어 추정치를 구하십시오. 5년 동안 지속된 사람들은 그 시점에서 포기로 취급하십시오.

14.32 데이터 세트 D에 대해 $H(t)$와 $S(t)$의 넬슨-알렌 추정치를 구하십시오. 여기서 변수는 포기 시간입니다.

14.33 근로자 보상 손실의 분포 함수에 대한 카플란-마이어와 넬슨-알렌 추정치를 구하십시오. 먼저 데이터 세트 B의 원시 데이터를 사용하십시오. 그런 다음 데이터를 수정하여 100에서 왼쪽 절단을 적용하고 1,000에서 오른쪽 검열을 적용하여 연습을 반복하십시오.

14.34 (*) 300마리의 쥐가 태어날 때 관찰되었습니다. 추가로 20마리의 쥐는 2일에 처음 관찰되었고, 30마리는 4일에 처음 관찰되었습니다. 1일에 6마리가 사망하고, 3일에 10마리, 4일에 10마리, 5일에 a마리, 9일에 b마리, 12일에 6마리가 사망했습니다. 또한, 7일에 45마리, 10일에 35마리, 13일에 15마리가 관찰에서 제외되었습니다. 다음과 같은 곱셈 한계 추정치가 얻어졌습니다: $S_{350}(7) = 0.892$, $S_{350}(13) = 0.856$. a와 b의 값을 구하십시오.

14.35 95% 신뢰 구간을 구하십시오. $H(3)$에 대한 구간을 선형 및 로그 변환된 공식으로 모두 구하십시오. 데이터 세트 D에서 40개의 모든 관측값을 사용하고, 변수는 포기입니다.

14.36 (*) 0에서 1년까지의 구간에서 위험 노출(r)은 15이고, 사망(s)의 수는 3입니다. 1년에서 2년까지의 구간에서 위험 노출은 80이고, 사망의 수는 24입니다. 2년에서 3년까지는 25와 5이고, 3년에서 4년까지는 60과 6이며, 4년에서 5년까지는 10과 3입니다. $\hat{S}(4)$의 분산에 대한 그린우드의 근사를 구하십시오.

14.37 (*) 표 14.18의 값을 주어졌을 때, 시간 20에서 누적 위험 함수에 대한 넬슨-알렌 추정기의 표준편차를 구하십시오.

표 14.18 The data for Exercise 14.37

y_j	r_j	s_j
1	100	15
8	65	20
17	40	13
25	31	31

14.6 커넬 확률밀도 모델 Kernel Density Models

경험적 분포의 한 가지 문제는 항상 이산적이라는 점입니다. 실제 분포가 연속적이라는 것이 알려져 있다면, 경험적 분포는 부정확한 근사값으로 간주될 수 있습니다. 이 섹션에서는 커넬 밀도 분포라고 불리는 부드러운 경험적 유사 분포를 얻는 방법을 소개합니다. 우리는 다음과 같은 정의를 가집니다.

정의 14.11 커넬 평활화 분포(kernel smoothed distribution)는 *각 데이터 포인트를 연속적인 확률 변수로 바꾼 후, 각 확률 변수에 확률 $1/n$을 할당하여 얻어집니다. 사용되는 확률 변수들은 위치나 스케일 변화와 관련된 데이터 포인트를 제외하고는 동일해야 합니다.*

경험적 분포는 데이터 포인트에 확률 1을 할당하는 특수한 형태의 커넬 평활화 분포라는 점에 유의하십시오. 커넬 평활화와 관련하여 여러 가지 분포를 사용할 수 있으며, 그 중 세 가지가 여기서 소개됩니다.

필수는 아니지만, 연속 변수는 그것이 대체하는 값과 동일한 평균을 가지는 것이 일반적입니다. 이를 통해 전반적으로 커넬 추정치는 경험적 추정치와 동일한 평균을 갖도록 보장됩니다. 이러한 모델을 생각하는 한 가지 방법은 두 단계를 통해 최종 관찰 값을 생성하는 것입니다. 첫 번째 단계는 경험적 분포에서 무작위로 값을 선택하는 것입니다. 두 번째 단계는 첫 번째 단계에서 선택한 값과 평균이 동일한 연속 분포에서 무작위로 값을 선택하는 것입니다. 선택된 연속 분포를 커널이라고 부릅니다.

정의 14.12 *분포 함수의 커널 밀도 추정치(kernel density estimator)는 다음과 같습니다.*

$$\hat{F}(x) = \sum_{j=1}^{k} p(y_j)K_{y_j}(x)$$

밀도 함수의 추정치는 다음과 같습니다.

$$\hat{f}(x) = \sum_{j=1}^{k} p(y_j)k_{y_j}(x)$$

$k_y(x)$ 함수는 커널이라고 불립니다. 이제 세 가지 커널을 소개합니다. 균등(uniform), 삼각형(triangular), 감마(gamma).

정의 14.13 *균등 커널(uniform kernel)은 다음과 같이 주어집니다.*

$$k_y(x) = \begin{cases} 0, & x < y-b, \\ \dfrac{1}{2b}, & y-b \le x \le y+b, \\ 0, & x > y+b, \end{cases}$$

$$K_y(x) = \begin{cases} 0, & x < y-b, \\ \dfrac{x-y+b}{2b}, & y-b \le x \le y+b, \\ 1, & x > y+b. \end{cases}$$

삼각형 커널(triangular kernel)은 다음과 같이 주어집니다.

$$k_y(x) = \begin{cases} 0, & x < y-b, \\ \dfrac{x-y+b}{b^2}, & y-b \le x \le y, \\ \dfrac{y+b-x}{b^2}, & y \le x \le y+b, \\ 0, & x > y+b, \end{cases}$$

$$K_y(x) = \begin{cases} 0, & x < y-b, \\ \dfrac{(x-y+b)^2}{2b^2}, & y-b \le x \le y, \\ 1 - \dfrac{(y+b-x)^2}{2b^2}, & y \le x \le y+b, \\ 1, & x > y+b. \end{cases}$$

감마 커널(gamma kernel)은 커널이 감마 분포를 가지며 형태 모수 α와 스케일 모수 y/α를 갖도록 정의됩니다. 즉,

$$k_y(x) = \frac{x^{\alpha-1}e^{-x\alpha/y}}{(y/\alpha)^\alpha\Gamma(\alpha)} \text{ and } K_y(x) = \Gamma(\alpha; \alpha x/y).$$

감마 분포는 평균이 $\alpha(y/\alpha) = y$이고 분산이 $\alpha(y/\alpha)^2 = y^2/\alpha$인 특성이 있습니다.

각 경우마다, 커널의 퍼짐과 관련된 모수가 있습니다. 첫 번째 두 경우에서는 $b > 0$ 값이 있으며, 이를 **대역폭(bandwidth)**이라고 부릅니다. 감마 커널의 경우, α 값이 퍼짐을 제어하며, 값이 클수록 퍼짐이 작습니다. 그 외에도 0에서 무한까지의 범위를 다루는 다른 커널들이 있습니다.

예제 14.17

예제 14.2에 대해 세 가지 커널을 사용하여 커널 밀도 추정치를 구하십시오. 경험적 분포는

- 1.0: 1/8의 확률
- 1.3에서 1/8의 확률
- 1.5에서 2/8의 확률
- 2.1에서 3/8의 확률
- 2.8에서 1/8의 확률을 할당합니다.

대역폭이 0.1인 균등 커널의 경우, 별다른 구분이 나타나지 않습니다. 1.0에 있는 데이터 포인트는 0.9에서 1.1까지 수평 밀도 함수로 대체되며, 높이는 (1/8)[1/{2(0.1)}] = 0.625입니다. 이에 비해, 대역폭이 1.0인 경우, 같은 데이터 포인트는 0.0에서 2.0까지 수평 밀도 함수로 대체되며, 높이는 (1/8)[1/{2(1)}] = 0.0625입니다. 그림 14.3과 14.4는 밀도 함수의 그래프를 제공합니다.

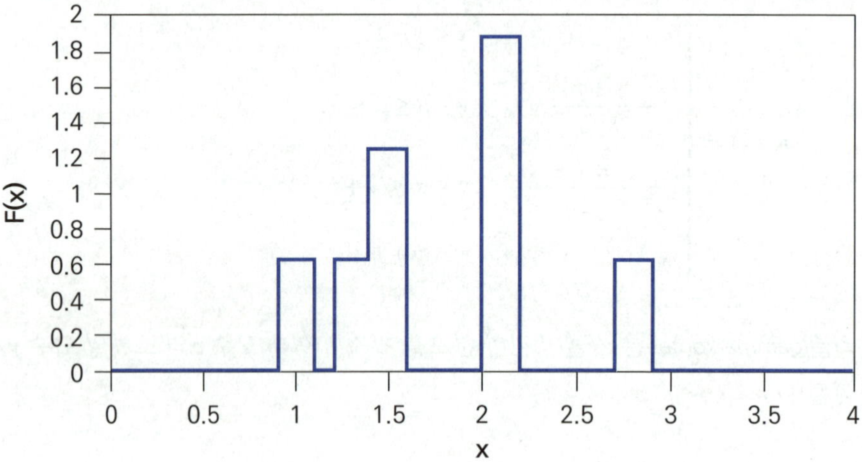

그림 14.3 The uniform kernel density with bandwidth 0.1

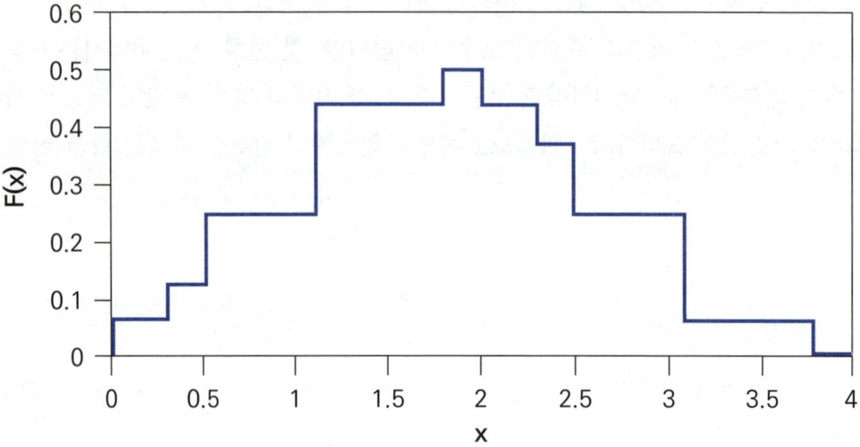

그림 14.4 The uniform kernel density with bandwidth 1.0

대역폭이 클수록 더 많은 평활화가 이루어짐을 명확히 알 수 있습니다. 한계로서, 대역폭이 0에 가까워질수록 커넬 밀도 추정치는 경험적 추정치와 일치합니다. 대역폭이 너무 크면 음수 값에 확률이 할당될 수 있으며, 이는 바람직하지 않은 결과일 수 있습니다. 이 문제를 해결하기 위한 방법이 존재하지만, 여기에서는 다루지 않습니다.

삼각형 커넬의 경우, 각 점은 삼각형으로 대체됩니다. 이전에 사용된 두 가지 대역폭에 대한 그래프는 그림 14.5와 14.6에 나타나 있습니다. 다시 말해, 대역폭이 클수록 더 많은 평활화가 이루어집니다.

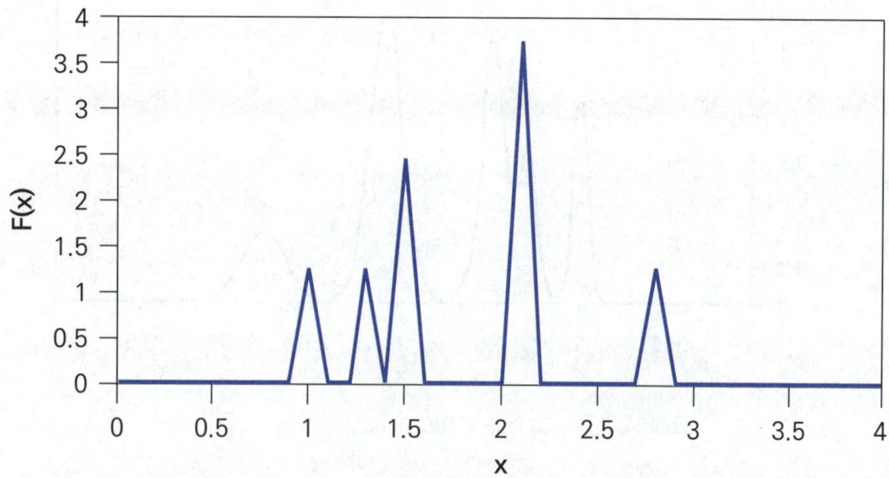

그림 14.5 The triangular kernel density with bandwidth 0.1

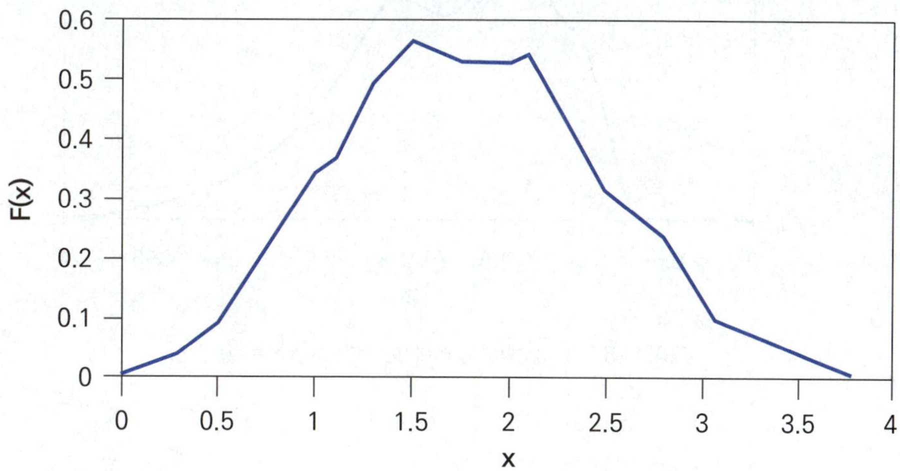

그림 14.6 The triangular kernel density with bandwidth 1.0

감마 커넬은 단순히 감마 분포들의 혼합을 제공합니다. 각 데이터 포인트는 평균을 제공하고 경험적 확률은 가중치를 제공합니다. 밀도 함수는 다음과 같습니다.

$$f_\alpha(x) = \sum_{j=1}^{5} p(y_j) \frac{x^{\alpha-1} e^{-x\alpha/y_j}}{(y_j/\alpha)^\alpha \Gamma(\alpha)}$$

그리고 두 개의 α 값에 대해 그림 14.7과 14.8에 그래프가 표시됩니다.[7]

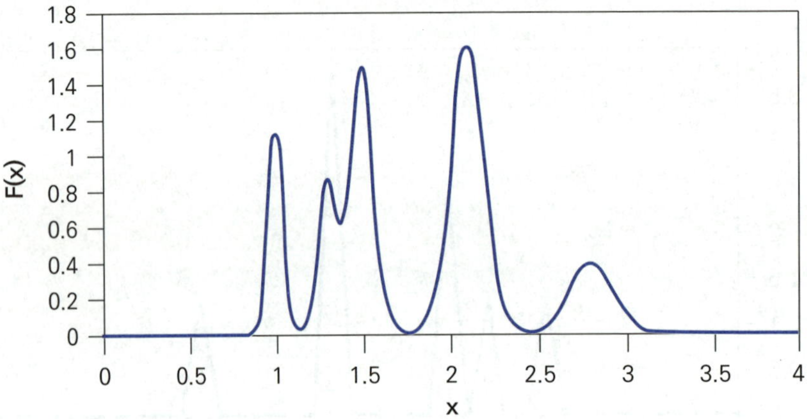

그림 14.7 The gamma kernel density with α = 500

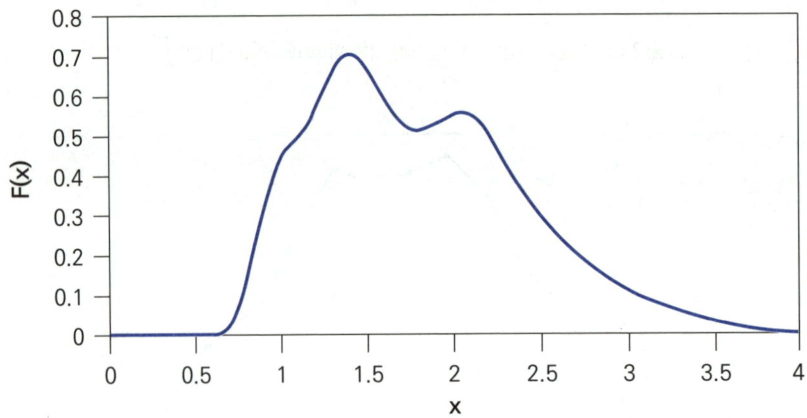

그림 14.8 The gamma kernel density with α = 50

7 밀도 함수의 값을 계산할 때, 비율의 요소에 대해 로그를 계산하고, 즉 $(\alpha - 1)\ln x - x\alpha/y_j - \alpha\ln - \ln(y_i/\alpha) - \ln\Gamma(\alpha)$와 같이 계산한 후, 결과를 지수화하면 오버플로 및 언더플로 문제를 줄일 수 있습니다.

이 커넬에서는 α 값을 감소시키면 평활화가 증가합니다. 감마 커넬에 대한 추가 논의는 Carriere [23]에서 찾을 수 있으며, 저자는 $\alpha = \sqrt{n}/(\hat{\mu}_4'/\hat{\mu}_2'-1)^{1/2}$를 추천합니다. □

14.6.1 연습 문제

14.38 파레토 커넬에 대한 공식을 제공하십시오.

14.39 데이터 세트 D에 대해 포기 시간을 위한 커넬 밀도 추정치를 구성하십시오. 이는 혼합 분포임을 인식하십시오(0에서 5까지는 연속 확률이지만 5에서 불연속적임).

14.40 (*)사망 시간에 대한 데이터가 표 14.19에 주어졌습니다. 대역폭이 60인 균등 커넬을 사용하여 $\hat{f}(100)$을 구하십시오.

표 14.19 Thedata for Exercise 14.40

t_j	s_j	r_j
10	1	20
34	1	19
47	1	18
75	1	17
156	1	16
171	1	15

14.41 (*)10명의 개인의 사망 시 나이가 다음과 같이 주어졌습니다: 25, 30, 35, 35, 37, 39, 45, 47, 49, 55. 대역폭 b = 10인 균등 커넬을 사용하여 40세까지 생존할 확률의 커넬 밀도 추정치를 구하십시오.

14.42 (*)다음 다섯 개의 관측값 82, 126, 161, 294, 384에 대해 $F(150)$에 대한 각 추정치를 구하십시오:

(a) 경험적 추정치.

(b) 대역폭 b = 50인 균등 커넬을 기반으로 한 커넬 밀도 추정치.

(c) 대역폭 b = 50인 삼각형 커넬을 기반으로 한 커넬 밀도 추정치.

14.7 대용량 데이터 세트에 대한 추정 Approximations for Large Data Sets

14.7.1 서론 Introduction

이 섹션에서 다루는 논의는 보험 프로그램의 가격 책정, 준비금 설정, 또는 자금 조달에 사용하기 위해 사망 시간(또는 다른 감소)에 대한 모델을 결정하는 과정에서 발생하는 상황에 의해 동기 부여되었습니다. 특정 상황은 다음과 같습니다:

- 생존 함수의 값은 일반적으로 연 단위로 측정된 이산 연령에서만 필요합니다.
- 고정된 시간 기간 동안 대량의 데이터가 수집되었으며, 대부분의 관측값은 잘리거나 검열되었거나 둘 다 적용됩니다.
- 사용 가능한 데이터 양에 비해 적절한 모델을 제공하는 모수적 분포(parametric distribution)가 없습니다.

이러한 상황은 보험 회사(또는 여러 보험 회사)가 매우 큰 생명 보험 포트폴리오의 역사적 경험을 바탕으로 사망률 연구를 수행할 때 일반적으로 발생합니다(이 섹션의 나머지 부분에서는 사망률만 언급하겠습니다. 결과는 장애나 포기와 같은 다른 감소에 대한 연구에도 동일하게 적용됩니다).

전형적인 사망률 표는 본질적으로 분포 함수 또는 생존 함수이며, 값은 이산 연령에서만 제공됩니다. 연령 범위의 일부에서 잘 작동하는 모수적 모델이 있지만(예: 30세 이상에서의 매크햄(Makeham) 모델), 0세에서 100세 이상에 이르는 연령 범위에서는 생존 함수의 간단한 함수적 설명을 허용할 수 없을 만큼 패턴에 너무 많은 변화가 있습니다.

전형적인 사망률 연구는 3년에서 5년과 같은 짧은 기간 동안 수행됩니다. 예를 들어, 2014년 1월 1일부터 2016년 12월 31일까지 어떤 시점에서 보험 회사의 계약에 의해 보장되는 모든 사람이 포함될 수 있습니다. 이들 중 일부는 2014년 이전에 계약을 구매하고 연구 기간이 시작될 때까지 여전히 보장되어 있었을 수 있습니다. 연구 기간 동안 일부는 사망하고, 일부는 계약을 취소(포기)하며, 일부는 계약 조건에 따라 계약이 만료되고(예: 연구 기간 중 만료되는 기간 보험 계약), 일부는 연구가 끝날 때까지 여전히 보험에 가입되어 있을 것입니다.

계약이 취소되거나 만료되면, 결국 사망 연령은 보험 회사에 알려지지 않는 것으로 가정합니다. 일부 사람들은 연구 기간 동안 생명 보험 계약을 구매하고 연구 기간의 나머지 부분 동안 보장을 받습니다. 이 계약들은 다른 계약과 동일한 감소(사망, 포기, 만료)를 겪게 됩니다. 사망 연령에 관해서는 연구에 포함된 거의 모든 계약이 왼쪽 절단됩니다.[8] 만약 계약이 2014년 이전에 발행되었다면, 절단점은 2014년 1월 1일의 나이가 됩니다. 연구 기간 중에 보험을 구매한 사람들의 경우, 절단점은 계약이 시작되는 연령이 됩니다. 사망 이외의 원인으로 연구를 종료한 사람들의 경우, 그들의 관찰은 종료 시점에서 오른쪽 검열이 됩니다. 그들에 대해 알려진 것은 사망이 어떤 알 수 없는 나중의 연령에서 발생할 것이라는 점뿐입니다.

단순한 모수적 분포가 적합하지 않고 대량의 데이터가 있을 때, 비모수적(non-parametric) 모델을 사용하는 것이 합리적입니다. 대량의 데이터는 생존 함수의 주요 특징을 포착할 수 있도록 보장합니다. 왼쪽 절단(연구에 참여한 나이로 인한)과 오른쪽 검열(고정된 시간에 연구가 종료된) 모두가 있기 때문에, 데이터가 많을 때 카플란-마이어 추정치를 구성하는 데 매우 많은 정렬과 계산이 필요할 수 있습니다. 수년 동안 다양한 방법들이 소개되었고, 이러한 종류의 데이터로부터 사망률 표를 구성하는 문제에 대해 여러 권의 책이 쓰여졌습니다(e.g., [12, 81]). 여기서 제시된 예제의 맥락은 사망률 표를 구성하는 것이지만, 이전에 설명된 상황이 적용될 때마다 이 방법들은 적용될 수 있습니다.

우리는 데이터가 일반적으로 수집되는 두 가지 방법을 살펴보는 것으로 시작합니다. 두 가지 상황에 대해 추정기를 제시할 것입니다. 공식은 이 섹션에서 제공되며, 그 유도와 속성은 섹션 14.8에서 제공될 것입니다. 모든 경우에 대해, $c_0 < c_1 < \cdots < c_k$와 같은 값(연령) 집합이 미리 설정되어 있으며, 목표는 이 값들에서만 생존 함수를 추정하는 것입니다(필요한 경우 중간 값을 제공하기 위해 보간법이 사용됩니다). 모든 방법은 사망의 조건부 1기 확률 $q_j = [S(c_j)-S(c_{j+1})]/S(c_j)$을 추정하도록 설계되었습니다. 여기서 j는 특정 연령이 아니라 구간을 나타낼 수 있습니다. 그 값들을 통해 $S(c_j)/ S(c_0)$는 다음과 같이 평가될 수 있습니다.

$$\frac{S(c_j)}{S(c_0)} = \prod_{i=0}^{j-1}(1 - q_i).$$

14.7.2 개별 데이터 포인트 사용 Using Individual Data Points

이 설정에서는 각 관찰된 사람에 대해 데이터가 기록됩니다. 이 접근법은 데이터를 개별 관찰의 연속으로 분석하기 때문에 때때로 시리애텀 방법(seriatim method)이라고 불립니다. 추정기는 $\hat{q}_j = d_j/e_j$ 형태를 가지며, 여기서 d_j는 구간 내에서 관찰된 사망자의 수이고, e_j는

8 유일한 예외는 연구 기간 중 갓 태어난 사람에게 발급된 보험 정책일 것입니다.

위험 노출 정도를 나타내며, 해당 구간에서 관찰된 사망자가 될 수 있는 사람들의 수를 의미합니다. 만약 사망이 연속 구간 간의 경계 값 중 하나에서 발생하면, 그 사망은 이전 구간에 포함됩니다. 만약 구간에 나이가 c_j 이상인 신규 입장이 없고 사망 외의 퇴출이 없다면(이를 "완전한 데이터"라고 합니다), e_j는 c_j에서 살아 있는 사람의 수를 나타내며, 사망자 수는 이항 분포를 따릅니다. 불완전한 데이터가 있는 경우, 적절한 근사치를 결정할 필요가 있으며, 바람직하게는 데이터 세트를 한 번만 통과하여 계산할 수 있는 근사치여야 합니다. 이 문제를 설명하기 위해 다음 예제를 살펴보겠습니다.

예제 14.18

사망률 연구는 2014년 1월 1일부터 2016년 12월 31일까지의 관찰을 바탕으로 합니다. 다섯 개의 계약이 관찰되었으며, 다음 목록에 기록된 정보가 있습니다. 단순화를 위해 3-2000이라는 날짜는 2000년 3월 1일로 해석되며, 모든 사건은 발생한 월의 첫 번째 날로 처리됩니다. 또한 모든 월은 1년의 12분의 1로 간주됩니다. 사망률 확률을 추정하기에 충분한 방식으로 정보를 요약하십시오.

1. 1981년 4월에 태어났으며, 2013년 8월에 보험을 구매하고, 2017년 1월에는 유효한 보험 계약자였습니다.
2. 1981년 6월에 태어났으며, 2013년 7월에 보험을 구매하고, 2015년 9월에 사망했습니다.
3. 1981년 8월에 태어났으며, 2015년 2월에 보험을 구매하고, 2016년 2월에 보험을 포기했습니다.
4. 1981년 5월에 태어났으며, 2014년 6월에 보험을 구매하고, 2015년 3월에 사망했습니다.
5. 1981년 7월에 태어났으며, 2014년 3월에 보험을 구매하고, 2016년 5월에 보험을 포기했습니다.

핵심 정보는 각 개인이 처음 관찰된 나이, 마지막으로 관찰된 나이, 그리고 관찰이 종료된 이유입니다. 다섯 개의 계약에 대해 "x"는 사망을, "s"는 다른 이유를 나타내며, 값은 다음과 같습니다(예: 33-6은 33년 6개월을 의미함). (32-9, 35-9, s), (32-7, 34-3, x), (33-6, 34-6, s), (33-1, 33-10, x), (32-8, 34-10, s). 계약 1과 2는 연구 시작 전에 구매되었으므로 연구가 시작될 때 처음 관찰됩니다. 관찰이 포기로 종료된 경우와 연구 종료로 종료된 경우 사이에 구분을 할 필요는 없습니다. □

다음 단계는 각 연령 구간에 대한 정보를 집계하여 d_j와 e_j의 총합을 구하는 것입니다. 사망자 수를 세는 것은 간단합니다. 위험 노출 수에 대해서는 두 가지 방법이 일반적으로 사용됩니다.

정확한 위험 노출 방법(Exact exposure method)

이 방법을 따르면, 위험 노출 시간은 연령 구간 내에서 관찰된 정확한 총 시간을 기준으로 설정됩니다. 사망이 발생하면, 해당 사람의 위험 노출은 사망한 정확한 연령에서 끝납니다. 섹션 14.8에서 d_j/e_j가 구간$(c_j\ ;\ _{cj+1}]$에서 해저드율이 일정하다는 가정하에 최대 우도 추정기임을 보여줍니다. 이 추정기의 추가적인 성질은 그 섹션에서 다룰 것입니다. 추정된 해저드율은 $q_j = 1- \exp(-d_j/e_j)$ 공식을 사용하여 사망의 조건부 확률로 변환될 수 있습니다.

계리적 위험 노출 방법(Actuarial exposure method)

이 방법에 따르면, 사망에 대한 위험 노출 기간은 사망한 정확한 나이가 아니라 연령 구간의 끝까지 확장됩니다. 이 방법은 완전한 데이터에 대해 경험적 추정기를 재현하는 장점이 있지만, 다른 경우에는 일관성 없는 추정기임이 밝혀졌습니다. 이 경우, 사망의 조건부 확률 추정치는 $q_j = d_j/e_j$로 구해집니다.

사망의 조건부 확률이 작고, 관측값이 많을 때는 두 방법의 선택이 결과에 큰 영향을 미치지 않을 가능성이 큽니다.

예제 14.19

예제 14.18에 대해 두 방법을 사용하여 이산 연령에 대한 모든 가능한 사망률을 추정하십시오. 우선 32세, 33세, 34세, 35세에 대한 데이터가 있다는 것을 알 수 있습니다. 사망은 33-34세와 34-35세 구간에 발생했습니다. 시리애텀 접근법(seriatim method)을 사용하여 각 계약을 분석하고 각 구간에 대한 위험 노출 기여도를 합산하여 진행 총합을 구합니다. 각 연령 구간에 대해, 관찰된 시간의 정확한 위험 노출 방법을 사용하여 각 구간에 대한 기여도를 합산합니다. 여기서 숫자는 월을 나타냅니다.

$$
\begin{aligned}
&32\text{–}33: e_{32} = 3+5+0+0+4 = 12.\\
&33\text{–}34: e_{33} = 12+12+6+9+12 = 51.\\
&34\text{–}35: e_{34} = 12+3+6+0+10 = 31.\\
&35\text{–}36: e_{35} = 9+0+0+0+0 = 9.
\end{aligned}
$$

검증을 위해 다섯 개의 계약에 대한 총 기여도는 각각 36, 20, 12, 9, 26으로, 관찰된 시간과 일치합니다. 유일한 두 개의 비제로 사망 확률은 $\hat{q}_{33} = 1 - \exp[-1/(51/12)] = 0.20966$, $\hat{q}_{34} = 1 - \exp[-1/(31/12)] = 0.32097$로 추정됩니다.

계리적 위험 노출 방법에서는, 33-34 구간에서 네 번째 사람의 위험 노출은 9개월에서 11개월로 증가하여 총 53개월이 됩니다(관찰이 33세 1개월부터 시작되었기 때문에 1년 전부는 아닙니다). 34-35 구간에서는 두 번째 사람의 위험 노출이 3개월에서 12개월로 증가하여 총 40개월이 됩니다. 사망 확률 추정치는 $\hat{q}_{33} = 1/(53/12) = 0.2264$, $\hat{q}_{34} = 1/(40/12) = 0.3$입니다. □

예제 14.20

보험 수학적 위험 노출 방법을 사용하여 데이터 세트 D에 대한 모든 사망 확률을 추정하십시오.

4.0 시점에서 발생한 사망은 3-4 구간에 할당된다는 점을 유의하면서, 추정된 값은 $\hat{q}_0 = 1/29.4 = 0.0340$, $\hat{q}_1 = 0/28.8 = 0$, $\hat{q}_2 = 2/27.5 = 0.0727$, $\hat{q}_3 = 3/27.3 = 0.1099$, $\hat{q}_4 = 2/29.4 = 0.0930$입니다. 해당 생존 확률은 다음과 같습니다(카플란-마이어 추정치는 괄호 안에 있음): $\hat{S}(1) = 0.9660$ (0.9667), $\hat{S}(2) = 0.9660$ (0.9667), $\hat{S}(3) = 0.8957$ (0.8923), $\hat{S}(4) = 0.7973$ (0.7920), 그리고 $\hat{S}(5) = 0.7231$ (0.7215). □

14.7.2.1 보험 연령 Insuring Ages

예제들이 생명 보험 맥락에서 다뤄졌지만, 이 방법론은 왼쪽 절단과 오른쪽 검열이 있는 모든 상황에 적용됩니다. 그러나 생명 보험 연구에 특화된 상황이 있습니다. 1년 만기 보험 계약을 고려해 보겠습니다. 예를 들어, 한 지원자가 1981년 2월 15일에 태어나고, 2016년 10월 15일에 이 보험에 신청했다고 가정해 봅시다. 보험료는 전체 연령을 기준으로 부과됩니다. 일부 회사는 마지막 생일 나이(이 경우 35세)를 사용하고, 일부는 가장 가까운 생일 나이(이 경우 36세)를 사용합니다. 한 회사는 q_{35}를 기준으로 보험료를 책정하고, 다른 회사는 q_{36}을 기준으로 보험료를 책정하지만, 두 회사 모두 $q_{35:67}$, 즉 지원자의 실제 나이를 사용해야 합니다. 한 회사가 마지막 생일 나이를 사용한다고 가정해 봅시다. q_{35}를 추정할 때, 회사는 정확히 35세인 사람이 다음 해에 사망할 확률(일반적인 해석)이 아니라, 35세로 할당된 사람이(35세에서 36세 사이의 나이를 가질 수 있는) 다음 해에 사망할 확률을 관심 있게 봅니다. 한 가지 해결책은 정확한 나이를 기준으로 표를 구하고, 평균 지원자가 35.5세라고 가정하여 보험료를 결정할 때 보간된 값을 사용하는 것입니다. 두 번째 해결책은 계약자가 아닌 회사에서 할당한 연령을 사용하여 사망률 연구를 수행하는 것입니다. 예제에서 지원자는 2016년 10월 15일에 정확히 35세로 간주되며, 따라서 새로운 생일인 1981년 10월 15일이 할당됩니다. 이렇게 하면, 연구는 "보험 연령"을 사용한다고 하며, 결과 값은 보험 계산에 직접 사용할 수 있습니다.

예제 14.21

예제 14.18에 있는 회사가 마지막 생일 나이를 기준으로 보험 연령을 할당했다고 가정합시다. 보험 수학적 위험 노출 방법을 사용하여 모든 가능한 사망률 값을 추정하십시오.

1. 1981년 4월에 태어났으며, 2013년 8월에 보험을 구매하고, 2017년 1월에 유효한 보험 계약자였습니다. 새로운 생일은 1981년 8월, 32-5로 시작하고, 35-5에 종료됩니다.
2. 1981년 6월에 태어났으며, 2013년 7월에 보험을 구매하고, 2015년 9월에 사망했습니다. 새로운 생일은 1981년 7월, 32-6에 시작하고, 34-2에 사망합니다.
3. 1981년 8월에 태어났으며, 2015년 2월에 보험을 구매하고, 2016년 2월에 보험을 포기했습니다. 새로운 생일은 1982년 2월, 33-0에 시작하고, 34-0에 종료됩니다.
4. 1981년 5월에 태어났으며, 2014년 6월에 보험을 구매하고, 2015년 3월에 사망했습니다. 새로운 생일은 1981년 6월, 33-0에 시작하고, 33-9에 사망합니다.
5. 1981년 7월에 태어났으며, 2014년 3월에 보험을 구매하고, 2016년 5월에 보험을 포기했습니다. 새로운 생일은 1982년 3월, 32-0에 시작하고, 34-2에 종료됩니다.

이제 위험 노출은 다음과 같습니다:

32-33: $e_{32} = 7 + 6 + 0 + 0 + 12 = 25$.

33-34: $e_{33} = 12 + 12 + 12 + 12 + 12 = 60$.

34-35: $e_{34} = 12 + 12 + 0 + 0 + 2 = 26$.

35-36: $e_{35} = 5 + 0 + 0 + 0 + 0 = 5$.

예상대로, 위험 노출은 더 젊은 연령 구간에 할당되며, 이는 각 지원자에게 실제 나이보다 작은 연령이 할당되기 때문입니다. 추정치는 $\hat{q}_{33} = 1/.60/12/ = 0.2$와 $\hat{q}_{34} = 1/.26/12/ = 0.4615$입니다. □

보험 연령을 사용할 때, 연구가 시작된 후에 관찰에 들어간 사람들은 새로 할당된 생일에 처음 관찰됩니다. 따라서 이 숫자들에 대해서는 근사 문제는 없습니다.

14.7.2.2 Anniversary-Based Mortality Studies

이 섹션에서 설명된 사망률 연구는 종종 달력 기반 연구 또는 날짜 간(date-to-date) 연구라고 불립니다. 그 이유는 연구 기간이 하나의 달력 날짜에서 다른 달력 날짜로 이어지기 때문입니다. 또한, 보험에 가입된 사람들에 대한 사망률 연구에서는 다른 설정을 사용하는 경우가 많습니다.

관찰이 하나의 달력 날짜에서 다른 달력 날짜로 이어지지 않고, 특정 보험 계약자의 관찰이 연구의 고정 시작 날짜 이후 첫 번째 보험 연도 기념일에 시작하여 연구의 고정 종료 날짜 이전 마지막 연도 기념일에 끝나는 방식입니다. 이러한 연구는 종종 연도 기념일 간(anniversary-to-anniversary) 연구라고 불립니다. 이를 이전 예제를 통해 설명할 수 있습니다.

예제 14.18을 고려할 때, 연구 기간이 2014년 연도 기념일부터 2016년 연도 기념일까지 진행된다고 가정합니다. 첫 번째 보험 계약은 2014년 8월 8일에 보험 연령 33세 0개월로 관찰에 들어가고, 2016년 8월 8일에 보험 연령 35세 0개월로 연구에서 종료됩니다. 두 번째 보험 계약자는 2014년 7월 1일에 보험 연령 33세 0개월로 관찰을 시작합니다. 다섯 번째 보험 계약자는 2016년 연도 기념일 이후에 보험을 포기했으므로, 2016년 3월 1일에 보험 연령 34세 0개월로 관찰이 종료됩니다. 다른 연령들은 모두 동일합니다. 이 설정에서는 모든 피험자가 이산 연령에서 관찰을 시작하며, 연구가 끝날 때까지 보험 계약자들이 이산 연령에서 끝나게 됩니다. 사망과 포기 연령만 정수 이외의 값일 수 있습니다(보험 수학적 위험 노출 방법을 사용할 때, 위험 노출을 계산할 때 사망은 다음 이산 연령으로 배치된다는 점을 유의하십시오). 이 편리함을 위해 대가를 지불해야 합니다. 예제와 같은 3년 연구에서는 어떤 보험 계약자도 2년 이상 관찰될 수 없습니다. 날짜 간 버전에서는 일부 계약이 3년 동안의 위험 노출에 기여할 수 있습니다.

모든 예제에서는 1년 기간을 사용했습니다. 만약 구간($c_{j+1}-c_j$)의 길이가 1이 아니라면, 조정이 필요합니다. 위험 노출은 관찰 기간의 분수로 계산해야 하며, 시간의 길이가 아닙니다.

14.7.3 구간 기반 방법

사건이 발생한 정확한 나이를 기록하는 대신, 사건이 발생한 연령 구간과 사건의 성질만을 기록합니다. 개별 방법과 마찬가지로, 보험 계약 포트폴리오의 경우에는 오직 누적 총합만 기록하면 되며, 최종 결과는 각 연령 구간에 대해 4에서 6개[9]의 숫자입니다.

1. 이전 구간에서 이월된 구간 시작 시의 사람 수.
2. 구간 시작 시 추가로 들어온 사람 수.
3. 구간 중에 들어온 사람 수.
4. 구간 중에 사망으로 나간 사람 수.
5. 구간 중에 사망 이외의 이유로 나간 사람 수.
6. 구간 끝에 사망 이외의 이유로 나간 사람 수.

9 예제에서 보겠지만, 주어진 상황에서 모든 범주가 반드시 존재할 필요는 없습니다.

예제 14.22

예제 14.18의 두 가지 버전을 고려하십시오. 첫 번째에서는 정확한 나이를 사용하고 날짜 간 연구를 수행합니다. 그 다음, 마지막 생일 나이의 보험 연령을 사용하고 연도 기념일(anniversary) 간 연구를 수행합니다. 각 경우에 대해 필요한 값들의 표를 작성하십시오.

정확한 나이 연구에서는 다섯 명의 생명에 대한 입장 연령, 퇴장 연령, 퇴장 원인 값은 (32-9, 35-9, *s*), (32-7, 34-3, *x*), (33-6, 34-6, *s*), (33-1, 33-10, *x*), (32-8, 34-10, *s*)입니다. 32세의 생명은 없습니다. 32세와 33세 사이에는 3명이 들어오고 아무도 퇴장하지 않습니다. 33세와 34세 사이에는 2명이 들어오고 1명이 사망으로 퇴장합니다. 34세와 35세 사이에는 아무도 들어오지 않으며, 1명이 사망하고 2명이 다른 원인으로 퇴장합니다. 35세와 36세 사이에는 아무도 들어오지 않으며, 1명이 사망 이외의 원인으로 퇴장합니다. 연령 경계에서 들어오거나 퇴장하는 사람은 없습니다. 전체 값은 표 14.20에 있습니다.

표 14.20 The exact age values for Example 14.22

Age	Number at age	Number entering	Number dying	Number exiting	Number at next age
32	0	3	0	0	3
33	3	2	1	0	4
34	4	0	1	2	1
35	1	0	0	1	0

보험 연령 연구에서는 값이 (33-0, 35-0, *s*), (33-0, 34-2, *x*), (33-0, 34-0, *s*), (33-0, 33-9, *x*), (32-0, 34-0, *s*)입니다. 이 경우, 이산 연령에서 여러 번 입장하고 퇴장하는 사람들이 있습니다. 값은 표 14.21에 표시됩니다.

표 14.21 The insuring age values for Example 14.22

Age	Number at age	Number entering	Number dying	Number exiting	Number at next age
32	0	1	0	0	1
33	1	4	1	2	2
34	2	0	1	1	0

첫 번째 표에서는 들어오고 퇴장하는 사람들이 연령 구간 내에서 발생하는 반면, 두 번째 표에서는 들어오는 사람들이 구간의 시작에서 들어오고, 사망 이외의 이유로 퇴장하는 사람들은 구간 끝에서 퇴장한다는 점을 유의하는 것이 중요합니다. □

이 상황의 분석은 상대적으로 간단합니다. c_j에서 c_{j+1}까지의 구간에 대해, P_j를 c_j에서 관찰 중인 생명 수라고 하겠습니다. 이 숫자는 이전 구간에서 이월된 사람들과 c_j에서 들어온 사람들을 모두 포함합니다. n_j, d_j, w_j는 각각 구간 동안 들어온 사람 수, 사망한 사람 수, 퇴장한 사람 수를 나타냅니다. 일반적으로 $P_{j+1} \neq P_j + n_j - d_j - w_j$, 오른쪽 항은 정확히 c_{j+1}에서 들어오거나 퇴장하는 사람들을 조정해야 한다는 점에 유의하십시오. 사망 확률 추정은 선택한 방법과 연령 구간 동안 발생하는 사건들이 언제 일어나는지에 대한 가정에 따라 달라집니다.

한 가지 접근법은 구간 동안 사건들이 균등 분포한다고 가정하는 것입니다. 정확한 위험 노출 방법에서는 구간을 시작하는 P_j는 전체 위험 노출 위험량 단위에 기여할 수 있는 잠재력을 가지며, n_j명의 입장자는 각기 평균적으로 6개월씩 더 추가됩니다. 유사하게, 사망하거나 퇴장한 사람들은 평균적으로 6개월씩 차감됩니다. 따라서 순 위험 노출은 $P_j + (n_j - d_j - w_j)/2$입니다. 보험 수학적 위험 노출 방법에서는 사망한 사람들은 위험 노출을 감소시키지 않으며, 이는 $P_j + (n_j - w_j)/2$가 됩니다.

다른 접근법은 이 상황에 Kaplan-Meier 추정기를 적용하는 것입니다. 모든 사망이 연도의 중반에 발생하고 다른 모든 감소가 연중 균등하게 발생한다고 가정해 봅시다. 그러면 중반의 위험 집합은 $P_j + (n_j - w_j)/2$가 되고, 추정치는 보험 수학적 추정기와 동일합니다.

예제 14.23

예제 14.22의 두 데이터 세트에 두 방법을 적용하십시오.

정확한 나이 데이터의 경우, 32세에서 35세까지의 정확한 위험 노출은 각각 $0 + (3 - 0 - 0)/2 = 1.5$, $3 + (2 - 1 - 0)/2 = 3.5$, $4 + (0 - 1 - 2)/2 = 2.5$, $1 + (0 - 0 - 1)/2 = 0.5$입니다. 보험 수학적 위험 노출 방법을 사용하면 값은 $0 + (3 - 0)/2 = 1.5$, $3 + (2 - 0)/2 = 4.0$, $4 + (0 - 2)/2 = 3.0$, $1 + (0 - 1)/2 = 0.5$로 변경됩니다.

보험 연령 데이터의 경우, 32세에서 34세까지의 정확한 위험 노출은 각각 $1 + (0 - 0 - 0)/2 = 1.0$, $5 + (0 - 1 - 0)/2 = 4.5$, $2 + (0 - 1 - 0)/2 = 1.5$입니다. 보험 수학적 위험 노출은 $1 + (0 - 0)/2 = 1.0$, $5 + (0 - 0)/2 = 5.0$, $2 + (0 - 0)/2 = 2.0$입니다. 여기서 중요한 점은 입장자들이 모두 구간의 시작에서 발생하며 P_j에 포함되는 반면, 퇴장자들은 구간 끝에서 퇴장하며 w_j에는 포함되지 않는다는 것입니다. □

이 책에서 모든 추정 절차의 목표는 절단과 검열이 없는 상태에서 확률 변수를 위한 확률 분포를 유도하는 것입니다. 손실 데이터의 경우, 그것은 면책이나 한도가 없었다면 가능한 확률들, 즉, 바닥 손실(ground-up losses)이 됩니다. 생애 데이터의 경우, 그것은 사람이 태어날 때부터 사망할 때까지의 나이에서 사망의 확률 분포입니다. 이러한 것은 종종 단일 감소 확률(single-decrement probabilities)이라고 불리며, 생명 보험 수학에서 보통 q'_j로 표기됩니다. 생명 보험 맥락에서 검열률(censoring rates)은 사망률만큼 중요할 수 있습니다. 예를 들어, 데이터 세트 D의 맥락에서는 사망 시간과 철회 시간이 모두 관심을 가질 수 있습니다. 전자의 경우, 철회는 관측을 검열하게 만듭니다. 후자의 경우, 검열은 사망으로 인해 발생합니다. 상위 첨자는 관심 있는 감소를 식별합니다. 예를 들어, 감소가 사망(d)과 철회(w)라고 가정합시다. 그러면 $q_j'^{(w)}$는 철회만 가능한 환경에서 사망은 불가능하고, c_{j+1}에 도달하기 전에 철회하는 사람이 살아있고 보험에 가입된 확률을 나타내는 보험 수학적 표기법입니다. 검열의 원인이 다른 중요한 감소인 경우, 자주 사용되는 가정은 모든 감소가 확률적으로 독립적이라는 것입니다. 즉, 감소들이 서로 영향을 미치지 않는다는 것입니다. 예를 들어, 특정 나이에 철회하는 사람은 철회하지 않은 사람과 같은 확률로 다음 달에 사망할 확률을 가집니다.

예제 14.24

데이터 세트 D를 사용하여 단일 감소 확률을 추정하고 보험 수학적 방법을 적용하십시오. 합리적인 가정을 하십시오.

우선, 감소 항목으로 사망을 고려해 보겠습니다. 이 섹션의 표기법을 사용하면 관련된 양들은 표 14.22에 나타납니다.

표 14.22 The single-decrement mortality probabilities for Example 14.24

j	P_j	n_j^b	n_j^m	d_j	w_j^m	w_j^e	$q_j'^{(d)}$
0	0	30	3	1	3	0	1/30.0 = 0.0333
1	29	0	1	0	2	0	0/28.5 = 0.0000
2	28	0	3	2	3	0	2/28.0 = 0.0714
3	26	0	3	3	3	0	3/26.0 = 0.1154
4	23	0	0	2	4	17	2/21.0 = 0.0952

n_j^b는 구간 시작 시에 들어온 사람들을 나타내며, n_j^m는 구간 동안 들어온 사람들을 나타냅니다. 이 범주들은 사건의 발생 시간에 따른 것이 아니라 사건의 성질에 기반합니다. 연구 기간 동안 발행된 30개의 계약은 정의상 0시점에 있습니다. 연구가 시작될 때 기간 1.0에 있었던 계약은 어떤 기간에서든 들어올 수 있었습니다. 이러한 계약들은 이전 구간의 n_j^m에 포함됩니다. 사망 이외의 이유로 퇴장한 사람들은 w_j^m로 구간 중에 퇴장한 사람들을, w_j^e로 구간 끝에서 퇴장한 사람들을 나타냅니다. 마찬가지로, 우연히 퇴장하는 사람들은 이전 구간에 할당됩니다. 사망은 이전 구간에 할당됩니다.

표 14.23 The single-decrement withdrawal probabilities for Example 14.24

j	P_j	n_j^b	n_j^m	d_j	w_j^m	w_j^e	$q_j^{\prime(d)}$
0	0	30	3	3	1	0	3/31.0 = 0.0968
1	29	0	1	2	0	0	2/29.5 = 0.0678
2	28	0	3	3	2	0	3/28.5 = 0.1053
3	26	0	3	3	3	0	3/26.0 = 0.1154
4	23	0	0	4	2	17	4/22.0 = 0.1818

철회의 경우, $q_j^{\prime(w)}$의 값은 표 14.23에 나와 있습니다. 표기법을 일관되게 유지하기 위해, d_j는 이제 철회를 의미하며, w_j는 다른 감소를 의미합니다. □

예제 14.25

면책액이 0, 250, 500이고 계약 한도가 5,000, 7,500, 10,000인 계약들의 손실 데이터가 수집되었습니다. 데이터는 표 14.24에 나타나 있습니다. 보험 수학적 방법을 사용하여 손실에 대한 분포 함수를 추정하십시오. 계산은 표 14.25에 있습니다. 면책액과 한도가 구간의 끝에 있기 때문에, 가장 합리적인 가정은 제시된 첫 번째 가정입니다. □

표 14.24 The data for Example 14.25

Range	Deductible			Total
	0	250	500	
0-100	15			15
100-250	16			16
250-500	34	96		130
500-1,000	73	175	251	499

Range	Deductible			Total
	0	250	500	
1,000-2,500	131	339	478	948
2,500-5,000	83	213	311	607
5,000-7,500	12	48	88	148
7,500-10,000	1	4	11	16
At 5,000	7	17	18	42
At 7,500	5	10	15	30
At 10,000	2	1	4	7
Total	379	903	1,176	2,458

표 14.25 The calculations for Example 14.25

c_j	P_j	n_j^b	d_j	w_j^e	$q_j^{\prime(d)}$	$\hat{F}(c_j)$
0	0	379	15	0	15/379 = 0.0396	0.0000
100	364	0	16	0	16/364 = 0.0440	0.0396
250	348	903	130	0	130/1,251 = 0.1039	0.0818
500	1,121	1,176	499	0	499/2,297 = 0.2172	0.1772
1,000	1,798	0	948	0	948/1,798 = 0.5273	0.3560
2,500	850	0	607	42	607/850 = 0.7141	0.6955
5,000	201	0	148	30	148/201 = 0.7363	0.9130
7,500	23	0	16	7	16/23 = 0.6957	0.9770
10,000	0					0.9930

14.7.4 연습 문제

14.43 표 14.23의 계산을 검증하십시오.

14.44 연도 기념일 간 연구에 대해 표 14.26의 값이 얻어졌습니다. 정확한 카플란-마이어 추정치, 정확한 위험 노출, 그리고 보험 수학적 위험 노출 방법을 사용하여 $q_{45}^{\prime(d)}$와 $q_{46}^{\prime(d)}$을 추정하십시오.

14.45 표 14.27에 기록된 22개의 보험 지급이 있습니다. 가장 합리적인 적은 구간 수와 보험 수학적 위험 노출 방법을 사용하여 면책액이 500인 보험이 5,000을 초과하

는 지급을 할 확률을 추정하십시오.

14.46 (*) 19개의 손실이 관찰되었습니다. 그 중 6개는 면책액이 250, 6개는 면책액이 500, 7개는 면책액이 1,000이었습니다. 3개의 손실은 계약 한도에서 지급되었으며, 해당 값은 1,000, 2,750, 5,500입니다. 한도에서 지급되지 않은 16개의 손실 중 1개는 (250, 500) 구간에, 2개는 (500, 1,000) 구간에, 4개는 (1,000, 2,750) 구간에, 7개는 (2,750, 5,500) 구간에, 1개는 (5,500, 6,000) 구간에, 1개는 (6,000, 10,000) 구간에 있었습니다. 면책액이 500인 보험이 5,500을 초과하는 지급을 할 확률을 추정하십시오.

표 14.26 The data for Exercise 14.44

d	u	x	d	u	x
45	46.0		45	45.8	
45	46.0		46	47.0	
45		45.3	46	47.0	
45		46.7	46	46.3	
45		45.4	46		46.2
45	47.0		46		46.4
45	45.4		46	46.9	

표 14.27 The data for Exercise 14.45

Deductible	Payment[a]	Deductible	Payment
250	2,221	500	3,660
250	2,500	500	215
250	207	500	1,302
250	3,735	500	10,000
250	5,000	1,000	1,643
250	517	1,000	3,395
250	5,743	1,000	3,981
500	2,500	1,000	3,836
500	525	1,000	5,000
500	4,393	1,000	1,850
500	5,000	1,000	6,722

[a]Numbers in italics indicate that the amount paid was at the policy limit.

14.8 계약 건 감소 확률의 최대 우도 추정 Maximum Likelihood Estimation of Decrement Probabilities

섹션 14.7에서 소개된 방법론은 큰 데이터 세트를 사용하여 사망 확률을 추정하는 방법이었습니다. 그 중 하나는 정확한 위험 노출을 사용한 시리애팀 방법(seriatim method)이었습니다. 이 섹션에서는 이 추정기가 특정 가정하에서 최대 우도 추정기임을 보여주겠습니다. 이를 위해 몇 가지 표기법을 개발해야 합니다. 우리가 a 나이에 살아있는 개인이 $a < b$인 경우 b 이전에 사망할 확률을 추정하고자 한다고 가정한다면, 이는 $q = [S(a) - S(b)]/S(a)$로 표기합니다. X를 생존 함수 $S(x)$를 가진 확률 변수라고 가정합시다. 이는 태어날 때부터 x 나이까지 생존할 확률입니다. 이제 Y를 $X > a$ 조건을 가진 확률 변수로 정의합니다. Y의 생존 함수는 $S_Y(y) = \Pr(X > y|X > a) = S(y)/S(a)$로 정의됩니다.

이제 해당 연령 구간에 대해 생존 함수의 형태에 대한 중요한 가정을 도입합니다. $SY(y) = \exp[(-(y - a)\lambda]$를 $a < y \leq b$에 대해 가정합니다. 이는 구간 내에서 생존 함수가 지수적으로 감소한다는 의미입니다. 동등하게, 해저드율(생명 보험 수학에서 사망률 힘이라고도 함)은 구간 내에서 일정하다고 가정합니다. b 이후에는 다른 해저드율을 사용할 수 있습니다. 우리의 목표는 조건부 사망 확률 q를 추정하는 것입니다. 따라서 우리는 이 구간에 대한 데이터만 사용하고, 이 구간의 함수형만 사용하여 추정을 수행할 수 있습니다. b 이후의 생존 함수 값은 필요하지 않습니다.

이제 n명의 개인에 대해 수집된 데이터를 고려합니다.

모두가 구간 $(a, b]$ 동안 관찰되었습니다. 각 개인 j에 대해, g_j는 구간 내에서 첫 번째로 관찰된 나이를 나타내고, h_j는 구간 내에서 마지막으로 관찰된 나이를 나타냅니다(즉, $a \leq g_j < h_j \leq b$). $\delta_j = 0$이면 개인이 마지막으로 관찰되었을 때 살아 있었고, $\delta_j = 1$이면 개인이 마지막으로 관찰된 이유가 사망 때문임을 나타냅니다. 이 분석에서는 각 개인의 검열 나이(즉, 구간 내에서 사망하지 않은 사람은 나중에 나이가 b에 도달하거나 관찰에서 제외된 경우로 검열됨)가 미리 알려졌다고 가정합니다. 따라서 유일한 랜덤 정량(quantities)은 δ_j이며, $\delta_j = 1$인 경우에는 사망 나이가 됩니다.

우도 함수는 다음과 같습니다.

$$L(\lambda) = \prod_{j=1}^{n} \left[\frac{S(h_j)}{S(g_j)}\right]^{1-\delta_j} \left[\frac{f(h_j)}{S(g_j)}\right]^{\delta_j} = \prod_{j=1}^{n} \left[e^{-(h_j-g_j)\lambda}\right]^{1-\delta_j} \left[\lambda e^{-(h_j-g_j)\lambda}\right]^{\delta_j}$$

$$= \lambda^d \prod_{j=1}^{n} e^{-(h_j-g_j)\lambda} = \lambda^d \exp\left[-\sum_{j=1}^{n}(h_j - g_j)\lambda\right] = \lambda^d \exp(-e\lambda),$$

여기서 구간 내(14.7 섹션에서 정확한 위험 노출로 불리는)에서 $d = \sum_{j=1}^{n} \delta_j$는 관찰 사망자수이고 $e = \sum_{j=1}^{n}(h_j - g_j)$는 개인들이 관찰된 전체 시간입니다.

로그를 취하고 미분하여 풀면 다음과 같습니다.

$$
\begin{aligned}
l(\lambda) &= d \ln \lambda - e\lambda, \\
l'(\lambda) &= \frac{d}{\lambda} - e = 0, \\
\hat{\lambda} &= \frac{d}{e}.
\end{aligned}
$$

최대 우도 추정치인 사망 확률 q는 다음과 같이 구할 수 있습니다.

$$\hat{q} = 1 - \exp[-(b-a)\hat{\lambda}] = 1 - \exp[-(b-a)d/e].$$

연구에서는 종종 랜덤 검열이 발생합니다. 즉, 개인들이 사망 외의 이유로 미리 알려지지 않은 시간에 퇴장할 수 있습니다. 모든 감소(예: 사망, 장애, 퇴직)가 확률적으로 독립적이라면(즉, 한 사건의 타이밍이 다른 사건에 영향을 미치지 않는 경우), 최대 우도 추정기는 이 섹션에서 유도된 것과 동일하다는 결과가 나옵니다. 결과를 유도하지는 않지만, 이는 우도 함수가 각 감소에 대한 개별적인 요소로 분해될 수 있다는 사실에서 따라오는 결과입니다.

이 추정치의 분산은 관측된 정보 접근법을 사용하여 근사할 수 있습니다. 로그 우도 함수의 두 번째 미분은 다음과 같습니다.

$$l''(\lambda) = -\frac{d}{\lambda^2}$$

추정기를 대입하면,

$$l''(\hat{\lambda}) = -\frac{d}{(d/e)^2} = -\frac{e^2}{d}$$

따라서, 분산은 $\widehat{\text{Var}}(\hat{\lambda}) = d/e^2$로 근사할 수 있습니다. 델타 방법을 사용하면,

$$
\begin{aligned}
\frac{dq}{d\lambda} &= (b-a)\exp[-(b-a)\lambda] \\
\widehat{\text{Var}}(\hat{q}) &= (1-\hat{q})^2(b-a)^2\frac{d}{e^2}
\end{aligned}
$$

섹션 14.7에서의 보험 수학적 위험 노출 방법을 기억하십시오. $\hat{q} = (b-a)d/e$로 계산되며, e는 다른 방법으로 계산됩니다. 이 접근법에서 나온 결과를 분석할 때는 d가 $e/(b-a)$ 샘플 크기를 가진 이항 실험의 결과라고 가정하는 것이 일반적입니다. 그런 다음,

$$\widehat{\mathrm{Var}}(\hat{q}) = \frac{\hat{q}(1-\hat{q})}{e/(b-a)}$$

$1-\hat{q}$항을 제거하면(대부분 1에 가까움), 두 분산 공식은 동일해집니다(e의 값이 약간 다를 수 있음을 유의하십시오).

예제 14.26

연금 계획은 모든 직원에게 고용된 날짜에 정수 연령을 할당합니다(따라서 퇴직 연령은 항상 고용된 기념일에 도달하며, 생일에 도달하지 않습니다). 직원 계약의 특성으로 인해 직원들은 고용 기념일에 연례적으로 또는 기념일로부터 6개월 후에만 직장을 그만둘 수 있습니다. 사망은 어떤 나이에서나 발생할 수 있습니다. 할당된 연령을 사용하여 사망률 연구는 35세에서 36세까지의 직원을 관찰했습니다. 35세에 시작한 10,000명이 있었으며, 그 중 100명이 35세와 35.5세 사이에서 평균 연령 35.27세로 사망했으며, 400명은 35.5세에 직장을 그만두었고, 110명이 35.5세와 36세 사이에서 평균 연령 35.78세로 사망했으며, 나머지 9,390명은 36세에 살아있고 고용된 상태였습니다. 정확한 위험 노출과 보험 수학적 위험 노출을 사용하여 q_{35}의 단일 감소 값을 추정하고 추정기의 표준 편차를 구하십시오.

정확한 위험 노출은 100(0.27) + 400(0.5) + 110(0.78) + 9,390(1) = 9,702.8입니다.

그런 다음, $\hat{q}_{35}$ = 1 - exp[-210 / 9,702.8] = 0.02141입니다.

추정된 표준 편차는 $0.97859(210)^{1/2}/9{,}702.8 = 0.00146$입니다.

보험 수학적 위험 노출은 사망이 구간 끝에서 발생한다고 가정합니다. 위험 노출은 이제 100(1) + 400(0.5) + 110(1) + 9,390(1) = 9,800입니다. 그런 다음, $\hat{q}_{35}$ = 210/9,800 = 0.02143입니다. 추정된 표준 편차는 $\sqrt{0.02143(0.97857)/9{,}800}$ = 0.00146입니다. □

14.8.1 연습 문제

14.47 예제 14.44에서 q_{45}와 q_{46}에 대한 사망률 추정치는 카플란-마이어, 정확한 위험 노출, 그리고 보험 수학적 위험 노출을 사용하여 얻어졌습니다. 이 추정치들의 분산을 근사하십시오(카플란-마이어의 경우 그린우드의 공식을 사용하여).

14.9 상태 이전 강도의 추정 Estimation of Transition Intensities

지금까지의 논의는 다른 감소가 없는 상태에서 감소 확률을 추정하는 것에 관한 것이었습니다. 암시된 가정은 관찰이 이루어지는 환경에서 한 번 감소가 발생하면 해당 개인은 더 이상 관찰되지 않는다는 것이었습니다.

더 일반적이고 복잡한 상황은 감소가 발생한 후에도 개인이 계속 관찰되며 추가적인 감소가 있을 수 있는 경우입니다. 간단한 예로는 장애 소득 보험이 있습니다. 건강한 개인은 사망, 장애, 또는 보험을 포기할 수 있습니다. 장애가 발생한 사람들은 계속 관찰되며, 그 후 회복이나 사망과 같은 추가적인 감소가 있을 수 있습니다. 이러한 시나리오를 다중 상태 모델(multistate models)이라고 합니다. 이러한 모델은 Dickson et al. [28]에서 자세히 논의됩니다. 이 섹션에서는 이러한 모델과 관련된 전이 강도를 추정하는 방법을 다룹니다. 제시된 결과는 Waters [129]를 기반으로 합니다.

표기를 위해, 가능한 상태를 $\{0, 1, \cdots, k\}$로 두고, μ_x^{ij}를 현재 나이가 x와 $x + 1$ 사이에 있으며 상태 i에 있는 개인이 상태 j로 전이하는 강도라고 정의합니다. 이 표기법은 전이 강도가 정수 나이 동안 일정하다는 가정에 기반합니다. 이는 주어진 나이에서 감소의 강도가 일정하다는 이전 가정과 유사합니다.

예제 14.27

이전에 설명한 장애 소득 보험에 대해, 상태를 식별하고 긍정적인 값을 가질 가능성이 있는 전이 강도를 나타내십시오. 긍정적인 값을 가지는 전이 강도 중에서, 어떤 값을 사용 가능한 데이터에서 추정할 수 있을까요?

상태에 숫자를 할당하는 것은 임의입니다. 이 상황에서는 0 = 건강하고 활성 계약 보유자, 1 = 장애 상태에서 혜택을 받고 있는 사람, 2 = 보험을 포기한 사람, 3 = 사망한 사람으로 설정합니다. 가능한 전이는 $0 \to 1$, $0 \to 2$, $0 \to 3$, $1 \to 0$, $1 \to 3$, $2 \to 3$입니다. 마지막을 제외한 모든 전이는 관찰할 수 있습니다(보험을 포기한 사람이 사망하는 시점을 알기는 어렵습니다). 상태 0과 1은 포기된 계약 보유자가 장애가 되거나 건강해지는 경우를 제외하기 위해 신중하게 정의되었습니다. □

여기서 보여지지 않지만, 최대 우도 추정치는 각 상태에서 보낸 시간에 대한 정확한 위험 노출을 기반으로 합니다. x와 $x + 1$ 사이의 나이대(다른 기간에도 일반화할 수 있음)에서, T_i는 상태 i에서 계약 보유자가 관찰된 총 시간을 나타내며, d_{ij}는 상태 i에서 상태 j로의 전이 횟수입니다. 그러면 $\hat{\mu}_x^{ij} = d_{ij}/T_i$입니다. 유사하게, $\widehat{\text{Var}}(\hat{\mu}_x^{ij}) = d_{ij}/T_i^2$입니다.

예제 14.28

50세에서 51세 사이의 5명의 계약 보유자가 다음과 같은 행동을 보였다고 관찰되었습니다 (소수는 연도의 분수입니다).

- 50세에 장애가 발생하고 50.27세에 사망.
- 50세에 건강하고 50.34세에 장애가 발생하며, 50.78세에 사망.
- 50세에 건강하고 50.80세에 보험을 해약.
- 50세에 건강하고 50.31세에 보험을 구매하고, 51세에는 건강 상태.
- 50세에 건강하고 50.12세에 장애가 발생하며, 50.45세에 건강 상태로 돌아가고, 50.91세에 사망.

전이 강도의 최대 우도 추정치를 계산하십시오.

건강한 상태에서 보낸 시간은 다음과 같습니다.

50.34 - 50 + 50.80 - 50 + 51 - 50.31 + 50.12 - 50 + 50.91 - 50.45 = 2.41.

건강한 상태에서, 두 명은 장애가 되었고, 한 명은 보험을 포기했으며, 한 명은 사망했습니다. 따라서 추정된 전이 강도는 다음과 같습니다.

$\hat{\mu}_{50}^{01} = 2/2.41, \hat{\mu}_{50}^{02} = 1/2.41, \hat{\mu}_{50}^{03} = 1/2.41.$

장애 상태에서 보낸 시간은 다음과 같습니다.

50.27 - 50 +50.78 - 50.34 + 50.45 - 50.12 = 1.04.

장애 상태에서, 한 명은 건강해졌고 두 명은 사망했습니다. 따라서 추정된 전이 강도는 다음과 같습니다.

$\hat{\mu}_{50}^{10} = 2/1.04, \hat{\mu}_{50}^{13} = 1/1.04.$ □

구간 기반 방법의 구축은 더 어려운데, 전이가 언제 발생했는지 불확실하기 때문입니다. 1회 전이를 한 사람들은 중간 나이에 배치하는 것이 합리적일 수 있습니다. 그러나 2회 전이를 한 사람들은 1/3 지점과 2/3 지점에 배치하는 것이 더 합리적입니다. 이를 위해서는 신중한 데이터 관리와 다양한 사례를 세심하게 계산해야 합니다.

15 모델 선택 MODEL SELECTION

15.1 서론 Introduction

데이터를 사용하여 모델을 구축할 때, 그 과정은 반드시 "승자"의 발표로 끝나야 합니다. 자격, 제한 사항, 경고 및 다른 방식으로 전적인 책임을 피하려는 시도는 적절하고 종종 필요하지만, 솔루션에 대한 헌신이 종종 요구됩니다. 이 장에서는 모델을 평가하고 경쟁 모델을 비교하는 다양한 방법을 살펴봅니다. 하지만 우리가 어떤 모델을 선택하든 그것은 현실의 근사값에 불과하다는 점을 기억해야 합니다. 이 관찰은 다음과 같은 모델러(modeler)의 모토에 반영됩니다.

> 모든 모델은 틀리지만, 일부 모델은 유용합니다.[1]

따라서 우리의 목표는 질문에 답할 수 있을 만큼 충분히 좋은 모델을 결정하는 것입니다. 여기서의 도전 과제는 "충분히 좋은"의 정의가 특정 응용 프로그램에 따라 달라진다는 점입니다. 또 다른 중요한 모델링 포인트는 질문에 대한 확실한 이해가 답을 이끌어 낸다는 것입니다. John Tukey의 다음 인용문은 이 점을 잘 요약합니다.

> 잘못된 질문에 대한 항상 정확한 답변보다, 올바르지만 종종 모호한 질문에 대한 대략적인 답변이 훨씬 낫다.

1 이는 일반적으로 조지 박스(George Box)에게 귀속됩니다.

이 장에서는 특정 모델링 전략을 고려합니다.

우리의 선호는 모든 확률적 모델링 상황에 적용할 수 있는 단일 접근법을 사용하는 것입니다. 그 결과, 특정 모델링 상황에 대해서는 더 나은(더 신뢰할 수 있거나 더 정확한) 접근법이 있을 수 있습니다. 예를 들어, 최대우도법은 대부분의 설정에서 좋은 추정 방법이지만 특정 분포에는 최선[2]의 방법이 아닐 수 있습니다. 문헌 검색을 통해 특정 분포에 최적화된 방법들을 찾을 수 있지만, 여기서는 언급되지 않습니다. 마찬가지로, 여기서 사용되는 많은 가설 검정은 근사값을 제공합니다. 특정 사례에서는 더 나은 근사값이나 아마도 정확한 결과를 얻을 수 있습니다. 이들은 또한 생략됩니다. 여기서의 목표는 대부분의 경우 합리적인 답변을 제공하고 다양한 상황에 적응할 수 있는 방법을 제시하는 것입니다.

이 장은 여러분이 10장과 11장에서 다룬 수학적 통계에 대한 기본적인 이해를 가지고 있다고 가정합니다. 나머지 섹션에서는 다양한 평가 및 선택 도구를 다룹니다. 각 도구는 고유한 장단점을 가지고 있으며, 서로 다른 도구가 다른 모델로 이어질 수 있으므로 모델링은 과학만큼 예술적인 요소도 포함하고 있습니다. 실제 응용에서 모델의 목적에 따라 분석가는 하나의 도구를 다른 도구보다 선호할 수 있습니다.

15.2 데이터와 모델의 표현 Representations of the Data and Model

제시될 모든 접근법은 제안된 모델을 데이터나 다른 모델과 비교합니다. 제안된 모델은 밀도 함수나 분포 함수로 표현되거나, 이러한 양들의 함수인 제한된 기댓값 함수나 평균 초과 손실 함수로 표현될 수 있습니다. 데이터는 경험적 분포 함수나 히스토그램으로 표현될 수 있습니다. 개별적이고 완전한 데이터가 있을 때 그래프를 쉽게 만들 수 있습니다. 그러나 데이터가 그룹화되거나 관측치가 절단되거나 검열된 경우 어려움이 발생합니다. 여기서는 데이터가 모두 동일한 값에서 절단되거나(이 값이 0일 수 있음) 모두 동일한 값에서 검열되는 경우만 다룹니다(이 값이 무한대일 수 있음).

여러 절단점이나 검열점에 대한 확장은 Klugman과 Rioux [75][3]에서 자세히 다룹니다.

---

2 "최적"에 대한 정의는 여러 가지가 있습니다. 크라메르-라오(Cramér-Rao) 하한과 정리 11.4를 결합하면, 최대우도추정치는 비편향성과 최소 분산을 "최적"의 정의로 사용할 경우 점근적으로 최적임을 나타냅니다.

3 카플란-마이어(Kaplan-Meier) 추정치는 여러 절단(truncation) 또는 검열(censoring) 지점을 가진 데이터를 나타내는 데 사용할 수 있기 때문에, 모델과 데이터의 그래픽 비교를 구성하는 것은 어렵지 않습니

이러한 표현이 필요한 것은 연속 모델에만 해당된다는 점을 명심해야 합니다.

이산 데이터의 경우 검열, 절단 및 그룹화 문제가 드물게 발생합니다. 데이터는 각 가능한 관측치에서 상대 빈도나 누적 빈도로 쉽게 표현될 수 있습니다.

데이터를 표현하는 것과 관련하여, 경험적 분포 함수는 개별 데이터에 사용되며, 히스토그램은 그룹화된 데이터에 사용됩니다.

절단된 데이터와 모델을 비교하기 위해, 경험적 분포가 절단 지점에서 시작하며 조건부 값을 나타낸다는 점을 먼저 주목해야 합니다(즉, 이것은 관측치가 절단 지점을 초과하는 조건에서의 분포와 밀도 함수입니다). 경험적 값과 비교하려면, 모델 역시 절단되어야 합니다.

데이터 집합에서 절단 지점을 t라고 합시다. 수정된 함수는 다음과 같습니다.

$$F^*(x) = \begin{cases} 0, & x < t, \\ \dfrac{F(x) - F(t)}{1 - F(t)}, & x \geq t, \end{cases}$$

그리고

$$f^*(x) = \begin{cases} 0, & x < t, \\ \dfrac{f(x)}{1 - F(t)}, & x \geq t. \end{cases}$$

이 장에서는 분포 함수나 밀도 함수가 나타날 때, 샘플 크기와 동일한 첨자를 사용하면 그것이 경험적 모델(예: Kaplan-Meier, Nelson-Aalen, 오자이브 등)임을 나타내며, 장식이 없거나 별표(*)를 사용할 경우 그것이 추정된 모수적 모델임을 의미합니다. 실제 근본적인 분포에 대한 표기는 존재하지 않는데, 그것은 알려지지 않았고 알 수 없기 때문입니다.

15.3 확률과 분포함수의 그래프적 비교 Graphic Comparison of the Density and Distribution Function

가장 직접적인 방법으로 모델과 데이터가 얼마나 잘 일치하는지를 확인하려면 각 분포 함수와 밀도 함수를 그래프에 나타내는 것입니다.

다. 주요 도전 과제는 이러한 상황에 대해 가설 검정을 일반화하는 것입니다.

예제 15.1

데이터 세트 B와 C는 각각 15.1과 15.2 표에 주어진 대로 고려합니다. 이 예제와 이후의 모든 예제에서, 데이터 세트 B에서는 15,743의 값을 3,476으로 교체하여 그래프가 페이지에 적합하게 만듭니다. 데이터 세트 B는 50에서 절단하고, 데이터 세트 C는 7,500에서 절단합니다. 각 데이터 세트에 대해 지수 모델의 모수를 추정하고 적절한 함수들을 그래프에 나타낸 후 모델의 적합성에 대해 논의합니다. 그런 다음 데이터 세트 B에 대해 1,000에서 검열된 상태에서 (절단 없이) 이 작업을 반복합니다.

표 15.1 Data Set B with the highest value changed

27	82	115	126	155	161	243	294	340	384
457	680	855	877	974	1.193	1.340	1.884	2.558	3.476

표 15.2 Data Set C

Payment range	Number of payments
0-7,500	99
7,500-17,500	42
17,500-32,500	29
32,500-67,500	28
67,500-125,000	17
125,000-300,000	9
Over 300,000	3

데이터 세트 B에는 19개의 관측값이 있습니다(첫 번째 관측값은 절단으로 인해 제거됩니다). 우도 함수에 대한 일반적인 기여는 $f(82)/[1 - F(50)]$입니다. 지수 모델의 최대우도 추정치는 $\hat{\theta}$ = 802.32입니다. 경험적 분포 함수는 50에서 시작하며 각 데이터 점에서 1/19만큼 점프합니다. 절단 지점이 50일 때 분포 함수는 다음과 같습니다.

$$F^*(x) = \frac{1 - e^{-x/802.32} - (1 - e^{-50/802.32})}{1 - (1 - e^{-50/802.32})} = 1 - e^{-(x-50)/802.32}$$

그림 15.1은 이 두 함수의 그래프를 나타냅니다. 모델은 작은 x 값에서는 분포 함수가 과소평가되고, 큰 x 값에서는 과대평가되기 때문에 적합도가 좋지 않습니다. 이는 꼬리 확률이 과소평가된다는 의미로, 좋은 결과가 아닙니다.

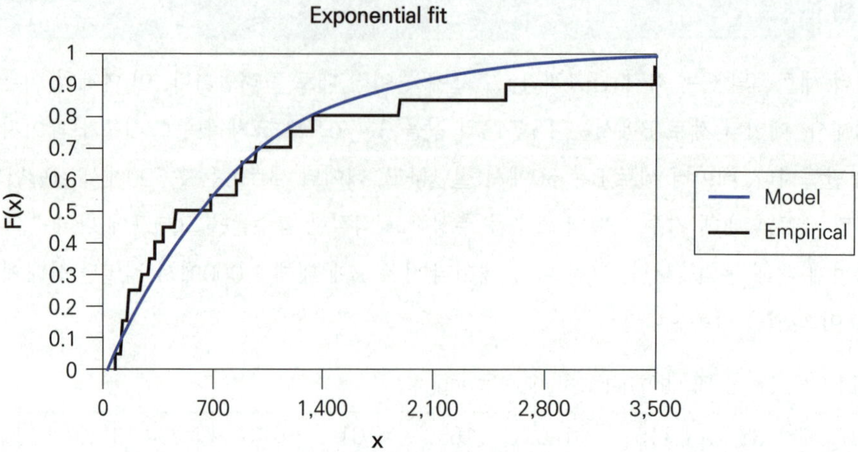

그림 15.1 The model versus data cdf plot for Data Set B truncated at 50

데이터 세트 C에서 우도 함수는 절단된 값을 사용합니다. 예를 들어, 첫 번째 구간에 대한 우도 함수에 대한 기여는 다음과 같습니다.

$$\left[\frac{F(17{,}500)-F(7{,}500)}{1-F(7{,}500)}\right]^{42}$$

최대우도 추정치는 $\hat{\theta}$ = 44,253입니다. 첫 번째 히스토그램 막대의 높이는 다음과 같습니다:

$$\frac{42}{128(17{,}500-7{,}500)}=0.0000328$$

마지막 막대는 125,000에서 300,000까지의 구간에 해당하며(300,000에서 무한대까지의 구간에 대해서는 막대를 만들 수 없습니다), 밀도 함수는 7,500에서 절단되며 다음과 같이 수정됩니다.

$$\begin{aligned} f^*(x) &= \frac{f(x)}{1-F(7{,}500)}=\frac{44,253^{-1}e^{-x/44{,}253}}{1-(1-e^{-7{,}500/44{,}253})} \\ &= \frac{e^{-(x-7{,}500)/44{,}253}}{44{,}253},\ x>7{,}500. \end{aligned}$$

밀도 함수와 히스토그램의 그래프는 그림 15.2에 나타나 있습니다. 지수 모델은 초기 확률을 과소평가하고 있습니다. 125,000 이상에서의 비교는 그래프에서 파악하기 어렵습니다.

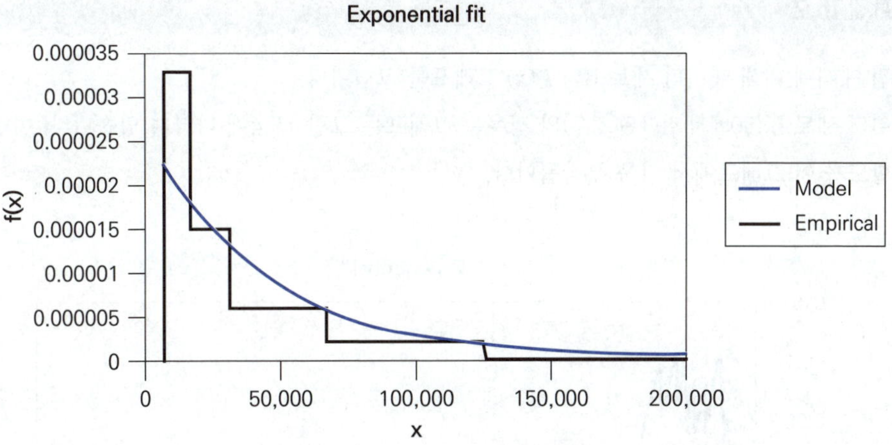

그림 15.2 The model versus data density plot for Data Set C truncated at 7,500

한도 수정 후의 데이터 세트 B에서 최대우도 추정치는 $\hat{\theta}$ = 718.00입니다. 그래프를 구성할 때, 경험적 분포 함수는 1,000에서 멈추어야 합니다. 그래프는 그림 15.3에 나타나 있습니다.

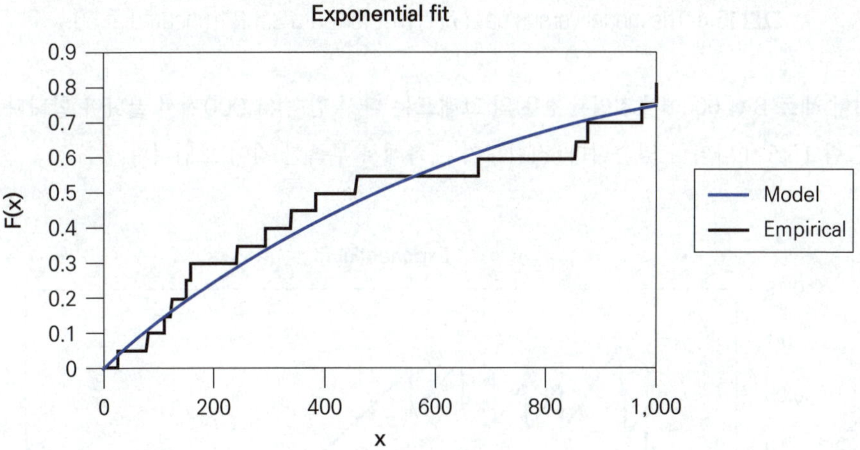

그림 15.3 The model versus data cdf plot for Data Set B censored at 1,000

다시 말해, 지수 모델은 여전히 잘 맞지 않습니다. □

예제 15.2

이전 예제에 대해 데이터 세트 B의 $D(x)$ 그래프를 그립니다.

데이터 세트 B (50에서 절단된 경우)의 경우는 그래프는 그림 15.4에 나타나 있습니다. 이 모델의 적합도가 이 그래프에서 더욱 부각됩니다.

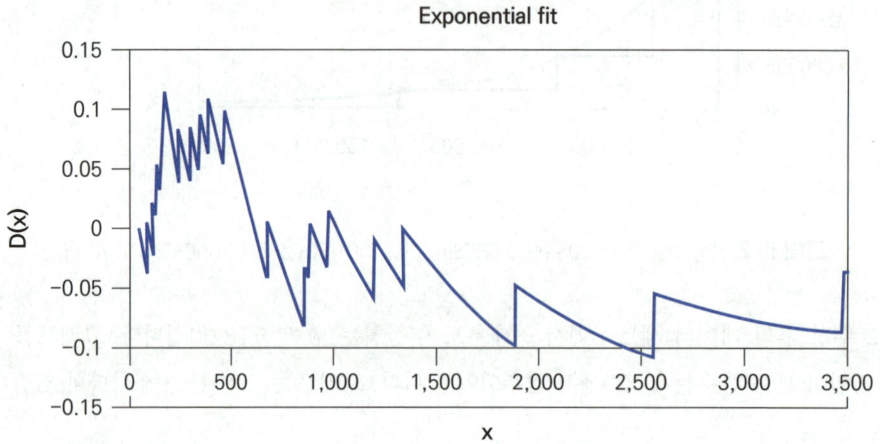

그림 15.4 The model versus data $D(x)$ plot for Data Set B truncated at 50

데이터 세트 B (1,000에서 검열된 경우)의 그래프는 다시 한 번 1,000에서 끝나야 합니다. 그래프는 그림 15.5에 나타나 있습니다. 적합도가 계속해서 부족한 것이 보입니다.

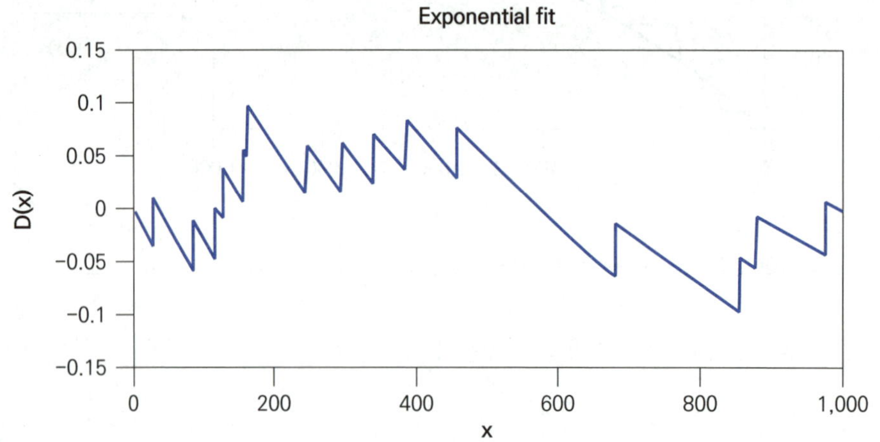

그림 15.5 The model versus data $D(x)$ plot for Data Set B censored at 1,000

□

차이점을 강조할 또 다른 방법은 p-p 플롯(plot), 즉 확률 플롯(probability plot)입니다. 이 그래프는 관측값을 $x_1 \le \cdots \le x_n$ 순서대로 정렬하여 생성됩니다. 그런 다음 각 값에 해당하는 점을 그래프에 표시합니다. 그래프에 표시할 좌표는 $(F_n(x_j), F^*(x_j))$입니다. 모델이 잘 맞으면, 표시된 점들은 (0, 0)에서 (1, 1)까지 이어지는 45도 선 근처에 위치할 것입니다. 그러나 이를 위해서는 경험적 분포 함수에 대한 다른 정의가 필요합니다. $F(X_j)$의 기댓값이 $j/(n+1)$임을 보여줄 수 있으며, 따라서 경험적 분포는 이 값을 사용해야 하며 일반적인 j/n이 아니라는 것입니다. 두 관측값이 동일한 값을 가지면, 두 점을 모두 표시하거나(이 경우 "y" 값은 동일하지만 "x" 값은 다름) 두 "x" 값을 평균하여 하나의 값을 표시할 수 있습니다.

예제 15.3

계속되는 예제에 대해 p-p 플롯(plot)을 만듭니다.

데이터 세트 B(50에서 절단된 경우)에서 $n = 19$이고 관측된 값 중 하나는 $x = 82$입니다. 경험적 값은 $F_{19}(82) = 1/20 = 0.05$입니다. 다른 좌표는

$F^*(82) = 1 - e^{-(82-50)/802.32} = 0.0391$입니다.

하나의 그래프 점은 (0.05, 0.0391)입니다. 전체 그래프는 그림 15.6에 나타나 있습니다.

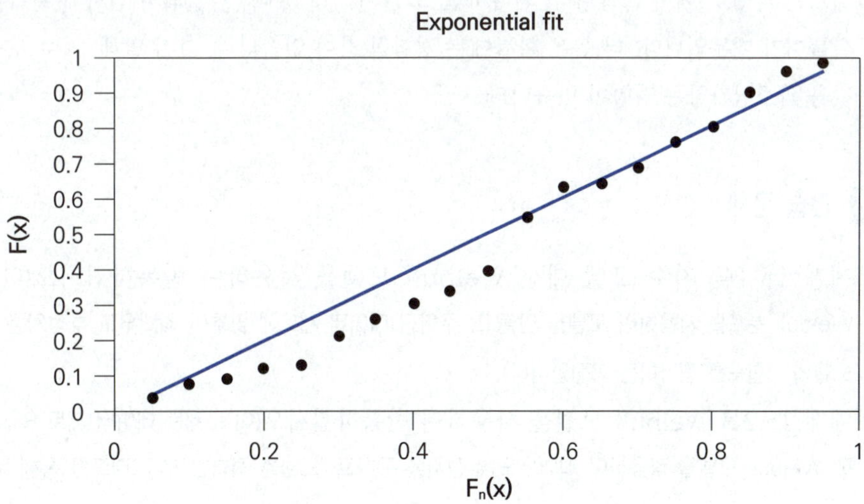

그림 15.6 The p-p plot for Data Set B truncated at 50

그래프의 왼쪽 하단 부분에서, 지수 모델이 데이터가 요구하는 것보다 작은 값에 대한 확률을 적게 부여한다는 것이 분명하게 보입니다. 데이터 세트 B에서 1,000에서 검열된 경우에 대한 비슷한 그래프를 그릴 수 있으며, 그 그래프는 그림 15.7에 나타나 있습니다.

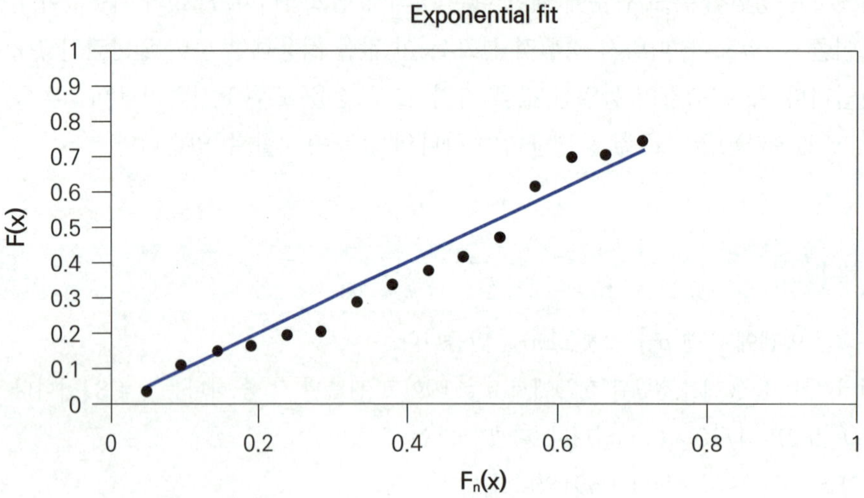

그림 15.7 The *p*–*p* plot for Data Set B censored at 1,000

이 그래프는 약 0.75에서 끝납니다. 왜냐하면 그 값이 1,000에서 검열되기 전까지 관측된 가장 높은 확률이기 때문입니다. 더 높은 확률에는 경험적 값이 없습니다. 다시 말해, 지수 모델은 경험적 값을 과소평가하는 경향이 있습니다. □

15.3.1 연습 문제

15.1 예제 15.1을 지수 모델 대신 Weibull 모델을 사용하여 반복하십시오(이 문제는 Weibull 분포를 사용하여 모델을 만들고, 주어진 데이터 세트에 맞추어 최대우도 추정치를 구하고, 모델의 적합도를 평가하는 과정입니다).

15.2 예제 15.2를 Weibull 모델을 사용하여 반복하십시오(이 문제는 데이터 세트 B와 C에 대해 Weibull 모델을 적용하여 최대우도 추정치를 구하고, 모델을 적합한 후 그래프를 통해 비교하는 과정입니다).

15.3 예제 15.3을 Weibull 모델을 사용하여 반복십시오(이 문제는 p-p 플롯을 사용하여 Weibull 모델을 적용한 후 그래프를 그리고, 모델의 적합도를 평가하는 과정입니다).

15.4 가설 검정 Hypothesis Tests

그림은 많은 말을 대신할 수 있지만, 때때로 그림을 통해 전달되는 인상을 수학적 증명으로 대체하는 것이 가장 좋은 경우도 있습니다.[4] 그런 증명 중 하나는 다음과 같은 가설을 검정하는 것입니다.

H_0: 데이터는 주어진 모델을 가진 모집단에서 왔다.
H_1: 데이터는 그런 모집단에서 오지 않았다.

검정 통계량은 일반적으로 모델 분포 함수가 경험적 분포 함수와 얼마나 가까운지에 대한 측정입니다. 귀무(Null)가설이 모델을 완전히 지정하는 경우(예: 평균 100인 지수 분포) 중요한 값들은 잘 알려져 있습니다. 그러나 귀무(Null)가설이 모델의 이름을 제시하지만 그 모수를 제시하지 않는 경우가 더 많습니다.

모수가 데이터에서 추정될 때, 검정 통계량은 모수값이 미리 지정된 경우보다 작아지는 경향이 있습니다. 이 관계는 추정 방법 자체가 데이터를 잘 맞추는 분포를 생성하는 모수를 선택하려고 시도하기 때문에 발생합니다. 데이터에서 모수를 추정할 때, 검정은 근사값이 됩니다. 귀무(Null)가설을 기각하는 것은 검정 통계량의 값이 커질 때 발생하므로, 이 근사법은 제2종 오류(Type II error)(모델이 잘못된 경우 모델을 허용하는 것으로 판단하는 오류)의 확률을 증가시키고 제1종 오류(Type I error)(허용 가능한 모델을 기각하는 오류)[5]의 확률을 낮추는 경향이 있습니다. 보험 모델링에서는 이 경향이 허용 가능한 절충이 될 가능성이 높습니다. 근사값을 피하는 한 가지 방법은 샘플을 무작위로 두 세트로 나누는 것입니다. 하나는 훈련 세트로, 이 세트는 모수를 추정하는 데 사용됩니다. 다른 세트는 테스트 세트 또는 검증 세트로, 이 세트는 모델 적합도의 품질을 평가하는 데 사용됩니다. 이는 모델이 새로운 데이터에 대해 검증되기 때문에 더 현실적입니다. 이 방법은 데이터가 많을 때 두 세트 모두 충분히 크기가 커서 유용한 결과를 낼 수 있을 때 더 쉽습니다. 이 방법에 대해서는 본 문서에서 더 다루지 않으며, 더 자세한 내용은 James et al. [61]에서 확인할 수 있습니다.

---

4 따라서 이 섹션은 미국 보험계리사협회(Society of Actuaries)의 모토(러스킨이 제시한)인 "과학의 임무는 겉모습을 사실로, 인상을 증명으로 대체하는 것이다"를 적용한 것입니다.

5 여기서 제시된 테스트 중에서는 카이제곱 테스트만이 이 상황에 대한 내장된 보정 기능을 가지고 있습니다. 다른 테스트에 대한 수정안도 개발되었지만, 이곳에서는 다루지 않습니다.

15.4.1 The Kolmogorov-Smirnov Test

왼쪽 절단 지점 t를 (t = 0, 절단이 없을 경우) 정의하고, 오른쪽 검열 지점 u를 ($u = \infty$, 검열이 없을 경우) 정의합니다. 그러면 검정 통계량은 다음과 같습니다.

$$D = \max_{t \le x \le u} \left| F_n(x) - F^*(x) \right|$$

여기서 제시된 검정은 개별 데이터를 사용하는 경우에만 적용해야 하며, 경험적 분포 함수 $F_n(x)$가 잘 정의되도록 해야 합니다.[6] 또한, 모델 분포 함수 $F^*(x)$는 관련 범위 내에서 연속적이어야 한다고 가정합니다.

예제 15.4

예제 15.1에 대해 D를 계산하십시오. 표 15.3은 필요한 값을 제공합니다. 경험적 분포 함수는 각 데이터 점에서 점프하므로, 모델 분포 함수는 점프 전후로 비교해야 합니다. 점프 직전의 값은 표에서 $F_n(x-)$로 표시됩니다. 최댓값은 D = 0.1340입니다.데이터 세트 B에서 1,000으로 검열된 경우, 20개의 관측값 중 15개는 검열되지 않았습니다. 표 15.4는 필요한 계산을 보여줍니다. 최댓값은 D = 0.0991입니다.

표 15.3 The calculation of D for Example 15.4

x	$F^*(x)$	$F_n(x-)$	$F_n(x)$	Maximum difference
82	0.0391	0.0000	0.0526	0.0391
115	0.0778	0.0526	0.1053	0.0275
126	0.0904	0.1053	0.1579	0.0675
155	0.1227	0.1579	0.2105	0.0878
161	0.1292	0.2105	0.2632	0.1340
243	0.2138	0.2632	0.3158	0.1020
294	0.2622	0.3158	0.3684	0.1062
340	0.3033	0.3684	0.4211	0.1178
384	0.3405	0.4211	0.4737	0.1332

6 콜모고로프-스미르노프(Kolmogorov-Smirnov) 검정을 그룹화된 데이터에 사용할 수 있도록 수정하는 것이 가능합니다. 이러한 수정 방법 중 하나는 Pettitt와 Stephens [101]을 참조하십시오.

x	$F*(x)$	$F_n(x-)$	$F_n(x)$	Maximum difference
457	0.3979	0.4737	0.5263	0.1284
680	0.5440	0.5263	0.5789	0.0349
855	0.6333	0.5789	0.6316	0.0544
877	0.6433	0.6316	0.6842	0.0409
974	0.6839	0.6842	0.7368	0.0529
1,193	0.7594	0.7368	0.7895	0.0301
1,340	0.7997	0.7895	0.8421	0.0424
1,884	0.8983	0.8421	0.8947	0.0562
2,558	0.9561	0.8947	0.9474	0.0614
3,476	0.9860	0.9474	1.0000	0.0386

표 15.4 The calculation of D with censoring for Example 15.4

x	$F*(x)$	$F_n(x-)$	$F_n(x)$	Maximum difference
27	0.0369	0.00	0.05	0.0369
82	0.1079	0.05	0.10	0.0579
115	0.1480	0.10	0.15	0.0480
126	0.1610	0.15	0.20	0.0390
155	0.1942	0.20	0.25	0.0558
161	0.2009	0.25	0.30	0.0991
243	0.2871	0.30	0.35	0.0629
294	0.3360	0.35	0.40	0.0640
340	0.3772	0.40	0.45	0.0728
384	0.4142	0.45	0.50	0.0858
457	0.4709	0.50	0.55	0.0791
680	0.6121	0.55	0.60	0.0621
855	0.6960	0.60	0.65	0.0960
877	0.7052	0.65	0.70	0.0552
974	0.7425	0.70	0.75	0.0425
1,000	0.7516	0.75	0.75	0.0016

□

남은 것은 임계값(critical value)을 결정하는 것입니다. 이 검정에서 일반적으로 사용되는 임계값(critical value)은 다음과 같습니다.

- $\alpha = 0.10$일 때: $1.22/\sqrt{n}$
- $\alpha = 0.05$일 때: $1.36/\sqrt{n}$
- $\alpha = 0.01$일 때: $1.63/\sqrt{n}$

만약 $u < \infty$일 경우, 임계값(critical value)은 더 작아야 합니다. 그 이유는 차이가 커질 기회가 적기 때문입니다. 이 현상에 대한 수정 방법은 문헌에 존재합니다(예: Stephens [116]에서는 특정 영(null) 분포 모델에 대한 임계값(critical value) 표도 포함되어 있습니다). Klugman과 Rioux [75]에서는 이러한 수정 방법을 제공하지만, 여기서는 소개되지 않습니다.

예제 15.5

이전 예제에 대해 Kolmogorov-Smirnov 검정을 완료하십시오. 데이터 세트 B(50에서 절단된 경우), 샘플 크기는 19입니다. 5% 유의 수준에서의 임계값(critical value)은 $1.36/\sqrt{19} = 0.3120$입니다. $0.1340 < 0.3120$이므로, 귀무(Null)가설을 기각하지 않으며, 지수 분포는 그럴듯한 모델로 간주됩니다. 비록 지수 모델이 이 모집단에 적합할 가능성이 낮다고 할지라도, 샘플 크기가 너무 작아 그 결론을 내릴 수 없습니다. 데이터 세트 B(1,000에서 검열된 경우), 샘플 크기는 20입니다. 이때 임계값(critical value)은 $1.36/\sqrt{20} = 0.3041$이며, 지수 모델은 다시 한 번 그럴듯한 모델로 간주됩니다. □

이 검정과 그 다음에 나오는 Anderson-Darling 검정에 대해, 임계값(critical value)은 귀무(Null)가설이 모델을 완전히 지정할 때만 정확합니다. 데이터 세트가 귀무(Null)가설 분포의 모수를 추정하는 데 사용되는 경우(예제와 같이), 올바른 임계값(critical value)은 더 작습니다. 두 검정 모두에서, 이 변화는 가설된 특정 분포와 모수의 실제 값에 따라 달라질 수 있습니다. 이 상황에서 시뮬레이션을 어떻게 사용할 수 있는지에 대한 설명은 19.4.5절에 제시되어 있습니다.

15.4.2 The Anderson-Darling Test

이 검정은 Kolmogorov-Smirnov 검정과 유사하지만, 두 분포 함수 간의 차이를 측정하는 방식이 다릅니다. 검정 통계량은 다음과 같습니다.

$$A^2 = n \int_t^u \frac{[F_n(x) - F^*(x)]^2}{F^*(x)[1 - F^*(x)]} f^*(x)\,dx.$$

즉, 경험적 분포 함수와 모델 분포 함수 간의 제곱 차이의 가중 평균입니다. x가 t 또는 u에 가까운 경우, 분모에서 한 인자의 값이 작기 때문에 가중치가 매우 커질 수 있음을 유의하십시오. 이 검정 통계량은 분포의 중앙보다는 꼬리 부분에서 좋은 적합에 더 많은 비중을 두는 경향이 있습니다.

이 공식으로 계산하는 것은 도전적일 수 있습니다. 그러나 개별 데이터의 경우(즉, 그룹화된 데이터에는 적용되지 않음), 적분은 다음과 같이 단순화됩니다.

$$\begin{aligned} A^2 = & -nF^*(u) + n\sum_{j=0}^{k}[1 - F_n(y_j)]^2\{\ln[1 - F^*(y_j)] - \ln[1 - F^*(y_{j+1})]\} \\ & + n\sum_{j=1}^{k} F_n(y_j)^2[\ln F^*(y_{j+1}) - \ln F^*(y_j)] \end{aligned}$$

여기서 고유한 비검열 데이터 포인트는 $t = y_0 < y_1 < \cdots < y_k < y_{k+1} = u$ 입니다. $u = \infty$일 경우, 첫 번째 합의 마지막 항은 0이 됩니다(작성된 공식대로 평가하면 ln(0)이 나옵니다).

임계값(critical value)은 10%, 5%, 1% 유의 수준에서 각각 1.933, 2.492, 3.857입니다. Kolmogorov-Smirnov 검정과 마찬가지로, $u < \infty$일 경우 임계값(critical value)은 더 작아야 합니다.

예제 15.6

계속되는 예제에 대해 Anderson-Darling 검정을 수행하십시오. 데이터 세트 B(50에서 절단된 경우), 데이터 점은 19개입니다. 계산은 표 15.5에 나타나 있으며, 여기서 "summand"는 두 합에서 대응되는 항들의 합을 의미합니다. 총합은 1.0226이고, 검정 통계량은 -19(1) + 19(1.0226) = 0.4292입니다. 검정 통계량이 임계값(critical value) 2.492보다 작기 때문에, 지수 모델은 그럴듯한 모델로 간주됩니다. 데이터 세트 B(1,000에서 검열된 경우), 결과는 표 15.6에 나타나 있습니다. 총합은 0.7602이고, 검정 통계량은 -20(0.7516) + 20(0.7602) = 0.1713입니다. 검정 통계량이 임계값(critical value) 2.492를 초과하지 않으므로, 지수 모델은 그럴듯한 모델로 간주됩니다.

표 15.5 The Anderson-Darling test for Example 15.6

j	y_j	$F*(x)$	$F_n(x)$	Summand
0	50	0.0000	0.0000	0.0399
1	82	0.0391	0.0526	0.0388
2	115	0.0778	0.1053	0.0126
3	126	0.0904	0.1579	0.0332
4	155	0.1227	0.2105	0.0070
5	161	0.1292	0.2632	0.0904
6	243	0.2138	0.3158	0.0501
7	294	0.2622	0.3684	0.0426
8	340	0.3033	0.4211	0.0389
9	384	0.3405	0.4737	0.0601
10	457	0.3979	0.5263	0.1490
11	680	0.5440	0.5789	0.0897
12	855	0.6333	0.6316	0.0099
13	877	0.6433	0.6842	0.0407
14	974	0.6839	0.7368	0.0758
15	1,193	0.7594	0.7895	0.0403
16	1,340	0.7997	0.8421	0.0994
17	1,884	0.8983	0.8947	0.0592
18	2,558	0.9561	0.9474	0.0308
19	3,476	0.9860	1.0000	0.0141
20	∞	1.0000	1.0000	

표 15.6 The Anderson-Darling calculation for Example 15.6 with censored data

j	y_j	$F*(x)$	$F_n^*(x)$	Summand
0	0	0.0000	0.00	0.0376
1	27	0.0369	0.05	0.0718
2	82	0.1079	0.10	0.0404
3	115	0.1480	0.15	0.0130

j	y_j	$F*(x)$	$F_n^*(x)$	Summand
4	126	0.1610	0.20	0.0334
5	155	0.1942	0.25	0.0068
6	161	0.2009	0.30	0.0881
7	243	0.2871	0.35	0.0493
8	294	0.3360	0.40	0.0416
9	340	0.3772	0.45	0.0375
10	384	0.4142	0.50	0.0575
11	457	0.4709	0.55	0.1423
12	680	0.6121	0.60	0.0852
13	855	0.6960	0.65	0.0093
14	877	0.7052	0.70	0.0374
15	974	0.7425	0.75	0.0092
16	1,000	0.7516	0.75	

□

15.4.3 The Chi-Square Goodness-of-Fit Test

Kolmogorov-Smirnov 및 Anderson-Darling 검정과 달리, 이 검정은 어느 정도의 재량을 허용합니다. 이 검정은 먼저 k - 1 개의 임의의 값을 선택하는 것으로 시작됩니다. $t = c_0 < c_1 < \cdots < c_k = \infty$.

$\hat{p}_j = F^*(c_j) - F^*(c_{j-1})$로 정의된 값은 절단된 관측치가 구간 c_{j-1}에서 c_j까지에 속할 확률입니다. 마찬가지로, $p_{nj} = F_n(c_j) - F_n(c_{j-1})$도 경험적 분포에 따른 동일한 확률입니다. 그럼 검정 통계량은 다음과 같습니다.

$$\chi^2 = \sum_{j=1}^{k} \frac{n(\hat{p}_j - p_{nj})^2}{\hat{p}_j}$$

여기서 n은 샘플 크기입니다. 이 공식을 다른 방식으로 작성하면, $E_j = n\hat{p}_j$가 구간에 대한 예상 관측치 수이고(가설된 모델이 참일 경우), $O_j = np_{nj}$는 구간에 대한 관측치 수입니다. 그러면 통계량은 다음과 같이 됩니다.

$$\chi^2 = \sum_{j=1}^{k} \frac{(E_j - O_j)^2}{E_j}$$

이 검정의 임계값(critical value)은 자유도가 (k)에서 추정된 모수의 수를 뺀 값인 카이제곱 분포에서 나옵니다. 이 검정이 합리적으로 정확할 때를 결정하는 데 제안된 다양한 규칙들이 있습니다. 이들은 $E_j = n\hat{p}_j$ 값에 중점을 둡니다. 가장 보수적인 규칙은 각 값이 최소 5이어야 한다고 주장합니다. 일부 저자들은 1도 허용 가능하다고 말합니다. 모든 저자들은 값들이 항목마다 비슷할 때 이 검정이 가장 잘 작동한다고 동의합니다. 데이터가 그룹화되어 있으면, 제공된 그룹을 그대로 사용하는 수밖에 없지만, 인접한 그룹을 결합하여 E_j를 증가시킬 수 있습니다. 개별 데이터의 경우, 이 검정을 수행하기 위해 데이터를 그룹화할 수 있습니다.[7]

표 15.7 Data Set B truncated at 50 for Example 15.7

Range	$\hat{p}$	Expected	Observed	χ^2
50-150	0.1172	2.227	3	0.2687
150-250	0.1035	1.966	3	0.5444
250-500	0.2087	3.964	4	0.0003
500-1,000	0.2647	5.029	4	0.2105
1,000-2,000	0.2180	4.143	3	0.3152
2,000-∞	0.0880	1.672	2	0.0644
Total	1	19	19	1.4034

예제 15.7

지수 분포에 대한 카이제곱(chi-square) 적합도 검정을 지속적인 예제를 사용하여 수행하십시오. 세 가지 데이터 세트 모두 이 검정을 통해 평가할 수 있습니다. 데이터 세트 B의 경우 50에서 절단된 값을 기준으로 50, 150, 250, 500, 1,000, 2,000, 무한대의 경계를 설정합니다. 계산 결과는 표 15.7에 나타나 있습니다.

7 Moore [91]는 여러 규칙을 제시합니다. 그중에는 다음이 포함됩니다: (1) 모든 셀에서 예상 빈도가 최소 1 이상이고, 80% 이상의 셀에서 예상 빈도가 최소 5 이상일 것, (2) 유의 수준 1%에서 테스트할 경우 셀당 평균 개수가 최소 4 이상, 유의 수준 5%에서 테스트할 경우 셀당 평균 개수가 최소 2 이상일 것, (3) 샘플 크기가 최소 10 이상, 최소 3개의 셀이 있으며, 샘플 크기의 제곱을 셀의 수로 나눈 값이 최소 10 이상일 것.

총 합계는 χ^2 = 1.4034입니다. 자유도 4(행 6개에서 1을 빼고, 추정된 모수 1개를 더 뺀 값)일 때, 5% 유의 수준에서의 임계값(critical value)은 9.4877이며(이 값은 Excel® 함수 CHISQ.INV(0.95,4)로 얻을 수 있음), p-값(p-value)은 0.8436입니다(1-CHISQ.DIST(1.4034,4,TRUE)로 계산됨). 지수 모델은 적합한 것으로 판단됩니다.

데이터 세트 B가 1,000에서 검열된 경우, 첫 번째 구간은 0-150이고 마지막 구간은 1,000-무한대입니다. 이전의 두 검정과 달리, 검열된 관찰값을 사용할 수 있습니다. 계산 결과는 표 15.8에 나와 있습니다. 총 합계는 χ^2 = 0.5951입니다. 자유도는 3(행 5개에서 1을 빼고, 추정된 모수 1개를 더 뺀 값)이며, 5% 유의 수준에서의 임계값(critical value)은 7.8147, p-값(p-value)은 0.8976입니다. 지수 모델은 적합한 것으로 판단됩니다.

표 15.8 Data Set B censored at 1,000 for Example 15.7

Range	$\hat{p}$	Expected	Observed	χ^2
0-150	0.1885	3.771	4	0.0139
150-250	0.1055	2.110	3	0.3754
250-500	0.2076	4.152	4	0.0055
500-1,000	0.2500	5.000	4	0.2000
1,000-∞	0.2484	4.968	5	0.0002
Total	1	20	20	0.5951

데이터 세트 C의 경우, 그룹이 이미 구성되어 있습니다. 결과는 표 15.9에 제시되어 있습니다. 검정 통계량은 χ^2 = 61.913입니다. 자유도는 4이며, 임계값(critical value)은 9.488입니다. p-값(p-value)은 약 10^{-12}입니다. 지수 모델이 적합하지 않다는 명확한 증거가 있습니다.

표 15.9 Data Set C for Example 15.7

Range	$\hat{p}$	Expected	Observed	χ^2
7,500-17,500	0.2023	25.889	42	10.026
17,500-32,500	0.2293	29.356	29	0.004
32,500-67,500	0.3107	39.765	28	3.481
67,500-125,000	0.1874	23.993	17	2.038
125,000-300,000	0.0689	8.824	9	0.003
300,000-∞	0.0013	0.172	3	46.360
Total	1	128	128	61.913

더 정확한 검정은 마지막 두 그룹을 결합하여 수행할 수 있습니다(마지막 그룹의 예상 빈도가 1보다 적기 때문). 125,000에서 무한대까지의 그룹은 예상 빈도가 8.997이고 관측 빈도가 12이며, 기여도는 1.002입니다. 검정 통계량은 이제 16.552가 되며, 자유도가 3일 때 p-값(p-value)은 0.00087입니다. 이 검정은 지수 모델을 계속 기각합니다. □

때로는 검정을 다양한 상황에 맞게 수정할 수 있습니다. 다음 예제는 집계 빈도 데이터를 사용하는 경우를 보여줍니다.

예제 15.8

예제 12.9에서 결정된 포아송 모델에 대해 대략적인 적합도 검정을 수행하십시오. 데이터는 표 15.10에 반복되어 있습니다.

각 연도에 대해 손실액 청구 건수는 독립적이고 동일한 확률 변수(위험 노출량으로 주어진 값)의 합산 결과라고 가정합니다. 이 경우, 중심극한정리에 따르면 정규 근사가 적절할 수 있습니다. 기대 빈도(E_k)는 위험 노출량에 단위 위험 노출량당 추정 기댓값을 곱한 값이며, 분산(V_k)은 위험 노출량에 단위 위험 노출량당 추정 분산을 곱한 값입니다. 검정 통계량은 다음과 같이 정의됩니다.

$$Q = \sum_k \frac{(n_k - E_k)^2}{V_k}$$

표 15.10 Automobile claims by year for Example 15.8

Year	Exposure	Claims
1986	2,145	207
1987	2,452	227
1988	3,112	341
1989	3,458	335
1990	3,698	362
1991	3,872	359

이 값은 추정된 모수 개수를 뺀 데이터 포인트 개수와 동일한 자유도를 가진 근사적인 카이제곱(χ^2) 분포를 따릅니다. 기대 빈도는 $E_k = \lambda e_k$, 분산은 $V_k = \lambda e_k$입니다. 검정 통계량은 다음과 같이

계산됩니다.

$$\begin{aligned} Q &= \frac{(207-209.61)^2}{209.61} + \frac{(227-239.61)^2}{239.61} + \frac{(341-304.11)^2}{304.11} \\ &+ \frac{(335-337.92)^2}{337.92} + \frac{(362-361.37)^2}{361.37} + \frac{(359-378.38)^2}{378.38} \\ &= 6.19. \end{aligned}$$

자유도가 5일 때, 5% 유의 수준에서의 임계값(critical value)은 11.07이며, 포아송 가설은 채택됩니다. □

이러한 검정에 대해 중요한 점을 하나 짚고 넘어가야 합니다. 표본 크기가 두 배로 증가했지만, 표본 값이 크게 달라지지 않았다고 가정해봅시다(예를 들어, 각 숫자가 한 번씩 나타나는 대신 두 번씩 나타난다고 상상). 콜모고로프-스미르노프(Kolmogorov-Smirnov) 검정의 경우, 검정 통계량은 변하지 않지만 임계값(critical value)은 더 작아집니다. 반면, 앤더슨-달링(Anderson-Darling) 검정과 카이제곱 검정의 경우, 검정 통계량은 두 배로 증가하지만 임계값(critical value)은 변하지 않습니다. 결과적으로, 표본 크기가 커질수록 귀무(Null)가설(따라서 제안된 모델)이 기각될 가능성이 높아집니다.

이러한 결과는 놀라운 일이 아닙니다. 우리는 귀무(Null)가설이 거짓이라는 사실을 알고 있습니다(단순한 분포가 몇 개의 모수만으로 관찰된 데이터를 생성한 복잡한 행동을 설명할 가능성은 극히 낮습니다). 그리고 충분히 큰 표본 크기로 우리는 그러한 사실에 대한 확실한 증거를 얻을 수 있습니다. 이 검정을 사용할 때, 모든 모델이 완벽하게 맞는 것은 아니지만, 일부 모델은 유용할 수 있다는 점을 기억해야 합니다.

15.4.4 The likelihood Ratio Test

"모집단이 분포 A를 가질 수 있는가?"라는 질문에 대한 대안으로, "분포 B가 분포 A보다 모집단을 더 적절히 나타내는가?"라는 질문을 할 수 있습니다. 이를 보다 공식적으로 표현하면 다음과 같습니다.

H_0 : 데이터는 분포 A를 가진 모집단에서 나왔다.
H_1: 데이터는 분포 B를 가진 모집단에서 나왔다.

공식적인 가설 검정을 수행하려면, 분포 A가 분포 B의 특수한 사례여야 합니다(예: 지수 분포 대 감마 분포). 이 검정을 간단히 수행하는 방법은 다음과 같습니다.

정의 15.1 *우도비 검정(likelihood ratio test)는 다음과 같이 수행됩니다. 우도 함수 L(θ)를 정의합시다. θ_0는 우도 함수를 극대화하는 모수값입니다. 단, 귀무(Null)가설 내에서의 모수값만 고려합니다. 이 경우 L(0) = L(θ_0)입니다. 대립가설에서 가능한 모든 모수값에 대해 우도 함수가 극대화되는 값을 θ_1라 하고, L(1) = L(θ_1)라 정의합니다. 검정 통계량은 다음과 같습니다.*

$$T = 2\ln(L_1/L_0) = 2(\ln L_1 - \ln L_0)$$

여기서 T > c이면 귀무(Null)가설을 기각하며, c는 α = Pr(T > c)를 만족하는 값입니다. T는 자유도가 $k_1 - k_0$인 카이제곱 분포를 따릅니다(k_1은 대립가설의 자유도, k_0은 귀무(Null)가설의 자유도).

이 검정은 다음과 같이 해석할 수 있습니다: 대립가설이 참일 경우, 귀무(Null)가설로 모수를 제한하면 우도 값이 유의미하게 작아질 것입니다.

예제 15.9

데이터 세트 B(가장 큰 관측값을 포함)에서 모집단의 평균이 1,200이 아닌지에 대한 가설을 검정하고자 합니다. 모집단이 감마 분포를 가진다고 가정하고, 5% 유의 수준에서 우도비 검정(likelihood ratio test)을 수행하십시오. 또한 p-값을 구하십시오.

가설은

H_0 : 감마 분포에서 $\mu = 1{,}200$
H_1: 감마 분포에서 $\mu \neq 1{,}200$

이전 계산에 따르면, 최대우도 추정치는 $\hat{\alpha}$ =0.55616, $\hat{\theta}$ =2,561이며, 최대 로그우도(log-likelihood) $\ln L_1$ = −162.293입니다. 다음으로, $\alpha\theta$ = 1,200 조건하에서 우도 함수를 극대화해야 합니다. 이 제약조건으로 인해, α는 양수의 범위 내에서 자유롭게 변할 수 있지만 $\theta = 1{,}200/\alpha$를 만족해야 합니다. 따라서 귀무(Null)가설하에서 자유 모수는 하나뿐입니다. 우도 함수는 $\hat{\alpha}$ = 0.54955, $\hat{\theta}$ = 2,183.6에서 극대화되며, 이때 로그우도(log-likelihood) $\ln L_0$ = −162.466입니다. 검정 통계량은 다음과 같습니다.

$$T = 2(-162.293 + 162.466) = 0.346$$

자유도가 1인 카이제곱 분포에서 5% 유의 수준의 임계값(critical value)은 3.8415입니다. 0.346 < 3.8415이므로, 귀무(Null)가설을 기각하지 않습니다. 자유도가 1인 카이제곱 확률 변수가 0.346을 초과할 확률은 0.556이며, 이는 대립가설에 대한 지지가 적음을 나타내는 p-값입니다. □

예제 15.10

(*예제 6.3 계속*) (a,b,0) 클래스의 구성원은 이 데이터를 설명하기에 충분하지 않았습니다. 적합한 모델을 결정하십시오. 13개의 다른 분포가 데이터[8]에 적합하도록 시도되었습니다. 이 과정의 결과로 카이제곱 적합도 검정에서 p-값이 0.01을 초과한 6개의 모델이 확인되었습니다. 그 모델에 대한 정보는 표 15.11에 나와 있습니다.

표 15.11 Six useful models for Example 15.10

Model	Number of parameters	Negative loglikelihood	$\chi 2$	p-value
Negative binomial	2	5,348.04	8.77	0.0125
ZM logarithmic	2	5,343.79	4.92	0.1779
Poisson-inverse Gaussian	2	5,343.51	4.54	0.2091
ZM negative binomial	3	5,343.62	4.65	0.0979
Geometric-negative binomial	3	5,342.70	1.96	0.3754
Poisson-ETNB	3	5,342.51	2.75	0.2525

우도비 검정 결과, 가장 작은 음의 로그우도(log-likelihood)를 가진 세 모수 모델(Poisson-ETNB)이 두 모수 Poisson-inverse Gaussian 모델보다 유의미하게 더 나은 것은 아니었습니다. 후자가 훌륭한 선택으로 보입니다. □

대립 분포가 단순히 귀무(Null)가설 분포보다 더 많은 모수를 가질 때, 이 검정을 사용하는 것은 매력적으로 보일 수 있습니다. 하지만 이러한 경우에 검정은 적절하지 않을 수 있습니다. 예를 들어, 두 모수 로그정규 모델이 세 모수 Burr 모델보다 더 높은 로그우도(log-likelihood) 값을 가질 수 있으며, 이로 인해 음의 검정 통계량이 발생하여 카이제곱 분포가 적절하지 않음을 나타낼 수 있습니다. 귀무(Null)가설 분포가 대립 분포의 특수한 경우가 아니라 극한인 경우, 이 검정을 여전히 사용할 수는 있지만, 검정 통계량의 분포는 이제 카이제곱 분포의 혼합이 됩니다(Self와 Liang [112] 참조). 어쨌든, 명시적으로 공식적인 가설 검정이 수행되지 않았음을 이해한 상태에서 이 "검정"을 사용하여 결정을 내리는 것은 여전히 합리적입니다.

8 이 텍스트를 전문 자격 시험 준비를 위해 읽는 독자들에게, 이 예제에서 사용된 일부 분포(및 이후에 나오는 일부 분포)는 필수 학습 과정에 포함되지 않을 수 있습니다. 이러한 분포에 대한 지식은 매개변수 추정과 음의 로그우도 계산에 필요하지만, 한 번 계산이 완료되면, 여기서 논의된 방법들은 그러한 지식 없이도 적용할 수 있습니다.

15.4.5 연습 문제

15.4 콜모고로프-스미르노프 검정을 사용하여 Weibull 모델이 예제 15.5의 데이터에 적합한지 확인하십시오.

15.5 (*)확률 변수에서 다섯 개의 관측값이 1, 2, 3, 5, 13으로 관찰되었습니다. 귀무(Null) 가설

$$f(x) = 2x^{-2}e^{-2/x},\ x > 0.$$

에 대해 콜모고로프-스미르노프 검정 통계량의 값을 구하십시오.

15.6 (*)랜덤 표본에서 다음 다섯 개의 관측값이 주어졌습니다.

0.1, 0.2, 0.5, 1.0, 1.3.

모집단 밀도 함수

$$f(x) = 2(1+x)^{-3},\ x > 0.$$

에 대한 콜모고로프-스미르노프 검정 통계량을 계산하십시오.

15.7 예제 15.6에 대해 Weibull 분포에 대한 Anderson-Darling 검정을 수행하십시오.

15.8 예제 15.7을 Weibull 모델에 대해 반복하십시오.

15.9 (*)150명의 보험 계약자들이 생명보험 매각 계약을 체결한 후 사망할 때까지의 시간이 관찰되었습니다. 관찰된 값 중 검열된 값은 없습니다. 1년 차에 21명이, 2년 차에 27명이, 3년 차에 39명이, 4년 차에 63명이 사망했습니다. 생존 모델

$$S(t) = 1 - \frac{t(t+1)}{20}, \quad 0 \le t \le 4,$$

을 고려하십시오. 5% 유의 수준에서 카이제곱 적합도 검정을 수행하십시오.

15.10 (*)365일 동안 매일 손실액 청구 건수가 기록되었습니다. 결과는 다음과 같습니다.

- 손실액 청구 없음: 50일
- 손실액 청구 1건: 122일
- 손실액 청구 2건: 101일
- 손실액 청구 3건: 92일
- 손실액 청구 4건 이상: 없음

포아송 모델에 대해 λ의 최대우도 추정치를 구하고, 2.5% 유의 수준에서 카이제곱 적합도 검정을 수행하십시오.

15.11 (*)1년 동안 하루 사고 건수는 표 15.12에 나타난 대로 분포되었습니다. 평균 0.6의 포아송 분포에서 데이터를 가져왔다는 가설을 검정하십시오. 각 그룹에 예상 관측값이 최소 5개 이상이 되도록 그룹을 최대한 나누십시오. 유의 수준은 5%로 설정하십시오.

표 15.12 The data for Exercise 15.11

Number of accidents	Days
0	209
1	111
2	33
3	7
4	3
5	2

15.12 (*)1,000개의 값이 균등 분포 (0,1)에서 시뮬레이션되었습니다. 결과는 20개의 동일한 너비의 범위로 그룹화되었습니다. 각 범위에서 관측된 값을 제곱하고 합한 값은 51,850입니다. 카이제곱 적합도 검정의 p-값을 구하십시오.

15.13 (*)20개의 손실액 청구 금액이 $\alpha = 2$, θ가 알려지지 않은 파레토 분포에서 샘플링되었습니다. θ의 최대우도 추정치는 7.0입니다. 또한,

$$\sum_{j=1}^{20} \ln(x_j + 7.0) = 49.01 \qquad \sum_{j=1}^{20} \ln(x_j + 3.1) = 39.30$$

입니다. 우도비 검정을 사용하여 $\theta = 3.1$이라는 귀무(Null)가설을 검정하고, p-값을 구하십시오.

15.14 예제 15.8을 반복하되, 각 위험 노출 위험량 단위가 기하 분포를 따른다고 가정하십시오. 근사 카이제곱 적합도 검정을 수행하십시오. 기하 분포가 포아송 모델보다 적합한지 확인하십시오.

15.15 데이터 세트 B(원래 가장 큰 값을 포함)에서 감마 모델이 지수 모델보다 적합한지 판단하십시오. 지수 모델은 $\alpha = 1$인 감마 모델이라는 점을 기억하십시오. 유용한 값은 예제 11.2에서 얻을 수 있습니다.

15.16 데이터 세트 C를 사용하여 해당 숫자를 생성한 모집단에 적합한 모델을 선택하십시오. 지수, 감마, 변환된 감마 모델 중에서 선택하십시오. 첫 두 분포에 대한 정보는 예제 11.3과 연습문제 11.17에서 얻을 수 있습니다.

15.17 연습문제 12.3에서 얻은 각 모델에 대해 카이제곱 적합도 검정을 수행하십시오.

15.18 연습문제 12.5에서 얻은 각 모델에 대해 카이제곱 적합도 검정을 수행하십시오.

15.19 연습문제 12.6에서 얻은 각 모델에 대해 카이제곱 적합도 검정을 수행하십시오.

15.20 표 15.20의 데이터를 사용하여, 이항-포아송 분포의 모수의 모먼트 추정치를 구하십시오(보조 분포는 0으로 절단되지 않은 일반 포아송 분포). 이 모델을 사용하여 카이제곱 적합도 검정을 수행하십시오.

15.21 표 15.13에 주어진 데이터는 23,589개의 자동차 보험 계약에서 얻어진 결과를 나타냅니다. 세 번째 열 "적합한 모델"은 최대우도법으로 적합한 음이항 분포의 예상 손실 건수를 나타냅니다.

(a) 유의 수준 5%에서 카이제곱 적합도 검정을 수행하십시오.

(b) 음이항 분포의 모수 r과 β의 최대우도 추정치를 결정하십시오. 이는 우도 함수를 실제로 극대화하지 않고도 주어진 값으로부터 계산할 수 있습니다.

표 15.13 The data for Exercise 15.21

Number of losses, k	Number of policies, n_k	Fitted model
0	20,592	20,596.76
1	2,651	2,631.03
2	297	318.37
3	41	37.81
4	7	4.45
5	0	0.52
6	1	0.06
≥7	0	0.00

15.5 모델 선택 Selecting a Model

15.5.1 Introduction

이제 모델을 선택하기 위한 대부분의 도구가 준비되었습니다. 권장 접근 방식을 설명하기 전에 두 가지 중요한 개념을 소개해야 합니다. 첫 번째는 간결성(parsimony)입니다.

간결성의 원칙은, 특별히 그렇지 않을 강력한 증거가 없는 한 더 간단한 모델이 선호된다는 것을 의미합니다. 이러한 선호의 이유는 복잡한 모델이 데이터를 잘 맞출 수는 있지만, 그것이 관찰된 표본이 추출된 모집단을 잘 설명할 것이라는 보장은 없기 때문입니다. 예를 들어, 고유한 x 값을 가진 10개의 (x,y) 쌍에 대해, 모든 10개의 점을 지나는 9차 이하의 다항식이 항상 존재합니다.

그러나 이러한 점이 랜덤 표본이라면, 모집단 값이 모두 그 다항식 위에 있을 가능성은 매우 낮습니다. 반면에, 이 샘플링된 점들과 모집단의 다른 점들 모두에 근접하는 직선이 존재할 수 있습니다. 이 관찰은 대부분의 가설 검정의 정신과 일치합니다. 즉, 강력한 증거가 없는 한 귀무(Null)가설을 기각하지 말아야 합니다(따라서 더 복잡한 모집단 설명을 주장하지 말아야 합니다).

두 번째 개념에는 특별한 이름이 없습니다. 이것은 다음과 같은 사실을 나타냅니다: 충분히 많은 모델을 시도하면, 하나는 좋아 보일 수 있지만 실제로 그렇지 않을 수 있습니다. 예를 들어, 제가 900개의 모델을 사용할 수 있다고 가정합시다. 대부분의 데이터 세트에서 이 중 하나는 매우 잘 맞는 것처럼 보일 것입니다. 그러나 이는 우리가 모집단에 대해 배우는 데 반드시 도움이 되지 않을 수 있습니다.

따라서 모델을 선택할 때 다음 두 가지를 염두에 두어야 합니다:

1. 가능한 한 간단한 모델을 사용하십시오.
2. 잠재적인 모델의 범위를 제한하십시오.

이 섹션의 나머지 부분에서 설명하는 방법은 첫 번째 요점을 이해하는 데 도움이 됩니다. 두 번째 요점은 약간의 경험이 필요합니다. 특정 모델은 특정 상황에서 더 타당성이 있으며, 경험을 통해 모델러(modeler)는 고품질의 후보군만을 고려할 수 있는 감각을 향상시킬 수 있습니다.

이 섹션은 두 가지 유형의 선택 기준으로 나뉩니다. 첫 번째는 모델러(modeler)의 판단에 기반한 기준이며, 두 번째는 대부분의 경우 모든 분석가가 동일한 결론에 도달할 수 있는 더 공식적인 기준입니다. 이는 결정이 차트나 그래프가 아니라 숫자 측정을 기반으로 이루어지기 때문입니다.

15.5.2 판단 기반 접근법 Judgement-Based Approaches

모델을 선택할 때 판단을 사용하는 것은 여기에서 설명된 세 가지 개념 중 하나 이상을 포함합니다. 모든 경우에서 분석가의 경험이 중요합니다.

첫째, 결정은 이 장에서 제시된 다양한 그래프(또는 그래프를 기반으로 한 표)에 따라 이루어질 수 있으며, 이를 통해 분석가는 제안된 응용에 중요한 모델의 측면에 집중할 수 있습니다.[9] 예를 들어, 꼬리 부분을 잘 맞추는 것이 중요할 수도 있고, 모드(또는 여러 모드)를 맞추는 것이 더 중요할 수도 있습니다. 점수 기반 접근 방식을 사용하는 경우에도 선택한 모델을 뒷받침하는 설득력 있는 그림을 제시하는 것이 적절할 수 있습니다.

둘째, 결정은 유사한 상황에서 특정 모델이 성공한 사례나 해당 모델이 의도한 용도에서 가치를 가진다는 점에 영향을 받을 수 있습니다. 예를 들어, 1941년 CSO 사망률표는 특정 연령 범위에서 Makeham 분포를 따릅니다. 컴퓨팅 파워가 제한되었던 시기에 이러한 분포는 공동 생명 가치 계산을 더 쉽게 할 수 있도록 했습니다. 이 모델이 적절하게 적합하다는 조건에서, 이러한 장점은 더 나은 적합성을 가진 다른 모델을 사용하는 것보다 중요했습니다. 마찬가지로, Pareto 분포가 분석가의 회사와 다른 회사들에서 특정 책임보험 라인을 모델링하는 데 사용된 경우, 대체 분포로 변경하려면 보통 이상의 증거가 필요할 수 있습니다.

셋째, 상황에 따라 분포가 완전히 결정될 수도 있습니다. 예를 들어, 치과 보험 계약이 연간 최대 두 번의 검진을 제공한다고 가정하고, 개인이 매년 독립적으로 두 번의 검진 여부를 선택한다고 가정합시다. 각각의 선택에서 확률이 q라면, 분포는 $m = 2$인 이항 분포일 수밖에 없습니다.

마지막으로, 이 섹션에서 설명된 보다 알고리즘적인 접근 방식은 항상 일치하지 않을 수 있음을 유의해야 합니다. 이러한 경우, 판단은 어떤 알고리즘 접근 방식을 사용할지 결정하는 데 필요할 수밖에 없습니다.

15.5.3 점수 기반 접근법 Score-Based Approaches

일부 분석가는 모델 선택을 자동화된 과정으로 선호할 수 있습니다. 이를 간단히 수행하는 방법은 각 모델에 점수를 부여하고, 가장 좋은 값을 가진 모델을 선택하는 것입니다. 다음 점수를 고려할 수 있습니다.

---

9 여기서 논의된 것들 외에도 q-q 플롯, 모델과 경험적 한정 기댓값 또는 평균 초과 손실 함수의 비교와 같은 다른 플롯/표를 사용할 수 있습니다.

1. 콜모고로프-스미르노프 검정 통계량: 가장 작은 값을 가진 모델을 선택하십시오.
2. 앤더슨-달링 검정 통계량: 가장 작은 값을 가진 모델을 선택하십시오.
3. 카이제곱 적합도 검정 통계량: 가장 작은 값을 가진 모델을 선택하십시오.
4. 카이제곱 적합도 검정: 가장 높은 p-값을 가진 모델을 선택하십시오.
5. 최대 우도 함수(또는 로그 우도 함수): 가장 큰 값을 가진 모델을 선택하십시오.

카이제곱 p-값을 제외한 모든 점수는 간결성 원칙과 관련하여 결함이 있습니다. 먼저 우도 함수에 대해 살펴봅시다. 예를 들어, 지수 모델과 Weibull 모델을 비교할 때, Weibull 모델은 지수 모델의 우도 값 이상을 가져야 합니다. 두 값이 같을 수 있는 경우는 드물며, 이 경우는 Weibull 모수 τ의 최대우도 추정치가 1인 경우에만 발생합니다. 따라서 Weibull 모델은 항상 지수 모델보다 우선하게 되며, 이는 간결성 원칙에 명백히 위배됩니다. 세 가지 검정 통계량에 대해서는 동일한 관계가 항상 성립한다고 보장할 수는 없지만, 더 복잡한 모델을 선택할 경우 적합도 측정값이 더 나아질 가능성이 높습니다. 카이제곱 검정 p-값이 이 문제에서 면역을 가지는 유일한 이유는 더 복잡한 모델에서 검정의 자유도가 줄어들기 때문입니다. 따라서 더 복잡한 모델은 더 작은 p-값을 가질 가능성이 있습니다. 첫 번째 두 검정 통계량에는 이에 상응하는 조정이 없습니다. 우도 값과 관련하여 두 가지 접근 방식을 사용할 수 있습니다.

첫 번째는 우도비 검정을 수행하는 것이며, 두 번째는 추가 모수를 사용하는 데 따른 패널티를 부과하는 것입니다. 우도비 검정은 기술적으로 하나의 모델이 다른 모델의 특수한 경우일 때만 사용할 수 있습니다(예: Pareto 대 일반화된 Pareto). 이 개념은 알고리즘으로 변환될 수 있습니다. 예를 들어, 5% 유의 수준에서 검정을 사용하여 시작합니다. 최고의 단일 모수 모델(가장 높은 로그우도(log-likelihood) 값을 가진 모델)부터 시작하여, 두 번째 모수를 추가하려면 로그우도(log-likelihood) 값이 최소 1.92 이상 증가해야 합니다(차이가 두 배가 되어 임계값(critical value) 3.84를 초과하도록). 그런 다음 세 번째 모수 모델로 이동합니다. 두 모수 모델과 비교할 때, 1.92 증가가 다시 필요합니다. 단일 모수 모델을 유지한 초기 비교에서 세 모수를 추가하려면 3.91 증가가 필요하며, 네 모수의 경우 4.74 증가가 필요합니다. 이 장의 정신에 따라, 이 알고리즘은 한 모델이 다른 모델의 특수한 경우가 아닐 때에도 사용할 수 있습니다. 그러나 우도비 검정이 수행되었다고 주장하는 것은 적절하지 않습니다.

특수한 경우 문제 외에도 우도비 검정은 모든 가설 검정과 동일한 문제가 있습니다. 표본 크기가 두 배가 되면 로그우도(log-likelihood) 값도 두 배가 되어 더 많은 모수를 가진 모델이 선택될 가능성이 높아지고, 이는 간결성 원칙을 무너뜨립니다. 반대로, 데이터가 많을 경우 더 복잡한 모델을 고려하고 적합하는 것이 적절하다고 주장할 수도 있습니다. 이 입장들 간의 타협을 반영하는 방법이 Schwarz Bayesian Criterion(SBC) 또는 Bayesian Information Criterion(BIC)입니다. 이 방법은 모델을 순위화할 때 로그우도(log-likelihood) 값에서 $(r/2)\ln n$를 차감할 것을 권장합니다. 여기서 r은 추정된 모수의 수이고 n은 표본 크기입니다. 따라서 모수를 추가하려면 로그우도(log-likelihood) 값이 $0.5\ln n$만큼 증가해야 합니다. 표본 크기가 클수록 더 큰 증가가 필요하지만, 이는 표본 크기에 비례하지 않습니다.

대안적인 패널티는 Akaike Information Criterion(AIC)입니다. 이 방법은 로그우도(log-likelihood) 값에서 모수 수를 차감합니다.[10] Brockett의 연구(17장)는 AIC를 지지하며, 그 논문에 대한 논의에서 Carlin은 SBC를 지지합니다. 두 방법의 차이는 SBC가 표본 크기를 고려하여 조정하는 반면, AIC는 그렇지 않다는 점입니다.

요약하면, 점수는 다음과 같습니다:

$$\text{SBC/BIC: } \ln L - \frac{r}{2}\ln n; \quad \text{AIC: } \ln L - r. \tag{15.1}$$

예제 15.11

이 장에서 계속되는 예제를 위해 데이터에 대해 지수(Exponential) 모델과 와이블(Weibull) 모델 중 하나를 선택하십시오.

다양한 예제와 연습문제에서 그래프가 작성되었습니다. 표 15.14는 숫자 측정값을 요약한 것입니다. 데이터 집합 B의 절단된 버전에서는 샘플 크기가 19인 경우 SBC가 계산되며, 1,000에서 검열된 버전에서는 20개의 관측값이 있습니다. 데이터 집합 B의 두 버전에 대해 와이블 모델이 약간의 개선을 제공하지만, 이를 뒷받침할 충분한 근거는 없습니다. 특히, 가능도 비율 검정(Likelihood Ratio Test), SBC, AIC 모두 두 번째 모수의 가치에 대해 명확한 증거를 제공하지 않습니다.

10 SBC와 AIC를 계산하는 소프트웨어를 사용할 때, 이 값들이 어떻게 계산되는지 주의하는 것이 중요합니다. 대체 공식들이 존재하기 때문입니다. 예를 들어, AIC를 적용할 때 소프트웨어는 로그우도의 두 배로 시작한 후 매개변수의 개수에 두 배를 곱한 값을 뺄 수 있습니다. 부호를 변경하는 경우도 흔한데, 이 경우 더 작은 값이 선호됩니다. 이 텍스트에서는 AIC와 SBC/BIC 값을 (15.1)에서 제시된 방식으로 계산할 것입니다.

표 15.14 The results for Example 15.11

Criterion	B truncated at 50		B censored at 1,000	
	Exponential	Weibull	Exponential	Weibull
K-S[a]	0.1340	0.0887	0.0991	0.0991
A-D[a]	0.4292	0.1631	0.1713	0.1712
$\chi 2$	1.4034	0.3615	0.5951	0.5947
p-value	0.8436	0.9481	0.8976	0.7428
Loglikelihood	−146.063	−145.683	−113.647	−113.647
SBC	−147.535	−148.628	−115.145	−116.643
AIC	−147.063	−147.683	−114.647	−115.647
$\chi 2$	61.913	0.3698		
p-value	10-12	0.9464		
Loglikelihood	-214.924	-202.077		
SBC	-217.350	-206.929		
AIC	-215.924	-204.077		

[a]K-S and A-D refer to the Kolmogorov-Smirnov and Anderson-Darling test statistics, respectively.

반면, 데이터 집합 C에서는 와이블 모델이 확실히 우수하며, 훌륭한 적합도를 제공합니다.

□

예제 15.12

예제 7.8에서는 Poisson-ETNB 분포가 데이터에 적합하다는 것을 입증하기 위해 임시(ad hoc) 방법이 사용되었습니다. 본 장의 방법을 사용하여 적절한 모델을 결정하십시오. 데이터 세트가 매우 크기 때문에, 모델과 데이터 간의 매우 밀접한 일치를 요구합니다. 결과는 표 15.15에 나와 있습니다.

표 15.15 The results for Example 15.12

Number of claims	Observed frequency	Fitted distributions		
		Negative binomial	Poisson- inverse Gaussian	Poisson- ETNB
0	565,664	565,708.1	565,712.4	565,661.2
1	68,714	68,570.0	68,575.6	68,721.2
2	5,177	5,317.2	5,295.9	5,171.7
3	365	334.9	344.0	362.9
4	24	18.7	20.8	29.6
5	6	1.0	1.2	3.0
6+	0	0.0	0.1	0.4
Parameters		$\beta = 0.0350662$ $r = 3.57784$	$\lambda = 0.123304$ $\beta = 0.0712027$	$\lambda = 0.123395$ $\beta = 0.233862$ $r = -0.846872$
Chi-square		12.13	7.09	0.29
Degrees of freedom		2	2	1
p-value		<1%	2.88%	58.9%
-Loglikelihood		251,117	251,114	251,109
SBC		-251,130	-251,127	-251,129
AIC		-251,119	-251,116	-251,112

표 15.15에서, 음이항 분포(Negative Binomial Distribution)가 잘 맞지 않으며, Poisson-역가우시안(Poisson-Inverse Gaussian)의 적합도는 기껏해야 한계적(p = 2.88~)임을 알 수 있습니다. Poisson-역가우시안은 Poisson-ETNB의 특수 사례(r = 0.5)입니다. 따라서 추가 모수 r이 정당한지 판단하기 위해 우도비 검정(Likelihood Ratio Test)을 공식적으로 적용할 수 있습니다. 로그우도(log-likelihood)가 5만큼 증가했기 때문에(1.92를 초과), 세 모수 모델이 상당히 더 적합함을 알 수 있습니다. 카이제곱 검정 결과, Poisson-ETNB가 적절한 적합도를 제공한다는 것을 보여줍니다. 반면, AIC는 그렇지 않지만 SBC는 Poisson-역가우시안 분포를 선호합니다. 이는 큰 샘플 크기에서 SBC를 사용할 경우 모수를 추가하는 것이 더 어려워짐을 보여줍니다. 세 모수 모델이 꼬리 부분에서의 적합도가 향상된 점을 고려할 때, 이것이 최선의 선택인 것으로 보입니다. □

예제 15.13

이 예제는 Douglas [29, p. 254]에서 가져온 것입니다. 한 보험사의 기록에 따르면 특정 보험 보장에 대한 손실액 청구로 이어진 하루 사고 건수가 1년 동안 기록되었습니다. 결과는 표 15.16에 나와 있습니다. Poisson 모델이 적합한지 판단하십시오.

표 15.16 The data for Example 15.13

Number of claims/day	Observed number of days
0	47
1	97
2	109
3	62
4	25
5	16
6	4
7	3
8	2
9+	0

이 데이터를 대상으로 Poisson 모델이 적합되었습니다. 모멘트 방법(Method of Moments)과 최대우도법(Maximum Likelihood Method)은 모두 평균에 대한 동일한 추정값을 도출합니다.

$$\hat{\lambda} = \frac{742}{365} = 2.0329$$

카이제곱 적합도 검정(chi-square goodness-of-fit test)의 결과는 표 15.17에 나와 있습니다.

표 15.17 The chi-square goodness-of-fit test for Example 15.13

Claims/day	Observed	Expected	Chi-square
0	47	47.8	0.01
1	97	97.2	0.00
2	109	98.8	1.06
3	62	66.9	0.36
4	25	34.0	2.39

Claims/day	Observed	Expected	Chi-square
5	16	13.8	0.34
6	4	4.7	0.10
7+	5	1.8	5.66
Totals	365	365	9.93

이와 같은 표를 작성할 때 마지막 그룹에 대한 기댓값은 다음과 같습니다.

$E_{k+} = n\hat{p}_{k+} = n(1 - \hat{p}_0 - \cdots - \hat{p}_{k-1})$

마지막 세 그룹은 각 행의 기댓값이 최소 1 이상이 되도록 결합됩니다. 검정 통계량은 9.93이고 자유도는 6입니다. 5% 유의수준에서의 임계값(critical value)은 12.59이며, p-값은 0.1277입니다. 이 검정을 통해 Poisson 분포는 적합한 모델로 간주됩니다. 그러나 큰 값에서 적합도가 가장 낮으며, 모델이 관측값을 과소평가하고 있다는 점을 고려할 때, 이는 위험한 선택이 될 수 있음을 주목해야 합니다. □

예제 15.14

표 12.7의 데이터는 Beard 외 [13]에서 가져온 것이며, 예제 12.7에서 분석되었습니다. 데이터를 적절히 설명할 수 있는 모델을 결정하십시오. 네 가지 모델에 적합한 모수 추정값은 표 12.7에 나와 있습니다. 다양한 적합도 측정 결과는 표 15.18에 제시되어 있습니다.

표 15.18 The test results for Example 15.14

	Poisson	Geometric	ZM Poisson	ZM geometric
Chi-square	543.0	643.4	64.8	0.58
Degrees of freedom	2	4	2	2
p-value	< 1%	< 1%	< 1%	74.9%
Loglikelihood	−171,373	−171,479	−171,160	−171,133
SBC	−171,379.5	−171,485.5	−171,173	−171,146
AIC	−171,374	−171,480	−171,162	−171,135

적합도 검정을 통과한 유일한 모델은 영수정 기하분포(zero-modified geometric distribution)입니다. 또한, SBC와 AIC 기준에서도 명확히 우수함이 드러났습니다. 기하분포에 대한 우도비 검정의 검정 통계량은 다음과 같습니다.

$$2(171,479-171,133) = 692$$

이 값은 자유도 1에서 명백히 유의미합니다. 이 결과는 예제 12.7에서의 정성적 결론을 확인시켜줍니다. □

예제 15.15

표 15.19의 데이터는 Simon [113]에서 가져온 것으로, 298개의 계약에 대한 관찰된 손실액 청구 건수를 나타냅니다. 적절한 모델을 결정하십시오.

표 15.19 The fit of the Simon data for Example 15.15

Number of claims/contracts	Number of contracts	Polya-Aeppli		
		Poisson	Negative binomial	Polya-Aeppli
0	99	54.0	95.9	98.7
1	65	92.2	75.8	70.6
2	57	78.8	50.4	50.2
3	35	44.9	31.3	32.6
4	20	19.2	18.8	20.0
5	10	6.5	11.0	11.7
6	4	1.9	6.4	6.6
7	0	0.5	3.7	3.6
8	3	0.1	2.1	2.0
9	4	0.0	1.2	1.0
10	0	0.0	0.7	0.5
11	1	0.0	0.4	0.3
12+	0	0.0	0.5	0.3
Parameters		$\lambda = 1.70805$	$\beta = 1.15907$ $r = 1.47364$	$\lambda = 1.10551$ $\beta = 0.545039$
Chi-square		72.64	4.06	2.84
Degrees of freedom		4	5	5
p-Value		<1%	54.05%	72.39%
Loglikelihood		-577.0	-528.8	-528.5
SBC		-579.8	-534.5	-534.2
AIC		-578.0	-530.8	-530.5

Poisson 분포, 음이항 분포, 그리고 Polya-Aeppli 분포가 데이터에 적합되었습니다. Polya-Aeppli 분포와 음이항 분포는 모두 그럴듯한 분포로 간주됩니다. 카이제곱 통계량의 p-값과 로그우도(log-likelihood) 모두 Polya-Aeppli 분포가 음이항 분포보다 약간 더 우수하다는 것을 보여줍니다. SBC와 AIC 기준에서도 두 모델이 Poisson 분포보다 우수함이 확인되었습니다. 최종 선택은 사용자의 친숙도, 이전 사용 경험, 그리고 음이항 분포와 Polya-Aeppli 모델 간의 계산 편의성에 따라 달라질 수 있습니다. □

예제 15.16

스위스 자동차 책임 보험에 관한 표 15.20의 데이터는 Bühlmann [20]에서 가져온 것입니다. 적절한 모델을 결정하십시오. 표 15.20에서 세 가지 모델이 고려되었습니다.

표 15.20 The fit of the Bühlmann data for Example 15.16

Number of accidents	Observed frequency	Fitted distributions		
		Poisson	Negative binomial	P.-i.G.[a]
0	103,704	102,629.6	103,723.6	103,710.0
1	14,075	15,922.0	13,989.9	14,054.7
2	1,766	1,235.1	1,857.1	1,784.9
3	255	63.9	245.2	254.5
4	45	2.5	32.3	40.4
5	6	0.1	4.2	6.9
6	2	0.0	0.6	1.3
7+	0	0.0	0.1	0.3
Parameters		$\lambda = 0.155140$	$\beta = 0.150232$ $r = 1.03267$	$\lambda = 0.144667$ $\beta = 0.310536$
Chi-square		1,332.3	12.12	0.78
Degrees of freedom		2	2	3
p-Values		<1%	<1%	85.5%
Loglikelihood		−55,108.5	−54,615.3	−54,609.8
SBC		−55,114.3	−54,627.0	−54,621.5
AIC		−55,109.5	−54,617.3	−54,611.8

[a]P.-i.G. stands for Poisson-inverse Gaussian.

Poisson 분포는 매우 부적합하며, 실제 데이터에 비해 꼬리가 지나치게 가볍습니다. 음이항 분포는 훨씬 더 나아 보이지만, 카이제곱 통계량의 p-값이 매우 작아 수용할 수 없습니다. 큰 표본 크기에서는 더 나은 적합도가 필요합니다. Poisson-역가우시안(Poisson-inverse Gaussian) 분포는 거의 완벽한 적합도를 제공하며(p-값이 큼), 두 개의 모수를 가지는 점에서 음이항 분포와 유사합니다. SBC와 AIC 역시 이 선택을 선호합니다. 이 예는 Poisson-역가우시안 분포가 음이항 분포보다 훨씬 더 무거운 오른쪽 꼬리를 가질 수 있음을 보여줍니다. □

예제 15.17

1963년에 Bevan [15]에 의해 종합 의료 손실액 청구에 대한 연구가 이루어졌습니다. 남성(955건의 지급)과 여성(1,291건의 지급)의 손실액 청구는 각각 별도로 연구되었습니다. 해당 데이터는 표 15.21에 나타나 있으며, 면책액은 25입니다. 공통 모델을 사용할 수 있습니까?

표 15.21 The comprehensive medical losses for Example 15.17

Loss	Male	Female
25-50	184	199
50-100	270	310
100-200	160	262
200-300	88	163
300-400	63	103
400-500	47	69
500-1,000	61	124
1,000-2,000	35	40
2,000-3,000	18	12
3,000-4,000	13	4
4,000-5,000	2	1
5,000-6,667	5	2
6,667-7,500	3	1
7,500-10,000	6	1

결합된 데이터 세트를 사용할 때, 로그정규 분포(lognormal distribution)는 가장 적합한 두 모수 모델로 나타납니다. 이 모델의 음의 로그우도(log-likelihood)(NLL)는 4,580.20이며, 이는 단일 모수의 역지수 모델(inverse exponential model)보다 19.09만큼 더 우수하고, 세 모수의 Burr 모델보다 0.13만큼 열등합니다. 이들 모델 중 어느 것도 다른 모델의 특수한 사례가 아니므로 우도비 검정(LRT)을 사용할 수는 없지만, 1.92의 차이를 표준으로 사용할 경우 로그정규 모델이 선호된다는 점은 명확합니다. SBC 기준으로는 0.5 ln(2,246)를 개선해야 하며 이는 3.86이고, AIC 기준으로는 1.00의 개선이 요구되는데, 이 경우에도 로그정규 모델이 선호됩니다. 이 모델의 모수는 μ = 4.5237, σ = 1.4950입니다.

남성과 여성 데이터를 각각의 로그정규 모델에 맞추었을 때, 남성의 모수는 μ = 3.9686, σ = 1.8432, 여성의 모수는 μ = 4.7713, σ = 1.2848로 나타납니다. 이때 각 NLL 값은 남성의 경우 1,977.25, 여성의 경우 2,583.82로 합계는 4,561.07입니다. 이는 공통 로그정규 모델보다 19.13만큼 개선된 결과이며, LRT(3.00 필요), SBC(7.72 필요), AIC(2.00 필요) 기준으로 유의미한 차이를 보입니다.

두 모델에서 동일한 비스케일 모수를 사용하는 것이 유용할 때도 있다. 공통 σ 값을 사용할 경우 NLL은 4,579.77로 나타나며, 별도의 모델을 사용하는 것보다 유의미하게 열등합니다. □

예제 15.18

1958년, Longley-Cook [82]는 손해보험계리사의 고용 패턴을 조사하였습니다. 그의 표 중 하나는 1949년(계리사 55명)과 1957년(계리사 78명)에 손해보험사에 고용된 손해보험계리사회(Casualty Actuarial Society) 회원 수를 나열하였습니다. 표 15.22의 데이터를 사용하여 계리사를 최소 한 명 이상 고용하는 회사별 계리사 수에 대한 모델을 결정하고, 8년 동안 분포가 변경되었는지 확인하십시오.

표 15.22 The number of actuaries per company for Example 15.18

Number of actuaries	Number of companies - 1949	Number of companies - 1957
1	17	23
2	7	7
3-4	3	3
5-9	2	3
10+	0	1

값이 0이 되는 경우는 불가능하기 때문에, 0이 제외된(zero-truncated, ZT) 분포만 고려해야 합니다. 세 가지 경우(1949년 데이터만, 1957년 데이터만, 그리고 결합된 데이터) 모두에서 ZT 로그 분포와 ZT(확장된) 음이항 분포는 적합도 검정 값이 허용 가능한 수준을 보입니다. 음의 로그우도(log-likelihood)(NLL)의 개선값은 각각 0.52, 0.02, 0.94입니다. ZT 로그 분포가 ZT 음이항 분포의 경계 사례($r \to 0$)라는 점을 제외하면, LRT를 적용할 수 있으며, 어떤 경우에서도 개선이 유의미하지 않았습니다. SBC 또는 AIC를 사용해도 동일한 결론에 도달합니다.

모수 추정값(β가 유일한 모수)은 각각 2.0227, 2.8114, 2.4479로 나타납니다. 결합된 데이터 세트의 NLL은 74.35이며, 두 개의 별도 모델의 총합은 74.15입니다. 개선값은 단지 0.20으로 유의미하지 않습니다(자유도는 1). 추정 평균이 2.0227/ln(3.0227) = 1.8286에서 2.8114/ln(3.8114) = 2.1012로 증가했음에도 불구하고, 참된 평균이 증가했다는 확실한 증거를 제시할 만큼 충분한 데이터가 없습니다. □

15.5.4 연습 문제

15.22 (*) 1,000건의 보험 계약 샘플에서 사고 횟수가 기록되었습니다. 결과는 표 15.23에 나와 있습니다. 공식적인 검정을 수행하지 않고, 다음 다섯 가지 모델(이항, 포아송, 음이항, 정규, 감마) 중에서 가장 적합한 모델을 결정하십시오.

표 15.23 The data for exercise 15.22

Number of accidents	Number of policies
0	100
1	267
2	311
3	208
4	87
5	23
6	4
Total	1,000

15.23 예제 15.1의 데이터를 사용하여 변형 감마 모델이 지수 모델이나 와이블 모델보다 적합한지 판단하십시오.

15.24 (*)연습문제 15.11의 데이터를 기준으로 최대우도추정값은 포아송 분포의 경우 $\hat{\lambda}$ = 0.60이며, 음이항 분포의 경우 $\hat{r}$ = 2.9 및 $\hat{\beta}$ = 0.21입니다. 이 두 모델 중에서 선택하기 위해 우도비(likelihood ratio) 검정을 수행하십시오.

15.25 (*)100개의 샘플에서 다섯 개의 모델을 적합한 결과가 표 15.24에 제시되어 있습니다. SBC와 AIC를 사용하여 가장 적합한 모델을 선택하십시오.

표 15.24 The results for exercise 15.25

Model	Number of parameters	Negative loglikelihood
Generalized Pareto	3	219.1
Burr	3	219.2
Pareto	2	221.2
Lognormal	2	221.4
Inverse exponential	1	224.3

15.26 연습문제 11.27을 참조하십시오. 5% 유의 수준에서 우도비 검정, SBC, AIC를 사용하여 실비아의 주장이 사실인지 판단하십시오.

15.27 (*) 260개의 관측값을 기반으로 다섯 개의 모델이 적합되었습니다. 모델의 모수 개수와 로그 가능도 값은 다음과 같습니다: 1, -414, 2, -412, 3, -411, 4, -409, 6, -409. SBC에 따르면 어느 모델(모수 개수로 식별됨)을 선택해야 합니까? AIC를 사용하면 선택이 달라집니까?

15.28 연습문제 12.3과 15.17의 결과를 사용하여 카이제곱 적합도 검정, 우도비율 검정, SBC, AIC를 활용해 $(a,b,0)$ 클래스에서 가장 적합한 모델을 결정하십시오.

15.29 연습문제 12.5와 15.18의 결과를 사용하여 $(a,b,0)$ 클래스에서 가장 적합한 모델을 결정하십시오.

15.30 연습문제 12.6과 15.19의 결과를 사용하여 $(a,b,0)$ 클래스에서 가장 적합한 모델을 결정하십시오.

15.31 표 15.25는 자동차 사고당 의료 손실액 청구 건수를 나타냅니다. (a) 그림 6.1과 유사한 그래프를 작성하십시오. $(a,b,0)$ 클래스의 구성원이 적합한 모델을 제공할 것 같습니까? 그렇다면 어느 모델입니까? $(a,b,0)$ 클래스의 각 구성원에 대해 모수의 최대우도추정값을 구하십시오. (c) 카이제곱 적합도 검정, 우도비율 검정, SBC, AIC를 기준으로 $(a,b,0)$ 클래스의 구성원 중 가장 적합한 모델을 결정하십시오. 이

모델은 적합한 모델입니까?

표 15.25 The data for exercise 15.31

Number of medical claims	Number of accidents
0	529
1	146
2	169
3	137
4	99
5	87
6	41
7	25
8+	0

15.32 연습문제 12.3, 12.5, 12.6, 15.31에서 도출된 네 가지 데이터 집합에 대해 $(a,b,0)$ 클래스 구성원 중 가장 적합한 모델을 결정했습니다. 각 데이터 집합에 대해 0-수정 포아송, 기하, 로그, 음이항 분포의 최대우도추정값을 구하십시오. 카이제곱 적합도 검정 및 우도비율 검정을 사용하여 여덟 개의 모델 중 가장 적합한 모델을 결정하고 선택한 모델이 적합한지 판단하십시오.

15.33 새로운 빈도 모델인 제타 분포가 있습니다. 이는 0-절단 분포로 $p_k^T = k^{-(\rho+1)}/\xi(\rho+1)$, $k = 1, 2, \cdots, \rho > 0$로 표현됩니다. 분모는 제타 함수로, 수치적으로 평가해야 합니다. $\xi(\rho+1) = \sum_{k=1}^{\infty} k^{-(\rho+1)}$. 기존 방식대로 0-수정 제타 분포를 형성할 수 있습니다. 추가 정보는 Luong 및 Doray [84]에서 확인하십시오.

(a) 예제 12.7의 데이터를 기준으로 0-수정 제타 분포의 모수 최대우도추정값을 구하십시오.

(b) 0-수정 제타 분포는 적합한 모델입니까?

15.34 연습문제 15.32에서 $(a,b,0)$ 및 $(a,b,1)$ 클래스 구성원 중 가장 적합한 모델을 선택했습니다. 이 데이터를 포아송-포아송, 폴리아-애플리, 포아송-역가우스, 포아송-ETNB 분포에 적합시키고 이 분포 중 하나가 연습문제 15.32에서 선택된 모델을 대체해야 하는지 판단하십시오. 현재 선택된 모델은 적합합니까?

15.35 이 문제에 제시된 다섯 개의 데이터 집합은 모두 Lemaire [79]에서 가져왔습니다. 각 데이터 집합에 대해 처음 세 모멘트를 계산한 후 7.2절의 아이디어를 사용해 합성 포아송 집합(Poisson, geometric, negative binomial, Poisson-binomial(m = 2, m = 3), Polya-Aeppli, Neyman Type A, Poisson-inverse Gaussian, Poisson-ETNB)에서 적합한 모델을 추정하십시오. 선택된 모델(있을 경우) 및 $(a,b,0)$, $(a,b,1)$ 클래스의 구성원 중 가장 적합한 모델을 결정하십시오.

(a) 표 15.26의 데이터는 벨기에에서 제삼자 자동차 책임보험 데이터를 나타냅니다.

표 15.26 The data for exercise 15.35(a)

Number of claims	Number of policies
0	96,978
1	9,240
2	704
3	43
4	9
5+	0

(b) 표 15.27의 데이터는 1875년에서 1894년 사이 프로이센 군대에서 말발굽에 의한 사망자 수를 나타냅니다. 각 해에 대한 관측값이 10개씩 있으며 총 200개의 관측값이 있습니다. 이 데이터는 포아송 분포의 영감으로 자주 인용됩니다. 어떤 모델을 사용하든 데이터에 대해 추가로 어떤 가정을 해야 합니까?

표 15.27 The data for exercise 15.35(b)

Number of deaths	Number of corps
0	109
1	65
2	22
3	3
4	1
5+	0

(c) 표 15.28의 데이터는 1500년부터 1931년까지의 주요 국제 전쟁 횟수를 나타냅니다.

표 15.28 The data for exercise 15.35(c)

Number of wars	Number of years
0	223
1	142
2	48
3	15
4	4
5+	0

(d) 표 15.29의 데이터는 1947년부터 1960년까지 월드 시리즈 야구 경기 각 이닝의 득점 수를 나타냅니다.

표 15.29 The data for exercise 15.35(d)

Number of runs	Number of half innings
0	1.023
1	222
2	87
3	32
4	18
5	11
6	6
7+	3

(e) 표 15.30의 데이터는 1966-1967 시즌 NHL(내셔널 하키 리그) 경기당 팀별 골 수를 나타냅니다.

표 15.30 The data for exercise 15.35(e)

Number of goals	Number of games
0	29
1	71
2	82

Number of goals	Number of games
3	89
4	65
5	45
6	24
7	7
8	4
9	1
10+	3

15.36 예제 7.14에 제시된 추정값이 최대우도추정값임을 확인하십시오(소수점 두 자리만 제시되었으므로, 가능도 함수가 근접한 각 지점에서 더 작은 값을 가지는지 관찰하는 것으로 충분합니다). 음이항 분포는 예제 12.5에서 이 데이터에 적합되었습니다. 이 두 모델 중 어느 것이 더 적합합니까?

LOSS MODELS

From Data to Decision

PART

5

신뢰성

CREDIBILITY

16 제한 변동 신뢰도의 소개

17 최고 정확도 신뢰도

18 경험적 베이스 모수 추정

16 제한 변동 신뢰도의 소개 INTRODUCTION TO LIMITED FLUCTUATION CREDIBILITY

16.1 소개 Introduction

신뢰성 이론은 보험사가 위험이나 위험 그룹의 과거 경험을 바탕으로 미래 보험료를 조정(경험 등급 조정)할 수 있도록 해주는 정량적 도구 집합입니다. 예를 들어, 보험 계약자의 경험이 기본 요율 매뉴얼(때때로 순보험료(Pure Premium)라고도 함)에서 가정한 것보다 일관되게 더 좋다면, 보험 계약자는 요율 인하를 요구할 수 있습니다.

보험 계약자의 주장은 다음과 같습니다. 매뉴얼 요율은 해당 등급 클래스 전체의 예상 경험(과거 및 미래)을 반영하도록 설계되며, 이는 위험이 동질적이라는 것을 암묵적으로 가정합니다. 하지만 어떤 요율 시스템도 완벽하지 않으며, 모든 인수 기준을 고려한 후에도 위험 수준에서 여전히 이질성이 남아 있을 수 있습니다. 결과적으로 일부 보험 계약자는 기본 매뉴얼 요율에서 가정한 것보다 더 낮은 위험으로 간주될 수 있습니다. 물론, 동일한 논리는 위험이 더 큰 보험 계약자에게 요율 인상을 적용해야 한다고 말하지만, 이러한 상황에서 보험 계약자가 스스로 요율 인상을 요청하지는 않을 것입니다! 그럼에도 불구하고, 형평성과 경제적 상황을 고려하여 요율 인상이 필요할 수 있습니다.

보험사는 다음과 같은 질문에 답해야 하는 상황에 처하게 됩니다. 특정 보험 계약자의 경험 차이가 기본 손실액 청구 경험의 무작위 변동 때문인지, 아니면 해당 보험 계약자가 평균보다 실제로 더 좋은(또는 더 나쁜) 위험인지 어떻게 판단할 것인가? 즉, 보험 계약자의 경험이 얼마나 신뢰할 수 있는가? 이와 관련하여 두 가지 사실을 고려해야 합니다.

1. 특정 보험 계약자에 대해 보험사가 가진 과거 정보가 많을수록, 모든 조건이 동일하다

면 그 보험 계약자의 경험은 더 신뢰할 수 있습니다. 단체 보험에서도 마찬가지로, 큰 그룹의 경험은 작은 그룹보다 더 신뢰할 수 있습니다.

2. 경쟁적인 요인으로 인해 보험사는 특정 보험 계약자의 과거 경험만(매뉴얼 요율을 사용하지 않고) 또는 거의 완전하게 신뢰성을 부여해야 할 수 있으며, 이를 통해 고객을 유지하려고 할 수 있습니다.

신뢰성은 위험 분류 시스템의 요율 설정에도 활용됩니다. 예를 들어, 산재보험에서 수백 개의 직업 클래스가 있을 수 있으며, 일부 클래스는 데이터가 매우 적을 수 있습니다. 이러한 클래스의 예상 보험 비용을 정확하게 추정하려면 제한된 실제 경험과 과거 요율 또는 밀접한 관련이 있는 직업의 경험과 같은 정보를 결합하는 것이 적절할 수 있습니다.

통계적 관점에서 보면, 신뢰성 이론은 직관에 반하는 결과를 제공합니다. 보험 계약자 또는 보험 계약자 그룹의 경험이 있다면, 통계적 훈련을 통해 표본 평균 또는 다른 비편향(Unbiased) 추정치를 사용해야 한다고 믿게 될 수 있습니다. 하지만 신뢰성 이론은 이러한 경험에 부분적으로만 가중치를 부여하고, 나머지 가중치는 다른 정보로부터 산출된 추정치에 부여하는 것이 최적이라고 말합니다. 이는 우리가 편향(bias)에서 약간 희생을 감수하더라도 평균(제곱) 오차를 줄이는 데 이득이 있기 때문입니다.

신뢰성 이론은 데이터와 다른 정보를 결합하는 문제를 정량적으로 공식화할 수 있도록 해줍니다. 이 장에서는 신뢰성 이론에 대한 소개를 제공합니다. 이 장에서는 20세기 초에 개발된 제한 변동 신뢰성 이론(limited fluctuation credibility theory)을 다룹니다. 이 이론은 특정 보험 계약자의 경험에 완전한(16.3절) 또는 부분적(16.4절) 신뢰성을 부여하는 메커니즘을 제공합니다. 이 접근법은 이를 정당화하는 견고한 수학적 이론이 부족하다는 점에서 어려움이 있지만, 여전히 실무에서 사용되고 있습니다.

1967년 뷜만(Bühlmann)의 고전 논문 [19]은 신뢰성 이론이 발전하고 번성할 수 있는 통계적 틀을 제공했습니다. 이 접근법은 최대 정확도 신뢰성 이론(greatest accuracy credibility theory)[1]으로 불리며, 뷜만이 이를 공식화했지만, 기본 아이디어는 그 이전부터 존재했습니다. 이 접근법은 17장에서 소개됩니다. 가장 간단한 모델인 뷜만 모델은 17.5절에서 논의됩니다. 1970년 뷜만과 슈트라우브(Bühlmann and Straub)가 제안한 실용적인 개선 사항은 17.6절에서 다룹니다. 정확 신뢰성 개념은 17.7절에서 설명됩니다. 이 이론의 실제 적용은 데이터에서 미지의 모델 모수를 추정하는 것을 필요로 합니다.

---

1 제한 변동(limited fluctuation)과 최대 정확도(greatest accuracy)라는 용어는 적어도 1943년에 아서 베일리(Arthur Bailey)의 논문 [8]까지 거슬러 올라갑니다.

18장에서는 두 가지 추정 접근법을 다룹니다. 18.2절에서는 비모수적 추정(모델이 거의 자유롭고 모수가 평균 및 분산과 같은 일반적인 경우), 18.3절에서는 반모수적 추정(특정 분포를 가정하여 일부 모수를 기반으로 하는 경우)을 다룹니다.

마지막으로, 신뢰성 이론의 많은 역사를 요약하는 1950년 아서 베일리(Arthur Bailey)의 말을 인용하며 이 서문을 마칩니다. 초기 보험 계리사들은 단순한 수학적 도구를 사용하여 실제로 작동하는 공식을 개발했으며, 이를 통해 이론이 발전했음을 우리는 잊지 말아야 합니다.

> 이 논의에서 평범한 사람은 보험 계리사의 주장이 어떤 희미한 논리에 근거하고 있는 것처럼 보이지만, 그 논리가 너무 모호해서 이해할 수 없다는 것을 인정해야 합니다. 훈련된 통계학자는 '터무니없다! 기존 통계 추정 이론에 정면으로 반하는 주장이다.'라고 외칠 것입니다. 보험 계리사들 자신도 그들이 수학적으로 증명된 것을 넘어섰으며, 모든 값이 여전히 판단에 따라 선택되고, 실제로 이것이 작동한다는 것을 보여주는 것 외에는 증명할 수 없음을 인정해야 합니다. 하지만 우리는 그들이 이러한 시연을 여러 번 해왔다는 것을 잊지 말아야 합니다. 그것은 작동합니다!

16.2 제한 변동 신뢰도 이론 Limited Fluctuation Credibility Theory

이 신뢰성 이론(branch of credibility theory)의 분야는 신뢰성 문제를 정량화하려는 첫 번째 시도를 나타냅니다.

이 접근법은 1900년대 초반에 노동자 보상 보험과 관련하여 제안되었습니다. 이 주제에 대한 원본 논문은 1914년 Mowbray가 작성한 것입니다 [92].

이 문제는 다음과 같이 정식화될 수 있습니다. 보험 계약자가 과거 경험 기간 j 동안 X_j 건의 손실액 청구나 손실[2]을 경험했다고 가정해 봅시다. 여기서 $j \in \{1,2,3,\ldots,n\}$ 입니다. 다른 관점에서 보면 X_j는 특정 등급 제도에서 j번째 보험 계약 또는 j번째 구성원의 경험에 해당합니다. $E(X_j) = \xi$라고 가정하면, 즉, 평균값이 시간 경과나 그룹 또는 클래스의[3] 구성원 간에 안

2 "청구(claims)"는 청구 건수를, "손실(losses)"은 지급 금액을 나타냅니다. 이 소개 문단과 같은 많은 경우에는 청구 건수를 세는지, 손실을 세는지에 관계없이 동일하게 적용됩니다.

3 평균을 나타내는 관례적 기호인 μ는 여기서 사용되지 않았습니다. 이는 17장에서 다른 관련된 평균을 나

정적이라고 할 수 있습니다.

이 값은 우리가 그 값을 알 수만 있다면 비용, 이익, 불리한 경험에 대한 대비책을 제외한 손실액 청구해야 할 보험료가 될 것입니다. 또한 $\mathrm{Var}(X_j) = \sigma^2$라고 가정하는데, 이는 모든 j에 대해 동일합니다.

과거 경험은 평균 $\bar{X} = n^{-1}(X_1 + \cdots + X_n)$으로 요약될 수 있습니다. 우리는 $\mathrm{E}(\bar{X}) = \xi$이며, X_j가 독립적이라면 $\mathrm{Var}(\bar{X}) = \sigma^2/n$임을 알고 있습니다. 보험사의 목표는 ξ의 값을 결정하는 것입니다. 하나의 가능성은 과거 데이터를 무시하고 (신뢰성 없음) 단순히 M을 손실액 청구하는 것입니다. M은 비슷하지만 동일하지 않은 다른 보험 계약자들로부터의 경험을 통해 얻은 값입니다. 이 값은 종종 매뉴얼 보험료(Manual Premium)라고 불리며, 보험료 책자(Manual)에서 나옵니다. 또 다른 가능성은 M을 무시하고 $\bar{X}$를 손실액 청구하는 것(완전 신뢰성)입니다. 세 번째 가능성은 M과 $\bar{X}$의 조합(부분 신뢰성)을 선택하는 것입니다. 보험사의 관점에서 보면, 경험이 더 "안정적"(변동성이 적음, σ^2 작음)이라면 $\bar{X}$를 선택하는 쪽으로 기울어지는 것이 합리적으로 보입니다. 안정적인 값은 $\bar{X}$가 다음 해 결과를 예측하는 데 더 유용하다는 것을 의미합니다. 반대로, 경험이 더 변동성이 크다면 $\bar{X}$는 다음 해 결과를 예측하는 데 덜 유용하며, M을 선택하는 것이 더 합리적으로 보입니다.

또한, 보험 계약자가 매뉴얼 보험료 M을 생성한 다른 사람들과 다를 가능성이 크다고 사전에 믿을 이유가 있다면, $\bar{X}$에 더 많은 가중치를 두어야 합니다.

이는 $\bar{X}$가 편향되지 않은 추정치로서 ξ에 대해 유용한 정보를 제공하기 때문이며, 반면 M은 그다지 유용하지 않을 가능성이 높기 때문입니다. 반대로, 다른 모든 보험 계약자들이 유사한 ξ 값을 가지고 있다고 판단된다면, M이 손실액 청구나 손실에 대한 경향을 훌륭하게 설명해줄 가능성이 높으므로, 특정 보험 계약자의 (아마도 제한적인) 경험에 의존할 필요는 없습니다.

여기서 언급된 "보험 계약자"는 각 X_j에 기여하는 개체를 지칭하며, 이는 단일 보험 계약자, 유사한 인수 특성을 가진 보험 계약자 그룹, 또는 다른 이유로 묶인 피보험자 그룹에서 나올 수 있습니다. 예를 들어, 주어진 연도 j에 대해 X_j는 한 해 동안 단일 자동차 보험에 대해 제기된 손실액 청구 건수, 특정 등급 클래스(예: 미혼, 남성, 25세 미만, 도시 지역 거주, 연간 주행거리 7,500마일 초과) 내 모든 보험 계약자가 제기한 손실액 청구 건수의 평균, 또는 식품 도매업체 소유의 배달 트럭 집단(Fleet) 차량별 손실 금액의 평균일 수 있습니다.

타내는 데 μ가 사용되기 때문입니다. 우리는 이 특정 기호("xi")를 선택했는데, 이는 쓰고 발음하기 가장 어려운 그리스 문자이기 때문입니다. 교과서를 작성할 때 이 문자가 적어도 한 번은 등장해야 한다는 암묵적인 규칙이 있습니다.

우선, 전체 신뢰성(즉, $\bar{X}$을 손실액 청구)에 대한 기준을 결정하는 한 가지 접근법을 제시한 후, 전체 신뢰성이 부적절하다고 판단될 경우 부분 신뢰성을 할당하는 방법을 설명하겠습니다.

16.3 완전 신뢰도 Full Credibility

$\bar{X}$의 안정성을 정량화하는 한 가지 방법은 $\bar{X}$와 ξ 사이의 차이가 높은 확률로 ξ에 비해 작을 때 $\bar{X}$가 안정적이라고 간주하는 것입니다. 통계적으로 안정성은 $r > 0$과 $0 < p < 1$이라는 두 숫자를 선택하여 정의할 수 있습니다. 여기서 r은 0에 가깝고 p는 1에 가까운 값으로, 일반적으로 $r = 0.05$와 $p = 0.9$가 선택됩니다. 그런 경우, 전체 신뢰성은 다음 조건을 만족할 때 할당됩니다.

$$\Pr(-r\xi \le \bar{X} - \xi \le r\xi) \ge p. \tag{16.1}$$

이를 다시 표현하면 다음과 같이 나타낼 수 있습니다.

$$\Pr\left(\left|\frac{\bar{X} - \xi}{\sigma/\sqrt{n}}\right| \le \frac{r\xi\sqrt{n}}{\sigma}\right) \ge p.$$

이제 y_p를 다음과 같이 정의합시다.

$$y_p = \inf_y \left\{ \Pr\left(\left|\frac{\bar{X} - \xi}{\sigma/\sqrt{n}}\right| \le y\right) \ge p \right\}. \tag{16.2}$$

즉, y_p는 식 (16.2)에서 중괄호 안의 확률 조건을 만족하는 y의 최솟값입니다. 만약 가 연속 분포를 따른다면, 식 (16.2)의 "≥" 부호는 "=" 부호로 대체될 수 있으며, y_p는 다음을 만족합니다.

$$\Pr\left(\left|\frac{\bar{X} - \xi}{\sigma/\sqrt{n}}\right| \le y_p\right) = p. \tag{16.3}$$

그렇다면, 전체 신뢰성 조건은 다음과 같이 표현됩니다.

$$\frac{\sigma}{\xi} \le \frac{r}{y_p}\sqrt{n} = \sqrt{\frac{n}{\lambda_0}}, \tag{16.4}$$

여기서 $\lambda_0 = (y_p/r)^2$.

식 (16.4)는 σ/ξ라는 변동 계수(coefficient of variation)가 $(n/\lambda_0)^{1/2}$보다 작거나 같을 때 전체 신뢰성을 할당한다는 것을 의미합니다. 이는 직관적으로도 합리적인 결과입니다. 데이터가 많아질수록 (n 증가) 또는 변동성이 작을수록 (σ/ξ 감소) 전체 신뢰성을 더 쉽게 달성할 수 있습니다.

또한, 식 (16.4)는 다음과 같이 다시 작성될 수 있습니다. 전체 신뢰성은 다음 조건이 충족될 때 발생합니다.

$$\mathrm{Var}(\bar{X}) = \frac{\sigma^2}{n} \leq \frac{\xi^2}{\lambda_0}. \tag{16.5}$$

또한, 식 (16.4)를 n에 대해 풀면 전체 신뢰성을 위해 필요한 위험 노출 위험량 단위의 수를 다음과 같이 구할 수 있습니다.

$$n \geq \lambda_0 \left(\frac{\sigma}{\xi}\right)^2. \tag{16.6}$$

많은 상황에서 $\bar{X}$의 분포를 평균 ξ와 분산 σ^2/n을 갖는 정규 분포로 근사하는 것이 합리적입니다. 예를 들어, n이 큰 경우 중심극한정리(Central Limit Theorem)를 적용할 수 있습니다. 이 경우, $(\bar{X} - \xi)/(\sigma/\sqrt{n})$는 표준 정규 분포를 따릅니다. 따라서, 식 (16.3)은 다음과 같이 변환됩니다.

$$\begin{aligned} p &= \Pr(|Z| \leq y_p) \\ &= \Pr(-y_p \leq Z \leq y_p) \\ &= \Phi(y_p) - \Phi(-y_p) \\ &= \Phi(y_p) - 1 + \Phi(y_p) \\ &= 2\Phi(y_p) - 1. \end{aligned}$$

여기서 Z는 표준 정규 분포를 따르고, $\Phi(y)$는 그 누적 분포 함수(cdf)입니다. 이 확률은 다음과 같이 계산됩니다. 즉, $\Phi(y_p) = (1 + p)/2$ 분위수(percentile)입니다.

예를 들어

- $p = 0.9$일 때, 표준 정규 분포표에 따르면 $y_{0.9} = 1.645$입니다.
- $r = 0.05$라면, $\lambda_0 = (1.645/0.05)^2 = 1{,}082.41$입니다.
- 식 (16.6)을 사용하면, 전체 신뢰성을 위해 필요한 위험 노출 위험량 단위의 수는 $n \geq 1{,}082.41(\sigma^2/\xi^2)$입니다.

주의사항

이 계산은 X_j의 변동 계수(coefficient of variation)를 알고 있다고 가정한다는 점에 주목합시다. 이는 ξ의 값을 모르는 경우에도 대략적인 추정을 통해 활용할 수 있습니다(ξ는 우리가 추정하고자 하는 정량임을 기억합시다).

중요한 점은 식 (16.6)을 사용할 때 변동 계수가 추정하려는 양(ξ)에 대한 추정치라는 점입니다. 오른쪽 항은 위험 노출 위험량 단위를 기준으로 전체 신뢰성을 위한 기준을 제공합니다. 만약 다른 단위를 사용하고자 한다면, 양쪽에 적절한 값을 곱하면 충분합니다.

마지막으로, 모든 미지의 값은 데이터로부터 추정해야 합니다. 이는 신뢰성 문제를 다양한 방식으로 제기할 수 있음을 의미합니다. 아래의 예제는 가장 일반적인 경우를 다룹니다.

예제 16.1

특정 보험 계약자에 대해 과거 손실 $X_1,\cdots,X_n$이 제공되었다고 가정합니다. 표본 평균을 사용하여 $\xi = E(X_j)$를 추정하고자 합니다. 전체 신뢰성을 위한 기준을 결정하십시오. 이제 10개의 관측치가 있으며, 이 중 6개는 0이고 나머지는 253, 398, 439, 756이라고 가정합니다. 이 경우 $r = 0.05$와 $p = 0.9$로 전체 신뢰성 기준을 계산하십시오.

해결 방법은 식 (16.6)에서 직접 구할 수 있습니다.

$$n \geq \lambda_0 \left(\frac{\sigma}{\xi}\right)^2.$$

이 특정 사례에서 평균과 표준 편차는 데이터를 사용하여 각각 184.6과 267.89로 추정할 수 있습니다(분산 추정치는 $n-1$을 사용하는 비편향 버전). $\lambda_0 = 1{,}082.41$일 때, 기준은 다음과 같습니다.

$$n \geq 1082.41 \left(\frac{267.89}{184.6}\right)^2 = 2279.51$$

따라서, 10개의 관측치는 전체 신뢰성을 받을 자격이 없습니다. □

다음 예제에서는 관측치가 특정 유형의 분포로부터 나왔다는 추가 가정을 포함합니다.

예제 16.2

특정 보험 계약자에 대해 과거 손실 $X_1,\cdots,X_n$이 제공되었으며, X_j들이 독립적이고 합성 포아송 분포를 따른다고 가정해봅시다. 즉, $X_j = Y_{j1}+\cdots+Y_{jN_j}$이며, 각 N_j는 모수 λ를 가지는 포아송 분포를 따르고, 손실액 청구 금액 분포 Y는 평균 θ와 분산 σ_Y^2를 가집니다. 전체 신뢰성 기준을 손실액 청구 건수의 기댓값 추정과 손실액 청구 금액의 기댓값 추정에 대해 구한 뒤, 예제 16.1의 데이터를 사용하여 기준이 충족되는지 확인합니다. 이 데이터에서는 첫 세 개의 "0"이 아닌 지급액이 단일 손실액 청구에서 발생했으며, 마지막 지급액은 두 건의 손실액 청구에서 발생했음이 알려졌습니다(각각 129와 627).

사례 1: 정확성은 평균 손실액 청구 건수 기준으로 측정합니다. 이 경우 N_j를 사용하여 $\xi = \mathrm{E}(N_j) = \lambda$, $\sigma^2 = \mathrm{Var}(N_j) = \lambda$가 됩니다. 따라서 식 (16.6)에서 다음을 유도할 수 있습니다.

$$n \geq \lambda_0 \left(\frac{\lambda^{1/2}}{\lambda}\right)^2 = \frac{\lambda_0}{\lambda}.$$

즉, 기준이 보험 계약 수로 표현된다면, 전체 신뢰성을 위해 n이 λ_0/λ를 초과해야 하며, λ는 데이터에서 추정해야 합니다. 만약 기준이 기대 손실액 청구 건수 $n\lambda$로 표현된다면, 양쪽에 λ를 곱하여 다음과 같이 기준을 설정합니다.

$$n\lambda \geq \lambda_0.$$

이는 추정이 필요 없는 기준처럼 보이지만, 실제로는 기대 손실액 청구 건수 대신 관찰된 실제 손실액 청구 건수 $N_1 + \cdots + N_n$를 사용하여 적용됩니다.

주어진 데이터에서 총 손실액 청구 건수는 5건이며, 이를 통해 $\lambda = 0.5$로 추정됩니다. 기준은 다음과 같습니다.

$$n \geq \frac{1{,}082.41}{0.5} = 2{,}164.82,$$

따라서 10개의 보험 계약은 이 기준에 훨씬 못 미칩니다. 또는 실제 손실액 청구 건수 5건을 기준으로 하여 $\lambda_0 = 1082.41$과 비교할 수도 있는데, 결과는 동일합니다.

사례 2: 정확성은 평균 총 지급액 기준으로 측정할 때, $\xi = \mathrm{E}(X_j) = \lambda\theta_Y$, $\mathrm{Var}(X_j) = \lambda(\theta_Y^2 + \sigma_Y^2)$가 됩니다(9장에서 유도된 공식). 표본 크기에 따른 기준은 다음과 같습니다.

$$n \geq \lambda_0 \frac{\lambda(\theta_Y^2 + \sigma_Y^2)}{\lambda^2\theta_Y^2} = \frac{\lambda_0}{\lambda}\left[1 + \left(\frac{\sigma_Y}{\theta_Y}\right)^2\right].$$

기준이 기대 손실액 청구 건수로 표현된다면, 양쪽에 λ를 곱하여 다음과 같이 작성할 수 있습니다.

$$n\lambda \geq \lambda_0 \left[1 + \left(\frac{\sigma_Y}{\theta_Y}\right)^2\right].$$

기준이 기대 총 지급액으로 표현된다면, 양쪽에 θ_Y를 곱하여 다음과 같이 작성합니다.

$$n\lambda\theta_Y \geq \lambda_0 \left(\theta_Y + \frac{\sigma_Y^2}{\theta_Y}\right).$$

주어진 데이터에서 5건의 손실액 청구는 평균 369.2, 표준 편차 189.315로 추정됩니다. 따라서 기준은 다음과 같습니다.

$$n \geq \frac{\lambda_0}{\lambda}\left[1+\left(\frac{\sigma_Y}{\theta_Y}\right)^2\right] = \frac{1,082.41}{0.5}\left[1+\left(\frac{189.315}{369.2}\right)^2\right] = 2,734.02.$$

다시, 10개의 관측치는 필요한 기준에 훨씬 못 미칩니다. 기준이 손실액 청구 건수로 표현된다면, 양쪽에 0.5를 곱하여 1367.01로 기준을 설정합니다. 마지막으로, 기준이 총 지급액으로 표현된다면, 양쪽에 369.2를 곱하여 504,701로 기준을 설정합니다. 모든 경우에서 관찰된 값과 기준의 비율은 동일합니다.

$$\frac{10}{2,734.02} = \frac{5}{1,367.01} = \frac{1,846}{504,701} = 0.003658.$$

□

이 예제들에서는 전체 신뢰성 기준이 충족되지 않으므로, 표본 평균이 기댓값의 추정치로 사용되기에 충분히 정확하지 않습니다. 이러한 상황을 처리하기 위한 방법이 필요합니다.

16.4 부분 신뢰도 Partial Credibility

만약 완전 신뢰도가 적합하지 않다고 결정된다면, 경쟁적인 이유(또는 그 외의 이유)로 과거의 경험값 $\bar{X}$을 순수 보험료뿐만 아니라 외부에서 얻은 평균값 M에도 반영하는 것이 바람직할 수 있습니다. 두 수치를 결합하는 직관적으로 매력적인 방법은 가중 평균을 통한 것이며, 이는 신뢰도 보험료

$$P_c = Z\bar{X} + (1-Z)M, \tag{16.7}$$

을 통해 이루어집니다. 여기서 신뢰도 계수 $Z \in [0, 1]$는 선택되어야 합니다. Z에 대한 많은 공식들이 보험 계리 문헌에서 제안되었으며, 보통은 이론적인 근거보다는 직관적인 근거에 의해 정당화됩니다(우리는 Mowbray [92]가 전체적인 신뢰도는 고려했지만 부분 신뢰도는 고려하지 않았다는 점을 지적합니다). 중요한 선택 중 하나는

$$Z = \frac{n}{n+k}, \tag{16.8}$$

입니다. 여기서 k는 결정되어야 합니다. 이 특정 선택은 제17장에서 제시될 통계 모델의 기초로서 이론적으로 정당화될 것입니다. 또 다른 선택은 완전 신뢰도(그리고 Z = 1인 완전 신뢰도 사례를 포함)와 같은 아이디어를 기반으로 하고 있으며, 이제 논의됩니다.

Z의 가치를 개발하기 위해 다양한 논쟁이 사용되었으며, 이 중 많은 것들이 같은 답으로 이어집니다. 이들 모두는 어떤 방식으로든 결함이 있습니다. 우리가 선택하여 제시하는 개발도 결함이 있지만 적어도 간단합니다. 완전 신뢰도 기준의 목표는 고려 중인 순수 보험료($\bar{X}$)와 우리가 사용해야 할 것(ξ) 사이의 차이가 높은 확률로 작다는 것을 보장하는 것입니다. $\bar{X}$이 편향되지 않았기 때문에, 이 기준을 달성하는 것은 본질적으로 (그리고 $\bar{X}$이 정규 분포를 가지면 정확하게) 제안된 순수 보험료 의 분산을 제어하는 것과 동등합니다. 우리는 (16.5)에서 $\bar{X}$의 분산이 충분히 작을 것이라는 보장이 없다는 것을 알 수 있습니다. 그러나 신뢰도 보험료 P_c의 분산을 다음과 같이 제어할 수 있습니다.

$$\begin{aligned}
\frac{\xi^2}{\lambda_0} &= \mathrm{Var}(P_c) \\
&= \mathrm{Var}[Z\bar{X} + (1-Z)M] \\
&= Z^2\ \mathrm{Var}(\bar{X}) \\
&= Z^2 \frac{\sigma^2}{n}.
\end{aligned}$$

따라서 $Z = (\xi/\sigma)(n/\lambda_0)^{1/2}$, 1보다 작은 경우, 다음과 같은 단일 공식을 사용하여 표현할 수 있습니다.

$$Z = \min\left\{ \frac{\xi}{\sigma}\sqrt{\frac{n}{\lambda_0}}, 1 \right\}. \tag{16.9}$$

의 해석 중 하나는 신뢰도 계수 Z가 완전 신뢰도를 위해 요구되는 변동 계수 $(n/\lambda_0)^{1/2}$와 실제 변동 계수의 비율이라는 것입니다. 명백한 이유로, 이 공식은 부분 신뢰도에 대한 제곱근 규칙으로 종종 불립니다. (16.9)에 대해 대수를 다룰 수 있지만, Z가 항상 실제 계수와 완전 신뢰도에 필요한 계수의 비율의 제곱근임을 나타내는 것으로 충분합니다.

예제 16.3

예제 16.1에서, 매뉴얼 보험료 M이 225라고 가정합시다. 신뢰도 추정을 결정합니다. 지급액의 평균은 184.6입니다. 제곱근 규칙에 따라 신뢰도 계수는

$$Z = \sqrt{\frac{10}{2{,}279.51}} = 0.06623.$$

입니다. 그러면 신뢰도 보험료는

$$P_c = 0.06623(184.6) + 0.93377(225) = 222.32.$$

입니다. □

예제 16.4

예제 16.2에서, 매뉴얼 보험료 M이 225라고 가정해 봅시다. 두 가지 경우를 사용하여 신뢰도 추정을 결정합니다. 첫 번째 경우에 대해 신뢰도 계수는

$$Z = \sqrt{\frac{5}{1{,}082.41}} = 0.06797$$

이며, 이를 적용하면

$$P_c = 0.06797(184.6) + 0.93203(225) = 222.25.$$

입니다. 처음 보기에 이 접근 방식은 부적절해 보일 수 있습니다. 기준은 빈도 추정에 관한 것으로 설정되었지만 총 손실액 청구에 적용되었습니다. 종종 개인은 손실액 청구 비용 차이보다는 손실액 청구 빈도의 차이로 더 구별됩니다. 따라서 이 계수는 가장 중요한 특징을 포착합니다. 두 번째 경우에는 세 가지 계산 중 어느 것이나 사용할 수 있습니다.

$$Z = \sqrt{\frac{10}{2{,}734.02}} = \sqrt{\frac{5}{1{,}367.01}} = \sqrt{\frac{1{,}846}{504{,}701}} = 0.06048.$$

그리고,

$$P_c = 0.06048(184.6) + 0.93952(225) = 222.56.$$

입니다.

앞서 우리는 접근 방식에 결함이 있다고 언급했습니다. $\bar{X}$의 변동성을 적절히 포착한다고 가정하는 것 외에, 모든 수학적 계산은 정확합니다. 결함은 목표에 있습니다. $\bar{X}$와 달리, P_c는 ξ의 편향되지 않은 추정치가 아닙니다. 실제로 신뢰도가 작동하는 것을 허용하는 특성 중 하

나는 편향된 추정치를 사용하는 것입니다. 그러나 편향된 추정치에 대해 적절한 품질 측정은 그 변동성이 아니라 MSE입니다. 그러나 MSE는 편향의 지식을 필요로 하며, 이는 다시 ξ와 M의 관계에 대한 지식을 필요로 합니다. 그러나 우리는 그 관계에 대해 아무것도 모르며, 우리가 수집한 데이터는 거의 도움이 되지 않습니다. 16.5절에서 언급한 바와 같이, 이는 우리의 Z 결정에만 있는 문제가 아니라 제한된 변동 접근법의 특징적인 문제입니다. 이 관계에 대한 모델은 17장에서 소개됩니다. 이 절은 몇 가지 추가 예제로 마무리됩니다. 처음 두 예제에서는 λ_0 = 1,082.41이 사용됩니다.

예제 16.5

집단 치과 보험의 경우, 많은 집단에 대한 역사적 경험에서 보험을 가입한 사람당 연간 손실이 평균 175, 표준편차 140을 보였습니다. 특정 집단이 1년차에 100명, 2년차에 110명의 보험 가입자가 그 기간 동안 평균 손실액 청구액 150을 경험했습니다. 완전 신뢰도 또는 부분 신뢰도가 적절한지 판단하고, 내년에 125명의 보험 가입자가 가입할 경우 신뢰도 보험료를 결정하십시오. 우리는 보험 계약자당 신뢰도를 적용합니다. 우리는 100 + 110 = 210 위험 노출 위험량 단위(경험이 서로 다른 생명과 연도에 독립적이라고 가정)를 관찰했으며, $\bar{X}$ = 150입니다. 이제 M = 175이고, 이 그룹에 대해 σ이 140이 될 것이라고 가정합니다. 이것은 집단 손실 상황입니다(각 사람은 무작위 금액의 손실액 청구를 무작위로 가집니다), 그러나 빈도 및 심도 구성 요소에 대한 정보는 없습니다. 따라서 (16.6)이 적용되며, 표본 평균 150을 사용하여 다음과 같이 완전 신뢰도 표준을 추정합니다.

$$n \geq 1{,}082.41\left(\frac{140}{150}\right)^2 = 942.90$$

그리고 다음을 계산합니다.

$$Z = \sqrt{\frac{210}{942.90}} = 0.472$$

(주의: $\bar{X}$는 210건의 손실액 청구의 평균이므로 중심 극한 정리에 의해 대략적인 정규성이 가정됩니다) 따라서 보험 계약자당 순 보험료는

$$P_c = 0.472(150) + 0.528(175) = 163.2.$$

입니다. 전체 그룹의 순 보험료는 125(163.2) = 20,400입니다. □

예제 16.6

보험 보장에는 손실액 청구 건수만을 기준으로 한 신뢰도가 포함됩니다. 특정 그룹에 대해 715건의 손실액 청구가 관찰되었습니다. 손실액 청구 건수가 포아송 분포를 따른다고 가정할 때 적절한 신뢰도 계수를 결정하십시오. 이것은 예제 16.4의 경우 1이며, 손실액 청구 건수와 관련된 완전 신뢰도 기준은 $n\lambda \geq \lambda_0 = 1{,}082.41$입니다. 그러면,

$$Z = \sqrt{\frac{715}{1{,}082.41}} = 0.813.$$

입니다. □

예제 16.7

특정 그룹에 대한 과거 데이터는 $\mathbf{X} = (X_1, X_2, \cdots, X_n)^T$이며, 여기서 X_j는 서로 독립적이고 동일하게 분포된 합성 포아송 확률 변수로, 손실액 청구 크기가 지수 분포를 따릅니다. 손실액 청구 건수를 기준으로 한 신뢰도 계수가 0.8일 경우, 총 손실액 청구를 기준으로 적절한 신뢰도 계수를 결정하십시오. 포아송 손실액 청구 건수를 기준으로 할 때, 예제 16.2에서 $Z = 0.8$은 $\lambda n/\lambda_0 = (0.8)^2 = 0.64$를 의미합니다. 여기서 λn은 관찰된 손실액 청구 건수입니다. 손실액 청구 크기가 지수 분포를 따를 경우, $\sigma^2 Y = \theta^2 Y$입니다. 예제 16.2의 경우 2에서 손실액 청구 건수에 대한 완전 신뢰도 표준은

$$n\lambda \geq \lambda_0 \left[1 + \left(\frac{\sigma_Y}{\theta_Y}\right)\right] = 2\lambda_0.$$

입니다. 그러면,

$$Z = \sqrt{\frac{\lambda n}{2\lambda_0}} = \sqrt{0.32} = 0.566.$$

입니다. □

16.5 이 방법의 문제점 Problems with the Approach

제한된 변동 접근법은 문제에 대한 간단한 해결책을 제공하지만, 이론적 어려움이 있습니다. 첫째, X_j의 분포에 대한 기본적인 이론적 모델이 없으며, 따라서 형태 (16.7)의 보험료가 왜 적절하고 M에 비해 선호되는지에 대한 이유가 없습니다. 왜 동질의 보험 계약자들의 집

합에서 ξ을 추정하고 모든 보험 계약자에게 동일한 요율을 부과하지 않는 것일까요? (16.7)을 사용하는 것에는 실질적인 이유가 있지만, 이 공식이 적절할 수 있다고 제안하는 모델이 제시되지 않았습니다. 결과적으로, Z(따라서 P_c)의 선택은 완전히 임의적입니다. 둘째, (16.7)이 특정 모델에 적합하더라도 r과 p의 선택에 대한 지침이 없습니다. 마지막으로, 제한된 변동 접근법은 ξ과 M 사이의 차이를 검토하지 않습니다. (16.7)을 사용할 때, 우리는 사실상 이 특정 보험 계약자에 대한 정보가 없는 상태에서 M의 값이 기댓값을 정확하게 나타낸다고 주장하고 있습니다. 그러나 보통 M도 추정치이며, 따라서 그 자체로 믿을 수 없습니다. 올바른 신뢰도 질문은 "$\bar{X}$이 M보다 얼마나 더 신뢰할 수 있는가?"가 되어야 하며 "$\bar{X}$이 얼마나 신뢰할 수 있는가?"가 아니어야 합니다. 다음 장에서는 특정 보험 계약자의 손실액 청구 경험에 대한 체계적인 모델링 접근법이 제시되며, 이 접근법은 과거 경험이 향후 요율 책정에 관련이 있다는 것을 제안합니다. 더욱이, 직관적으로 매력적인 공식 (16.7)은 이 접근법의 결과이며, Z는 종종 형태 (16.8)의 관계로부터 얻어집니다.

16.6 노트 및 참고문헌 Notes and References

제한된 변동 접근법은 Herzog [52]와 Longley-Cook [83]에 의해 논의되었습니다. Norberg [94]도 참고하십시오.

16.7 연습문제

16.1 보험 회사는 개별 주 요율 신고에 대한 완전 신뢰도 요건을 설정하기로 결정했습니다. 완전 신뢰도 기준은 관찰된 총 손실액 청구 금액이 0.95의 확률로 참값의 5% 이내에 있도록 설정됩니다. 손실액 청구 빈도는 포아송 분포를 따르고, 심도 분포는 다음과 같은 확률밀도함수를 가집니다.

$$f(x) = \frac{100 - x}{5{,}000}, \quad 0 \le x \le 100.$$

정규 근사를 사용하여 완전 신뢰도를 얻기 위한 필요한 손실액 청구 건수의 기댓값을 결정하십시오.

16.2 특정 보험 계약자의 과거 총 손실액 청구 경험은 $X_1,\cdots,X_n$으로 주어지며, 여기서 X_j 들은 포아송 모수 λ와 감마 손실액 청구 크기 분포를 가진 독립적이고 동일하게 분포된 복합 확률 변수입니다. 그리고 pdf는 다음과 같습니다.

$$f_Y(y) = \frac{y^{\alpha-1}e^{-y/\beta}}{\Gamma(\alpha)\beta^\alpha}, \quad y > 0.$$

또한 다음을 알고 있습니다.

1. 손실액 청구 건수에 기반한 신뢰도 계수는 0.9입니다.
2. 기대 손실액 청구 크기 $\alpha\beta$ = 100입니다.
3. 총 손실액 청구에 기반한 신뢰도 계수는 0.8입니다. α와 β를 결정하십시오.

16.3 특정 보험 계약자의 연간 매뉴얼 보험료는 600입니다. 과거 손실액 청구 경험은 표 16.1에 주어져 있습니다. 완전 또는 부분 신뢰도가 적절한지 평가하고 정규 근사를 가정하여 내년도 손실액 청구에 대한 순 보험료를 결정하십시오. r = 0.05와 p = 0.9를 사용하십시오.

표 16.1 The data for Exercise 16.3

Year	1	2	3
Claims	475	550	400

16.4 예제 16.2를 가정하여 X_j가 복합 음이항 분포인 경우로 다시 수행하십시오.

16.5 (*)보험 계약자 그룹의 총 손실액 청구 건수는 평균 λ를 가진 포아송으로 분포합니다. 정규 근사를 사용하여 관찰된 손실액 청구 건수가 λ의 3% 이내에 있을 확률이 0.975가 되도록 λ의 값을 결정하십시오.

16.6 (*)보험 회사가 오래된 데이터를 기반으로 요율을 조정하고 있습니다. 완전 신뢰도에 대한 기대 손실액 청구 건수는 관찰된 총 손실액 청구가 참값의 5% 이내에 있을 확률이 90%인 경우로 선택됩니다. 개별 손실액 청구 금액은 $f(x)$ = 1200,000, 0 < x < 200,000의 확률밀도함수를 가지며 손실액 청구 건수는 포아송 분포를 따릅니다. 최근 경험은 1,082건의 손실액 청구로 구성됩니다. 최근 경험에 할당할 신뢰도 Z를 결정하십시오. 정규 근사를 사용하십시오.

16.7 (*)보험 계약자 그룹의 평균 손실액 청구 크기는 1,500이며, 표준편차는 7,500입니다. 손실액 청구 건수가 포아송 분포를 따른다고 가정하고, 총 손실이 기대 총 손실의 6% 이내에 있을 확률이 0.90이 되도록 손실액 청구 건수의 기댓값을 결정하십시오.

16.8 (*)보험 계약자 그룹이 6,000건의 손실액 청구와 총 손실 15,600,000을 기록했습니다. 총 손실의 이전 추정치는 16,500,000이었습니다. 운동 16.7에서 결정된 완전 신뢰도 표준을 사용하여 그룹의 총 손실에 대한 제한된 변동 신뢰도 추정을 결정하십시오.

16.9 (*)완전 신뢰도 표준은 총 손실액 청구 건수가 참값의 5% 이내에 있을 확률 p로 설정됩니다. 이 표준은 800건의 손실액 청구입니다. 그런 다음 표준이 변경되어 총 손실액 청구 비용이 참값의 10% 이내에 있을 확률 p로 설정됩니다. 손실액 청구 빈도는 포아송 분포를 따르며, 손실액 청구 심도 분포는 $f(x) = 0.0002(100 - x)$, $0 < x < 100$의 확률밀도함수를 가집니다. 새 표준하에서 완전 신뢰도를 얻기 위해 필요한 손실액 청구 건수의 기댓값을 결정하십시오.

16.10 (*)실제 순수 보험료가 기대 순수 보험료의 10% 이내에 있을 확률이 95%인 경우에 1,000건의 손실액 청구에 대한 완전 신뢰도 표준이 선택되었습니다. 손실액 청구 건수는 포아송 분포를 따릅니다. 심도 분포의 변동 계수를 결정하십시오.

16.11 (*)보험 계약자 그룹에 대해 다음 정보가 제공됩니다.

1. 예상 총 손실에 대한 이전 추정치는 20,000,000입니다.
2. 관찰된 총 손실은 25,000,000입니다.
3. 관찰된 손실액 청구 건수는 10,000건입니다.
4. 완전 신뢰도를 위해 필요한 손실액 청구 건수는 17,500건입니다. 주어진 모든 정보를 바탕으로 그룹의 예상 총 손실에 대한 신뢰도 추정치를 결정하십시오. 손실 건수의 기댓값을 추정하는 것이 목표일 경우 적절한 신뢰도 계수를 사용하십시오.

16.12 (*)완전 신뢰도 표준은 총 손실액 청구 건수가 예상 건수의 5% 이내에 있을 확률이 98%로 설정됩니다. 같은 예상 손실액 청구 건수에 대한 완전 신뢰도가 총 손실액 청구 비용에 적용되면, 실제 총 비용은 예상 비용과 $100K$ 이내에 있을 확률이 95%입니다. 개별 손실액 청구에는 심도 pdf $f(x) = 2.5x^{-3.5}$, $x > 1$가 있으며, 손실액 청구 건수는 포아송 분포를 따릅니다. K를 결정하십시오.

16.13 (*)손실액 청구 건수는 포아송 분포를 따릅니다. 손실액 청구 건수와 손실액 청구 심도는 독립적입니다. 개별 손실액 청구 금액은 각각 1, 2, 10이며 확률은 각각 0.5, 0.3, 0.2입니다. 총 손실액 청구 비용이 예상 비용의 10% 이내에 있을 확률이 90%가 되도록 필요한 손실액 청구 건수의 기댓값을 결정하십시오.

16.14 (*)손실액 청구 건수는 포아송 분포를 따릅니다. 심도 분포의 변동 계수는 2입니다. 총 손실액 청구 추정에 대한 완전 신뢰도 표준은 3,415입니다. 이 표준으로, 관찰

된 순수 보험료는 예상 순수 보험료와 $100k\%$ 이내에 95%의 확률로 있을 것입니다. k를 결정하십시오.

16.15 (*)다음 정보가 제공됩니다.

1. P = 특정 업종에 대한 순수 보험료의 이전 추정치입니다.
2. O = 같은 업종에서 최근 경험 기간 동안 관찰된 순수 보험료입니다.
3. R = 관찰 후 같은 업종에 대한 순수 보험료의 수정 추정치입니다.
4. F = 순수 보험료의 완전 신뢰도를 위해 필요한 손실액 청구 건수입니다. 이 네 가지 항목의 함수로 관찰된 손실액 청구 건수를 표현하십시오.

16.16 (*)회사의 완전 신뢰도 표준은 손실액 청구 건수가 포아송 분포를 따르고 총 손실액 청구 건수가 참값의 3% 이내에 있을 확률 p로 2,000건입니다. 표준이 변경되어 총 손실액 청구 비용이 동일 확률 p로 참값의 5% 이내에 있도록 하고 심도 분포는 0에서 10,000까지 균일하며 빈도 분포는 포아송입니다. 새 표준하에서 완전 신뢰도를 얻기 위해 필요한 손실액 청구 건수의 기댓값을 결정하십시오.

17 최고 정확도 신뢰도 GREATEST ACCURACY CREDIBILITY

17.1 소개 Introduction

이 장과 18장에서는 신뢰도 문제를 해결하기 위한 모델 기반 접근법을 고려합니다. 이 접근법은 최고 정확도 신뢰도 이론으로 불리며, 1967년 Bühlmann [19]의 고전 논문에서 발전되었습니다. 많은 아이디어들이 Whitney [131]와 Bailey [9]에서도 찾을 수 있습니다. 기본 문제로 돌아가서, 특정 보험 계약자에 대해 과거 손실액 청구의 위험 노출 위험량 단위 n을 관찰했습니다. $X = (X_1,...,X_n)^T$. 우리는 이 보험 계약자에게 적용되는 매뉴얼 요율 μ를 가지고 있습니다(이제 M을 매뉴얼 요율로 사용하지 않습니다), 하지만 과거 경험은 그것이 적절하지 않을 수 있음을 나타냅니다($\bar{X} = n^{-1}(X_1 +...+ X_n)$, 그리고 $E(X)$는 μ와 매우 다를 수 있습니다). 이 차이는 내년의 순 보험료(위험 노출 위험량 단위당)가 μ, $\bar{X}$, 또는 두 가지의 조합을 기반으로 해야 하는지의 문제를 제기합니다. 보험사는 다음과 같은 질문을 고려해야 합니다. 이 보험 계약자는 μ의 계산에서 가정한 것과 실제로 다른가, 아니면 μ와 $\bar{X}$ 사이의 차이를 담당하는 것은 단지 무작위 기회인가? 이 질문에 확실히 답하기는 어렵지만, 어떤 보험 가입 심사 시스템도 완벽하지 않다는 것은 명확합니다. 매뉴얼 요율 μ는 아마도 (a) 보험 계약자의 보험 심사 특성 평가와 (b) 보험 계약자를 등급 분류에 포함시키는 기준에 따라 요율을 할당함으로써 얻어졌습니다.

이러한 클래스는 유사한 보험 심사 특성을 가진 위험들을 포함해야 합니다. 즉, 등급 분류는 사용된 보험 심사 특성에 관해서는 균질로 간주됩니다. 그러나 분명히 클래스 내의 모든 위험들이 실제로 균질한 것은 아닙니다. 보험 심사 절차가 아무리 상세하더라도 등급 분

류 내에서 위험 특성에 대해 일부 이질성이 남아 있습니다(상대적으로 좋은 위험과 나쁜 위험). 따라서 주어진 보험 계약자는 가정된 것과 다를 수 있습니다. 이 경우, 보험 계약자에 대한 적절한 요율은 어떻게 결정해야 할까요? 진행하려면, 등급 분류에 있는 각 보험 계약자의 위험 수준이 위험 모수 θ (벡터 값일 수 있음)로 특성화될 수 있다고 가정합시다. 그러나 θ의 값은 보험 계약자마다 다릅니다. 이 가정은 위험 특성에 대한 보험 계약자 간의 차이를 정량화할 수 있게 합니다. 모든 관찰 가능한 보험 심사 특성이 이미 사용되었기 때문에, θ는 위험 수준에 영향을 미치는 잔여, 관찰되지 않은 요인들을 대표하는 것으로 간주될 수 있습니다. 결과적으로, θ의 존재를 가정하지만, 그것이 관찰 불가능하며 그 진정한 값을 결코 알 수 없다고 더욱 가정하겠습니다. θ가 보험 계약자마다 다르기 때문에, 등급 분류 전체에서 이 값들의 확률 분포 $\pi(\theta)$가 있습니다. 따라서, θ가 스칼라(Scalar) 모수라면, 누적 분포 함수 $\pi(\theta)$는 위험 모수 $\mathbf{\Theta}$가 θ보다 작거나 같은 등급 분류의 보험 계약자의 비율로 해석될 수 있습니다(통계적 용어로, θ는 분포 함수 $\pi(\theta) = \Pr(\mathbf{\Theta} \leq \theta)$를 가진 확률 변수입니다). 다른 방식으로 표현하면, $\pi(\theta)$는 등급 분류에서 무작위로 선택된 보험 계약자가 위험 모수가 θ보다 작거나 같을 확률을 나타냅니다(새로운 보험이든 아니든 가능한 모든 잠재적 위험의 "등급 분류" 해석을 약간 일반화하여 포함시킵니다). 개별 보험 계약자와 관련된 θ 값은 알려지지 않았으며(알 수 없습니다) 이 장에서는 $\pi(\theta)$가 알려져 있다고 가정합니다. 즉, 인구 내 위험 특성의 구조가 알려져 있습니다. 이 가정은 완화될 수 있으며, 나중에 $\pi(\theta)$의 관련 특성을 어떻게 추정할지 결정할 것입니다. 인구 내에서 위험 수준이 다양하기 때문에, 보험 계약자의 경험은 θ와 체계적으로 변화합니다. 인구에서 무작위로 선택된 보험 계약자의 경험은 두 단계 과정에서 발생한다고 상상해 보십시오. 첫째, 분포 $\pi(\theta)$에서 위험 모수 θ가 선택됩니다. 그런 다음 손실액 청구 또는 손실 X는 조건부 분포 $f_{X|\mathbf{\Theta}}(x|\theta)$에서 발생합니다. 따라서 경험은 위험 모수 θ가 주어진 분포를 통해 θ와 함께 변화합니다. 따라서 손실액 청구의 분포는 보험 계약자마다 다르며 위험 모수의 차이를 반영합니다.

예제 17.1

자동차 보험을 위한 등급 분류를 고려해 보십시오. 여기서 θ는 위험 모수 θ를 가진 보험 계약자의 예상 손실액 청구 건수를 나타냅니다. 손실액 청구 발생의 변동성을 수용하기 위해, 등급 분류에서 θ의 값이 다양하다고 가정합니다. 상대적으로, 좋은 운전자는 θ의 값이 작은 반면, 나쁜 운전자는 θ의 값이 큰 사람들입니다. 편리하고 종종 합리적인 가정은 위험 모수 θ를 가진 보험 계약자의 손실액 청구 건수가 평균이 θ인 포아송 분포를 따른다는 것입니다. 또한 무작위 변수 $\mathbf{\Theta}$가 α와 β의 모수를 가진 감마 분포를 따른다고 가정합니다. 이 등급 분류에 대한 평균 예상 손실액 청구 건수가 0.15[E(**Θ**) = 0.15]라고 알려져 있고, 95%의 보험 계약자가 예상 손실액 청구가 0.10에서 0.20 사이에 있다고 합니다. α와 β을 결정하십시오.

감마 분포에 대한 정규 근사를 가정할 때, 평균으로부터 약 두 표준 편차 내에 95%의 확률이 있다고 알려져 있습니다. 이에 따라 **Θ**는 표준 편차가 0.025입니다. 따라서 E(**Θ**) = $\alpha\beta$ = 0.15이고 Var(**Θ**) = $\alpha\beta^2 = (0.025)^2$입니다. α와 β에 대해 풀면 β = 1/240 = 0.004167이고 α = 36[1]입니다. □

예제 17.2

운전자에는 두 가지 유형이 있습니다. 좋은 운전자는 인구의 75%를 차지하며 1년 동안 손실액 청구가 없을 확률이 0.7, 1건의 손실액 청구가 있을 확률이 0.2, 2건의 손실액 청구가 있을 확률이 0.1입니다. 나쁜 운전자는 인구의 나머지 25%를 차지하며 0건, 1건 또는 2건의 손실액 청구가 각각 0.5, 0.3, 0.2의 확률로 발생합니다. 이 과정을 설명하고 알 수 없는 위험 모수와 어떻게 관련이 있는지 설명하십시오. 운전자가 우리 보험을 구매할 때, 우리는 그 개인이 좋은 운전자인지 나쁜 운전자인지 알 수 없습니다. 그래서 위험 모수 **Θ**는 두 가지 값 중 하나일 수 있습니다. 좋은 운전자의 경우 **Θ** = G로, 나쁜 운전자의 경우 **Θ** = B로 설정할 수 있습니다. 손실액 청구 건수, X, 및 위험 모수 **Θ**에 대한 확률 모델은 표 17.1에 제공됩니다. □

표 17.1 The probabilities for Example 17.2

x	$\Pr(X = x \mid \Theta = G)$	$\Pr(X = x \mid \Theta = B)$	θ	$\Pr(\Theta = \theta)$
0	0.7	0.5	G	0.75
1	0.2	0.3	B	0.25
2	0.1	0.2		

예제 17.3

손실액 청구 금액은 평균이 1/**Θ**인 지수 분포를 따릅니다. 보험 계약자 및 잠재 보험 계약자 그룹에서, 모수 **Θ**는 α = 4이고 스케일 모수 β = 0.001인 감마 분포에 따라 변화합니다. 이 모델의 수학적 설명을 제공하십시오. 손실액 청구에 대하여,

1 정확한 해는 수치적으로 계산하여 β = 0.004408 및 α = 34.03으로 구할 수 있습니다.

$$f_{X|\Theta}(x|\theta) = \theta e^{-\theta x}, \quad x, \theta > 0,$$

위험 모수에 대하여,

$$\pi_{\Theta}(\theta) = \frac{\theta^3 e^{-1,000\theta} 1,000^4}{6}, \quad \theta > 0.$$

입니다. □

17.2 조건 분포와 기댓값 Conditional Distributions and Expectation

직전 섹션에서 제시된 문제의 공식화는 보험 계약자의 위험 모수 θ에 따른 조건부 분포를 사용합니다. 이러한 성격의 수학 모델 분석은 조건부 분포와 조건부 기댓값에 대한 탄탄한 지식을 필요로 할 것입니다. 이제 이러한 주제에 대한 토론이 제시됩니다. 이 자료의 많은 부분은 복습 성격이며, 따라서 확률에 대한 좋은 배경 지식이 있다면 빠르게 훑어볼 수 있습니다. 그럼에도 불구하고 이전에 본 적이 없는 자료가 있을 수 있으므로 이 섹션을 완전히 무시해서는 안 됩니다.

X와 Y가 공동 확률 함수(pf) 또는 확률 밀도 함수(pdf)[2] $f_{X,Y}(x, y)$와 각각의 주변 확률분포 함수 $f_X(x)$와 $f_Y(y)$를 가진 두 개의 확률 변수라고 가정해 보세요. $Y = y$라는 조건에서 X의 조건부 pf는

$$f_{X|Y}(x|y) = \frac{f_{X,Y}(x, y)}{f_Y(y)}.$$

입니다. X와 Y가 이산 확률 변수인 경우, $f_{X|Y}(x|y)$는 $Y = y$라는 가설하에서 이벤트 $X = x$의 조건부 확률입니다. X와 Y가 연속적인 경우, $f_{X|Y}(x|y)$는 정의로 해석될 수 있습니다. X와 Y가 독립적인 확률 변수일 때,

$$f_{X,Y}(x, y) = f_X(x) f_Y(y),$$

이며, 이 경우,

$$f_{X|Y}(x|y) = f_X(x).$$

입니다. X의 조건부 및 주변 분포가 동일하다는 것을 관찰할 수 있습니다.

2 연속형, 이산형, 또는 두 가지가 혼합된 경우와 같이 불확실한 경우에는 확률 함수(probability function)와 그 약어 pf가 사용됩니다. 확률 밀도 함수(probability density function)와 그 약어 pdf는 무작위 변수가 연속형임이 알려진 경우에만 사용됩니다.

주목할 점은

$$f_{X,Y}(x, y) = f_{X|Y}(x|y)f_Y(y),$$

이며, 이는 공동 분포가 조건부 및 주변 분포의 곱으로 구성될 수 있음을 보여줍니다. X의 주변 분포는 공동 분포에서 y를 적분(또는 합산)함으로써 얻을 수 있습니다.

$$f_X(x) = \int f_{X,Y}(x, y)\, dy,$$

우리는 다음을 발견합니다.

$$f_X(x) = \int f_{X|Y}(x|y)f_Y(y)\, dy. \tag{17.1}$$

공식 (17.1)은 혼합 분포로서 흥미로운 해석을 가지고 있습니다(섹션 5.2.4 참조). 조건부 분포 $f_{X|Y}(x|y)$가 일반적인 모수 분포 중 하나라고 가정하면, y는 분포 $f_Y(y)$를 가진 무작위 모수 Y의 실현입니다. 섹션 6.3은 주어진 $\mathbf{\Theta} = \theta$일 때, X이 평균 θ을 가진 포아송 분포를 가지고 $\mathbf{\Theta}$가 감마 분포를 가진다면, X의 주변 분포는 음의 이항 분포가 될 것임을 보여줍니다. 또한, 예제 5.5는 $X|\mathbf{\Theta}$가 평균 $\mathbf{\Theta}$ 및 분산 v를 가진 정규 분포를 가지고 $\mathbf{\Theta}$가 평균 μ 및 분산 a를 가진 정규 분포를 가진 경우, X의 주변 분포는 평균 μ 및 분산 $a + v$를 가진 정규 분포임을 보여줍니다. X와 Y의 역할을 바꿔주면 다음과 같이 나타낼 수 있습니다.

$$f_{X|Y}(x|y)f_Y(y) = f_{Y|X}(y|x)f_X(x),$$

이는 이 방정식의 양쪽 모두 X와 Y의 공동 분포와 같기 때문입니다. $f_Y(y)$로 나누면 베이즈 정리가 됩니다.

$$f_{X|Y}(x|y) = \frac{f_{Y|X}(y|x)f_X(x)}{f_Y(y)}.$$

이제 조건부 기댓값에 주목합시다. $Y = y$일 때 X의 조건부 확률 함수인 $f_{X|Y}(x|y)$를 고려해보세요. 분명히 이것은 유효한 확률 분포이며 그 평균은 다음과 같이 표시됩니다.

$$\mathrm{E}(X|Y = y) = \int x\, f_{X|Y}(x|y)\, dx, \tag{17.2}$$

이산 경우에는 적분을 합으로 대체합니다.[3] 분명히, (17.2)는 y의 함수이며, 이 조건부 기댓값을 (17.2)의 오른쪽에 y를 Y로 대체하여 얻은 확률 변수로 보는 것이 종종 관심의 대상이 됩니다. 따라서 (17.2)의 왼쪽 대신에 $\mathrm{E}[X|Y]$라고 쓸 수 있으며, $\mathrm{E}[X|Y]$는 Y의 함수인 확

3 모든 공식은 적분(또는 합)이 존재한다고 가정합니다.

률 변수입니다. E[X|Y]의 기댓값은 다음과 같이 주어집니다.

$$\mathrm{E}[\mathrm{E}(X|Y)] = \mathrm{E}(X). \tag{17.3}$$

방정식 (17.3)은 (17.2)를 사용하여 다음과 같이 증명할 수 있습니다.

$$\begin{aligned}\mathrm{E}[\mathrm{E}(X|Y)] &= \int \mathrm{E}(X|Y=y) f_Y(y)\,dy \\ &= \int\int x f_{X|Y}(x|y)\,dx\, f_Y(y)\,dy \\ &= \int x \int f_{X|Y}(x|y) f_Y(y)\,dy\,dx \\ &= \int x f_X(x)\,dx \\ &= \mathrm{E}(X),\end{aligned}$$

이산 확률변수 경우에서도 유사한 유도가 가능합니다.

예제 17.4

음이항 분포의 평균을 조건부 기댓값으로 유도하십시오. $X|\Theta$가 포아송 분포(Θ)를 따르고, Θ가 감마 분포(α, β)를 따른다면, X는 $r = \alpha$ 및 $\beta = \beta$을 가진 음이항 분포를 따릅니다.

우리는 다음을 가집니다.

$$\mathrm{E}(X|\Theta) = \Theta,$$

그러므로

$$\mathrm{E}(X) = \mathrm{E}[\mathrm{E}(X|\Theta)] = \mathrm{E}(\Theta).$$

부록 A에서, 감마 분포의 Θ 평균은 $\alpha\beta$이므로, $E[X] = \alpha\beta$. □

(17.2)에서 X를 임의의 함수 $h(X,Y)$로 대체하는 것이 종종 편리하며, 이는 더 일반적인 정의를 제공합니다.

$$\mathrm{E}[h(X,Y)|Y=y] = \int h(x,y) f_{X|Y}(x|y)\,dx.$$

마찬가지로, $\mathrm{E}[h(X, Y)|Y]$는 Y의 함수인 확률 변수로서 보는 조건부 기댓값입니다.

그러면, (17.3)은 다음으로 일반화됩니다.

$$\mathrm{E}\{\mathrm{E}[h(X,Y)|Y]\} = \mathrm{E}[h(X,Y)]. \tag{17.4}$$

(17.4)를 이해하기 위해,

$$\begin{aligned}
E\{E[h(X,Y)|Y]\} &= \int E[h(X,Y)\,|Y=y] f_Y(y)\,dy \\
&= \iint h(x,y) f_{X|Y}(x|y)\,dx\, f_Y(y)\,dy \\
&= \iint h(x,y)[f_{X|Y}(x|y) f_Y(y)]\,dx\,dy \\
&= \iint h(x,y) f_{X,Y}(x,y)\,dx\,dy \\
&= E[h(X,Y)].
\end{aligned}$$

만약 $h(X, Y) = [X-E[X|Y]]^2$라고 선택한다면, 그것의 기댓값은 주어진 Y의 조건부 분포에 따른 X의 분산입니다.

$$\operatorname{Var}(X|Y) = E\{[X - E(X|Y)]^2|Y\}. \tag{17.5}$$

분명히, (17.5)는 확률 변수 Y의 함수입니다.

이제 X와 Y가 두 확률 변수인 경우 X의 분산을 분석하는 것이 교육적입니다. 시작하기 전에, (17.5)는 다음과 같이 작성될 수 있습니다.

$$\operatorname{Var}(X|Y) = E(X^2|Y) - [E(X|Y)]^2.$$

따라서,

$$\begin{aligned}
E[\operatorname{Var}(X|Y)] &= E\{E(X^2|Y) - [E(X|Y)]^2\} \\
&= E[E(X^2|Y)] - E\{[E(X|Y)]^2\} \\
&= E(X^2) - E\{[E(X|Y)]^2\}.
\end{aligned}$$

또한, $\operatorname{Var}[h(Y)] = E[h(Y)^2]-[E[h(Y)]]^2$이므로, $h(Y) = E[X|Y]$를 사용하여

$$\begin{aligned}
\operatorname{Var}[E(X|Y)] &= E\{[E(X|Y)]^2\} - \{E[E(X|Y)]\}^2 \\
&= E\{[E(X|Y)]^2\} - [E(X)]^2.
\end{aligned}$$

를 얻을 수 있습니다.

따라서,

$$\begin{aligned}
E[\operatorname{Var}(X|Y)] + \operatorname{Var}[E(X|Y)] &= E(X^2) - E\{[E(X|Y)]^2\} \\
&\quad + E\{[E(X|Y)]^2\} - [E(X)]^2 \\
&= E(X^2) - [E(X)]^2 \\
&= \operatorname{Var}(X).
\end{aligned}$$

마침내 우리는 중요한 공식을 확립했습니다.

$$\operatorname{Var}(X) = E[\operatorname{Var}(X|Y)] + \operatorname{Var}[E(X|Y)]. \tag{17.4}$$

공식 (17.6)은 X의 분산이 두 부분의 합으로 구성되어 있음을 나타냅니다. 조건부 분산의 평균과 조건부 평균의 분산입니다.

예제 17.5

음이항 분포의 분산을 유도합니다. 포아송 분포는 평균과 분산이 같습니다. 즉,

$$E(X|\Theta) = Var(X|\Theta) = \Theta,$$

그러므로, (17.6)에서,

$$\begin{aligned} Var(X) &= E[Var(X|\Theta)] + Var[E(X|\Theta)] \\ &= E(\Theta) + Var(\Theta). \end{aligned}$$

$\boldsymbol{\Theta}$ 자체가 모수 α와 β을 가진 감마 분포를 따르므로, $E[\boldsymbol{\Theta}] = \alpha\beta$이고 $Var[\boldsymbol{\Theta}] = \alpha\beta^2$입니다. 따라서 음이항 분포의 분산은

$$\begin{aligned} Var(X) &= E(\Theta) + Var(\Theta) \\ &= \alpha\beta + \alpha\beta^2 \\ &= \alpha\beta(1+\beta). \end{aligned}$$

입니다. □

예제 17.6

예제 5.5에서, $X|\boldsymbol{\Theta}$가 평균 $\boldsymbol{\Theta}$와 분산 v를 가진 정규 분포이고, $\boldsymbol{\Theta}$ 자체가 평균 μ와 분산 a를 가진 정규 분포일 때, X는 (무조건적으로) 평균 μ와 분산 $a + v$를 가진 정규 분포임이 보여집니다. (17.3)과 (17.6)을 사용하여 X의 평균과 분산을 직접 구하십시오.

평균의 경우,

$$E(X) = E[E(X|\Theta)] = E(\Theta) = \mu,$$

분산의 경우, 우리는

$$\begin{aligned} Var(X) &= E[Var(X|\Theta)] + Var[E(X|\Theta)] \\ &= E(v) + Var(\Theta) \\ &= v + a, \end{aligned}$$

를 얻습니다. 왜냐하면 v는 상수이기 때문입니다. □

17.3 베이지안 방법론 The Bayesian Methodology

인구 내 위험 특성의 분포는 $\pi(\theta)$로 표현될 수 있으며, 특정 보험 계약자의 경험은 주어진 θ에 대한 손실액 청구 또는 손실의 조건부 분포 $f_{X|\Theta}(x|\theta)$에서 비롯됩니다. 이제 우리는 16.2절에서 소개된 문제로 돌아갑니다. 즉, 특정 보험 계약자에 대해 우리는 $\mathbf{X} = \mathbf{x}$를 관찰했으며, 여기서 $\mathbf{X} = (X_1,\cdots,X_n)^T$이고 $\mathbf{x} = (x_1, \cdots, x_n)^T$입니다. 그리고 $\mathbf{X}_{n+1}$을 커버하기 위한 요율을 설정하는 데 관심이 있습니다. 이 보험 계약자와 관련된 위험 모수가 θ라고 가정합니다(이는 알려지지 않음). 또한, 다른 위험 노출 기간에 해당하는 보험 계약자의 경험이 독립적이라고 가정합니다. 통계적 용어로, θ에 조건을 두고 $X_1,\cdots, X_n, X_{n+1}$은 독립적입니다(반드시 동일하게 분포된 것은 아닙니다). 각 X_j는 조건부 확률 함수를 가집니다.

$$f_{X_j|\Theta}(x_j|\theta), \quad j = 1, \dots, n, n+1.$$

가 $\mathbf{\Theta} = \theta$에 대해 동일하게 분포된다면, $f_{X_j|\mathbf{\Theta}}(x_j|\theta)$는 j에 의존하지 않습니다. 이상적으로, $\mathbf{\Theta} = \theta$에 대해 X_{n+1}의 조건부 분포에 관심이 있으며, 같은 보험 계약자의 X_{n+1} 손실액 청구 경험을 예측하기 위해 이를 사용합니다(θ의 값이 변경되지 않았다고 가정). θ를 알고 있다면 $f_{X_{n+1}|\mathbf{\Theta}}(x_{n+1}|\theta)$를 사용할 수 있습니다. 불행하게도 우리는 θ를 모르지만, 같은 보험 계약자에 대한 x를 알고 있습니다. 다음 당연한 단계는 θ가 아닌 x에 대한 조건을 사용하는 것입니다. 따라서, $\mathbf{X} = \mathbf{x}$에 대해 X_{n+1}의 조건부 분포를 계산합니다. 이것을 예측 분포라고 하며, 13장에서 정의된 바와 같습니다. $\mathbf{X} = \mathbf{x}$에 대한 X_{n+1}의 예측 분포는 위험 분석, 관리 및 의사결정에 관련된 분포입니다. 이는 손실액 청구 손실의 불확실성과 위험 과정과 관련된 모수의 불확실성을 결합합니다. 여기서, 우리는 13장에서의 개발을 반복하며, $\mathbf{\Theta}$가 이산 분포를 가지면 적분이 합으로 대체됩니다. X_j가 $\mathbf{\Theta} = \theta$에 조건을 둔 상태에서 독립적이기 때문에, 우리는 다음을 가집니다.

$$f_{\mathbf{X},\Theta}(\mathbf{x}, \theta) = f(x_1, \dots, x_n|\theta)\pi(\theta) = \left[\prod_{j=1}^{n} f_{X_j|\Theta}(x_j|\theta)\right]\pi(\theta).$$

X의 공동 분포는 θ를 통합하여 얻은 주변 분포입니다. 즉,

$$f_{\mathbf{X}}(\mathbf{x}) = \int \left[\prod_{j=1}^{n} f_{X_j|\Theta}(x_j|\theta)\right]\pi(\theta)\, d\theta. \tag{17.7}$$

마찬가지로, $X_1,\cdots,X_{n+1}$의 공동 분포는 (17.7)의 오른쪽에 n을 n+1로 대체하여 곱합니다. 마지막으로, $\mathbf{X} = \mathbf{x}$에 대한 X_{n+1}의 조건부 밀도는 $(X_1,\cdots, X_{n+1})$의 공동 밀도 함수를 X의 밀도

함수로 나누어 구한다. 즉,

$$f_{X_{n+1}|\mathbf{X}}(x_{n+1}|\mathbf{x}) = \frac{1}{f_{\mathbf{X}}(\mathbf{x})} \int \left[\prod_{j=1}^{n+1} f_{X_j|\Theta}(x_j|\theta) \right] \pi(\theta)\, d\theta. \tag{17.8}$$

아래에 숨겨진 수학적 구조를 활용할 수 있습니다. X에 대한 $\mathbf{\Theta}$의 사후 밀도는

$$\pi_{\Theta|\mathbf{X}}(\theta|\mathbf{x}) = \frac{f_{\mathbf{X},\Theta}(\mathbf{x},\theta)}{f_{\mathbf{X}}(\mathbf{x})} = \frac{1}{f_{\mathbf{X}}(\mathbf{x})} \left[\prod_{j=1}^{n} f_{X_j|\Theta}(x_j|\theta) \right] \pi(\theta). \tag{17.9}$$

다시 말해서,

$$\left[\prod_{j=1}^{n} f_{X_j|\Theta}(x_j|\theta) \right] \pi(\theta) = \pi_{\Theta|\mathbf{X}}(\theta|\mathbf{x}) f_{\mathbf{X}}(\mathbf{x}),$$

그리고 (17.8)의 분자에 대입하면,

$$f_{X_{n+1}|\mathbf{X}}(x_{n+1}|\mathbf{x}) = \int f_{X_{n+1}|\Theta}(x_{n+1}|\theta) \pi_{\Theta|\mathbf{X}}(\theta|\mathbf{x})\, d\theta. \tag{17.10}$$

방정식 (17.10)은 X_{n+1}의 조건부 분포가 X에 대해 혼합 분포로 볼 수 있음을 추가적으로 설명하며, 혼합 분포는 사후 분포 $\pi_{\Theta|X}(\theta|\mathrm{x})$입니다. 사후 분포는 θ에 대한 선행 분포와 가능도에 포함된 정보를 결합하고 요약하며, 그 결과 (17.10)은 이 정보를 반영합니다. 정리 13.18에서 언급된 바와 같이, 가능도가 선형 지수 가족으로부터 유도되고 $\pi(\theta)$가 자연 켤레 선행 분포일 때 사후 분포는 편리한 형태를 취합니다. 두 조건이 모두 충족되면 X에 대한 X_{n+1}의 조건부 분포를 평가하는 쉬운 방법이 있습니다.

예제 17.7

(예제 17.2 계속) 특정 보험 계약자에 대해 우리가 $x_1 = 0$과 $x_2 = 1$을 관찰했다고 가정합시다. $X_3|X_1 = 0, X_2 = 1$의 예측 분포와 $\mathbf{\Theta}|X_1 = 0, X_2 = 1$의 사후 분포를 결정하십시오. (17.7)에서 변두리 확률은

$$\begin{aligned} f_{\mathbf{X}}(0,1) &= \sum_{\theta} f_{X_1|\Theta}(0|\theta) f_{X_2|\Theta}(1|\theta)\pi(\theta) \\ &= 0.7(0.2)(0.75) + 0.5(0.3)(0.25) \\ &= 0.1425. \end{aligned}$$

입니다. 유사하게, 세 변수의 공동 확률은

$$f_{\mathbf{X},X_3}\left(0,1,x_3\right)=\sum_{\theta} f_{X_1|\Theta}(0|\theta)f_{X_2|\Theta}(1|\theta)f_{X_3|\Theta}(x_3|\theta)\pi(\theta).$$

입니다. 따라서,

$$f_{\mathbf{X},X_3}(0,1,0)=0.7(0.2)(0.7)(0.75)+0.5(0.3)(0.5)(0.25)=0.09225,$$
$$f_{\mathbf{X},X_3}(0,1,1)=0.7(0.2)(0.2)(0.75)+0.5(0.3)(0.3)(0.25)=0.03225,$$
$$f_{\mathbf{X},X_3}(0,1,2)=0.7(0.2)(0.1)(0.75)+0.5(0.3)(0.2)(0.25)=0.01800.$$

입니다. 그러면 예측 분포는 다음과 같습니다.

$$f_{X_3|\mathbf{X}}(0|0,1)=\frac{0.09225}{0.1425}=0.647368,$$
$$f_{X_3|\mathbf{X}}(1|0,1)=\frac{0.03225}{0.1425}=0.226316,$$
$$f_{X_3|\mathbf{X}}(2|0,1)=\frac{0.01800}{0.1425}=0.126316.$$

입니다. 사후 확률은, (17.9)에서,

$$\pi(G|0,1)=\frac{f(0|G)f(1|G)\pi(G)}{f(0,1)}=\frac{0.7(0.2)(0.75)}{0.1425}=0.736842,$$
$$\pi(B|0,1)=\frac{f(0|B)f(1|B)\pi(B)}{f(0,1)}=\frac{0.5(0.3)(0.25)}{0.1425}=0.263158.$$

입니다(이 지점부터 필요한 경우를 제외하고 f와 π의 아래 첨자는 생략됩니다). 예측 확률은 또한 (17.10)을 사용하여 얻을 수 있었습니다. 이 방법은 계산적 관점에서 보통 더 간단합니다.

$$\begin{aligned}f(0|0,1)&=\sum_{\theta} f(0|\theta)\pi(\theta|0,1)\\&=0.7(0.736842)+0.5(0.263158)=0.647368,\\f(1|0,1)&=0.2(0.736842)+0.3(0.263158)=0.226316,\\f(2|0,1)&=0.1(0.736842)+0.2(0.263158)=0.126316,\end{aligned}$$

이는 이전 계산과 일치합니다. □

예제 17.8

(예제 17.3 계속) 어떤 사람이 100, 950, 450의 손실액 청구를 했다고 가정합시다. 네 번째 손실액 청구의 예측 분포와 $\mathbf{\Theta}$의 사후 분포를 결정하십시오. 관찰된 값에서의 변두리 밀도는

$$f(100,950,450) = \int_0^\infty \theta e^{-100\theta} \theta e^{-950\theta} \theta e^{-450\theta} \frac{1{,}000^4}{6} \theta^3 e^{-1{,}000\theta} d\theta$$
$$= \frac{1{,}000^4}{6} \int_0^\infty \theta^6 e^{-2{,}500\theta} d\theta = \frac{1{,}000^4}{6} \frac{720}{2{,}500^7}.$$

입니다. 유사하게,

$$f(100,950,450,x_4) = \int_0^\infty \theta e^{-100\theta} \theta e^{-950\theta} \theta e^{-450\theta} \theta^{-\theta x_4} \frac{1{,}000^4}{6} \theta^3 e^{-1{,}000\theta} d\theta$$
$$= \frac{1{,}000^4}{6} \int_0^\infty \theta^7 e^{-(2{,}500+x_4)\theta} d\theta$$
$$= \frac{1{,}000^4}{6} \frac{5{,}040}{(2{,}500+x_4)^8}.$$

입니다. 그러면 예측 밀도는

$$f(x_4|100,950,450) = \frac{\dfrac{1{,}000^4}{6} \dfrac{5{,}040}{(2{,}500+x_4)^8}}{\dfrac{1{,}000^4}{6} \dfrac{720}{2{,}500^7}} = \frac{7(2{,}500)^7}{(2{,}500+x_4)^8},$$

로 파레토 밀도이며 모수는 7과 2,500입니다. 사후 분포에 대해서는 단축 경로를 사용합니다. 분모는 숫자를 생성하는 적분이며 현재는 무시할 수 있습니다. 분자는

$$\pi(\theta|100,950,450) \propto \theta e^{-100\theta} \theta e^{-950\theta} \theta e^{-450\theta} \frac{1{,}000^4}{6} \theta^3 e^{-1{,}000\theta},$$

이며, 이는 변두리 밀도 계산에서 적분할 항이었습니다. 분모에 무시된 상수가 있기 때문에, 분자의 상수도 마찬가지로 무시할 수 있습니다. 변수(이 경우 θ)를 포함하는 곱셈 항만 유지하면 됩니다. 그러면,

$$\pi(\theta|100,950,450) \propto \theta^6 e^{-2{,}500\theta}.$$

입니다. 이 표현을 적분하여 이것을 밀도 함수로 만드는 데 필요한 상수를 결정할 수 있습니다(즉, 적분을 1과 같게 만듭니다). 하지만 이 함수는 모수가 7과 1/2,500인 감마 분포로 인식됩니다. 따라서,

$$\pi(\theta|100,950,450) = \frac{\theta^6 e^{-2{,}500\theta} 2{,}500^7}{\Gamma(7)}.$$

입니다. 그러면 예측 밀도는 다음과 같이 계산될 수 있습니다.

$$\begin{aligned} f(x_4|100,950,450) &= \int_0^\infty \theta e^{-\theta x_4} \frac{\theta^6 e^{-2{,}500\theta} 2{,}500^7}{\Gamma(7)} d\theta \\ &= \frac{2{,}500^7}{6!} \int_0^\infty \theta^7 e^{-(2{,}500+x_4)\theta} d\theta \\ &= \frac{2{,}500^7}{6!} \frac{7!}{(2{,}500+x_4)^8}, \end{aligned}$$

로 이전에 얻은 답과 일치합니다. □

사후 분포는 선행 분포와 동일한 유형(감마)입니다. 켤레 선행 분포의 개념은 13.3절에서 소개됩니다. 이 결과는 또한 $X_{n+1}|\mathbf{x}$가 간단한 혼합 분포를 가진 혼합 분포임을 의미하며, 이는 $X_{n+1}|\mathbf{x}$의 밀도 평가를 용이하게 합니다. 이 아이디어의 추가 예제는 이 섹션의 끝에 있는 연습문제에서 찾을 수 있습니다.

원래 문제로 돌아가면, 특정 보험 계약자에 대해 $\mathbf{X} = \mathbf{x}$를 관찰했으며 X_{n+1}(또는 그 평균)을 예측하고자 합니다. 명백한 선택은 가설적 평균(또는 개별 보험료)이 될 것입니다.

$$\mu_{n+1}(\theta) = \mathrm{E}(X_{n+1}|\Theta = \theta) = \int x_{n+1} f_{X_{n+1}|\Theta}(x_{n+1}|\theta)\, dx_{n+1} \tag{17.11}$$

만약 우리가 θ를 알고 있다면. θ를 $\boldsymbol{\Theta}$로 대체하면 (17.11)에서 기댓값을 취함으로써,

$$\mu_{n+1} = \mathrm{E}(X_{n+1}) = \mathrm{E}[\mathrm{E}(X_{n+1}|\Theta)] = \mathrm{E}[\mu_{n+1}(\Theta)],$$

즉, 순수하거나 집단적인 보험료는 가설적 평균의 평균입니다. 이것은 우리가 개인에 대해 아무것도 모를 때 사용할 보험료입니다. 이것은 개인의 위험 모수, θ; 또는 개인으로부터 수집된 데이터, $\mathbf{x}$에 의존하지 않습니다. θ가 알려지지 않았기 때문에, 우리가 할 수 있는 최선의 방법은 데이터를 사용하는 것이며, 이는 베이지안 보험료(예측 분포의 평균) 사용을 제안합니다.

$$\mathrm{E}(X_{n+1}|\mathbf{X} = \mathbf{x}) = \int x_{n+1} f_{X_{n+1}|\mathbf{X}}(x_{n+1}|\mathbf{x})\, dx_{n+1}. \tag{17.12}$$

보다 계산하기 편리한 형태는

$$\mathrm{E}\left(X_{n+1}|\mathbf{X} = \mathbf{x}\right) = \int \mu_{n+1}(\theta) \pi_{\Theta|\mathbf{X}}(\theta|\mathbf{x})\, d\theta. \tag{17.13}$$

입니다. 다시 말해서, 베이지안 보험료는 가설적 평균의 기댓값이며, 기댓값은 사후 분포 $\pi_{\boldsymbol{\Theta}|X}(\theta|\mathrm{x})$에 대해 취해집니다. 이산 케이스에서, 적분은 합으로 대체됩니다. (17.13)을 증명하기 위해, (17.10)에서 보면,

$$\begin{aligned}
\mathrm{E}(X_{n+1}|\mathbf{X}=\mathbf{x}) &= \int x_{n+1} f_{X_{n+1}|\mathbf{X}}(x_{n+1}|\mathbf{x})\, dx_{n+1} \\
&= \int x_{n+1} \left[\int f_{X_{n+1}|\Theta}(x_{n+1}|\theta)\pi_{\Theta|\mathbf{X}}(\theta|\mathbf{x})\, d\theta \right] dx_{n+1} \\
&= \int \left[\int x_{n+1} f_{X_{n+1}|\Theta}(x_{n+1}|\theta)\, dx_{n+1} \right] \pi_{\Theta|\mathbf{X}}(\theta|\mathbf{x})\, d\theta \\
&= \int \mu_{n+1}(\theta)\pi_{\Theta|\mathbf{X}}(\theta|\mathbf{x})\, d\theta.
\end{aligned}$$

로 이전에 얻은 답과 일치합니다.

예제 17.9

(예제 17.7 계속) (17.12) 및 (17.13)을 사용하여 베이지안 보험료를 결정하십시오. (관찰할 수 없는) 가설적 평균은

$$\mu_3(G) = (0)(0.7) + 1(0.2) + 2(0.1) = 0.4,$$
$$\mu_3(B) = (0)(0.5) + 1(0.3) + 2(0.2) = 0.7.$$

입니다. 예제 17.7에서와 같이, 우리가 $x_1 = 0$과 $x_2 = 1$을 관찰했다면, 베이지안 보험료는 (17.12)에서 직접 얻을 수 있습니다.

$$\mathrm{E}(X_3|0,1) = 0(0.647368) + 1(0.226316) + 2(0.126316) = 0.478948.$$

(무조건적인) 순수 보험료는

$$\mu_3 = \mathrm{E}\left(X_3\right) = \sum_{\theta} \mu_3(\theta)\pi(\theta) = (0.4)(0.75) + (0.7)(0.25) = 0.475.$$

입니다. (17.13)을 $x_1 = 0$과 $x_2 = 1$으로 확인하기 위해, 예제 17.7에서 $\pi(\theta|0,1)$의 사후 분포를 가지고 있습니다. 따라서, (17.13)은

$$\mathrm{E}(X_3|0,1) = 0.4(0.736842) + 0.7(0.263158) = 0.478947,$$

를 제공하며, 차이는 반올림 때문입니다. 일반적으로, 후자의 접근법은 $X_{n+1}|\mathbf{X} = \mathbf{x}$의 조건부 분포를 사용하는 직접적인 접근법보다 (17.13)을 사용하는 것이 더 간단합니다. □

예상대로, 두 개의 관찰에 기반한 수정된 값(0.478947)은 데이터가 없는 기반의 사전 값(0.475)과 오직 데이터에만 기반한 값(0.5) 사이에 위치합니다.

예제 17.10

(예제 17.8 계속) 베이지안 보험료를 결정하십시오. 예제 17.8에서, 우리는 $\mu_4(\theta) = \theta^{-1}$을 가지고 있습니다. 그러면, (17.13)은

$$\begin{aligned} \mathrm{E}(X_4|100, 950, 450) &= \int_0^\infty \theta^{-1} \frac{\theta^6 e^{-2{,}500\theta} 2{,}500^7}{720} d\theta \\ &= \frac{2{,}500^7}{720} \frac{120}{2{,}500^6} = 416.67. \end{aligned}$$

을 제공합니다. 이 결과는 또한 부록 A의 감마 분포의 모먼트 공식에서도 얻을 수 있었습니다. 사전 분포에서,

$$\mu = \mathrm{E}(\Theta^{-1}) = \frac{1{,}000}{3} = 333.33$$

이며, 다시 한 번 베이지안 추정치는 사전 추정치와 데이터에만 기반한 추정치(샘플 평균 500) 사이에 있습니다. (17.12)에서,

$$\mathrm{E}(X_4|100, 950, 450) = \frac{2{,}500}{6} = 416.67,$$

로, 예측 파레토 분포의 평균입니다. □

예제 17.11

임의의 표본 크기 n과 모수 α 및 β를 가진 임의의 사전 감마 분포에 대해 예제 17.10의 결과를 일반화하십시오. 여기서 β는 통상적인 스케일 모수의 역수입니다. 사후 분포는 다음으로부터 결정될 수 있습니다.

$$\begin{aligned} \pi(\theta|\mathbf{x}) &\propto \left(\prod_{j=1}^n \theta e^{-\theta x_j} \right) \frac{\theta^{\alpha-1} e^{-\beta\theta} \beta^\alpha}{\Gamma(\alpha)} \\ &\propto \theta^{n+\alpha-1} e^{-(\Sigma x_j + \beta)\theta}. \end{aligned}$$

두 번째 줄은 사후 밀도가 θ의 함수이므로 θ와 관련 없는 모든 곱셈 항은 제거될 수 있기 때문입니다. 상수를 결정하기 위해 적분을 수행하기보다는, 사후 분포가 첫 번째 모수가 $n + \alpha$이고 스케일 모수가 $(\sum x_j + \beta)^{-1}$인 감마 분포임을 인식합니다. X_{n+1}의 베이즈 추정치는 사후 분포를 사용하여 $\mathbf{\Theta}$의 기댓값입니다. 그것은

$$\frac{\Sigma x_j + \beta}{n+\alpha-1} = \frac{n}{n+\alpha-1}\bar{x} + \frac{\alpha-1}{n+\alpha-1}\frac{\beta}{\alpha-1}.$$

입니다. 이 추정치는 관측된 값과 무조건적인 평균의 가중 평균입니다. 이 공식은 신뢰도 가중 유형(16.7)입니다. □

예제 17.12는 확률 변수들이 동일한 분포를 가지지 않는 경우입니다.

예제 17.12

(알려지지 않은) 위험 모수 θ와 그룹 내 개인 수 m_j를 가진 단체 보험 계약자의 j년 동안의 손실액 청구 건수 N_j가 평균 $m_j\theta$인 포아송 분포를 따른다고 가정합시다. 즉, $j = 1,\cdots,n$에 대해,

$$\Pr(N_j = x|\Theta = \theta) = \frac{(m_j\theta)^x e^{-m_j\theta}}{x!}, \quad x = 0, 1, 2, \ldots.$$

이 결과는 개인별로 손실액 청구 건수가 평균 θ인 포아송 분포를 독립적으로 따른다면 해당됩니다. n+1년에 보험에 가입할 m_{n+1}명의 개인에 대한 베이지안 예상 손실액 청구 건수를 결정하십시오. 이러한 가정하에, j년의 개인당 평균 손실액 청구 건수는

$$X_j = \frac{N_j}{m_j}, \quad j = 1, \ldots, n.$$

입니다. 따라서,

$$f_{X_j|\Theta}(x_j|\theta) = \Pr[N_j = m_j x_j|\Theta = \theta].$$

라고 가정합니다. Θ가 모수 α와 β를 가진 감마 분포를 따른다고 가정하면,

$$\pi(\theta) = \frac{\theta^{\alpha-1}e^{-\theta/\beta}}{\Gamma(\alpha)\beta^\alpha}, \quad \theta > 0.$$

입니다. 그러면, 사후 분포 $\pi_{\Theta|X}(\theta|x)$는 θ의 함수로 비례하며

$$\left[\prod_{j=1}^{n} f_{X_j|\Theta}(x_j|\theta)\right]\pi(\theta),$$

는 자체적으로

$$\left[\prod_{j=1}^{n} \theta^{m_j x_j} e^{-m_j\theta}\right]\theta^{\alpha-1}e^{-\theta/\beta} = \theta^{\alpha+\sum_{j=1}^n m_j x_j - 1}e^{-\theta\left(\beta^{-1}+\sum_{j=1}^n m_j\right)}.$$

로 비례합니다. 이 함수는 모수가 $\alpha_* = \alpha + \sum_{j=1}^n m_j x_j$ 및 $\beta_* = (1/\beta + \sum_{j=1}^n m_j)^{-1}$인 감마 밀도

에 비례하므로, $\mathbf{\Theta}|\mathrm{X}$도 감마 분포를 따르지만, α와 β는 각각 α_*와 β_*로 대체됩니다. 이제,

$$\mathrm{E}(X_j|\Theta=\theta)=\mathrm{E}\left(\frac{1}{m_j}N_j|\Theta=\theta\right)=\frac{1}{m_j}\mathrm{E}(N_j|\Theta=\theta)=\theta.$$

이므로 $\mu_{n+1}(\theta)=\mathrm{E}[X_{n+1}|\mathbf{\Theta}=\theta]=\theta$이고 $\mu_{n+1}=\mathrm{E}(X_{n+1})=\mathrm{E}[\mu_{n+1}(\mathbf{\Theta})]=\alpha\beta$ 입니다. 왜냐하면 $\mathbf{\Theta}$는 모수 α와 β를 가진 감마 분포를 따르기 때문입니다. (17.13)과 $\mathbf{\Theta}|\mathrm{X}$ 또한 모수 α_*와 β_*를 가진 감마 분포를 따르기 때문에,

$$\begin{aligned}\mathrm{E}(X_{n+1}|\mathbf{X}=\mathbf{x})&=\int_0^\infty \mu_{n+1}(\theta)\pi_{\Theta|\mathbf{X}}(\theta|\mathbf{x})\,d\theta\\&=\mathrm{E}[\mu_{n+1}(\Theta)|\mathbf{X}=\mathbf{x}]\\&=\mathrm{E}(\Theta|\mathbf{X}=\mathbf{x})\\&=\alpha_*\beta_*.\end{aligned}$$

관찰된 총 생명 수를 $m=\sum_{j=1}^n m_j$로 정의하십시오. 그런 다음,

$$\mathrm{E}(X_{n+1}|\mathbf{X}=\mathbf{x})=Z\bar{x}+(1-Z)\mu_{n+1},$$

여기서 $Z=m/(m+\beta^{-1})$, $\bar{x}=m^{-1}\sum_{j=1}^n m_j x_j$, 그리고 $\mu_{n+1}=\alpha\beta$는 다시 (16.7) 형식의 표현입니다. 다음 해 그룹의 m_{n+1} 개인에 대한 베이지안 예상 손실액 청구 건수의 총계는 $m_{n+1}\mathrm{E}[X_{n+1}|\mathbf{X}=\mathbf{x}]$가 될 것입니다. 독립적 동일 분포(동일하고 독립(i.i.d.)) 포아송 손실액 청구 건수를 기반으로 한 분석은 $m_j=1$일 때 얻어집니다. 그러면, $j=1,2,\cdots,n$에 대해 $X_j\equiv N_j$는 θ에 대해 독립적인 포아송 확률 변수이며 평균은 θ입니다. 이 경우,

$$\mathrm{E}(X_{n+1}|\mathbf{X}=\mathbf{x})=Z\bar{x}+(1-Z)\mu,$$

여기서 $Z=n/(n+\beta^{-1})$, $=n^{-1}x_j$, 그리고 $\mu=\alpha\beta$입니다. □

예제 17.11과 17.12에서, 베이지안 추정치는 샘플 평균과 순수 보험료 μ_{n+1}의 가중 평균이었습니다. 이 결과는 신뢰도 측면에서 매력적입니다. 또한, 각 경우에 있어 신뢰도 계수 Z는 위험 노출 위험량 단위 수의 증가 함수입니다. 과거 데이터의 양이 많을수록 Z는 1에 가까워지며, 이는 우리의 직관과 일치합니다.

17.4 신뢰도 보험료 The Credibility Premium

제17.3절에서는 특정 보험 계약자의 과거 데이터를 처리하기 위한 체계적인 접근 방식이 제안됩니다. 이상적으로는 순보험료(Pure Premium) $\mu_{n+1}=\mathrm{E}(X_{n+1})$보다는 계약자와 관련된 (가

설적인) 모수 θ에서 개인 보험료(또는 가설적 평균: Hypothetical Mean)$\mu_{n+1}(\theta)$를 부과하고 싶습니다. θ가 알려지지 않았기 때문에 가설적 평균을 결정하는 것은 불가능하지만, 대신 계약자의 과거 데이터 x에 조건을 부여할 수 있습니다. 이것은 베이지안 보험료 $E(X_{n+1}|\mathbf{x})$로 이어집니다. 이 접근법의 주요 문제는 베이지안 보험료를 평가하기 어려울 수 있다는 것입니다. 물론 제17.3절과 같은 간단한 예에서는 베이지안 보험료를 수치적으로 평가하기 어렵지 않습니다. 하지만 이러한 예는 현실적인 보험 시나리오의 핵심 특징을 포착하기에는 부족할 수 있습니다. 더 현실적인 모델은 $E(X_{n+1}|\mathbf{x})$의 평가와 관련하여 분석적 어려움을 도입할 수 있으며, 여기서는 (17.12) 또는 (17.13)을 사용하든 간에 종종 수치적 통합이 필요할 수 있습니다. 예를 들어 17.11과 17.12 같은 예외도 있습니다. 이제 1967년 Büuhlmann [19]이 제안한 대안을 소개합니다. 기본 문제를 상기해 봅시다. 우리는 다음 해 손실액 청구를 추정하기 위해 조건부 분포 $f(X_{n+1|\Theta}(x_{n+1}\theta)$ 또는 가설적 평균 $\mu_{n+1}(\theta)$를 사용하고자 합니다. 우리가 x를 관찰했기 때문에 하나의 제안은 $\mu_{n+1}(\theta)$를 과거 데이터의 선형 함수로 근사하는 것입니다. (결국, $Z\bar{X}+(1-Z)\mu$ 공식이 이러한 형식입니다.) 따라서 우리는 형식 $\alpha_0+\sum_{j=1}^{n}\alpha_jX_j$의 추정치에 제한하자고 합니다. 여기서 $\alpha_0, \alpha_1, \cdots, \alpha_n$을 선택해야 합니다. 이를 위해 예상 제곱 오차 손실을 최소화하는 α를 선택합니다.

$$Q=E\left\{\left[\mu_{n+1}(\Theta)-\alpha_0-\sum_{j=1}^{n}\alpha_jX_j\right]^2\right\}, \tag{17.14}$$

여기서 기대치는 $X_1, \cdots, X_n$ 및 $\mathbf{\Theta}$의 공동 분포에 대한 것입니다. 즉, 제곱 오차는 $\mathbf{\Theta}$와 모든 가능한 관찰 값에 대해 평균화합니다. Q를 최소화하기 위해 미분을 합니다.

$$\frac{\partial Q}{\partial\alpha_0}=E\left\{2\left[\mu_{n+1}(\Theta)-\alpha_0-\sum_{j=1}^{n}\alpha_jX_j\right](-1)\right\}.$$

이로부터 $\tilde{\alpha}_0, \tilde{\alpha}_1, \ldots, \tilde{\alpha}_n$이 (17.14)를 최소화하는 $\alpha_0, \alpha_1, \ldots, \alpha_n$의 값임을 나타내고, $\partial Q/\partial\alpha_0=0$

$$E[\mu_{n+1}(\Theta)]=\tilde{\alpha}_0+\sum_{j=1}^{n}\tilde{\alpha}_jE(X_j).$$

그러나 $E[X_{n+1}]=E[E[X_{n+1}|\mathbf{\Theta}]]=E[\mu_{n+1}(\mathbf{\Theta})]$ 이므로, $\partial Q/\partial\alpha_0=0$은

$$E(X_{n+1})=\tilde{\alpha}_0+\sum_{j=1}^{n}\tilde{\alpha}_jE(X_j). \tag{17.15}$$

를 의미합니다. (17.15)식은 추정치 $\tilde{\alpha}_0 + \sum_{j=1}^{n} \tilde{\alpha}_j X_j$가 $\mathrm{E}[X_{n+1}]$에 대해 편향되지 않음을 요구하는 무편향 방정식(unbiasedness equation)으로 간주될 수 있습니다. 그러나 신뢰성 추정치는 추정하려는 수량인 $\mu_{n+1}(\theta) = \mathrm{E}[X_{n+1}|\theta]$에 대해 편향될 수 있습니다. 이 편향(biase)은 $\boldsymbol{\Theta}$의 멤버들에게 평균화합니다. 이 편향을 받아들임으로써 우리는 전체 MSE를 줄일 수 있습니다. $i=1,\cdots,n$에 대해,

$$\frac{\partial Q}{\partial \alpha_i} = \mathrm{E}\left\{2\left[\mu_{n+1}(\Theta) - \alpha_0 - \sum_{j=1}^{n} \alpha_j X_j\right](-X_i)\right\}$$

이 표현식을 0과 같게 설정하면

$$\mathrm{E}[\mu_{n+1}(\Theta)X_i] = \tilde{\alpha}_0 \mathrm{E}\left(X_i\right) + \sum_{j=1}^{n} \tilde{\alpha}_j \mathrm{E}\left(X_i X_j\right).$$

이 방정식의 왼쪽은 다음과 같이 표현할 수도 있습니다.

$$\begin{aligned}
\mathrm{E}[\mu_{n+1}(\Theta)X_i] &= \mathrm{E}\{\mathrm{E}[X_i \mu_{n+1}(\Theta)|\Theta]\} \\
&= \mathrm{E}\{\mu_{n+1}(\Theta)\mathrm{E}[X_i|\Theta]\} \\
&= \mathrm{E}[\mathrm{E}(X_{n+1}|\Theta)\mathrm{E}(X_i|\Theta)] \\
&= \mathrm{E}[\mathrm{E}(X_{n+1}X_i|\Theta)] \\
&= \mathrm{E}(X_i X_{n+1}),
\end{aligned}$$

$\boldsymbol{\Theta}$에 대해 조건부로 X_i와 X_{n+1}가 독립적이라는 것을 따르는 마지막 단계 이전에서,

$$\mathrm{E}(X_i X_{n+1}) = \tilde{\alpha}_0 \mathrm{E}(X_i) + \sum_{j=1}^{n} \tilde{\alpha}_j \mathrm{E}(X_i X_j). \tag{17.16}$$

다음으로, (17.15)를 $\mathrm{E}[X_i]$로 곱하고 (17.16)에서 빼서 얻습니다.

$$\mathrm{Cov}(X_i, X_{n+1}) = \sum_{j=1}^{n} \tilde{\alpha}_j \,\mathrm{Cov}(X_i, X_j), \quad i = 1, \ldots, n. \tag{17.17}$$

방정식 (17.15)와 n개의 방정식 (17.17)은 함께 정규 방정식(normal equations)이라고 불립니다. 이 방정식들은 신뢰도 보험료

$$\tilde{\alpha}_0 + \sum_{j=1}^{n} \tilde{\alpha}_j X_j. \tag{17.18}$$

를 산출하기 위해 $\tilde{\alpha}_0, \tilde{\alpha}_1, \ldots, \tilde{\alpha}_n$에 대해 풀 수 있습니다. X_j의 공분산 행렬이 비특이(nonsingular)

하면 정규 방정식의 해, $\tilde{\alpha}_0, \tilde{\alpha}_1, \ldots, \tilde{\alpha}_n$를 행렬 표기법으로 간단히 표현할 수 있지만, 우리는 몇 가지 특별한 경우에 대한 해법에 만족할 것입니다. (17.17)의 우변에 있는 항 중 정확히 하나는 분산 항, 즉 $\text{Cov}(X_i, X_i)=\text{Var}(X_i)$입니다. 다른 $n-1$항은 진정한 공분산 항입니다. 덤으로, $\tilde{\alpha}_0, \tilde{\alpha}_1, \ldots, \tilde{\alpha}_n$ 값은 또한

$$Q_1 = \mathrm{E}\left\{\left[\mathrm{E}(X_{n+1}|\mathbf{X}) - \alpha_0 - \sum_{j=1}^{n} \alpha_j X_j\right]^2\right\} \tag{17.19}$$

과

$$Q_2 = \mathrm{E}\left[\left(X_{n+1} - \alpha_0 - \sum_{j=1}^{n} \alpha_j X_j\right)^2\right]. \tag{17.20}$$

를 최소화합니다. 이를 확인하려면, (17.19) 또는 (17.20)에 대해 $\alpha_0, \alpha_1, \cdots, \alpha_n$ 에 대해 미분하고 그 해가 여전히 정규(normal) 방정식 (17.15) 및 (17.17)을 만족함을 관찰하십시오. 따라서 신뢰도 보험료 (17.18)는 각각의 가설적 평균 $\mathrm{E}[X_{n+1}|\boldsymbol{\Theta}]$, 베이지안 보험료 $\mathrm{E}[X_{n+1}|\mathbf{X}]$, 및 X_{n+1}에 대한 최선의 선형 추정치입니다.

예제 17.13

만약 $\mathrm{E}[X_j] = \mu$, $\mathrm{Var}[X_j] = \sigma^2$이고, $i \neq j$에 대해 $\mathrm{Cov}[X_i, X_j] = \rho\sigma^2$라고 할 때, 여기서 상관 계수 ρ는 $-1 < \rho < 1$을 만족합니다. 신뢰도 보험료 $\tilde{\alpha}_0 + \sum_{j=1}^{n} \tilde{\alpha}_j X_j$를 결정하십시오. 무편향성 방정식 (17.15)에서

$$\mu = \tilde{\alpha}_0 + \mu \sum_{j=1}^{n} \tilde{\alpha}_j,$$

또는

$$\sum_{j=1}^{n} \tilde{\alpha}_j = 1 - \frac{\tilde{\alpha}_0}{\mu}.$$

n개의 방정식(17.17)은 $i=1,\cdots,n$에 대해,

$$\rho = \sum_{\substack{j=1 \\ j \neq i}}^{n} \tilde{\alpha}_j \rho + \tilde{\alpha}_i,$$

또는 다르게 표현하면,

$$\rho = \sum_{j=1}^{n} \tilde{\alpha}_j \rho + \tilde{\alpha}_i (1-\rho), \quad i = 1, \ldots, n.$$

따라서

$$\tilde{\alpha}_i = \frac{\rho\left(1 - \sum_{j=1}^{n} \tilde{\alpha}_j\right)}{1-\rho} = \frac{\rho\tilde{\alpha}_0}{\mu(1-\rho)}$$

무편향성 방정식을 사용하여 i에서 1부터 n까지의 합을 구하면,

$$\sum_{i=1}^{n} \tilde{\alpha}_i = \sum_{j=1}^{n} \tilde{\alpha}_j = \frac{n\rho\tilde{\alpha}_0}{\mu(1-\rho)},$$

이는 무편향성 방정식과 결합하여 $\tilde{\alpha}_0$에 대한 방정식을 제공하며,

$$1 - \frac{\tilde{\alpha}_0}{\mu} = \frac{n\rho\tilde{\alpha}_0}{\mu(1-\rho)}.$$

$\tilde{\alpha}_0$에 대해 풀면,

$$\tilde{\alpha}_0 = \frac{(1-\rho)\mu}{1-\rho+n\rho}.$$

따라서,

$$\tilde{\alpha}_j = \frac{\rho\tilde{\alpha}_0}{\mu(1-\rho)} = \frac{\rho}{1-\rho+n\rho}.$$

신뢰도 보험료는 다음과 같습니다.

$$\begin{aligned}\tilde{\alpha}_0 + \sum_{j=1}^{n} \tilde{\alpha}_j X_j &= \frac{(1-\rho)\mu}{1-\rho+n\rho} + \sum_{j=1}^{n} \frac{\rho X_j}{1-\rho+n\rho} \\ &= (1-Z)\mu + Z\bar{X},\end{aligned}$$

여기서 $Z = n\rho/(1-\rho+n\rho)$이고 $\bar{X} = X_j$입니다. 따라서, $0 < \rho < 1$이면, $0 < Z < 1$이고, 신뢰도 보험료는 $\mu = \mathrm{E}[X_{n+1}]$과 의 가중 평균, 즉 형식(16.7)의 보험료입니다. □

이제 우리는 $X_j|\mathbf{\Theta}$의 조건부 평균과 분산을 명시하는 몇 가지 모델을 살펴보고, 따라서 평균 $\mathrm{E}[X_j]$, 분산 $\mathrm{Var}[X_j]$, 그리고 공분산 $\mathrm{Cov}[X_i, X_j]$을 결정합니다.

17.5 뷜만 모델 The Bühlmann Model

가장 간단한 신뢰성 모델인 Bühlmann 모델은 각 보험 계약자에 대해 (조건부 Θ에 따라) 과거 손실 $X_1,\cdots,X_n$이 같은 평균과 분산을 가지며 Θ에 조건부로 독립 동일 분포(i.i.d.)임을 명시합니다.

따라서 다음을 정의합니다.

$$\mu(\theta) = \mathrm{E}(X_j|\Theta = \theta)$$

그리고

$$v(\theta) = \mathrm{Var}(X_j|\Theta = \theta).$$

앞서 논의된 바와 같이, $\mu(\theta)$는 가설적 평균(hypothetical mean)으로 언급되며, $v(\theta)$는 과정 분산(process variance)이라고 불립니다. 다음을 정의합니다.

$$\mu = \mathrm{E}[\mu(\Theta)], \tag{17.21}$$

$$v = \mathrm{E}[v(\Theta)], \tag{17.22}$$

그리고

$$a = \mathrm{Var}[\mu(\Theta)]. \tag{17.23}$$

μ는 가설적 평균의 기댓값(expected value of the hypothetical mean)이며, (17.22)의 v는 과정 분산의 기댓값(expected value of the process variance)이고, (17.23)의 a는 가설적 평균의 분산(variance of the hypothetical mean)입니다. μ는 θ에 대한 정보가 없을 때(따라서 $\mu(\theta)$에 대한 정보도 없을 때) 사용하는 추정치이며, 이는 집단 보험료(collective premium)로도 불립니다.

이제 X_j의 평균, 분산, 공분산을 구할 수 있습니다. 첫째,

$$\mathrm{E}(X_j) = \mathrm{E}[\mathrm{E}(X_j|\Theta)] = \mathrm{E}[\mu(\Theta)] = \mu. \tag{17.24}$$

둘째,

$$\begin{aligned}\mathrm{Var}(X_j) &= \mathrm{E}[\mathrm{Var}(X_j|\Theta)] + \mathrm{Var}[\mathrm{E}(X_j|\Theta)] \\ &= \mathrm{E}[v(\Theta)] + \mathrm{Var}[\mu(\Theta)] \\ &= v + a.\end{aligned} \tag{17.25}$$

마지막으로, $i \neq j$일 때,

$$\begin{aligned}
\text{Cov}(X_i, X_j) &= \text{E}(X_i X_j) - \text{E}(X_i)\text{E}(X_j) \\
&= \text{E}[\text{E}(X_i X_j|\Theta)] - \mu^2 \\
&= \text{E}[\text{E}(X_i|\Theta)\text{E}(X_j|\Theta)] - \{\text{E}[\mu(\Theta)]\}^2 \\
&= \text{E}\left\{[\mu(\Theta)]^2\right\} - \{\text{E}[\mu(\Theta)]\}^2 \\
&= \text{Var}[\mu(\Theta)] \\
&= a. \qquad (17.26)
\end{aligned}$$

이 결과는 예제 17.13의 형태와 정확히 일치하며 모수는 μ, $\sigma^2 = \nu + a$, 그리고 $\rho = a/(\nu + a)$입니다. 따라서 신뢰도 보험료는

$$\tilde{\alpha}_0 + \sum_{j=1}^{n} \tilde{\alpha}_j X_j = Z\bar{X} + (1 - Z)\mu, \qquad (17.27)$$

여기서

$$Z = \frac{n}{n + k} \qquad (17.28)$$

그리고

$$k = \frac{v}{a} = \frac{\text{E}[\text{Var}(X_j|\Theta)]}{\text{Var}[\text{E}(X_j|\Theta)]}. \qquad (17.29)$$

(17.28)의 신뢰성 요인 Z는 (17.29)에 의해 주어진 Bühlmann credibility factor)으로 언급됩니다. 주목할 점은 (17.27)이 형식 (16.7)이며, (17.28)은 정확히 (16.8)입니다. 이제, k를 어떻게 얻는지 알게 되었습니다, 즉 (17.29)에서 얻습니다.

식 (17.27)은 많은 매력적인 특징을 가지고 있습니다. 먼저, 신뢰도 보험료(17.27)는 표본 평균 $\bar{X}$과 집단 보험료 μ의 가중 평균이라는 공식입니다. 또한 Z는 n이 증가함에 따라 1에 가까워지며, 이는 더 많은 과거 데이터가 축적됨에 따라 $\bar{X}$에 더 많은 신용을 주는 것과 일치합니다. 또한, 만약 인구가 위험 모수 $\boldsymbol{\Theta}$에 대해 상대적으로 동질적이라면, 가설적 평균 $\mu(\boldsymbol{\Theta}) = \text{E}[X_j|\boldsymbol{\Theta}]$는 $\boldsymbol{\Theta}$와 크게 변하지 않고 (즉, 값이 가깝습니다) 그래서 변동성이 작습니다. 따라서 a는 ν에 비해 작으며, k는 크고 Z는 0에 가깝습니다. 이 관찰은 직관과 일치합니다. 왜냐하면 동질적인 인구에 대해 전체 평균 μ는 특정 보험 계약자의 내년 손실액 청구를 예측하는 데 더 유용하기 때문입니다. 반대로, 이질적인 인구에서는 가설적 평균 $\text{E}[X_j|\boldsymbol{\Theta}]$가 더 변동적이며, 즉 a가 크고 k가 작으며, 따라서 Z는 1에 가깝습니다. 이 관찰 역시 직관과 일치합니다. 왜냐하면 이질적 인구에서는 다른 보험 계약자의 경험이 해당 보험 계약자의 과거 경험보다 미래 경험을 예측하는 데 덜 가치가 있기 때문입니다.

이제 몇 가지 예를 소개하겠습니다.

예제 17.14

(예제 17.9 계속) $E[X_3|0,1]$에 대한 Bühlmann 추정치를 결정하십시오. 이전 작업에서,

$$\mu(G) = E(X_j|G) = 0.4, \quad \mu(B) = E(X_j|B) = 0.7,$$
$$\pi(G) = 0.75, \quad \pi(B) = 0.25,$$

그러므로,

$$\mu = \sum_\theta \mu(\theta)\pi(\theta) = 0.4(0.75) + 0.7(0.25) = 0.475,$$
$$a = \sum_\theta \mu(\theta)^2\pi(\theta) - \mu^2 = 0.16(0.75) + 0.49(0.25) - 0.475^2 = 0.016875.$$

과정 분산에 대해,

$$v(G) = \mathrm{Var}(X_j|G) = 0^2(0.7) + 1^2(0.2) + 2^2(0.1) - 0.4^2 = 0.44,$$
$$v(B) = \mathrm{Var}(X_j|B) = 0^2(0.5) + 1^2(0.3) + 2^2(0.2) - 0.7^2 = 0.61,$$
$$v = \sum_\theta v(\theta)\pi(\theta) = 0.44(0.75) + 0.61(0.25) = 0.4825.$$

그러면, (17.29)에 의해

$$k = \frac{v}{a} = \frac{0.4825}{0.016875} = 28.5926$$

그리고 (17.28)에 의해

$$Z = \frac{2}{2 + 28.5926} = 0.0654.$$

다음 예상 값은 $0.0654(0.5) + 0.9346(0.475) = 0.4766$입니다. 이것은 주어진 예제 17.9에서 베이지안 보험료의 최선의 선형 근사치입니다. □

예제 17.15

예제 17.12(여기서 $m_j = 1$)와 같이, $X_j|\mathbf{\Theta}, j = 1,\cdots,n$은 독립적이고 동일하게 포아송 분포를 따르며, 주어진 평균 $\mathbf{\Theta}$와 $\mathbf{\Theta}$는 α와 β 모수를 가진 감마 분포를 따릅니다. Bühlmann 보험료를 결정하십시오. 우리는 다음을 갖습니다.

$$\mu(\theta) = E(X_j|\Theta = \theta) = \theta, \quad v(\theta) = \mathrm{Var}(X_j|\Theta = \theta) = \theta,$$

그리고 따라서

$$\mu = \mathrm{E}[\mu(\Theta)] = \mathrm{E}(\Theta) = \alpha\beta, \quad v = \mathrm{E}[v(\Theta)] = \mathrm{E}(\Theta) = \alpha\beta,$$

그리고

$$a = \mathrm{Var}[\mu(\Theta)] = \mathrm{Var}(\Theta) = \alpha\beta^2.$$

그러면,

$$k = \frac{v}{a} = \frac{\alpha\beta}{\alpha\beta^2} = \frac{1}{\beta}, \quad Z = \frac{n}{n+k} = \frac{n}{n+1/\beta} = \frac{n\beta}{n\beta+1},$$

그리고 신뢰도 보험료는

$$Z\bar{X} + (1-Z)\,\mu = \frac{n\beta}{n\beta+1}\bar{X} + \frac{1}{n\beta+1}\alpha\beta.$$

그러나 예제 17.12의 끝에서 보여준 것처럼, 이 결과는 또한 베이지안 추정치 $\mathrm{E}[X_{n+1}|\mathbf{X}]$입니다. 따라서 이 경우 신뢰도 보험료는 베이지안 추정치와 같습니다. □

예제 17.16

예제 17.11의 설정에 대한 Bühlmann 추정치를 결정하십시오. 이 모델에 대해서,

$$\mu(\Theta) = \Theta^{-1}, \mu = \mathrm{E}(\Theta^{-1}) = \frac{\beta}{\alpha-1},$$

$$v(\Theta) = \Theta^{-2}, v = \mathrm{E}(\Theta^{-2}) = \frac{\beta^2}{(\alpha-1)(\alpha-2)},$$

$$a = \mathrm{Var}(\Theta^{-1}) = \frac{\beta^2}{(\alpha-1)(\alpha-2)} - \left(\frac{\beta}{\alpha-1}\right)^2 = \frac{\beta^2}{(\alpha-1)^2(\alpha-2)},$$

$$k = \frac{v}{a} = \alpha - 1,$$

$$Z = \frac{n}{n+k} = \frac{n}{n+\alpha-1},$$

$$P_c = \frac{n}{n+\alpha-1}\bar{X} + \frac{\alpha-1}{n+\alpha-1}\frac{\beta}{\alpha-1},$$

이 결과 역시 베이지안 추정치와 일치합니다. □

이 문제에 대한 대안적인 분석은 단일 관측값 $S = X_1 + \cdots + X_n$ 에서 시작할 수 있었습니다. 문제의 가정에 따르면, S는 평균이 $n\mathbf{\Theta}^{-1}$이고 분산이 $n\mathbf{\Theta}^{-2}$입니다. S가 감마 분포를 따른다는 것은 사실이지만, Bühlmann 근사는 오직 모멘트만 필요로 하기 때문에 그 정보는 필요하지 않습니다. 앞선 계산을 따르면,

$$\mu = \frac{n\beta}{\alpha - 1}, v = \frac{n\beta^2}{(\alpha-1)(\alpha-2)}, a = \frac{n^2\beta^2}{(\alpha-1)^2(\alpha-2)},$$
$$k = \frac{\alpha-1}{n}, Z = \frac{1}{1+k} = \frac{n}{n+\alpha-1}.$$

중요한 점은 Z를 계산할 때 이제 표본 크기가 1이라는 것을 반영하는 것이며, 이는 S의 단일 관측을 나타냅니다. $S = n\bar{X}$이기 때문에, Bühlmann 추정치는

$$P_c = \frac{n}{n+\alpha-1}n\bar{X} + \frac{\alpha-1}{n+\alpha-1}\frac{n\beta}{\alpha-1},$$

이며 이는 이전 답변의 n배입니다. 이는 이제 X의 다음 값을 추정하는 것이 아니라 S의 다음 값을 추정하기 때문입니다. 그러나 신뢰도 계수 자체(즉 Z)는 X_{n+1}을 예측하든 S의 다음 값을 예측하든 동일합니다.

17.6 The Bühlmann-Straub Model

Bühlmann 모델은 신뢰성 모델 중 가장 간단한 모델이며, 이는 과거 각 연도에 대해 보험 계약자의 과거 손실액 청구 경험이 독립적이고 동일하게 분포되었다고 가정하는 것을 요구합니다. 이 가정에 따르면 위험 노출이나 규모의 변동을 허용하지 않는다는 중요한 실용적 어려움이 있습니다.

예를 들어, 첫 해의 손실액 청구 경험이 보험 계약자의 특이한 기념일로 인해 일부 연도에만 해당되었다면 어떨까요? 계약 연도 도중에 혜택 변경이 발생했다면 어떨까요? 그룹 보험의 경우, 시간이 지남에 따라 그룹의 크기가 변했다면 어떨까요?

이러한 변동을 처리하기 위해 우리는 Bühlmann 모델의 다음과 같은 일반화를 고려합니다. $X_1,\cdots,X_n$이 조건부 $\boldsymbol{\Theta}$에 따라 독립적이며, 공통 평균

$$\mu(\theta) = \mathrm{E}(X_j|\Theta = \theta)$$

을 가지지만, 조건부 분산은

$$\mathrm{Var}(X_j|\Theta = \theta) = \frac{v(\theta)}{m_j},$$

입니다. 여기서 m_j는 위험 노출을 측정하는 알려진 상수입니다. m_j는 위험의 크기에 비례할 필요만 있습니다. 이 모델은 각 X_j가 조건부 $\boldsymbol{\Theta}$에 따라 독립적인 평균 $\mu(\theta)$과 분산 $v(\theta)$을

갖는 m_j개의 독립적인 확률 변수의 평균일 경우 적절합니다. 앞선 상황에서, m_j는 과거 j년 동안 계약이 유효했던 달의 수, 또는 과거 j년 동안 그룹의 인원 수, 또는 과거 j년 동안 계약의 보험료 수입량이 될 수 있습니다.

Bühlmann 모델처럼, 다음과 같이 설정합시다.

$$\mu = \mathrm{E}[\mu(\Theta)], \quad v = \mathrm{E}[v(\Theta)],$$

그리고

$$a = \mathrm{Var}[\mu(\Theta)].$$

그러면 무조건적인 모먼트에 대해, (17.24)에서 $\mathrm{E}[X_j] = \mu$, (17.26)에서 $\mathrm{Cov}[X_i, X_j] = a$이지만,

$$\begin{aligned}\mathrm{Var}(X_j) &= \mathrm{E}[\mathrm{Var}(X_j|\Theta)] + \mathrm{Var}[\mathrm{E}(X_j|\Theta)] \\ &= \mathrm{E}\left[\frac{v(\Theta)}{m_j}\right] + \mathrm{Var}[\mu(\Theta)] \\ &= \frac{v}{m_j} + a.\end{aligned}$$

입니다. 신뢰도 보험료(17.18)를 얻기 위해, 정규 방정식(17.15)과 (17.17)을 풀어 $\tilde{\alpha}_0, \tilde{\alpha}_1, \ldots, \tilde{\alpha}_n$을 얻습니다. 표기의 편의를 위해,

$$m = m_1 + m_2 + \cdots + m_n$$

을 총 위험 노출로 정의합니다. 그러면 (17.24)을 사용하여 무편향 방정식(unbiasedness equation)(17.15)은

$$\mu = \tilde{\alpha}_0 + \sum_{j=1}^{n} \tilde{\alpha}_j \mu,$$

이 되며, 이는

$$\sum_{j=1}^{n} \tilde{\alpha}_j = 1 - \frac{\tilde{\alpha}_0}{\mu}. \qquad (17.30)$$

임을 의미합니다. $i = 1, \cdots, n$에 대해, (17.17)은

$$a = \sum_{\substack{j=1 \\ j \neq i}}^{n} \tilde{\alpha}_j a + \tilde{\alpha}_i \left(a + \frac{v}{m_i}\right) = \sum_{j=1}^{n} \tilde{\alpha}_j a + \frac{v \tilde{\alpha}_i}{m_i},$$

으로 다시 작성할 수 있습니다.

$$\tilde{\alpha}_i = \frac{a}{v} m_i \left(1 - \sum_{j=1}^{n} \tilde{\alpha}_j\right) = \frac{a}{v} \frac{\tilde{\alpha}_0}{\mu} m_i, \quad i = 1, \ldots, n. \qquad (17.31)$$

그러면, (17.30)과 (17.31)을 이용하여,

$$1 - \frac{\tilde{\alpha}_0}{\mu} = \sum_{j=1}^{n} \tilde{\alpha}_j = \sum_{i=1}^{n} \tilde{\alpha}_i = \frac{a}{v}\frac{\tilde{\alpha}_0}{\mu}\sum_{i=1}^{n} m_i = \frac{a\tilde{\alpha}_0 m}{\mu v},$$

이 되므로,

$$\tilde{\alpha}_0 = \frac{\mu}{1 + am/v} = \frac{v/a}{m + v/a}\mu.$$

입니다. 결과적으로,

$$\tilde{\alpha}_j = \frac{a\tilde{\alpha}_0}{\mu v} m_j = \frac{m_j}{m + v/a}.$$

입니다. 신뢰도 보험료(17.18)는

$$\tilde{\alpha}_0 + \sum_{j=1}^{n} \tilde{\alpha}_j X_j = Z\bar{X} + (1 - Z)\mu, \tag{17.32}$$

이 되며, 여기서 (17.29)에서 $k = v/a$,

$$Z = \frac{m}{m + k}$$

그리고

$$\bar{X} = \sum_{j=1}^{n} \frac{m_j}{m} X_j. \tag{17.33}$$

입니다. 분명히, 신뢰도 보험료(17.32)는 여전히 (16.7)의 형식과 같습니다. 이 경우 m은 보험계약자와 관련된 총 위험 노출이며, Bühlmann-Straub 신뢰성 요인 Z는 m에 따라 달라집니다. 또한, $\bar{X}$는 X_j의 가중 평균으로, 가중치는 m_j에 비례합니다. 그룹 해석에 따르면, X_j는 j년 동안의 m_j 그룹 멤버의 평균 손실이며, $m_j X_j$는 j년 동안의 그룹의 총 손실입니다. 그러면 $\bar{X}$는 n년 동안 그룹 멤버당 전체 평균 손실입니다. 따라서 n+1년에 그룹에 부과될 신뢰도 보험료는 다음 해의 m_{n+1} 멤버에 대해 $m_{n+1}[Z\bar{X} + (1 - Z)\mu]$이 될 것입니다.

만약 우리가 (17.33)이 X_j에 대한 신뢰성 가중치 Z를 받는 올바른 가중치라는 것을 알았다면, 나머지는 쉬웠을 것입니다. 단일 관측값인 $\bar{X}$에 대해, 과정 분산은

$$\text{Var}(\bar{X}|\theta) = \sum_{j=1}^{n} \frac{m_j^2}{m^2}\frac{v(\theta)}{m_j} = \frac{v(\theta)}{m},$$

이므로 기대 과정 분산은 v/m입니다. 가설적 평균의 분산은 여전히 a이고, 따라서 $k = v/$

(am)입니다. 의 관측은 단 하나뿐이므로 신뢰성 계수는

$$Z = \frac{1}{1 + v/(am)} = \frac{m}{m + v/a} \tag{17.34}$$

(17.34)와 같이 이전과 같습니다. 식 (17.33)이 당연히 성립한다는 것은 놀랄 일이 아닙니다. 왜냐하면 가중치는 각 X_j의 (조건부) 분산에 반비례하기 때문입니다.

예제 17.17

예제 17.12와 같이, 연도 j에서 N_j 건의 손실액 청구가 m_j개의 보험에서 발생했다고 가정합니다. $j = 1,2,\cdots,n$. 개별 보험은 모수 $\mathbf{\Theta}$를 가지는 포아송 분포를 따르며, 모수 $\mathbf{\Theta}$는 모수 α와 β를 가지는 감마 분포를 따릅니다. 연도 n+1에서 m_{n+1}개의 보험이 있을 경우, 해당 연도 손실액 청구 건수에 대한 뷜만-슈트라우브(Bühlmann-Straub) 추정값을 구하십시오.

이 모델의 조건을 충족하기 위해 $X_j=N_j/m_j$로 정의합니다. N_j는 평균 $m_j\mathbf{\Theta}$를 가지는 포아송 분포를 따르므로, $\mathrm{E}[X_j|\mathbf{\Theta}] = \mathbf{\Theta} = \mu(\mathbf{\Theta})$, $\mathrm{Var}(X_j|\mathbf{\Theta}) = \mathbf{\Theta}/m_j = v(\mathbf{\Theta})/m_j$입니다. 그러면,

$$\mu = \mathrm{E}(\Theta) = \alpha\beta, \quad a = \mathrm{Var}(\Theta) = \alpha\beta^2, \quad v = \mathrm{E}(\Theta) = \alpha\beta,$$

$$k = \frac{1}{\beta}, \quad Z = \frac{m}{m + 1/\beta} = \frac{m\beta}{m\beta + 1},$$

개별 보험 계약자에 대한 추정값은 다음과 같습니다.

$$P_c = \frac{m\beta}{m\beta + 1}\bar{X} + \frac{1}{m\beta + 1}\alpha\beta,$$

여기서, $\bar{X} = m^{-1}\sum_{j=1}^{n} m_j X_j$입니다. 연도 n+1에 대한 추정값은 $m_{n+1}P_c$이며, 이는 예제 17.12의 답과 일치합니다. □

뷜만-슈트라우브(BühlmannüStraub) 모델의 기본 가정은 현실을 나타내기에는 지나치게 제한적일 수 있습니다. 1967년 Hewitt [54]의 논문에서는 대규모 위험이 작은 위험의 독립적인 집계와 동일하게 작용하지 않으며, 실제로 독립성에서 예측되는 것보다 더 변동성이 크다는 점을 지적했습니다. 다음 예제에서는 이러한 관찰을 반영하는 모델을 제시합니다.

예제 17.18

조건부 평균이 $\mathrm{E}[X_j|\mathbf{\Theta}] = \mu(\mathbf{\Theta})$, 조건부 분산이 $\mathrm{Var}[X_j|\mathbf{\Theta}] = w(\mathbf{\Theta}) + v(\mathbf{\Theta})/m_j$이라고 가정합니다. 또한, $\mathbf{\Theta}$가 주어졌을 때 $X_1,\cdots,X_n$이 조건부 독립적이라고 가정합니다. 이 모델이 Hewitt의 관찰

을 지지함을 보이고, 신뢰 보험료(credibility premium)을 구하십시오.

독립적인 두 위험 i와 j가 위험 노출도 m_i, m_j를 가지고 공통된 값 $\boldsymbol{\Theta}$를 가질 때, 이들을 집계했을 때 평균 손실의 분산은 다음과 같습니다.

$$\begin{aligned}\mathrm{Var}\left(\frac{m_iX_i + m_jX_j}{m_i + m_j}\middle|\Theta\right) &= \left(\frac{m_i}{m_i + m_j}\right)^2 \mathrm{Var}(X_i|\Theta) \\ &\quad + \left(\frac{m_j}{m_i + m_j}\right)^2 \mathrm{Var}(X_j|\Theta) \\ &= \frac{m_i^2 + m_j^2}{(m_i + m_j)^2} w(\Theta) + \frac{1}{m_i + m_j} v(\Theta),\end{aligned}$$

반면, m_i, m_j 위험 노출도를 가진 단일 위험의 분산은 $w(\boldsymbol{\Theta}) + v(\boldsymbol{\Theta})/(m_i, m_j)$ 으로 더 큽니다.

신뢰도 보험료에 대해,

$$\begin{aligned}\mathrm{E}(X_j) &= \mathrm{E}[\mathrm{E}(X_j|\Theta)] = \mathrm{E}[\mu(\Theta)] = \mu, \\ \mathrm{Var}(X_j) &= \mathrm{E}[\mathrm{Var}(X_j|\Theta)] + \mathrm{Var}[\mathrm{E}(X_j|\Theta)] \\ &= \mathrm{E}\left[w(\Theta) + \frac{v(\Theta)}{m_j}\right] + \mathrm{Var}[\mu(\Theta)] \\ &= w + \frac{v}{m_j} + a,\end{aligned}$$

그리고, $i \neq j$일 때 $\mathrm{Cov}[X_i, X_j] = a$입니다. 무편향 방정식(unbiasedness equation)은 다음과 같습니다.

$$\mu = \tilde{\alpha}_0 + \sum_{j=1}^{n} \tilde{\alpha}_j \mu,$$

따라서,

$$\sum_{j=1}^{n} \tilde{\alpha}_j = 1 - \frac{\tilde{\alpha}_0}{\mu}.$$

방정식 (17.17)은 다음과 같습니다.

$$\begin{aligned}a &= \sum_{j=1}^{n} \tilde{\alpha}_j a + \tilde{\alpha}_i \left(w + \frac{v}{m_i}\right) \\ &= a\left(1 - \frac{\tilde{\alpha}_0}{\mu}\right) + \tilde{\alpha}_i \left(w + \frac{v}{m_i}\right), \quad i = 1, \ldots, n.\end{aligned}$$

이를 풀면,

$$\tilde{\alpha}_i = \frac{a\tilde{\alpha}_0/\mu}{w + v/m_i}.$$

합산하면,

$$\frac{a\tilde{\alpha}_0}{\mu}\sum_{j=1}^{n}\frac{m_j}{v+wm_j}=\sum_{j=1}^{n}\tilde{\alpha}_j=1-\frac{\tilde{\alpha}_0}{\mu},$$

$$\tilde{\alpha}_0=\frac{1}{(a/\mu)\sum_{j=1}^{n}\dfrac{m_j}{v+wm_j}+\dfrac{1}{\mu}}=\frac{\mu}{1+am^*},$$

여기서,

$$m^*=\sum_{j=1}^{n}\frac{m_j}{v+wm_j}.$$

따라서,

$$\tilde{\alpha}_j=\frac{am_j}{v+wm_j}\frac{1}{1+am^*}.$$

신뢰 보험료는 다음과 같습니다.

$$\frac{\mu}{1+am^*}+\frac{a}{1+am^*}\sum_{j=1}^{n}\frac{m_jX_j}{v+wm_j}.$$

합은 다음과 같이 관측값의 가중 평균으로 정의될 수 있습니다.

$$\bar{X}=\frac{\sum_{j=1}^{n}\dfrac{m_j}{v+wm_j}X_j}{\sum_{j=1}^{n}\dfrac{m_j}{v+wm_j}}=\frac{1}{m^*}\sum_{j=1}^{n}\frac{m_j}{v+wm_j}X_j.$$

다음과 같이 정하면,

$$Z=\frac{am^*}{1+am^*},$$

신뢰 보험료는

$$Z\bar{X}+(1-Z)\mu.$$

m_j가 무한으로 가면, 신뢰도 요소는 다음과 같습니다.

$$Z\to\frac{an/w}{1+an/w}<1.$$

이 한계를 뷜만-슈트라우브(Bühlmann-Straub) 모델과 비교하면, 뷜만-슈트라우브 모델에서는 한계가 1에 도달합니다. 따라서 위험이 아무리 크더라도 신뢰도(credibility)에는 한계가 존재합

니다. 이 결과의 추가 일반화는 연습문제 17.12에서 제공됩니다. □

또 다른 일반화는 $\mu(\Theta)$의 분산을 위험 노출도에 따라 다르게 설정하는 것입니다. 이는 특정 위험의 손실액 청구 경향이 평균에서 벗어나는 정도가 위험의 크기와 관련이 있다고 믿는 경우에 합리적일 수 있습니다. 예를 들어, 대규모 위험은 더 신중하게 언더라이팅(underwriting)될 가능성이 있습니다. 이 경우, 위험이 언더라이팅 (underwriting) 요건을 충족할 뿐만 아니라 명시된 그대로인지를 확인함으로써 평균에서 극단적인 편차가 발생할 가능성이 줄어듭니다.

예제 17.19

(예제 17.18 계속) 예제 17.18에서 제시된 사양에 추가하여, $\mathrm{Var}[\mu(\Theta)] = a + b/m$로 설정하겠습니다. 여기서 $m = \sum_{j=1}^{n} m_j$는 그룹의 총 위험 노출도입니다. 신뢰도 공식(credibility formula)을 개발해보겠습니다.

이제 다음과 같은 관계를 얻습니다.

$$\begin{aligned}
\mathrm{E}(X_j) &= \mathrm{E}[\mathrm{E}(X_j|\Theta)] = \mathrm{E}[\mu(\Theta)] = \mu \\
\mathrm{Var}(X_j) &= \mathrm{E}[\mathrm{Var}(X_j|\Theta)] + \mathrm{Var}[\mathrm{E}(X_j|\Theta)] \\
&= \mathrm{E}\left[w(\Theta) + \frac{v(\Theta)}{m_j}\right] + \mathrm{Var}[\mu(\Theta)] \\
&= w + \frac{v}{m_j} + a + \frac{b}{m}
\end{aligned}$$

그리고 $i \neq j$일 때,

$$\begin{aligned}
\mathrm{Cov}(X_i, X_j) &= \mathrm{E}[\mathrm{E}(X_i X_j|\Theta)] - \mu^2 \\
&= \mathrm{E}[\mu(\Theta)^2] - \mu^2 \\
&= a + \frac{b}{m}.
\end{aligned}$$

위 계산에서 a가 $a + b/m$로 대체된 것을 제외하면, 예제 17.18에서 사용된 모든 계산이 여기에 적용됨을 알 수 있습니다.

신뢰도 계수(credibility factor)는

$$Z = \frac{(a + b/m)m^*}{1 + (a + b/m)m^*},$$

신뢰도 보험료(credibility premium)는

$$Z\bar{X} + (1 - Z)\mu,$$

여기서 $\bar{X}$와 m^*는 예제 17.18에서 정의된 바와 같습니다. 이 특정 신뢰도 공식은 근로자 보상 경험 등급제에서 사용된 바 있습니다. 이 응용 사례 중 하나는 Gillam [45]에서 자세히 제시되었습니다. □

17.7 정확 신뢰도 Exact Credibility

예제 17.15-17.17에서 우리는 신뢰도 보험료와 베이지안 보험료가 동일하다는 것을 발견했습니다. 식 (17.19)에 따르면, 신뢰도 보험료는 제곱 오차 손실(squared-error loss)의 관점에서 베이지안 보험료에 대한 최적의 선형 근사로 볼 수 있습니다. 이 예제들에서는 두 보험료가 동일하기 때문에 근사가 정확합니다. 신뢰도 보험료가 베이지안 보험료와 동일한 상황을 정확한 신뢰도(exact credibility)라고 합니다.

처음에는 이 문맥에서 신뢰도 보험료의 존재와 유한성에 대해 논의하는 것이 불필요해 보일 수 있습니다. 왜냐하면 정의된 바와 같은 정확한 신뢰도는 그렇지 않으면 명백히 불가능하기 때문입니다. 그러나 이후에 살펴볼 내용에서는 몇 가지 기술적인 문제가 있으며, 이를 명확히 다루려면 신뢰도 보험료가 명확히 정의되어야 한다는 점을 암묵적으로 기억하는 것이 중요합니다. 이를 위해 $\mathrm{E}[X_j] < \infty$, $\mathrm{Var}[X_j] < \infty$, 그리고 $\mathrm{Cov}[X_i, X_j] < \infty$ 라는 조건이 충족되어야 하며, 이는 식 (17.15) 및 (17.17)의 정규 방정식에서 명백히 알 수 있습니다.

정확한 신뢰도는 일반적으로 선형 지수 분포군(linear exponential family) 구성원과 그들의 켤레 사전 분포(conjugate priors)가 포함된 뷜만(Bühlmann) 및 뷜만-슈트라우브(Bühlmann-Straub) 상황에서 발생합니다. 신뢰도 보험료의 존재는 구조적 모수 $\mathrm{E}[\mu(\boldsymbol{\Theta})]$, $\mathrm{E}[\mathrm{Var}(\boldsymbol{\Theta})]$, $\mathrm{Var}[\mu(\boldsymbol{\Theta})]$가 유한해야 한다는 점에서 분명합니다.

이 상황에서 $\mathrm{E}[\mu(\boldsymbol{\Theta})]$를 생각해봅시다. 식 (5.8)에 따르면, 선형 지수 분포군에서 평균은 다음과 같습니다.

$$\mu(\theta) = \mathrm{E}(X_j|\Theta = \theta) = \frac{q'(\theta)}{r'(\theta)q(\theta)}, \tag{17.35}$$

그리고 정리 13.18에 따르면 켤레 사전 확률 밀도 함수(pdf)는 다음과 같이 주어집니다.

$$\pi(\theta) = \frac{[q(\theta)]^{-k} e^{\mu k r(\theta)} r'(\theta)}{c(\mu, k)}, \quad \theta_0 < \theta < \theta_1, \tag{17.36}$$

여기서 지지 구간 (θ_0, θ_1)이 명시적으로 정의됩니다. 또한, 현재로서는 μ와 k를 사전 확률 밀도 함수 $\pi(\theta)$와 관련된 알려진 모수로 간주해야 합니다.

$E[\mu(\mathbf{\Theta})]$를 결정하기 위해, 식 (17.36)에서 다음이 따름을 알 수 있습니다.

$$\ln[\pi(\theta)/r'(\theta)] = -k \ln q(\theta) + \mu k r(\theta) - \ln c(\mu, k),$$

θ에 대해 미분하면,

$$\frac{\frac{d}{d\theta}[\pi(\theta)/r'(\theta)]}{\pi(\theta)/r'(\theta)} = -k\frac{q'(\theta)}{q(\theta)} + \mu k r'(\theta).$$

이를 $\pi(\theta)/r'(\theta)$로 곱하고 식 (17.35)를 사용하면,

$$\frac{d}{d\theta}\left[\frac{\pi(\theta)}{r'(\theta)}\right] = -k[\mu(\theta) - \mu]\pi(\theta). \tag{17.37}$$

다음으로 (θ_0,θ_1) 구간에 대해 식 (17.37)을 적분하면,

$$\begin{aligned}\frac{\pi(\theta_1)}{r'(\theta_1)} - \frac{\pi(\theta_0)}{r'(\theta_0)} &= -k\int_{\theta_0}^{\theta_1}[\mu(\theta) - \mu]\pi(\theta)\,d\theta \\ &= -kE[\mu(\Theta) - \mu].\end{aligned}$$

따라서 이로부터,

$$E[\mu(\Theta)] = \mu + \frac{\pi(\theta_0)}{kr'(\theta_0)} - \frac{\pi(\theta_1)}{kr'(\theta_1)}. \tag{17.38}$$

주목할 점은 만약

$$\frac{\pi(\theta_1)}{r'(\theta_1)} = \frac{\pi(\theta_0)}{r'(\theta_0)}, \tag{17.39}$$

라면,

$$E[\mu(\Theta)] = \mu, \tag{17.40}$$

이는 식 (17.36)에서 μ라는 기호 선택이 우연이 아님을 보여줍니다. 식 (17.40)이 성립하는 경우는 일반적으로 식 (17.39)의 양변이 0과 같을 때입니다.

어쨌든 $E[\mu(\mathbf{\Theta})] < \infty$이지만 $E[\mu(\mathbf{\Theta})] \neq \mu$인 경우가 있을 수 있습니다. 또한, $E[\mu(\mathbf{\Theta})] = \infty$가 될 수도 있는데, 이는 $\pi(\theta_0)/r'(\theta_0)$ 또는 $\pi(\theta_1)/r'(\theta_1)$ 중 하나가 유한하지 않을 경우 발생할 수 있습니다.

다음으로, 뷜만(Bühlmann) 상황에서의 사후 분포를 고려해 봅시다. 여기서,

$$f_{X_j|\Theta}(x_j|\theta) = \frac{p(x_j)e^{r(\theta)x_j}}{q(\theta)}$$

$\pi(\theta)$는 식 (17.36)에 따라 정의됩니다. 정리 13.18에 따르면, 사후 확률 밀도 함수(pdf)는 다음과 같습니다.

$$\pi_{\Theta|\mathbf{X}}(\theta|\mathbf{x}) = \frac{[q(\theta)]^{-k_*}e^{\mu_* k_* r(\theta)}r'(\theta)}{c(\mu_*, k_*)}, \quad \theta_0 < \theta < \theta_1, \tag{17.41}$$

여기서,

$$k_* = k + n \tag{17.42}$$

$$\mu_* = \frac{\mu k + n\bar{x}}{k + n}. \tag{17.43}$$

식 (17.41)이 식 (17.36)과 같은 형식이기 때문에, 베이지안 보험료(식 17.13)는 다음과 같이 표현됩니다.

$$\mathrm{E}(X_{n+1}|\mathbf{X} = \mathbf{x}) = \mu_* + \frac{\pi_{\Theta|\mathbf{X}}(\theta_0|\mathbf{x})}{k_* r'(\theta_0)} - \frac{\pi_{\Theta|\mathbf{X}}(\theta_1|\mathbf{x})}{k_* r'(\theta_1)}, \tag{17.44}$$

여기서 μ_*는 식 (17.43)으로 주어집니다. μ_*가 x_j의 선형 함수이기 때문에, 만약,

$$\frac{\pi_{\Theta|\mathbf{X}}(\theta_0|\mathbf{x})}{r'(\theta_0)} = \frac{\pi_{\Theta|\mathbf{X}}(\theta_1|\mathbf{x})}{r'(\theta_1)}, \tag{17.45}$$

라면, 식 (17.44)는 다음과 같이 단순화됩니다.

$$\mathrm{E}(X_{n+1}|\mathbf{X} = \mathbf{x}) = \mu_* = \frac{\mu k + n\bar{x}}{k + n}. \tag{17.46}$$

모든 벡터 x에 대해 식 (17.45)가 성립하려면, 양변이 0과 같아야 합니다. 또한, 식 (17.46)은 식 (16.7)의 형식을 따릅니다.

베이지안 보험료의 사후 선형성(posterior linearity)은 식 (17.45)가 참일 때 발생합니다(대개 양변이 0과 같을 때). $\mathrm{E}[\mu(\boldsymbol{\Theta})] = \infty$ 인 경우에도 베이지안 보험료의 사후 선형성이 발생할 수 있음을 주목해야 합니다. 그러나 신뢰도 보험료가 명확히 정의되는 한($\mathrm{E}[\mu(\boldsymbol{\Theta})]$, $\mathrm{E}[\nu(\boldsymbol{\Theta})]$, $\mathrm{Var}[\mu(\boldsymbol{\Theta})]$가 모두 유한), 베이지안 보험료의 사후 선형성은 신뢰도 보험료와의 동등성을 의미하며, 이는 정확한 신뢰도(exact credibility)를 나타냅니다.

이를 확인하기 위해, 베이지안 보험료가 $X_1,\cdots,X_n$의 선형 함수라면,

$$\mathrm{E}(X_{n+1}|\mathbf{X}) = a_0 + \sum_{j=1}^{n} a_j X_j,$$

식 (17.19)에서 Q_1이 최솟값 0에 도달하며, 이는 $\tilde{\alpha}_j = a_j\ (j = 0, 1, \cdots, n)$일 때 가능합니다. 따라서 신뢰도 보험료는,

$\tilde{\alpha}_0 + \sum_{j=1}^{n} \tilde{\alpha}_j X_j = \mathrm{E}[X_{n+1}|\mathbf{X}]$이며, 신뢰도는 정확합니다.

다음 예제는 이러한 개념을 명확히 설명합니다.

예제 17.20

다음과 같이 가정합니다.

$$f_{X_j|\Theta}(x_j|\theta) = \theta e^{-\theta x_j},\ x_j > 0.$$

이 경우

$r(\theta) = -\theta$, $q(\theta) = 1/\theta$이며, 식 (17.35)를 이용하면 $\mu(\theta) = 1/\theta$ 가 됩니다. 유사하게, $\nu(\theta) = \mathrm{Var}(X_j|\mathbf{\Theta}=\theta) = \mu'(\theta)/r'(\theta) = 1/\theta^2$는 식 (5.9)로부터 유도됩니다. 다음으로, 식 (17.36)은 다음과 같이 변환됩니다.

$$\pi(\theta) = \frac{\theta^k e^{-\mu k\theta}}{\int_{\theta_0}^{\theta_1} t^k e^{-\mu kt} dt}, \quad \theta_0 < \theta < \theta_1. \tag{17.47}$$

절단된 상황(truncated situation)에서 $0 < \theta_0 < \theta_1 < \infty$인 경우, $\pi(\theta)$가 유효한 확률 밀도 함수(pdf)가 되기 위한 사전 모델 모수 k와 μ에는 제한이 없습니다. 또한, 이 경우 $\mathrm{E}[\mu(\mathbf{\Theta})]$, 그리고 $\mathrm{Var}[\mu(\mathbf{\Theta})]$가 모두 유한하므로 신뢰도 보험료가 명확히 정의됩니다. 실제로, 식 (17.38)은 다음과 같이 변환됩니다.

$$\mathrm{E}[\mu(\Theta)] = \mu + \frac{\theta_1^k e^{-\mu k\theta_1} - \theta_0^k e^{-\mu k\theta_0}}{k\int_{\theta_0}^{\theta_1} t^k e^{-\mu kt} dt}. \tag{17.48}$$

식 (17.41)에서 사후 확률 밀도 함수(pdf)는 식 (17.47)과 같은 형식을 가지며, μ와 k가 각각 μ_*와 k_*로 대체됩니다(식 17.43 및 17.42). 따라서, 이 절단된 상황에서 베이즈 보험료(식 17.44)은 식 (17.48)과 유사하게 다음과 같이 표현됩니다.

$$\mathrm{E}(X_{n+1}|\mathbf{X}=\mathbf{x}) = \mu_* + \frac{\theta_1^{k_*} e^{-\mu_* k_* \theta_1} - \theta_0^{k_*} e^{-\mu_* k_* \theta_0}}{k_* \int_{\theta_0}^{\theta_1} t^{k_*} e^{-\mu_* k_* t} dt}. \tag{17.49}$$

μ_*가 x_j의 선형 함수이므로, 식 (17.49)는 x_j에 대해 비선형이며, 따라서 신뢰도가 정확하지 않습니다. 또한, 이 절단된 예제는 정확한 신뢰도를 위해 필요한 경계 조건(식 17.39 및 17.45)이 모델 가정임을 보여줍니다. 이는 단순히 더 나은 결과를 얻기 위해 생략될 수 없습니다.

더 일반적인 상황(untruncated situation)을 고려합시다. 여기서 $\theta_0 = 0$및 $\theta_1 = \infty$로 설정됩니다. 그러면 식 (17.47)은 감마 분포의 pdf로 변환됩니다.

$$\pi(\theta) = \frac{\mu k(\mu k\theta)^k e^{-\mu k\theta}}{\Gamma(k+1)}, \quad \theta > 0, \tag{17.50}$$

이것은 $k > -1$이고 $\mu k > 0$일 때 유효한 pdf입니다. 다음 세 가지 경우가 있습니다.

Case	Result
$-1 < k \le 0$	$\mathrm{E}[\mu(\Theta)] = \mathrm{E}[v(\Theta)] = \mathrm{Var}[\mu(\Theta)] = \infty$
$0 < k \le 1$	$\mathrm{E}[\mu(\Theta)] = \mu < \infty,\ \mathrm{E}[v(\Theta)] = \mathrm{Var}[\mu(\Theta)] = \infty$
$k > 1$	$\mathrm{E}[\mu(\Theta)] = \mu < \infty,\ \mathrm{E}[v(\Theta)] < \infty,\ \mathrm{Var}[\mu(\Theta)] < \infty$

따라서, $k < 1$이 아닌 한 신뢰도 보험료는 존재하지 않습니다.

그러나 $k_* = k + n > 0$이므로 k의 값에 관계없이 베이즈 보험료는 다음과 같이 표현됩니다.

$$\mathrm{E}(X_{n+1}|\mathbf{X} = \mathbf{x}) = \mu_* = \frac{\mu k + n\bar{x}}{k+n},$$

이는 x_j의 선형 함수입니다.

지수-감마 모델에서 사전 pdf(식 17.50)가 주어졌을 때, 베이즈 보험료는 k의 값에 관계없이 x_j의 선형 함수입니다. 그러나 $k \le 1$이면 신뢰도 보험료가 존재하지 않습니다. $k > 1$이면 신뢰도가 정확합니다. □

마지막으로, 기술적인 점을 하나 더 언급할 가치가 있습니다. 사전 pdf와 관련된 모수 μ의 선택이 우연이 아니라는 점은 $\mathrm{E}[\mu(\boldsymbol{\Theta})] = \mu$인 경우가 많다는 사실에서 확인됩니다. 이는 k 모수에도 유사하게 적용됩니다. 식 (5.9)에서 $v(\theta) = \mu'(\theta)/r'(\theta)$이므로, 식 (17.37)과 곱의 미분 법칙을 이용하면 다음을 얻을 수 있습니다.

$$\begin{aligned}\frac{d}{d\theta}\left\{[\mu(\theta)-\mu]\frac{\pi(\theta)}{r'(\theta)}\right\} &= \mu'(\theta)\left[\frac{\pi(\theta)}{r'(\theta)}\right] + [\mu(\theta)-\mu]\frac{d}{d\theta}\left[\frac{\pi(\theta)}{r'(\theta)}\right] \\ &= v(\theta)\pi(\theta) - k[\mu(\theta)-\mu]^2\pi(\theta).\end{aligned}$$

이를 (θ_0, θ_1)에 대해 적분하면,

$$[\mu(\theta)-\mu]\frac{\pi(\theta)}{r'(\theta)}\Big|_{\theta_0}^{\theta_1} = \mathrm{E}[v(\Theta)] - k\mathrm{E}\left\{[\mu(\Theta)-\mu]^2\right\},$$

이를 k에 대해 풀면 다음과 같습니다.

$$k = \frac{\mathrm{E}[v(\Theta)] + [\mu(\theta_0)-\mu]\dfrac{\pi(\theta_0)}{r'(\theta_0)} - [\mu(\theta_1)-\mu]\dfrac{\pi(\theta_1)}{r'(\theta_0)}}{\mathrm{E}\left\{[\mu(\Theta)-\mu]^2\right\}}. \tag{17.51}$$

추가로 만약 식 (17.39)가 성립한다면, (17.40)이 성립하고 (17.51)은

$$k = \frac{\mathrm{E}[v(\Theta)] + \mu(\theta_0)\dfrac{\pi(\theta_0)}{r'(\theta_0)} - \mu(\theta_1)\dfrac{\pi(\theta_1)}{r'(\theta_1)}}{\mathrm{Var}[\mu(\Theta)]}, \tag{17.52}$$

로 단순화됩니다. 다음엔 잘 알려진 다음으로 단순화됩니다.

$$k = \mathrm{E}[v(\Theta)] / \mathrm{Var}[\mu(\Theta)]$$

그 조건은 다음의 식이 성립하고 양변은 동일하게 0입니다.

$$\frac{\mu(\theta_0)\pi(\theta_0)}{r'(\theta_0)} = \frac{\mu(\theta_1)\pi(\theta_1)}{r'(\theta_1)},$$

17.8 노트 및 참고문헌 Notes and Reference

이 섹션에서는 제한 변동 신뢰도(limited fluctuation credibility)에 대한 두 가지 주요 비판 중 하나를 다루었습니다. 가설 평균의 분산을 사용하여, 관심 그룹의 평균 $\mu(\theta)$를 매뉴얼 또는 집합적 보험료 μ와 연결하는 방법을 제시하였습니다. 이 접근법은 특정 모델과 목표에서 직접 도출된 결과로 수학적으로도 타당합니다. 또한 선형 해법(linear solution)을 추가로 제한하는 것이 생각보다 나쁘지 않다는 점도 확인할 수 있었는데, 이는 종종 정확한 베이즈 해법을 얻을 수 있기 때문입니다.

이후 모델을 일반화하려는 많은 노력이 이루어졌습니다. 신뢰도 보험료를 도출하는 견고한 기반이 마련되었지만, 남은 장애물은 다음과 같습니다. 뷜만(Bühlmann) 공식에서 a와 v를 수치적으로 추정하는 방법 또는 베이즈(Bayesian) 공식에서 사전 분포를 지정하는 방법입니다. 이러한 문제는 18장에서 다룹니다.

표 17.2 The data for Exercise 17.4

	y		
x	0	1	2
0	0.20	0	0.10
1	0	0.15	0.25
2	0.05	0.15	0.10

제한 변동 접근법(limited fluctuation approach)과 최대 정확도 접근법(greatest accuracy approach)을 포함한 신뢰도 이론의 역사적 검토는 Norberg [94]에서 제공됩니다. 뷜만의 고전 논문 [19] 이후로, 보험계리학 문헌에서 신뢰도 이론에 대한 방대한 문헌이 발전했습니

다. 다른 기초적인 소개는 Herzog [52]와 Waters [130]에서 제공됩니다. 보다 고급 수준의 논의는 Goovaerts와 Hoogstad [46], 그리고 Sundt [118]에 의해 다루어졌습니다.

뷜만-슈트라우브(Bühlmann-Straub) 모델의 중요한 일반화는 이 섹션에서 다루지 않은 Hachemeister [48] 회귀 모델(regression model)입니다. 이에 대한 논의는 Klugman [71]을 참조하십시오. 정확한 신뢰도(exact credibility)에 대한 내용은 Jewell [62]에서 동기를 얻었습니다. Ericson [36]도 참조하십시오. Insurance: Abstracts and Reviews의 특별호(Sundt [117])에는 신뢰도 이론에 관한 방대한 논문 목록이 포함되어 있습니다.

17.9 연습문제

17.1 X와 Z가 각각 평균 λ_1과 λ_2를 가지는 독립적인 포아송(Poisson) 확률 변수라고 가정합니다. $Y = X + Z$라고 할 때, $X|Y = y$가 이항(binomial) 분포를 따름을 증명하십시오.

17.2 X가 모수 n_1과 p를 가지는 이항 분포를 따르며,

$$f_X(x) = \binom{n_1}{x} p^x (1-p)^{n_1-x}, \quad x = 0, 1, 2, \ldots, n_1.$$

라고 가정합니다. 또한 Z가 n_2와 p를 가지는 독립적인 이항 분포를 따릅니다. $Y = X + Z$는 모수 $n_1 + n_2$와 p를 가지는 이항 분포를 따릅니다. $X|Y = y$가 초기하(hypergeometric) 분포를 따름을 증명하십시오.

17.3 포아송 평균 λ를 가지는 합성 포아송(compound Poisson) 분포를 고려합니다. $X = Y_1 + \cdots + Y_N$이며, $\mathrm{E}[Y_i] = \mu_Y$ 및 $\mathrm{Var}[Y_i] = \sigma_Y^2$라고 할 때, X의 평균과 분산을 구하십시오.

17.4 X와 Y의 결합 확률 분포가 표 17.2와 같이 주어진다고 가정합니다.

(a) X와 Y의 주변 분포를 계산하십시오.

(b) $Y = y$일 때의 조건부 분포 $X|Y = y$를 계산하십시오. (y = 0,1,2)

(c) $Y = y$일 때 $\mathrm{E}[X|y]$, $\mathrm{E}[X^2|y]$, $\mathrm{Var}[X|y]$를 계산하십시오. (y = 0,1,2)

(d) 식 (17.3), (17.6), 및 (c)를 사용하여 $\mathrm{E}[X]$와 $\mathrm{Var}[X]$를 계산하십시오.

17.5 X와 Y가 이변량 정규 분포를 따르며, 결합 밀도 함수는 다음과 같습니다.

$$f_{X,Y}(x,y) = \frac{1}{2\pi\sigma_1\sigma_2\sqrt{1-\rho^2}} \times \exp\left\{-\frac{1}{2(1-\rho^2)}\left[\left(\frac{x-\mu_1}{\sigma_1}\right)^2 - 2\rho\left(\frac{x-\mu_1}{\sigma_1}\right)\left(\frac{y-\mu_2}{\sigma_2}\right) + \left(\frac{y-\mu_2}{\sigma_2}\right)^2\right]\right\}.$$

다음을 증명하십시오.

(a) 조건부 밀도 함수는 다음과 같습니다.

$$f_{X|Y}(x|y) = \frac{1}{\sqrt{2\pi}\sigma_1\sqrt{1-\rho^2}} \exp\left\{-\frac{1}{2}\left[\frac{x-\mu_1-\rho\frac{\sigma_1}{\sigma_2}(y-\mu_2)}{\sigma_1\sqrt{1-\rho^2}}\right]^2\right\}.$$

따라서,

$$\mathrm{E}(X|Y=y) = \mu_1 + \rho\frac{\sigma_1}{\sigma_2}(y-\mu_2).$$

(b) 주변 pdf는 다음과 같습니다.

$$f_X(x) = \frac{1}{\sqrt{2\pi}\sigma_1}\exp\left[-\frac{1}{2}\left(\frac{x-\mu_1}{\sigma_1}\right)^2\right].$$

(c) X와 Y는 $\rho = 0$일 때 독립적입니다.

17.6 $\mathbf{\Theta} = (\mathbf{\Theta}_1, \mathbf{\Theta}_2)$가 주어졌을 때, X가 평균 $\mathbf{\Theta}_1$, 분산 $\mathbf{\Theta}_2$를 가지는 정규 분포를 따른다고 가정합니다.

(a) $\mathrm{E}[X] = \mathrm{E}(\mathbf{\Theta}_1)$, $\mathrm{Var}[X] = \mathrm{E}(\mathbf{\Theta}_2) + \mathrm{Var}(\mathbf{\Theta}_1)$임을 증명하십시오.

(b) $\mathbf{\Theta}_1$과 $\mathbf{\Theta}_2$가 독립적이라면, X가 $\mathbf{\Theta}_1 + Y$와 같은 분포를 가지며, 여기서 $\mathbf{\Theta}_1$와 Y, 그리고 $Y|\mathbf{\Theta}_2$는 독립이고 평균 0, 분산 $\mathbf{\Theta}_2$를 가지는 정규 분포임을 증명하십시오.

17.7 $\mathbf{\Theta}$가 pdf $\pi(\theta)(\theta > 0)$를 따르고, $\mathbf{\Theta}_1$이 pdf $\pi_1(\theta) = \pi(\theta - \alpha)$, $\theta > \alpha > 0$를 따른다고 가정합니다. $\mathbf{\Theta}_1$이 주어졌을 때, X는 평균 $\mathbf{\Theta}_1$를 가지는 포아송 분포를 따른다면, X는 $Y + Z$와 같은 분포에 따르는 것을 증명하십시오. 여기서 Y와 Z는 독립이며, Y는 평균 α를 가지는 포아송 분포를 따르고 $Z|\mathbf{\Theta}$는 평균 $\mathbf{\Theta}$를 가지는 포아송 분포를 따릅니다.

17.8 다이(die)와 스피너(spinner) 모델을 고려합니다. 첫 번째 주사위는 "표시된" 면이 하나, "표시되지 않은" 면이 다섯 개 있습니다. 두 번째 주사위는 "표시된" 면이 네 개, "표시되지 않은" 면이 두 개 있습니다. 세 개의 스피너는 각각 동일하게 나뉜 다섯 개의 섹터를 가지며, 섹터는 3 또는 8로 표시됩니다. 첫 번째 스피너는 한 섹터가 3, 네 섹터가 8로 표시됩니다. 두 번째 스피너는 두 섹터가 3, 세 섹터가 8로 표시됩니다. 세 번째 스피너는 네 섹터가 3, 한 섹터가 8로 표시됩니다. 주사위와 스피너는 임의로 선택됩니다. 주사위 굴림에서 표시되지 않은 면이 나오면 손실액 청구가 발생하지 않습니다. 표시된 면이 나오면 손실액 청구가 발생하며, 스피너를 돌려 손실

액 청구 금액을 결정합니다.

표 17.3 The data for Exercise 17.9

Urn	0s	1s	2s
1	0.40	0.35	0.25
2	0.25	0.10	0.65
3	0.50	0.15	0.35

(a) 각 6가지 주사위-스피너 조합에 대해 $\pi(\theta)$를 결정하십시오.

(b) 각 주사위-스피너 조합에 대해 손실액 청구 크기의 조건부 분포 $f_{X|\Theta}(x|\theta)$를 결정하십시오.

(c) 각 θ에 대해 가설 평균 $\mu(\theta)$와 프로세스 분산 $\nu(\theta)$를 계산하십시오.

(d) 첫 번째 시도에서 $X_1 = 3$일 확률을 계산하십시오.

(e) 베이즈 정리를 사용하여 Θ의 사후 분포 $\pi_{\Theta|X1}(\theta|3)$를 계산하십시오.

(f) 식 (17.10)을 사용하여 첫 번째 시도에서 $X_1 = 3$이 관측되었을 때, 두 번째 시도의 손실액 청구 X_2의 조건부 분포 $f_{X2|X1}(x_2|3)$를 결정하십시오.

(g) 식 (17.13)을 사용하여 베이즈 보험료 $\mathrm{E}[X_2|X_1 = 3]$을 계산하십시오.

(h) $X_2 = x_2$이고 $X_1 = 3$일 결합 확률을 계산하십시오. ($x_2 = 0,3,8$)

(i) 식 (17.8)을 사용하여 $f_{X2|X1}(x_2|3)$를 직접 계산하고 (f)의 결과와 비교하십시오.

(j) 식 (17.12)를 사용하여 베이즈 보험료를 직접 계산하고 (g)의 결과와 비교하십시오.

(k) 구조적 모수 μ, ν, a를 결정하십시오.

(l) 뷜만 신뢰도 계수와 뷜만 신뢰도 보험료를 계산하여 $\mathrm{E}[X_2|X_1 = 3]$의 베이즈 보험료를 근사하십시오.

17.9 세 개의 항아리는 각각 0, 1, 2로 표시된 공을 포함하고 있으며, 비율은 표 17.3에 나와 있습니다. 항아리를 임의로 선택하고, 그 항아리에서 공 두 개를 교체하면서 뽑아 그 합이 2임을 관찰합니다. 같은 항아리에서 공 두 개를 더 뽑아 그 합을 예측하는 것이 관심사입니다.

(a) $\pi(\theta)$를 계산하십시오.

(b) 각 항아리에 대해 공 두 개의 합에 대한 조건부 분포 $f_{X|\Theta}(x|\theta)$를 계산하십시오.

(c) 각 θ에 대해 가설 평균 $\mu(\theta)$와 프로세스 분산 $\nu(\theta)$를 계산하십시오.

(d) 첫 번째 공 두 개의 합 $X_1 = 2$일 확률을 계산하십시오.

(e) 베이즈 정리를 사용하여 $\pi_{\Theta|X1}(\theta|2)$를 계산하십시오.

(f) 식 (17.10)을 사용하여 X_1 = 2일 때 다음 두 공의 합 X_2의 조건부 분포 $f_{X2|X1}(x_2|2)$를 결정하십시오.

표 17.4 The data for Exercise 17.10

	Number of claims		Severity	
Type	Mean	Variance	Mean	Variance
A	0.2	0.2	200	4,000
B	0.7	0.3	100	1,500

(g) 식 (17.13)을 사용하여 베이즈 보험료 $\mathrm{E}[X_2|X_1 = 2]$을 계산하십시오.

(h) $X_2 = x_2$이고 $X_1 = 2$일 결합 확률을 계산하십시오. (x_2 = 0,1,2,3,4)

(i) 식 (17.8)을 사용하여 $f_{X2|X1}(x_2|2)$를 직접 계산하고 (f)의 결과와 비교하십시오.

(j) 식 (17.12)를 사용하여 베이즈 보험료를 직접 계산하고 (g)의 결과와 비교하십시오.

(k) 구조적 모수 μ, v, a를 결정하십시오.

(l) 뷜만 신뢰도 계수와 뷜만 신뢰도 보험료를 계산하십시오.

(m) 각 "위험 노출 위험량 단위"가 공 한 개의 뽑기로 구성될 때와 두 개의 뽑기로 구성될 때 뷜만 신뢰도 계수가 동일함을 증명하십시오.

17.10 두 가지 유형의 보험 계약자(A 유형, B 유형)가 있다고 가정합니다. 총 보험 계약자의 3분의 2는 A 유형이고, 3분의 1은 B 유형입니다. 각 유형에 대해 연간 손실액 청구 건수와 심도에 대한 정보는 표 17.4에 나와 있습니다. 과거 4년 동안 총 손실액 청구 금액이 500인 보험 계약자에 대해 다음 연도의 신뢰도 계수 Z와 신뢰도 보험료를 계산하십시오.

17.11 손실액 청구 건수에 대한 위험 요소를 $\boldsymbol{\Theta}_1$, 손실액 청구 심도에 대한 위험 요소를 $\boldsymbol{\Theta}_2$로 나타냅니다. $\boldsymbol{\Theta}_1$과 $\boldsymbol{\Theta}_2$가 독립적이라고 가정합니다. 또한 $\boldsymbol{\Theta}_1 = \theta_1$일 때 손실액 청구 건수 N은 포아송 분포를 따르고, $\boldsymbol{\Theta}_2 = \theta_2$일 때 심도 Y는 지수 분포를 따릅니다. 손실액 청구건과 심도의 가설적 평균 기댓값(μ)과 과정 분산(v), 그리고 손실액 청구건의 가설적 평균의 분산(a)은 각각 다음과 같습니다.

$$\mu_N = 0.1, \qquad v_N = 0.1, \qquad a_N = 0.05,$$
$$\mu_Y = 100, \qquad v_Y = 25{,}000.$$

특정 보험 계약자에 대해 총 손실액 청구 금액 200이 관측되었습니다. 뷜만 신뢰도 계수와 신뢰도 보험료를 계산하십시오.

17.12 $X_1,\cdots,X_n$이 독립적이고 ($\boldsymbol{\Theta}$ 조건부) 다음을 만족한다고 가정합니다.

$$\mathrm{E}(X_j|\Theta) = \beta_j\mu(\Theta) \text{ and } \mathrm{Var}(X_j|\Theta) = \tau_j(\Theta) + \psi_j v(\Theta), \quad j = 1, \ldots, n.$$

또한 다음이 주어집니다.

$$\mu = \mathrm{E}[\mu(\Theta)], \quad v = \mathrm{E}[v(\Theta)], \quad \tau_j = \mathrm{E}[\tau_j(\Theta)], \quad a = \mathrm{Var}[\mu(\Theta)].$$

(a) 다음을 증명하십시오.

$$\mathrm{E}(X_j) = \beta_j\mu, \quad \mathrm{Var}(X_j) = \tau_j + \psi_j v + \beta_j^2 a,$$
$$\mathrm{Cov}(X_i, X_j) = \beta_i\beta_j a, \quad i \neq j.$$

(b) $\tilde{\alpha}_0, \tilde{\alpha}_1, \ldots, \tilde{\alpha}_n$에 대한 정규 방정식을 풀고, 신뢰도 보험료가 다음을 만족함을 증명하십시오.

$$\tilde{\alpha}_0 + \sum_{j=1}^{n} \tilde{\alpha}_j X_j = (1 - Z)\,\mathrm{E}(X_{n+1}) + Z\beta_{n+1}\bar{X},$$

여기서

$$m_j = \beta_j^2(\tau_j + \psi_j v)^{-1}, \quad j = 1, \ldots, n,$$
$$m = m_1 + \cdots + m_n,$$
$$Z = am(1 + am)^{-1},$$
$$\bar{X} = \sum_{j=1}^{n} \frac{m_j}{m}\frac{X_j}{\beta_j}.$$

17.13 연습 문제 13.5에 설명된 상황에서 $\mu(\theta)$와 베이즈 보험료 $\mathrm{E}[X_{n+1}|\mathrm{x}]$를 결정하십시오. 왜 베이즈 보험료가 신뢰도 보험료와 동일합니까?

17.14 $j = 1,2,\cdots,n$에 대해, 다음을 만족하는 음이항 확률 함수(negative binomial pmf)를 따르는 X_j가 주어집니다.

$$f_{X_j|\Theta}(x_j|\theta) = \frac{\Gamma(\alpha + x_j)}{\Gamma(\alpha)x_j!}(1 - \theta)^{\alpha}\theta^{x_j}, \quad x_j = 0, 1, \ldots,$$

여기서 $\alpha > 0$는 알려진 상수입니다.

(a) 정리 13.18에 따라 켤레 사전 분포가 다음과 같은 베타 확률 함수임을 증명하십시오.

$$\pi(\theta) = \frac{\Gamma(\mu k + \alpha k + 1)}{\Gamma(\mu k)\Gamma(\alpha k + 1)}\theta^{\mu k - 1}(1 - \theta)^{\alpha k}, \quad 0 < \theta < 1,$$

여기서 $\pi(\theta)$가 유효한 pdf가 되려면 $k > -1/\alpha$, $\mu k > 0$이어야 합니다.

(b) $\mathrm{E}[\mu(\boldsymbol{\Theta})] = \infty$일 조건이 $-1/\alpha < k < 0$이고, $\mathrm{E}[\mu(\boldsymbol{\Theta})] = \mu < \infty$일 조건이 $k > 0$임

을 증명하십시오.

(c) $k \le 1/\alpha$일 경우 신뢰도 보험료가 존재하지 않음을 증명하십시오. $K > 1/\alpha$일 경우, 다음을 증명하십시오:

$\mathrm{Var}[\mu(\boldsymbol{\Theta})] = \mu(\mu+\alpha)/(\alpha k-1)$, $\mathrm{E}[\nu(\boldsymbol{\Theta})]$, $\mathrm{Var}[\mu(\boldsymbol{\Theta})] = k$.

(d) 관측값 n이 $n < 1/\alpha$이고, $-1/\alpha < k < -n$인 경우 베이즈 보험료가 존재하지 않음을 증명하십시오. $K > -n$일 경우 베이즈 보험료가 x_j의 선형 함수임을 증명하십시오. $K = -n$이면 어떤 일이 발생합니까?

(e) $k > 1/\alpha$일 경우 신뢰도가 정확함을 증명하십시오.

17.15 다음과 같은 일반화된 선형 지수 분포군(linear exponential family)을 고려하십시오:

$$f(x;\theta,m) = \frac{p(m,x)e^{mr(\theta)x}}{[q(\theta)]^m}.$$

m이 모수인 경우 이를 지수 분산군(exponential dispersion family)이라고 합니다. 연습 문제 5.25에서 이 확률 변수의 평균이 $q'(\theta)/[r'(\theta)q(\theta)]$임이 보였습니다. 이 연습에서는 m이 알려졌다고 가정합니다.

(a) 다음 사전 분포를 고려하십시오.

$$\pi(\theta) = \frac{[q(\theta)]^{-k}\exp[\mu k r(\theta)]r'(\theta)}{c(\mu,k)}, \quad \theta_0 < \theta < \theta_1.$$

베이즈 보험료를 결정하십시오.

(b) 동일한 사전을 사용하여 뷜만 보험료를 결정하십시오.

(c) 역가우시안 분포(inverse Gaussian distribution)가 지수 분산군의 구성원임을 증명하십시오.

17.16 $X_1,\cdots,X_n$이 독립적이고 ($\boldsymbol{\Theta}$ 조건부) 다음을 만족한다고 가정합니다.

$$\mathrm{E}(X_j|\Theta) = \tau^j\mu(\Theta) \quad \text{and} \quad \mathrm{Var}(X_j|\Theta) = \frac{\tau^{2j}v(\Theta)}{m_j}, \quad j = 1,\ldots,n.$$

또한 다음이 주어집니다.

$$\mu = \mathrm{E}[\mu(\Theta)],\ v = \mathrm{E}[v(\Theta)],\ a = \mathrm{Var}[\mu(\Theta)],$$
$$k = v/a, \text{ and } m = m_1 + \cdots + m_n.$$

(a) 이러한 가정이 적절한 경우에 대해 논의하십시오.

(b) 다음을 증명하십시오.

$$\mathrm{E}(X_j) = \tau^j\mu, \quad \mathrm{Var}(X_j) = \tau^{2j}(a + v/m_j),$$
$$\mathrm{Cov}(X_i, X_j) = \tau^{i+j}a, \quad i \ne j.$$

(c) $\tilde{\alpha}_0, \tilde{\alpha}_1, \ldots, \tilde{\alpha}_n$에 대한 정규 방정식을 풀고, 신뢰도 보험료가 다음을 만족함을 증명하십시오.

$$\tilde{\alpha}_0 + \sum_{j=1}^{n} \tilde{\alpha}_j X_j = \frac{k}{k+m}\tau^{n+1}\mu + \frac{m}{k+m}\sum_{j=1}^{n}\frac{m_j}{m}\tau^{n+1-j}X_j.$$

(d) (c)의 식을 언어적으로 해석하십시오.

(e) 다음 확률 함수가 주어졌을 때,

$$f_{X_j|\Theta}(x_j|\theta) = \frac{p(x_j, m_j, \tau)e^{m_j\tau^{-j}x_j r(\theta)}}{[q(\theta)]^{m_j}}.$$

다음을 증명하십시오.

$\mathrm{E}(X_j|\Theta) = \tau^j \mu(\Theta)$ and that $\mathrm{Var}(X_j|\Theta) = \tau^{2j} v(\Theta)/m_j$,

여기서 $\mu(\theta) = q'(\theta)/[r'(\theta)q(\theta)]$, $v(\theta)=\mu'(\theta)/r'(\theta)$입니다.

(f) 다음 사전 확률 분포를 사용할 때 베이즈 보험료를 결정하십시오.

$$\pi(\theta) = \frac{[q(\theta)]^{-k}e^{\mu k r(\theta)}}{c(\mu, k)}, \quad \theta_0 < \theta < \theta_1.$$

17.17 $\mathbf{\Theta} = \theta$가 주어졌을 때, $X_1, \cdots, X_n$이 독립적이고 다음의 포아송 확률 함수(Poisson pmf)를 따릅니다.

$$f_{X_j|\Theta}(x_j|\theta) = \frac{\theta^{x_j}e^{-\theta}}{x_j!}, \quad x_j = 0, 1, 2, \ldots.$$

(a) $S = X_1 + \cdots + X_n$일 때, S의 확률 함수가 다음과 같음을 증명하십시오.

$$f_S(s) = \int_0^\infty \frac{(n\theta)^s e^{-n\theta}}{s!}\pi(\theta)\,d\theta, \quad s = 0, 1, 2, \ldots,$$

여기서 $\mathbf{\Theta}$는 pdf $\pi(\theta)$를 따릅니다.

(b) 베이즈 보험료가 다음과 같음을 증명하십시오.

$$\mathrm{E}(X_{n+1}|\mathbf{X} = \mathbf{x}) = \frac{1+n\bar{x}}{n}\frac{f_S(1+n\bar{x})}{f_S(n\bar{x})}.$$

(c) $\pi(\theta)$가 감마 분포(gamma distribution)일 때 (a)에서 S의 분포를 평가하십시오. 이 분포가 어떤 종류인지 설명하십시오.

17.18 $\mathbf{\Theta} = \theta$가 주어졌을 때, $X_1, X_2, \cdots, X_n$이 독립적이고 다음의 포아송 확률 함수(Poisson pmf)를 따릅니다.

$$f_{X_j|\Theta}(x_j|\theta) = \frac{\theta^{x_j}e^{-\theta}}{x_j!}, \quad x_j = 0, 1, \ldots,$$

Θ는 부록 A의 역가우시안 분포(inverse Gaussian distribution)를 따릅니다.

$$\pi(\theta) = \sqrt{\frac{\gamma}{2\pi\theta^3}} \exp\left[-\frac{\gamma}{2\theta}\left(\frac{\theta-\mu}{\mu}\right)^2\right], \quad \theta > 0.$$

$\alpha(m) = m + \gamma/(2\mu^2)$를 정의합니다.

(a) 연습 문제 5.20(g)를 사용하여 $\mathbf{X} = \mathbf{x}$일 때 Θ의 사후 분포가 일반화된 역가우시안 분포를 따름을 증명하십시오.

$$\pi_{\Theta|\mathbf{X}}(\theta|\mathbf{x}) = \frac{\left[2\alpha(n)/\gamma\right]^{0.5n\bar{x}-0.25}\theta^{n\bar{x}-1.5}\exp\left[-\alpha(n)\theta - \frac{\gamma}{2\theta}\right]}{2K_{n\bar{x}-0.5}\left(\sqrt{2\alpha(n)\gamma}\right)}, \quad \theta > 0.$$

(b) (a)와 연습문제(5.20)을 이용하여 $\mathbf{X} = \mathbf{x}$ 조건부 X_{n+1}의 조건부 분포가 시첼 분포(Sichel distribution)를 따름을 증명하십시오.

$$f_{X_{n+1}|\mathbf{X}}(x_{n+1}|\mathbf{x}) = \left[\frac{\gamma}{2\alpha(n+1)}\right]^{0.5x_{n+1}}\left[\frac{\alpha(n)}{\alpha(n+1)}\right]^{0.5n\bar{x}-0.25} \times \frac{K_{x_{n+1}+n\bar{x}-0.5}\left(\sqrt{2\alpha(n+1)\gamma}\right)}{(x_{n+1}!)K_{n\bar{x}-0.5}\left(\sqrt{2\alpha(n)\gamma}\right)}$$

여기서, $x_{n+1} = 0, 1, \cdots$

(c) 예제 7.16을 사용하여 다음을 평가하십시오.

$$f_S(s) = \int_0^\infty \frac{(n\theta)^s e^{-n\theta}}{s!}\pi(\theta)\,d\theta, \quad s = 0, 1, \ldots,$$

이를 사용하여 연습 문제 17.17(b)를 통해 베이즈 보험료를 계산하는 방법을 설명하십시오.

17.19 $X_j|\Theta$는 평균 Θ와 분산 v를 가지는 정규 분포를 따르고, $j = 1,2,\cdots,n+1$이라고 가정합니다. 또한 Θ는 평균 μ와 분산 a를 가지는 정규 분포를 따릅니다. 따라서,

$$f_{X_j|\Theta}(x_j|\theta) = (2\pi v)^{-1/2}\exp\left[-\frac{1}{2v}(x_j-\theta)^2\right], \quad -\infty < x_j < \infty,$$

$$\pi(\theta) = (2\pi a)^{-1/2}\exp\left[-\frac{1}{2a}(\theta-\mu)^2\right], \quad -\infty < \theta < \infty.$$

(a) $\Theta|\mathbf{X}$의 사후 분포와 $X_{n+1}|\mathbf{X}$의 예측 분포를 결정하십시오.

(b) 베이즈 추정 $\mathrm{E}[X_{n+1}|\mathbf{X}]$를 계산하십시오.

(c) 베이즈 추정과 뷜만 추정이 동일함을 증명하십시오.

17.20 두 개의 항아리 중 하나가 임의로 선택되고, 선택된 항아리에서 번호 4가 적힌 공을 뽑은 후 다시 공을 항아리에 넣습니다. 하나의 항아리는 번호 1부터 4까지 총 네 개의 공을 가지고 있으며, 다른 항아리는 번호 1부터 6까지 총 여섯 개의 공을 가지고 있습니다. 친구가 같은 항아리에서 다시 공을 뽑습니다.

(a) 베이즈 방법을 사용하여 다음 공의 번호에 대한 기댓값을 추정하십시오.

(b) 뷜만 신뢰도를 사용하여 다음 공의 번호에 대한 기댓값을 추정하십시오.

17.21 무작위로 선택된 보험 계약자의 손실액 청구 건수는 모수 θ를 가지는 포아송 분포를 따릅니다. 모수 θ는 인구 전체에서 다음 pdf를 따릅니다.

$$\pi(\theta) = 3\theta^{-4}, \theta > 1.$$

개별 보험 계약자의 경우 θ는 시간이 지나도 변하지 않습니다. 특정 보험 계약자가 지난 2년 동안 총 20건의 손실액 청구를 경험했다고 가정합니다.

(a) 해당 보험 계약자의 향후 예상 손실액 청구 빈도에 대한 뷜만 신뢰도 추정을 구하십시오.

(b) 동일한 보험 계약자의 향후 예상 손실액 청구 빈도에 대한 베이즈 신뢰도 추정을 하십시오.

17.22 (*) 관측 기간이 반년일 때 할당된 뷜만 신뢰도가 0.5라고 가정합니다. 3년 동안 관측했을 때 할당된 뷜만 신뢰도를 결정하십시오.

17.23 (*) 세 개의 항아리가 0 또는 1로 표시된 공을 포함하고 있습니다. 항아리 A는 10%가 0으로 표시되어 있고, 항아리 B는 60%, 항아리 C는 80%가 0으로 표시되어 있습니다. 항아리 하나가 무작위로 선택되었고, 세 개의 공을 교체하면서 뽑은 합이 1임을 관찰했습니다. 같은 항아리에서 다시 세 개의 공을 교체하면서 뽑습니다.

(a) 베이즈 정리를 사용하여 다음 세 개 공의 합의 기댓값을 구하십시오.

(b) 뷜만 신뢰도를 사용하여 다음 세 개 공의 합의 기댓값을 구하십시오.

17.24 (*) 손실액 청구 건수는 모수 λ를 가지는 포아송 분포를 따릅니다. 특정 보험 계약자가 지난 3년 동안 3건의 손실액 청구를 경험했습니다.

(a) λ의 pdf가 $f(\lambda) = 4\lambda^{-5}$, $\lambda > 1$일 때, 뷜만 신뢰도 공식에서 사용되는 K 값을 결정하십시오. 그런 다음, 뷜만 신뢰도를 사용하여 해당 보험 계약자의 손실액 청구 빈도를 추정하십시오.

(b) λ의 pdf가 $f(\lambda) = 1$, $0 < \lambda < 1$일 때, 뷜만 신뢰도 공식에서 사용되는 K값을 결정하십시오. 그런 다음, 뷜만 신뢰도를 사용하여 해당 보험 계약자의 손실액 청구 빈도를 추정하십시오.

17.25 (*) 손실액 청구 건수는 모수 h를 가지는 포아송 분포를 따릅니다. h는 다음 pdf를

가지는 감마 분포를 따릅니다.

$$f(h) = he^{-h}, h > 0.$$

단일 관측에 할당되는 뷜만 신뢰도를 결정하십시오(베이즈 해법은 연습 문제 13.22에서 구할 수 있습니다).

17.26 연습 문제 13.24의 상황을 고려합니다.

(a) 베이즈 신뢰도를 사용하여 두 번째 해의 예상 손실액 청구 건수를 계산하십시오.

(b) (*) 뷜만 신뢰도를 사용하여 두 번째 해의 예상 손실액 청구 건수를 계산하십시오.

17.27 (*) 세 개의 스피너 중 하나가 무작위로 선택됩니다. 각 스피너는 여섯 개의 동일 확률 섹터로 나뉩니다. 각 스피너의 섹터에 표시된 값은 다음과 같습니다.

- 스피너 A: 0 두 개, 12 두 개, 48 두 개
- 스피너 B: 0 세 개, 12 두 개, 48 한 개
- 스피너 C: 0 네 개, 12 한 개, 48 한 개.
- 스피너가 무작위로 선택되어 첫 번째 회전에서 0이 나왔습니다.

(a) 같은 스피너에서 두 번째 회전의 기댓값에 대한 뷜만 신뢰도 추정을 구하십시오.

(b) 같은 스피너에서 두 번째 회전의 기댓값에 대한 베이즈 신뢰도 추정을 구하십시오.

17.28 손실액 청구 건수는 평균 λ를 가지는 포아송 분포를 따릅니다. 모수 λ는 구간 (1,3)에서 균일 분포를 따릅니다.

(a) (*) 무작위로 선택된 개인이 손실액 청구를 한 건도 하지 않을 확률을 구하십시오.

(b) (*) 특정 보험 계약자가 첫 해에 손실액 청구한 건을 했다고 가정할 때, 두 번째 해의 예상 손실액 청구 건수를 뷜만 신뢰도를 사용하여 추정하십시오.

(c) 특정 보험 계약자가 첫 해에 손실액 청구한 건을 했다고 가정할 때, 두 번째 해의 예상 손실액 청구 건수를 베이즈 신뢰도를 사용하여 추정하십시오.

17.29 (*) 클래스 A와 클래스 B에는 각각 동일한 수의 위험이 포함되어 있습니다.

- 클래스 A의 연간 손실액 청구 건수는 평균 1/6, 분산 5/36을 가지며, 손실액 청구 금액은 평균 4, 분산 20을 가집니다.
- 클래스 B의 연간 손실액 청구 건수는 평균 5/6, 분산 5/36을 가지며, 손실액 청구 금액은 평균 2, 분산 5를 가집니다.

한 위험이 클래스 A 또는 클래스 B 중 하나에서 무작위로 선택되었고, 4년 동안 관찰되었습니다.

(a) 관찰된 순수 보험료에 대한 뷜만 신뢰도 계수 Z를 결정하십시오.

(b) 4년 관찰에서 계산된 순수 보험료가 0.250.250.25라고 가정할 때, 해당 위험의 순수 보험료에 대한 뷜만 신뢰도 추정을 구하십시오.

17.30 (*) 단일 실험 결과를 X_1이라 하고, $E[X_2|X_1]$을 두 번째 실험의 기댓값이라고 합니다. 표 17.5에 주어진 정보를 사용하여 $E[X_2|X_1 = 12]$의 베이즈 추정을 결정하십시오.

표 17.5 The data for Exercise 17.30

Outcome T	$P_r(X_1 = T)$	Bühlmann estimate of $E(X_2\|X_1 = T)$	Bayesian estimate of $E(X_2\|X_1 = T)$
1	1/3	2.72	2.6
8	1/3	7.71	7.8
12	1/3	10.57	-

17.31 연습 문제 13.25의 상황을 고려합니다.

(a) 베이즈 신뢰도를 사용하여 두 번째 해의 예상 손실액 청구 건수를 계산하십시오.

(b) (*) 뷜만 신뢰도를 사용하여 두 번째 해의 예상 손실액 청구 건수를 계산하십시오.

17.32 연습 문제 13.26의 상황을 고려합니다.

(a) 베이즈 신뢰도를 사용하여 두 번째 해의 예상 손실액 청구 건수를 계산하십시오.

(b) 뷜만 신뢰도를 사용하여 두 번째 해의 예상 손실액 청구 건수를 계산하십시오.

17.33 두 개의 스피너 A_1과 A_2는 손실액 청구 건수를 결정합니다.

- A_1: 손실액 청구한 건이 발생할 확률은 0.15, 손실액 청구가 없을 확률은 0.85.
- A_2: 손실액 청구한 건이 발생할 확률은 0.05, 손실액 청구가 없을 확률은 0.95.

손실액 청구가 발생하면 B_1 또는 B_2 중 하나의 스피너가 손실액 청구 금액을 결정합니다.

- B_1: 20이 나올 확률은 0.8, 40이 나올 확률은 0.2.
- B_2: 20이 나올 확률은 0.3, 40이 나올 확률은 0.7.

A_1, A_2와 B_1, B_2 중 각각 한 쌍의 스피너가 무작위로 선택되어, 0, 20, 0의 손실액 청구 금액이 관찰되었습니다.

(a) (*) 뷜만 신뢰도를 사용하여 각각의 기대 손실액 청구 건수와 기대 손실액 청구 금액을 추정하고, 이를 통해 같은 스피너 쌍의 다음 관측치의 기댓값을 추정하십시오.

(b) 세 관측치를 사용하여 같은 스피너 쌍의 다음 관측치의 기댓값을 뷜만 신뢰도로 추정하십시오.

(c) (*) (a)와 (b)를 베이즈 추정으로 반복하십시오.

(d) (*) 같은 스피너 쌍에 대해

$$\lim_{n\to\infty} \mathrm{E}(X_n | X_1 = X_2 = \cdots = X_{n-1} = 0).$$

을 구하십시오.

17.34 (*) 포트폴리오에는 모든 위험이 정규 분포를 따르는 위험이 포함되어 있습니다.

- A 유형의 위험은 평균 0.1, 표준편차 0.03.
- B 유형의 위험은 평균 0.5, 표준편차 0.05.
- C 유형의 위험은 평균 0.9, 표준편차 0.01.

각 유형의 위험은 동일한 수만큼 존재합니다. 특정 위험에 대해 관측값이 0.12라고 가정합니다. 베이즈 추정을 사용하여 해당 위험의 기댓값을 계산하십시오.

17.35 (*) 다음 정보가 주어졌습니다.

1. 조건부 분포 $f_{X|\Theta}(x|\theta)$는 선형 지수 분포군(linear exponential family)의 구성원입니다.
2. 사전 분포 $\pi(\theta)$는 $f_{X|\Theta}(x|\theta)$에 대한 켤레 사전 분포(conjugate prior)입니다.
3. $\mathrm{E}[X] = 1$.
4. $\mathrm{E}[X|X_1 = 4] = 22$, 여기서 X_1은 단일 관측값입니다.
5. 프로세스 분산의 기댓값 $\mathrm{E}[\mathrm{Var}(X|\Theta)] = 3$.

가설 평균의 분산 $\mathrm{Var}[\mathrm{E}(X|\Theta)]$을 계산하십시오.

17.36 (*) 다음 정보가 주어졌습니다.

1. X는 평균 μ, 분산 v를 가지는 확률 변수입니다.
2. μ는 평균 2, 분산 4를 가지는 확률 변수입니다.
3. v는 평균 8, 분산 32를 가지는 확률 변수입니다.

X에 대한 세 번의 관측 후 뷜만 신뢰도 계수 Z를 계산하십시오.

17.37 손실액 청구 금액의 분포는 다음과 같은 지수 분포를 따릅니다.

$$f_{Y|\Lambda}(y|\lambda) = \lambda^{-1}e^{-y/\lambda}, \quad y, \lambda > 0.$$

모수 λ는 다음과 같은 역감마 분포(inverse gamma distribution)를 따릅니다.

$$\pi(\lambda) = 400\lambda^{-3}e^{-20/\lambda}.$$

(a) (*) 무조건부 기댓값 $\mathrm{E}[X]$을 계산하십시오.

(b) 두 개의 손실액 청구 금액이 각각 15, 25로 관측되었다고 가정합니다. 동일 보험 계약자에 대한 다음 손실액 청구의 기댓값에 대한 뷜만 신뢰도 추정을 계산하십시오.

(c) (b)를 반복하지만, 베이즈 신뢰도 추정을 계산하십시오.

17.38 손실액 청구 건수 분포는 n=1과 θ를 가지는 이항 분포(binomial distribution)입니다. 모수 θ는 평균 0.25, 분산 0.07을 가지는 분포를 따릅니다. 단일 관측에 대해 뷜만 신뢰도 공식에서 Z값을 계산하십시오.

17.39 (*) 네 명의 사수가 각각 100피트 떨어진 표적을 향해 발사합니다. 네 개의 표적은 직선상에서 각각 2피트 간격으로 배치되어 있습니다(0,2,4,6 피트). 사수는 왼쪽 또는 오른쪽으로 빗나가며, 위아래로는 빗나가지 않습니다. 사수의 발사 결과는 자신의 표적까지의 거리에 비례하는 표준편차를 가지는 정규 분포를 따릅니다. 100피트 거리에서는 표준편차가 3피트입니다. 무작위로 선택된 사수의 발사 위치를 관찰하고 동일한 사수가 다음 발사를 할 위치를 추정하십시오.

(a) 무작위로 선택된 사수의 단일 발사에 대한 뷜만 신뢰도를 계산하십시오.

(b) 다음 중 뷜만 신뢰도를 가장 많이 증가시키는 것은 무엇입니까?

1. 표적을 0,4,8,120, 4, 8, 120,4,8,12로 재배치.
2. 사수를 표적에서 60피트로 이동.
3. 표적을 2,2,10,102, 2, 10, 102,2,10,10으로 재배치.
4. 동일 사수의 관측 횟수를 3회로 증가.
5. 두 명의 사수를 표적에서 50피트로 이동시키고, 동일 사수의 관측 횟수를 2회로 증가.

17.40 (*)

- 위험 1은 손실액 청구 금액 100, 1,000, 20,000이 각각 확률 0.5,0.3,0.2로 발생.
- 위험 2는 손실액 청구 금액 100, 1,000, 20,000이 각각 확률 0.7,0.2,0.1로 발생.
- 위험 1이 관찰될 확률은 위험 2의 두 배.

손실액 청구 금액 100이 관찰되었지만, 관찰된 위험이 무엇인지 알 수 없습니다.

(a) 동일 위험의 두 번째 손실액 청구 금액에 대한 기댓값을 베이즈 신뢰도로 추정하십시오.

(b) 동일 위험의 두 번째 손실액 청구 금액에 대한 기댓값을 뷜만 신뢰도로 추정하십시오.

17.41 (*) 다음 정보가 주어졌습니다.

1. 단일 보험 계약자의 손실액 청구 건수는 평균 M을 가지는 포아송 분포를 따릅니다.
2. 단일 손실액 청구 금액의 분포는 다음과 같은 지수 분포를 따릅니다.

$$f_{X|\Lambda}(x|\lambda) = \lambda^{-1}e^{-x/\lambda},\ x, \lambda > 0.$$

3. M과 Λ는 독립적입니다.

4. E[M] = 0.10, Var[M] = 0.0025.

5. E[Λ] = 1,000, Var[Λ] = 640,000.

6. 손실액 청구 건수와 손실액 청구 금액은 독립적입니다.

(a) 단일 위험에 대한 순수 보험료의 프로세스 분산의 기댓값을 계산하십시오.

(b) 순수 보험료의 가설 평균의 분산을 계산하십시오.

17.42 (*) 손실액 청구 건수는 포아송 분포를 따릅니다.

- 위험의 75%는 $\lambda = 1$,
- 위험의 25%는 $\lambda = 3$를 따릅니다.

임의로 선택된 위험이 첫 해에 r건의 손실액 청구를 했습니다. 두 번째 해의 예상 손실액 청구 건수에 대한 베이즈 추정치는 2.982.982.98입니다. 두 번째 해의 예상 손실액 청구 건수에 대한 뷜만 추정을 구하십시오.

17.43 (*) 손실액 청구 금액은 평균 θ를 가지는 지수 분포를 따릅니다.

- 위험의 80%는 $\theta = 8$,
- 위험의 20%는 $\theta = 2$를 따릅니다.

첫 해에 무작위로 선택된 보험 계약자가 555의 손실액 청구 금액을 가졌습니다. 두 번째 해의 예상 손실액 청구 금액에 대한 베이즈 및 뷜만 추정을 계산하십시오.

17.44 (*) 포트폴리오에는 동일하고 독립적인 손실액 청구 건수를 가지는 100개의 위험이 포함되어 있습니다. 각 위험의 손실액 청구 건수는 평균 λ를 가지는 포아송 분포를 따릅니다. 사전 분포는 다음과 같습니다.

$$\pi(\lambda) = (50\lambda)^4 e^{-50\lambda}/(6\lambda),\ \lambda > 0$$

첫 해에 다음과 같은 손실액 청구 분포가 관측되었습니다.

- 0건: 90건,
- 1건: 7건,
- 2건: 2건,
- 3건: 1건.

두 번째 해의 포트폴리오에 대한 예상 손실액 청구 건수에 대한 베이즈 및 뷜만 추정을 구하십시오.

17.45 (*) 포트폴리오의 모든 위험은 동일하고 독립적이며 연간 위험 노출당 총 손실은 정규 분포를 따릅니다. 표준편차는 1,0001,0001,000입니다.

- 위험의 60%는 평균 2,000

- 위험의 30%는 평균 3,000
- 위험의 10%는 평균 4,000을 가집니다.

무작위로 선택된 위험의 3년간 경험은 다음과 같습니다.

- 1년차: 24 위험 노출, 총 손실 24,000
- 2년차: 30 위험 노출, 총 손실 36,000
- 3년차: 26 위험 노출, 총 손실 28,000.

4년차의 연간 위험 노출당 총 손실의 평균에 대한 뷜만-스트라우브 추정을 구하십시오.

17.46 (*) 각 보험 계약자의 손실액 청구 건수는 $m = 8$과 q를 가지는 이항 분포를 따릅니다. q의 사전 분포는 모수 a가 알려지지 않은 베타 분포입니다($b = 9$, $\theta = 1$). 무작위로 선택된 보험 계약자가 첫 해에 두 건의 손실액 청구를 했고, 두 번째 해에 k건의 손실액 청구를 했습니다. 첫 해의 경험을 바탕으로 두 번째 해의 예상 손실액 청구 건수에 대한 베이즈 추정치는 2.54545입니다. 첫 해와 두 번째 해의 경험을 바탕으로 세 번째 해의 예상 손실액 청구 건수에 대한 베이즈 추정치는 3.73333입니다. k를 결정하십시오.

17.47 예제 17.13에서 $\rho = 0$일 때 $Z = 0$이고, 추정값은 μ입니다. 이는 데이터가 무시되어야 함을 의미합니다. 그러나 ρ가 1로 증가함에 따라 Z는 1로 증가하며, 샘플 평균이 X_{n+1}의 선호 추정값이 됩니다. 이 결과가 타당한 이유를 설명하십시오.

17.48 주어진 데이터의 랜덤 벡터를 X, 다음 관측치를 X_{n+1}라 합니다. X의 함수 g(X)를 임의로 설정합니다.

(a) 다음 식이 성립함을 증명하십시오.

$$\mathrm{E}\left\{[X_{n+1} - g(\mathbf{X})]^2\right\} = \mathrm{E}\{[X_{n+1} - \mathrm{E}(X_{n+1}|\mathbf{X})]^2\} + \mathrm{E}\{[\mathrm{E}(X_{n+1}|\mathbf{X}) - g(\mathbf{X})]^2\},$$

여기서 범위는 (X_{n+1},X)

(b) g(X)를 베이즈 보험료(예측 분포의 평균)으로 설정하면, 기대 제곱 오차

$$\mathrm{E}\left\{[X_{n+1} - g(\mathbf{X})]^2\right\}.$$

이 최소화됨을 증명하십시오.

(c) g(X)가 과거 데이터의 선형 함수로 제한될 경우, 기대 제곱 오차가 신뢰도 보험료에 의해 최소화됨을 증명하십시오.

18 경험적 베이스 모수 추정 EMPIRICAL BAYES PARAMETER ESTIMATION

18.1 서론 Introduction

제17장에서 과거 데이터를 미래 요율에 반영하기 위해 베이즈 보험료 또는 신뢰도 보험료를 사용하는 모델링 방법론이 제안되었습니다. 그러나 이러한 모델을 사용하는 데에는 아직 다뤄지지 않은 실질적인 문제가 존재합니다.

지금까지 살펴본 예제에서는 관심 있는 양에 대해 수치값을 얻을 수 있었던 이유가 입력 분포 $f_{X_j|\Theta}(x_j|\theta)$(프로세스 분포)와 $\pi(\theta)$(사전 분포)가 알려져 있다고 가정했기 때문입니다. 이러한 예제들은 방법론을 설명하는 데 유용하지만, 실제 보험 포트폴리오 비즈니스를 정확히 나타낸다고 기대하기는 어렵습니다.

보다 실질적인 모델은 모델과 현실 간의 밀접한 일치를 보장하기 위해 모수를 선택해야 하는 필요성을 동반합니다. 이러한 예로는 다음과 같은 것이 있습니다.

- 포아송-감마 모델 (예제 17.1)에서는 감마 분포의 모수 α와 β를 선택해야 합니다.
- 뷜만 또는 뷜만-스트라우브 모델에서는 구조 모수 μ, v, a를 결정해야 합니다.

베이즈 보험료 또는 신뢰도 보험료에 대한 수치값을 할당하려면, 이론적 모수를 데이터에서 추정된 값으로 대체해야 합니다. 이 모수 추정 과정은 모델을 실질적으로 적용하는 데 있어서 필수적이지만, 동시에 복잡성을 더합니다. 따라서 이러한 모델을 실무에서 효과적으로 사용하려면 신뢰할 수 있는 모수 선택 방법을 개발하는 것이 중요합니다.

일반적으로, 구조 밀도 $\pi(\theta)$와 관련된 모수는 알려지지 않은 경우가 많으며, 이를 구조 모수

(structural parameters)라고 합니다. 우리가 사용하는 용어는 이전 장에서 논의된 베이즈 접근 방식을 따릅니다. 엄밀히 말하면, 베이즈 문맥에서는 모든 구조 모수가 알려져 있다고 가정되며, 추정이 필요하지 않습니다. 예를 들어, 포아송-감마 모델에서는 구조 밀도에 대한 사전 정보가 $\alpha = 36$, $\beta = 1/240$의 선택으로 정량화됩니다. 그러나 실무에서는 이와 같은 완전한 베이즈 접근 방식이 만족스럽지 못할 수 있습니다(예: 새로운 보험 분야와 같이 사전 정보가 거의 없거나 전혀 없는 경우). 이 경우 현재의 데이터를 사용해 구조(사전) 모수를 추정해야 할 수도 있습니다. 이러한 접근 방식을 경험적 베이즈 추정(empirical Bayes estimation)이라고 합니다.

$\pi(\theta)$와 $f_{Xj|\Theta}(x_j|\theta)$가 대부분 명시되지 않은 경우(예: 뷜만 또는 뷜만-스트라우브 모델에서는 첫 두 모먼트만 알면 충분함), 이를 비모수적(nonparametric) 사례라고 합니다. 이 상황은 18.2절에서 다룹니다. 만약 $f_{Xj|\Theta}(x_j|\theta)$가 포아송, 정규 분포 등과 같은 모수적 형태라고 가정하지만 $\pi(\theta)$는 그렇지 않은 경우, 이를 반모수적(semiparametric) 문제로 간주하며, 이는 18.3절에서 논의됩니다. 세 번째로, 기술적으로 더 어려운 경우는 완전 모수적(fully parametric) 접근 방식으로, $f_{Xj|\Theta}(x_j|\theta)$와 $\pi(\theta)$ 모두 모수적 형태라고 가정합니다. 그러나 이 경우는 다루지 않습니다.

모수 모델을 선택할지 여부는 분석 상황과 분석가의 판단 및 지식에 부분적으로 의존합니다. 예를 들어, 손실액 청구 건수 분석에서는 $f_{Xj|\Theta}(x_j|\theta)$가 포아송 형태를 따른다고 가정할 수 있지만, $\pi(\theta)$에 대해 모수적 모델을 선택하는 것이 타당하지 않을 수 있습니다.

모수적 가정은 가능한 한 모수적 추정에 반영되어야 합니다. 예를 들어, 포아송 분포에서는 평균과 분산이 같으므로 두 값에 대해 동일한 추정값을 사용하는 것이 일반적입니다. 선택된 모델이 적절하다고 가정하면, 비모수 추정량은 일반적으로 선택된 모수 모델에 적합한 추정량보다 효율적이지 못합니다.

비모수적 모델은 다양한 상황에 적합하다는 장점이 있어, 모수적 가정을 추가로 부담하지 않아도 될 수 있습니다(모수적 가정은 종종 합리적 수준을 넘어서는 강한 가정이 됩니다).

이 섹션에서는 데이터가 다음과 같은 형식을 갖는다고 가정합니다. 각 $r \geq 1$명의 보험 계약자에 대해 위험 노출 위험량 단위당 관찰된 손실은 다음과 같습니다.

$$\mathbf{X}_i=(X_{i1},\cdots,X_{ini})^T,\ i = 1,\cdots,r.$$

여기서 랜덤 벡터 $\{\mathbf{X}_i,\ i = 1,\cdots,r\}$는 통계적으로 독립적이라고 가정합니다(다른 보험 계약자의 경험은 독립적이라고 가정). i번째 보험 계약자의 (알려지지 않은) 위험 모수는 θ_i이며, 이는 $\pi(\theta_i)$ 구조 밀도를 가지는 동일하고 독립(i.i.d.) 확률 변수 $\mathbf{\Theta}_i$의 실현값으로 가정됩니다. 고정된 i에 대해, 조건부 확률 변수 $X_{ij}|\mathbf{\Theta}_i$는 다음 확률 함수에 따라 독립적이라고 가정합니다.

$$f_{Xij|\Theta}(x_{ij}|\theta_i)\ j = 1,\cdots,n_i.$$

두 가지 특별한 일반적 경우에 이러한 데이터 형식을 생성합니다. 첫 번째는 특성 세분화(classification) 요율 책정 또는 경험 요율 책정(experience rating)입니다. 두 경우에 i가 클래스나 그룹을 나타내고, j는 개별 구성원을 나타냅니다.

두 번째 사례에서는 첫 번째 경우와 같이 i가 클래스나 그룹을 계속 나타내지만, j는 연도를 나타내며, 관찰 값은 해당 연도의 평균 손해액입니다. 예를 들어, Meyers [86]에서는 $i = 1,\cdots,319$개의 고용의 특성 분류를 $j = 1,2,3$년 동안 연구했습니다.

알려진 위험 총 위험 노출량 벡터 $\mathbf{m}_i = (m_{i1},m_{i2},\cdots,m_{ini})^T$는 i 계약자에 해당합니다. ($i = 1,\cdots,r$) 아니면(그리고 적절하다면) $m_{ij} = 1$로 모든 i와 j에 대해서 정할수 있습니다. 표시의 편의상, 계약자 i의 과거 총 위험 노출량을 다음이라고 합시다.

$$m_i = \sum_{j=1}^{n_i} m_{ij}, \quad i = 1,\ldots,r$$

그리고, 다음은 과거 총 가중 평균 손해액 경험치입니다.

$$\bar{X}_i = \frac{1}{m_i}\sum_{j=1}^{n_i} m_{ij}X_{ij}, \quad i = 1,\ldots,r$$

더 나아가 전체 위험 노출량은

$$m = \sum_{i=1}^{r} m_i = \sum_{i=1}^{r}\sum_{j=1}^{n_i} m_{ij}$$

그리고 전체 가중 평균 손해액은

$$\bar{X} = \frac{1}{m}\sum_{i=1}^{r} m_i\bar{X}_i = \frac{1}{m}\sum_{i=1}^{r}\sum_{j=1}^{n_i} m_{ij}X_{ij}. \tag{18.1}$$

추정하여야 할 모수는 $f_{X_{ij}|\Theta}(x_{ij}|\theta_i)$와 $\pi(\theta_i)$ 분포에 대한 가정에 달려 있습니다.

뷜만-스트라우브(Bühlmann-Straub) 공식에서는 추가로 관심을 가져야 할 정량이 존재합니다. 가정된 평균(j에 의존하지 않는다고 가정)은 다음과 같습니다.

$$\mathrm{E}(X_{ij}|\Theta_i = \theta_i) = \mu(\theta_i)$$

그리고 프로세스 분산은 다음과 같습니다.

$$\mathrm{Var}(X_{ij}|\Theta_i = \theta_i) = \frac{v(\theta_i)}{m_{ij}}.$$

구조 모수는 다음과 같이 정의됩니다.

$$\mu = \mathrm{E}[\mu(\Theta_i)], \quad v = \mathrm{E}[v(\Theta_i)],$$

그리고

$$a = \mathrm{Var}[\mu(\Theta_i)].$$

μ, v, a가 알려지지 않은 경우, 데이터를 통해 이를 추정합니다. 보험 계약자 i에 대해 다음 연도의 손실(위험 노출 위험량 단위당)에 대한 신뢰도 보험료는 다음과 같습니다.

$$Z_i\bar{X}_i + \left(1 - Z_i\right)\mu, \quad i = 1, \ldots, r, \tag{18.2}$$

여기서

$$Z_i = \frac{m_i}{m_i + k}, \quad k = \frac{v}{a}.$$

만약 μ, v, a의 추정값을 각각 $\hat{\mu}$, $\hat{v}$, $\hat{a}$ 로 나타낸다면, 신뢰도 보험료(18.2)을 다음과 같은 추정값으로 대체합니다.

$$\hat{Z}_i\bar{X}_i + (1 - \hat{Z}_i)\hat{\mu}, \tag{18.3}$$

여기서

$$\hat{Z}_i = \frac{m_i}{m_i + \hat{k}}, \quad \hat{k} = \frac{\hat{v}}{\hat{a}}.$$

주목할 점은 $\hat{v}$와 $\hat{a}$가 v와 a의 불편 추정량(unbiased estimators)이라고 하더라도, $\hat{k}$, $\hat{Z}_i$는 반드시 불편 추정량이 되지는 않는다는 점입니다.

마지막으로, 보험 계약자 i에 대해 다음 해에 $m_{i,ni+1}$개의 위험 노출 위험량 단위를 포함하는 신뢰도 보험료는 (18.3)에 $m_{i,ni+1}$를 곱한 값이 됩니다.

18.2 비모수 추정 Nonparametric Estimation

이 섹션에서는 μ, v, a의 불편 추정(unbiased estimation)에 대해 다룹니다. 이를 설명하기 위해 간단한 뷜만(Bühlmann) 유형의 예제를 살펴보겠습니다.

예제 18.1

다음과 같이 가정합니다.

모든 i에 대해 $n_i = n > 1$, 그리고 모든 i, j에 대해 $m_{ij} = 1$. 즉, 보험 계약자 i의 손실 벡터는 다음과 같습니다.

$$\mathbf{X}_i = \left(X_{i1}, \ldots, X_{in}\right)^T, \quad i = 1, \ldots, r.$$

또한, $\boldsymbol{\Theta}_i = \theta_i$ 조건부에서, X_{ij}의 평균은

$$\mu(\theta_i) = \mathrm{E}(X_{ij}|\Theta_i = \theta_i)$$

분산은

$$v(\theta_i) = \mathrm{Var}(X_{ij}|\Theta_i = \theta_i),$$

그리고 $X_{i1},\cdots,X_{in}$은 조건부 독립적이며, 서로 다른 보험 계약자들의 과거 데이터는 독립적입니다. 즉, $i \neq s$일 때 X_{ij}와 X_{st}는 독립적입니다.

이 경우, 다음과 같이 정의됩니다.

$$\bar{X}_i = n^{-1}\sum_{j=1}^{n} X_{ij} \text{ and } \bar{X} = r^{-1}\sum_{i=1}^{r} \bar{X}_i = (rn)^{-1}\sum_{i=1}^{r}\sum_{j=1}^{n} X_{ij}.$$

뷜만 추정량(Bühlmann quantities)에 대한 불편 추정량을 구하십시오.

μ의 불편 추정량은 $\hat{\mu} = \bar{X}$입니다. 이는 다음과 같이 검증됩니다.

$$\begin{aligned}\mathrm{E}(\hat{\mu}) &= (rn)^{-1}\sum_{i=1}^{r}\sum_{j=1}^{n}\mathrm{E}(X_{ij}) = (rn)^{-1}\sum_{i=1}^{r}\sum_{j=1}^{n}\mathrm{E}[\mathrm{E}(X_{ij}|\Theta_i)] \\ &= (rn)^{-1}\sum_{i=1}^{r}\sum_{j=1}^{n}\mathrm{E}[\mu(\Theta_i)] = (rn)^{-1}\sum_{i=1}^{r}\sum_{j=1}^{n}\mu = \mu.\end{aligned}$$

v와 a를 추정하기 위해 다음 결과를 사용합니다. $Y_1, Y_2, \cdots, Y_k$가 독립적(그러나 반드시 동일 분포일 필요는 없음)이며 동일한 평균 $\mu = \mathrm{E}[Y_j]$과 분산 $\sigma^2 = \mathrm{Var}[Y_j]$를 가질 때, $\bar{Y} = k^{-1}\sum_{j=1}^{k} Y_j$를 사용하여 추정을 수행합니다. 따라서,

$$\mathrm{E}(\bar{Y}) = k^{-1}\sum_{j=1}^{k}\mathrm{E}(Y_j) = \mu,$$

$$\mathrm{Var}(\bar{Y}) = k^{-2}\sum_{j=1}^{k}\mathrm{Var}(Y_j) = \frac{\sigma^2}{k}.$$

통계량 $\sum_{j=1}^{k}(Y_j - \bar{Y})^2$를 고려해 봅시다. 이는 다음과 같이 다시 쓸 수 있습니다.

$$\begin{aligned}\sum_{j=1}^{k}(Y_j - \bar{Y})^2 &= \sum_{j=1}^{k}[(Y_j - \mu) + (\mu - \bar{Y})]^2 \\ &= \sum_{j=1}^{k}[(Y_j - \mu)^2 + 2(Y_j - \mu)(\mu - \bar{Y}) + (\mu - \bar{Y})^2] \\ &= \sum_{j=1}^{k}(Y_j - \mu)^2 + 2(\mu - \bar{Y})\sum_{j=1}^{k}(Y_j - \mu) + \sum_{j=1}^{k}(\bar{Y} - \mu)^2 \\ &= \sum_{j=1}^{k}(Y_j - \mu)^2 + 2(\mu - \bar{Y})(k\bar{Y} - k\mu) + k(\bar{Y} - \mu)^2,\end{aligned}$$

이를 간단히 하면,

$$\sum_{j=1}^{k}(Y_j - \bar{Y})^2 = \sum_{j=1}^{k}(Y_j - \mu)^2 - k(\bar{Y} - \mu)^2. \tag{18.4}$$

양변의 기댓값을 계산하면,

$$\begin{aligned}\mathrm{E}\left[\sum_{j=1}^{k}(Y_j - \bar{Y})^2\right] &= \sum_{j=1}^{k}\mathrm{E}[(Y_j - \mu)^2] - k\mathrm{E}[(\bar{Y} - \mu)^2] \\ &= \sum_{j=1}^{k}\mathrm{Var}(Y_j) - k\,\mathrm{Var}(\bar{Y}) \\ &= k\sigma^2 - k\left(\frac{\sigma^2}{k}\right) = (k-1)\sigma^2.\end{aligned}$$

따라서,

$$\mathrm{E}\left[\frac{1}{k-1}\sum_{j=1}^{k}(Y_j - \bar{Y})^2\right] = \sigma^2, \tag{18.5}$$

이로부터 $\sum_{j=1}^{k}(Y_j - \bar{Y})^2/(k-1)$는 $\mathrm{Var}(Y_j)$의 불편 추정량이 됩니다.
v를 추정하려면 다음 통계량을 사용합니다.

$$\hat{v}_i = \frac{1}{n-1}\sum_{j=1}^{n}(X_{ij} - \bar{X}_i)^2. \tag{18.6}$$

여기서, i가 고정된 경우 $X_{i1},\cdots,X_{in}$은 $\mathbf{\Theta}_i = \theta_i$ 조건부에서 독립적이므로, $\hat{v}_i$는 $\mathrm{Var}[X_{ij}|\mathbf{\Theta}_i = \theta_i] = v(\theta_i)$의 불편 추정량입니다.

무조건부에서는,

$$\mathrm{E}(\hat{v}_i) = \mathrm{E}[\mathrm{E}(\hat{v}_i|\Theta_i)] = \mathrm{E}[v(\Theta_i)] = v,$$

따라서, v_i는 v의 불편 추정량입니다. 따라서 v의 불편 추정량은 다음과 같습니다.

$$\hat{v} = \frac{1}{r}\sum_{i=1}^{r}\hat{v}_i = \frac{1}{r(n-1)}\sum_{i=1}^{r}\sum_{j=1}^{n}(X_{ij}-\bar{X}_i)^2. \tag{18.7}$$

a를 추정하려면 다음을 고려합니다.

$$\mathrm{E}(\bar{X}_i|\Theta_i=\theta_i) = n^{-1}\sum_{j=1}^{n}\mathrm{E}(X_{ij}|\Theta_i=\theta_i) = n^{-1}\sum_{j=1}^{n}\mu(\theta_i) = \mu(\theta_i).$$

따라서,

$$\mathrm{E}(\bar{X}_i) = \mathrm{E}[\mathrm{E}(\bar{X}_i|\Theta_i)] = \mathrm{E}[\mu(\Theta_i)] = \mu$$

분산은 다음과 같습니다.

$$\begin{aligned}\mathrm{Var}(\bar{X}_i) &= \mathrm{Var}[\mathrm{E}(\bar{X}_i|\Theta_i)] + \mathrm{E}[\mathrm{Var}(\bar{X}_i|\Theta_i)]\\ &= \mathrm{Var}[\mu(\Theta_i)] + \mathrm{E}\left[\frac{v(\Theta_i)}{n}\right] = a + \frac{v}{n}.\end{aligned}$$

따라서, $\bar{X}_1,\cdots,\bar{X}_r$는 평균 μ, 분산 $a + v/n$을 가지며, 이들의 표본 평균은 $\bar{X} = r^{-1}\sum_{i=1}^{r}\bar{X}_i$입니다. 따라서 $a + v/n$의 불편 추정량은 다음과 같습니다.

$$(r-1)^{-1}\sum_{i=1}^{r}\left(\bar{X}_i - \bar{X}\right)^2$$

이미 v의 불편 추정량을 구했으므로, a의 불편 추정량은 다음과 같습니다.

$$\begin{aligned}\hat{a} &= \frac{1}{r-1}\sum_{i=1}^{r}\left(\bar{X}_i-\bar{X}\right)^2 - \frac{\hat{v}}{n}\\ &= \frac{1}{r-1}\sum_{i=1}^{r}\left(\bar{X}_i-\bar{X}\right)^2 - \frac{1}{rn(n-1)}\sum_{i=1}^{r}\sum_{j=1}^{n}(X_{ij}-\bar{X}_i)^2. \end{aligned} \tag{18.8}$$

□

이 추정량들은 익숙해 보일 수 있습니다. 각 보험 계약자가 하나의 처리(treatment)를 나타내는 단일 요인 분산 분석(one-factor analysis of variance)을 생각해 봅시다. v에 대한 추정량 (18.7)은 *처리 내(the within)*(또는 오류) *평균 제곱(mean square)*과 같습니다. a에 대한 추정량 (18.8)의 첫 번째 항은 *처리 간(the between)*(또는 처리) *평균 제곱(mean* *squarer)*을 n으로 나눈 값과 같습니다.

모든 처리의 평균이 동일하다는 가설은 처리 간 평균 제곱이 처리 내 평균 제곱에 비해 작을 때 채택됩니다. 즉, $\hat{a}$가 $\hat{v}$에 비해 작을 때입니다. 하지만 이는 $\hat{Z}$가 거의 0에 가까워지고, 각 $\hat{X}_i$에 거의 신뢰도가 부여되지 않는다는 것을 의미합니다. 이는 보험 계약자들이 본질적으로 동일할 때 적절한 결과입니다.

(18.8)에서의 뺄셈 때문에 가 음수가 될 가능성이 있습니다. 이런 경우, 관례적으로 $\hat{a} = \hat{Z} = 0$으로 설정합니다. 이 경우는 분산 분석에서 F-검정 통계량이 1보다 작은 경우와 동일하며, 이는 항상 평균이 같다는 가설을 수용하는 결과로 이어집니다.

예제 18.2

(*예제 18.1 계속*) 숫자 예시로, 보험 계약자가 $r = 2$명이고 각각 $n = 3$년의 경험이 있다고 가정합시다. 손실 데이터가 $\mathbf{x}_1 = (3,5,7)^T$ 및 $\mathbf{x}_2 = (6,12,9)^T$라고 하겠습니다. 각각의 보험 계약자에 대한 Bühlmann 신뢰도 보험료를 추정해 보겠습니다.

다음을 계산합니다.

$$\bar{X}_1 = \frac{1}{3}(3+5+7) = 5,\ \bar{X}_2 = \frac{1}{3}(6+12+9) = 9,$$

따라서, $\bar{X} = \frac{1}{2} = (5+9) = 7$. 따라서 $\hat{\mu} = 7$입니다. 다음으로,

$$\hat{v}_1 = \frac{1}{2}[(3-5)^2 + (5-5)^2 + (7-5)^2] = 4,$$

$$\hat{v}_2 = \frac{1}{2}[(6-9)^2 + (12-9)^2 + (9-9)^2] = 9,$$

따라서,

$$\hat{v} = \frac{1}{2}(4+9) = \frac{13}{2}.$$

그런 다음,

$$\hat{a} = [(5-7)^2 + (9-7)^2] - \frac{1}{3}\hat{v} = \frac{35}{6}\cdot$$

다음으로,

$\hat{k} = \hat{v}/\hat{a} = \frac{39}{35}$이고 추정된 신뢰도 계수는 $\hat{Z} = 3/(3+\hat{k}) = \frac{35}{48}$

각각 보험 계약자 1과 2에 대한 추정된 신뢰도 보험료는 다음과 같습니다.

$$\hat{Z}\bar{X}_1 + (1-\hat{Z})\hat{\mu} = \left(\frac{35}{48}\right)(5) + \left(\frac{13}{48}\right)(7) = \frac{133}{24},$$

$$\hat{Z}\bar{X}_2 + (1-\hat{Z})\hat{\mu} = \left(\frac{35}{48}\right)(9) + \left(\frac{13}{48}\right)(7) = \frac{203}{24}$$

이제 이 섹션의 앞부분에서 설명한 더 일반적인 Bühlmann-Straub 설정을 살펴보겠습니다. 다음을 만족합니다.

$$E(X_{ij}) = E[E(X_{ij}|\Theta_i)] = E[\mu(\Theta_i)] = \mu.$$

따라서,

$$E(\bar{X}_i|\Theta_i) = \sum_{j=1}^{n_i} \frac{m_{ij}}{m_i} E(X_{ij}|\Theta_i) = \sum_{j=1}^{n_i} \frac{m_{ij}}{m_i} \mu(\Theta_i) = \mu(\Theta_i),$$

즉,

$$E(\bar{X}_i) = E[E(\bar{X}_i|\Theta_i)] = E[\mu(\Theta_i)] = \mu.$$

결론적으로,

$$E(\bar{X}) = \frac{1}{m} \sum_{i=1}^{r} m_i E(\bar{X}_i) = \frac{1}{m} \sum_{i=1}^{r} m_i \mu = \mu$$

따라서 μ의 명백한 불편 추정량은 다음과 같습니다.

$$\hat{\mu} = \bar{X}. \tag{18.6}$$

Bühlmann-Straub 프레임워크에서 v와 a를 추정하려면 (18.5)에서 사용한 것보다 더 일반적인 통계량이 필요합니다. 필요한 결과를 제공하는 다음 예제를 살펴보겠습니다.

예제 18.3

다음과 같은 조건을 가정합니다. $X_1,\cdots,X_n$은 공통 평균 $\mu = E(X_j)$와 분산 $Var(X_j) = \beta + \alpha/m_j$ ($\alpha, \beta > 0$ 및 모든 $m_j \geq 1$)을 가지며 독립적입니다. m_j의 값은 알려져 있다고 가정합니다. $m = \sum_{j=1}^{n} m_j$이며, 다음 추정량들을 고려합니다.

$$\bar{X} = \frac{1}{m} \sum_{j=1}^{n} m_j X_j \text{ and } \hat{\mu}_1 = \frac{1}{n} \sum_{j=1}^{n} X_j.$$

이 두 추정량이 μ에 대해 불편하다는 것을 보이고, 평균 제곱 오차(MSE)를 비교하십시오. 또한, α와 β를 추정하는 데 유용할 수 있는 제곱합의 기댓값을 구하십시오.

먼저 $\bar{X}$를 고려합니다.

$$
\begin{aligned}
\mathrm{E}(\bar{X}) &= m^{-1}\sum_{j=1}^{n} m_j \mathrm{E}(X_j) = m^{-1}\sum_{j=1}^{n} m_j \mu = \mu, \\
\mathrm{Var}(\bar{X}) &= m^{-2}\sum_{j=1}^{n} m_j^2 \,\mathrm{Var}(X_j) \\
&= m^{-2}\sum_{j=1}^{n} m_j^2 \left(\beta + \frac{\alpha}{m_j}\right) \\
&= \alpha m^{-1} + \beta m^{-2}\sum_{j=1}^{n} m_j^2.
\end{aligned}
$$

$\hat{\mu}_1$은 쉽게 불편하다는 것을 보일 수 있습니다. 또한,

$$
\begin{aligned}
\mathrm{Var}(\hat{\mu}_1) &= n^{-2}\sum_{j=1}^{n} \mathrm{Var}(X_j) \\
&= n^{-2}\sum_{j=1}^{n} \left(\beta + \frac{\alpha}{m_j}\right) \\
&= \beta n^{-1} + n^{-2}\alpha \sum_{j=1}^{n} m_j^{-1}.
\end{aligned}
$$

이제 분산의 상대적 순위를 고려합니다(두 추정량 모두 불편하므로 MSE는 분산과 동일하므로 분산을 비교하는 것으로 충분합니다). 두 분산을 정렬할 수 없음을 알 수 있습니다. 차이는 다음과 같습니다.

$$
\mathrm{Var}(\bar{X}) - \mathrm{Var}(\hat{\mu}_1) = \alpha\left(m^{-1} - n^{-2}\sum_{j=1}^{n} m_j^{-1}\right) + \beta\left(m^{-2}\sum_{j=1}^{n} m_j^2 - n^{-1}\right).
$$

β의 계수는 항상 0 이상이어야 합니다. 이를 확인하려면,

$$
\frac{1}{n}\sum_{j=1}^{n} m_j^2 \geq \left(\frac{1}{n}\sum_{j=1}^{n} m_j\right)^2 = \frac{m^2}{n^2}
$$

임을 주목하고(왼쪽은 표본 2차 모먼트 같고 오른쪽은 표본 평균의 제곱 같습니다), 양변에 nm^{-2}를 곱하면 됩니다. α의 계수가 항상 0 이하임을 보이려면,

$$
\frac{n}{\sum_{j=1}^{n} m_j^{-1}} \leq \frac{1}{n}\sum_{j=1}^{n} m_j = \frac{m}{n}
$$

임을 확인하고(조화 평균은 항상 대수 평균과 같거나 작다), 양변에 n을 곱한 뒤 역수를 취하면 됩니다. 따라서 α와 β를 적절히 선택하면 분산 차이가 양수 또는 음수가 될 수 있습니다.

제곱합과 관련해서는 다음을 고려합니다.

$$
\begin{aligned}
\sum_{j=1}^{n} m_j(X_j - \bar{X})^2 &= \sum_{j=1}^{n} m_j(X_j - \mu + \mu - \bar{X})^2 \\
&= \sum_{j=1}^{n} m_j(X_j - \mu)^2 + 2\sum_{j=1}^{n} m_j(X_j - \mu)(\mu - \bar{X}) \\
&\quad + \sum_{j=1}^{n} m_j(\mu - \bar{X})^2 \\
&= \sum_{j=1}^{n} m_j(X_j - \mu)^2 + 2(\mu - \bar{X})\sum_{j=1}^{n} m_j(X_j - \mu) \\
&\quad + m(\mu - \bar{X})^2 \\
&= \sum_{j=1}^{n} m_j(X_j - \mu)^2 + 2(\mu - \bar{X})m(\bar{X} - \mu) + m(\mu - \bar{X})^2 \\
&= \sum_{j=1}^{n} m_j(X_j - \mu)^2 - m(\bar{X} - \mu)^2.
\end{aligned}
\tag{18.10}
$$

위 식을 전개하고 기댓값을 취하면,

$$
\begin{aligned}
\mathrm{E}\left[\sum_{j=1}^{n} m_j(X_j - \bar{X})^2\right] &= \sum_{j=1}^{n} m_j \mathrm{E}[(X_j - \mu)^2] - m\mathrm{E}[(\bar{X} - \mu)^2] \\
&= \sum_{j=1}^{n} m_j \ \mathrm{Var}(X_j) - m\,\mathrm{Var}(\bar{X}) \\
&= \sum_{j=1}^{n} m_j \left(\beta + \frac{\alpha}{m_j}\right) - \beta\left(m^{-1}\sum_{j=1}^{n} m_j^2\right) - \alpha,
\end{aligned}
$$

따라서,

$$
\mathrm{E}\left[\sum_{j=1}^{n} m_j(X_j - \bar{X})^2\right] = \beta\left(m - m^{-1}\sum_{j=1}^{n} m_j^2\right) + \alpha(n-1). \tag{18.11}
$$

(18.11)은 그 자체로 흥미로울 뿐만 아니라 (18.5)보다 더 일반적인 상황에서 불편 추정량을 제공합니다. $\alpha = 0$이고 $m_j = 1$일 경우, $m = n$이며 (18.5)가 복구됩니다. 또한, $\beta = 0$이면 (18.11)은 α의 추정량을 도출할 수 있습니다. □

이제 Bühlmann-Straub 체계에서의 v추정 문제로 돌아갑니다. 분명히,

$$\mathrm{E}(X_{ij}|\Theta_i) = \mu(\Theta_i) \text{ and } \mathrm{Var}(X_{ij}|\Theta_i) = v(\Theta_i)/m_{ij} \text{ for } j = 1, \ldots, n_i.$$

입니다.

다음 통계량을 고려합니다.

$$\hat{v}_i = \frac{\sum_{j=1}^{n_i} m_{ij}(X_{ij} - \bar{X}_i)^2}{n_i - 1}, \quad i = 1, \ldots, r. \tag{18.12}$$

$\boldsymbol{\Theta}_i$를 조건으로 하고 (18.11)을 $\beta = 0$, $\alpha = v(\boldsymbol{\Theta}_i)$로 설정합니다. 그러면

$$\mathrm{E}(\hat{v}_i|\Theta_i) = v(\Theta_i),$$

이고, 이는 무조건적으로

$$\mathrm{E}(\hat{v}_i) = \mathrm{E}[\mathrm{E}(\hat{v}_i|\Theta_i)] = \mathrm{E}[v(\Theta_i)] = v,$$

를 의미합니다. 따라서, i는 v에 대한 불편 추정량입니다($i = 1, \cdots, r$).

다른 불편 추정량은 가중 평균 $\hat{v} = \sum_{i=1}^{r} w_i \hat{v}_i$입니다. 여기서 $\sum_{i=1}^{r} w_i = 1$이고, w_i를 n_i-1에 비례하게 선택하면 X_{ij}를 m_{ij}로 가중합니다. 즉, $w_i = (n_i - 1) / \sum_{i=1}^{r} (n_i - 1)$로 설정하면 다음과 같은 v의 불편 추정량을 얻습니다.

$$\hat{v} = \frac{\sum_{i=1}^{r} \sum_{j=1}^{n_i} m_{ij}(X_{ij} - \bar{X}_i)^2}{\sum_{i=1}^{r} (n_i - 1)}. \tag{18.13}$$

이제 a의 추정으로 넘어갑니다. $\boldsymbol{\Theta}_i$를 조건으로 하면, $X_{i1}, \cdots, X_{in_i}$는 독립적이므로,

$$\begin{aligned}\mathrm{Var}(\bar{X}_i|\Theta_i) &= \sum_{j=1}^{n_i} \left(\frac{m_{ij}}{m_i}\right)^2 \mathrm{Var}(X_{ij}|\Theta_i) = \sum_{j=1}^{n_i} \left(\frac{m_{ij}}{m_i}\right)^2 \frac{v(\Theta_i)}{m_{ij}} \\ &= \frac{v(\Theta_i)}{m_i^2} \sum_{j=1}^{n_i} m_{ij} = \frac{v(\Theta_i)}{m_i}.\end{aligned}$$

무조건적으로는,

$$\begin{aligned}\mathrm{Var}(\bar{X}_i) &= \mathrm{Var}[\mathrm{E}(\bar{X}_i|\Theta_i)] + \mathrm{E}[\mathrm{Var}(\bar{X}_i|\Theta_i)] \\ &= \mathrm{Var}[\mu(\Theta_i)] + \mathrm{E}\left[\frac{v(\Theta_i)}{m_i}\right] = a + \frac{v}{m_i}.\end{aligned} \tag{18.14}$$

요약하면, $\bar{X}_1, \cdots, \bar{X}_r$는 공통 평균 μ를 가지고 있으며 분산 $\mathrm{Var}[\bar{X}_i] = a + v/m_i$를 가집니다. 또한, $\bar{X} = m^{-1} \sum_{i=1}^{r} m_i \bar{X}_i$입니다. 이제 (18.11)을 $\beta = a$, $\alpha = v$로 설정하여 다음을 얻습니다.

$$\mathrm{E}\left[\sum_{i=1}^{r} m_i \left(\bar{X}_i - \bar{X}\right)^2\right] = a\left(m - m^{-1}\sum_{i=1}^{r} m_i^2\right) + v(r-1).$$

v를 $\hat{v}$로 대체하고 a를 풀어 불편 추정량을 구하면,

$$\hat{a} = \left(m - m^{-1}\sum_{i=1}^{r} m_i^2\right)^{-1}\left[\sum_{i=1}^{r} m_i(\bar{X}_i - \bar{X})^2 - \hat{v}(r-1)\right] \tag{18.15}$$

여기서 $\hat{v}$는 (18.13)으로부터 얻어집니다. (18.15)의 대안적인 형태는 연습문제 18.9에서 제시됩니다.

몇 가지 주목할 점이 있습니다. 식 (18.9), (18.13), (18.15)는 각각 μ, v, a에 대한 불편 추정량을 제공합니다. 이들은 비모수적이며, 분포에 대한 가정을 요구하지 않습니다. 물론, 이 추정량들이 사용할 수 있는 유일한 (불편) 추정량은 아니며, $\hat{a} < 0$이 될 가능성도 있습니다. 이런 경우 a는 0에 가까울 가능성이 높으므로 $\hat{Z} = 0$으로 설정하는 것이 합리적입니다. 또한, $m_{ij} = 1$ 및 $n_i = n$ 으로 설정하면 예제 18.1의 일반적인 Bühlmann 추정량이 복원됩니다. 마지막으로, $X_{ij}|\Theta_i$와 Θ_i 가 모두 정규 분포를 따르는 경우, 이러한 추정량은 본질적으로 최대우도 추정량(MLE)이므로 통계적 특성이 우수합니다.

위에서 개발된 공식을 사용하는 데에는 한 가지 문제가 있습니다. 과거에 i번째 보험 계약자로부터 수집된 데이터는 m_i의 노출을 기반으로 했습니다. 모든 보험 계약자의 총 손실은 $TL = \sum_{i=1}^{r} m_i\bar{X}_i$입니다. 이전에 제시된 신뢰도 보험료를 부과했더라면, 총 보험료는 다음과 같았을 것입니다.

$$\begin{aligned} TP &= \sum_{i=1}^{r} m_i[\hat{Z}_i\bar{X}_i + (1-\hat{Z}_i)\hat{\mu}] \\ &= \sum_{i=1}^{r} m_i(1-\hat{Z}_i)(\hat{\mu} - \bar{X}_i) + \sum_{i=1}^{r} m_i\bar{X}_i \\ &= \sum_{i=1}^{r} m_i\frac{\hat{k}}{m_i + \hat{k}}(\hat{\mu} - \bar{X}_i) + \sum_{i=1}^{r} m_i\bar{X}_i. \end{aligned}$$

일반적으로 $TL = TP$가 되도록 설정하는 것이 바람직합니다. 이는 규제 기관이 승인할 만한 보험료 인상이 과거 경험 데이터를 기반으로 한 총 손실액 청구액 수준에 기반하기 때문입니다. 신뢰도 조정은 실질적이고 이론적으로도 타당하지만, 총액을 변경하지 않는 것이 일반적으로 좋은 아이디어입니다. 따라서 다음이 필요합니다.

$$0 = \sum_{i=1}^{r} m_i \frac{\hat{k}}{m_i + \hat{k}} (\hat{\mu} - \bar{X}_i)$$

이를 다시 정리하면

$$\hat{\mu} \sum_{i=1}^{r} \hat{Z}_i = \sum_{i=1}^{r} \hat{Z}_i \bar{X}_i$$

또는

$$\hat{\mu} = \frac{\sum_{i=1}^{r} \hat{Z}_i \bar{X}_i}{\sum_{i=1}^{r} \hat{Z}_i}. \tag{18.15}$$

즉, (18.9)를 사용하여 $\hat{\mu}$를 계산하는 대신, 개별 샘플 평균의 신뢰도 가중 평균을 사용합니다. 두 방법 모두 주어진 $\hat{Z}_i$ 불편 추정량을 제공하지만, 후자가 총 손실액 청구액을 유지한다는 이점이 있습니다. (18.15)를 사용할 때도 여전히 (18.1)에서 정의된 $\bar{X}$ 값을 사용해야 합니다. 최소제곱(Least Squares) 방식으로도 이 결과를 도출할 수 있습니다.

예제 18.3과 (18.14)에서 정의된 $\mathrm{Var}[\bar{X}_j]$의 형태를 참고하면, (18.16)의 가중치는 $\hat{\mu}$에 대한 무조건적 분산을 최소화합니다.

예제 18.4

과거 데이터는 두 그룹의 보험 계약자에 대해 제공되며, 이는 표 18.1에 나타나 있습니다. 연도 4에서 각 그룹에 부과될 추정 신뢰도 보험료를 계산하십시오.

표 18.1 The data for Example 18.4

	Policyholder	Year 1	Year 2	Year 3	Year 4
Total claims	1	–	10,000	13,000	–
Number in group		–	50	60	75
Total claims	2	18,000	21,000	17,000	–
Number in group		100	110	105	90

먼저 각 그룹의 과거 연도별 1인당 평균 손실액 청구액을 계산해야 합니다. 그룹 1의 경험 데이터는 $n_1 = 2$년, 그룹 2의 경험 데이터는 $n_2 = 3$년입니다.

보험 계약자 1의 과거 연도 데이터는 어떤 연도의 데이터인지 상관없으므로, 기호적 목적을 위해 다음 값을 선택합니다.

$$m_{11} = 50 \text{ and } X_{11} = \frac{10{,}000}{50} = 200.$$

유사하게,

$$m_{12} = 60 \text{ and } X_{12} = \frac{13{,}000}{60} = 216.67.$$

따라서,

$$m_1 = m_{11} + m_{12} = 50 + 60 = 110,$$
$$\bar{X}_1 = \frac{10{,}000 + 13{,}000}{110} = 209.09.$$

보험 계약자 2에 대해,

$$m_{21} = 100,\ X_{21} = \frac{18{,}000}{100} = 180,$$
$$m_{22} = 110,\ X_{22} = \frac{21{,}000}{110} = 190.91,$$
$$m_{23} = 105,\ X_{23} = \frac{17{,}000}{105} = 161.90.$$

따라서,

$$m_2 = m_{21} + m_{22} + m_{23} = 100 + 110 + 105 = 315,$$
$$\bar{X}_2 = \frac{18{,}000 + 21{,}000 + 17{,}000}{315} = 177.78.$$

그리고 $m = m_1 + m_2 = 110 + 315 = 425$입니다. 전체 평균은

$$\hat{\mu} = \bar{X} = \frac{10{,}000 + 13{,}000 + 18{,}000 + 21{,}000 + 17{,}000}{425} = 185.88.$$

대안 추정값 (18.16)에 의한 μ는 나중에 계산할 수 있습니다.
이제,

$$\hat{v} = \frac{\begin{array}{c}50(200 - 209.09)^2 + 60(216.67 - 209.09)^2 + 100(180 - 177.78)^2 \\ +110(190.91 - 177.78)^2 + 105(161.90 - 177.78)^2\end{array}}{(2-1)+(3-1)}$$
$$= 17{,}837.87,$$

그에 따라

$$\hat{a} = \frac{110(209.09 - 185.88)^2 + 315(177.78 - 185.88)^2 - (17{,}837.87)(1)}{425 - \left(110^2 + 315^2\right)/425}$$
$$= 380.76.$$

그렇다면, $\hat{k} = \hat{v}/\hat{a} = 46.85$.

두 보험 계약자의 추정 신뢰도 계수는 다음과 같습니다.

$$\hat{Z}_1 = \frac{110}{110 + 46.85} = 0.70, \quad \hat{Z}_2 = \frac{315}{315 + 46.85} = 0.87.$$

보험 계약자 1의 1인당 추정 신뢰도 보험료는

$$\hat{Z}_1\bar{X}_1 + (1 - \hat{Z}_1)\hat{\mu} = (0.70)(209.09) + (0.30)(185.88) = 202.13,$$

따라서 전체 그룹에 대한 총 추정 신뢰도 보험료는

$$75(202.13) = 15{,}159.75.$$

보험 계약자 2의 경우,

$$\hat{Z}_2\bar{X}_2 + (1 - \hat{Z}_2)\hat{\mu} = (0.87)(177.78) + (0.13)(185.88) = 178.83,$$

그리고 총 추정 신뢰도 보험료는

$$90(178.83) = 16{,}094.70.$$

대안 추정치로,

$$\hat{\mu} = \frac{0.70(209.09) + 0.87(177.78)}{0.70 + 0.87} = 191.74.$$

신뢰도 보험료는

$$0.70(209.09) + 0.30(191.74) = 203.89, \quad 0.87(177.78) + 0.13(191.74) = 179.59.$$

전체 과거 신뢰도 보험료는

$$110(203.89) + 315(179.59) = 78{,}998.75$$

반올림 오류를 제외하면, 이 총합은 실제 총 손실액인 79,000과 일치합니다. □

이전 분석에서는 모수 μ, v, a가 모두 미지수이며 추정이 필요하다고 가정했지만, 항상 그런 것은 아닙니다. 또한 $n_i > 1$ 및 $r > 1$이라고 가정합니다. 만약 $n_i = 1$이라면, 보험 계약자 i에 대한 노출 위험량 단위가 하나뿐이므로 과정 분산 $v(\Theta_i)$ 및 v에 대한 정보를 얻기 어렵습니다. 유사하게, $r = 1$이라면 보험 계약자가 하나뿐이므로 가설 평균 a의 분산에 대한 정보를 얻기가 어렵습니다. 이러한 상황에서는, 하나 이상의 모수(예: 앞으로 논의할 순보험료 또는 매뉴얼 비율 μ)에 대한 지식이나 모수 간 함수적 관계를 암시하는 강한 모수적 가정이 필요합니다(18.3 섹션에서 논의됨).

이를 설명하기 위해, 예를 들어 매뉴얼 비율 μ가 이미 알려져 있지만 a와 v의 추정이 필요하다고 가정해봅시다. 이 경우, μ가 알려졌든 그렇지 않든 v는 편향되지 않으므로 (18.13)을 사용하여 여전히 v를 추정할 수 있습니다(왜 이 경우에 $\left[\sum_{j=1}^{n_i} m_{ij}(X_{ij} - \mu)^2\right] / n_i$이 v에 대한 불편 추정치가 아닌가?). 유사하게, (18.5)이 여전히 a에 대한 불편 추정치입니다.

그러나 μ가 알려져 있다면, a의 대안적인 편향되지 않은 추정치는 다음과 같습니다.

$$\tilde{a} = \sum_{i=1}^{r} \frac{m_i}{m}(\bar{X}_i - \mu)^2 - \frac{r}{m}\hat{v},$$

여기서 $\hat{v}$는 (18.13)에 의해 주어집니다.

편향되지 않음을 확인하려면, 다음을 주목하십시오.

$$\begin{aligned}
\mathrm{E}(\tilde{a}) &= \sum_{i=1}^{r} \frac{m_i}{m}\mathrm{E}[(\bar{X}_i - \mu)^2] - \frac{r}{m}\mathrm{E}(\hat{v}) \\
&= \sum_{i=1}^{r} \frac{m_i}{m}\mathrm{Var}(\bar{X}_i) - \frac{r}{m}v \\
&= \sum_{i=1}^{r} \frac{m_i}{m}\left(a + \frac{v}{m_i}\right) - \frac{r}{m}v = a.
\end{aligned}$$

데이터가 단일 보험 계약자에 대해서만 있는 경우, 이러한 접근 방식이 필요합니다. 명확히, (18.12)는 보험 계약자 i의 데이터만을 기반으로 한 v의 추정치를 제공하며, 단일 보험 계약자의 데이터를 기반으로 한 a의 편향되지 않은 추정치는 다음과 같습니다.

$$\tilde{a}_i = (\bar{X}_i - \mu)^2 - \frac{\hat{v}_i}{m_i} = (\bar{X}_i - \mu)^2 - \frac{\sum_{j=1}^{n_i} m_{ij}(X_{ij} - \bar{X}_i)^2}{m_i\left(n_i - 1\right)},$$

이는 $\mathrm{E}[(\bar{X}_i - \mu)^2] = \mathrm{Var}(\bar{X}_i) = a + v/m_i$ 및 $\mathrm{E}(\hat{v}_i) = v$이므로 편향되지 않습니다.

예제 18.5

단체 보험 계약자에 대해 표 18.2와 같은 데이터가 주어졌습니다. 개인당 연간 매뉴얼 요율이 500일 경우, 연도 3에 대한 총 신뢰 프리미엄을 추정하십시오.

표 18.2 The data for Example 18.5

	Year 1	Year 2	Year 3
Total claims	60,000	70,000	–
Number in group	125	150	2005

이전 기호를 사용하면 (이 그룹을 보험 계약자 i로 간주함)

m_{i1} = 125, X_{i1} = 60,000/125 = 480, m_{i2} = 150, X_{i2} = 70,000/150 = 466.67, $m_i = m_{i1} + m_{i2}$ = 275, 그리고 $\bar{X}_i$ = (60,000 + 70,000)/275 =472.73.

따라서,

$$\hat{v}_i = \frac{125(480 - 472.73)^2 + 150(466.67 - 472.73)^2}{2 - 1} = 12{,}115.15,$$

그리고 μ = 500, $\tilde{a}_i = (472.73 - 500)^2 - (12{,}115.15/275) = 699.60$일 때,

그런 다음, $k = \hat{v}/\tilde{a}$ = 17.32. 추정 신뢰도 계수는 $m_i/(m_i + \hat{v}/\tilde{a}_i)$ = 275/(275 + 17.32) = 0.94. 개인당 추정 신뢰 프리미엄은 0.94(472.73) + 0.06(500) = 474.37, 그리고 연도 3에 대한 총 추정 신뢰 프리미엄은 200(474.37) = 94,874. □

18.3 반모수적 추정 Semiparametric Estimation

일부 상황에서는 조건부 분포 $f_{X_{ij}|\Theta}(x_{ij}|\theta_i)$에 대해 모수적 형태를 가정하는 것이 합리적일 수 있습니다. 현재 상황이 이러한 가정을 타당하게 만들거나 사전 정보가 이를 적절하다고 암시할 수 있습니다.

예를 들어, 손실액 청구 건수에 대해 다룰 때, 보험 계약자 i의 연도 j에서의 손실액 청구 건수 $m_{ij}X_{ij}$가 $\mathbf{\Theta}_i = \theta_i$일 때 평균이 $m_{ij}\theta_i$ 인 포아송 분포를 따른다고 가정하는 것이 합리적일 수 있습니다. 따라서, $E(m_{ij}X_{ij}|\mathbf{\Theta}_i) = \text{Var}(m_{ij}X_{ij}|\mathbf{\Theta}_i) = m_{ij}\theta_i$, 이는 $\mu(\mathbf{\Theta}_i) = v(\mathbf{\Theta}_i) = \mathbf{\Theta}_i$ 를 의미하며, 이 경우 $\mu = v$ 가 됩니다. 이 상황에서는 v를 추정하기 위해 (18.13)을 사용하는 대신, $\hat{\mu} = \bar{X}$를 사용하여 v를 추정할 수 있습니다.

예제 18.6

지난해 자동차 보험 계약자들이 손실액 청구 건수에 따라 분포된 내용이 표 18.3에 주어져 있습니다. 각 보험 계약자에 대해, 지난 1년간의 경험을 바탕으로 다음 해의 손실액 청구 건수에 대한 신뢰성 추정값을 구하세요. 각 보험 계약자의 손실액 청구 건수가 조건부 포아송(Poisson) 분포를 따른다고 가정합니다.

표 18.3 The data for Example 18.6

Number of claims	Number of insureds
0	1,563
1	271
2	32
3	7
4	2
Total	1,875

다음을 가정합니다. 보험 계약자 수 r = 1,875명, 각 보험 계약자당 경험 n_i = 1년, 그리고 위험 노출량 m_{ij} = 1. 보험 계약자 i (i = 1,⋯,1,875)에 대해, $X_{i1}|\boldsymbol{\Theta}_i = \theta_i$는 평균값이 θ_i인 포아송 분포를 따릅니다. 따라서 $\mu(\theta_i) = \upsilon(\theta_i) = \theta_i$이고, $\mu = \upsilon$입니다.

예제 18.1과 같이 계산합니다.

$$\begin{aligned}\bar{X} &= \frac{1}{1{,}875}\left(\sum_{i=1}^{1{,}875} X_{i1}\right)\\ &= \frac{0(1{,}563)+1(271)+2(32)+3(7)+4(2)}{1{,}875} = 0.194.\end{aligned}$$

이제,

$$\begin{aligned}\mathrm{Var}(X_{i1}) &= \mathrm{Var}[\mathrm{E}(X_{i1}|\Theta_i)] + \mathrm{E}[\mathrm{Var}(X_{i1}|\Theta_i)]\\ &= \mathrm{Var}[\mu(\Theta_i)] + \mathrm{E}[\upsilon(\Theta_i)] = a + \upsilon = a + \mu.\end{aligned}$$

따라서, $a + v$의 비편향 추정값은 표본 분산입니다.

$$\begin{aligned}\frac{\sum_{i=1}^{1{,}875}\left(X_{i1}-\bar{X}\right)^2}{1{,}874} &= \frac{\begin{array}{c}1{,}563(0-0.194)^2+271(1-0.194)^2\\ +32(2-0.194)^2+7(3-0.194)^2+2(4-0.194)^2\end{array}}{1{,}874}\\ &= 0.226.\end{aligned}$$

따라서, $\hat{a}$ = 0.226 − 0.194 = 0.032 및 $\hat{k}$ = 0.194/0.032 = 6.06, 그리고 신뢰성 계수는 Z = 1/(1 + 6.06) = 0.14. 각 보험 계약자에 대한 손실액 청구 건수의 신뢰도 보험료 추정값은 (0.14)X_{i1} + (0.86)(0.194)입니다. 여기서 X_{i1}은 보험 계약자의 손실액 청구 건수(0, 1, 2, 3, 4 중 하나)입니다. □

이 경우, $v = \mu$가 동일하므로 각 보험 계약자당 1년의 경험만 필요합니다.

예제 18.7

한 그룹의 개인이 손실액 청구를 할 확률(예: 단체 생명보험)에 관심이 있다고 가정하고, 그 확률이 가입자별로 다르다고 믿어진다고 합시다. 이 경우, $m_{ij}X_{ij}$는 m_{ij}명 중에서 j년 동안 가입자 i가 손실액 청구를 한 사람 수를 나타낼 수 있습니다. 이 상황에 대해 신뢰성 모델을 개발하십시오.

만약 가입자 i에 대한 손실액 청구 확률이 θ_i라면, 이 효과를 설명하기 위한 합리적인 모델은 $m_{ij}X_{ij}$이 $\mathbf{\Theta}_i = \theta_i$를 조건으로 m_{ij}과 θ_i를 모수로 하는 이항 분포를 따르는 것으로 설정하는 것입니다. 그러면 다음이 성립합니다.

$$\mathrm{E}(m_{ij}X_{ij}|\Theta_i) = m_{ij}\Theta_i \quad \text{and} \quad \mathrm{Var}(m_{ij}X_{ij}|\Theta_i) = m_{ij}\Theta_i(1-\Theta_i),$$

따라서, $\mu(\Theta_i) = \mathbf{\Theta}_i$ 이고 $v(\Theta_i) = \mathbf{\Theta}_i(1 - \mathbf{\Theta}_i)$입니다. 그에 따라

$$\mu = \mathrm{E}(\Theta_i), \quad v = \mu - \mathrm{E}[(\Theta_i)^2],$$
$$a = \mathrm{Var}(\Theta_i) = \mathrm{E}[(\Theta_i)^2] - \mu^2 = \mu - v - \mu^2.$$

□

이러한 예제에서는 모수 μ, v, a 사이에 함수적 관계가 존재하며, 이는 설정된 모수 가정으로부터 도출됩니다. 이러한 관계는 종종 모수 추정을 용이하게 만듭니다.

18.4 노트 및 참고문헌 Notes and References

이 절에서는 모수 추정을 위해 간단한 접근법을 사용합니다. 최소 분산의 관점에서 최적 추정기를 찾으려는 시도는 하지 않았습니다. 이 문제에 대해 많은 연구가 이루어졌습니다. 자세한 내용과 추가 참고 문헌은 Goovaerts와 Hoogstad [46]을 참조하십시오.

18.5 연습문제

18.1 지난 1년 동안의 보험 가입자 데이터가 표 18.4에 주어져 있습니다. 세 보험 가입자 각각에 대해 4년 차의 Bühlmann 신뢰 프리미엄을 추정하십시오.

표 18.4 The data for Exercise 18.1

Policyholder	Year		
	1	2	3
1	750	800	650
2	625	600	675
3	900	950	850

18.2 단체 보험 가입자 포트폴리오에 대한 지난 데이터가 표 18.5에 주어져 있습니다. 각 단체에 대해 4년 차에 적용할 Bühlmann 신뢰 프리미엄을 추정하십시오.

표 18.5 The data for Exercise 18.2

	Policyholder	Year			
		1	2	3	4
Claims	1	–	20,00	25,000	–
Number in group		–	100	120	110
Claims	2	19,000	18,000	17,000	–
Number in group		90	75	70	60
Claims	3	26,000	30,000	35,000	–
Number in group		150	175	180	200

18.3 연습문제 16.3의 상황에서, 다음 해의 보험 가입자에 대한 Bühlmann 신뢰 프리미엄을 추정하십시오.

18.4 예제 18.1에서의 Bühlmann 모델을 고려하십시오.

(a) $\mathrm{Var}(X_{ij}) = a + v$ 임을 증명하십시오.

(b) 만약 $\{X_{ij}: i = 1,...,r$ 및 $j = 1,...,n\}$이 모든 i와 j에 대해 무조건적으로 독립적이라면, $a + v$의 편향되지 않은 추정치가

$$\frac{1}{nr-1}\sum_{i=1}^{r}\sum_{j=1}^{n}(X_{ij}-\bar{X})^2.$$

임을 증명하십시오.

(c) 대수적 동일식

$$\sum_{i=1}^{r}\sum_{j=1}^{n}(X_{ij}-\bar{X})^2 = \sum_{i=1}^{r}\sum_{j=1}^{n}(X_{ij}-\bar{X}_i)^2 + n\sum_{i=1}^{r}(\bar{X}_i-\bar{X})^2.$$

을 증명하십시오.

(d) 조건부로,

$$\mathrm{E}\left[\frac{1}{nr-1}\sum_{i=1}^{r}\sum_{j=1}^{n}(X_{ij}-\bar{X})^2\right]=(v+a)-\frac{n-1}{nr-1}a.$$

임을 보여주십시오.

(e) (b)와 (d)의 함의를 논의하십시오.

18.5 임의 변수 $Y_1,\ldots,Y_n$이 독립적이고

$$\mathrm{E}(Y_j) = \gamma \text{ 및 } \mathrm{Var}(Y_j) = a_j + \sigma^2/b_j,\ j = 1,\ldots,n$$

이라고 가정하십시오. $b = b_1 + b_2 + \cdots + b_n$ 이고, $= (b_j/b)Y_j$ 이라고 정의하십시오. 다음을 증명하십시오.

$$\mathrm{E}\left[\sum_{j=1}^{n} b_j(Y_j-\overline{Y})^2\right]=(n-1)\sigma^2+\sum_{j=1}^{n} a_j\left(b_j-\frac{b_j^2}{b}\right).$$

18.6 자동차 보험 가입자의 클레임 수에 따른 분포가 표 18.6에 주어져 있습니다. 보험 가입자당 클레임 수에 대해 (조건부) 포아송 분포를 가정하고, 다음 해의 클레임 수에 대한 Bühlmann 신뢰 프리미엄을 추정하십시오.

표 18.6 The data for Exercise 18.6

Number of claims	Number of insureds
0	2,500
1	250
2	30
3	5
4	2
Total	2,787

18.7 다음과 같이 가정합시다. Θ가 주어졌을 때, $X_1,\cdots,X_n$이 독립적으로 기하 분포를 따르며, 확률질량함수(PF)는 다음과 같습니다.

$$f_{X_j|\Theta}(x_j|\theta)=\frac{1}{1+\theta}\left(\frac{\theta}{1+\theta}\right)^{x_j},\quad x_j=0,1,\ldots.$$

라고 가정하십시오.

(a) $\mu(\theta) = \theta$ 및 $v(\theta) = \theta(1+\theta)$임을 증명하십시오.

(b) $a = v - \mu - \mu^2$임을 증명하십시오.

(c) (조건부) 기하 분포를 가정하고 연습문제 18.6을 다시 풀이하십시오.

18.8

$$\Pr(m_{ij}X_{ij} = t_{ij}|\Theta_i = \theta_i) = \frac{(m_{ij}\theta_i)^{t_{ij}} e^{-m_{ij}\theta_i}}{t_{ij}!}$$

및

$$\pi(\theta_i) = \frac{1}{\mu} e^{-\theta_i/\mu}, \quad \theta_i > 0.$$

이때 Bühlmann-Straub 형식 데이터에 대한 μ의 최대 우도 추정치 $\hat{\mu}$를 만족하는 방정식을 작성하십시오.

18.9 (a) 다음 대수적 동일식을 증명하십시오.

$$\sum_{i=1}^{r}\sum_{j=1}^{n_i} m_{ij}(X_{ij} - \bar{X})^2 = \sum_{i=1}^{r}\sum_{j=1}^{n_i} m_{ij}(X_{ij} - \bar{X}_i)^2 + \sum_{i=1}^{r} m_i(\bar{X}_i - \bar{X})^2.$$

(b) (a)와 (18.13)을 사용하여 (18.15)를 다음과 같이 나타낼 수 있음을 보이십시오.

$$\hat{a} = m_*^{-1}\left[\frac{\sum_{i=1}^{r}\sum_{j=1}^{n_i} m_{ij}(X_{ij} - \bar{X})^2}{\sum_{i=1}^{r} n_i - 1} - \hat{v}\right],$$

여기서

$$m_* = \frac{\sum_{i=1}^{r} m_i\left(1 - \frac{m_i}{m}\right)}{\sum_{i=1}^{r} n_i - 1}.$$

18.10 (*)높은 범죄율 지역의 340명의 피보험자가 1년 동안 제출한 도난 클레임 데이터가 표 18.7에 주어져 있습니다. 각 피보험자는 도난 클레임 수에 대해 포아송 분포를 가지고 있다고 가정하지만, 평균은 피보험자마다 다를 수 있습니다. 관찰 기간 동안 2건의 클레임이 발생한 특정 피보험자의 다음 기간 클레임 수에 대한 Bühlmann 신뢰 추정치를 구하십시오.

표 18.7 The data for Exercise 18.10

Number of claims	Number of insureds
0	200
1	80
2	50
3	10

18.11 (*)세 명의 개별 보험 가입자를 4년 동안 관찰하였습니다. 보험 가입자 *X*는 2, 3, 3, 4건의 클레임을, *Y*는 5, 5, 4, 6건의 클레임을, *Z*는 5, 5, 3, 3건의 클레임을 경험했습니다. 비모수적 경험적 베이즈 추정을 사용하여 5년 차의 각 보험 가입자의 예상 클레임 수를 추정하십시오.

18.12 (*)두 명의 보험 가입자가 배달용 밴을 소유하고 있습니다. 보험 가입자 *A*는 1년 차에 밴 2대와 1건의 클레임, 2년 차에 밴 2대와 1건의 클레임, 3년 차에 밴 1대와 클레임 없음. 보험 가입자 *B*는 1년 차에 밴이 없었으며, 2년 차에 밴 3대와 2건의 클레임, 3년 차에 밴 2대와 3건의 클레임을 경험했습니다. 각 연도에 대한 클레임 수는 포아송 분포를 따른다고 가정하고, 반모수적 경험적 베이즈 추정을 사용하여 4년 차에 각 보험 가입자의 예상 클레임 수를 추정하십시오.

18.13 (*)100건의 보험 계약이 5년 동안 유효했습니다. 각 보험 가입자는 클레임 수에 대해 포아송 분포를 가지고 있지만, 모수는 다를 수 있습니다. 5년 동안 46건의 계약이 클레임이 없었고, 34건이 1건, 13건이 2건, 5건이 3건, 2건이 4건의 클레임을 가졌습니다. 이 기간 동안 3건의 클레임이 있었던 계약에 대해, 6년 차에 해당 계약의 예상 클레임 수를 반모수적 경험적 베이즈 추정을 사용하여 추정하십시오.

LOSS MODELS

From Data to Decision

PART

6

시뮬레이션

SIMULATION

19 시뮬레이션

19 시뮬레이션 SIMULATION

19.1 시뮬레이션의 기초 Basics of Simulation

시뮬레이션은 보험계리 실무에서 기복 있는 역사를 가지고 있습니다. 예를 들어, 1970년대에는 당시 이용 가능한 분석적 방법이 충분하지 않았기 때문에 시뮬레이션을 통해 총손실 계산이 일반적으로 수행되었습니다. 그러나 당시의 전형적인 시뮬레이션은 회사의 메인프레임 컴퓨터에서 하루 종일 걸렸으며, 이는 자원에 큰 부담을 주었습니다. 1980년대에는 제9장에서 논의된 재귀 공식과 같은 분석적 방법이 개발되어 훨씬 더 빠르고 정확한 것으로 나타났습니다. 오늘날 데스크톱 컴퓨터는 분석적 접근이 불가능한 모델을 분석할 수 있는 복잡한 시뮬레이션을 실행할 수 있을 만큼 충분한 성능을 갖추고 있습니다.

이와 유사하게, 투자 수단이 점점 더 복잡해짐에 따라 보험 계약은 이자 민감 요소와 주식 시장 성과와 관련된 금융 보증을 포함할 수 있습니다. 이러한 상품들은 확률론적 관점에서 분석되어야 합니다. 이러한 복잡성과 기타 요인을 수용하기 위해 시뮬레이션은 선호되는 기술이 되었습니다.

이 장에서는 보험에서의 복잡한 모델링 문제를 해결하거나 다른 방법의 대안으로 시뮬레이션이 어떻게 사용될 수 있는지에 대한 몇 가지 예를 제공합니다. 이 주제를 자세히 다루는 것이 아니라 시뮬레이션이 어떻게 도움이 될 수 있는지 개념을 제공하는 것이 목적입니다.

Ripley [105]와 Ross [108]와 같은 시뮬레이션 관련 텍스트를 공부하면 중요한 추가 통찰을 얻을 수 있습니다. 또한, 시뮬레이션은 이전 장에서 다룬 통계 기법을 평가하는 데에도 유용할 수 있습니다. 여기에서는 특히 부트스트랩 방법을 강조하며 이러한 시뮬레이션의 사용을 다룹니다.

19.1.1 시뮬레이션 접근법 Simulation Approach

시뮬레이션의 장점은 일단 모델이 생성되면 추가적인 창의적 사고가 거의 필요 없다는 점입니다.[1] 확률 변수 S의 분포와 관련된 값을 결정하는 것이 목표일 때, 전체 과정은 다음 네 단계로 요약될 수 있습니다.

1. 확률 변수 $X, Y, Z, \cdots$에 의존하며, 그들의 분포와 상호 의존성이 알려진 S에 대한 모델을 작성합니다.
2. $J = 1, \cdots, n$에 대해 의사 난수(pseudo random values) x_j, y_j, $z_j, \cdots$를 생성하고, 1단계에서 만든 모델을 사용하여 s_j를 계산합니다.
3. S의 누적분포함수(cdf)는 의사 난수(pseudo random values) 샘플 $s_1, \cdots, s_n$에 기반한 경험적 cdf $F_n(s)$로 근사할 수 있습니다.
4. 경험적 cdf를 사용하여 평균, 분산, 백분위수 또는 확률과 같은 관심 수치를 계산합니다.

두 가지 질문이 남아 있습니다. 하나는 19.3절에서 다루기로 하고, 다른 하나는 의사 난수(pseudo random) 변수(variable)를 생성한다는 것은 무엇을 의미하는가?입니다. 확률 변수 X와 그 누적분포함수(CDF) $F_X(x)$를 생각해 봅시다. 이는 어떤 관심 있는 현상에 의해 생성된 실제 확률 변수입니다. 예를 들어, 이는 "무작위로 자동차 신체 상해 의료비 손실액 청구를 하나 선택하고 그 값을 기록한다"는 실험의 결과일 수 있습니다. 우리는 이 경우 CDF가 알려져 있다고 가정합니다. 예를 들어, 파레토 분포라면 다음과 같이 나타낼 수 있습니다.

$$F_X(x) = 1 - \left(\frac{1,000}{1,000 + x}\right)^3.$$

이제 동일한 파레토 분포를 가지지만 다른 과정에서 생성된 두 번째 확률 변수 X^*를 고려해 봅시다. X^*에서 추출된 랜덤 샘플, 예를 들어 $x_1^*, \cdots, x_n^*$은 X에서 추출된 샘플과 구별할 수 없습니다. 즉, 주어진 n개의 숫자가 자동차 손실액 청구에서 나온 것인지 다른 것에서 나온 것인지 알 수 없습니다. 따라서 자동차 손실액 청구를 관찰하여 X를 학습하는 대신 X^*를 관찰하여 학습할 수 있습니다. 그러나 파레토 분포에서 랜덤 샘플을 얻는 것은 여전히 어려운

1 이 설명은 완전히 정확하지 않습니다. 효율적인 시뮬레이션을 설계하는 데 많은 창의력이 활용될 수 있습니다. 여기에서 사용된 단순 무식한 방법(brute force approach)은 작동하겠지만, 컴퓨터가 답을 계산하는 데 더 오랜 시간이 걸릴 수 있습니다.

작업일 수 있습니다. 그래서 아직 큰 진전을 이루지는 못했습니다.

우리는 한 가지 양보를 통해 진전을 이룰 수 있습니다. X^*에서의 랜덤 샘플 대신, 독립적이거나 심지어 무작위적(random)이지 않을 수 있지만 X^*와 관련된 알려진 과정에서 생성된 일련의 숫자 $x_1^{**}, \cdots, x_n^{**}$를 받아들입시다. 이러한 일련의 숫자를 의사 난수(pseudo random) 열(sequence)이라고 합니다. 이 생성 과정을 모르는 사람은 이를 X^*에서 추출된 랜덤 샘플과 구별할 수 없습니다(따라서 X에서도 마찬가지입니다). 이러한 일련의 숫자는 우리의 목적에 충분히 적합합니다.

의사 난수(pseudo random) 열(sequence)을 생성하는 과정을 개발하는 분야는 잘 발전되어 있습니다. 이러한 수열을 제공하는 작업을 더 쉽게 만드는 한 가지 사실은, 구간 (0,1)에서 균등 분포를 생성할 수 있으면 충분하다는 점입니다. 이는 U가 (0,1)에서 균등 분포를 가진다면, 역함수가 존재할 경우 $X = F_X^{-1}(U)$는 $F_X(x)$를 누적분포함수(CDF)로 갖기 때문입니다. 따라서 단순히 균등 의사 난수(pseudo random values) $u_1^{**}, \cdots, u_n^{**}$을 생성한 다음 $x_j^{**} = F_X^{-1}(u_j^{**})$로 설정하면 됩니다. 이를 난수 변량(random variate)을 생성하는 반전법(inversion method)이라고 합니다.

특정 분포에 대한 구체적인 생성 방법들이 개발되었으며, 여기에서 일부를 논의할 것입니다. 균등 의사 난수(pseudo random values)를 생성하는 최적의 방법에 대한 많은 연구 문헌이 존재하며, 이를 평가하기 위한 다양한 테스트도 제안되었습니다. 사용하는 방법이 적절한지 반드시 확인해야 합니다.

예제 19.1

10,000개의 의사(pseudo) 파레토 변수($\alpha = 3$, $\theta = 1{,}000$)를 생성하고, 그것들이 실제 파레토 관측값과 구별되지 않는지 확인합니다.

의사 균등(pseudo uniform) 값은 상용 프로그래밍 언어에 내장된 생성기를 사용하여 얻었습니다. 의사(pseudo) 파레토 값은 다음 식에 따라 계산됩니다.

$$u^{**} = 1 - \left(\frac{1{,}000}{1{,}000 + x^{**}}\right)^3.$$

즉,

$$x^{**} = 1{,}000[(1 - u^{**})^{-1/3} - 1].$$

예를 들어, 첫 번째로 생성된 값이 $u_1^{**} = 0.54246$이라면, $x_1^{**} = 297.75$가 됩니다. 이 계산을 10,000번 반복했습니다.

결과는 표 19.1에 표시되어 있으며, 카이제곱 적합도 검정을 수행했습니다.

표 19.1 The chi-square test of simulated Pareto observations

Interval	Observed	Expected	Chi-square
0-100	2,519	2,486.85	0.42
100-250	2,348	2,393.15	0.85
250-500	2,196	2,157.04	0.70
500-750	1,071	1,097.07	0.62
750-1,000	635	615.89	0.59
1,000-1,500	589	610.00	0.72
1,500-2,500	409	409.76	0.01
2,500-5,000	192	186.94	0.14
5,000-10,000	36	38.78	0.20
10,000-	5	7.51	0.84
Total	10,000	10,000	5.10

기대 빈도는 $\alpha = 3$, $\theta = 1,000$인 파레토 분포를 사용하여 계산되었습니다. 모수가 알려져 있으므로 자유도는 9입니다. 유의 수준 5%에서 임계값(critical value)은 16.92이며, 의사 난수(pseudo random values) 샘플이 이 파레토 분포에서 랜덤 샘플을 모방한다고 결론지을 수 있습니다. □

예제 19.2

다음과 같은 분포 함수 $F_X(x)$를 가정합니다.

$$F_X(x) = \begin{cases} 0.5x, & 0 \le x < 1, \\ 0.5 + 0.25x & 1 \le x \le 2. \end{cases}$$

균등 난수 0.3, 0.6, 0.9에 의해 생성된 x값을 구합니다.

첫 번째 구간에서는 분포 함수가 0에서 0.5까지 변화하고, 두 번째 구간에서는 0.75에서 1까지 변화합니다. u = 0.3일 때, 첫 번째 구간에 있으므로, 해결해야 할 방정식은 $0.3 = 0.5x$이고, 이를 풀면 $x = 0.6$이 됩니다.

분포 함수가 $x = 1$에서 0.5에서 0.75로 점프하므로, 해당 구간의 u 값은 모두 시뮬레이션 값으로 $x = 1$을 생성합니다. 따라서 $u = 0.6$일 때 시뮬레이션 값은 $x = 1$입니다. $\Pr(0.5 \le U < 0.75) = 0.25$임을 유의하십시오. 이는 $x = 1$의 값이 25%의 확률로 시뮬레이션된다는 것을 의미하며, 이는 실제 확률과 일치합니다.

마지막으로, $u = 0.9$가 두 번째 구간에 있을 때, 방정식 $0.9 = 0.5 + 0.25x$를 풀어 $x = 1.6$을 얻습니다.

그림 19.1은 이 과정을 시각적으로 설명하며, 함수 위에 수직선을 그려 반전 과정을 직관적으로 이해할 수 있도록 돕습니다.

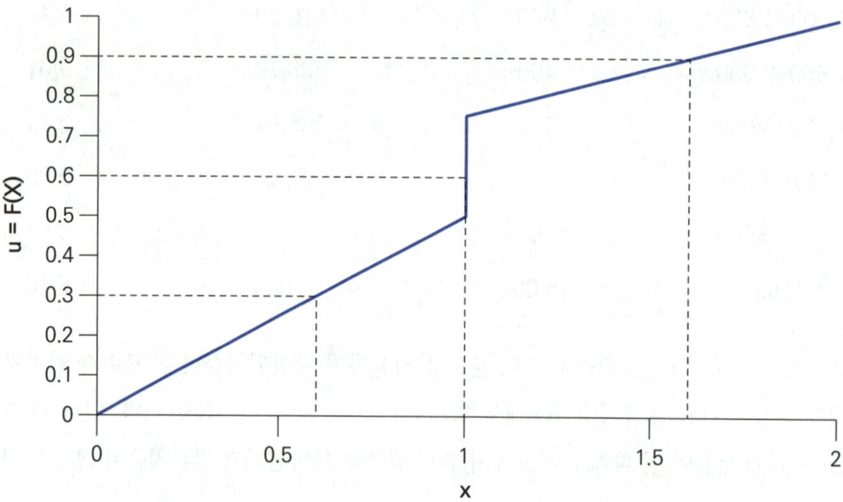

그림 19.1 The inversion of the distribution function for Example 19.2

□

분포 함수가 어떤 구간에서 일정할 수도 있습니다. 이 경우, $u = F_X(x)$ 방정식은 u가 해당 구간에서의 $F_X(x)$의 일정한 값에 해당할 때 x에 대해 여러 해를 가질 수 있습니다. 우리의 관례(곧 정당화될 예정)는 해당 구간에서 가능한 가장 큰 값을 선택하는 것입니다.

예제 19.3

다음과 같은 분포 함수 $F_X(x)$를 가정합니다.

$$F_X(x) = \begin{cases} 0.5x, & 0 \le x < 1, \\ 0.5, & 1 \le x < 2, \\ 0.5x - 0.5, & 2 \le x < 3. \end{cases}$$

균등 난수 0.3, 0.5, 0.9에 의해 생성된 x값을 구합니다.

첫 번째 구간은 분포 함수 값이 0에서 0.5까지를 포함하며, 마지막 구간은 0.5에서 1까지를 포함합니다. $u = 0.3$일 때, 첫 번째 구간에 속하므로 방정식 $0.3 = 0.5x$를 풀면 $x = 0.6$이 됩니다. 분포 함수는 $x = 1$에서 $x = 2$까지 0.5로 일정합니다. 따라서 $u = 0.5$일 때, 해당 구간의 가장 큰 값인 $x = 2$를 선택합니다. $u = 0.9$일 때, 마지막 구간에 속하므로 방정식 $0.9 = 0.5x + 0.50$를 풀면 $x = 2.8$이 됩니다. □

이산 분포는 두 가지 특징을 가지고 있습니다. 분포 함수는 변수의 가능한 값에서 점프하며, 그 사이 구간에서는 일정하게 유지됩니다.

예제 19.4

다음과 같은 균등 난수 0.3, 0.6875, 0.95를 사용하여 $m = 4$, $q = 0.5$인 이항 분포에서 값을 시뮬레이션합니다.

분포 함수는 다음과 같습니다.

$$F_X(x) = \begin{cases} 0, & x < 0, \\ 0.0625, & 0 \le x < 1, \\ 0.3125, & 1 \le x < 2, \\ 0.6875, & 2 \le x < 3, \\ 0.9375, & 3 \le x < 4, \\ 1, & x \ge 4. \end{cases}$$

$u = 0.3$일 때, 분포 함수는 $x = 1$에서 점프합니다. 따라서 $x = 1$이 됩니다.

$u = 0.6875$일 때, 분포 함수는 $x = 2$에서 $x = 3$까지 일정하며, 이 구간의 한계 값으로 $x = 3$이 선택됩니다.

$u = 0.95$일 때, 분포 함수는 $x = 4$에서 점프합니다. 따라서 $x = 4$가 됩니다.

시뮬레이션 알고리즘은 분포 함수에 기반한 표를 사용하여 더 쉽게 표현할 수 있습니다. 이렇게 하면 Excel®의 VLOOKUP과 같은 간단한 조회 함수로 시뮬레이션 값을 얻을 수 있습니다. 이 예제를 위한 표 19.2는 다음과 같습니다.

표 19.2 The simulation lookup for Example 19.4

For u in this range,	the simulated value is
$0 \le u < 0.0625,$	0
$0.0625 \le u < 0.3125,$	1
$0.3125 \le u < 0.6875,$	2
$0.6875 \le u < 0.9375,$	3
$0.9375 \le u < 1,$	4

□

많은 난수 생성기는 0의 값을 생성할 수 있지만, 1의 값은 생성하지 못합니다(일부는 0이나 1 둘 다 생성하지 못하기도 합니다). 이것이 cdf가 일정한 구간에서 가장 큰 값을 선택하는 이유입니다.

두 번째 질문은 다음과 같습니다. n의 값은 무엇을 사용해야 할까요? 이 질문은 몇 가지 특별한 시뮬레이션 사례를 논의한 후에 답변될 것입니다.

19.1.2 연습문제

19.1 반전법(inversion method)을 사용하여 Poisson(3) 분포에서 세 개의 값을 시뮬레이션하십시오. 균등 난수로 0.1247, 0.9321, 0.6873을 사용하십시오.

19.2 균등 난수 0.2, 0.5, 0.7을 사용하여 다음 확률 밀도 함수에서 값을 시뮬레이션하십시오.

$$f_X(x) = \begin{cases} 0.25, & 0 \le x \le 2, \\ 0.1, & 4 \le x \le 9, \\ 0, & \text{otherwise.} \end{cases}$$

19.2 특정 분포에 대한 시뮬레이션 Simulation for Specific Distributions

이 절에서는 반전법이 최선(또는 가장 쉬운)의 선택이 아닐 수 있는 몇 가지 특별한 경우나, 추가적인 고려가 필요한 상황을 살펴보겠습니다.

19.2.1 이산 혼합 분포 Discrete Mixtures

4.2.3절에서 다루었던 이산 혼합 분포의 분포 함수는 다음과 같이 쓸 수 있음을 기억하십시오:

$$F_Y(y) = a_1 F_{X_1}(y) + a_2 F_{X_2}(y) + \cdots + a_k F_{X_k}(y).$$

이 함수를 반전(invert)하기는 어려울 수 있지만, 개별 CDF를 반전하는 것은 더 쉬울 수 있습니다. 이는 혼합 분포에서 샘플링하기 위한 2단계 과정을 제안합니다.

1. 이산 확률 변수 J로부터 값을 시뮬레이션합니다. 여기서 $P(J = j) = a_j$입니다.
2. 적절한 방법(보통 반전법)을 사용하여 분포 함수 $F_{X_J}(y)$를 가진 확률 변수에서 관측값을 시뮬레이션합니다.

예제 19.5

다음과 같은 지수 혼합 분포를 고려하십시오.

$$F(x) = 0.3(1 - e^{-0.02x}) + 0.5(1 - e^{-0.04x}) + 0.2(1 - e^{-0.05x})$$

제시된 방법을 사용하여 이 분포에서 관측값을 시뮬레이션하십시오. 의사(pseudo) 균등 난수로 $u_1 = 0.45$와 $u_2 = 0.76$을 사용합니다.

J 값을 시뮬레이션하기 위해, 구간에 따라 다음과 같이 결정됩니다.

$$0 \le u < 0.30: J = 1, 0.3 \le u < 0.80: J = 2, 0.8 \le u < 10.8: J = 3$$

이 경우 $u_1 = 0.45$이므로, $J = 2$가 선택됩니다.

두 번째 단계에서는 평균이 25인 지수 변수를 시뮬레이션해야 합니다. 해결해야 할 방정식은 다음과 같습니다. $0.76 = 1 - e^{-0.04x}$ 이를 풀면, $X = -\ln(1 - 0.76)/0.04 = 35.68$

따라서 시뮬레이션된 관측값은 $x = 35.68$입니다. □

19.2.2 생명표에서의 기간 혹은 사망 연령 Time or Age of Death from a Life Table

생명 보험이나 연금 보험의 포트폴리오를 추적할 때, 사망 시점이나 기타 감소 요인(탈락, 장애 등)의 시점이나 연령을 시뮬레이션하는 것이 필요합니다. 여기에서는 두 가지 접근 방식을 논의합니다.

첫 번째, 포트폴리오를 기간별로 추적해야 하는 경우입니다. 이는 투자 수익과 같은 다른 랜덤 요인들도 업데이트해야 할 수 있기 때문입니다. 단일 보험 계약을 살펴본다면, 각 감소 요인(decrement)에 대한 확률이 적용됩니다. 예를 들어, 특정 연령과 계약 기간을 가진 보험 계약이 다음 기간에 대해 다음과 같은 확률을 가질 수 있습니다.

- 사망 확률: 0.01
- 탈락 확률: 0.09
- 장애 확률: 0.03
- 건강한 계약자로 유지될 확률: 0.87

결과를 시뮬레이션하는 것은 단순히 네 가지 가능한 결과를 가진 이산 확률 변수에서 값을 얻는 것입니다.

이제, 이러한 확률을 가진 250명의 계약자가 있는 포트폴리오를 고려해 봅시다. 개별 결과가 독립적이라면, 이는 다항 분포(multinomial distribution)에 해당합니다. 그러나 이 분포를 다음 3단계로 나눠서 처리할 수 있습니다.

예제 19.6

다음과 같은 의사(pseudo) 균등 난수 0.34, 0.73, 0.49을 사용하여 250개의 보험 계약 결과를 시뮬레이션하십시오.

첫째, 사망자 수를 시뮬레이션하십시요. 사망에 대한 주변 분포는 $m = 250$, $q = 0.01$인 이항 분포(binomial distribution)입니다. 정확한 이항 확률과 조회표(lookup table)를 사용하면 시뮬레이션된 사망자 수는 2명입니다. 정규 근사를 사용할 수도 있으며, 결과를 반올림합니다. 이 경우 평균이 2.5, 분산이 2.475인 정규 근사를 사용하여 반전법(inversion method)을 적용하면 1.85가 나옵니다. 이를 반올림하면 2가 됩니다.

다항 분포(multinomial distribution)의 속성 중 하나는 일부 값을 고정했을 때의 조건부 분포가 이항 분포가 된다는 점입니다. 이 경우, 탈락(lapse) 수의 분포는 $m = 250 - 2 = 248$, $q = 0.09/(1 - 0.01)$입니다. 조회표를 사용하면 시뮬레이션된 탈락 수는 25입니다. 다음으로, 장애

(disability) 사례의 분포는 이항분포로 $m = 248 - 25 = 223$, $q = 0.03/(1 - 0.01 - 0.09)$입니다. 시뮬레이션된 장애 사례 수는 7명입니다.

이 마지막 두 가지 경우에서도 정규 근사를 사용하면 동일한 결과를 얻을 수 있습니다.

건강한 계약자로 남아 있는 사람의 수는 250 - 2 - 25 - 7 = 216명입니다. □

두 번째 경우는 특정 이벤트가 발생하는 연령 또는 시간만 필요한 상황입니다.

단일 감소(single-decrement) 설정에서는 이산 분포를 사용하며, 단일 조회 (lookup)로 답을 얻을 수 있습니다.

다중 감소(multiple-decrement) 설정에서는 약간 더 복잡하지만, 주의 깊게 접근하면 단일 조회로 시뮬레이션을 수행할 수 있습니다.

예제 19.7

해당 보험 계약은 2년 만기 보험으로 연간 보험료를 납부하며, 첫 해가 끝날 때 장애 상태인 경우 두 번째 보험료가 면제된다고 가정합니다.

첫 해에 대해서는 예제 19.6에서 제공된 확률이 적용됩니다.

2년 차에 건강한 상태로 진입한 경우, 사망 확률은 0.02입니다(기타 결과는 무관). 2년 차에 장애 상태로 진입한 경우, 사망 확률은 0.05입니다(기타 결과는 무관). 의사(pseudo) 균등 난수 0.12를 사용하여 하나의 보험 계약 결과를 시뮬레이션 하십시오. 2년 동안 여러 가지 결과가 발생할 수 있습니다. 이 결과들은 번호와 이름을 부여하여 식별됩니다. 관련 정보는 표 19.3에 제공됩니다. 이는 이산 분포(discrete distribution)입니다.

표 19.3 The life insurance simulation for Example 19.7

j	Description	Probability	Cumulative probability
1	Dies in year 1	0.0100	0.0100
2	Lapses in year 1	0.0900	0.1000
3	Disabled in year 1, dies in year 2	0.0015	0.1015
4	Disabled in year 1, survives in year 2	0.0285	0.1300
4	Healthy and insured at time 1, dies in year 2	0.0174	0.1474
5	Healthy and insured at time 1, survives in year 2	0.8526	1.0000

반전법(inversion method)을 u = 0.12로 사용하면 결과 4가 시뮬레이션됩니다. 이는 첫 해에 장애 상태가 되어(따라서 첫 번째 보험료만 납부) 2년의 끝까지 생존하는 경우입니다.

결과의 순서는 시뮬레이션 과정에 영향을 미치지 않지만, 순서를 변경하면 다른 결과가 나올 수 있습니다. 예제 19.6에서와 동일한 기법을 유사한 계약 포트폴리오에 적용할 수 있습니다. □

19.2.3 $(a,b,0)$군에서의 시뮬레이션 Simulating from the $(a,b,0)$ Class

예제 19.6을 고려해 봅시다. 여기서는 m = 250, q = 0.01인 이항 분포에서 값을 시뮬레이션해야 했습니다. 테이블을 생성하려면 가능한 모든 결과에 대해 251개의 행이 필요합니다. 일부 컴퓨터 응용 프로그램에서는 테이블 조회 과정을 쉽게 처리할 수 있지만, 이 상황에 대해 코드를 작성하려면 테이블의 각 값을 확인하며 원하는 답을 찾는 반복 과정을 필요로 합니다.

일부 경우, 확률 과정(stochastic process)을 기반으로 한 더 효율적인 접근 방식이 있을 수 있습니다. 이러한 과정은 일련의 사건과 각 사건의 발생 시점을 생성합니다. 일정 기간(예: 1년) 동안 발생한 사건 수를 세면 시뮬레이션 결과를 얻을 수 있습니다. 이러한 사건 발생 시점의 시뮬레이션은 특정 상황에서 유용할 수 있습니다. 하지만 이 과정에서 중요한 점은 모델링한 분포를 보장하는 것은 시점의 설정이며, 그 반대는 아니라는 것입니다. 예를 들어, 특정 시간 동안 이항 분포를 따르는 사건 수를 갖는 것은 여기서 사용된 과정과 다른 과정을 통해 무작위 시점을 생성할 수도 있습니다.

고정된 시간 동안 사건 수를 무작위 변수로 해석하지만, 실제로 시뮬레이션되는 상황에는 고정된 시간 기간이 반드시 필요하지는 않습니다. 이 방법을 뒷받침하는 이론은 본 책 제3판의 6.6.3절에서 확인할 수 있습니다.

이 과정은 첫 번째 사건 발생 시간을 지수 분포로 설정하는 것으로 시작됩니다. 두 번째 사건 발생 시간 역시 지수 분포를 따르며, 평균은 이전 사건 수에 따라 달라집니다. 단순화를 위해 문제의 시간 기간을 항상 길이 1로 가정합니다. 만약 기간이 1이 아닌 경우, 시뮬레이션된 시간은 관련 기간의 비율로 해석될 수 있습니다.

일반적인 과정은 첫 번째 사건이 0 지수를 두 번째 사건이 1 지수, 기타를 시뮬레이션합니다.

1. 첫 번째 사건 발생 시간을 평균 $1/\lambda_0$인 지수 변수로 시뮬레이션합니다. 이 시간은 다음과 같이 계산됩니다.

$$t_0 = -\ln(1-u_0)/\lambda_0$$

   여기서 u_0는 의사(pseudo) 균등 난수입니다.

2. 최근에 시뮬레이션된 사건의 시간을 t_{k-1}이라고 합니다. 다음 사건까지의 시간을 평균 $1/\lambda_k$인 지수 변수로 시뮬레이션합니다. 이 시간은 다음과 같이 계산됩니다.

$$s_k = -\ln(1-u_k)/\lambda_k$$

3. 다음 사건의 발생 시간은 다음과 같이 계산됩니다.

$$t_k = t_{k-1} + s_k$$

4. $t_k > 1$이 될 때까지 2단계와 3단계를 반복합니다.
5. 시뮬레이션 값은 k입니다.

마지막으로, 지수 분포 평균에 대한 공식을 결정하면 됩니다.

19.2.3.1 포아송(Poisson) 이것은 가장 간단한 경우입니다. 평균이 λ인 포아송 분포에서 값을 시뮬레이션하려면, 모든 k에 대해 $\lambda_k = \lambda$로 설정하면 됩니다.

예제 19.8

평균이 2.5인 포아송 분포에서 관측값을 시뮬레이션하십시오. 필요한 만큼 다음의 의사(pseudo) 균등 난수 0.12, 0.79, 0.48, 0.62, 0.29을 사용하십시오.

- 첫 번째 사건 시점: $t_0 = -\ln(0.88)/2.5 = 0.0511$
- 두 번째 사건까지의 시간: $s_1 = -\ln(0.21)/2.5 = 0.6243$
  따라서 두 번째 사건 시점: $t_1 = 0.0511 + 0.6243 = 0.6754$
- 세 번째 사건까지의 시간: $s_2 = -\ln(0.52)/2.5 = 0.26166$
  따라서 세 번째 사건 시점: $t_2 = 0.6754 + 0.2616 = 0.9370$
- 네 번째 사건까지의 시간: $s_3 = -\ln(0.38)/2.5 = 0.3870$
  따라서 네 번째 사건 시점: $t_3 = 0.9370 + 0.3870 = 1.3240$

따라서 시뮬레이션된 값은 3입니다. □

19.2.3.2 이항(Binomial) 일반적으로 이항 분포의 모수를 m과 q로 둡니다. 이를 통해 다음과 같이 계산합니다.

$$d = \ln(1-q), \quad c = -md$$

그런 다음, 각 단계 k에 대해: $\lambda_k = c + d$

예제 19.9

예제 19.8을 $m = 250$, $q = 0.01$인 이항 분포로 반복해 봅시다.

이 모수에 대해: $d = \ln(0.99) = -0.01005$, $c = -250(-0.01005) = 2.51258$

그러면 초기 값: $\lambda_0 = 2.51258$, $t_0 = -\ln(0.88)/2.51258 = 0.0509$

그 이후 값: $\lambda_1 = 2.51258 - 0.01005(1) = 2.50253$,

$t_1 = 0.0509 - \ln(0.21)/2.50253 = 0.6745$

계속해서: $\lambda_2 = 2.51258 - 0.01005(2) = 2.49248$,

$t_2 = 0.6745 - \ln(0.52)/2.49248 = 0.9369$

마지막으로: $\lambda_3 = 2.48243$, $t_3 = 0.9369 - \ln(0.38)/2.48243 = 1.3267$

따라서 시뮬레이션된 값은 다시 3입니다. 이는 mq 값이 작을 때, 이항 분포와 포아송 분포가 유사하기 때문에 놀라운 결과가 아닙니다. □

이항 분포는 m보다 큰 값을 생성할 수 없으므로, 만약 $t_{m-1} < 1$이라면 시뮬레이션은 멈추고 시뮬레이션된 값은 m으로 설정됩니다.

또한, 모든 이항 분포에서 $\lambda_m = 0$이므로 알고리즘이 계속 진행된다면, 다음 시뮬레이션된 시간은 t_{m-1}의 값에 관계없이 무한대가 됩니다.

19.2.3.3 음이항(Negative Binomial) 이 과정은 이항 분포의 경우와 동일하지만, c와 d에 대한 공식이 다릅니다. 모수 r과 β를 사용하여, d에 대한 공식은 다음과 같습니다.

$$d = \ln(1 + \beta),\ c = rd.$$

예제 19.10

예제 19.8을 모수 $r = 250$, $\beta = 0.01$인 음이항 분포로 반복해 봅시다.

이 모수에 대해: $d = \ln(1.01) = 0.00995$, $c = 250(0.00995) = 2.48758$

그러면 초기 값: $\lambda_0 = 2.48758$, $t_0 = -\ln(0.88)/2.48758 = 0.0514$

그 이후 값: $\lambda_1 = 2.58758 - 0.00995(1) = 2.49753$,

$t_1 = 0.0514 - \ln(0.21)/2.49753 = 0.6763$

계속해서: $\lambda_2 = 2.48758 + 0.00995(2) = 2.50748$,

$t_2 = 0.6763 - \ln(0.52)/2.50748 = 0.9371$

마지막으로, $\lambda_3 = 2.51743$, $t_3 = 0.9371 - \ln(0.38)/2.51743 = 1.3215$ □

이 절차는 음이항 분포에 대한 추가적인 통찰을 제공합니다. 6.3절에서는 음이항 분포가 감마 분포와 포아송 분포의 혼합으로 유도되었습니다. 이 분포의 동기는 분포가 운전자 포트폴리오에서의 결과인데, 각 운전자는 포아송 분포를 따르는 손실액 청구 건수를 가지며, 이들의 포아송 평균은 감마 분포에 따라 변한다고 가정합니다. 이로부터 음이항 분포가 결과적으로 도출됩니다. 그러나 개별 운전자가 음이항 분포를 따른다는 증거도 일부 존재합니다. 위의 시뮬레이션에서는 d 값이 항상 양수입니다. 따라서 손실액 청구가 발생할 때마다 모수 λ가 증가합니다. 이는 다음 손실액 청구가 발생할 때까지의 예상 시간을 줄이는 결과를 가져옵니다. 따라서, 손실액 청구를 한 운전자가 추가 손실액 청구를 할 가능성이 더 높다고 믿는다면, 음이항 분포는 합리적인 모델이 될 수 있습니다.[2]

19.2.4 정규와 로그정규 분포 Normal and Lognormal Distribution

표준 정규 확률 변수 Z를 시뮬레이션할 수 있으면 항상 충분합니다.

만약 $X \sim N(\mu,\sigma^2)$라면, $X = \mu + \sigma Z$로 설정합니다.

X가 모수 μ와 σ를 가진 로그 정규 분포라면, $X = \exp(\mu + \sigma Z)$ 로 설정합니다.

반전법(inversion method)은 일반적으로 사용할 수 있습니다(예: Excel®의 NORM.INV 함수). 하지만 이 방법은 분포의 중심부에서보다 꼬리 부분에서 덜 정확하여 극단적인 값을 과소표현할 가능성이 있습니다. 이를 대체하는 간단한 방법은 Box-Muller 변환입니다 [16].

이 방법은 두 개의 독립적인 의사(pseudo) 균등 난수 u_1과 u_2를 생성하는 것으로 시작합니다. 그런 다음, 두 개의 독립적인 표준 정규 값을 다음과 같이 얻습니다.

$$z_1 = [-2\ln(u_1)]^{1/2}\cos(2\pi u_2),\ z_1 = [-2\ln(u_1)]^{1/2}\sin(2\pi u_2)^2$$

이 방법의 개선된 버전이 극좌표 방법(Polar Method)이며, 역시 두 개의 의사(pseudo) 균등 값을 사용하여 시작합니다. 단계는 다음과 같습니다.

1. $x_1 = 2u_1 - 1$, $x_2 = 2u_2 - 1$을 계산합니다.
2. $w = x_1^2 + x_2^2$ 를 계산합니다.
3. $w \geq 1$이면 1단계와 2단계를 반복하고, 그렇지 않으면 4단계로 진행합니다.
4. $y = [-2\ln(w)/w]^{1/2}$ 를 계산합니다.
5. $z_1 = x_1 y$, $z_2 = x_2 yy$를 계산합니다.

---

2 여기에는 미묘한 구분이 필요합니다. 손실액 청구를 한 운전자가 나쁜 운전자임을 나타내는 증거를 제공한다는 사실이 이 모델의 동기가 아닙니다. 이러한 운전자는 λ 값이 일정하며, 손실액 청구는 단순히 우리가 예상했던 것보다 λ 값이 더 높다는 것을 드러내고 있을 수 있습니다. 여기서의 동기는 손실액 청구를 한 후 운전자의 행동이 변화하여 더 많은 손실액 청구를 유발한다는 점에 있습니다. 이 현상을 양성 전염(positive contagion)이라고 하며, 이는 시간이 지남에 따라 증가하는 태풍 빈도를 모델링하는 데 사용된 바 있습니다. 이러한 현상은 지구 온난화의 결과일 가능성도 있습니다.

극좌표 방법(Polar Method)은 3단계에서 값이 거부될 가능성(rejection possibility) 때문에 더 많은 프로그래밍 작업이 필요하지만, 다른 방법보다 우수합니다.

예제 19.11

세 가지 방법을 사용하여 두 개의 표준 정규 확률 변수 값을 시뮬레이션합니다. $u_1 = 0.35$, $u_2 = 0.57$를 사용합니다.

표준 정규 분포표를 참조하거나 소프트웨어를 사용하여 값을 구하면,

$z_1 = -0.385$, $z_2 = 0.176$

Box-Muller 변환하여 값을 구하면:

$z_1 = [-2\ln(0.35)]^{1/2}\cos[2\pi(0.57)\} = -1.311$,

$z_2 = [-2\ln(0.35)]^{1/2}\sin[2\pi(0.57)\} = -0.617$

극좌표 방법(Polar Method)으로 값을 구하면:

$x_1 = -0.3$, $x_2 = 0.14$, 따라서, $w = (-0.3)^2 + (0.14)^2 = 0.1096$

$w < 1$이므로 다음 단계로 진행합니다.

$y = [-2\ln(0.1096)/0.1096]^{1/2} = 6.3518$, $z_1 = -0.3(6.3518) = -1.906$, $z_2 = 0.14(6.3518) = 0.889$

19.2.5 연습문제

19.3 $\alpha = 3$, $\theta = 100$인 파레토 분포와 $\tau = 2$, $\theta = 200$인 역 와이블 분포의 혼합 분포에서 두 개의 관측값을 시뮬레이션합니다. 파레토 분포의 가중치는 0.4입니다. 균등 난수 쌍 (0.372,0.693)과 (0.701,0.284)를 사용합니다. 첫 번째 숫자는 사용할 분포를 결정하고, 두 번째 숫자는 해당 분포에서 결과를 시뮬레이션하는 데 사용합니다.

19.4 연금 제도의 구성원은 언제든 세 가지 상태 중 하나에 있을 수 있습니다. 고용 상태 (e), 고용되지 않았지만 생존한 상태 (n), 또는 사망 상태 (d). q^{ab}는 연도의 시작에 상태 a에 있던 구성원이 연말에 상태 b에 있을 확률을 나타냅니다. 확률은 시간에 따라 일정하며 연령과 무관합니다. 확률은 다음과 같습니다.

$$q^{ee} = 0.90,\ q^{en} = 0.08,\ q^{ed} = 0.02,\ q^{nn} = 0.95,\ q^{nd} = 0.05,\ q^{dd} = 1$$

여기에 나열되지 않은 확률은 0입니다. 특정 연도의 시작에 모든 구성원 200명이 고용 상태에 있습니다. 예제 19.6의 접근 방식을 사용하여 2년 후 세 가지 상태 각각에 있는 구성원 수를 시뮬레이션합니다. 균등 난수 0.1230, 0.8760, 0.2950,

0.623, 0.4260을 사용합니다.

19.5 이 절의 방법을 사용하여 $m = 3$, $q = 0.07$인 이항 분포에서 하나의 관측값을 시뮬레이션합니다. 균등 난수 0.143, 0.29606, 0.003, 0.192를 사용합니다.

19.6 $\mu = 5$, $\sigma = 1.5$인 로그 정규 분포에서 두 개의 값을 시뮬레이션합니다. 극좌표 방법을 사용하며, 균등 난수 0.942, 0.108, 0.217, 0.841을 사용합니다.

19.3 샘플 크기 결정 Determining the Sample Size

이 장의 시작에서 제기된 질문이 아직 답변이 없습니다. 원하는 수준의 정확성을 달성하려면 몇 번의 시뮬레이션이 필요할까요?

우리는 모든 일관된 추정량이 표본 크기를 증가시키면 높은 확률로 참값에 임의로 가까워질 것이라는 것을 알고 있습니다. 특히, 경험적 추정량(empirical estimators)은 이러한 특성을 가지고 있습니다. 약간의 노력을 기울이면, 지정된 확률로 원하는 만큼 가까워지기 위해 필요한 시뮬레이션 값의 수를 결정할 수 있습니다.

종종, 다음 예에서처럼 중심극한정리(central limit theorem)가 도움을 줄 것입니다.

예제 19.12

(*예제 19.1에 계속*) 시뮬레이션을 사용하여 평균 μ, $F_X(1{,}000)$, 그리고 90번째 백분위수 $\pi_{0.9}$를 추정합니다. 각 경우에, 시뮬레이션은 95% 신뢰수준에서 결과가 참값에서 ±1% 이내일 때 종료됩니다.

이 예제에서 우리는 참값을 알고 있습니다. 여기서,

$M = 500$, $F_X(1{,}000) = 0.875$, $\pi_{0.9} = 1{,}154.43$

교육 목적을 위해, 이러한 값들을 모른다고 가정합니다.

평균 (μ)의 경험적 추정량은 입니다. 중심극한정리에 따르면, 표본 크기 n에 대해,

$$\begin{aligned}0.95 &= \Pr(0.99\mu \le \bar{X}_n \le 1.01\mu)\\ &= \Pr\left(-\frac{0.01\mu}{\sigma/\sqrt{n}} \le \frac{\bar{X}_n - \mu}{\sigma/\sqrt{n}} \le \frac{0.01\mu}{\sigma/\sqrt{n}}\right)\\ &\doteq \Pr\left(-\frac{0.01\mu}{\sigma/\sqrt{n}} \le Z \le \frac{0.01\mu}{\sigma/\sqrt{n}}\right),\end{aligned}$$

이는 다음과 같이 표현할 수 있습니다.

여기서 Z는 표준 정규 분포를 따릅니다. 목표는 다음 조건을 충족하는 n을 찾는 것입니다.

$$\frac{0.01\mu}{\sigma/\sqrt{n}} = 1.96, \tag{19.1}$$

이를 통해, $n = 38{,}416(\sigma/\mu)^2$을 구하는 것입니다.

σ와 μ 값을 모르므로, 표본 표준편차와 평균을 사용해 추정합니다. n이 증가함에 따라 추정치는 개선됩니다. 따라서, 다음 조건을 만족할 때 시뮬레이션을 종료합니다.

$$n \geq \frac{38{,}416s^2}{\bar{x}^2}.$$

특정 시뮬레이션에서는 $n = 106{,}934$에서 이 조건이 충족되었으며, 이때 = 501.15로 상대 오차는 0.23%로 목표 이내였습니다.

이제 $F_X(1{,}000)$의 추정치로 돌아옵니다. 경험적 추정량은 P_n/n이며, 1,000 이하의 표본 비율입니다. 여기서 P_n은 n번의 시뮬레이션 후 1,000 이하의 값의 개수입니다. 중심극한정리에 따르면, P_n/n는 대략적으로 평균 $F_X(1{,}000)$와 분산 $F_X(1{,}000)[1 - F_X(1{,}000)]/n)$의 정규분포를 따릅니다.

P_n/n을 $F_X(1{,}000)$의 추정값으로 사용하며 전에 산출하였듯이 다음을 보여줍니다.

$$\begin{aligned} n &\geq 38{,}416\frac{(P_n/n)(1 - P_n/n)}{(P_n/n)^2} \\ &= 38{,}416\frac{n - P_n}{P_n}. \end{aligned}$$

특정 시뮬레이션에서는 $n = 5{,}548$에서 이 조건이 충족되었으며, 이때 추정값은 4,848/5,548 = 0.87383로, 상대 오차는 0.13%였습니다.

마지막으로 $\pi_{0.9}$의 추정을 위해 다음으로 시작합니다.

$$0.95 = \Pr(Y_a \leq \pi_{0.9} \leq Y_b),$$

여기서 $Y_1 \leq Y_2 \leq \cdots \leq Y_n$는 시뮬레이션 표본의 순서 통계량(order statistics)입니다.

- a: $0.9n + 0.5 - 1.96[(0.9)(0.1)n]^{1/2}$ 이하의 가장 큰 정수
- b: $0.9n + 0.5 + 1.96[(0.9)(0.1)n]^{1/2}$ 이상의 가장 작은 정수

과정은 다음 조건이 충족될 때 종료됩니다.

$$\begin{aligned} \hat{\pi}_{0.9} - Y_a &\leq 0.01\hat{\pi}_{0.9} \\ Y_b - \hat{\pi}_{0.9} &\leq 0.01\hat{\pi}_{0.9}. \end{aligned}$$

이 예제에서는 n = 126,364에서 이 조건이 충족되었으며, 추정된 90번째 백분위수는 1,153.97로 상대 오차는 0.04%였습니다. □

백분위수를 다루는 방법은 앞의 두 예제(평균 또는 확률 추정)를 다룰 때만큼 만족스럽지 않습니다. 평균이나 확률을 추정하는 것이 목표일 때는 정규 근사를 직접 사용하고, 추정량의 표준 편차를 추정할 수 있었습니다.

백분위수를 추정할 때도 유사한 접근 방식을 사용할 수 있습니다. 하지만 비대칭 분산의 공식은 다음과 같습니다.

$$\mathrm{Var}(\hat{\pi}_p) \doteq \frac{p(1-p)}{n[f(\pi_p)]^2}.$$

문제는 p는 알려져 있고 π_p는 그 추정값으로 대체할 수 있지만, 시뮬레이션된 변수의 밀도 함수(density function)는 알려져 있지 않다는 점입니다(우리가 시뮬레이션을 수행하는 이유는 pdf와 cdf 같은 기본적인 값들이 알려져 있지 않기 때문이라는 점을 상기하십시오).

따라서, 분산의 추정값을 얻고 이를 사용하여 필요한 표본 크기를 추정하는 것은 어려울 가능성이 높습니다.

19.3.1 연습문제

19.7 예제 19.12에서 정의된 Y_a와 Y_b에 대해 $0.95 = \mathrm{P}(Y_a \le \pi_{0.9} \le Y_b)$ 임을 증명하십시오.

19.8 θ = 100인 지수 분포에서 관측값을 시뮬레이션하고 있습니다. 평균과 200 이하일 확률 모두에 대해 2% 이내에 들어갈 확률이 90%가 되려면 몇 번의 시뮬레이션이 필요합니까? 필요한 횟수만큼 시뮬레이션을 수행하고 2% 목표가 달성되었는지 확인하십시오.

19.9 α = 2, θ = 500인 감마 분포에서 1,000개의 관측값을 시뮬레이션하십시오. 카이제곱 적합도 검정(chi-square goodness-of-fit)과 콜모고로프-스미르노프(Kolmogorov-Smirnov) 검정을 수행하여 시뮬레이션된 값이 실제로 해당 분포에서 나온 것인지 확인하십시오.

19.10 (*)E(X)를 추정하기 위해 X라는 확률 변수에서 다섯 개의 관측값(1, 2, 3, 4, 5)을 시뮬레이션했습니다. 목표는 E(X) 추정치의 표준 편차를 0.05 미만으로 유지하는 것입니다. 필요한 총 시뮬레이션 횟수를 추정하십시오.

19.4 계리 모델링에서의 시뮬레이션 예제 Examples of Simulation in Actuarial Modeling

19.4.1 총손실 계산 Aggregate Loss Calculations

제9장에서 제시된 총손실 분포를 계산하는 재귀 방법은 세 가지 특징을 가지고 있습니다.

첫째, 재귀 방법은 도입된 근사 수준까지 정확합니다. 유일한 근사는 실제 손해 분포를 산술적으로 근사한 분포로 대체하는 것입니다. 이 근사 오차는 포인트 수를 늘려(즉, 간격을 줄여) 줄일 수 있습니다.

둘째, 이 방법은 총 손실액 청구액 $S = X_1 + \cdots + X_N$이 독립적이고 X_j들이 동일한 분포를 가진다고 가정합니다. $N, X_1, X_2, \cdots$는 독립적입니다.

셋째, 빈도 분포가 $(a,b,0)$ 또는 $(a,b,1)$ 클래스에 속한다고 가정합니다.

첫 번째 특징은 근사 오차를 원하는 만큼 작게 만들 수 있기 때문에 걱정할 필요가 없습니다. 다만, 이 과정은 계산 시간이 증가하는 대가를 치러야 합니다. 그러나 두 번째 제한은 모델이 현실을 반영하지 못하게 만들 수 있습니다. 세 번째 제한은 빈도 분포가 이러한 클래스에 속하지 않거나 이러한 클래스로부터 구성될 수 없을 경우(예: 복합 분포), 재귀 방법 대신 대안을 찾아야 한다는 점을 의미합니다. 시뮬레이션이 이러한 대안 중 하나입니다.

이 절에서는 독립성 또는 동일 분포 가정이 유지되지 않을 수 있는 일반적인 상황 몇 가지를 설명하고, 시뮬레이션을 사용하여 총손실 분포의 수치 값을 얻는 방법을 보여줍니다.

X_j들이 동일하고 독립(i.i.d.)인 경우, 어떤 손실을 X_1, X_2 등으로 표시 기록하든 상관없습니다. 그러나 이 가정이 제거되면 표시가 중요해집니다. S가 1년 동안의 총 손실이라면, 시간 요소가 중요해집니다.

하나의 표시 기록 방법은 X_1을 첫 번째 손실, X_2를 두 번째 손실로 정의하는 것입니다. 그런 다음, T_j를 j번째 손실의 발생 시간, 보고 시간, 또는 지급 시간을 기록하는 확률 변수로 정의할 수 있습니다.

만약 T_j가 보고 시간 또는 지급 시간이라면, $T_j > 1$이 될 수 있습니다. 이는 손실 보고 또는 손실액 청구 지급이 보통 1년으로 설정된 보장 기간이 끝난 후에 이루어질 때 발생합니다. 손실의 시점이 중요하다면, $(T_1, T_2, \cdots, X_1, X_2, \cdots)$의 결합 분포를 알아야 할 필요가 있습니다.

19.4.2 독립성 결여의 예시 Examples of Lack of Independence

독립성 가정이 유지되지 않는 일반적인 두 가지 상황이 있습니다.

하나는 시간(특히, 화폐의 시간 가치)이고 나머지는 보장 담보의 수정에 의한 것입니다. 후자의 경우 시간 요소를 포함할수도 있습니다.

다음 예는 이러한 상황을 설명합니다.

예제 19.13

(*지급 손해액의 시간 가치*) 관심 대상인 S가 오늘 발행된 보험 계약과 관련하여 향후 1년 동안 발생한 손실 사건에 대해 지급된 모든 금액의 현재 가치라고 가정합니다. S에 대한 모델을 개발하십시오.

T_j를 j번째 손실 지급 시점이라고 정의합니다. T_j는 지급 시간을 기록하지만, 첨자는 손실 사건의 발생 순서에 따라 선택됩니다. $T_j = C_j + L_j$로 두며, 여기서 C_j 는 사건 발생 시점, L_j는 발생 후 지급까지 걸리는 시간입니다.

C_j와 L_j는 독립적이며, L_j는 서로 독립적이라고 가정합니다.

$C_j - C_{j-1}$를($C_0 = 0$) 사건 간 시간으로 설정하고, 평균 0.2년인 지수 분포 (동일하고 독립(i.i.d.))를 따른다고 가정합니다.

지급 금액 X_j는 C_j 시점에 발생하고 T_j 시점에 지급한 지급 손해액이라고 정의합니다. X_j와 C_j는 독립적이라고 가정합니다. (손실액 청구 금액은 손실이 발생한 연도 내의 시점과 무관) 하지만 X_j와 L_j는 양의 상관관계를 가진다고 가정합니다. (특정한 분포 모델이 예제 내에서 정해집니다) 이 가정은 더 큰 손실이 최종 지급까지 시간이 더 오래 걸릴 수 있기 때문에 합리적입니다.

마지막으로 V_t는 가치를 나타내는 확률변수로, V_t를 오늘 투자하면 t년 후에 1로 성장하는 값을 나타낸다고 정의합니다. V_t는 모든 X_j, C_j, L_j와 독립적입니다. 하지만 $s \neq t$일 때 V_s와 V_t는 종속적입니다.

그러면 이 모델에서 S는 다음과 같이 표현됩니다.

$$S = \sum_{j=1}^{N} X_j V_{T_j},$$

여기서 $N = \max C_j <_1 \{j\}$입니다. □

예제 19.14

(*본인 부담 상한액*) 개인 손실에 대해 면책액 d가 있다고 가정합니다. 그러나 1년 동안 가입자는 최대 u까지만 부담합니다. 보험사의 총 지급액에 대한 모델을 개발하십시오.

X_j를 j번째 손실액이라고 합시다. 여기서 j의 순서는 중요하지 않습니다. $W_j = X_j \wedge d$는 면책액 때문에 가입자가 부담하는 금액이고, $Y_j = X_j - W_j$는 보험사가 부담하는 금액입니다. 그렇다면 $R = W_1 + \cdots + W_N$은 본인 부담 상한액이 적용되기 전에 가입자가 부담한 총 금액입니다.

결과적으로 가입자가 실제로 부담한 금액은 $R_u = R \wedge u$가 됩니다. 또한 $S = X_1 + \cdots + X_N$은 총 손실액이라면, 보험사가 부담한 총 금액은 $T = S - R_u$가 됩니다. 여기서 S와 R_u의 분포는 동일하고 독립(i.i.d.) 심도 분포에 기반합니다. 앞서 설명한 분석적 방법을 사용하여 이들의 분포를 구할 수 있습니다. 그러나 이들은 상호 종속적이기 때문에 개별 분포를 결합하여 T의 분포를 구할 수는 없습니다. 또한 T를 동일하고 독립(i.i.d.) 변수의 랜덤 합으로 표현할 수 있는 방법도 없습니다. 연초에는 T가 동일하고 독립(i.i.d.) Y_j들의 합으로 나타날 것처럼 보이지만, 어느 시점에서 본인 부담 상한액에 도달하면 Y_j가 X_j로 대체될 수 있습니다. □

19.4.3 두 가지 예제의 시뮬레이션 분석 Simulation Analysis of the Two Examples

이제 시뮬레이션 접근법을 사용하여 두 가지 예제를 완성하겠습니다. 모델은 임의로 선택되었지만, 이전에 제시된 기법을 사용하여 신중한 추정 과정을 통해 결정되었다고 가정해야 합니다.

예제 19.15

(*예제 19.13 계속*) 모델은 다음 사양으로 완성됩니다. 지급액 X_j는 모수 $\alpha = 3$, $\theta = 1{,}000$인 파레토 분포를 따릅니다. 손실액 청구 발생부터 지급까지의 시간 L_j는 모수 $\tau = 1.5$, $\theta = \ln(X_j)/6$인 와이블 분포를 따릅니다. 이는 척도 모수가 손실 크기에 따라 달라지도록 설정하여 종속성을 모델링한 것입니다. 할인율은 $t > s$일 때 $[\ln(V_s/V_t)]/(t - s)$ 가 평균 0.06, 분산 $0.0004(t - s)$인 정규분포를 따른다고 가정하여 모델링됩니다. 손실 건수에 대한 모델은 필요하지 않으며, 대신 손실 간 시간에 대한 이전 모델을 사용합니다. 시뮬레이션을 사용하여 총 지급액의 기대 현재 가치를 구합니다.

단일 시뮬레이션의 메커니즘은 과정을 명확히 하기 위해 자세히 설명됩니다. 먼저 동일하고 독립(i.i.d.) 지수분포를 따르는 손실 간 시간을 생성하여 이들의 합이 1을 초과할 때까지 반복합니다(1년 동안의 손실액 청구를 얻기 위해). 개별 변수는 다음의 의사 난수(pseudo random values) 공식을 사용하여 생성됩니다.

$$u = 1 - e^{-5x},$$

여기서

$$x = -0.2\ln(1-u).$$

첫 번째 시뮬레이션에서 의사 난수(pseudo random values) u와 이에 대응하는 x 값은 다음과 같습니다.

(0.25373,0.0585),(0.46750,0.1260),(0.23709,0.0541),(0.75780,0.2836),(0.96642,0.6788).

이 시점에서 시뮬레이션된 x 값의 합은 1.2010이므로, 총 4건의 손실이 발생하며 발생 시점은 $c_1 = 0.0585$, $c_2 = 0.1845$, $c_3 = 0.2386$, $c_4 = 0.5222$입니다.

다음으로, 손실 금액은 파레토 누적분포함수(cdf)를 역변환하여 구합니다.

$$x = 1{,}000[(1-u)^{-1/3} - 1].$$

네 개의 의사 난수(pseudo random values)는 0.71786, 0.47779, 0.61084, 0.68579이며, 각각의 손실은 $x_1 = 524.68$, $x_2 = 241.80$, $x_3 = 369.70$, $x_4 = 470.93$입니다.

손실액 청구 발생부터 지급까지의 시간은 와이블 분포를 따릅니다. 해결할 방정식은

$$u = 1 - e^{-[6l/\ln(x)]^{1.5}}$$

이며, 지연 시간 l은 다음과 같이 구합니다.

$$l = \frac{1}{6}\ln(x)[-\ln(1-u)]^{2/3}.$$

첫 번째 지연 시간에 대해 $u = 0.23376$이므로

$$l_1 = \frac{1}{6}\ln(524.68)[-\ln 0.76624]^{2/3} = 0.4320.$$

다음 세 값 $u = 0.85799, 0.12951, 0.72085$에 대해 $l_2 = 1.4286$, $l_3 = 0.2640$, $l_4 = 1.2068$가 됩니다. 따라서 네 건의 지급 시간은 c_j와 l_j의 합인데 즉, $t_1 = 0.4905$, $t_2 = 1.6131$, $t_3 = 0.5026$, $t_4 = 1.7290$입니다.

마지막으로 할인율을 생성합니다. 이는 t_j의 증가 순서로 생성해야 하므로 $v_{0.4905}$부터 구합니다. 평균 0.06, 분산 0.0004(0.4905) = 0.0001962인 정규분포에서 값을 생성합니다. 역변환을 사용하면 시뮬레이션된 값은 $0.0592 = [\ln(1/v_{0.4905})]/0.4905$이며, 따라서 $v_{0.4905} = 0.9714$입니다. 첫 번째 값에서는 $s = 0$, $v_0 = 1$로 설정합니다. 두 번째 값에서는 평균 0.06, 분산 (0.5026 − 0.4905)(0.0004) = 0.00000484가 필요합니다. 시뮬레이션된 값은

$$0.0604 = \frac{\ln(0.9714/v_{0.5026})}{0.0121} \text{ for } v_{0.5026} = 0.9707.$$

다음 두 지급액은 다음과 같습니다.

$$0.0768 = \frac{\ln(0.9707/v_{1.6131})}{1.1105} \text{ for } v_{1.6131} = 0.8913,$$
$$0.0628 = \frac{\ln(0.8913/v_{1.7290})}{0.1159} \text{ for } v_{1.7290} = 0.8848.$$

이제 첫 번째 시뮬레이션된 총 현재 가치를 구할 준비가 되었습니다.

$$s_1 = 524.68(0.9714) + 241.80(0.8913) + 369.70(0.9707) + 470.93(0.8848)$$
$$= 1{,}500.74.$$

이 과정을 반복하여 추정된 평균이 실제 평균의 1% 이내에 95% 신뢰도로 포함되도록 했습니다. 이를 위해 26,944번의 시뮬레이션이 필요했으며, 샘플 평균은 2,299.16으로 나타났습니다. □

예제 19.16

(*예제 19.14 계속*) 이번 예제에서는 면책액 d = 2500, 본인 부담 상한액 u = 1,000로 설정합니다. 손실 건수는 모수 $r = 3$, $\beta = 2$인 음이항 분포를 따릅니다. 또한 개별 손실은 모수 $\tau = 2$, $\theta = 600$인 와이블 분포를 따릅니다.

보험사의 손실에 대한 95번째 백분위를 구하십시오.

음이항 손실액 청구 건수를 시뮬레이션하려면 음이항 분포의 누적분포함수(cdf)가 필요합니다. 단순 합산 연산자를 사용하지 않는 폐쇄형 형태는 없지만, 테이블을 생성할 수 있습니다. 여기서는 표 19.4가 사용됩니다.

표 19.4 Negative binomial cumulative probabilities

n	$F_N(n)$	n	$F_N(n)$
0	0.03704	8	0.76589
1	0.11111	9	0.81888
2	0.20988	10	0.86127
3	0.31962	11	0.89467
4	0.42936	12	0.92064
5	0.53178	13	0.94062
6	0.62282	14	0.95585
7	0.70086	15	0.96735

연간 손실 건수는 의사 난수(pseudo random values) 값(예: u = 0.475155)을 생성한 다음, 테이블에서 0.47515보다 큰 최소 항목을 찾아 결정합니다. 시뮬레이션된 값은 테이블의 해당 항목 왼쪽에 나타납니다. 이 경우 첫 번째 시뮬레이션 결과는 n = 5건의 손실이 발생했습니다.

다섯 건의 손실 금액은 와이블 분포에서 구합니다. cdf를 역변환하면

$$x = 600[-\ln(1-u)]^{1/2}.$$

다섯 개의 시뮬레이션된 손실 값은 544.04, 453.67, 217.87, 681.98, 449.83이며, 총 손실액은 2,347.39입니다. 가입자는 250.00 + 250.00 + 217.87 + 250.00 + 250.00 = 1,217.87을 지불하지만, 본인 부담 상한액으로 인해 실제 지불액은 1,000으로 제한됩니다. 따라서 첫 번째 시뮬레이션에서 보험사의 지급액은 1,347.39가 됩니다.

목표는 추정된 95번째 백분위수가 실제 값의 2% 이내에 95% 신뢰도로 포함되도록 설정되었습니다. 이를 달성하기 위해 11,476번의 시뮬레이션이 필요했으며, 추정된 95번째 백분위수는 6,668.18로 나타났습니다. □

19.4.4 위험 측정량을 결정하기 위한 시뮬레이션의 용도 The Use of Simulation to Determine Risk Measures

관심 있는 분포가 너무 복잡하여 분석적 형태로 표현할 수 없는 경우, 시뮬레이션을 사용하여 VaR(Value at Risk) 및 TVaR(Tail Value at Risk)와 같은 리스크 측정치를 추정할 수 있습니다. VaR는 단순히 분포의 특정 백분위수이므로, 이에 대한 논의는 이미 이루어졌습니다. TVaR의 추정도 비교적 간단합니다. 관심 있는 확률 변수의 시뮬레이션 샘플이 $y_1 \le y_2 \le \cdots \le y_n$으로 정렬되어 있다고 가정합니다. 사용되는 백분위수가 p라면, $k = [pn] + 1$로 정의합니다. 여기서 $[\cdot]$는 최대 정수 함수입니다. 그러면 두 추정량은 다음과 같습니다.

$$\widehat{\mathrm{VaR}}_p(X) = y_k \quad \text{and} \quad \widehat{\mathrm{TVaR}}_p(X) = \frac{1}{n-k+1}\sum_{j=k}^{n} y_j.$$

표본 평균의 분산은 표본 분산을 표본 크기로 나누어 추정할 수 있다는 것을 알고 있습니다. TVaR 추정량 $\widehat{\mathrm{TVaR}}_p(X)$도 표본 평균이지만, 이 추정량은 실제 값을 과소평가할 가능성이 있습니다. 이는 평균화되는 관측값들이 상호 종속적이어서 표본 분산이 반영하는 것보다 더 큰 변동성이 있기 때문입니다. 표본 분산은 다음과 같이 정의됩니다.

$$s_p^2 = \frac{1}{n-k}\sum_{j=k}^{n}[y_j - \mathrm{TV\hat{a}R}_p(X)]^2.$$

Manistre와 Hancock [85]는 TVaR 추정량의 분산에 대한 점근적으로 불편한 추정량이 다음과 같음을 보여주었습니다.

$$\widehat{\mathrm{Var}}\left[\widehat{\mathrm{TVaR}}_p(X)\right] = \frac{s_p^2 + p\left[\widehat{\mathrm{TVaR}}_p(X) - \widehat{\mathrm{VaR}}_p(X)\right]^2}{n-k+1}.$$

예제 19.17

모수 $\alpha = 2$, $\theta = 100$인 파레토 분포를 고려합니다. 10,000번의 시뮬레이션을 사용하여 $p = 0.95$일 때의 리스크 측정치를 추정하십시오.

실제 값은 $\mathrm{VaR}_{0.95}(X) = 347.21$, $\mathrm{TVaR}_{0.95}(X) = 794.42$입니다. 시뮬레이션에서는 $k = [9{,}500] + 1 = 9{,}501$입니다. 시뮬레이션 결과는 $\widehat{\mathrm{VaR}}_{0.95}(X) = y_{9,501} = 363.09$, $\widehat{\mathrm{TVaR}}_{0.95}(X) = (1/500)\sum_{j=9,501}^{10,000} y_j = 816.16$으로 나타났습니다. TVaR 추정량의 분산은 2,935.36으로 추정되었습니다. 실제 값에 대한 95% 신뢰구간은 816.16±106.19이며, 실제 값은 이 신뢰구간 내에 포함됩니다. □

19.4.5 통계적 분석 Statistical Analyses

시뮬레이션은 데이터를 분석할 때 다양한 방식으로 도움을 줄 수 있습니다. 여기에서는 두 가지를 논의하며, 둘 다 통계적 절차를 평가하는 것과 관련이 있습니다. 첫 번째는 가설 검정에서 p-값(또는 임계값(critical value))을 결정하는 것입니다. 두 번째는 추정량의 MSE(평균 제곱 오차)를 평가하는 것입니다. 우선 가설 검정 상황부터 시작하겠습니다.

예제 19.18

손실이 로그정규 분포를 따른다는 가설이 제기되었습니다. 100개의 관측값이 수집되었고, Kolmogorov-Smirnov 검정 통계량은 0.06272로 계산되었습니다. 이 검정의 p-값을 다음 두 가지 경우에 대해 구하십시오.

첫째, 귀무가설이 $\mu = 7$, $\sigma = 1$인 로그정규 분포라고 할 때, 둘째, 모수가 명시되지 않은 경우,

모수가 명시된 귀무가설의 경우, 한 번의 시뮬레이션은 명시된 로그정규 분포로부터 100개의 로그정규 관측값을 시뮬레이션하는 것으로 시작합니다. 그런 다음 Kolmogorov-Smirnov 검정 통계량을 계산합니다. 추정된 p-값은 검정 통계량이 0.06272를 초과한 시뮬레이션의 비율

로 계산됩니다. 1,000번의 시뮬레이션 후, 추정된 p-값은 0.836로 나타났습니다.

모수가 명시되지 않은 경우에는 어떤 로그정규 분포를 사용해야 할지 명확하지 않습니다. 실제 수집된 관측값에 대해 $\hat{\mu} = 7.2201$, $\hat{\sigma} = 0.80893$으로 추정된 모수가 사용되었습니다. 시뮬레이션의 유일한 차이는, 시뮬레이션된 관측값이 얻어진 후 결과를 시뮬레이션 데이터세트에서 (최대우도법으로) 추정된 모수를 사용하는 로그정규 분포와 비교한다는 점입니다. 1,000번의 시뮬레이션에서 검정 통계량 0.06272를 초과한 경우는 491번으로, 추정된 p-값은 0.491로 나타났습니다.

15.4.1절에서 언급된 것처럼, 모수를 명시하지 않는 경우 검정 통계량의 해석에 상당한 차이를 가져옵니다. □

가설을 검정할 때, p -값과 유의수준은 귀무가설이 참이라고 가정하여 계산됩니다. 다른 상황에서는 시뮬레이션을 위한 알려진 모집단 분포가 없는 경우가 있습니다. 이런 경우에는 부트스트랩(bootstrap)이라는 기법이 도움이 될 수 있습니다(이 주제에 대한 자세한 내용은 Efron과 Tibshirani [34]를 참조하십시오).

이 기법의 핵심은 데이터를 기반으로 한 경험적 분포를 모집단으로 사용하여 값을 시뮬레이션하는 것입니다. 이론적으로 부트스트랩 추정치는 점근적으로 실제 값에 수렴한다는 것이 증명되었습니다. 이는 표본 크기가 증가함에 따라 경험적 분포가 실제 분포와 점점 더 비슷해지기 때문에 타당한 결과로 볼 수 있습니다.

다음 예제는 부트스트랩이 어떻게 작동하는지 보여주며, 적어도 제시된 사례에서는 합리적인 결과를 제공함을 나타냅니다.

예제 19.19

복원 추출로 크기 3의 표본을 모집단에서 추출한 결과 값이 2, 3, 7이 나왔습니다. 표본 평균을 모집단 평균의 추정량으로 사용할 때, 표본 평균의 MSE(평균 제곱오차)의 부트스트랩 추정치를 구하십시오.

부트스트랩 접근법은 모집단이 값 2, 3, 7 각각에 대해 확률 1/3을 부여한다고 가정합니다. 이 분포의 평균은 4입니다. 이 모집단에서 크기 3의 표본은 총 27가지가 나올 수 있습니다. 표본 평균은 다음과 같습니다.

2 (표본 값이 2, 2, 2인 경우, 확률 1/27), 7/3 (표본 값이 2, 2, 3, 2, 3, 2, 그리고 3, 2, 2인 경우, 확률 3/27), 이와 같은 방식으로 최대 7 (표본 값이 7, 7, 7인 경우, 확률 127).

MSE는 다음과 같이 계산됩니다.

$$(2-4)^2\left(\frac{1}{27}\right)+\left(\frac{7}{3}-4\right)^2\left(\frac{3}{27}\right)+\cdots+(7-4)^2\left(\frac{1}{27}\right)=\frac{14}{9}.$$

일반적인 방법에서는 표본 평균이 편향되지 않았다고 가정하고, 따라서

$$\mathrm{MSE}(\bar{X})=\mathrm{Var}(\bar{X})=\frac{\sigma^2}{n}.$$

를 사용합니다. 분산이 알려지지 않은 경우, 합리적인 선택은 표본 분산을 사용하는 것입니다. 이 예제에서는 n을 분모로 사용하여 추정된 MSE는 다음과 같습니다.

$$\frac{\frac{1}{3}[(2-4)^2+(3-4)^2+(7-4)^2]}{3}=\frac{14}{9},$$

이는 부트스트랩 추정치와 동일한 결과입니다. □

많은 상황에서 MSE(평균 제곱 오차)를 계산하는 것은 쉽지 않으며, 이 경우 부트스트랩은 매우 유용한 도구가 됩니다. 앞선 예제에서는 시뮬레이션이 필요하지 않았지만, 표본 크기가 3인 경우 27개의 가능한 부트스트랩 값이 생성되었음을 주목하십시오. 표본 크기가 6을 초과하면 모든 경우를 나열하는 것이 비현실적이 됩니다. 이 경우 경험적 분포에서 관측값을 시뮬레이션하는 것이 유일한 실용적인 선택이 됩니다.

예제 19.20

예제 14.15에서는 사망 시점에 대한 경험적 모델이 도출되었습니다. 사망 확률은 각각 시점 0.8, 2.9, 3.1, 4.0, 4.1, 4.8에서 0.0333, 0.0744, 0.0343, 0.0660, 0.0344, 0.0361로 계산되었습니다. 남은 0.7215의 확률은 해당 사람이 5년 후에도 생존해 있을 가능성을 나타냅니다. 사망 시 1,000을 지급하는 5년 만기 생명보험의 기대 현재 가치는 다음과 같이 추정됩니다.

$$1{,}000(0.0333v^{0.8}+\cdots+0.0361v^{4.8})=223.01,$$

여기서 $v=1.07^{-1}$입니다. 이 추정량의 MSE를 추정하기 위해 10,000개의 부트스트랩 표본을 시뮬레이션합니다.

Kaplan-Meier 추정치로 부트스트랩 시뮬레이션을 수행하는 방법은 Efron [32]에 의해 제시되었습니다. 경험적 분포(Kaplan-Meier 추정치가 제공하는)를 기반으로 시뮬레이션하는 대신, 원래 표본에서 시뮬레이션합니다. 이 예에서는 원래 관측값 각각에 확률 1/40를 할당합니다.

각 부트스트랩 관측값은 좌측 절단점과 이에 수반되는 검열되었거나 검열되지 않은 값을 포함합니다.

이런 방식으로 40개의 관측값이 기록되면, 부트스트랩 표본에서 Kaplan-Meier 추정치를 생

성하고 관심 있는 값을 계산합니다.

이 과정은 비교적 간단한데, 부트스트랩 추정치는 6개의 원래 시점에서만 확률을 부여하기 때문입니다. 10,000번의 시뮬레이션이 빠르게 수행되었습니다. 평균은 222.05, MSE는 4,119로 나타났습니다.

Efron은 또한 (*t*)의 분산에 대한 부트스트랩 추정치가 점근적으로 Greenwood 추정치와 같음을 지적하며, 두 방법 모두 신뢰할 수 있음을 보여줍니다. □

19.4.6 연습문제

19.11 (*)한 도시의 제설비용 보험은 겨울 4개월을 보장합니다. 월 면책액은 10,000입니다. 월 비용은 독립적이며 평균 μ = 15,000, 표준편차 σ = 2,000을 따르는 정규분포로 가정됩니다. 월 비용은 역변환 방법을 사용하여 시뮬레이션됩니다. 1년의 비용을 시뮬레이션하는 과정에서 네 개의 유사난수는 0.5398, 0.1151, 0.0013, 0.7881입니다. 이 시뮬레이션된 1년 동안 보험사의 비용을 계산하십시오.

19.12 (*)한 기간 후, 주식 가격은 기간 초 가격의 X배가 되며, X는 평균 μ = 0.01, 표준편차 σ = 0.02를 따르는 로그정규분포를 가집니다. 시간 0의 주가는 100입니다. 역변환 방법을 사용하여 주가 변동을 시뮬레이션합니다. 1, 2 기간의 유사난수는 각각 0.1587과 0.9332입니다. 각 기간 종료 시 주가를 계산하십시오.

19.13 (*)70세인 100명을 보험에 가입시켰습니다. 각 사람이 다음 1년 안에 사망할 확률은 0.03318이며, 사망은 독립적입니다. 따라서 사망자 수는 m = 100, q = 0.03318인 이항분포를 따릅니다. 역변환 방법을 사용하여 u = 0.18을 기반으로 다음 해 사망자 수를 시뮬레이션하십시오.

19.14 (*)초과금액 과정에서 손실액 청구는 연간 두 번의 비율로 포아송 과정을 따릅니다. 따라서 손실액 청구 간 시간은 모수 θ = 1/2인 지수분포를 따릅니다. 손실액 청구 금액은 α = 2, θ = 1,000인 파레토 분포를 따릅니다. 초기 잉여금은 2,000이며, 보험료는 연간 2,200의 비율로 징수됩니다. 잉여금이 음수가 되면 잉여금은 파산 상태가 되고 더 이상의 보험료 징수나 손해액 손실액 청구금 지급은 없습니다. 역변환 방법으로 시뮬레이션을 수행합니다. 손실액 청구 간 시간에는 유사난수 0.83, 0.54, 0.48, 0.14를 사용하고, 손실액 청구 금액에는 0.89, 0.36, 0.70, 0.61을 사용합니다. 1년 시점의 잉여금을 계산하십시오.

19.15 (*)임의의 분포로부터 크기 2의 표본을 추출한 결과 값은 1과 3입니다. 다음 추정량으로 모집단 분산을 추정하려고 합니다.

$$[(X_1 - \bar{X})^2 + (X_2 - X)^2]/2$$

이 추정량의 MSE에 대한 부트스트랩 추정치를 구하십시오.

19.16 균일(0, 10) 분포로부터 크기 3의 표본을 추출한 결과 값은 2, 4, 7입니다.

(a) 이 데이터가 균일(0, 10) 분포에서 나왔다는 귀무가설에 대한 Kolmogorov-Smirnov 검정 통계량을 계산하십시오.

(b) 균일(0, 10) 분포에서 크기 3의 표본을 10,000번 시뮬레이션하고 각 표본에 대해 Kolmogorov-Smirnov 검정 통계량을 계산하십시오. (a)의 값 이상인 경우의 비율로 p-값을 추정하십시오.

19.17 균일(0, θ) 분포로부터 크기 3의 표본을 추출한 결과 값은 2, 4, 7입니다. θ의 추정량으로

$$\hat{\theta} = \frac{4}{3}\max(x_1, x_2, x_3).$$

를 고려합니다. 예제 10.12에서는 이 편향되지 않은 추정량의 MSE가 $\theta^2/15$임을 보여주었습니다.

(a) θ를 그 추정치로 대체하여 MSE를 추정하십시오.

(b) 이 추정량의 분산에 대한 부트스트랩 추정치를 구하십시오.

(경험적 분포에서 θ의 실제 값을 얻을 수 없기 때문에 부트스트랩으로 MSE를 추정할 수는 없지만, 추정량의 기댓값은 구할 수 있습니다)

19.18 보험 계약의 손실은 α = 3, θ = 10,000인 파레토 분포를 따릅니다. 손실액 청구 처리 비용은 평균 400인 지수분포를 따릅니다. 의존 구조는 상관계수 ρ_{12} = 0.6을 갖는 가우시안 코퓰라(copula)로 모델링됩니다. 손실에는 500의 면책액이 적용됩니다. 면책액을 초과하지 않으면 처리 비용이 발생하지 않습니다. 또한, 지급 금액이 10,000을 초과하면 초과 금액은 재보험사가 부담합니다. 더불어, 주보험사와 재보험사는 보험가입자에게 지급된 금액 비율에 따라 처리 비용을 분담합니다. 손실과 처리 비용을 시뮬레이션하기 위해 각각 유사난수 (0.983,0.453)과 (0.234,0.529)를 사용합니다. 두 건의 손실 사건에 대한 결과를 시뮬레이션하고, 보험가입자, 주보험사, 재보험사가 각각 지급한 총 금액을 계산하십시오.

19.19 연습문제 19.18을 반복하되, ν = 6인 t 코퓰라(copula)를 사용하십시오. 해당 연습문제에서 사용된 동일한 유사난수를 사용하여 다변량 정규 값을 생성하십시오. 이 시뮬레이션에 필요한 스케일링 계수를 생성하기 위해 0.3190.3190.319와 0.8120.8120.812를 사용하십시오.

19.20 (*)치과 보험 혜택은 연간 비용에 대해 100의 면책액을 적용합니다. 그 후 초과 비용의 80%가 최대 1,000까지 보상됩니다. 연간 비용은 평균 1,000인 지수분포를 따릅니다. 역변환 방법을 사용하여 네 해 동안의 비용을 시뮬레이션하는 데 유사난수 0.30, 0.92, 0.70, 0.08을 사용합니다. 이 시뮬레이션에서 평균 연간 보상액을 계산하십시오.

19.21 (*)지급된 손실은 μ = 13.294, σ = 0.494인 로그정규 분포를 따릅니다. 지급되지 않은 손실 대 지급된 손실의 비율 y는 다음과 같이 주어집니다.

$$y = 0.801x^{0.851}e^{-0.747x}$$

여기서 x = 2006 계약 구매 연도입니다. 역변환 방법을 사용하며, 지급된 손실을 시뮬레이션하기 위해 유사난수 0.2877, 0.1210, 0.8238, 0.6179를 사용합니다. 2005년 구매 연도에 대한 평균 미지급 손실을 추정하십시오.

19.22 (*)시뮬레이션을 사용하여 비음수 확률 변수의 평균을 추정하려고 합니다. 모집단 표준편차는 모집단 평균보다 20% 더 큽니다. 모의 실험을 통해 평균이 모집단 평균의 5% 이내에 포함될 확률이 최소 95%가 되도록 하기 위해 필요한 최소 실험 횟수를 중심극한정리를 사용하여 추정하십시오.

19.23 (*)평균 100인 지수분포의 누적분포함수(CDF)를 300에서 추정하기 위해 시뮬레이션을 사용합니다. 추정치가 정확한 값의 1% 이내에 포함될 확률이 최소 99%가 되도록 하기 위해 필요한 최소 시뮬레이션 횟수를 계산하십시오.

19.24 (*)화재 및 바람 손실을 보장하는 보험에 대해, 화재 손실 표본은 3, 4이고, 같은 기간 동안의 바람 손실 표본은 0, 3입니다. 화재와 바람 손실은 독립적이며 동일한 분포를 따르지 않습니다. 표본을 기반으로 바람 손실액 청구 건당 면책액 2를 추가하면 총 손실의 20%가 제거될 것으로 추정됩니다. 이 추정치의 MSE에 대한 부트스트랩 근사를 계산하십시오.

LOSS MODELS

From Data to Decision

부록

A 연속 확률분포 목록

B 이산 확률분포 목록

C 빈도와 심도 관계

D 재귀 공식

E 심도 분포의 이산화

A 연속 확률분포 목록 AN INVENTORY OF CONTINUOUS DISTRIBUTIONS

A.1 서론 Introduction

모델에 대한 설명은 A.2 섹션부터 제공됩니다. 먼저 다양한 수량을 계산하는 방법을 나타내는 몇 가지 수학적 기초를 소개합니다. 불완전 감마 함수[1]는 다음과 같이 정의됩니다.

$$\Gamma(\alpha; x) = \frac{1}{\Gamma(\alpha)} \int_0^x t^{\alpha-1} e^{-t}\, dt, \quad \alpha > 0,\ x > 0,$$

여기서

$$\Gamma(\alpha) = \int_0^\infty t^{\alpha-1} e^{-t}\, dt, \quad \alpha > 0.$$

유용한 사실로는 $\Gamma(\alpha) = (\alpha - 1)\Gamma(\alpha - 1)$ 이라는 관계가 있습니다. 또한, 다음을 정의합니다.

$$G(\alpha; x) = \int_x^\infty t^{\alpha-1} e^{-t}\, dt, \quad x > 0.$$

때때로, 우리는 α의 값이 비양수일 때 이 적분이 필요합니다. 부분적분을 통해 다음 관계를 얻을 수 있습니다.

$$G(\alpha; x) = -\frac{x^\alpha e^{-x}}{\alpha} + \frac{1}{\alpha} G(\alpha + 1; x).$$

1 일부 참고 문헌(예: [2])에서는 이 적분을 $\mathrm{P}(\alpha,\ \mathrm{x})$ 로 표기하며, $\Gamma(\alpha, x) = \int_x^\infty t^{\alpha-1} e^{-t}\, dt$ 로 정의합니다. 이 정의는 $\Gamma(\alpha)$로 나누어 정규분포화하지 않음을 유의하십시오. 불완전 감마 함수를 평가하기 위해 소프트웨어를 사용할 때, 해당 함수가 어떻게 정의되는지 반드시 확인해야 합니다.

이 과정을 반복하여 G의 첫 번째 인자가 $\alpha + k$, 즉 양수가 될 때까지 진행할 수 있습니다. 그 후, 다음 식을 사용하여 계산할 수 있습니다.

$$G(\alpha + k; x) = \Gamma(\alpha + k)[1 - \Gamma(\alpha + k; x)].$$

그러나, α가 음의 정수이거나 0인 경우, $G(0;x)$ 값이 필요합니다. 이 값은 다음과 같습니다.

$$G(0; x) = \int_x^\infty t^{-1} e^{-t}\, dt = E_1(x),$$

여기서 $E_1(x)$는 지수 적분(exponential integral)이라고 불립니다. 이 적분의 급수 전개는 다음과 같습니다.

$$E_1(x) = -0.57721566490153 - \ln x - \sum_{n=1}^{\infty} \frac{(-1)^n x^n}{n(n!)}.$$

α가 양의 정수일 때, 불완전 감마 함수는 다음 정리에 의해 정확히 계산할 수 있습니다.

정리 A.1 정수 α에 대해,

$$\Gamma(\alpha; x) = 1 - \sum_{j=0}^{\alpha-1} \frac{x^j e^{-x}}{j!}.$$

증명: $\alpha = 1$인 경우, $\Gamma(1;x) = \int_0^x e^{-t}\, dt = 1 - e^{-x}$, 따라서 이 경우 정리가 참임을 알 수 있습니다. 귀납법으로 증명을 완성합니다. $\alpha = 1,\cdots,n$에 대해 정리가 참이라고 가정합니다. 그렇다면,

$$\begin{aligned}
\Gamma(n+1; x) &= \frac{1}{n!} \int_0^x t^n e^{-t}\, dt \\
&= \frac{1}{n!} \left(-t^n e^{-t} \Big|_0^x + \int_0^x n t^{n-1} e^{-t}\, dt \right) \\
&= \frac{1}{n!} (-x^n e^{-x}) + \Gamma(n; x) \\
&= -\frac{x^n e^{-x}}{n!} + 1 - \sum_{j=0}^{n-1} \frac{x^j e^{-x}}{j!} \\
&= 1 - \sum_{j=0}^{n} \frac{x^j e^{-x}}{j!}.
\end{aligned}$$

□

불완전 베타 함수는 다음과 같습니다.

$$\beta(a,b;x) = \frac{\Gamma(a+b)}{\Gamma(a)\Gamma(b)} \int_0^x t^{a-1}(1-t)^{b-1}\,dt, \quad a>0,\ b>0,\ 0<x<1,$$

여기서,

$$\beta(a,b) = \frac{\Gamma(a+b)}{\Gamma(a)\Gamma(b)}$$

는 베타 함수이며 $b < 0$(그러나 $a > 1 + [-b]$)일 때 부분 적분을 하면,

$$\begin{aligned}\Gamma(a)\Gamma(b)\beta(a,b;x) = -\Gamma(a+b)&\left[\frac{x^{a-1}(1-x)^b}{b}\right.\\ &+\frac{(a-1)x^{a-2}(1-x)^{b+1}}{b(b+1)}+\cdots\\ &\left.+\frac{(a-1)\cdots(a-r)x^{a-r-1}(1-x)^{b+r}}{b(b+1)\cdots(b+r)}\right]\\ &+\frac{(a-1)\cdots(a-r-1)}{b(b+1)\cdots(b+r)}\Gamma(a-r-1)\\ &\times\Gamma(b+r+1)\beta(a-r-1,b+r+1;x),\end{aligned}$$

여기서 r은 $b - r - 1 > 0$를 만족하는 최소의 정수입니다.

불완전 감마 함수와 불완전 베타 함수의 수치적 근사치를 얻는 것은 스프레드시트뿐만 아니라 많은 통계적 패키지에서 이용 가능합니다. 왜냐하면 그것은 단지 감마와 베타의 분포에 지나지 않기 때문입니다.

다음의 근사는 [2]에 있습니다. 작은 x의 경우와 큰 x의 경우에서의 불완전 감마 함수값을 구하기 위하여 다른 공식을 사용하는 것은 [103]을 권합니다. 그 참조 논문은 이러한 표현값을 구하기 위한 컴퓨터 서브루틴이 존재합니다. 특히, 소수 이하 자리에서의 연분수근사를 위한 효과적인 방법을 제시합니다.

$x \le \alpha + 1$인 경우, 급수 전개를 사용합니다.

$$\Gamma(\alpha;x) = \frac{x^\alpha e^{-x}}{\Gamma(\alpha)} \sum_{n=0}^{\infty} \frac{x^n}{\alpha(\alpha+1)\cdots(\alpha+n)}$$

반면에 $x > \alpha + 1$인 경우, 지속 연분수를 사용합니다.

$$1-\Gamma(\alpha;x) = \frac{x^\alpha e^{-x}}{\Gamma(\alpha)} \cfrac{1}{x+\cfrac{1-\alpha}{1+\cfrac{1}{x+\cfrac{2-\alpha}{1+\cfrac{2}{x+\cdots}}}}}.$$

불완전 감마 함수는 표준정규분포에서 누적 확률을 산출하기 위해서 사용할 수 있습니다. Z가 표준정규분포에 따른다면 $\Phi(z) = \Pr[Z < z]$라고 합니다.

그러면, $z \geq 0$에 대해서 $\Phi(z) = 0.5 + \Gamma(0.5; z^2/2)/2$이 성립하고, $z < 0$에 대해서는 $\Phi(z) = 1 - \Phi(-z)$가 성립합니다.

불완전 베타 함수는 다음의 급수 전개를 통하여 평가할 수 있습니다.

$$\beta(a, b; x) = \frac{\Gamma(a+b)x^a(1-x)^b}{a\Gamma(a)\Gamma(b)} \times \left[1 + \sum_{n=0}^{\infty} \frac{(a+b)(a+b+1)\cdots(a+b+n)}{(a+1)(a+2)\cdots(a+n+1)} x^{n+1}\right].$$

감마 함수는 다음과 같은 공식에서 구할 수 있습니다.

$$\begin{aligned}\ln\Gamma(\alpha) \doteq{}& (\alpha - \tfrac{1}{2})\ln\alpha - \alpha + \frac{\ln(2\pi)}{2} \\ &+ \frac{1}{12\alpha} - \frac{1}{360\alpha^3} + \frac{1}{1{,}260\alpha^5} - \frac{1}{1{,}680\alpha^7} + \frac{1}{1{,}188\alpha^9} - \frac{691}{360{,}360\alpha^{11}} \\ &+ \frac{1}{156\alpha^{13}} - \frac{3{,}617}{122{,}400\alpha^{15}} + \frac{43{,}867}{244{,}188\alpha^{17}} - \frac{174{,}611}{125{,}400\alpha^{19}}.\end{aligned}$$

$\alpha > 10$일 때, 오차는 10^{-19}보다 작습니다. $\alpha < 10$인 경우, 다음 관계를 사용합니다.

$$\ln\Gamma(\alpha) = \ln\Gamma(\alpha+1) - \ln\alpha.$$

분포는 다음과 같은 방식으로 제시됩니다. 먼저, 이름과 함께 모수가 제시됩니다. 일부 분포는 다른 이름도 가지고 있으며, 괄호 안에 명시됩니다. 그 다음으로, 확률 밀도 함수 $f(x)$와 분포 함수 $F(x)$가 주어집니다. 특정 분포의 경우, 초기값 계산 공식이 제공됩니다. 각 분포군 내에서는 모수의 개수가 많은 순서대로 정렬됩니다.

사용된 그리스 문자들은 일관성을 유지하도록 선택되었습니다. 분포에서 사용되지 않은 그리스 문자는 더 많은 모수를 가진 분포의 특수한 경우로 간주되며, 생략된 모수는 1로 설정됩니다. *특별히 언급되지 않는 한, 모든 모수는 양수여야 합니다.*

두 가지 분포를 제외하고, 확장(스케일 팽창)은 단순히 스케일 모수 θ를 증가시켜 인식할 수 있습니다. 즉, 만약 X가 특정 분포를 따른다면, cX도 동일한 분포 유형을 가지며 모든 모수는 동일하지만 θ는 $c\theta$로 변경됩니다. 로그 정규 분포는 μ는 $\mu + \ln(c)$로 변경되며, σ는 변경되지 않습니다. 반면에 역 가우스 분포는 μ와 θ는 모두 c로 곱해집니다.

여러 분포에 대해 초기값이 제안됩니다. 이는 반드시 좋은 추정치는 아니며, 단지 반복적 절차를 시작하기 위한 값일 뿐입니다. 초기값은 적률법이나 퍼센타일(%-tile) 일치법으로 찾을 수 있습니다.

$$\text{Moments:} \quad m = \frac{1}{n}\sum_{i=1}^{n} x_i, \quad t = \frac{1}{n}\sum_{i=1}^{n} x_i^2,$$

$$\text{Percentile matching:} \quad p = 25\text{th percentile}, \; q = 75\text{th percentile}.$$

데이터가 그룹화되었거나 절단(truncated) 또는 검열(censored)된 경우, 이러한 값들은 근사해야 할 수도 있습니다. 초기값의 목적은 단순히 시작점을 제공하는 것이므로, 이러한 수정들을 무시하는 것이 종종 충분합니다. 세 개 또는 네 개의 모수를 가진 분포의 경우, 특수 사례에서 추정치를 얻은 다음 새 모수를 1로 설정하여 초기값을 얻을 수 있습니다. 스케일 모수 θ를 평균으로 설정하고, 나머지 모든 모수를 2로 설정합니다.

리스크 측정값은 다음과 같이 계산할 수 있습니다.

$\text{VaR}_p(X)$, (Value at Risk)에 대해 $p = F[\text{VaR}_p(X)]$ 방정식을 풉니다. 편리한 명시적 해법이 있을 경우 제공됩니다.

$\text{TVaR}_p(X)$,(Tail Value at Risk)는 다음의 공식을 사용합니다.

$$\text{TVaR}_p(X) = \text{Var}_p(X) + \frac{\text{E}(X) - \text{E}[X \wedge \text{Var}_p(X)]}{1-p}.$$

몇 가지 경우에 대해 명시적인 공식이 제공됩니다. 여기에 나열된 모든 분포(그리고 더 많은 분포들)는 Kleiber and Kotz [69]에서 매우 자세히 논의되었습니다. 많은 경우, 최대우도 추정치에 대한 대안도 제시됩니다.

A.2 The Transformed Beta Family

A.2.1 The Four-Parameter Distribution

A.2.1.1 Transformed Beta – $\alpha, \theta, \gamma, \tau$ (generalized beta of the second kind, Pearson Type VI)[2]

$$f(x) = \frac{\Gamma(\alpha+\tau)}{\Gamma(\alpha)\Gamma(\tau)} \frac{\gamma(x/\theta)^{\gamma\tau}}{x[1+(x/\theta)^{\gamma}]^{\alpha+\tau}},$$

$$F(x) = \beta(\tau, \alpha; u), \quad u = \frac{(x/\theta)^{\gamma}}{1+(x/\theta)^{\gamma}},$$

---

2 역변환 베타 분포는 존재하지 않습니다. 왜냐하면 역수는 동일한 분포를 가지기 때문입니다. 이 경우, α와 τ가 서로 교환되고, θ는 $1/\theta$로 대체됩니다.

$$\mathrm{E}[X^k] = \frac{\theta^k\Gamma(\tau+k/\gamma)\Gamma(\alpha-k/\gamma)}{\Gamma(\alpha)\Gamma(\tau)}, \quad -\tau\gamma < k < \alpha\gamma,$$

$$\mathrm{E}[(X\wedge x)^k] = \frac{\theta^k\Gamma(\tau+k/\gamma)\Gamma(\alpha-k/\gamma)}{\Gamma(\alpha)\Gamma(\tau)}\beta(\tau+k/\gamma,\alpha-k/\gamma;u) + x^k[1-F(x)], \quad k > -\tau\gamma\ ,$$

$$\text{Mode } = \theta\left(\frac{\tau\gamma-1}{\alpha\gamma+1}\right)^{1/\gamma}, \quad \tau\gamma > 1, \text{ else } 0.$$

A.2.2 Three-Parameter Distributions

A.2.2.1 Generalized Pareto – α, θ, τ (beta의 2종)

$$f(x) = \frac{\Gamma(\alpha+\tau)}{\Gamma(\alpha)\Gamma(\tau)}\frac{\theta^\alpha x^{\tau-1}}{(x+\theta)^{\alpha+\tau}},$$

$$F(x) = \beta(\tau,\alpha;u), \quad u = \frac{x}{x+\theta},$$

$$\mathrm{E}[X^k] = \frac{\theta^k\Gamma(\tau+k)\Gamma(\alpha-k)}{\Gamma(\alpha)\Gamma(\tau)}, \quad -\tau < k < \alpha,$$

$$\mathrm{E}[X^k] = \frac{\theta^k\tau(\tau+1)\cdots(\tau+k-1)}{(\alpha-1)\cdots(\alpha-k)} \quad \text{if } k \text{ is a positive integer},$$

$$\mathrm{E}[(X\wedge x)^k] = \frac{\theta^k\Gamma(\tau+k)\Gamma(\alpha-k)}{\Gamma(\alpha)\Gamma(\tau)}\beta(\tau+k,\alpha-k;u), + x^k[1-F(x)], \quad k > -\tau\ ,$$

$$\text{Mode } = \theta\frac{\tau-1}{\alpha+1}, \quad \tau > 1, \text{ else } 0.$$

A.2.2.2 Butt – α, θ, τ (Burr Type XII, Singh-Maddala)

$$f(x) = \frac{\alpha\gamma(x/\theta)^\gamma}{x[1+(x/\theta)^\gamma]^{\alpha+1}},$$

$$F(x) = 1-u^\alpha, \quad u = \frac{1}{1+(x/\theta)^\gamma},$$

$$\mathrm{VaR}_p(X) = \theta[(1-p)^{-1/\alpha}-1]^{1/\gamma},$$

$$\mathrm{E}[X^k] = \frac{\theta^k\Gamma(1+k/\gamma)\Gamma(\alpha-k/\gamma)}{\Gamma(\alpha)}, \quad -\gamma < k < \alpha\gamma,$$

$$\mathrm{E}[(X\wedge x)^k] = \frac{\theta^k\Gamma(1+k/\gamma)\Gamma(\alpha-k/\gamma)}{\Gamma(\alpha)}\beta(1+k/\gamma,\alpha-k/\gamma;1-u) + x^k u^\alpha, \quad k > -\gamma\ ,$$

$$\text{Mode } = \theta\left(\frac{\gamma-1}{\alpha\gamma+1}\right)^{1/\gamma}, \quad \gamma > 1, \text{ else } 0.$$

A.2.2.3 Inverse Butt - τ, θ, γ (Dagum)

$$
\begin{aligned}
f(x) &= \frac{\tau\gamma(x/\theta)^{\gamma\tau}}{x[1+(x/\theta)^{\gamma}]^{\tau+1}}, \\
F(x) &= u^{\tau}, \quad u = \frac{(x/\theta)^{\gamma}}{1+(x/\theta)^{\gamma}}, \\
\mathrm{VaR}_p(X) &= \theta(p^{-1/\tau}-1)^{-1/\gamma}, \\
\mathrm{E}[X^k] &= \frac{\theta^k\Gamma(\tau+k/\gamma)\Gamma(1-k/\gamma)}{\Gamma(\tau)}, \quad -\tau\gamma < k < \gamma, \\
\mathrm{E}[(X\wedge x)^k] &= \frac{\theta^k\Gamma(\tau+k/\gamma)\Gamma(1-k/\gamma)}{\Gamma(\tau)}\beta(\tau+k/\gamma, 1-k/\gamma; u) \\
&\quad + x^k[1-u^{\tau}], \quad k > -\tau\gamma\ , \\
\text{Mode } &= \theta\left(\frac{\tau\gamma-1}{\gamma+1}\right)^{1/\gamma}, \quad \tau\gamma > 1, \text{ else } 0.
\end{aligned}
$$

A.2.3 Two-Parameter Distributions

A.2.3.1 Pareto - α, θ (Pareto Type II, Lomax)

$$
\begin{aligned}
f(x) &= \frac{\alpha\theta^{\alpha}}{(x+\theta)^{\alpha+1}}, \\
F(x) &= 1-\left(\frac{\theta}{x+\theta}\right)^{\alpha}, \\
\mathrm{VaR}_p(X) &= \theta[(1-p)^{-1/\alpha}-1], \\
\mathrm{E}[X^k] &= \frac{\theta^k\Gamma(k+1)\Gamma(\alpha-k)}{\Gamma(\alpha)}, \quad -1 < k < \alpha, \\
\mathrm{E}[X^k] &= \frac{\theta^k k!}{(\alpha-1)\cdots(\alpha-k)} \quad \text{if } k \text{ is a positive integer}, \\
\mathrm{E}[X\wedge x] &= \frac{\theta}{\alpha-1}\left[1-\left(\frac{\theta}{x+\theta}\right)^{\alpha-1}\right], \quad \alpha \neq 1,
\end{aligned}
$$

$$
\begin{aligned}
\mathrm{E}[X \wedge x] &= -\theta \ln\left(\frac{\theta}{x+\theta}\right), \quad \alpha = 1, \\
\mathrm{TVaR}_p(X) &= \mathrm{VaR}_p(X) + \frac{\theta(1-p)^{-1/\alpha}}{\alpha - 1}, \quad \alpha > 1, \\
\mathrm{E}[(X \wedge x)^k] &= \frac{\theta^k \Gamma(k+1)\Gamma(\alpha - k)}{\Gamma(\alpha)} \beta[k+1, \alpha - k; x/(x+\theta)] \\
&\quad + x^k \left(\frac{\theta}{x+\theta}\right)^\alpha, \quad k > -1,\ k \neq \alpha, \\
\mathrm{E}[(X \wedge x)^\alpha] &= \theta^\alpha \left(\frac{x}{x+\theta}\right)^\alpha \left[1 + \alpha \sum_{n=0}^{\infty} \frac{[x/(x+\theta)]^{n+1}}{\alpha + n + 1}\right], \\
\mathrm{Mode} &= 0, \\
\hat{\alpha} &= 2\frac{t - m^2}{t - 2m^2}, \quad \hat{\theta} = \frac{mt}{t - 2m^2}.
\end{aligned}
$$

A.2.3.2 Inverse Pareto – τ, θ

$$
\begin{aligned}
f(x) &= \frac{\tau \theta x^{\tau - 1}}{(x+\theta)^{\tau+1}}, \\
F(x) &= \left(\frac{x}{x+\theta}\right)^\tau, \\
\mathrm{VaR}_p(X) &= \theta[p^{-1/\tau} - 1]^{-1}, \\
\mathrm{E}[X^k] &= \frac{\theta^k \Gamma(\tau + k)\Gamma(1-k)}{\Gamma(\tau)}, \quad -\tau < k < 1, \\
\mathrm{E}[X^k] &= \frac{\theta^k (-k)!}{(\tau - 1)\cdots(\tau + k)} \quad \text{if } k \text{ is a negative integer}, \\
\mathrm{E}[(X \wedge x)^k] &= \theta^k \tau \int_0^{x/(x+\theta)} y^{\tau + k - 1}(1-y)^{-k} dy \\
&\quad + x^k \left[1 - \left(\frac{x}{x+\theta}\right)^\tau\right], \quad k > -\tau, \\
\mathrm{Mode} &= \theta \frac{\tau - 1}{2}, \quad \tau > 1, \text{ else } 0.
\end{aligned}
$$

A.2.3.3 Logistic – γ, θ (Fisk)

$$
\begin{aligned}
f(x) &= \frac{\gamma(x/\theta)^\gamma}{x[1+(x/\theta)^\gamma]^2}, \\
F(x) &= u, \quad u = \frac{(x/\theta)^\gamma}{1+(x/\theta)^\gamma}, \\
\mathrm{VaR}_p(X) &= \theta(p^{-1}-1)^{-1/\gamma}, \\
\mathrm{E}[X^k] &= \theta^k\Gamma(1+k/\gamma)\Gamma(1-k/\gamma), \quad -\gamma < k < \gamma, \\
\mathrm{E}[(X\wedge x)^k] &= \theta^k\Gamma(1+k/\gamma)\Gamma(1-k/\gamma)\beta(1+k/\gamma, 1-k/\gamma; u) \\
&\quad + x^k(1-u), \quad k > -\gamma\ , \\
\text{Mode } &= \theta\left(\frac{\gamma-1}{\gamma+1}\right)^{1/\gamma}, \quad \gamma > 1, \text{ else } 0, \\
\hat{\gamma} &= \frac{2\ln(3)}{\ln(q)-\ln(p)}, \quad \hat{\theta} = \exp\left(\frac{\ln(q)+\ln(p)}{2}\right).
\end{aligned}
$$

A.2.3.4 Paralogic – α, θ 이는 $\gamma = \alpha$.인 Burr 분포입니다.

$$
\begin{aligned}
f(x) &= \frac{\alpha^2(x/\theta)^\alpha}{x[1+(x/\theta)^\alpha]^{\alpha+1}}, \\
F(x) &= 1-u^\alpha, \quad u = \frac{1}{1+(x/\theta)^\alpha}, \\
\mathrm{VaR}_p(X) &= \theta[(1-p)^{-1/\alpha}-1]^{1/\alpha}, \\
\mathrm{E}[X^k] &= \frac{\theta^k\Gamma(1+k/\alpha)\Gamma(\alpha-k/\alpha)}{\Gamma(\alpha)}, \quad -\alpha < k < \alpha^2, \\
\mathrm{E}[(X\wedge x)^k] &= \frac{\theta^k\Gamma(1+k/\alpha)\Gamma(\alpha-k/\alpha)}{\Gamma(\alpha)}\beta(1+k/\alpha, \alpha-k/\alpha; 1-u) \\
&\quad + x^k u^\alpha, \quad k > -\alpha\ , \\
\text{Mode } &= \theta\left(\frac{\alpha-1}{\alpha^2+1}\right)^{1/\alpha}, \quad \alpha > 1, \text{ else } 0.
\end{aligned}
$$

초기 값은 로그로지스틱 분포(γ를 α로 사용) 또는 파레토 분포(α 사용)에서 추정치를 사용할 수 있습니다.

A.2.3.5 Inverse Paralogic – α, θ 이는 $\gamma = \tau$인 Burr 분포입니다.

$$f(x) = \frac{\tau^2 (x/\theta)^{\tau^2}}{x[1 + (x/\theta)^\tau]^{\tau+1}},$$
$$F(x) = u^\tau, \quad u = \frac{(x/\theta)^\tau}{1 + (x/\theta)^\tau},$$

$$\begin{aligned}
\mathrm{VaR}_p(X) &= \theta(p^{-1/\tau} - 1)^{-1/\tau}, \\
\mathrm{E}[X^k] &= \frac{\theta^k \Gamma(\tau + k/\tau)\Gamma(1 - k/\tau)}{\Gamma(\tau)}, \quad -\tau^2 < k < \tau, \\
\mathrm{E}[(X \wedge x)^k] &= \frac{\theta^k \Gamma(\tau + k/\tau)\Gamma(1 - k/\tau)}{\Gamma(\tau)} \beta(\tau + k/\tau, 1 - k/\tau; u) \\
&\quad + x^k[1 - u^\tau], \quad k > -\tau^2, \\
\text{Mode} &= \theta\,(\tau - 1)^{1/\tau}, \quad \tau > 1, \text{ else } 0.
\end{aligned}$$

초기 값은 로그로지스틱 분포(τ 대신 γ 사용) 또는 역 파레토 분포(τ 사용)에서 추정치를 사용할 수 있습니다.

A.3 The Transformed Gamma Family

A.3.1 Three-Parameter Distribution

A.3.1.1 Transformed Gamma – α, θ, τ (generalized gamma)

$$\begin{aligned}
f(x) &= \frac{\tau u^\alpha e^{-u}}{x\Gamma(\alpha)}, \quad u = (x/\theta)^\tau, \\
F(x) &= \Gamma(\alpha; u), \\
\mathrm{E}[X^k] &= \frac{\theta^k \Gamma(\alpha + k/\tau)}{\Gamma(\alpha)}, \quad k > -\alpha\tau,
\end{aligned}$$

$$\begin{aligned}
\mathrm{E}[(X \wedge x)^k] &= \frac{\theta^k \Gamma(\alpha + k/\tau)}{\Gamma(\alpha)} \Gamma(\alpha + k/\tau; u) \\
&\quad + x^k[1 - \Gamma(\alpha; u)], \quad k > -\alpha\tau, \\
\text{Mode} &= \theta \left(\frac{\alpha\tau - 1}{\tau}\right)^{1/\tau}, \quad \alpha\tau > 1, \text{ else } 0.
\end{aligned}$$

A.3.1.2 Inverse Transformed Gamma – α,θ,τ (inverse generalized gamma)

$$
\begin{aligned}
f(x) &= \frac{\tau u^{\alpha} e^{-u}}{x\Gamma(\alpha)}, \quad u = (\theta/x)^{\tau}, \\
F(x) &= 1 - \Gamma(\alpha; u), \\
\mathrm{E}[X^k] &= \frac{\theta^k \Gamma(\alpha - k/\tau)}{\Gamma(\alpha)}, \quad k < \alpha\tau, \\
\mathrm{E}[(X \wedge x)^k] &= \frac{\theta^k \Gamma(\alpha - k/\tau)}{\Gamma(\alpha)}[1 - \Gamma(\alpha - k/\tau; u)] + x^k \Gamma(\alpha; u) \\
&= \frac{\theta^k G(\alpha - k/\tau; u)}{\Gamma(\alpha)} + x^k \Gamma(\alpha; u), \quad \text{all } k, \\
\text{Mode } &= \theta \left(\frac{\tau}{\alpha\tau + 1} \right)^{1/\tau}.
\end{aligned}
$$

A.3.2 Two-Parameter Distribution

A.3.2.1 Gamma – α,θ ($\alpha = n/2$이고 $\theta = 2$일 때, 이것은 n 자유도의 χ^2분포입니다)

$$
\begin{aligned}
f(x) &= \frac{(x/\theta)^{\alpha} e^{-x/\theta}}{x\Gamma(\alpha)}, \\
F(x) &= \Gamma(\alpha; x/\theta), \\
\mathrm{E}[X^k] &= \frac{\theta^k \Gamma(\alpha + k)}{\Gamma(\alpha)}, \quad k > -\alpha, \\
\mathrm{E}[X^k] &= \theta^k (\alpha + k - 1) \cdots \alpha \quad \text{if } k \text{ is a positive integer}, \\
\mathrm{E}[(X \wedge x)^k] &= \frac{\theta^k \Gamma(\alpha + k)}{\Gamma(\alpha)} \Gamma(\alpha + k; x/\theta) + x^k [1 - \Gamma(\alpha; x/\theta)], \quad k > -\alpha, \\
\mathrm{E}[(X \wedge x)^k] &= \alpha(\alpha + 1) \cdots (\alpha + k - 1)\theta^k \Gamma(\alpha + k; x/\theta) \\
&\quad + x^k [1 - \Gamma(\alpha; x/\theta)] \quad \text{if } k \text{ is a positive integer}, \\
M(t) &= (1 - \theta t)^{-\alpha}, \quad t < 1/\theta, \\
\text{Mode } &= \theta(\alpha - 1), \quad \alpha > 1, \text{ else } 0, \\
\hat{\alpha} &= \frac{m^2}{t - m^2}, \quad \hat{\theta} = \frac{t - m^2}{m}.
\end{aligned}
$$

A.3.2.2 Inverse Gamma – α,θ (Vinci)

$$
\begin{aligned}
f(x) &= \frac{(\theta/x)^\alpha e^{-\theta/x}}{x\Gamma(\alpha)},\\
F(x) &= 1 - \Gamma(\alpha;\theta/x),\\
\mathrm{E}[X^k] &= \frac{\theta^k\Gamma(\alpha-k)}{\Gamma(\alpha)}, \quad k<\alpha,
\end{aligned}
$$

$$
\begin{aligned}
\mathrm{E}[X^k] &= \frac{\theta^k}{(\alpha-1)\cdots(\alpha-k)} \quad \text{if } k \text{ is a positive integer},\\
\mathrm{E}[(X\wedge x)^k] &= \frac{\theta^k\Gamma(\alpha-k)}{\Gamma(\alpha)}[1-\Gamma(\alpha-k;\theta/x)] + x^k\Gamma(\alpha;\theta/x)\\
&= \frac{\theta^k G(\alpha-k;\theta/x)}{\Gamma(\alpha)} + x^k\Gamma(\alpha;\theta/x), \text{ all } k,\\
\text{Mode} &= \theta/(\alpha+1),\\
\hat{\alpha} &= \frac{2t-m^2}{t-m^2}, \quad \hat{\theta} = \frac{mt}{t-m^2}.
\end{aligned}
$$

A.3.2.3 Weibull – θ,τ

$$
\begin{aligned}
f(x) &= \frac{\tau(x/\theta)^\tau e^{-(x/\theta)^\tau}}{x},\\
F(x) &= 1 - e^{-(x/\theta)^\tau},\\
\mathrm{VaR}_p(X) &= \theta[-\ln(1-p)]^{1/\tau},\\
\mathrm{E}[X^k] &= \theta^k\Gamma(1+k/\tau), \quad k>-\tau,\\
\mathrm{E}[(X\wedge x)^k] &= \theta^k\Gamma(1+k/\tau)\Gamma[1+k/\tau;(x/\theta)^\tau] + x^k e^{-(x/\theta)^\tau}, \quad k>-\tau,\\
\text{Mode} &= \theta\left(\frac{\tau-1}{\tau}\right)^{1/\tau}, \quad \tau>1, \text{ else } 0,\\
\hat{\theta} &= \exp\left(\frac{g\ln(p)-\ln(q)}{g-1}\right), \quad g = \frac{\ln(\ln(4))}{\ln(\ln(4/3))},\\
\hat{\tau} &= \frac{\ln(\ln(4))}{\ln(q)-\ln(\hat{\theta})}.
\end{aligned}
$$

A.3.2.4 *Inverse Weibull* – θ,τ (log-Gompertz)

$$
\begin{aligned}
f(x) &= \frac{\tau(\theta/x)^{\tau}e^{-(\theta/x)^{\tau}}}{x},\\
F(x) &= e^{-(\theta/x)^{\tau}},\\
\mathrm{VaR}_p(X) &= \theta(-\ln p)^{-1/\tau},\\
\mathrm{E}[X^k] &= \theta^k\Gamma(1-k/\tau), \quad k<\tau,\\
\mathrm{E}[(X\wedge x)^k] &= \theta^k\Gamma(1-k/\tau)\{1-\Gamma[1-k/\tau;(\theta/x)^{\tau}]\}\\
&\quad + x^k\left[1-e^{-(\theta/x)^{\tau}}\right],\\
&= \theta^k G[1-k/\tau;(\theta/x)^{\tau}] + x^k\left[1-e^{-(\theta/x)^{\tau}}\right], \quad \text{all } k,\\
\text{Mode } &= \theta\left(\frac{\tau}{\tau+1}\right)^{1/\tau},\\
\hat{\theta} &= \exp\left(\frac{g\ln(q)-\ln(p)}{g-1}\right), \quad g=\frac{\ln[\ln(4)]}{\ln[\ln(4/3)]},\\
\hat{\tau} &= \frac{\ln(\ln(4))}{\ln(\hat{\theta})-\ln(p)}.
\end{aligned}
$$

A.3.3 One-Parameter Distribution

A.3.3.1 *Exponential* – θ

$$
\begin{aligned}
f(x) &= \frac{e^{-x/\theta}}{\theta},\\
F(x) &= 1-e^{-x/\theta},\\
\mathrm{VaR}_p(X) &= -\theta\ln(1-p),\\
\mathrm{E}[X^k] &= \theta^k\Gamma(k+1), \quad k>-1,\\
\mathrm{E}[X^k] &= \theta^k k! \quad \text{if } k \text{ is a positive integer},\\
\mathrm{E}[X\wedge x] &= \theta(1-e^{-x/\theta}),\\
\mathrm{TVaR}_p(X) &= -\theta\ln(1-p)+\theta,\\
\mathrm{E}[(X\wedge x)^k] &= \theta^k\Gamma(k+1)\Gamma(k+1;x/\theta)+x^k e^{-x/\theta}, \quad k>-1,\\
\mathrm{E}[(X\wedge x)^k] &= \theta^k k!\Gamma(k+1;x/\theta)+x^k e^{-x/\theta} \quad \text{if } k>-1 \text{ is an integer},\\
M(z) &= (1-\theta z)^{-1}, \quad z<1/\theta,\\
\text{Mode} &= 0,\\
\hat{\theta} &= m.
\end{aligned}
$$

A.3.3.2 Inverse Exponential – θ

$$
\begin{aligned}
f(x) &= \frac{\theta e^{-\theta/x}}{x^2}, \\
F(x) &= e^{-\theta/x}, \\
\mathrm{VaR}_p(X) &= \theta(-\ln p)^{-1}, \\
\mathrm{E}[X^k] &= \theta^k \Gamma(1-k), \quad k<1, \\
\mathrm{E}[(X\wedge x)^k] &= \theta^k G(1-k;\theta/x) + x^k(1-e^{-\theta/x}), \quad \text{all } k, \\
\text{Mode} &= \theta/2, \\
\hat{\theta} &= -q\,\ln(3/4).
\end{aligned}
$$

A.4 거대 손해액 분포 Distributions for Large Losses

일반적으로 이러한 분포의 대부분은 임의의 위치에서 확률이 시작되거나 끝나는 일반적인 형태를 가집니다. 여기에서 제시된 버전은 모두 해당 지점을 0으로 사용합니다. 분포는 언제든지 시작점이나 끝점을 다른 위치로 이동시킬 수 있습니다.

A.4.1 Extreme Value Distributions

A.4.1.1 Gumbel – θ, μ (μ는 음수일 수 있음)

$$
\begin{aligned}
f(x) &= \frac{1}{\theta}\exp(-y)\exp\left[-\exp(-y)\right], \; y=\frac{x-\mu}{\theta}, \; -\infty<x<\infty, \\
F(x) &= \exp\left[-\exp(-y)\right], \\
\mathrm{VaR}_p(X) &= \mu+\theta[-\ln(-\ln p)],
\end{aligned}
$$

$$
\begin{aligned}
M(z) &= e^{\mu t}\Gamma(1-\theta z), \; z<1/\theta, \\
\mathrm{E}[X] &= \mu + 0.57721566490153\theta, \\
\mathrm{Var}(X) &= \frac{\pi^2\theta^2}{6}.
\end{aligned}
$$

A.4.1.2 Frechet – α,θ A.3.2.4.의 역 Weibull 분포입니다.

$$
\begin{aligned}
f(x) &= \frac{\alpha(x/\theta)^{-\alpha} e^{-(x/\theta)^{-\alpha}}}{x}, \\
F(x) &= e^{-(x/\theta)^{-\alpha}}, \\
\mathrm{VaR}_p(X) &= \theta(-\ln p)^{1/\alpha}, \\
\mathrm{E}[X^k] &= \theta^k \Gamma(1-k/\alpha), \quad k<\alpha, \\
\mathrm{E}[(X \wedge x)^k] &= \theta^k \Gamma(1-k/\alpha)\{1-\Gamma[1-k/\alpha;(x/\theta)^{-\alpha}]\} \\
&\quad + x^k \left[1-e^{-(x/\theta)^{-\alpha}}\right], \\
&= \theta^k G[1-k/\alpha;(x/\theta)^{-\alpha}] + x^k \left[1-e^{-(x/\theta)^{-\alpha}}\right], \quad \text{all } k.
\end{aligned}
$$

A.4.1.3 Weibull[3] – α,θ

$$
\begin{aligned}
f(x) &= -\frac{\alpha(-x/\theta)^{\alpha} e^{-(-x/\theta)^{\alpha}}}{x}, \quad x \le 0, \\
F(x) &= e^{-(-x/\theta)^{\alpha}}, \quad x \le 0, \\
\mathrm{E}[X^k] &= (-1)^k \theta^k \Gamma(1+k/\alpha), \quad k>-\alpha,\ k \text{ an integer}, \\
\text{Mode } &= -\theta\left(\frac{\alpha-1}{\alpha}\right)^{1/\alpha}, \quad \alpha>1, \text{ else } 0.
\end{aligned}
$$

A.4.2 Generalized Pareto Distribution

A.4.2.1 Generalized Pareto – γ,θ 이것은 A.2.3.1의 *Pareto* 분포에서 α를 $1/\gamma$와 $\alpha\theta$로 대체한 것입니다.

$$
F(x) = 1 - \left(1+\gamma\frac{x}{\theta}\right)^{-1/\gamma}, \ x \ge 0.
$$

A.4.2.2 Exponential – θ 이것은 A.3.3.1의 Exponential 분포와 같으며 위 분포의 γ->0에 따른 극한 사례입니다.

A.4.2.3 Pareto – γ,θ 이것은 A.5.1.4의 모수 하나의 Pareto 분포입니다. 위 분포에서 θ에서 출발하기 위하여 확률값을 변경하라.

A.4.2.4 Beta – α,θ 이것은 A.6.1.2의 α = 1인 Beta 분포입니다.

3 이것은 섹션 A.3.2.3의 와이블(Weibull) 분포와 동일하지 않습니다. 이것은 와이블 분포의 음수 형태입니다.

A.5 기타 분포 Other Distributions

A.5.1.1 Lognormal – μ,σ (μ는 음수일 수 있음)

$$
\begin{aligned}
f(x) &= \frac{1}{x\sigma\sqrt{2\pi}}\exp(-z^2/2) = \phi(z)/(\sigma x), \quad z = \frac{\ln x - \mu}{\sigma},\\
F(x) &= \Phi(z),\\
\mathrm{E}[X^k] &= \exp\left(k\mu + \tfrac{1}{2}k^2\sigma^2\right),\\
\mathrm{E}[(X\wedge x)^k] &= \exp\left(k\mu + \tfrac{1}{2}k^2\sigma^2\right)\Phi\left(\frac{\ln x - \mu - k\sigma^2}{\sigma}\right) + x^k[1-F(x)],\\
\text{Mode} &= \exp(\mu - \sigma^2),\\
\hat{\sigma} &= \sqrt{\ln(t) - 2\ln(m)}, \quad \hat{\mu} = \ln(m) - \tfrac{1}{2}\hat{\sigma}^2.
\end{aligned}
$$

A.5.1.2 Inverse Gaussian – μ,θ

$$
\begin{aligned}
f(x) &= \left(\frac{\theta}{2\pi x^3}\right)^{1/2}\exp\left(-\frac{\theta z^2}{2x}\right), \quad z = \frac{x-\mu}{\mu},\\
F(x) &= \Phi\left[z\left(\frac{\theta}{x}\right)^{1/2}\right] + \exp\left(\frac{2\theta}{\mu}\right)\Phi\left[-y\left(\frac{\theta}{x}\right)^{1/2}\right], \quad y = \frac{x+\mu}{\mu},\\
\mathrm{E}[X] &= \mu, \quad \mathrm{Var}[X] = \mu^3/\theta,\\
\mathrm{E}[X^k] &= \sum_{n=0}^{k-1}\frac{(k+n-1)!}{(k-n-1)!n!}\frac{\mu^{n+k}}{(2\theta)^n}, \quad k = 1,2,\ldots,\\
\mathrm{E}[X\wedge x] &= x - \mu z\Phi\left[z\left(\frac{\theta}{x}\right)^{1/2}\right] - \mu y\exp(2\theta/\mu)\Phi\left[-y\left(\frac{\theta}{x}\right)^{1/2}\right],\\
M(z) &= \exp\left[\frac{\theta}{\mu}\left(1-\sqrt{1-\frac{2\mu^2}{\theta}z}\right)\right], \quad z < \frac{\theta}{2\mu^2},\\
\hat{\mu} &= m, \quad \hat{\theta} = \frac{m^3}{t-m^2}.
\end{aligned}
$$

A.5.1.3 Log-t – r, μ, σ (μ는 음수일 수 있음) Y가 자유도 r인 t 분포를 따른다고 가정합시다. 그러면, $X = \exp(\sigma Y + \mu)$는 로그-t 분포를 가집니다. 이 분포에서는 양의 모멘트가 존재하지 않습니다. t 분포가 정규 분포보다 두꺼운 꼬리를 가지는 것처럼, 이 분포는 로그정규 분포보다 두꺼운 꼬리를 가집니다.

$$f(x) = \frac{\Gamma\left(\frac{r+1}{2}\right)}{x\sigma\sqrt{\pi r}\Gamma\left(\frac{r}{2}\right)\left[1 + \frac{1}{r}\left(\frac{\ln x - \mu}{\sigma}\right)^2\right]^{(r+1)/2}},$$

$$F(x) = F_r\left(\frac{\ln x - \mu}{\sigma}\right) \text{ with } F_r(t) \text{ the cdf of a } t \text{ distribution with } r \text{ degrees of freedom,}$$

$$F(x) = \begin{cases} \frac{1}{2}\beta\left[\frac{r}{2}, \frac{1}{2}; \frac{r}{r + \left(\frac{\ln x - \mu}{\sigma}\right)^2}\right], & 0 < x \le e^{\mu}, \\ 1 - \frac{1}{2}\beta\left[\frac{r}{2}, \frac{1}{2}; \frac{r}{r + \left(\frac{\ln x - \mu}{\sigma}\right)^2}\right], & x \ge e^{\mu}. \end{cases}$$

A.5.1.4 Single-Parameter Pareto – α, θ

$$\begin{aligned}
f(x) &= \frac{\alpha\theta^\alpha}{x^{\alpha+1}}, \quad x > \theta, \\
F(x) &= 1 - \left(\frac{\theta}{x}\right)^\alpha, \quad x > \theta, \\
\mathrm{VaR}_p(X) &= \theta(1-p)^{-1/\alpha}, \\
\mathrm{E}[X^k] &= \frac{\alpha\theta^k}{\alpha - k}, \quad k < \alpha, \\
\mathrm{E}[(X \wedge x)^k] &= \frac{\alpha\theta^k}{\alpha - k} - \frac{k\theta^\alpha}{(\alpha - k)x^{\alpha-k}}, \ x \ge \theta, \ k \ne \alpha, \\
\mathrm{E}[(X \wedge x)^\alpha] &= \theta^\alpha[1 + \alpha\ln(x/\theta)], \\
\mathrm{TVaR}_p(X) &= \frac{\alpha\theta(1-p)^{-1/\alpha}}{\alpha - 1}, \quad \alpha > 1, \\
\text{Mode} &= \theta, \\
\hat{\alpha} &= \frac{m}{m - \theta}.
\end{aligned}$$

참고: 두 개의 모수가 있는 것처럼 보이지만, 실제 모수는 α 하나뿐입니다. θ의 값은 사전에 설정되어야 합니다.

A.6 Distribution with Finite Support

이 두 가지 분포에 관해서는, 크기 모수 θ는 알려진 것으로 가정합니다.

A.6.1.1 Generalized Beta – a,b,θ,τ

$$
\begin{aligned}
f(x) &= \frac{\Gamma(a+b)}{\Gamma(a)\Gamma(b)} u^a (1-u)^{b-1} \frac{\tau}{x}, \quad 0 < x < \theta, \quad u = (x/\theta)^\tau, \\
F(x) &= \beta(a,b;u), \\
\mathrm{E}[X^k] &= \frac{\theta^k \Gamma(a+b)\Gamma(a+k/\tau)}{\Gamma(a)\Gamma(a+b+k/\tau)}, \quad k > -a\tau, \\
\mathrm{E}[(X \wedge x)^k] &= \frac{\theta^k \Gamma(a+b)\Gamma(a+k/\tau)}{\Gamma(a)\Gamma(a+b+k/\tau)} \beta(a+k/\tau, b; u) + x^k[1-\beta(a,b;u)].
\end{aligned}
$$

A.6.1.2 Beta – a,b,θ θ = 1인 경우에 특별한 이름은 없지만 이 분포의 분류 안에서 많이 이용합니다.

$$
\begin{aligned}
f(x) &= \frac{\Gamma(a+b)}{\Gamma(a)\Gamma(b)} u^a (1-u)^{b-1} \frac{1}{x}, \quad 0 < x < \theta, \quad u = x/\theta, \\
F(x) &= \beta(a,b;u), \\
\mathrm{E}[X^k] &= \frac{\theta^k \Gamma(a+b)\Gamma(a+k)}{\Gamma(a)\Gamma(a+b+k)}, \quad k > -a, \\
\mathrm{E}[X^k] &= \frac{\theta^k a(a+1)\cdots(a+k-1)}{(a+b)(a+b+1)\cdots(a+b+k-1)} \quad \text{if } k \text{ is a positive integer}, \\
\mathrm{E}[(X \wedge x)^k] &= \frac{\theta^k a(a+1)\cdots(a+k-1)}{(a+b)(a+b+1)\cdots(a+b+k-1)} \beta(a+k,b;u) \\
&\quad + x^k[1-\beta(a,b;u)], \\
\hat{a} &= \frac{\theta m^2 - mt}{\theta t - \theta m^2}, \quad \hat{b} = \frac{(\theta m - t)(\theta - m)}{\theta t - \theta m^2}.
\end{aligned}
$$

B 이산 확률분포 목록 AN INVENTORY OF DISCRETE DISTRIBUTION

B.1 서론 Introduction

이 부록에 제시된 16개의 모델은 세 가지 유형으로 나눌 수 있습니다. 분류 기준은 확률 계산에 사용되는 알고리즘에 따라 결정됩니다. 일부 익숙한 분포의 경우, 이 공식들이 기존에 배운 것과 다르게 보일 수 있지만 동일한 확률을 산출합니다. 각 이름 뒤에는 모수가 명시되어 있으며, 모든 모수는 별도의 언급이 없는 한 양수입니다. 모든 경우에서 p_k는 k 손실이 관측될 확률을 나타냅니다.

모먼트 계산에 가장 편리한 형태는 팩토리얼 모먼트(factorial moments)를 사용하는 것입니다. j번째 팩토리얼 모먼트(factorial moments)는 다음과 같이 정의됩니다.

$$\mu_{(j)} = \mathrm{E}[N(N-1)\cdots(N-j+1)].$$

여기서

$$\mathrm{E}[N] = \mu_{(1)}$$

$$\mathrm{Var}(N) = \mu_{(2)} + \mu_{(1)} - \mu_{(1)}^2.$$

제시된 추정치들은 유용한 추정치를 제공하기보다는 가능도(또는 다른 함수)를 극대화하기 위한 시작값을 제공합니다. 시작값을 결정할 때는 다음과 같은 값들이 사용됩니다(n_k는 k에서 관측된 빈도를 나타냄). [마지막 항목의 경우, n_k가 k 이상에서의 관측 횟수를 나타낸다면 k에서 정확히 발생한 것으로 가정] n은 표본 크기를 나타냅니다.

$$\hat{\mu} = \frac{1}{n}\sum_{k=1}^{\infty} k n_k, \quad \hat{\sigma}^2 = \frac{1}{n}\sum_{k=1}^{\infty} k^2 n_k - \hat{\mu}^2.$$

시작값을 구할 때 모멘트 방법이 사용되면, 곡절 기호(예: $\hat{\lambda}$)를 사용합니다. 다른 방법에서는 물결 기호(예: $\tilde{\lambda}$)를 사용합니다. 시작값 공식이 유효한 모수 값을 제공하지 않을 경우, 대략적인 추정치로 모든 λ 및 β 모수의 곱을 표본 평균으로 설정하고 다른 모수는 모두 1로 설정할 수 있습니다. 두 개의 λ 또는 β 모수가 있는 경우, 각 값을 표본 평균의 제곱근으로 설정하는 것이 간단한 선택입니다.

마지막으로 제시된 항목은 확률 생성 함수로, 다음과 같이 정의됩니다.

$$P(z) = \mathrm{E}[z^N].$$

B.2 The $(a,b,0)$ Class

이 클래스에 속하는 분포는 0, 1, ...에 대한 지지를 가집니다. 이 클래스에서 특정 분포는 p_0값을 설정하고, 다음 식을 사용하여 정의됩니다.

$$p_k = (a + b/k)p_{k-1}$$

특정 멤버는 p_0, a, 그리고 b 값을 설정함으로써 생성됩니다.

임의의 멤버에 대해, 1차 모멘트는 다음과 같습니다.

$$\mu_{(1)} = (a + b)/(1 - a),$$

더 높은 차수의 모멘트는 다음 식을 따릅니다.

$$\mu_{(j)} = (aj + b)\mu_{(j-1)}/(1 - a).$$

분산은 다음과 같이 계산됩니다.

$$(a + b)/(1 - a)^2.$$

B.2.1.1 Poisson – λ

$$\begin{aligned}
p_0 &= e^{-\lambda}, \quad a = 0, \quad b = \lambda, \\
p_k &= \frac{e^{-\lambda}\lambda^k}{k!}, \\
\mathrm{E}[N] &= \lambda, \quad \mathrm{Var}[N] = \lambda, \\
\hat{\lambda} &= \hat{\mu}, \\
P(z) &= e^{\lambda(z-1)}.
\end{aligned}$$

B.2.1.2 Geometric – β

$$\begin{aligned}
p_0 &= \frac{1}{1+\beta}, \quad a = \frac{\beta}{1+\beta}, \quad b = 0, \\
p_k &= \frac{\beta^k}{(1+\beta)^{k+1}}, \\
\mathrm{E}[N] &= \beta, \quad \mathrm{Var}[N] = \beta(1+\beta), \\
\hat{\beta} &= \hat{\mu}, \\
P(z) &= [1-\beta(z-1)]^{-1}, \quad -(1+1/\beta) < z < 1+1/\beta.
\end{aligned}$$

이는 음이항분포의 r = 1인 특수한 경우입니다.

B.2.1.3 Binomial – q, m (0 < q < 1, m은 정수)

$$\begin{aligned}
p_0 &= (1-q)^m, \quad a = -\frac{q}{1-q}, \quad b = \frac{(m+1)q}{1-q}, \\
p_k &= \binom{m}{k} q^k (1-q)^{m-k}, \quad k = 0, 1, \ldots, m, \\
\mathrm{E}[N] &= mq, \quad \mathrm{Var}[N] = mq(1-q), \\
\hat{q} &= \hat{\mu}/m, \\
P(z) &= [1+q(z-1)]^m.
\end{aligned}$$

B.2.1.4 Negative Binomial – β,r

$$\begin{aligned}
p_0 &= (1+\beta)^{-r}, \quad a = \frac{\beta}{1+\beta}, \quad b = \frac{(r-1)\beta}{1+\beta}, \\
p_k &= \frac{r(r+1)\cdots(r+k-1)\beta^k}{k!(1+\beta)^{r+k}}, \\
\mathrm{E}[N] &= r\beta, \quad \mathrm{Var}[N] = r\beta(1+\beta), \\
\hat{\beta} &= \frac{\hat{\sigma}^2}{\hat{\mu}} - 1, \quad \hat{r} = \frac{\hat{\mu}^2}{\hat{\sigma}^2 - \hat{\mu}}, \\
P(z) &= [1-\beta(z-1)]^{-r}, \quad -(1+1/\beta) < z < 1+1/\beta.
\end{aligned}$$

B.3 The (a,b,1) Class

이 클래스와 (a,b,0) 클래스의 차이를 구분하기 위해, 확률은 다음과 같이 표기됩니다.

$$\Pr(N = k) = p_k^M \text{ or } \Pr(N = k) = p_k^T$$

이는 어떤 서브클래스를 나타내는지에 따라 달라집니다. 이 클래스에서는 p_0^M가 임의로 설정됩니다(즉, 모수로 간주됨). p_1^M 또는 p_1^T은 모수 a와 b의 특정 함수로 지정됩니다.

이후 확률은 (a,b,0) 클래스와 동일하게 재귀적으로 계산됩니다. $p_k^M = (a + b/k)p_{k-1}^M$, $k = 2, 3, \ldots$ p_k^T도 동일한 재귀식을 따릅니다.

이 클래스에는 두 가지 서브클래스가 있습니다. 특정 멤버를 논의할 때, 종종 (a,b,0) 클래스의 "대응하는" 멤버를 참조합니다. 이는 a와 b 값이 동일한 해당 클래스의 멤버를 의미합니다. p_k 표기법은 여전히 (a,b,0) 분포의 확률을 나타내는 데 사용됩니다.

B.3.1 (Zero)-Truncated Subclass

이 클래스의 멤버들은 $p_0^T = 0$을 가지며, 따라서 이를 추정할 필요가 없습니다. 이러한 분포는 0 값이 불가능한 경우에만 사용해야 합니다. 1차 팩토리얼 모먼트(factorial moments)는 다음과 같이 계산됩니다.

$$\mu_{(1)} = (a + b)/[(1 - a)(1 - p_0)],$$

여기서 p_0는 해당 (a,b,0) 클래스 멤버의 값입니다. 로그 분포의 경우(해당 클래스에 대응하는 멤버가 없음):

$$\mu_{(1)} = \beta / \ln(1 + \beta).$$

더 높은 차수의 팩토리얼 모먼트(factorial moments)는 (a,b,0) 클래스와 동일한 재귀 공식을 사용하여 계산됩니다. 분산은 다음과 같이 계산됩니다.

$$\mathrm{Var}(X) = (a+b)[1-(a+b+1)p_0]/[(1-a)(1-p_0)]^2$$

(a,b,0) 클래스와 대응하는 분포를 가진 서브클래스의 경우:

$$p_k^T = p_k/(1 - p_0).$$

여기서 p_k는 해당 (a,b,0) 클래스 멤버의 확률입니다.

B.3.1.1 Zero-Truncated Poisson) – λ

$$
\begin{aligned}
p_1^T &= \frac{\lambda}{e^{\lambda}-1}, \quad a=0, \quad b=\lambda,\\
p_k^T &= \frac{\lambda^k}{k!(e^{\lambda}-1)},\\
\mathrm{E}[N] &= \lambda/(1-e^{-\lambda}), \quad \mathrm{Var}[N] = \lambda[1-(\lambda+1)e^{-\lambda}]/(1-e^{-\lambda})^2,\\
\tilde{\lambda} &= \ln(n\hat{\mu}/n_1),\\
P(z) &= \frac{e^{\lambda z}-1}{e^{\lambda}-1}.
\end{aligned}
$$

B.3.1.2 Zero-Truncated Geometric – β

$$
\begin{aligned}
p_1^T &= \frac{1}{1+\beta}, \quad a=\frac{\beta}{1+\beta}, \quad b=0,\\
p_k^T &= \frac{\beta^{k-1}}{(1+\beta)^k},\\
\mathrm{E}[N] &= 1+\beta, \quad \mathrm{Var}[N] = \beta(1+\beta),\\
\hat{\beta} &= \hat{\mu}-1,\\
P(z) &= \frac{[1-\beta(z-1)]^{-1}-(1+\beta)^{-1}}{1-(1+\beta)^{-1}}, \quad -(1+1/\beta) < z < 1+1/\beta.
\end{aligned}
$$

B.3.1.3 Logarithmic – β

$$
\begin{aligned}
p_1^T &= \frac{\beta}{(1+\beta)\ln(1+\beta)}, \quad a=\frac{\beta}{1+\beta}, \quad b=-\frac{\beta}{1+\beta},\\
p_k^T &= \frac{\beta^k}{k(1+\beta)^k\ln(1+\beta)},\\
\mathrm{E}[N] &= \beta/\ln(1+\beta), \quad \mathrm{Var}[N] = \frac{\beta[1+\beta-\beta/\ln(1+\beta)]}{\ln(1+\beta)},\\
\tilde{\beta} &= \frac{n\hat{\mu}}{n_1}-1 \quad \text{or} \quad \frac{2(\hat{\mu}-1)}{\hat{\mu}},\\
P(z) &= 1-\frac{\ln[1-\beta(z-1)]}{\ln(1+\beta)}, \quad -(1+1/\beta) < z < 1+1/\beta.
\end{aligned}
$$

이는 $r \to 0$일 때 영(Zero)-절단(truncated) 음이항 분포의 극한 경우입니다.

B.3.1.4 Zero-Truncated Binomial – *q*,*m*, ($0 < q < 1$, m은 정수)

$$\begin{aligned}
p_1^T &= \frac{m(1-q)^{m-1}q}{1-(1-q)^m}, \quad a = -\frac{q}{1-q}, \quad b = \frac{(m+1)q}{1-q}, \\
p_k^T &= \frac{\binom{m}{k}q^k(1-q)^{m-k}}{1-(1-q)^m}, \quad k = 1, 2, \ldots, m, \\
\mathrm{E}[N] &= \frac{mq}{1-(1-q)^m}, \\
\mathrm{Var}[N] &= \frac{mq[(1-q)-(1-q+mq)(1-q)^m]}{[1-(1-q)^m]^2}, \\
\tilde{q} &= \frac{\hat{\mu}}{m}, \\
P(z) &= \frac{[1+q(z-1)]^m-(1-q)^m}{1-(1-q)^m}.
\end{aligned}$$

B.3.1.5 Zero-Truncated Negative Binomial – *β*,*r* ($r > -1$, $r \neq 0$)

$$\begin{aligned}
p_1^T &= \frac{r\beta}{(1+\beta)^{r+1}-(1+\beta)}, \quad a = \frac{\beta}{1+\beta}, \quad b = \frac{(r-1)\beta}{1+\beta}, \\
p_k^T &= \frac{r(r+1)\cdots(r+k-1)}{k![(1+\beta)^r-1]}\left(\frac{\beta}{1+\beta}\right)^k, \\
\mathrm{E}[N] &= \frac{r\beta}{1-(1+\beta)^{-r}}, \\
\mathrm{Var}[N] &= \frac{r\beta[(1+\beta)-(1+\beta+r\beta)(1+\beta)^{-r}]}{[1-(1+\beta)^{-r}]^2}, \\
\tilde{\beta} &= \frac{\hat{\sigma}^2}{\hat{\mu}}-1, \quad \tilde{r} = \frac{\hat{\mu}^2}{\hat{\sigma}^2-\hat{\mu}}, \\
P(z) &= \frac{[1-\beta(z-1)]^{-r}-(1+\beta)^{-r}}{1-(1+\beta)^{-r}}, \quad -(1+1/\beta) < z < 1+1/\beta.
\end{aligned}$$

이 분포는 때때로 확장된 절단 음이항 분포(extended truncated negative binomial distribution)라고 불리며, 이는 모수 r이 0보다 작은 값으로 확장될 수 있기 때문입니다.

B.3.2 Zero-Modified Subclass

영(Zero)-수정 분포는 절단(truncated) 분포에서 시작하여 0에 임의의 확률을 추가하여 생성됩니다. 이 확률 p_0^M는 모수입니다. 나머지 확률은 이에 맞게 조정됩니다. p_k^M 값은 다음과 같이 결정할 수 있습니다.

해당 영-절단(truncated) 분포로부터, $p_k^M = (1 - p_0^M)p_k^T$ 또는 해당 $(a,b,0)$ 분포로부터, $p_k^M = (1 - p_0^M)p_k/(1 - p_0)$

여기서, 영-절단(truncated) 서브클래스에서 사용된 동일한 재귀식을 적용합니다.

평균은 다음과 같습니다.

평균 = $(1 - p_0^M) \times$ [해당 영-절단(truncated) 분포의 평균]

분산은 다음과 같이 계산됩니다.

분산 = $(1 - p_0^M) \times$ [해당 영-절단(truncated) 분포의 분산] + $p_0^M(1 - p_0^M) \times$ [해당 영-절단(truncated) 분포의 평균]^2

확률 생성 함수는 다음과 같습니다:

$P^M(z) = p_0^M + (1 - p_0^M)P(z)$

여기서 $P(z)$는 해당 영-절단(truncated) 분포의 확률 생성 함수입니다.

p_0^M의 최대우도 추정치는 항상 0에서의 표본 상대 빈도입니다.

B.4 복합 군 The Compound Class

이 클래스의 멤버들은 하나의 분포를 다른 분포와 결합하여 생성됩니다. 즉, N이 주된 분포(primary distribution)로서 이산 분포를 따르고, $M_1, M_2, \cdots$가 부차 분포(secondary distribution)로서 동일하고 독립적인(동일하고 독립(i.i.d.)) 또 다른 이산 분포를 따른다고 합시다. 이때, 복합 분포(compound distribution)는 다음과 같이 정의됩니다.

$$S = M_1 + \cdots + M_N$$

복합 분포의 확률은 다음 식으로 계산됩니다.

$$p_k = \frac{1}{1 - af_0} \sum_{y=1}^{k} (a + by/k) f_y p_{k-y}$$

여기서 a와 b는 주된 분포에 대한 일반적인 값(해당 $(a,b,0)$ 클래스의 멤버여야 함)이고, f_y는 부차 분포(secondary distribution)의 p_y를 나타냅니다.

여기에서 사용되는 주된 분포는 포아송 분포(Poisson)과 기하 분포(Geometric)의 두 가지입니다.

포아송 분포(Poisson)

$$p_0 = \exp[-\lambda(1 - f_0)]$$

기하 분포(Geometric)

$$p_0 = 1/(1+\beta-\beta f_0)$$

이 정보는 분포를 완전히 설명하므로, 이후 섹션에서는 이름과 초기값만 제시됩니다.

결합 분포의 모멘트는 각 분포의 모멘트로부터 구할 수 있습니다.

$$\mathrm{E}[S] = \mathrm{E}[N]\mathrm{E}[M]$$

$$\mathrm{Var}[S] = \mathrm{E}[N]\,\mathrm{Var}[M] + \mathrm{Var}[N]\mathrm{E}[M]^2.$$

확률 생성 함수(pgf)는 다음과 같습니다.

$$P(z) = P_{\text{primary}}[P_{\text{secondary}}(z)].$$

다음 목록에서, 주된 분포(primary distribution)는 항상 먼저 명명됩니다. 첫 번째, 두 번째, 네 번째 분포에서는 부차 분포가 해당 이름을 가진 $(a,b,0)$ 클래스의 멤버입니다. 세 번째와 마지막 세 개의 분포(포아송-ETNB 및 그 두 가지 특수 경우)에서는 부차 분포가 영(Zero)-절단(truncated) 버전입니다.

B.4.1 Some Compound Distribution

B.4.1.1 Poisson-Binomial – λ,q,m ($0 < q < 1$, m은 정수)

$$\hat{q} = \frac{\hat{\sigma}^2/\hat{\mu}-1}{m-1}, \quad \hat{\lambda} = \frac{\hat{\mu}}{m\hat{q}} \quad \text{or} \quad \tilde{q} = 0.5,\ \tilde{\lambda} = \frac{2\hat{\mu}}{m}.$$

B.4.1.2 Poisson-Poisson – λ_1, λ_2

모수 λ_1은 주된 포아송 분포(primary Poisson distribution)를 위한 것이며, λ_2는 부차 포아송 분포(secondary Poisson distribution)를 위한 것입니다. 이 분포는 네이먼 유형 A(Neyman Type A)로도 불립니다.

$$\tilde{\lambda}_1 = \tilde{\lambda}_2 = \sqrt{\hat{\mu}}.$$

B.4.1.3 Geometric-Extended Truncated Negative Binomial – β_1, β_2, r ($r > -1$)

모수 β_1는 주된 기하 분포(primary geometric distribution)를 위한 것입니다. 마지막 두 모수는 부차 분포(secondary distribution)를 위한 것으로, $r = 0$일 때 부차 분포는 로그 분포(logarithmic distribution)가 됨을 유의해야 합니다.

확장된 r 값을 사용할 수 있도록 절단(truncated) 버전이 사용됩니다.

$$\tilde{\beta}_1 = \tilde{\beta}_2 = \sqrt{\hat{\mu}}.$$

B.4.1.4 Geometric-Poisson - β,λ

$$\tilde{\beta} = \tilde{\lambda} = \sqrt{\hat{\mu}}.$$

B.4.1.5 Poisson-Extended Truncated Negative Binomial - λ, β($r > -1,\ r \neq 0$)

r = 0일 때 부차 분포는 로그 분포가 되어 음이항 분포(negative binomial distribution)를 형성합니다.

$$\tilde{r} = \frac{\hat{\mu}(K - 3\hat{\sigma}^2 + 2\hat{\mu}) - 2(\hat{\sigma}^2 - \hat{\mu})^2}{\hat{\mu}(K - 3\hat{\sigma}^2 + 2\hat{\mu}) - (\hat{\sigma}^2 - \hat{\mu})^2}, \quad \tilde{\beta} = \frac{\hat{\sigma}^2 - \hat{\mu}}{\hat{\mu}(1 + \hat{r})}, \quad \tilde{\lambda} = \frac{\hat{\mu}}{\hat{r}\hat{\beta}},$$

혹은

$$\tilde{r} = \frac{\hat{\sigma}^2 n_1/n - \hat{\mu}^2 n_0/n}{(\hat{\sigma}^2 - \hat{\mu}^2)(n_0/n)\ln(n_0/n) - \hat{\mu}(\hat{\mu}n_0/n - n_1/n)},$$

$$\tilde{\beta} = \frac{\hat{\sigma}^2 - \hat{\mu}}{\hat{\mu}(1 + \hat{r})}, \quad \tilde{\lambda} = \frac{\hat{\mu}}{\hat{r}\hat{\beta}},$$

여기서,

$$K = \frac{1}{n}\sum_{k=0}^{\infty} k^3 n_k - 3\hat{\mu}\frac{1}{n}\sum_{k=0}^{\infty} k^2 n_k + 2\hat{\mu}^3.$$

이 분포는 일반화된 포아송-파스칼 분포(Generalized Poisson-Pascal)라고도 불립니다.

$$\hat{\beta} = \frac{\hat{\sigma}^2 - \hat{\mu}}{2\hat{\mu}}, \ \hat{\lambda} = \frac{\hat{\mu}}{1 + \hat{\beta}}.$$

이것은 r = 1일 때의 포아송-확장된 절단(truncated) 음이항 분포의 특수한 경우로, 실제로는 포아송-절단(truncated) 기하 분포입니다.

$$\tilde{\lambda} = -\ln(n_0/n), \ \tilde{\beta} = \frac{4(\hat{\mu} - \hat{\lambda})}{\hat{\mu}}.$$

이것은 r = −0.5일 때의 포아송-확장된 절단(truncated) 음이항 분포의 특수한 경우입니다.

B.5 이산 분포의 체계 A Hierarchy of Discrete Distribution

표 B.1은 어떤 분포가 다른 분포의 특수 경우 또는 극한 경우인지 나타냅니다. 특수 경우에 한 모수를 특정 상수로 설정하여 특수한 경우를 만듭니다. 극한 경우에 두 개의 모수가 특정 방식으로 무한대 또는 0으로 수렴할 때 발생합니다.

표 B.1 The hierarchy of discrete distributions

Distribution	Is a special case of	Is a limiting case of
Poisson	ZM Poisson	Negative binomial, Poisson-binomial, Poisson-inverse Gaussian, Polya-Aeppli, Neyman-Type A
ZT Poisson	ZM Poisson	ZT negative binomial
ZM Poisson		ZM negative binomial
Geometric	Negative binomial	Geometric-Poisson
	ZM geometric	
ZT geometric	ZT negative binomial	
ZM geometric	ZM negative binomial	
Logarithmic		ZT negative binomial
ZM logarithmic		ZM negative binomial
Binomial	ZM binomial	
Negative binomial	ZM negative binomial	Poisson-ETNB
Poisson-inverse Gaussian	Poisson-ETNB	
Polya-Aeppli	Poisson-ETNB	
Neyman-Type A		Poisson-ETNB

C 빈도와 심도 관계 FREQUENCY AND SEVERITY RELATIONSHIP

N^L을 손실 개수를 나타내는 확률 변수, X를 심도를 나타내는 확률 변수라고 합시다. 만약 면책액 d가 부과된다면, X를 수정하는 두 가지 방법이 있습니다.

손실당 지급액(amount paid per loss), Y^L 생성합니다.

$$Y^L = \begin{cases} 0, & X \le d, \\ X - d, & X > d. \end{cases}$$

이 경우, 적절한 빈도 분포는 여전히 N^L입니다.

대체 접근법은 지급당 지급액(amount paid per payment), Y^P 생성하는 것입니다.

$$Y^P = \begin{cases} \text{undefined}, & X \le d, \\ X - d, & X > d. \end{cases}$$

이 경우, 지급 횟수를 반영하기 위해 빈도 확률 변수를 수정해야 합니다. 이 확률 변수를 N^P라고 합시다. 손실 당 지급 확률이 $v = 1 - F_X(d)$라고 가정합니다. 또한, 지급 발생 여부가 손실 횟수와 독립적이라고 가정합니다. 그러면,

$$N^P = L_1 + L_2 + \cdots + L_N,$$

여기서 L_j는 $1 - v$의 확률로 0이 되고, v의 확률로 1이 됩니다.

확률 생성 함수(pgf)를 사용하여 Table C.1의 관계를 도출할 수 있습니다.

표 C.1 Parameter adjustments

N^L	Parameters for N^P
Poisson	$\lambda^* = v\lambda$
ZM Poisson	$p_0^{M*} = \dfrac{p_0^M - e^{-\lambda} + e^{-v\lambda} - p_0^M e^{-v\lambda}}{1 - e^{-\lambda}}, \ \lambda^* = v\lambda$
Binomial	$q^* = vq$
ZM binomial	$p_0^{M*} = \dfrac{p_0^M - (1-q)^m + (1-vq)^m - p_0^M(1-vq)^m}{1-(1-q)^m}$ $q^* = vq$
Negative binomial	$\beta^* = v\beta, \ r^* = r$
ZM negative binomial	$p_0^{M*} = \dfrac{p_0^M - (1+\beta)^{-r} + (1+v\beta)^{-r} - p_0^M(1+v\beta)^{-r}}{1-(1+\beta)^{-r}}$ $\beta^* = v\beta, \ r^* = r$
ZM logarithmic	$p_0^{M*} = 1 - (1 - p_0^M)\ln(1+v\beta)/\ln(1+\beta)$ $\beta^* = v\beta$

기하 분포는 r = 1일 때 음이항 분포의 특수한 경우이므로 별도로 제시되지 않습니다. 영(Zero)-절단(truncated) 분포: N^P는 이제 영-수정(Zero-Modified)되며 동일한 공식을 사용합니다. 결합 분포: 부차 분포(Secondary Distribution)만 수정합니다. ETNB(Extended Truncated Negative Binomial) 부차 분포의 경우, 주된 분포의 모수는 표 C.1에서 얻은 $1 - p_0^{M*}$로 곱해집니다. 부차 분포는 여전히 영-절단(truncated) 상태를 유지하며, $\beta^* = v\beta$가 됩니다. 면책액 d가 부과된 상태에서 빈도 데이터가 수집된 경우, 이는 N^P를 모델링합니다. 이때 v는 사용할 수 있으며, N^L의 분포를 복원하는 것이 가능합니다. 다만, 이 과정이 합리적인 확률 분포를 생성한다는 보장은 없습니다. 해는 표 C.1과 동일하며, 이때 $v = 1/[1 - F_X(d)]$를 사용합니다. 현재 빈도 모델이 N^d이고, 면책액 d가 d^*로 변경된다고 가정합시다. 새로운 지급 빈도 N^{d*}는 동일한 유형으로 유지됩니다. 이 경우, Table C.1을 사용하여 다음과 같은 관계를 적용합니다.

$$v = [1 - F_X(d^*)]/[1-F_X(d)].$$

D 재귀 공식 THE RECURSIVE FORMULA

재귀 공식은 다음과 같습니다 (빈도 분포가 $(a,b,1)$ 클래스의 멤버일 때),

$$f_S(x) = \frac{[p_1 - (a+b)p_0]f_X(x) + \sum_{y=1}^{x \wedge m} \left(a + \frac{by}{x}\right) f_X(y) f_S(x-y)}{1 - af_X(0)},$$

여기서

$$f_S(x) = \Pr(S = x),\ x = 0, 1, 2, \ldots$$
$$f_X(x) = \Pr(X = x),\ x = 0, 1, 2, \ldots$$
$$p_0 = \Pr(N = 0)$$
$$p_1 = \Pr(N = 1)$$

입니다. 중요한 점은 심도 분포 (X)가 비음수 정수에 확률을 할당해야 한다는 것입니다. 이 공식은 $f_S(0)$의 값으로 초기화되어야 하며, 이 값은 표 D.1에 주어져 있습니다.

또한, 만약 N이 $(a,b,0)$ 클래스의 멤버라면, $p_1 - (a+b)p_0 = 0$이 되어 첫 번째 항이 사라집니다. 만약 N이 합성 클래스의 멤버라면 재귀를 두 번 실행해야 합니다. 첫 번째 단계에서는 보조 분포를 사용하여 p_0, p_1, a, b를 계산합니다. 두 번째 단계에서는 첫 번째 단계의 출력을 $f_X(x)$로 사용하고, 주요 분포를 사용하여 p_0, p_1, a, b를 계산합니다.

표 D.1 Starting values [$f_s(0)$] for recursions.

Distribution	$f_s(0)$
Poisson	$\exp[\lambda(f_0 - 1)]$
Geometric	$[1 + \beta(1 - f_0)]^{-1}$
Binomial	$[1 + \beta(1 - f_0)]^{-r}$
Negative binomial	$[1 + q(f_0 - 1)]^m$
ZM Poisson	$p_0^M + (1 - p_0^M)\dfrac{\exp(\lambda f_0) - 1}{\exp(\lambda) - 1}$
ZM geometric	$p_0^M + (1 - p_0^M)\dfrac{f_0}{1 + \beta(1 - f_0)}$
ZM binomial	$p_0^M + (1 - p_0^M)\dfrac{[1 + q(f_0 - 1)]^m - (1 - q)^m}{1 - (1 - q)^m}$
ZM negative binomial	$p_0^M + (1 - p_0^M)\dfrac{[1 + \beta(1 - f_0)]^{-r} - (1 + \beta)^{-r}}{1 - (1 + \beta)^{-r}}$
ZM logarithmic	$p_0^M + (1 - p_0^M)\left\{1 - \dfrac{\ln[1 + \beta(1 - f_0)]}{\ln(1 + \beta)}\right\}$

E 심도 분포의 이산화 DISCRETIZATION OF THE SEVERITY DISTRIBUTION

심도 분포를 이산화(discretize)하는 두 가지 비교적 간단한 방법이 있습니다. 하나는 반올림 방식이고, 다른 하나는 평균을 보존하는 방식입니다.

E.1 반올림 방식

이 방법은 두 가지 특징을 가지고 있습니다. 모든 확률은 양수이고, 확률의 합이 1이 됩니다. h를 간격(span)으로 하고, Y를 X의 이산화된 버전이라고 합시다. 수정이 없을 경우:

$$\begin{aligned} f_j &= \Pr(Y = jh) = \Pr\left[\left(j - \tfrac{1}{2}\right)h \le X < \left(j + \tfrac{1}{2}\right)h\right] \\ &= F_X\left[\left(j + \tfrac{1}{2}\right)h\right] - F_X\left[\left(j - \tfrac{1}{2}\right)h\right]. \end{aligned}$$

그 후, $f_X(j) = f_j$로 설정하여 재귀 공식을 사용합니다. 면책금 d, 한도 u, 코인슈어런스(공동보험) 비율 α가 적용되어야 한다고 가정합시다. 만약 이 수정이 이산화 전에 적용된다면:

$$\begin{aligned} g_0 &= \frac{F_X(d + h/2) - F_X(d)}{1 - F_X(d)}, \\ g_j &= \frac{F_X[d + (j + 1/2)h] - F_X[d + (j - 1/2)h]}{1 - F_X(d)}, \\ &\qquad j = 1, \ldots, \frac{u - d}{h} - 1, \\ g_{(u-d)/h} &= \frac{1 - F_X(u - h/2)}{1 - F_X(d)}, \end{aligned}$$

여기서 g_j = Pr(Z = $j\alpha h$), Z는 수정된 분포를 나타냅니다. 이 방법은 한도가 h의 배수일 필요는 없지만, $u - d$가 h의 배수여야 한다는 점이 필요합니다. 이 방법은 지급금 단위당 확률을 제공합니다.

마지막으로, 상단에서 u로 절단(truncation)이 있는 경우, 모든 분모를 $F_X(u)$-$F_X(d)$로 바꾸고, $g_{(u-d)/h}$의 분자를 $F_X(u) - F_X(u - h/2)$로 바꿉니다.

E.2 평균 보존 방식

이 방법은 이산화된 분포가 원래 심도 분포와 동일한 평균을 가지도록 보장합니다. 수정이 없는 경우, 이산화 공식은 다음과 같습니다.

$$f_0 = 1 - \frac{\mathrm{E}[X \wedge h]}{h},$$
$$f_j = \frac{2\mathrm{E}[X \wedge jh] - \mathrm{E}[X \wedge (j-1)h] - \mathrm{E}[X \wedge (j+1)h]}{h}, \quad j = 1, 2, \dots.$$

수정된 분포의 경우는

$$g_0 = 1 - \frac{\mathrm{E}[X \wedge d + h] - \mathrm{E}[X \wedge d]}{h[1 - F_X(d)]},$$
$$g_j = \frac{2\mathrm{E}[X \wedge d + jh] - \mathrm{E}[X \wedge d + (j-1)h] - \mathrm{E}[X \wedge d + (j+1)h]}{h[1 - F_X(d)]},$$
$$j = 1, \dots, \frac{u-d}{h} - 1,$$
$$g_{(u-d)/h} = \frac{\mathrm{E}[X \wedge u] - \mathrm{E}[X \wedge u - h]}{h[1 - F_X(d)]}.$$

상단에서의 절단(truncation)을 포함하는 경우는, 모든 분모를

$$h[F_X(u) - F_X(d)]$$

로 변경하고, g_0와 $g_{(u-d)/h}$의 분자에서 $h[1 - F_X(u)]$를 뺍니다.

E.3 이산화된 분포의 비이산화

이산화된 분포를 비이산화하려고 합니다. g_0 = Pr(S = 0)는 확률 변수 S가 0일 실제 확률이라고 가정합니다. p_j = Pr(S^* = jh)로 두고, 여기서 S^*는 이산화된 분포이며 h는 간격(span)

입니다.

다음 식들은 이산화된 S^*를 통해 근사한 진짜 분포 S의 CDF와 제한 기댓값(LEV)을 나타냅니다. 이는 S가 구간 $(j - 1/2)h$에서 $(j + 1/2)h$까지 균일 분포를 갖는다는 가정에 기반합니다. 첫 번째 구간은 0에서 $h/2$까지이며, 확률 $p_0 - g_0$가 이 구간에서 균일하게 분포한다고 가정합니다. S^{**}는 이 혼합 분포를 따르는 확률 변수로, 연속적이지만 0에서 g_0의 이산 확률을 포함합니다.

근사 분포 함수(CDF)는 다음과 같이 보간법(interpolation)을 통해 찾을 수 있습니다. 먼저, 다음을 정의하면,

$$F_j = F_{S^{**}}\left[\left(j+\frac{1}{2}\right)h\right] = \sum_{i=0}^{j} p_i, \quad j = 0, 1, \ldots .$$

그러면, $(j-1/2)h \le x < (j+1/2)h$ 구간의 x에 대하여,

$$\begin{aligned} F_{S^{**}}(x) &= F_{j-1} + \int_{(j-1/2)h}^{x} h^{-1} p_j \, dt = F_{j-1} + \left[x - \left(j-\frac{1}{2}\right)h\right] h^{-1} p_j \\ &= F_{j-1} + \left[x - \left(j-\frac{1}{2}\right)h\right] h^{-1}(F_j - F_{j-1}) \\ &= (1-w)F_{j-1} + wF_j, \quad w = \frac{x}{h} - j + \frac{1}{2}. \end{aligned}$$

첫 번째 구간 $0 \le x \le h/2$에서는 구간 크기가 반밖에 안 되기 때문에, 다음과 같습니다.

$$F_{S^{**}}(x) = (1-w)g_0 + wp_0, \quad w = \frac{2x}{h}.$$

이 공식들을 이산 확률로 표현하는 것도 가능합니다.

$$F_{S^{**}}(x) = \begin{cases} g_0 + \dfrac{2x}{h}[p_0 - g_0], & 0 < x \le \dfrac{h}{2}, \\ \displaystyle\sum_{i=0}^{j-1} p_i + \frac{x-(j-1/2)h}{h} p_j, & (j-\frac{1}{2})h < x \le (j+\frac{1}{2})h. \end{cases}$$

제한 기댓값(LEV)에 관하여, 첫 번째 및 k-번째 제한 기댓값(LEV)을 위한 식은 다음과 같습니다.

$$\mathrm{E}(S^{**} \wedge x) = \begin{cases} x(1-g_0) - \dfrac{x^2}{h}(p_0 - g_0), & 0 < x \le \dfrac{h}{2}, \\ \dfrac{h}{4}(p_0 - g_0) + \displaystyle\sum_{i=1}^{j-1} ihp_i + \frac{x^2 - [(j-1/2)h]^2}{2h} p_j & \\ \quad +x[1 - F_{S^{**}}(x)], & (j-\frac{1}{2})h < x \le (j+\frac{1}{2})h, \end{cases}$$

k-번째 LEV의 경우 $0 < x \le h/2$에서는,

$$\mathrm{E}[(S^{**} \wedge x)^k] = \frac{2x^{k+1}}{h(k+1)}(p_0 - g_0) + x^k[1 - F_{S^{**}}(x)],$$

반면에 $(j - 1/2)h < x \leq (j + 1/2)h$의 경우,

$$\mathrm{E}[(S^{**} \wedge x)^k] = \frac{(h/2)^k(p_0 - g_0)}{k+1} + \sum_{i=1}^{j-1} \frac{h^k[(i+\frac{1}{2})^{k+1} - (i-\frac{1}{2})^{k+1}]}{k+1} p_i$$
$$+ \frac{x^{k+1} - [(j-\frac{1}{2})h]^{k+1}}{h(k+1)} p_j + x^k[1 - F_{S^{**}}(x)].$$

QR코드를 스캔하시면 참고문헌을 확인할 수 있습니다.

유종환

- 서울대학교 국제경제학과 학사
- 서울대학교 국제경제학과 석사 수료
- 캐나다 University of Waterloo, Actuarial Science 석사
- 캐나다 University of Waterloo, Actuarial Science 박사 중퇴

주요 경력

- GLIS Consulting 대표(2023~현재)
- 화현 법무법인 금융 컨설팅 고문
- GLAS 보험계리컨설팅
- 성균관 보험 계리 대학원 겸임 교수(2016~현재)
- 한국 계리사회 전임 교수(IFRS17 실무 특별 위원회, 보험 회계 기준 위원회)
- 미래보험교육원(보험 수학, STAM, IFRS17 기준서, IFRS17 적용지침 해설 강의
- Summit 계리 법인
- AXA 다이렉트 손해보험
- RBC P&C Insurance Company
- 삼일 PwC 계리팀
- GLIS Consulting(EMB Reseller)
- 삼성 화재
- Dion Durrell&Associates(Canada)
- AVIVA Canada
- LINA Korea
- QFit과 공조: 동양생명(6주)/미래에셋생명(3개월) 사전 컨설팅(6주)으로 손해율법과 기존 발생율법 비교
- IFRS17 제3자 검증 수행: 우리 계리법인과 공조
- IAA Monograph 'Risk Adjustment' 번역 감수 및 동영상 강의(Discount, Stochastic Models 일부 동영상 강의)
- IAN100 번역 감수 한국 계리사회 2022~2023
- 한국보험신문, '[유종환과 함께하는 IFRS17 산책] IFRS17 기준서, 적용지침, 결론의 근거 해설' 2년 시리즈 연재 2017~2018
- 한국경제, IFRS17 관련 기사 7여 편 연재 2020
- 미국 손해보험 CAS Exam 5의 Ratemaking과 Reserving(IFRS17 관련 내용 일부 삽입) 번역 해설서 발간
- 캐나다 손해보험사인 RBC(Royal Bank of Canada)에서 Solvency II의 내부 모델 개발과 운영 및 유지
- 캐나다 AVIVA(영국 현지법인), Reserving, Ratemaking(전통적, GLM 최초 구축)
- 동부화재 장기보험 자사경험요율 Database 및 요율조정 프로세스 구축 프로젝트 수행
- LIG손보(현 KB 손보) 장기보험 자사경험요율 Database 및 요율조정 프로세스 구축 프로젝트 수행
- 재보험 최적화 모델 구축(당시 영국의 EMB 컨설팅 사와 협업) 및 이후 업그레이드 프로젝트
- Sol. II내부 모델과 별도로 재보험 최적화 전략 수립 및 검토를 위한 내부 모델 구축은 EMB 사가, 그에 따른 DB 구축과 가정 산출, 모델 Calibration, 최종 Deliver, 그리고 이후 업그레이드는 직접 수행
- 동부화재 DFA(Dynamic Financial Analysis) 모델 구축(당시 영국의 EMB 컨설팅 사와 협업)
- 장기, 자동차, 일반 Solvency II 기준의 내부 모델 구축은 EMB사가, 그에 따른 DB 구축과 가정 산출, 모델 Calibration, 최종 Delivery는 직접 수행
- 삼성화재 장기보험 자사경험요율 Database 및 요율조정 프로세스 구축 프로젝트 수행

제5판
손해액모델
LOSS MODELS(5th edition)

제5판발행 2026년 1월 20일

지은이 Stuart A. Klugman · Harry H. Panjer · Gordon E. Willmot
옮긴이 유종환
펴낸이 안종만 · 안상준

편 집 전채린
기획/마케팅 정연환
표지디자인 BEN STORY
제 작 고철민 · 김원표

펴낸곳 (주) 박영사
서울특별시 금천구 가산디지털2로 53, 210호(가산동, 한라시그마밸리)
등록 1959. 3. 11. 제300-1959-1호(倫)
전 화 02)733-6771
f a x 02)736-4818
e-mail pys@pybook.co.kr
homepage www.pybook.co.kr
ISBN 979-11-303-9744-3 93320

* 파본은 구입하신 곳에서 교환해 드립니다. 본서의 무단복제행위를 금합니다.

정 가 45,000원